D0840595

BIBLIOTHÈQUE PUBLIQUE DE
ST - ISIDORE DE PRESCOTT

DUPLESSIS

LE POUVOIR

DISCARD / ÉLIMINÉ

Couverture
- Illustration:
  JACK TREMBLAY
- Maquette:
  MICHEL BÉRARD

Maquette intérieure
- Conception graphique:
  GAÉTAN FORCILLO
- Recherche iconographique
  JULIE BRAZEAU

Nous remercions mademoiselle Auréa Cloutier, monsieur Roger Ouellet et monsieur Roland Lemire qui nous ont fourni la plupart des photos de ce deuxième tome et nous ont aidés à les identifier.

DISTRIBUTEURS EXCLUSIFS:

- Pour le Canada
  AGENCE DE DISTRIBUTION POPULAIRE INC., *
  955, rue Amherst, Montréal H2L 3K4, (514/523-1182)
  * Filiale du groupe Sogides Ltée

- Pour l'Europe (Belgique, France, Portugal, Suisse, Yougoslavie et pays de l'Est)
  OYEZ S.A. Muntstraat, 10 — 3000 Louvain, Belgique
  tél.: 016/220421 (3 lignes)

- Ventes aux libraires
  PARIS: 4, rue de Fleurus; tél.: 548 40 92
  BRUXELLES: 21, rue Defacqz; tél.: 538 69 73

- Pour tout autre pays
  DÉPARTEMENT INTERNATIONAL HACHETTE
  79, boul. Saint-Germain, Paris 6e, France; tél.: 325 22 11

Conrad Black

DUPLESSIS

LE POUVOIR

Traduit de l'anglais par
Monique Benoit

LES ÉDITIONS DE L'HOMME *

CANADA: 955, rue Amherst, Montréal 132
EUROPE: 21, rue Defacqz — 1050 Bruxelles, Belgique

* Filiale du groupe Sogides Ltée

Copyright ©1977 McClelland and Stewart Ltd.

©1977 LES ÉDITIONS DE L'HOMME LTÉE
POUR L'ÉDITION FRANÇAISE

L'édition originale de cet ouvrage a été publiée par
McClelland and Stewart sous le titre *Duplessis*

Tous droits réservés

Bibliothèque nationale du Québec
Dépôt légal — 4e trimestre 1977

ISBN-0-7759-0560-7

Nous tenons à remercier particulièrement mademoiselle Auréa Cloutier et monsieur Robert Rumilly sans le concours desquels la documentation de ce livre aurait été impossible.

Conrad Black

Avis au lecteur

Le matériel pour la période s'étendant de 1927 à 1939, c'est-à-dire de la première victoire électorale de Maurice Duplessis jusqu'à sa défaite en 1939 — événements racontés à partir du milieu du premier chapitre jusqu'à la fin du huitième — est tiré de ma thèse, *Career of Maurice L. Duplessis as Viewed Through his Correspondence, 1927-1939* (1973), bibliothèque de l'université McGill. Cette thèse fournira à quiconque voudrait en obtenir, des références plus précises ou plus élaborées sur ces chapitres. Les documents pour la période allant de 1939 à 1944 sont plus rares étant donné que Duplessis était alors dans l'Opposition, qu'à cette époque il subit de longues maladies et qu'en 1957 il détruisit une partie de sa correspondance lorsque, au moment de son trentième anniversaire comme membre de la législature, il se sentit soudainement devenir vieux.

Les journaux et l'*Histoire de la Province de Québec* en quarante et un volumes de M. Rumilly furent donc mes sources principales pour cette période. Les événements et les citations que rapporte M. Rumilly sont tirés en grande partie du journal *Le Devoir*. Dans ces cas, la référence à ce quotidien est rarement donnée car la plupart des lecteurs trouveront plus commode de chercher un renseignement dans l'*Histoire* que de fouiller dans les vieux numéros du journal *Le Devoir*. Cependant, le contexte est tel que quiconque voulant faire de la recherche sur cette période pourra facilement retrouver le numéro du journal désiré. Pour le reste de l'ouvrage, les archives Duplessis sont presque complètes. Les nombreuses sources supplémentaires utilisées sont indiquées en référence. Pour les séquences de références provenant de la même source, par exemple les délibérations du Comité des Comptes publics (chapitre 5) ou les campagnes électorales, une seule référence est donnée et les dates pertinentes sont indiquées dans le texte. Les archives Duplessis, *Fonds Maurice L. Duplessis,* sont désignées par le signe FMLD et les *Archives publiques du Canada* par le sigle APC.

J'ai fait reproduire sur microfilms et photocopies une partie considérable des documents originaux utilisés et ceux-ci seront mis à la disposition du public, sans restriction aucune, aux universités McGill et York.

Conrad Black

Le Chef, son Parti et sa Cour

Après plus d'une dizaine d'années de fluctuations électorales, Duplessis rétablit le bipartisme au Québec, ou peut-être serait-il plus juste de dire le système à parti unique. L'Union nationale, le parti qui allait assurer quinze années de stabilité, cesserait bientôt d'être une sorte d'aberration du système pour devenir un épisode légendaire de l'histoire du Québec et du Canada. Il n'a jamais existé, avant ou depuis, un parti politique qui se conformât si précisément aux voeux des électeurs.

L'Union nationale formait une coalition peu ordinaire, une sorte d'Arche de Noé au service de son chef-fondateur. Presque tous les éléments de la société l'appuyaient: l'entrepreneur local, le travailleur, le fermier, le financier qui brassait de grosses affaires et la plus grande partie du clergé. Habilement dirigé, solidement financé et bien organisé, ce parti alliait remarquablement bien les aspects idéologique et pratique. L'Union nationale en vint à incarner le Québec traditionnel et Maurice Duplessis incarnait l'Union nationale.

9

En règle générale, l'électorat québécois se divise en cinq groupes représentant chacun environ vingt pour cent de la population:

— Les réformistes fédéralistes, francophones bilingues qui votent pour le Parti libéral.

— Les conservateurs traditionnels, les "bleus" qui appuient l'Union nationale.

— Les ultra-nationalistes qui se regroupent sous diverses étiquettes politiques: A.L.N., U.N., Bloc populaire, Parti libéral, P.Q. et qui accordent leurs suffrages, tantôt à un Duplessis ou à un Lesage, tantôt à un Lévesque, mais qui, en général, sont disponibles au preneur.

Les non-francophones, en général, sont libéraux et vivent en milieu urbain, mais un tiers de leurs effectifs habite les comtés ruraux et appuie l'Union nationale.

Restent les indécis. Leur vote est parfois un moyen de protestation, parfois il appuie une question précise d'intérêt local, et souvent il est une manifestation d'approbation au chef du parti. (1)

Duplessis s'était déclaré l'héritier naturel du suffrage des conservateurs irréductibles et il pouvait compter sur une bonne proportion de l'électorat ultra-nationaliste et sur le tiers de l'électorat rural anglophone. Quant à la majorité des indécis, il se les rallia grâce à la force de sa personnalité, à sa façon de manipuler les résultats et aux coffres bien garnis du parti.

Sa tactique consistait à porter la "subversion", surtout le communisme et la centralisation, au compte des libéraux tout en soulignant les améliorations matérielles apportées par le régime de l'Union nationale. Quant aux tiers groupes, ils étaient dangereux et leur existence, contraire à la raison!

Certains ont essayé de présenter cette majorité stable comme facile à obtenir et à maintenir, comme si la gouverne de tant d'éléments disparates était chose simple. Mais l'histoire, avant et après le règne de Duplessis démontre le contraire.

Le plus difficile était de maintenir l'alliance entre les conservateurs et les nationalistes. En 1939, il avait gardé l'appui des nationalistes sauf celui des mordus de l'A.L.N., mais s'était aliéné bon nombre de conservateurs par ses déclarations antiparticipationnistes. En 1944, les nationalistes l'avaient délaissé au profit du Bloc populaire, mais l'appui des autres groupes avait été suffisant pour l'amener de justesse à la victoire. En 1948, ce serait différent.

Le retour à une prospérité que la province n'avait pas connue depuis quinze ans fit oublier bien des vieilles querelles. Le grand projet d'aménagement de l'Ungava rassurait les industriels et, au début, plaisait aux nationalistes qui y voyaient une grande oeuvre canadienne-française. Le bill* de l'Ungava déposé par Jonathan Robinson, fut voté à l'unanimité par l'Assemblée et le Conseil législatif. André Laurendeau et Adélard Godbout saluèrent le projet avec le même enthousiasme que les autres.

Duplessis avait préparé des mesures de conciliation pour les conflits ouvriers et des mesures de prévention pour les grèves. A plusieurs occasions, notamment à Noranda en 1946, il avait eu recours à la police provinciale pour faire appliquer ces mesures. En cette époque d'après-guerre où sévissait la terreur communiste, Duplessis pouvait tout simplement dire que les syndicats réfractaires "subissaient l'influence communiste", ce qui, d'ailleurs, n'était pas toujours faux. Ceci, tout en réjouissant la communauté financière et les conservateurs en général, apportait une grande satisfaction au clergé qui appuyait naturellement les syndicats catholiques plutôt que les syndicats internationaux. (Vers la fin des années quarante, les syndicats internationaux dirigés par les Américains étaient en avance sur leur temps au Québec.) Ainsi Duplessis rallia à l'Union nationale presque tous ceux pour qui le catholicisme ou le capitalisme primaient sur la loyauté aux partis provinciaux.

La question de l'autonomie provinciale habilement maniée par Duplessis acquit une popularité aussi grande auprès des conservateurs qu'auprès des nationalistes. Duplessis accusait le leadership libéral fédéral d'avoir mis en branle la grosse machine gouvernementale et prétendait que le centralisme bureaucratique ne respectait pas les particularismes des Québecois catholiques d'expression française. Il reprochait aussi à Ottawa d'être l'auteur de l'alliance avec l'Union soviétique. La découverte d'un réseau d'espionnage russe à Ottawa et l'effort

---

* Nous préférons ce terme à "projet de loi" qui constituerait un anachronisme (NDT).

du gouvernement fédéral pour remettre au gouvernement communiste de la Pologne les oeuvres d'art polonaises cachées au Québec donnaient une apparence d'authenticité aux accusations de Duplessis quand il disait que les autorités fédérales cédaient aux influences subversives. L'autonomie devint l'étendard autant des conservateurs qui désiraient une administration décentralisée que des nationalistes qui désiraient une plus grande indépendance pour le Québec. Le clergé et les milieux gravitant autour de l'Eglise appuyaient le principe de l'autonomie provinciale qui assurait une protection des valeurs traditionnelles et qui préservait leurs privilèges. La menace rouge effrayait presque tout le monde, mais l'idée que le Parti libéral pût constituer une menace idéologique en laissait plusieurs sceptiques.

Le sytème qu'établit l'Union nationale pour recueillir des fonds était plus précis et moins malhonnête que celui de Taschereau. Duplessis n'essayait pas de cacher sa façon de récompenser les faveurs. Il prétendait que le bien-être du Québec reposait essentiellement sur le maintien de l'Union nationale au pouvoir, que ses amis seraient les premiers à recevoir les contrats du gouvernement, que seul le surplus irait aux compagnies et aux personnes qui avaient rendu possible un règne libéral de quarante ans. L'Union nationale allait s'enrichir en laissant les membres du Parti et les ministres ramasser les miettes du gâteau, mais cela ne se fit jamais ouvertement aux dépens du contribuable.

On a tenté avec plus ou moins de succès de démontrer que le système de patronage de l'Union nationale constituait un fardeau onéreux pour les contribuables et était la cause de dépenses gouvernementales exagérées dont profitait le parti au pouvoir. George Marler prétend, en privé, que l'autoroute des Laurentides a entraîné une dépense de dix-sept millions de dollars et que le gouvernement n'en a retiré aucun avantage réel. Ceci n'a pas été prouvé. La Commission Salvas instituée en 1960 pour enquêter sur les seize ans d'administration financière de l'Union nationale n'a trouvé que deux millions de dollars dépensés mal à propos, ce qui ne constitue pas une somme exorbitante pour une si longue période, surtout si on la compare aux sommes dépensées par les régimes qui ont précédé et à ceux qui ont suivi cette période.

Duplessis déclara qu'en matière d'honnêteté, il n'avait pas de leçon à recevoir des libéraux, ce qu'on aurait peine à réfuter si l'on en juge d'après les archives nationales des cinquante ans précédents. Il disait que sa méthode de distribution des contrats aidait la petite et la moyenne industrie du Québec plutôt que les compagnies nationales et internationales installées dans la province et cette prétention contenait une part de vérité. La fameuse caisse électorale était soumise à une vérification quotidienne et assujettie à l'autorité centrale. (2) Il était formellement interdit d'y prendre le moindre argent. Chaque membre du caucus administrait sa propre caisse. Toutefois, la caisse centrale y prélevait les montants qu'elle voulait et, en général, il fallait tenir les caisses locales à jour. Avec les années, Duplessis nomma de plus en plus de personnes pour surveiller les vérificateurs de la caisse électorale. C'était Gérald Martineau, que Duplessis nomma trésorier du Parti en 1944 et conseiller législatif en 1946, qui était à la direction générale de cette caisse. Paul Beaulieu, Alphonse Raymond, Authur Savoie, Joseph-Damase Bégin, Auréa Cloutier et, à l'occasion, Duplessis lui-même s'occupaient des comptes. Les ministres et les conseillers surveil-laient Martineau, Duplessis et Auréa Cloutier surveillaient les minis-tres et les conseillers. Les dénonciations entre collègues n'étaient pas rares et Duplessis menait souvent l'enquête lui-même. Cette organisa-tion parallèle contredit la légende malveillante qui veut que l'Union nationale ait disposé d'un immense fonds dans lequel puisaient à volonté les chefs et leurs amis et qui aurait été dépensé "presque sans compter" (selon l'affirmation envieuse de C.G. Power). (3)

Sauf au moment des gros déboursés occasionnés par les élections de 1948, 1952 et 1956, la caisse électorale augmenta tous les mois pen-dant seize ans et contenait dix-huit millions de dollars à la mort de Duplessis, une somme astronomique pour un parti provincial. Ce chif-fre étonnait d'autant plus que des montants y étaient prélevés toutes les semaines pour être distribués dans tous les comtés par le parti qui était aussi agent de développement social et de bien-être. Les nécessiteux ou les opportunistes venaient demander secours à leur député et la dépu-tation prenait peu à peu figure de dispensatrice des biens du parti. On distribua ainsi des milliers de dollars. Cette façon de procéder avan-tageait en premier lieu les électeurs, en deuxième lieu l'Union nationa-le qui profitait de la gratitude du public et finalement les membres du Parti et les organisateurs. Le mérite était certes récompensé, mais, à n'en pas douter, nombreux étaient ceux qui en profitaient plus qu'ils ne

1956

Reçu &, remis.   Reçu.   7 Mai

Donat Lapointe   100.—   Grégoire Perrault   25000.—   {3500.— à Mr Rim.
J. Wilfrid Cexon   50.—   André   ½ à la bd. in 3 Re.
Lorenzo Dufour   100.—   André Sirois.   5000.—   Mon 5.n
Pierre Blanchette   200.—   Chèque Laurent Piradis   470.—   (maire Clément
Lucien Ducharme   100.—   Chèque Frank Blais jr.   500.—
Maurice Gélinas   100.—   Roméo Delisle   1000.—
Arthur Rousseau   500.—   R. J. Clark pour Webans C. 5000.—
Lucien Dufresne   200.—   Rosaire Dufresne   500.
M.S. machinery Rgd.   100.—   L. O. Trottier   25000.—   moins #1500.—
Pro Rouette Inc.   500.—   M. le maire Clément   10000.—
Jean-Maurice Ayotte   500.—   Jules & Michel Bonneau   10000.—
                                     Francis Fauteux   1000.—   remis 700.
                                     Eugène Poirier   1000.—
                                     notaire Latulippe   1000.—
                                     J. A. Savoie   1300.—   remis
                                     Roger Laverdure   1000.—
                                     J. A. Ouellet   5000.—
                                     Léon Pagé   10000.—   Plus 5000. à Gaston Har.
                                     Hector Aliger   15000.—
                                     Roger Maillet   1000.—   Domaine de l'Arch.
                                     Cadrin Fils. Plus S. Hardy 3.n 7000.— Plus Caron 1000
                                                 Ducharme 1000.   Bellemart 1000
                                     Jack Latter   1000.—
                                     Philippe Dinoard   1000.—
                                     André Sirois   5000.—
                                     Carl Gruninger   5000.—
                                     Laurent Pugelin   4000.—
                                     Roland Réguin   2000.—   Remis 1000 à M.

                                     ~~—————~~   ~~—————~~

                                     Canada Iron & Pressure lp.10000.—
                                     Lallemand   2000.—
                                     Jules Coté   2000.—
                                     Brillant   10000.—
                                     J. A. St Pierre   500.—
                                     Gustave Richer   1000.—
                                     Ernest Godin   100.—
                                     Luger Vennes, arch.   5000.—

Louis R. Périni   17000.   Jasmin   500.—
Marcel Piché   5000.
Henri Giguère   5000.   Remis:
Roméo Valois   5000.   Ladouceur Clodomir   700.—
Clovis Martineau   5000.   St Gélais   100.
Robert Martineau   5000.   Gaston Hardy   800.—
Gérald Martineau   5000.
                     ———————   Eugène Poirier   700.—
                   $ 47000.—   Francis Fauteux   700.—

le méritaient. Mais les sommes ainsi payées n'étaient jamais bien importantes. Duplessis était très parcimonieux; les fonctionnaires étaient mal rémunérés et il épargnait sur presque tout. Daniel Johnson dira plus tard: "Duplessis gardait les comptes recevables dans une poche et les comptes payables dans une autre et il les vérifiait constamment pour s'assurer qu'ils balançaient". La caisse électorale était administrée avec le même soin que le budget provincial: on déconseillait l'extravagance et on punissait ceux qui faisaient de folles dépenses. Tous les bénéficiaires de la caisse électorale, et il y en avait des milliers, devaient donner un reçu qui tenait lieu de reconnaissance de dette au parti en place. (4) Par contre, les contributeurs — toutes les maisons d'affaires de la province en commençant par les tavernes — ne recevaient aucune preuve écrite de leur contribution.

Ce système était d'un paternalisme à outrance. Ceux qui réclamaient la générosité du Parti étaient classés d'après leur degré de loyauté à ce même Parti et leur besoin apparent. On allouait à chaque membre et à chaque agent du Parti un certain nombre de postes à pourvoir dans leurs comtés et un montant d'argent à distribuer, habituellement prélevé sur le budget du ministère de la Voirie et des Travaux publics. En outre, l'organisation locale de chaque comté de la province pouvait obtenir un supplément du trésor central pour les cas particuliers. Mais ces avantages: l'autonomie dans la distribution, les allocations budgétaires et l'attention qu'on apportait aux requêtes de chaque député, dépendaient de l'ancienneté du député ou de l'agent dans le parti, de son efficacité, de l'importance de son comté dans la stratégie du parti, mais surtout et avant tout, de l'opinion qu'avait de lui Maurice Duplessis.

Tel un père qui a l'oeil à tout, sévère mais magnanime, Maurice Duplessis récompensait le mérite et punissait l'incartade. Il régnait sur son peuple avec une vigilance de tous les instants. Qu'un peuple porté au désordre comme le sont les Québecois ait supporté aussi longtemps un gouvernement aussi autocratique semblait difficile à croire, même quelques années après la mort de Duplessis. Quelles qu'en aient été les raisons, c'était bien la preuve que le système de Duplessis était efficace

Liste de souscriptions à la caisse électorale écrite par la secrétaire de M. Duplessis, Mlle Auréa Cloutier. (Soc. des Amis de M.L. Duplessis)

et qu'il était bon juge de la personnalité des individus comme des groupes. Ce système n'a pas été imposé subitement, mais a pris racine lentement, au fur et à mesure que le peuple acceptait la puissante gouverne de son chef. Plus le gouvernement dispensait de faveurs, plus on en demandait. Duplessis continuait d'avoir raison quand il parlait au nom du Québec dans ses rapports avec l'extérieur et surtout avec Ottawa. Ceci faisait qu'on le percevait de plus en plus comme le père adoptif de son peuple. La prospérité augmentait et semblait aller de pair avec le culte croissant rendu à la personnalité de Duplessis. Il était le grand timonier défendant la nation contre la menace de l'extérieur, exorcisant le Malin à l'intérieur, secourant le faible et collaborant avec le fort pour le plus grand bien de tous. Ainsi, le "Messie" de 1936, le "dévergondé" de 1939, celui qui avait gagné de justesse en 1944, allait devenir le "Chef incomparable" de 1948, 1952 et 1956, un titre qu'il allait conserver pour la postérité. La province était conquise; ses aspirations les plus secrètes, réalisées: recevoir l'attention matérielle dispensée avec amour et autorité par un père et l'instruction spirituelle dispensée par la puissante Eglise romaine.

Le calme nouveau faisait oublier le tohu-bohu des années précédentes. La contestation faisait place à l'esprit d'union, de sacrifice, d'énergie. Tout un peuple remettait la direction de ses affaires temporelles à un seul homme et réaffirmait sa dévotion spirituelle à la seule Eglise. Après avoir été si souvent divisé, le peuple retrouvait l'unité, la prospérité, la docilité et en un geste aussi prévisible que la visite au confessionnal, réaffirmait régulièrement tous les quatre ans sa confiance en l'Union nationale.

Le favoritisme comptait aussi pour beaucoup dans le bon fonctionnement de la machine unioniste, un fait que les adversaires de Duplessis n'avaient pas tendance à sous-estimer. D'après George Marler, Duplessis devait son succès politique aux électeurs qui se disaient: "Ne tuez pas le père Noël." Bien que cette remarque ait sans doute été inspirée par l'envie, il n'en demeure pas moins vrai que, dans une certaine mesure, un grand nombre de votes étaient achetés. Et ceci, Duplessis avait au moins la franchise de l'admettre. Il disait, surtout dans les comtés peu sûrs ou dans les anciens comtés libéraux: "Si vous voulez une école (un hôpital, un pont, et le reste) montrez-le moi le jour de l'élection." Les comtés qui n'élisaient pas le candidat du gouvernement étaient désavantagés, mais ni plus ni moins que sous les libéraux et cela ne durait habituellement qu'un an, après quoi l'agent de l'Union nationale, ayant expié sa défaite électorale, reprenait ses prérogatives.

Duplessis avait amélioré le système de faveurs qu'il avait hérité des gouvernements précédents. Il en fit un instrument efficace, bien organisé, qu'il utilisait plutôt à des fins pratiques et sociales, alors que sous Taschereau et Godbout il n'avait existé qu'un système aléatoire qui servait à enrichir le ministère. Sous l'Union nationale, ce système contribuait largement aux résultats électoraux, mais il serait injuste et inexact de dire que Duplessis achetait tout simplement les élections. En fait, le public s'habitua graduellement à la politique de Duplessis. Après sa mort, une fois que son système fut tombé en désuétude, nombreux furent ceux qui le critiquèrent et se reprochèrent d'avoir souscrit à un régime entraînant à ce point l'uniformité et l'apathie, mais il faut le dire, ils y avaient soucrit en toute liberté. Le gouvernement Duplessis a duré non pas parce qu'il supprimait la démocratie, mais bien parce qu'il l'incarnait. Sa méthode comme il l'avait lui-même prédit, ne lui survécut point, mais de son vivant, comme l'a si bien dit Georges-Émile Lapalme: "Il était le Québec." (5)

Au cours des trois dernières campagnes électorales de Duplessis, l'Union nationale dépensa des sommes si extravagantes qu'en 1956 le Premier ministre lui-même en fut choqué. Pour sa campagne de 1948, l'Union nationale dépensa environ trois millions de dollars et en plus, selon la coutume, puisa à même le Trésor public vers la mi-campagne pour des projets de chemins et de travaux publics. En 1952, le Parti dépensa plus de cinq millions de dollars et près de neuf millions en 1956. Même en admettant que cet argent appartenait à l'Union nationale et qu'elle pouvait la dépenser à sa guise, ce que la plupart des historiens se refusent à admettre, l'énormité de la dépense indique bien que l'esprit de bénévolat des premières années avait fait place à la cupidité et que les coûts d'entretien de la vieille machine partisane devenaient de plus en plus élevés chaque année. Duplessis éprouva un sentiment de découragement en apprenant quel montant avait été dépensé pour l'élection de 1956 et surtout lorsqu'il sut que le Parti avait déboursé cent vingt-cinq mille dollars pour la seule ville de Trois-Rivières.

Cette montée des prix était due en partie à l'inflation des coûts, en partie à une plus grande prospérité. Les frais des campagnes libérales suivaient certainement la même tendance que l'économie quoique sur une plus petite échelle. Contrairement à la croyance générale, les libéraux ne manquaient pas de fonds non plus pour mener leurs campagnes. Ils étaient appuyés par Ottawa et par la plus grande partie de la prospère communauté anglophone de Montréal. Et malgré les protestations de tous les chefs libéraux depuis Taschereau, leurs dépenses pour l'organisation et la publicité n'étaient pas beaucoup moins grandes que celles de l'Union nationale qui, elle, bénéficiait des prérogatives du parti en place. Les libéraux n'avaient pas agi tellement différemment. (Godbout y était allé à fond de train en 1944, si bien que quatre-vingt pour cent du budget provincial avait été dépensé dès la première moitié de l'année budgétaire). Mais l'Union nationale, depuis longtemps au pouvoir, s'était enrichie et les cadeaux et les faveurs qui garantissaient les votes prenaient des proportions telles que l'Opposition ne pouvait espérer renchérir.

Ainsi, dans le domaine de l'organisation politique, Duplessis ne fut pas un innovateur pas plus qu'il ne s'adonna à la corruption comme certains le prétendent. En réalité, il perfectionna le système en place en le faisant servir à ses fins, d'une façon parfois indirecte mais toujours logique. En l'absence de lois sociales, le système de favoritisme tel que le duplessisme le pratiqua, répondait à des besoins réels. Il revenait moins cher aux contribuables qu'un système d'assurance sociale et ceux-ci en profitaient largement quoique d'une manière sélective. L'Union nationale avait moins de vingt employés à temps plein dans toute la province. La plupart des fonctionnaires du Parti occupaient un poste au gouvernement et c'est en plus qu'ils s'occupaient de la répartition des faveurs. En conséquence, la fonction publique et même la police provinciale étaient très partisanes, ce qui avait l'avantage de maintenir les dépenses gouvernementales à un assez bas niveau.

Les contributions à la caisse électorale provenaient de sommes que prélevaient sur leurs profits les contracteurs à la solde du gouvernement et non pas, en règle générale, de prix majorés pour services rendus. Ainsi, d'une certaine façon, le secteur public était favorisé. L'esprit partisan se retrouvait dans tous les aspects de l'administration publique et toutes les maisons d'affaires et les professionnels qui traitaient avec le gouvernement étaient excessivement politisés. Plus que jamais le Québec était divisé entre les "rouges" et les "bleus". Les avocats, les médecins, les clercs et même les évêques étaient soit des amis, soit des adversaires du gouvernement et ils étaient traités en conséquence. Seuls les plus puissants, tel le cardinal Léger, pouvaient se permettre de ne pas prendre parti.

Duplessis avait très peur que son gouvernement ne devienne dépensier et corrompu à la manière du régime Taschereau. Il étudiait attentivement les coûts de construction de chemins dans différentes parties du monde et comparait constamment les coûts de construction du gouvernement à ceux du secteur privé. S'il découvrait qu'il y avait eu abus, l'entrepreneur perdait son contrat avec le gouvernement et le fonctionnaire en cause était dûment châtié. Duplessis eut toujours une idée élevée des services dus au public et à chaque fois que le gouvernement semblait avoir fait une mauvaise affaire, il en était particulièrement irrité.

Personnellement, Duplessis ne chercha jamais à amasser une fortune. Il n'accepta jamais d'argent en cadeau et ne dépensa jamais celui de l'Union nationale pour lui-même, sinon pour des raisons politiques. Il ne reçut jamais d'argent du gouvernement, sauf son salaire qu'il voyait à peine puisqu'il était déposé à son compte, presque toujours à sec, par Auréa Cloutier et Emile Tourigny qui s'occupaient de ses finances personnelles. Sur les questions d'argent, il agissait avec la même prudence que dans sa correspondance et évitait de laisser des indices qui le feraient soupçonner de transactions louches. A Trois-Rivières, il gardait la caisse électorale de la région chez sa soeur dans une petite armoire du cabinet de toilette au sous-sol. Cette caisse contenait en tout temps soixante mille dollars parce que, disait Duplessis: "On ne sait jamais quand un électeur peut avoir besoin d'argent en fin de semaine." (6) En fait, les largesses du député de Trois-Rivières étaient distribuées par Auréa Cloutier de son domicile, rue Nérée Duplessis, le lundi après le départ du Premier ministre pour Québec. Le dimanche, il décidait avec elle du montant requis et, pour le reste, s'en remettait à l'intuition infaillible de sa secrétaire. Dans les dernières années, les constantes demandes de faveurs irritaient terriblement Duplessis bien que ce fût une situation qu'il avait lui-même créée. A certains amis, il réservait un accueil particulièrement chaleureux et exprimait son soulagement

de savoir qu'ils étaient de ce petit groupe qui ne demandait jamais rien. Quant à ceux qui l'approchaient avec une requête, il les renvoyait à un assistant avec promesse d'appui matériel en disant que son temps était plus précieux que les montants en question.

Durant le règne de Duplessis, le gouvernement du Québec augmenta rapidement ses revenus, ses dépenses et l'ensemble de ses activités. Le Premier ministre aimait que les choses demeurent telles quelles étaient et refusait toute suggestion de changement. Il ne perdit jamais l'habitude de s'immiscer dans tous les départements et d'en superviser toutes les dépenses. Les déboires de son premier gouvernement lui avaient appris à ne pas confier trop de responsabilités à ses subordonnés, leçon que sa nature méfiante accepta d'emblée. Il préférait souvent consulter directement les sous-ministres dont la plupart avaient été nommés par Godbout et même par Taschereau. Pendant les vacances des ministres, Duplessis, qui ne s'accorda que dix jours de congé annuel pendant les treize dernières années de sa vie, prenait lui-même leur ministère en main, ce qui lui permettait d'être bien au courant de ce qui s'y passait.

Ainsi, la parcimonie et une certaine probité furent deux constantes de l'administration Duplessis, tant dans ses aspects officiels que politiques. Quoi qu'il en soit, ce gouvernement et ce Parti, même s'ils avaient tendance à se fondre l'un dans l'autre, étaient probablement les plus efficaces qu'ait connus le Québec.

Les liens étroits qui unissaient le Parti et le gouvernement sous le même chef autoritaire conféraient à l'Union nationale un personnel stable et efficace dont la direction générale était assurée par Joseph-Damase Bégin. Pendant quinze ans, les mêmes tâches furent accomplies par les mêmes personnes, ou à peu près, encouragées par la joie d'être au pouvoir et les satisfactions matérielles que dispensait le trésor du Parti. Les membres de l'Union nationale n'avaient pas à se débattre chaque fois que la Chambre était dissoute. Avant, durant et après les élections, ils étaient encore et toujours en place. Sous Duplessis, les dates d'élections étaient presque aussi prévisibles que celles des élections américaines (qui sont fixes). Paul Earl confiait à Camillien

◀ *Emile Tourigny tend un document au Premier ministre. (Soc. des Amis de M.L. Duplessis)*

◀ *Mlle Auréa Cloutier prend le message. (Soc. des Amis de M.L. Duplessis)*

Houde que tous les quatre ans les libéraux essayaient de deviner quel mercredi Duplessis choisirait en juin, juillet et août. (7) Son parti était déjà prêt et l'ouverture de la campagne était inévitablement précédée d'une publicité destinée à déconcerter les libéraux et qui consistait habituellement en une résurrection de la menace communiste ou centralisatrice. Duplessis faisait une campagne énergique, ne se montrant presque jamais trop confiant. Par son énergie, ses tactiques habiles, par le style de ses discours, il avait facilement l'avantage sur Godbout, Marler, Lapalme et Lesage.

Les campagnes, brèves et passionnées, étaient alimentées par un flot d'argent venant du Trésor officiel et du Parti. Duplessis maintenait l'avantage qu'il possédait dès le début. Il avait atteint sa maturité de chef et les temps étaient favorables. Après bien des échecs, il avait découvert le secret de mener une campagne autonomiste sans s'aliéner les conservateurs, de défendre les droits des ouvriers sans déplaire aux industriels et de promouvoir un capitalisme propre à éveiller la fierté nationale plutôt que l'animosité des travailleurs. Son programme et ses accomplissements lui garantissaient l'adhésion des fermiers qui l'appuyèrent toujours, même en 1939 et la distribution des comtés donnait la victoire électorale au champion des comtés semi-ruraux. Agressif, Duplessis forçait l'Opposition à se replier sur la défensive où il la maintenait du début à la fin de la campagne. Il employa toujours cette tactique sauf pendant les deux premières semaines de la campagne de 1952, erreur rapidement corrigée et jamais répétée.

Pierre Laporte écrivit que l'adulation de Duplessis par ses collègues devint rapidement "du fétichisme, presque de l'idôlatrie". La plupart des principaux ministres avaient siégé avec lui dans l'Opposition et plusieurs avaient déjà osé imaginer son remplacement comme chef du Parti. Cependant, en quelques années, il en était arrivé à personnifier le gouvernement du Québec, plus que quiconque avant lui.

Parmi les députés, Paul Sauvé était le seul qui pouvait parler à l'Assemblée sans que ses remarques fussent approuvées à l'avance ou interrompues par Duplessis. Même le ministre des Finances, Onésime Gagnon, s'entendait souvent interrompre en plein envol oratoire, au plus grand amusement de l'Opposition, par un cri de Duplessis: "C'est assez, Nézime!" A ce signal, Gagnon terminait rapidement ses remarques.

Les ministres souffraient-ils de cette mise en tutelle? Ils s'y complaisaient apparemment. Le ministre des Travaux publics, monsieur Roméo Lorrain, et le ministre des Finances, monsieur John Bourque, s'étaient imposé la tâche très humble de déplacer le fauteuil de monsieur Duplessis quand il se levait pour parler. C'était devenu un rite. Monsieur Lorrain était assis derrière le Premier ministre, et monsieur Bourque à sa gauche. Quand monsieur Duplessis se levait, le "mécanisme" se mettait en marche: les "Travaux publics" empoignaient le dossier du fauteuil, pendant que les "Finances" s'emparaient du bras gauche. Monsieur Lorrain étant trop petit pour exécuter la manoeuvre assis, il s'appuyait le ventre sur son pupitre et poussait le fauteuil des deux mains. Monsieur Bourque n'avait qu'à tendre la main et à tirer le fauteil à lui.

Un jour, ce fut presque la catastrophe. Monsieur Duplessis se leva, le fauteuil fut happé par le duo Bourque-Lorrain, mais le Premier ministre se rassit brusquement, avant que les ministres aient eu le temps d'opérer la manoeuvre en sens inverse. Monsieur Duplessis s'assit par terre. Le tonnerre serait tombé sur l'Assemblée législative que la consternation n'eût pas été plus grande!(8)

Paquette s'en tirait un peu mieux que Gagnon parce qu'il parlait moins longtemps, et Beaulieu, parce qu'il était un très bon orateur, mais Barré se faisait constamment interrompre et donner des directives. Mais Sauvé n'eut jamais à subir de telles interventions pendant les vingt années où lui et Duplessis furent collègues, dans la bonne entente.

Sous Maurice Duplessis, les arrêtés ministériels étaient plus qu'une simple formalité. Les députés se rassemblaient tous les mercredis matin dans la salle du cabinet avant l'arrivée de Duplessis. Ils n'étaient jamais en retard et rarement absents. Quand Duplessis entrait, ils se levaient prestement pendant que le Premier ministre traversait lentement la pièce et prenait place au bout de la table. Ensuite les ministres, procédant par ordre d'ancienneté et tels des écoliers récitant une leçon, présentaient les projets de loi qu'ils désiraient faire adopter. Duplessis accomplissait ce genre de travail avec une facilité étonnante. Il lui suffisait de jeter un coup d'oeil sur chaque document pour en saisir l'essen-

Maurice Duplessis et Paul Sauvé. (Roger Ouellet)

tiel; il apposait ensuite ses initiales aux projets qu'il approuvait. Ce
rituel fut répété tous les mercredis matin pendant quinze ans sauf
durant les campagnes électorales et Duplessis eut toujours une connaissance approfondie des rouages de chaque ministère. Il avait acquis
cette connaissance au début des années trente alors qu'il était virtuellement l'unique porte-parole de l'Opposition. Sa mémoire phénoménale
et sa curiosité naturelle aidant, il maintint cette connaissance pendant
toute sa vie.

Les ministres de Duplessis formaient un groupe modérément
intéressant. Paul Sauvé était, semble-t-il, celui qui avait le plus de talent
et jouissait de la plus grande autonomie. Il était le dauphin de l'Union
nationale. Son titre d'héritier fut confirmé en 1955 lors d'une cérémonie
dans sa ville natale de Saint-Eustache pour marquer ses vingt-cinq ans
de vie publique. Duplessis, qui était le principal orateur avec l'invité
d'honneur, déclara que Sauvé serait son successeur.

24

Le statut de dauphin de Paul Sauvé fut encore proclamé plus ouvertement et prit une plus grande signification vers la fin des années cinquante alors que se faisaient plus insistantes les allusions au décès possible du Premier ministre. Duplessis, qui était conservateur et aimait l'idée de la continuité, avait toujours eu un penchant naturel pour Sauvé. Non pas qu'il aimât particulièrement Arthur Sauvé, mais leurs relations avaient toujours été cordiales et après 1935 Paul avait été le principal objet de leur entente. Duplessis comprenait bien et admirait la fierté du père pour le fils. Pendant la guerre, Paul Sauvé, officiellement membre du caucus, avait été presque continuellement absent. Durant son service en Europe comme officier des Fusiliers du Mont-Royal, il entretint une correspondance chaleureuse avec Duplessis. Arthur Sauvé représenta son fils auprès de ses électeurs jusqu'à sa mort en février 1944. La femme de Paul Sauvé le remplaça et elle fit campagne pour son mari absent. Sauvé accepta la nomination dans une lettre dramatique adressée à Duplessis en juillet de "quelque part en France", ce qui donnait l'impression qu'elle était composée dans une tranchée sous le feu ennemi.

Duplessis avait une grande admiration pour Paul Sauvé, quoiqu'il lui reprochât parfois d'être paresseux: "Paul serait meilleur que moi si seulement il travaillait plus fort!" (9) Lorsque Duplessis demandait à ses ministres de le remplacer lors d'engagements qu'il ne pouvait remplir, invariablement, ils acceptaient, sauf Paul Sauvé. Duplessis, exaspéré, raccrochait le téléphone, et disait: "Paul est paresseux comme deux ânes!" Il était indépendant, certes, mais aussi, farouchement loyal à Duplessis. Il savait gérer ses propres affaires et n'embarrassa jamais le gouvernement. De tous les ministres, lui seul exerçait une autorité morale. Duplessis appréciait grandement la finesse avec laquelle il s'acquittait de sa tâche délicate de ministre de la Jeunesse. En effet, quand le cardinal Villeneuve avait appris la création de ce nouveau ministère, il avait écrit à Duplessis (18 janvier 1946): "Inutile de vous dire, Monsieur le Premier ministre, ce que des successeurs moins bien intentionnés que vous pourraient faire d'un tel ministère." Sauvé apaisa bien vite ces craintes sans pour autant se départir de ses prérogatives et sans avoir recours à la flatterie avec les évêques. Il continua d'agrandir son ministère et ne cessa de l'administrer d'une manière imaginative et efficace qui lui valut même les hommages de Godbout, de Marler, de Lapalme et de Lesage. Cependant, cet homme de grand talent avait un talon d'Achille, une faiblesse qui allait lui coûter la vie. Il avait souffert d'une thrombose coronaire en 1945 et depuis prenait parfois des vacances d'hiver de deux mois et plus en Floride.

Duplessis n'avait pas mentionné ces renseignements sur la santé de Sauvé. Cela l'inquiétait à tel point qu'il avait pour Sauvé une plus grande sollicitude que pour ses autres ministres. Duplessis allait rarement dans le comté de Sauvé, mais, à l'occasion de chaque campagne électorale, il lui faisait parvenir une lettre d'une extrême cordialité où il parlait de Sauvé comme du "brillant ministre, mon vieil ami" (7 juillet 1948) et que Sauvé pouvait faire lire sur les tribunes s'il le désirait. Duplessis exprimait des sentiments semblables, mais d'une manière encore plus personnelle à l'occasion de l'anniversaire de naissance de Sauvé. Le 24 mars 1958, il lui écrivait: "Tu m'excuseras sans doute d'interrompre tes activités proverbiales durant les quelques secondes nécessaires à la lecture de cette lettre. Je n'oublie pas que le 24 mars est la date de ton anniversaire de naissance." Puis il ajoutait les bons souhaits du Cabinet ainsi que les siens.

Sauvé prit de plus en plus à sa charge les responsabilités du Secrétariat provincial, division administrative qu'Athanase David avait nommée: "ministère de l'Instruction publique et des Beaux-Arts". Ceci fut la cause d'une des grandes luttes entre membres de l'Union nationale, entre d'une part, Paul Sauvé et Antonio Barrette (ministre du Travail) et d'autre part, Omer Côté, secrétaire provincial.

Pendant les quinze ans que dura son second ministère, Duplessis présenta toujours le ministère du Bien-être social et de la Jeunesse comme un monument au progrès et une réussite de l'Union nationale. Après 1946, rares furent les discours où il ne mentionna pas le ministère de Paul Sauvé. Il en parlait parfois comme du "premier ministère de la Jeunesse en Amérique du Nord" ou bien encore comme du "premier ministère du monde démocratique qui est spécifiquement consacré à résoudre les problèmes de notre jeunesse". Cet élément de nouveauté, les craintes qu'exprimait le clergé et l'élégance même du ministre faisaient de cet organisme un point de controverse.

Etant donné la personnalité d'Omer Côté, la controverse était doublement inévitable. Intelligent, agressif et retors, Côté passait trop facilement pour le bouc émissaire tandis que Paul Sauvé était le noble

héros. Ils étaient tous deux avocats, mais alors que Sauvé avait passé la
guerre au front, Côté, lui, l'avait passée dans des salles enfumées et sur
les tribunes agitées à mener les batailles politiques de l'Union nationale. Sa spécialité était de répondre aux attaques du Bloc populaire et
Duplessis le récompensa en 1944 en le nommant secrétaire provincial.

Dans sa fonction de ministre, Côté était tout aussi énergique que
l'avaient été Athanase David et Hector Perrier; il s'affairait à agrandir
son ministère. Comme il était probablement le membre le plus ambitieux du Cabinet Duplessis, ce dernier, tout naturellement, encourageait la rivalité entre Côté et Sauvé. La lutte, à savoir qui des deux
aurait le plus d'influence sur le système éducatif de la province, commença aussitôt que Duplessis entreprit les préparatifs pour la création
d'un ministère du Bien-Être social et de la Jeunesse. Côté encourageait l'opposition cléricale et la provoquait même chez certains
amis de Duplessis membres du clergé. Barrette faisait des pieds et des
mains pour obtenir le contrôle des écoles techniques. Les intérêts les
plus divers entraient en jeu et aggravaient le conflit, à savoir les relations Eglise-Etat, le système de patronage et la publicité faite au projet
du gouvernement. En plus, des sommes énormes étaient déboursées
pour satisfaire à la demande croissante de nouvelles écoles, d'universités et de centres d'apprentissage. Et l'inspecteur d'écoles Omer-Jules
Desaulniers de Yamachiche que Duplessis avait nommé surintendant de
l'Instruction publique, venait encore compliquer l'imbroglio Côté-
Sauvé-Barrette. En effet, une partie importante de son travail consistait
à agir pour le Premier ministre lui-même et il devait faire en sorte que
personne d'autre n'exerçât une influence indue sur la politique éducative
du gouvernement.

Une des premières initiatives de Côté avait été d'essayer de transférer le contrôle de l'éducation des juifs d'Outremont de la commission
des Ecoles protestantes de Montréal à la commission des Ecoles catholiques, initiative qu'approuvait sincèrement Mgr Charbonneau.
Côté décrivit ainsi ce projet dans une lettre à Duplessis le 21 mai 1945:
"Sous notre administration, les juifs pourront recevoir l'enseignement
de leur religion et éviter l'enseignement des doctrines subversives auxquelles leurs enfants sont exposés sous l'administration protestante." Il
prétendait que les juifs désiraient s'intégrer à la communauté francophone et ajouta certains commentaires qui démontraient son parti pris

contre les protestants. Le penchant à la bigoterie et au nationalisme conservateur qu'affichait Côté ne l'empêchait pas de parler avec fierté de ses relations avec la communauté juive. Il tenta de faire accepter ses idées en écrivant qu'étant donné les engagements pris, il allait transférer, la semaine suivante, le contrôle de l'éducation des juifs d'Outremont à la commission des Ecoles catholiques sauf s'il recevait de Duplessis un ordre contraire. Mais heureusement pour toutes les personnes concernées, y compris Côté et Charbonneau, Duplessis se rendit compte que cette proposition était tout à fait inacceptable pour les juifs et que de l'appliquer soulèverait un tollé et des accusations de racisme et, en plus, entraînerait des difficultés dans l'aménagement du budget scolaire. Il y apposa immédiatement son véto car ce n'était pas le moment de laisser libre cours aux préjugés de Côté. Duplessis essayait de renflouer la réputation du Québec et la sienne et c'était l'époque où le monde horrifié apprenait quelles atrocités avaient été commises dans les camps de concentration.

Alors que Sauvé savait employer la persuasion, Côté avait le don d'irriter. Il était, plus que tout autre ministre, une source de division au sein du gouvernement. Il commençait des querelles avec ses collègues et Duplessis devait finalement s'interposer pour régler la question. Et, immanquablement, Côté exprimait ses remords dans une longue lettre douloureuse, comme, par exemple, celle-ci qui date du 9 janvier 1947 :

> *Tout ce que j'ai souffert depuis trois ans n'est plus rien à côté de la joie profonde que j'ai ressentie lors de notre entrevue de la semaine dernière. Ce n'est pas la valeur matérielle comme le geste d'amitié que vous avez posé qui m'a le plus touché. Ce geste d'amitié, de confiance, que j'ai attendu durant ces trois dernières années, je vous en remercie bien sincèrement.*
>
> *Un jour je vous ai paru lâcheur, mais je ne l'étais aucunement... je ne voulais pas nuire au mouvement si sain de l'Union nationale, dirigé par vous, et ne pas vous créer de difficulté en gardant un collègue qui ne semblerait pas prisé.*
>
> *Je vous affirme sur mon honneur, mon cher Premier, que je n'ai rien fait de déloyal, et que j'ai fait tout ce que j'ai pu pour empêcher une certaine personne de poser des actes personnels qui ont pu vous faire croire à ma déloyauté. Au*

contraire j'ai donné le meilleur de moi-même à vous aider dans cette oeuvre gigantesque de rénovation...

Je serai complètement moi-même le jour où j'entendrai de votre bouche cette expression attribuée à d'autres de "sincère et loyal ami"; mais je ne le veux que lorsque vous en serez profondément convaincu...

Si j'ai commis des erreurs dans l'exercice des fonctions que vous m'avez confiées, veuillez croire qu'elles étaient involontaires...

Mille mercis du fond de mon coeur...

Côté exprimait ensuite la gratitude de sa femme et remerciait Duplessis de lui avoir fait l'honneur de lui permettre de présenter le projet de loi sur les tramways à l'Assemblée.

M. Omer Côté avait atteint le sommet du genre dans une ébouriffante improvisation à l'éloge de monsieur Duplessis. Posant au sculpteur travaillant dans le secret, il avait décrit une tête altière, un corps formé de la plus pure argile québecoise, un coeur largement ouvert à toutes les grandes causes. Tous les membres et une bonne partie des organes y avaient passé. Soudain, le ministre avait dévoilé verbalement cette étonnante statue. C'était monsieur Duplessis! Les journalistes se tenaient les côtes à force de rire; les députés ministériels trépignaient d'enthousiasme. (10)

Duplessis contrôlait bien sa famille officielle. Une conduite exemplaire était récompensée par un rôle de leader dans les débats, un voyage à l'étranger, une enveloppe pleine d'argent. Le récalcitrant, par contre, se faisait corriger.

Côté n'était certes pas le seul ministre qui écrivait des lettres obséquieuses à Duplessis. En 1946, Duplessis et Sauvé avaient confié l'ambitieux programme de formation professionnelle à Antonio Barrette, ce qui en faisait du même coup un autre rival pour Côté. Barrette était un ministre du Travail compétent, mais dans les prises de bec qui l'opposaient parfois à Sauvé et à Côté, la formation, le caractère et l'astuce lui faisaient défaut. Peu de temps après qu'il eût assumé ses nouvelles fonctions d'éducateur des apprentis de la province, une furieuse dispute s'engagea entre lui et Côté. Au printemps 1946, Barrette écrivait à Duplessis:

> *Je suis certain que Jean Bruchési a organisé toute une cons-*
> *piration contre moi. Pendant des années, on a conspiré, puis*
> *rédigé un mémoire perfide, qui vous fut remis. On s'est*
> *vanté que jamais le bill 23 ne serait présenté; j'ai reçu ce soir*
> *un téléphone anonyme, m'affirmant qu'aujourd'hui même*
> *on jubilait, en disant que le bill était tué. De ma conversa-*
> *tion avec son Eminence il appert que la conspiration s'est*
> *organisée au Sec. Prov. Ce sont les mêmes gens qui ont un*
> *racket formidable dans les mains et qui garde (sic) encore à*
> *l'école d'avionnerie 22 professeurs pour 67 élèves.*

Barrette, qui n'avait jamais terminé son baccalauréat, était un grand travailleur. Son goût pour les possessions matérielles était insatiable et sa modeste maison de Joliette devenait peu à peu un musée où s'empilaient peintures, antiquités, livres rares et curiosités de toutes sortes. Plus que tout autre, il appréciait l'habitude singulière qu'avait Duplessis d'offrir des présents à ses visiteurs et de marquer les anniversaires de naissance ou autre par un cadeau. Barrette quittait rarement le bureau de Duplessis sans emporter une peinture. Comme les peintures et les cigares étaient à peu près les seuls cadeaux que Duplessis acceptât (il refusait toujours l'argent), ces objets étaient ce qu'il offrait le plus fréquemment en cadeau. Cette habitude était en partie une autre manifestation du cynisme de Duplessis. Du point de vue sociologique, il trouvait intéressant ce goût de l'acquisition matérielle chez les autres. C'était une faiblesse qu'il savait exploiter chez les autres, afin de satisfaire son propre appétit de pouvoir absolu.

Barrette écrivait encore à Duplessis à la fin de l'année:

> *Encore hier vous me donniez, avec une générosité qui*
> *m'émeut profondément, deux toiles magnifiques qui s'ajou-*
> *taient à celles déjà reçues, sans compter les excellents ci-*
> *gares. Je vous réitère l'assurance de mon dévouement et de*
> *mon attachement; après vingt ans de labeur à vos côtés je*
> *vous considère comme un homme providentiel et le plus*
> *noble fils de toute une race, c'est ma conviction intime!* (11)

Ces cadeaux étaient aussi une manifestation de la sollicitude paternelle de Duplessis pour ses partisans, pour le bien-être et les condi-

Antonio Barrette. (Photo signée Karsh, 1960) ▶

tions de vie de leur famille. En 1947, Barrette écrivait ces deux lettres à son chef:

> *A des remerciements bien incomplets, je désire ajouter que votre lettre de bons souhaits est pour moi un stimulant que rien ne peut égaler. Le cadeau princier qui l'accompagnait arrive juste au moment du besoin. Il en fut toujours ainsi depuis que j'ai l'honneur de vous servir. Vous m'avez tout donné, tout ce que je possède vous appartient, vous pouvez me le retirer. Je ne voudrais cependant pour rien au monde que vous me retiriez votre confiance. (27 mai 1947)*
>
> *...Je désire vous adresser les premiers remerciements pour les sympathies reçues à la suite du deuil qui m'a durement frappé. Je veux aussi vous remercier pour la visite que vous avez faite à ma mère deux jours avant son décès. Vous lui avez procuré une joie que rien ne pouvait remplacer, alors que l'angoisse lui étreignait le coeur, vous vous êtes penché sur elle et lui avez fait oublier, j'en suis certain, ses affres et ses souffrances. Pour ce geste héroïque, soyez béni. Votre présence aux funérailles nous a comblés... Maman a eu des funérailles de reine. Je lui devais cela, mais c'est vous qui les avez payées. (9 juillet 1947)*

Sauvé et Barrette sortirent victorieux de la bataille avec Omer Côté. Ce dernier était trop ambitieux pour n'être qu'un simple serviteur, et trop énergique pour se satisfaire d'une position médiocre; il n'était cependant ni assez fier ni assez solide pour éviter les intrigues et, dans le gouvernement Duplessis, les intrigues n'avaient jamais de succès. Le samedi 10 mars 1956, lors d'une réception, Côté eut une parole maladroite: il suggéra que Duplessis devenait peut-être un peu vieux et qu'il était temps que lui, Côté, prenne sa place.

Le 13, une scène larmoyante eut lieu dans le bureau de Duplessis: Côté apprit son propre départ de la politique active et sa nomination à la magistrature. Le lendemain, Duplessis annonçait la nouvelle à son Cabinet et tous les membres applaudirent en choeur lorsque Duplessis dit: "Tu vas nous manquer à tous, Omer." (12)

Le lendemain, Côté et Duplessis échangèrent des lettres qui faisaient allusion à la soi-disant fatigue de Côté sur un ton si sincère que tous ceux qui ne connaissaient pas le fond de l'histoire, y compris

Pierre Laporte, s'y laissèrent prendre. Et, là encore, Côté ne put résister à sa manie de chercher à s'insinuer dans les bonnes grâces de Duplessis: "...je ne puis tracer ces lignes sans éprouver le besoin de vous dire ce que l'on ne peut faire de vive voix: je vous admire."

Yves Prévost remplaça Côté, pour la plus grande joie d'Antonio Barrette qui s'était toujours senti la victime des ambitions extravagantes de Côté. Prévost était à la fois avocat, député de Montmorency (ancien comté de Taschereau) ministre, et un ministre compétent, si compétent en fait que Duplessis avait parfois l'impression qu'il lui volait la vedette. (13)

Duplessis n'était pas que sentimental à l'égard de son équipe ministérielle; il était même superstitieux si on peut dire. Omer Côté et François Leduc connurent l'insigne honneur d'être les seuls ministres qu'il revoyât et il n'acceptait pas volontiers les démissions. Après que Gérald Martineau eut surpris Antonio Barrette en train de se servir à même le contrat de construction du sanatorium de Joliette, Duplessis en éprouva une si vive contrariété qu'il interdit à Barrette d'assister aux réunions du Cabinet et ordonna même qu'on cessât de le servir au Château Frontenac où il habitait, à l'imitation servile de Duplessis. Le ministre du Travail devait prendre ses repas ailleurs qu'à l'hôtel. Cette fois, la période de disgrâce dura plus d'un an pendant lequel Barrette remit trois fois sa démission, que Duplessis n'accepta jamais. Finalement, après que Barrette eut proclamé sa loyauté à Duplessis lors d'une assemblée publique à laquelle ils participaient tous les deux, proclamation exagérée selon la plupart des membres de l'Union nationale, Duplessis déclara: "Très bien, Antonio, viens à la réunion du Cabinet mercredi." (14)

La mésentente de Duplessis-Barrette avait pour cause initiale ce que Duplessis considérait comme une bouderie du ministre à la suite de l'affaire de l'amiante. Barrette, qui était lui-même un ancien ouvrier, tenait beaucoup à conserver de bonnes relations avec les mouvements syndicaux. Et, à ce sujet, il avait enfreint les normes exigeantes de solidarité ministérielle établies par Duplessis. En 1958 et 1959, Barrette fut malade à quelques reprises et comme il avait retrouvé les bonnes grâces de son chef, Duplessis lui témoigna la plus délicate attention. Duplessis tolérait chez Barrette sa passion légendaire de collectionneur, appréciait sa loyauté et admirait la diligence et la sincérité avec lesquelles il se faisait le champion de l'ouvrier.

Duplessis aimait bien aussi Camille Pouliot, médecin et coronaire de Gaspé qui le servit pendant plusieurs années à titre de ministre de la Chasse et de la Pêche, mais celui-ci le décevait parfois. Pouliot était aimable, mais quelque peu distrait et Duplessis le scandalisa en le décrivant dans *Le Devoir* en ces termes: "...un saint homme, pas fin fin, mais un saint homme!" (15) Le fils de Pouliot était propriétaire de Gaspé Airways et ses relations avec le ministère de son père furent la cause de quelques controverses.

John Bourque était à peu près du même calibre que Pouliot. Aimable et accepté de tous, il avait toujours été très loyal à Duplessis. Il avait été colonel au cercle des Fusiliers de Sherbrooke et avait avancé dans la carrière politique grâce à son caractère jovial et à son bilinguisme. Mais, comme ministre, il n'était pas très compétent.

Paul Beaulieu, par contre, était énergique, dynamique et efficace, et toujours bien vu de Duplessis.

Les seuls ministres qui démissionnèrent durant le deuxième mandat de Duplessis furent Albiny Paquette, élevé au poste de conseiller législatif en 1958 après s'être plaint de maladie et de lassitude pendant des années, et Onésime Gagnon qui devint lieutenant-gouverneur en février 1958. Il était temps, car ces deux hommes étaient épuisés. Gagnon éprouvait de la difficulté à prononcer d'une manière cohérente un discours de plus de dix minutes et les absences de Paquette se faisaient de plus en plus fréquentes.

En dehors de Sir Thomas Chapais qui mourut en 1946 à l'âge de quatre-vingts ans, seuls, Jonathan Robinson, Bona Dussault et Daniel French moururent en fonction. Robinson était un avocat remarquable qui avait sacrifié beaucoup à la vie publique. Depuis la Première Guerre mondiale, il était avec George Marler le seul porte-parole de distinction de la minorité anglaise du Québec. Le gouvernement provincial au complet arriva par avion pour assister à ses funérailles à Waterloo, sur le lac Brome, où il avait vécu. Les plus grandes réalisations de Robinson avaient été son projet d'exploitation de l'Ungava et le lancement de la carrière de deux futurs Premiers ministres: Daniel Johnson et Jean-Jacques Bertrand. (16) Ces derniers furent nommés respectivement aux ministères des Ressources hydrauliques et des Terres et Forêts lorsque John Bourque succéda à Gagnon comme ministre des Finances en 1958. Bourque était un candidat qui ne convenait pas très bien à ce poste, mais sa nomination fut rendue possible par un sous-ministre des Finances très compétent, Jean-Henri Bieler. Duplessis était tenté de remplacer Barré, qui avait été un remarquable ministre de l'Agriculture au cours des premières années, mais qui ne croyait pas à la tendance moderne vers les grandes fermes spécialisées de laquelle dépendait, dans une large mesure, le progrès rural. Mais, pour le remplacer, il aurait fallu choisir parmi plusieurs aspirants au poste et faire des mécontents. Barré demeura à son poste jusqu'à la fin.

La mort de Dussault en 1953 et celle de French en 1954 ne furent ni aussi subites ni aussi prématurées que celle de Robinson. Membres loyaux du gouvernement, ils n'avaient pas compté parmi les plus éminents. Dussault fut d'abord remplacé par Prévost comme ministre des Affaires municipales puis ensuite par Paul Dozois lorsque Côté fut transféré à la magistrature. Dozois était un conseiller municipal de Montréal qui s'était fait connaître en s'opposant au nouveau maire, Jean Drapeau. Johnson, Bertrand, Dozois et Prévost représentaient des choix judicieux, porteurs de promesses qui allaient se réaliser. On ne pouvait en dire autant des nominations au Conseil législatif. La plupart étaient médiocres et Duplessis eut mieux fait de suivre les conseils de Camillien Houde, de l'abbé Pierre Gravel et d'Anatole Vanier qui suggéraient au Premier ministre d'y nommer l'historien Robert Rumilly. (17)

On pouvait comprendre la promotion de notables du Parti comme Gérald Martineau, Edouard Masson, Edouard Asselin et John Rowat qui n'étaient pas nécessairement compétents, (Masson et Asselin l'étaient plus ou moins). L'habitude qu'avait Duplessis de récompenser les fils de ses vieux amis n'était pas toujours très heureuse: il y eut George B. (Bunny) Foster, avocat et homme d'affaires d'un certain talent, Olier Renaud, fils de Jo, qui aida à organiser la campagne personnelle de Duplessis à Trois-Rivières, et Jean-E. Barrette, dit "P'tit coq", fils de J.A. Barrette, un reporter de baseball dont Duplessis se faisait accompagner lorsqu'il assistait aux séries mondiales pour qu'il lui commente le jeu. Mais sa politique consistant à nommer de quelcon-

Cabinet du lieutenant-gouverneur à Québec: assermentation de Daniel Johnson, ministre des Richesses naturelles et de Jean-Jacques Bertrand, ministre des Terres et Forêts, en 1958. (Louis Lanouette — Roger Ouellet)

ques partisans au Conseil législatif sous le prétexte qu'ils étaient loyaux avait encore de plus piètres résultats. Patrice Tardif, cultivateur prospère et vieil et fidèle ami de Duplessis, fut un bon choix après sa défaite aux élections de 1952. Mais on s'explique mal les choix suivants: Ernest Benoit et Joseph Boulanger, tous deux fermiers, Albert Bouchard, employé dans une caisse populaire et lieutenant de J.D. Bégin dans Dorchester, et Emile Lesage, quincaillier et ancien député d'Abitibi Ouest. Jean-Louis Baribeau s'acquitta bien de sa tâche d'Orateur du gouvernement au Conseil législatif, mais Duplessis n'accordait pas une grande importance à la présidence de la Chambre haute qu'il avait d'abord offerte à Philippe Hamel en 1936.

Parmi les innombrables lettres "d'affection filiale" (pour employer le mot de Martineau) que recevait Duplessis, la plus émouvante fut peut-être celle de Daniel Johnson à la suite de sa nomination au Cabinet comme ministre des Ressources hydrauliques, le 8 mai 1958. En janvier 1953, la femme de Johnson avait été blessée légèrement par son amant qui, la croyant morte, se suicida avec l'arme qu'il venait d'employer. Daniel Johnson, affolé, se précipita au Château Frontenac pour annoncer l'accident à Duplessis. Ce dernier, à peine réveillé, refusa la démission de Johnson et lui conseilla de retourner auprès de sa femme ("Elle est la mère de tes enfants.") et de ses électeurs, puis il s'occupa de rétablir la situation pour Johnson.

Duplessis, assisté de Tourigny et de Ouellet, téléphona à tous les journaux et postes de radio de la province et réussit à étouffer l'histoire sauf dans le cas d'un petit poste de radio libéral de Québec. (18) Johnson professa toute sa vie une affection et une révérence profondes pour Duplessis qu'il considérait comme un père. (19) Son vrai père, Frank Johnson, un Irlandais sympathique employé à la Commission des liqueurs de Richmond eut moins d'influence que Duplessis sur la carrière de son fils qui, du petit poste de faveur qu'il occupait en 1944 à l'Office de la censure du film fut promu au Cabinet en 1958. Duplessis s'occupa toujours de Johnson et le protégea après ce malheureux épisode avec sa femme. Il le favorisait et voyait en lui, avec raison, un disciple véritable et talentueux.

Quand Cyrille Dumaine, député de Bagot, mourut en 1946, Duplessis demanda d'abord à Johnson, alors âgé de tente et un ans, de se retirer de la compétition pour qu'on nomme un candidat plus âgé et qui l'avait déjà réclamé. Johnson écrivit à Duplessis:

> *Quand, au mois de février, vous m'avez, après avoir entendu mes objections, donné l'ordre de faire la conquête de Bagot, sans hésiter j'ai intensifié mon travail, et avec plus d'enthousiasme que jamais j'ai entrepris de vous apporter ce comté. Naturellement, j'ai dû négliger mon droit un peu et orienter ma vie vers la politique; je me suis habitué à l'idée que je ferais à vos côtés une carrière politique où mes rêves généreux de jeunesse, mon idéalisme "réaliste" et mon ambition de servir les miens auraient libre cours. Au moment où la réalisation de ces rêves et ambitions se précise et devient providentiellement plus facile, vous me conseillez de renoncer.*
>
> *Cher Monsieur le Premier ministre, je vous mentirais si je vous disais que la chose m'est facile, mais par loyauté et à*

cause de l'énorme confiance que j'ai en vous, aussi dans le but de faciliter votre tâche si ardue, je suis votre conseil... La mort dans l'âme, mais avec la fierté que procure l'accomplissement d'un pénible devoir, je me souscris, votre loyal et sincère ami, Daniel Johnson.

Duplessis, comme l'avait espéré Johnson, fut si favorablement impressionné par les sentiments qu'exprimait cette lettre, qu'il lui permit de poser sa candidature. Il fut choisi, élu, et jusqu'à la fin de sa vie, resta député de Bagot.

La lettre suivante date de l'époque où Duplessis nomma Johnson ministre:

Maintenant que le flot des premières émotions est un peu calmé, je sens le besoin de vous dire de nouveau et par écrit la vive reconnaissance que je vous ai témoignée, bien inadéquatement et en marmottant, lors de l'entrevue de mardi et après l'assermentation, le mercredi... également le lendemain lorsque, dans votre bureau, vous m'avez remis l'enveloppe, lourde de votre générosité. Si vous avez pu lire — et je vous soupçonne de l'avoir fait — à travers le rideau de tension, vous aurez découvert la sincérité de ma gratitude pour la confiance que vous avez mise en moi, malgré mes erreurs et mes défauts. Je ne pouvais me retenir de penser aux circonstances, un peu cahoteuses, de mon entrée en politique active en 1946; et surtout à ce dimanche matin 11 janvier 1953 lorsque j'ai offert au Premier ministre de ma province ma démission que mon chef a refusée. Je ne saurai jamais comment vous remercier pour ce geste et pour ces paroles si humaines et en même temps si chrétiennes qui ont sauvé une famille entière. Dieu seul peut récompenser de pareils actes.

Ma manière à moi de vous dire merci, c'est de travailler. Travailler sans relâche sous votre direction, à la réalisation de plus en plus étendue de votre politique inspirée et bienfaisante.

L'émotion et la joie ont été profondes et intenses pour ma femme, ma petite, le vieux papa, la belle-mère, les frères et soeurs, les fidèles organisateurs comme M. Gagnon, les gens qui vous aiment dans Bagot. Tous vous remercient, et

◀ *Maurice Duplessis en 1957, dans son bureau au sous-sol de sa maison de Trois-Rivières. (Canada Wide) nos quatre petits ont une prière à vos intentions chaque soir. Et moi aussi.*

La générosité de Duplessis n'était certes pas de l'affectation. Inspirée par ses principes religieux, elle s'étendait à tous ses collègues et à plusieurs de ses adversaires officiels. Il s'inquiétait quand une personne de son entourage était malade et la mort l'affligeait même lorsqu'il s'agissait d'une personne aussi éloignée de lui que la mère de Lapalme. Si un membre de son caucus était hospitalisé, Duplessis se rendait à son chevet. S'il apprenait qu'il y avait un malade dans la famille d'un de ses collègues, il envoyait un message de sympathie et du secours matériel. Par exemple, quand la fille de Côté, Monique, fut malade, Duplessis envoya la famille passer de longues vacances en Floride et leur écrivit sur un ton sincère et attentif:

> *Je suis heureux d'apprendre, par la lettre que je viens de recevoir, que votre chère petite Monique est maintenant rendue avec ses excellents parents... Il est indispensable que vous preniez tout le temps nécessaire; ne soyez pas le moindrement gêné à ce sujet.* (20)

Par deux fois, Duplessis envoya Côté en vacances quand sa santé laissait à désirer et la plupart de ses autres ministres reçurent la même marque d'attention. Il envoya Onésime Gagnon en Floride se remettre d'un hiver inclément et, pendant son absence, Duplessis s'occupa lui-même du bon fonctionnement du ministère des Finances. Il envoya à son ministre des recommandations précises sur les hôtels et les plages de Daytona où il avait lui-même séjourné durant les années vingt et trente. (21) Lui seul ne cédait pas à la maladie, mais il se montrait particulièrement attentif envers ceux qui, comme lui, souffraient du diabète comme, par exemple, le fils de Gérald Martineau, Robert.

Les ministres répondaient par l'adulation au paternalisme de Duplessis. Même Antoine Rivard qui avait été le confrère de Duplessis et comme lui membre du Parti conservateur depuis le début des années vingt, lui écrivait avec une déférence exagérée. Rivard était parmi les ministres un des plus intelligents, mais l'air important qu'il se donnait irritait parfois Duplessis. Lors d'une des premières réunions du Cabinet, Rivard soumit une énorme quantité d'arrêtés ministériels à l'approbation de Duplessis. Ce dernier, vexé par la diligence pleine d'osten-

En compagnie d'Antoine Rivard. (Soc. des Amis de M.L. Duplessis)

tation de Rivard, lui demanda s'il avait perdu la tête et jeta violemment les dossiers sur le plancher. (22)

Si Barrette manifestait l'avarice du pauvre, Rivard, par contre, avait les goûts fastueux de la haute bourgeoisie. Duplessis l'envoya deux fois en France et l'apparat qui entourait ses voyages rappelait ceux d'Athanase David. Etant donné que Duplessis ne mettait pas un zèle excessif à payer ses ministres, plusieurs d'entre eux y compris Rivard, dépensaient plus qu'ils ne gagnaient et finissaient par se trouver en difficulté financière. Par deux fois, c'est Duplessis qui paya l'impôt sur le revenu annuel de Rivard pour éviter de voir le solliciteur-général de la province traduit en justice ou obligé de vendre une partie de ses biens pour satisfaire aux demandes des percepteurs! (23) Duplessis accordait de nombreuses faveurs à Rivard et lui offrait en cadeau toutes sortes d'articles qu'il avait lui-même reçus. En 1957, il accorda une bourse d'études en France à la fille de Rivard, faveur qu'il avait déjà accordée à celle d'Onésime Gagnon.

Rivard remerciait ainsi Duplessis de deux livres magnifiquement reliés qu'il avait reçus de lui:

> *Comment te dire combien j'apprécie tout ce que tu as fait pour moi? Depuis plus de vingt-cinq ans tu gardes pour moi une amitié que rien n'est venu altérer. Tu ne cesses de multiplier les preuves d'une confiance qui m'honore et qui fait certainement des jaloux. Tu m'invites à vivre dans le rayonnement de ton prestige, et je sais les bienfaits que j'en retire. Tu m'acceptes dans l'intimité de ton travail, et j'y prends des exemples et des leçons qui n'ont pas de prix. Et en plus de tout cela, tu me combles de cadeaux!* (24)

Rivard écrivait de Paris, où l'avait envoyé Duplessis, en partie pour des vacances, en partie pour ouvrir une exposition du Québec au Louvre: "Je fais tout en mon possible pour être digne du mandat que tu m'as confié et du grand Premier ministre que je représente." (25)

Antonio Talbot, ministre de la Voirie s'était marié en 1949 à l'âge de quarante-huit ans et sa fille, née quelques années plus tard, était l'objet de l'attention affectueuse de Duplessis. Duplessis comblait Talbot de faveurs et l'envoya aussi en voyage à Paris et à Rome, mais Talbot, comme Côté, devait parfois faire amende honorable. Ainsi, le 29 décembre 1949, il écrivait à Duplessis:

> *Les reproches mérités, je l'avoue, que vous me faisiez, hier soir, m'ont été extrêmement sensibles. S'il est une personne que je respecte, que j'admire, que j'ai toujours voulu servir avec loyauté et dévouement, c'est bien vous. Aussi je regrette infiniment que ma négligence à vous donner de mes nouvelles ces dernières semaines et la prolongation de mon voyage en Europe aient pu vous causer des tracas, des ennuis et un surcroît de travail. Encore une fois, je m'en excuse et j'espère que la nouvelle année me fournira l'occasion de vous servir avec un dévouement sans défaillance.*

Pierre Laporte avait probablement raison quand il disait qu'il y avait trois sortes de ministres: ceux qui disaient "Oui, Maurice", ceux qui disaient "Oui, cheuf..." et Paul Sauvé. Gagnon, Paquette, Barré,

Rivard et Elié faisaient partie du premier groupe. Mais Laporte exagérait quand il écrivait:

> *Monsieur Duplessis dominait complètement ses ministres. Ils n'existaient que pour satisfaire son insatiable désir de pouvoir... On s'étonne que des ministres ainsi menés au doigt et à l'oeil se soient crus obligés, dans chacun de leurs discours, de faire l'éloge le plus indécent qui soit de monsieur Duplessis... Un ministre me confiait un jour qu'il avait dit son fait à monsieur Duplessis dans ces termes: "Quand je fais un discours, Maurice, c'est pas toi qui parles, c'est moi. Il n'y a rien que je déteste plus que de me faire interrompre ou de me faire souffler des mots!"... Vingt-quatre heures plus tard, monsieur Duplessis inaugurait quatre écoles. Le ministre était présent et y alla de son discours. Il était en train de se rasseoir quand le Premier ministre lui dit: "Parle en anglais." Il revint au micro et se lança dans un grand éloge de monsieur Duplessis: "He is the greatest Prime minister, he is the most progressive leader we ever had, he is..." Duplessis l'interrompit: "Broadminded!" et le ministre déclara: "...and he is broadminded!"*

Toujours d'après Laporte, Duplessis exigeait que ses ministres:

> *...emploient certains termes, qu'ils en évitent d'autres. Par exemple le verbe "dépenser" était tabou. Il avait, dans l'esprit de monsieur Duplessis, un sens vaguement péjoratif. Il fallait lui substituer le mot "consacrer". M. Paquette: Nous avons dépensé $4 millions pour les hôpitaux...*
>
> *M. Duplessis: Consacré, Albiny!*
>
> *M. Paquette: Nous avons consacré $4 millions... Quelques minutes plus tard:*
>
> *M. Paquette: Nous avons dépensé $5 millions...*
>
> *M. Duplessis: Albiny, consacré!...*
>
> *M. Paquette: ...consacré, monsieur le président!*
>
> *Même si monsieur Duplessis faisait mine de ne pas aimer les éloges, il lui arrivait de provoquer les remerciements trop lents à venir. Il disait: "Le député oublie-t-il de remercier le gouvernement?" ou bien: "Le député a-t-il quelque chose à dire?". Et, en sourdine, le Premier ministre disait à l'interpellé: "Lève-toi!"*

> *Le député ainsi appelé à remercier ne devait toutefois pas sortir de son rôle. Le député de Stanstead, monsieur Denis Gérin, voulut un jour profiter des remerciements d'usage pour réclamer certaines choses pour son comté. Monsieur Duplessis ne lui laissa pas dire quatre mots. Il l'interrompit en disant: "Le député est satisfait? Il est content? Très bien, très bien, passons à autre chose!"*

A l'Assemblée, continue Laporte, quand les questions qu'on adressait à ses ministres se faisaient trop pressantes et difficiles,

> *...il répondait aux questions à la place de ses ministres... Les députés de l'opposition prévoyaient le geste de monsieur Duplessis. Ils disaient tout haut: "Il va se lever, il va répondre à la place du ministre." Ça ne ratait jamais!*
>
> *Des ministres ont tenté de se rebeller. Monsieur Duplessis les a brisés sans pitié... Monsieur Duplessis a toujours su manier les hommes. Quand un ministre prenait trop d'importance, il courait le risque de se voir couper les ailes...*
>
> *Faut-il en conclure que les ministres de monsieur Duplessis le détestaient? Non. Plusieurs d'entre eux se seraient fait couper en morceaux pour le chef... Monsieur Duplessis était un meneur d'hommes. Il émanait de lui une sorte de magnétisme qui faisait de ses ministres des esclaves heureux. Cela explique que des hommes pas plus bêtes que d'autres acceptaient d'être traités comme des quantités négligeables. N'y a-t-il pas des femmes qui aiment leur mari de plus en plus à mesure qu'elles se font battre! (26)*

Si certains ministres agissaient parfois comme des mendiants, il était encore plus fréquent de voir les grands commis de l'Etat se comporter comme des suppliants! Ainsi, quand le juge Edouard Archambault, gérant général de la Commission des liqueurs, fut reconfirmé dans ses fonctions, il écrivit à Duplessis, le 29 mai 1947:

> *En acceptant le haut poste que vous me conférez, j'ai conscience d'assumer une grande responsabilité: vous faire honneur en justifiant le choix que vous faites. J'aurais certainement hésité si je n'avais eu un modèle devant moi. Je n'ai qu'à jeter un regard sur votre carrière toute de droiture, de probité et d'intégrité pour acquérir la conviction qu'en*

m'inspirant d'un exemple aussi noble, je ne pourrais manquer d'être à la hauteur de la tâche. C'est vous dire, mon cher chef, que dans l'accomplissement de mon devoir, je n'aurai qu'à puiser à la source féconde et vivifiante de votre enseignement pour réaliser mon voeu le plus cher: vous faire honneur dans la même mesure, si possible, que vous faites honneur vous-même à votre race, à votre province et à votre pays. Je conviens qu'il est présomptueux de ma part, connaissant mes humbles ressources, d'aspirer à un aussi beau titre de gloire, mais j'ai appris à votre école que c'est en poursuivant un idéal sublime qu'on accomplit des choses sublimes...

Thomas Tremblay marqua le vingtième anniversaire de la convention de Sherbrooke en écrivant à Duplessis une lettre de trois pages, véritable monument d'adulation, qui résumait la carrière de celui-ci. Il terminait sur ces mots: "Je te dois tout ce que j'ai et tout ce que je suis. Je n'en méritais pas tant." (27)

Duplessis ne se préoccupait pas de préserver l'indépendance du pouvoir judiciaire. Le juge en chef du Canada lui-même, Thibaudeau Rinfret avait parfois recours à l'intervention de Duplessis. Le 29 décembre 1953, il lui demandait par écrit d'approuver le transfert du permis d'alcool de l'hôtel Lakeview à Saint-Anicet à son nouvel acquéreur qui l'avait acheté du fils d'un ami du juge en chef (Henri Tremblay). Duplessis lui rendit ce service. (28) Rinfret lui demanda ensuite d'aider son ancien assistant, W.K. Campbell, à acheter une propriété de la Couronne à un prix qui était certainement avantageux; ce que fit Duplessis. (29) Quand Rinfret résilia sa fonction de juge en chef, Duplessis le nomma à la tête du Comité de Révision du Code civil créé en vue de moderniser les principales lois du Code civil du Québec. Rinfret n'en continua pas moins de demander des faveurs au Premier ministre. Il envoya Mlle Claire Duchesneau, une jeune chanteuse qui était la coqueluche du moment et qui demandait une bourse, passer une audition devant Duplessis afin qu'il la recommande à Sauvé. (30) Duplessis lui rendit ce service encore une fois. Cependant, quand il était question d'argent, il se montrait moins généreux, même avec Rinfret. En 1957, ce dernier se présenta au bureau de Duplessis avec l'intention de lui demander un octroi pour aller en France avec Trudel, son collègue du Comité, théoricien en code civil distingué.

Rinfret commença à peu près comme ceci: "Parce que la France est la source de la plupart de nos lois..." Mais Duplessis l'interrompit brusquement et sans attendre la suite: "Pas une maudite cent!..." (31)

Pour être juste, il faut dire que Duplessis n'encourageait pas toujours ces flagorneries chez ses partisans et les flatteries ne lui étaient pas tellement agréables. Il y voyait plutôt là d'autres preuves de la faiblesse humaine, ce qui l'irritait parfois. Cependant, il n'y a pas de doute qu'il encourageait le culte rendu à son personnage politique et il faisait souvent des allusions théâtrales à ses sacrifices et au fait qu'il était le sauveur de la race. Mais les flatteries excessives lui déplaisaient beaucoup, surtout quand elles venaient de personnes dont la carrière et le bien-être dépendaient entièrement de lui. Il savait la différence entre les marques de gratitude que lui exprimaient la plupart de ses vieux amis et les flagorneries.

Edouard Asselin était généreusement récompensé pour sa constance, et son ardeur au travail, mais sa gratitude n'allait jamais jusqu'à la flatterie. A la naissance de son quatrième enfant, une deuxième fille, Asselin écrivit à Duplessis pour le remercier de ses félicitations. Comme Talbot, il s'était marié tard, à quarante-six ans, et il avait cinquante-neuf ans à la naissance de son dernier enfant. Sa lettre faisait état d'une grivoiserie qui ne lui était pas coutumière:

> *Cette petite dernière — qui n'est pas mal tournée — complète l'équilibre des sexes dans mon foyer. Il faut croire que chez le papa tout le sens de l'équilibre s'est logé dans une certaine partie de son anatomie... qui, par surcroît, persiste à demeurer la plus jeune.* (32)

Patrice Tardif et Antonio Elie, deux campagnards très religieux demandaient rarement des faveurs et jouissaient de l'estime de Duplessis malgré leurs suggestions parfois bizarres. Le 15 janvier 1947, Tardif écrivait:

> *Le Révérend Père Paré, de la Villa Manrèse, vient de me laisser savoir, une fois de plus, qu'il vous fait une excellente propagande; il m'a dit textuellement: -"Je vous assure que monsieur Duplessis fait honneur à la race... son attitude avec Ottawa de même que celle vis-à-vis des Témoins de Jéhovah mérite d'être hautement félicitée et encouragée." Ceci pour votre information.*

> *Maintenant, monsieur le Premier, je voudrais vous faire une demande, je voudrais la faire à la fois avec instance et respect. Il s'agit d'une retraite fermée qui sera prêchée à Villa Manrèse, vers le milieu de mai; ce sera une retraite de quatre jours de silence total, en récréation comme en tout autre temps, afin de permettre au Divin Prédicateur de parler en nos coeurs. Je sais bien que vous avez vos moyens intimes de sanctification, mais je me permets de suggérer que ce serait un très bel exemple, de même qu'un excellent moyen de faire descendre toujours de plus en plus les bénédictions célestes sur votre administration.*

Duplessis fut touché par la sincérité du ton, mais ne prit pas la suggestion trop au sérieux.

Les organisateurs en chef de l'Union nationale formaient un groupe à part. Duplessis aimait bien Gérald Martineau, son trésorier, qui était d'une loyauté au-dessus de tout soupçon. Ce dernier s'enrichit et prit de l'importance grâce au pouvoir politique de Duplessis. Mais il y avait chez Martineau quelque chose d'envahissant, il donnait toujours l'impression d'être de connivence avec son interlocuteur et Duplessis s'en méfiait malgré ses protestations "d'affection filiale" (33) et ses lettres qui commençaient par: "Merci est le plus merveilleux mot de notre langue."

S'il entretenait certains doutes sur Martineau, il se méfiait franchement de Joseph-Damase Bégin. Le bruit courait que Bégin profitait un peu trop de sa situation. Duplessis demanda à voir toutes les factures se rapportant aux frais officiels du ministre. En 1955, il avait dépensé près de trois mille dollars en meubles et rénovation pour son bureau. (34) Le ministère de la Colonisation étant devenu inutile, Bégin ne s'occupait plus que des affaires du Parti. Duplessis chargea plusieurs personnes, y compris Martineau, de surveiller Bégin. Dans le comté de Dorchester à la frontière des Etats-Unis, encore plus éloigné de Montréal que ne l'étaient les Cantons de l'Est et même la Beauce, Bégin était président de la compagnie d'électricité Lac Etchemin et propriétaire d'une grosse affaire d'automobiles, d'une imprimerie, sans compter quelques placements. Une histoire célèbre à l'époque et sur laquelle il y eut enquête par la suite voulait que la maison de Bégin, confortable pour ne pas dire somptueuse, ait été entièrement construite avec les surplus de matériaux achetés pour la construction de l'école locale. Ces manifestations de cupidité et de fourberie déplaisaient à Duplessis, mais il appréciait à sa juste valeur les talents remarquables de Bégin pour l'organisation. Tous reconnaissaient le génie de Bégin quand il s'agissait de coordonner une campagne et de résoudre les problèmes de logistique. Duplessis le tolérait parce qu'en fait Bégin, ce célibataire jovial et affable, était irremplaçable.

L'organisation de Montréal sous la direction d'Edouard Masson et, après 1948, de Camillien Houde, était un cas particulier. Martineau et Bégin pouvaient être malhonnêtes et cupides, mais Masson les surpassait par son don de l'intrigue; il était le Fouché du mouvement. Son expérience en faisait le plus adroit et le plus rusé des manipulateurs politiques. Il n'existe aucune preuve qu'il ait jamais volé des fonds, mais il recevait de droit sa part du patronage légal. Conservateur convaincu, il avait aidé, d'une manière ou d'une autre, plusieurs candidats à remporter la victoire: Camillien Houde, Paul Beaulieu et John Diefenbaker, entre autres. Elégant, imperturbable, auréolé d'un charme sinistre, Masson était un homme réservé et raffiné. Duplessis et lui n'étaient pas des intimes, mais ils se comprenaient bien et leurs relations étaient assez cordiales.

Camillien Houde restait encore le plus original et le plus attachant. Duplessis, sauf quand il criait bien haut ses doutes sur les capacités de leadership de Camillien Houde, aimait bien "M. Montréal", comme presque tous ceux qui le connaissaient. Houde était d'une espièglerie qui éveillait inévitablement la sympathie. Il aimait la politique, mais en rejetait tous les aspects sérieux avec un superbe dédain. Robert Rumilly fut le principal artisan de la réconciliation entre Houde et Duplessis. (35) Rumilly, historien et pamphlétaire, né en Martinique en 1897, élevé au Vietnam, est un vétéran de la Première Guerre mondiale et de l'Action française, mouvement quasi fasciste dirigé par Charles Maurras. (Maurras avait l'habitude à cette époque de décrire les Evangiles comme "des fables écrites par quatre vilains Juifs.") Rumilly quitta la France pour le Canada en 1928, indigné par ce qu'il considérait comme la dégénérescence de la France sous l'influence du socialisme; un de ses amis s'était fait tuer à ses côtés lors d'une manifestation de la Droite, Place de la République à Paris. Rumilly s'imposa sans grande difficulté dans les milieux académiques conservateurs du

Robert Rumilly politicien, pamphlétaire et historien prolifique. (André Larose)

Québec, devint ami de Camillien Houde, appuya les partisans de Vichy au Canada (tel le colonel de Bernonville), fut un des fondateurs de l'Académie canadienne-française et un écrivain au succès rapide. Il prépara de volumineux ouvrages historiques, sur Mercier en particulier, puis finalement sur Duplessis et travailla pendant trente-cinq ans à l'un des principaux monuments du savoir canadien — son *Histoire de la Province de Québec* en quarante et un volumes.

Quand Rumilly approcha tour à tour Duplessis et Houde, chacun affirma que l'autre était irréconciliable. Mais en fait, une chose au moins les unissait: leur hostilité au Parti libéral qu'ils tenaient tous les deux pour responsable de leur éloignement du pouvoir pendant la guerre. Une rencontre secrète fut arrangée et Houde se rendit chez Duplessis à Trois-Rivières. Rumilly accompagnait le maire dans la voiture officielle de la ville. Une entente fut conclue sans difficulté. Ils s'aideraient l'un et l'autre aux élections, le provincial augmenterait l'aide financière au gouvernement de Montréal et le problème économique de la ville serait résolu. Houde devint un des grands patrons de l'Union nationale en prenant la direction de l'organisation de Montréal avec Edouard Masson, un ami qu'il avait en commun avec Duplessis, et avec l'aide de loyaux partisans de Duplessis, Francis Fauteux et Arsène Ménard.

Tout cela rappelait un peu l'entente passée entre Duplessis et Paul Gouin en 1935. La réunification de ces deux hommes symbolisait la restauration de l'unité dans les rangs nationalistes-conservateurs. Maintenant les libéraux étaient le parti de la scission, tiraillé entre sa loyauté au fédéral et les exigences électorales.

Avant de se séparer, les deux hommes s'attardèrent un instant devant la porte et Duplessis scella leur amitié retrouvée en racontant une bonne histoire qui illustrait l'esprit de vengeance qui les unissait désormais. Il s'agissait d'un voyageur de commerce qui s'arrêtait dans un hôtel de Montmagny et à qui on offrait au prix fort un lit dans lequel avait dormi Sir Wilfrid Laurier. Il accepta mais, à cause des punaises, il ne put fermer l'oeil de toute la nuit. Le matin, il dit au propriétaire: "Je vous ai demandé de coucher dans la chambre où le grand Sir Wilfrid Laurier a couché, je ne vous ai pas demandé de coucher avec tout le Parti libéral!" Duplessis et Houde partirent d'un grand éclat de rire. Ils devaient rester alliés jusqu'à la fin de leurs jours.

Houde, malgré son expérience d'homme public, était parfois étrangement naïf et aussi exubérant qu'un enfant. Après la grande réconciliation de 1948, il écrivait des lettres à n'en plus finir à Duplessis; dans la plupart d'entre elles, il exposait des idées farfelues sur des sujets obscurs. Il se fit le champion du tramway élevé et demanda à Duplessis de réduire la surveillance qu'exerçait la police provinciale sur les grandes routes au nord de Montréal: "Pourrais-tu examiner ce qu'il s'agirait de faire à l'endroit de ceux qui chauffent leur voiture en état d'ébriété, car il est réellement monotone de chauffer à petite vitesse sur la route." (La limite de vitesse sur les routes à deux voies dont il parlait était de soixante milles à l'heure.) (36)

Houde entra dans son nouveau rôle avec beaucoup d'enthousiasme. A défaut d'être à la fois maire et chef de Parti, il était maintenant

La grande réconciliation Houde-Duplessis. (Canada Wide) ▶

coorganisateur en chef et sa place à l'hôtel de ville était désormais assurée; Masson et lui formaient une équipe du tonnerre: Masson intriguait dans l'ombre pendant que Houde dominait les tribunes publiques. Vers le milieu de l'année 1953, Houde écrivit à Duplessis pour lui expliquer comment ils réglaient le sempiternel problème des employés de tramways. Masson s'était fait nommer représentant des employés qui menaçaient de déclencher une grève et dénonçait avec emphase les suggestions arbitrales du juge Paquet comme n'étant pas suffisamment généreuses. Le juge avait été nommé par Duplessis à la condition qu'il ferait des recommandations acceptables à Houde. L'étonnant Masson jouait à la perfection son rôle de champion des travailleurs. Houde écrivait à Duplessis:

> *Edouard Masson a agi de cette façon pour un bon motif, celui de nous garder un groupe ouvrier fortement organisé et, avec le concours d'Eucher Corbeil, le président de l'Union des employés de tramways, qui espère une position dans un de tes divers organismes ouvriers, Masson est parvenu à nous ménager des sympathies dans ce milieu. Mais ce groupe de Corbeil appartient politiquement au C.C.F. et fait partie du "Canadian Congress of Labour" de Mosher. Masson m'a prévenu avant de partir pour l'Europe qu'il prévoyait une déclaration de Mosher favorisant ta politique ouvrière à Québec, et ce serait, je l'admets, bien précieux dans les circonstances. (37)*

Masson calculait ses chances, agissait d'une manière délibérée. Houde au contraire, était tout feu tout flamme et s'attaquait à ses adversaires sans la moindre stratégie. Lors de l'élection partielle qui eut lieu à Outremont en 1953 pour remplacer Henri Groulx, décédé, Houde fit un effort homérique pour empêcher la victoire de Georges-Emile Lapalme. Le 2 juillet, presque à bout de souffle, il écrivait à Duplessis:

> *Savignac vient de m'appeler pour me dire qu'un chef libéral admet la défaite de Lapalme dans Outremont. Ce personnage dit que les libéraux sont divisés et qu'un grand nombre ne veulent pas de Lapalme. Il ajoute que ce n'est pas un chef. Ce chef libéral a taquiné Savignac sur les listes électorales qui seraient de nature, prétend-il, à aider Couvret-*

> *te (le candidat de l'Union nationale). Savignac lui a répondu*
> *que les bulletins au moins ont des talons, ce qui n'a pas tou-*
> *jours été le cas chez les libéraux.* (38)

Une semaine plus tard, Camillien Houde expliquait la victoire de Lapalme: la population de cette circonscription bourgeoise composée d'un tiers de juifs, d'un tiers d'Irlandais et d'un tiers de Français, avait eu peur de voter contre les libéraux par crainte que Saint-Laurent ne se vengeât en augmentant l'impôt fédéral sur le revenu. (39) Cette explication était plutôt saugrenue étant donné que le 13 juin Houde avait écrit à Duplessis qu'il avait de bonnes chances de remporter la victoire dans Outremont à cause de l'attitude de l'Union nationale favorisant l'entreprise privée. Il dit que les Italiens étaient bien organisés, mais qu'ils pouvaient être intimidés par un contrôle fédéral de l'immigration. Il ajoutait: "J'ai plus confiance dans ton jugement que dans le mien parce que tu as plus de facteurs qui te permettent de juger et tu es moins impulsif que moi."

Pendant les dix dernières années de sa vie, Houde fut surtout influencé par Rumilly. Houde parlait souvent de lui à Duplessis. En 1953, quand les "collets blancs" ou "next-wicketers" comme les appelait Houde, de Montréal menaçaient de déclencher une grève, il mentionna une émission radiophonique de Rumilly comme une tribune d'où ils pourraient lancer leur contre-attaque.

> *Rumilly est tout prêt à faire campagne de radio si l'occa-*
> *sion lui en est fournie. Je ne sais pas si la Ville consentirait*
> *à utiliser ce moyen et surtout utiliser les services de Rumil-*
> *ly, parce qu'ils ne le connaissent pas comme moi et ne savent*
> *pas quelle est sa valeur comme pamphlétaire dans une si-*
> *tuation comme celle-là."* (40)

Rumilly acquit sa réputation de pamphlétaire durant la campagne électorale de 1948 quand il prononça une causerie de trente minutes portant sur les implications constitutionnelles d'une victoire éventuelle de Godbout ("un désastre national"). Houde écrivait que Rumilly avait préparé une brochure qui expliquait le rôle du gouvernement dans l'affaire de l'Ungava. Il ajoutait:

> *Rumilly me dit avoir préparé en outre la matière d'une brochure contre* Le Devoir, *une philippique contre leur hypocrisie. Tu n'ignores pas qu'il déteste les gens du journal* Le Devoir *surtout depuis qu'ils ont critiqué un de ses volumes, celui sur Bourassa, je crois. Il a la haine tenace et il n'y a pas de pamphlétaire que je connaisse plus virulent que Rumilly. Il se peut que dans ton entourage il y en ait qui ne l'aiment guère, mais je l'ai vu à l'oeuvre et il est précieux, crois-moi.* (41)

La brochure en question fut donc commandée à Rumilly et distribuée par le Parti, comme le fut plus tard le résumé flatteur des réalisations de l'Union nationale qu'il prépara pour l'élection de 1956. Par contre, le parrainage de Houde ne connut pas le même succès quand il voulut faire entrer Rumilly au Conseil législatif. Rumilly y aurait pourtant été précieux, quand ce ne serait que par son originalité.

Rumilly n'était pas le type de personne qui plaisait à Duplessis. Son apparence chétive et son caractère partisan absolument dénué de sens de l'humour, dissimulaient ses dons intellectuels et son originalité aux yeux de Duplessis. Durant la guerre, Rumilly habita Ottawa où il était traducteur au service du gouvernement. Il avait commencé à écrire une biographie de Mackenzie King à la demande du Parti libéral, mais on le dissuada de la terminer quand Emil Ludwig devint disponible. (42) C'est de cette époque, sinon avant, que date la haine de Rumilly pour le Parti libéral. C'est aussi à ce moment-là qu'il commença à écrire à Duplessis:

> *Si cette lettre n'offre pas d'intérêt pour vous, jetez-la au panier... il y a deux ou trois semaines M. Chisholm, sous-ministre de la Santé nationale... psychiatre de Toronto... a soutenu cette thèse: Il n'y a pas de bien ou de mal; l'homme doit suivre ses instincts; ce sont les religions qui font tout le mal en contrariant les instincts. M. Chisholm, qui est aussi général, je crois, engage les jeunes soldats à donner libre cours à leur appétit sexuel... Si les provinces abandonnent le domaine de l'hygiène publique à l'Etat fédéral, ce sont des gens comme ce sous-ministre, d'une mentalité étrangère, qui vont imprimer une orientation conforme à leurs idées, et révoltante pour des Canadiens français.* (43) *(7 novembre 1946).*

Evidemment, Duplessis ne pouvait prendre ce genre de choses trop au sérieux.

A la veille de la conférence fédérale-provinciale de 1946, Rumilly lui écrivait une petite lettre d'encouragement:

> *La menace est peut-être encore plus grave que vous ne le croyez. Je suis convaincu que la survivance du Canada français, tel que nous le connaissons et que nous l'aimons, est en jeu. Une conjuration quasi invraisemblable de King, Lapointe, Bracken, Rowell (traître à Laurier!) et Dafoe (même observation — voir mémoires de Borden), avec ce pauvre notaire Sirois comme porte-respect, a préparé la camisole de force qu'on veut passer à la province de Québec.* (44)

Rumilly et Duplessis se sont rarement rencontrés, mais Rumilly envoya encore pendant longtemps au chef de l'Union nationale ses lettres d'encouragement et d'avertissement. Il écrivait régulièrement des articles vitrioliques en faveur du Parti et concevait des ruses stratégiques contre ses ennemis. S'il continua d'entretenir des rapports amicaux avec Houde, René Chaloult et d'autres, son influence fut utile à l'Union nationale, mais il n'avait pas de rapports particuliers avec Duplessis.

Dans une lettre à Duplessis, le 8 juin 1957, Rumilly demandait que Chaloult — que Duplessis détestait cordialement depuis plus de vingt ans et qui l'avait violemment dénoncé pendant la plus grande partie de cette période — soit nommé juge de la Cour du Bien-Etre social ou magistrat car, disait-il, "il se sent fatigué... Les torts de René Chaloult sont sérieux, incontestables, et, en somme, il les expie". (Duplessis ignora cette requête. Il n'avait aucune sympathie pour Chaloult.)

Rumilly en voulait aussi au *Montréal-Matin,* propriété de l'Union nationale, qui avait refusé, "sous des prétextes idiots", de faire paraître une annonce publicitaire "pour des conférences indépendantes, mais demandées et soutenues par l'hon. J.-D. Bégin et son organisation". Il se plaignait de ce qu'on avait accordé trop d'attention aux funérailles de Charles Bourassa "comme s'il s'était agi d'une personnalité considérable..." (45) et ajoutait: "Il y a longtemps que les amis — et même les députés — de l'Union nationale sont reçus à *Montréal-Matin* comme des chiens dans un jeu de quilles. Les amis de l'Union nationale n'ont aucune chance dans ce journal, dirigé par un libéral doublé d'un imbécile." (Il s'agissait probablement de Régent Desjardins, un protégé de Duplessis.)

Un peu agacé, Duplessis répondit: "Malheureusement je n'ai pas le don d'ubiquité et malgré toute ma bonne volonté, il m'est impossible d'être partout en même temps." (11 juin 1957)

Rumilly écrivit encore à Duplessis le 14 janvier 1958, attaquant John Diefenbaker pour avoir permis que "Jean-Louis Gagnon et sa bande de gauchistes restent rois et maîtres" à Radio-Canada, et pour son "aplatissement devant l'Angleterre et les intérêts anglais". Il écrivait qu'on lui demandait instamment d'écrire un nouveau "Cahier" de propagande basé sur ces points et demandait à Duplessis si cela lui causerait des inconvénients. Duplessis le dissuada d'entreprendre un tel projet.

Malgré leur vieille rivalité, Houde en vint à se fier à Duplessis d'une manière touchante, presque filiale. Le 22 avril 1953, il demandait conseil à Duplessis, hésitant à recevoir Albert Béguin, éditeur du journal français *Esprit,* "le journal communiste et catholique dont s'inspire *Le Devoir*". Le 8 juin 1953 il demandait de la part de Josef Karsh si Duplessis consentirait à se faire photographier pour un article sur la ville de Québec qui devait paraître dans la revue *Maclean's.* Il assurait Duplessis qu'on pouvait avoir confiance en Karsh et ajoutait même qu'il était un coreligionnaire ("Je crois que c'est un catholique").

Le 8 août 1943, il écrivait à Duplessis que sa femme semblait avoir définitivement perdu la raison: "Quel sort pour une personne ayant toujours eu un cerveau exceptionnellement bien équilibré." Le 19 février il demandait qu'on fasse voter par bill privé une pension à sa femme: "Dieu sait que je ne me plains pas. Madame Houde est responsable pour tout ce que j'ai fait de bien et je lui dois tout ce qu'elle me coûte ou pourrait me coûter... Je réalise de plus en plus que je n'ai pas cessé de solliciter des faveurs de toi. C'est un peu ta faute puisque tu ne m'as jamais rien refusé." (Duplessis fit voter une généreuse pension.) Une autre fois, comme il se préparait à faire un voyage en Europe, il demanda à Duplessis de lui accorder la même commission comme

Photo signée Karsh. (Soc. des Amis de M.L. Duplessis) ▶

représentant non rémunéré de la province qu'avait reçue Roger Maillet "avec le sceau de la province et la signature du lieutenant-gouverneur". (46)

En 1956, Camillien Houde, malgré ses soixante-sept ans, se lança dans les affaires minières avec un promoteur de Toronto et tenta d'obtenir des concessions dans le parc national de la Gaspésie. Il expliqua son désir en termes partisans et un peu bizarres:

> *Quant à notre statut: Mlle Authier, fille d'Hector, épousera bientôt le jeune Bernard Janelle...* Ce dernier est *union* nationale *et ex-président de la Chambre de Commerce Junior qu'il a dirigée vers l'*Union *nationale, au cours de son règne... A l'élection du 20 juin le frère de Bernard Janelle a signé un affidavit précieux pour Edgar Charbonneau et dommageable, on ne peut plus, pour Yvon Dupuis...*
>
> *Quant à moi, tu sais où j'étais, à côté de toi à serrer des mains qui ne pouvaient t'atteindre et à faire des mamours publiquement à Gilberte, à Hamel, à Filion, à Jacques Perreault, à Jean-Louis Gagnon, à Pierre Laporte, à Chaloult, à Jacques Hébert, à Pierre Elliott Trudeau et à Lapalme lui-même. Je les ai tous embrassés ensemble. J'en avais plein les bras et plein le... bas du dos. Comme tu as pu le constater.* (47)

C'était ainsi que raisonnait Camillien Houde en demandant des concessions minières. Duplessis lui rendit encore ce service et le projet fut un fiasco! Durant ses dernières années, Houde vécut de la pension spéciale que Duplessis fit accorder, d'une manière légèrement impersonnelle, à quiconque aurait servi dix-huit ans comme maire de Montréal.

Après 1956, "M. Montréal" vieillit rapidement et sa réponse aux souhaits d'anniversaire que lui adressait Duplessis à l'occasion de ses soixante-neuf ans en 1958 fut leur dernier échange épistolaire: "Lorsque j'étais adolescent, j'ai fait bien des rêves, mais jamais je n'aurais conçu celui d'avoir un jour l'amitié du Premier ministre de ma province." (48) Trente-cinq ans s'étaient écoulés depuis qu'ils avaient fait campagne ensemble pour la première fois contre Taschereau et sa nouvelle Commission des liqueurs. Camillien Houde mourut le 11 septembre 1958. Duplessis, profondément attristé, vint avec des milliers de

Montréalais rendre un ultime hommage au maire le plus célèbre et le plus aimé que la métropole ait jamais connu. (49)

Duplessis avait de l'amitié pour Houde et s'amusait de ses saillies, mais il le respectait aussi pour sa popularité, son esprit combatif et ses succès électoraux. Il n'avait jamais pris Houde au sérieux dans le rôle de chef de parti, mais il avait toujours reconnu sa force politique et, avant leur réconciliation, il parlait avec respect du danger que représenterait Houde à la tête du Bloc nationaliste. Duplessis n'avait qu'un an de moins que Houde.

Dix jours plus tard, la mort de Jacob Nicol, âgé de quatre-vingt-deux ans, mais qui avait semblé devoir vivre indéfiniment, vint encore assombrir le tableau. Moins de trois semaines avant sa mort, Nicol, qui s'intéressait beaucoup à la théologie en plus de tout le reste, abandonna la religion baptiste et se convertit au catholicisme. Il reçut les sacrements de pénitence, de confirmation et d'eucharistie de Mgr Cabana, évêque de Sherbrooke. L'évêque, très excité pour ne pas dire triomphant, écrivait à Duplessis le 7 septembre 1958: "Je crois que vous serez heureux d'apprendre que l'honorable Jacob Nicol s'est fait catholique."

Duplessis n'accorda jamais une grande attention aux désirs de l'ensemble du caucus. Il faisait venir dans son bureau les députés sans portefeuille, quatre ou cinq à la fois, ce qui les empêchait de soulever des points trop sérieux ou embarrassants à l'Assemblée. Il était extrêmement curieux, même indiscret. Tel un père autoritaire, il voulait savoir tout ce qui se passait au Québec, connaître tous les scandales de nature sexuelle, financière ou autres; tous les commérages l'intéressaient profondément même s'il n'y ajoutait pas toujours foi. C'était en partie à tous ces renseignements sur les faux pas des autres qu'il devait sa domination absolue. Ces informations lui étaient transmises par les organisations de l'Union nationale plutôt que par la députation. Les fonctionnaires du Parti étaient encore plus complètement à sa merci que les membres du caucus, car ils lui devaient tous le poste qu'ils occupaient. Ainsi comme l'Union nationale était un gouvernement parallèle qui distribuait influences et faveurs au niveau local, les cadres de l'organisation exerçaient une fonction parallèle à celle des élus du peuple. En semaine, Duplessis commençait toutes ses journées en téléphonant un peu partout dans la province à certains membres de l'organisation du Parti. Invariablement, la conversation commençait par la question devenue familière: "Tu me connais?" C'était sa façon de se tenir au courant de ce que pensait le public dans chaque district, des détails des affaires locales et même des petits racontars, aussi insignifiants fussent-ils, sur la conduite de chacun et surtout des politiciens de l'Opposition quand ils ne se croyaient pas observés. Duplessis se faisait communiquer régulièrement la liste de tous ceux qui recevaient des faveurs du gouvernement et le montant de ce que chacun avait remboursé à l'Union nationale. Il avait une liste de toutes les tavernes de la province et du montant de leur contribution au Parti. Des rapports écrits sur la situation de l'Union nationale lui parvenaient de toutes les paroisses du Québec. Il pouvait réciter de mémoire les noms de l'organisateur du Parti et du paroissien le plus influent de chaque paroisse et canton et il y en avait plus de mille. (50) Il apportait une attention méticuleuse au fonctionnement de l'organisation du Parti.

Presque tous les partisans de Duplessis étaient, d'une certaine façon, des informateurs. Ernest Laforce, chef de la Commission de la Fonction publique continua dans les années quarante et cinquante, comme il l'avait fait dans les années vingt et trente, à servir de lien entre Duplessis et divers éléments de la droite. L'ancien leader des nazis canadiens, Adrien Arcand était l'un des innombrables contacts de Laforce et il prétendait se rallier à l'Union nationale. Quand il lança un journal mensuel qu'il promettait de faire paraître plus fréquemment, il écrivit à Laforce:

> *Ce mensuel continuera ma bataille de toujours contre le Rouge (pâle, moyen, foncé)... J'espère que ta santé se maintient, de même que celle du Chef car, lorsque ce dernier partira, je crains que ce ne soit une catastrophe pour notre race si fortement menacée. Je n'en vois pas d'autre que lui ayant assez de prestige pour mener à bien notre grand combat et le faire triompher. (16 novembre 1953)*

Albert Savoie était probablement le meilleur ami de Duplessis non pas parce qu'il était particulièrement chaleureux ou affable, mais peut-être à cause de sa profonde discrétion et de la manière consciencieuse avec laquelle il faisait son travail. Il était président de l'Hydro-Québec et de plus supervisait en partie l'organisation de Montréal dont il payait et surveillait les membres. Chaque semaine pendant des années, Jacques Francoeur alla chercher son traitement au bureau de Savoie et ce dernier ne lui fit jamais une remarque du genre: "Il fait beau aujourd'hui" ou ne lui dit même "Bonjour". (51) C'était un homme d'une extraordinaire rudesse de caractère, mais qui, dans sa froideur, servit bien Duplessis en raison de sa position centrale.

Robert Maillet était tout à fait différent: très drôle, naturellement brillant, il était très doué, mais épuisé par l'abus d'alcool et les aventures amoureuses.

Le portrait qu'a fait Laporte de la famille officielle de Duplessis est essentiellement juste quoique incomplet. C'était avant tout une famille et les calembours de Duplessis sur ses ministres sont bien connus. Barrette était un beau sot et Pouliot, un saint homme pas fin fin (52) Mais ce qui n'a pas été rapporté et qui fut défiguré surtout dans les écrits d'intrus comme Edmond Wilson, fut le contexte favorable des remarques de Duplessis et sa bonté envers ses collègues et même ses adversaires quand ils avaient besoin de lui, et cela était fréquent.

Tout se passait comme en famille. La plupart de ses ministres étaient âpres au gain et Duplessis ne l'était pas. Ils lui devaient presque tout, leur carrière politique, leur salaire, leur bureau, leur limousine, les honneurs qu'ils recevaient, les indemnités de fonction, les voyages à l'étranger et les missions spéciales. Quand ils avaient besoin d'aide, ils venaient à Duplessis: Rivard pour ses taxes, Johnson pour ses problèmes maritaux, Gagnon pour l'éducation de ses enfants, Bertrand parce qu'il n'arrivait pas à payer l'essence de sa limousine de service après sa nomination au ministère en 1958. Duplessis était toujours généreux. Seul Côté, fantasque et qui manquait parfois de sincérité, finit par épuiser sa patience.

Duplessis se considérait véritablement comme le père du Québec. Au cours des dernières années de sa vie, il disait parfois d'un ton lugubre à des groupes de jeunes: "Quand on a des enfants, on ne meurt pas." Cette attitude était en grande partie de l'affection: il était l'époux de la province et le père de son peuple. Mais cette déclaration d'un homme solitaire et vieillissant contenait aussi une part de sincérité. La fin des années cinquante fut l'époque où, selon Laporte et les autres, Duplessis exerça son règne autocratique avec le plus de force, mais c'était aussi l'époque où sa santé dépérissait et où son moral s'affaiblissait car il voyait mourir ses vieux amis et chaque année le rapprochait de la vieillesse et le rendait d'humeur plus difficile. Il se complaisait dans cette conception de sa paternité et ses ministres, à l'exception de Sauvé, n'agissaient pas avec la sagesse, la probité et l'indépendance, qui auraient pu le faire changer d'idée.

Duplessis faisait de plus en plus siens les règlements qui avaient été ceux de sa propre formation: un bon père doit être ferme, mais généreux, s'attendre aux déceptions et être prêt à les pardonner, et récompenser généreusement le succès. Ce comportement était présomptueux et même anachronique, mais on pouvait le comprendre. D'ailleurs lui-même donnait l'exemple de plusieurs façons. Même Laporte admet: "Il se donnait corps et âme à son travail, ne prenait jamais de repos." (53) Il ne se préoccupait pas de son bien-être physique et se moquait de l'état de ses finances. Après 1843, date à laquelle il cessa de boire, il travailla toujours régulièrement et beaucoup. Il était remarquablement bien renseigné. Sa bonté se manifestait plus souvent que sa sévérité. Sa connaissance de la nature humaine lui permettait de passer l'éponge sur presque tous les écarts de conduite et même d'excuser la déloyauté.

L'ascendant qu'il exerçait sur son gouvernement et son parti reflétait la force de sa personnalité plutôt que la faiblesse des ministres car en somme, ces derniers étaient aussi compétents que ceux de Jean Lesage et presque aussi qualifiés que ceux de Taschereau. Le gouvernement Duplessis était compétent, efficace et économe en même temps qu'il devenait cynique, conservateur et s'installait de plus en plus confortablement au pouvoir.

La paternalisme de Duplessis s'étendait à toute la province et ce sentiment lui permettait de dire aux électeurs que s'ils voulaient un chemin ou un pont dans leur circonscription ils n'avaient qu'à le lui faire savoir par leurs bulletins de vote. "Duplessis tenait généralement parole." (54)

Ce système qui dépendait de la personnalité de Duplessis ne pouvait lui survivre. Mais, de son vivant, au Québec français, tout et tous, municipalités, corporations, ministres et même personnalités importantes étaient cotés en fonction de l'attitude de Duplessis: s'il les appré-

Pierre Laporte, septembre 1963, (Montreal Star-Canada Wide) ▶

ciait, leur cote montait, s'il n'en était pas satisfait, elle baissait. Ce système qui l'arrangeait, lui, simplifiait aussi les choses à tout le monde.

RÉFÉRENCES — CHAPITRE 1

1. Nous avons établi cette division de l'électorat avec Peter G. White, (assistant particulier du Premier ministre Daniel Johnson, 1966-67, et candidat de l'Union nationale dans Brome en 1970), pour Jean-Jacques Bertrand en mars 1971.

2. La caisse électorale de l'Union nationale contenait toujours une petite quantité de documents qui disparurent presque tous, comme par enchantement. Il ne reste plus que quelques-uns de ces papiers dans les archives Duplessis.

3. N. Ward., ed., op. cit., p. 128.

4. *FMLD*. La caisse électorale de Trois-Rivières contient plusieurs boîtes de ces reconnaissances de dettes, écrites par Auréa Cloutier et signées par le bénéficiaire qui s'engageait envers "l'honorable Maurice L. Duplessis."

5. Conversation avec Georges-Emile Lapalme, 2 mai 1972.

6. Auréa Cloutier.

7. *FMLD,* lettre de Camillien Houde, 12 novembre 1951.

8. Pierre Laporte, *Le vrai visage de Duplessis,* Editions du Jour, Montréal, 1960, p. 70.

9. Conversation avec Roger Ouellet, 2 avril 1975.

10. Laporte, op. cit., p. 68.

11. *FMLD,* lettre de Barrette, 30 décembre (l'année n'est pas indiquée).

12. Paul Beaulieu, John Bourque, Daniel Johnson, Jean-Jacques Bertrand.

13. L'invalidité de sa femme suite à la mort tragique d'un jeune enfant rendait inacceptables les relations qu'il entretenait avec sa secrétaire et Duplessis refusa devant tout le Cabinet de lui accorder la moindre augmentation de salaire.

14. Charles Lamarre, valet de Duplessis au Château Frontenac confirme les dires de Paul Beaulieu, le meilleur ami de Barrette parmi les ministres, que durant les périodes de disgrâce, la direction de l'hôtel refusait à Barrette tout service à sa chambre ou au restaurant. Dès qu'il rentrait dans les bonnes grâces du Premier ministre, tous les services étaient rétablis comme par enchantement.

15. *Le Devoir,* 29 mai 1956.

16. Johnson était le second associé de Robinson qui appuya la mise en nomination de Bertrand pour l'Union nationale dans le comté de Missisquoi en 1948 tout comme il avait appuyé la candidature de Johnson dans Bagot en 1946.

17. *FMLD,* Lettre d'Anatole Vanier, 21 juillet 1956. Il dit de Rumilly: "un brillant historien, un puissant polémiste, un parfait gentilhomme"; lettre de l'abbé Gravel, 25 juillet 1956 et suggestions de Houde dans le même sens et sur le même sujet.

18. Cette façon de procéder a été décrite par Emile Tourigny et Roger Ouellet. Le propriétaire du poste de radio qui refusa de collaborer avec Duplessis éprouva de sérieuses difficultés par la suite lorsqu'il essaya de renouveler son permis après l'élection du gouvernement Dienfenbaker.

19. Johnson adopta la manière de parler et de s'habiller de Duplessis et l'imita jusqu'à organiser son bureau comme le sien, lorsqu'il devint Premier ministre, et comme lui, il vivait au Château Frontenac. Nous nous sommes aperçu que la meilleure façon d'obtenir de Johnson une réponse à quelque question que ce soit était de lui demander ce que Duplessis en aurait pensé.

20. *FMLD*, 25 février 1952.

21. Ibid., 22 mars 1954.

22. Paul Beaulieu, John Bourque; Rivard lui-même prétend que leur description était exagérée.

23. *FMLD*. Reçus du receveur général pour mille dollars (30 janvier 1958), et pour deux mille dollars (12 juin 1958) payés par le bureau du Premier ministre.

24. Ibid., 6 février 1950.

25. Ibid., 10 janvier 1958.

26. Laporte, op. cit., pp. 65-75.

27. *FMLD*, lettre de Tremblay, 1er octobre 1953.

28. Ibid., réponse de Duplessis, 4 février 1954.

29. Ibid., lettre de Duplessis, 4 mars 1955.

30. Ibid., lettre de Rinfret, 17 août 1956.

31. Raconté par John L. O'Brien, C.R., et Peter R.F. O'Brien.

32. *FMLD*, carte d'Asselin, 5 avril 1951.

33. Ibid., lettre de Martineau, 31 juillet 1959.

34. Ibid., 30 novembre 1955, $3 375.30.

35. Nous nous rapportons à la version de Rumilly, corroborée par Tourigny, Auréa Cloutier et d'autres, et racontée avec une grande modestie par Rumilly dans *Duplessis,* vol. 2, pp. 199-201.

36. *FMLD*, lettre de Houde, 8 août 1953.

37. Ibid., 27 juin 1953.

38. Ibid., 2 juillet 1953.

39. Ibid., 9 juillet 1953.

40. Ibid., 29 août 1953.

41. Ibid., 24 novembre 1955.

42. APC, *W.L. Mackenzie King Diaries,* 12 octobre 1944, vol. 3, p. 54. Ernest Bertrand devait demander à Rumilly d'ajouter un chapitre et d'en réviser deux autres.

43. *FMLD*, lettre de Rumilly, 7 novembre 1946.

44. Ibid., lettre de Rumilly, 18 avril 1946.

45. Ce Charles Bourassa était un vieil ami de Duplessis et parlait déjà de lui-même en 1929 dans une lettre à Duplessis comme d'une personne "qui allait toujours demeu-

rer ton inséparable partenaire de croquet des années d'antan." *FMLD*, lettre de Bourassa, 10 avril 1929.

46. *FMLD*, lettre de Houde, 26 février 1955.

47. Ibid., lettre de Houde, 20 septembre 1956.

48. Ibid., 13 août 1958.

49. Houde ne se départit jamais de son style particulier. Dans son testament, il demanda que son tombeau au cimetière de Côte-des-Neiges soit une réplique de celui de Napoléon et que l'inscription donne un compte-rendu détaillé de sa carrière. Même Rumilly considère cette demande d'un goût douteux.

50. Presque tous ceux qui avaient le moindre contact avec Duplessis, y compris ses adversaires tel Laporte, racontent que Duplessis possédait cette sorte de renseignements. Les gens qui le connaissaient le mieux, tels Tourigny et Ouellet étaient les plus étonnés par sa prodigieuse mémoire.

51. Jacques Francoeur.

52. De nombreuses allusions sarcastiques à ses collègues sont bien connues. *Le Devoir* rapporte les plus célèbres dans son édition du 29 mai 1956.

53. Laporte, op. cit., p. 118.

54. Ibid., p. 87. Laporte raconte la promesse de Duplessis de construire un pont à Shawinigan Falls si René Hamel était défait mais ce dernier fut réélu jusqu'à ce qu'il se retire dans les années soixante et le pont ne fut pas construit du vivant de Duplessis.

Maurice Duplessis à son apogée

Le 9 juin 1948 Duplessis annonça la dissolution de l'Assemblée législative et des élections pour le 28 juillet. Il ouvrit officiellement sa campagne le 20 juin, à l'Arena de Trois-Rivières. Une semaine plus tôt, Godbout avait ouvert la sienne dans l'Islet en déclarant: "Les Québecois dont la province est la plus vieille du Canada, ne veulent pas que l'on fasse du Québec une réserve... Si l'Union nationale est reportée au pouvoir pour quatre ou cinq ans à venir, nous aurons alors une dictature du même calibre que celle qui existait en Allemagne avec Hitler et qui existe présentement en Russie avec Staline."

Sur la question de l'autonomie provinciale il accusa Duplessis d'inventer des dangers inexistants afin de faire oublier au public le peu d'intérêt que manifestait son gouvernement pour les questions sociales. (1)

Duplessis répliqua dans son discours du 20 juin que la publication du journal communiste *Combat* et le succès électoral de Fred Rose en 1945, prouvaient qu'il y avait des communistes au Québec. Godbout, en niant cette menace, démontrait sa malhonnêteté et son insouciance pour les intérêts de la province. Duplessis réaffirma son opposition à la centralisation et au communisme, et son appui à l'agriculture. (2)

La campagne dégénéra bientôt en échanges inintelligibles selon la tradition établie par Camillien Houde en 1931. Les réparties polies de l'époque Taschereau-Sauvé s'étaient évanouies pour longtemps. Duplessis avait rallié les nationalistes par des gestes appropriés: il avait fait adopter le Fleurdelisé, il avait changé le nom de la résidence du lieutenant-gouverneur de Spencer Wood à Bois de Coulonge et il avait repris les prérogatives fiscales provinciales, "prêtées" à Ottawa par Godbout en 1942 pour la durée de la guerre. Le Bloc populaire avait disparu et le quinze pour cent du total des voix qui était allé au Bloc en 1944 irait presque entièrement à l'Union nationale. Et même Chaloult se ralliait à Duplessis après une absence de huit ans. Duplessis était fermement décidé à reconquérir les nationalistes et à remettre en place le bipartisme qu'il avait contribué à détruire quinze ans plus tôt en forçant l'A.L.N. à se détacher des libéraux. L'Action libérale nationale, le Franc Parti, le Bloc populaire, les Créditistes, le C.C.F., tous ces mouvements avaient eu, en quelque sorte, une députation au cours des années précédentes. Et maintenant, cette période d'après-guerre où régnait la prospérité et la décentralisation était propice au projet de Duplessis qui désirait reprendre son titre de champion des nationalistes. On élabora une stratégie complexe qui allait paralyser les libéraux et donner à l'Union nationale une emprise phénoménale sur le Québec.

De 1944 à 1948 Duplessis avait défendu avec succès l'autonomie provinciale, surtout dans le domaine de la fiscalité. Après la défaite des libéraux provinciaux, Mackenzie King les abandonna à leur sort. Sauf quelques démarches pour défendre la conscription pour service outre-mer, ses efforts visaient surtout à convaincre les provinces d'abandonner leurs droits de taxation au fédéral en échange de paiements on ne peut moins généreux. Ceci plaçait Godbout dans la situation intenable d'avoir à expliquer la politique fédérale des libéraux pendant que Duplessis en profitait pour démolir les libéraux en les présentant comme les artisans de la conscription, de l'alliance avec les Russes et de la centralisation.

Ouverture de la session au Conseil législatif de Québec le 12 février 1947. (Photo Moder- ▶
ne Enr.)

L'Union nationale laissa le champ libre à René Chaloult dans le comté de Québec tout comme l'avaient fait les libéraux en 1939. Chaloult poursuivit sa carrière publique plus longtemps qu'Oscar Drouin mais il n'arrivait pas plus que ce dernier à prendre une décision. Devrait-il, à l'instar du Dr Hamel, s'isoler en un geste grandiose et se laver les mains du régime des partis, ou adhérer au parti de Duplessis comme l'avaient fait la plupart de ses collègues de l'A.L.N.? Il se condamnait ainsi à cavaler désespéremment au moment des élections, cédant un peu à son idéalisme, un peu à la nécessité pour, en fin de compte, s'aliéner tous et chacun et accomplir peu de choses. Il était, dans une certaine mesure, l'Aimé Guertin de son époque mais, plus intelligent et plus durable, il savait aussi mieux s'imposer. Duplessis se servit de lui pendant quelque temps avant de l'éloigner complètement, au soulagement général.

Chaloult avait laissé entendre en 1948 à des membres de l'Union nationale qu'il aimerait avoir l'occasion de collaborer avec le gouvernement. (3) Edouard Masson et Robert Rumilly lui servirent d'intermédiaire auprès de Duplessis en lui disant que Chaloult attirerait le vote nationaliste. Rumilly avait été l'un des conseillers du Bloc populaire fédéral et s'était fortement élevé contre l'entrée du Bloc dans l'arène provinciale. Duplessis accepta Chaloult et il fut entendu que ce dernier pourrait défendre ses idées dans son propre comté à la condition qu'il encourage les électeurs des autres districts à voter pour l'Union nationale et qu'il ne dise rien contre ce parti.

Duplessis autorisa une contribution de dix mille dollars à la campagne de Chaloult parce que Houde partageait l'intérêt de Rumilly pour Chaloult. Houde et Chaloult avaient été élus comme indépendants en 1939 et Chaloult avait défendu Houde durant l'incarcération du maire. Une petite cérémonie se déroula dans le bureau de Houde, rue Saint-Hubert. Masson remit à Houde une enveloppe contenant dix mille dollars, Houde la remit à Rumilly et Rumilly à Mme Chaloult et c'est ainsi que fut financée la campagne de Chaloult, le nationaliste indépendant. En échange et selon une entente avec Rumilly, Chaloult signa une déclaration plutôt tiède en faveur de l'Union nationale et une dénonciation retentissante des libéraux.

Chaloult conservait sa crédibilité dans de nombreux milieux et son adhésion à la cause autonomiste et à la menace rouge furent des plus utiles. Il ouvrit sa campagne dans le comté de Québec le 27 juin, affirma son indépendance de l'Union nationale, puis déclara que l'autonomie provinciale était le principal enjeu de cette campagne. Il dénonça Godbout pour avoir cédé le pouvoir provincial de taxer les revenus personnels et corporatifs et les successions, accusant le Parti libéral de "lâche abandon". Il déclara que la réélection des libéraux porterait un coup fatal à la survivance canadienne-française et se déclara solidaire de l'Union nationale en ce que ce parti s'opposait à la prétendue francophobie d'Ottawa. Il souligna la question communiste, déclara que le Parti libéral était plein de subversifs et de gens à qui il ne fallait pas trop faire confiance, et présenta son propre programme de réformes sociales et économiques.

L'argument fiscal de Duplessis était d'accuser Godbout d'avoir cédé quatre cent millions de dollars en revenus à Ottawa pour soixante-cinq millions de dollars et Godbout, de son côté, prétendait que Duplessis avait tout simplement refusé un don fédéral de soixante-cinq millions de dollars. Des deux revendications, c'était celle de l'Union nationale qui se rapprochait le plus de la vérité. La valeur réelle des taxes que Godbout avait temporairement cédées en 1942 était finalement de quatre cent millions de dollars. Il ne fait pas de doute que Godbout avait cédé à la pression de ses alliés fédéraux en acceptant une proposition moins que généreuse pour le Québec mais il n'existe aucune preuve que Godbout ait voulu perpétuer cet état de chose après 1947. Mais de toute manière, il avait, bien malgré lui, donné un excellent argument à Duplessis et il avait beau accuser Duplessis d'avoir refusé la générosité de Mackenzie King, sa dénonciation était sans fondement et sans utilité politique. Il lança cette accusation à Granby, le 27 juin, et promit de redonner au Québec la place qui lui revenait au sein de la Confédération. Il accusa aussi Duplessis de ne pas présenter de programme et de n'avoir rien accompli pendant son mandat si ce n'est d'avoir fait cesser les projets entrepris par les libéraux.

Omer Côté donna un aperçu de l'attaque de l'Union nationale, le soir suivant, en lançant sa campagne dans Saint-Jacques. Il parla surtout de la centralisation dont il disait que les libéraux ne comprendraient jamais la portée. Il accusa son adversaire Roger Ouimet d'être un communiste et déclara: "Le Parti libéral est le parti de la guerre, des camps de concentration, des prisons et de l'immigration honteuse des

étrangers. L'Union nationale est le parti des écoles, de la paix, de l'ordre et de la sécurité." Deux jours plus tard, Ouimet intentait un procès en diffamation et demandait cent mille dollars mais la cause n'aboutit à rien.

Les libéraux étaient maintenant sur la défensive, position qu'ils n'arriveraient à renverser qu'après la mort de Godbout, Houde et Duplessis. Le 1er juillet, Godbout déclara à Mont-Joli qu'il n'y avait pas raison de craindre le communisme "parce que notre peuple est trop près de l'Eglise et trop fidèle à ses traditions". Le 4, il déclarait à Saint-Jérôme que les ententes fiscales qu'il avait conclues à Ottawa ne constituaient pas un danger pour l'autonomie provinciale. Il décrivit Duplessis comme "le plus grand propagateur du communisme de la province" et dit que par inadvertance Duplessis aidait le communisme au Québec en traitant trop sévèrement les travailleurs qui réclamaient les droits qui leur étaient dus et en permettant à ses collègues du Parti de s'emplir les poches. Ces accusations n'eurent pas grand effet sur le moment mais plusieurs années plus tard elles allaient devenir l'essence même de l'opinion populaire sur Duplessis.

Chaloult parla de l'autonomie provinciale à Charlesbourg, le 5 juillet. Le 7, on annonça l'accord Houde-Duplessis. Le 9, le chancelier de la Délégation apostolique à Ottawa protesta vigoureusement auprès du quartier-général des libéraux à Montréal contre le fait qu'ils faisaient usage d'un discours du Pape Pie XII dans une de leurs brochures. Quand on demanda à Duplessis ce qu'il en pensait, il se contenta de sourire. En fait, c'étaient ses amis dans le clergé qui avaient attiré l'attention de Mgr Antoniutti sur cette question.

Duplessis menait sa campagne tambours battants. Le 25 juin, à Rimouski, il parla de ce qu'avait accompli son parti pour les jeunes, en particulier la création d'un ministère de la Jeunesse, de bourses pour les étudiants et de subventions aux institutions éducatives. Le 28, à Saint-Jean-Port-Joli, il parla de l'agriculture et de la santé publique et à Sainte-Anne de Beaupré, de l'autonomie provinciale. Le 5 juillet, à Joliette, il dit que Godbout s'était fait escroquer par le gouvernement fédéral, que le C.C.F. était le "vestibule du communisme" et que ce

◀ *Scènes typiques d'une campagne électorale dans les années cinquante au Québec. (Roland Lemire)*

parti était un danger parce qu'il avait récemment remporté trois élections complémentaires dans les autres provinces, et finalement il promit de faire respecter l'autorité. Le 9, à Shawinigan, il dit que l'autonomie était la question centrale. "La province de Québec n'a jamais été aussi en danger... Il faut que la province tout entière offre un bloc unanime à la poussée fédérale et fasse comprendre à ces gens-là que nous entendons vivre et survivre chez nous."

Le 12 juillet, à Sainte-Croix-de-Lotbinière, Duplessis discuta du crédit agricole, de l'autonomie et de l'établissement d'un collège agricole. "Nous vivons dans une démocratie et si vous voulez un tel collège, vous n'avez qu'à le dire le 28 juillet." Mais le point culminant de ce discours était la déclaration de Duplessis qui disait avoir en sa possession des documents écrits par les chefs libéraux au Parti communiste. "Avec le communisme disparaîtront les églises qui vous sont si chères." Ce n'était peut-être pas très subtil mais c'était très efficace. Le 15, Duplessis parla pour John Bourque à Sherbrooke et son discours portait sur les problèmes de la jeunesse, sur la vieillesse, la santé et l'autonomie. Il dit que ses adversaires l'accusaient de se présenter les mains vides. "C'est vrai. Nous n'avons rien gardé parce que nous vous avons tout donné."

Le 16 juillet, il appuyait Laurent Barré dans Rouville. Il parla de communisme et promit de créer un réseau de radio provincial ranimant ainsi un projet, qui d'après sa déclaration à Athanase David en 1929, allait à l'encontre de la Constitution. Le 17 juillet, il dit à son auditoire de Saint-Jérôme que Godbout était un "valet d'Ottawa". Le 19, il récita d'un ton agressif la liste des réalisations de son gouvernement, surtout la mise en valeur de l'Ungava. Devant un auditoire de Montmagny il dénonça la maladresse de Godbout dans ses négociations avec Ottawa et l'accusa de manquer de sévérité avec les communistes. Le 20, à Saint-Sauveur, il attaqua la proposition de Godbout de tenir un référendum sur les ententes fiscales entre Ottawa et Québec. Duplessis avait bien l'intention de continuer à le harceler sur ce point. "La maison est en feu, ce n'est pas le temps de tenir un référendum."

Chaloult faisait une campagne très active et soulevait les nationalistes contre Godbout sans toutefois effrayer les partisans conservateurs de Duplessis. Celui-ci, de son côté, se tenait loin de Chaloult sur tous les points sauf l'autonomie et le communisme. Chaloult aussi gardait ses distances de Duplessis. On ne les vit jamais sur la même tribune pendant la campagne et il n'y eut pas de relâche dans leur antipathie mutuelle. Le 13, à Courville, Chaloult attaqua le député libéral du comté, Wilfrid Lacroix. Le 19, il attaqua Louis Saint-Laurent, à Beauport, en disant qu'il n'avait de Canadien français que le nom et qu'il voulait céder tous les droits de taxation au gouvernement fédéral. Il passa en revue la carrière de Saint-Laurent et l'accusa d'avoir prêté un serment impérialiste lors de son investiture. Le 22, il accusa le Parti libéral de tenter de noyer la population canadienne-française dans un flot d'immigrants britanniques et de travailler contre les intérêts économiques et religieux de la province. Ce même soir, Godbout, qui comptait désespérémment sur l'aide fédérale comme il l'avait fait en 1936, tint une assemblée avec Saint-Laurent au carré Saint-Louis, à Montréal. L'attention qu'il attira sur la solidarité fédérale-provinciale n'aida pas sa cause. Les Québecois français commençaient à croire que Duplessis avait raison quand il disait qu'il devait y avoir des partis différents au pouvoir à Québec et à Ottawa. D'après *Le Devoir,* une partie de l'auditoire quitta les lieux quand M. Saint-Laurent prit la parole mais on ne peut se fier entièrement au reportage de ce journal. Godbout souhaita une "bonne lune de miel" à Duplessis et Houde mais la majeure partie de son discours était consacrée à sa propre défense et à celle de son parti, ce qui était une position inhabituelle et désavantageuse pour un chef de l'Opposition.

Le 22, Houde et Duplessis tinrent une assemblée mémorable, au marché Saint-Jacques. Duplessis résuma vigoureusement tous les points soulevés durant la campagne: les réalisations de l'Union nationale, le centralisme d'Ottawa, la faiblesse des libéraux de Godbout, la complicité de certains libéraux avec la menace rouge, les espoirs et les traditions du Québec.

Le discours de Camillien Houde fut un chef-d'oeuvre de sarcasme politique se rapportant aux événements récents à Ottawa. M. Saint-Laurent, en réponse à une question à la Chambre des Communes, avait dit que l'article cent trente-trois de l'Acte de l'Amérique britannique du Nord ne garantissait pas les droits de la langue française hors du Québec. Strictement parlant, cela était vrai mais une telle déclaration n'allait pas soulever la faveur populaire au Québec et Donald Fleming, député conservateur de Toronto, s'était lévé pour appuyer les droits des Canadiens français partout au Canada, ce qui était une attitude progressive pour le Parti conservateur à cette époque.

Et maintenant, Houde posait à son auditoire la question à savoir qui avait défendu les droits des Canadiens français à la Chambre des Communes après que M. Saint-Laurent les eut ignorés: "Etait-ce..." et il nommait un à un tous les députés libéraux sans portefeuille, inconnus dans la région de Montréal. Il termina avec Azellus Denis, député de Saint-Denis. Avec chaque nom qu'il mentionnait la foule entrait de plus en plus dans l'esprit partisan et joyeux de Houde. (4) Le maire dénonça le Parti libéral, tant fédéral que provincial, pour ses activités dans tous les domaines, sur un ton tantôt farceur, tantôt sérieux. Son discours rappelait ses harangues célèbres vingt ans plus tôt. La foule se tordait de rire, et son discours, diffusé par toute la province, fut un grand succès. Dans la dernière semaine de la campagne, le gouvernement semblait de toute évidence destiné à être réélu.

Le 23, Duplessis parla dans Verchères et Victoriaville, et dans cette dernière ville il dit, en faisant allusion à l'intervention de Saint-Laurent dans l'élection: "la lutte provinciale qui se joue maintenant n'est pas une convention libérale". Le lendemain, à Hull, il parla d'une voix tonitruante comme s'il espérait se faire entendre de l'autre côté de la rivière: "Cette campagne dans la province n'est pas faite dans le but d'élire un parti politique mais pour dire à Ottawa, à l'unanimité, que le peuple du Québec va demeurer maître chez lui." Il termina par une tournée éclair de Louiseville, Yamachiche, Jacques-Cartier, Laprairie, Saint-Jean, Ormstown, Lachine, et bien sûr, Trois-Rivières.

Le 25 juillet, Duplessis et Houde prirent la parole au Manège militaire de Québec où, par le passé, avaient eu lieu tant de ralliements tumultueux. Plus tôt, Houde avait parlé pour Chaloult à Loretteville: "L'autonomie provinciale, on ne peut pas la manger, mais sans elle nous allons mourir... L'autonomie est le plus sûr rempart contre le communisme." Houde continua sa campagne avec beaucoup de succès dans Laval, Laurier, Jeanne-Mance, Sainte-Marie, Saint-Louis, Maisonneuve, et toutes les circonscriptions de Montréal. M. Saint-Laurent et son parti étaient des "lâches" que Houde accusait de fomenter un

(Soc. des Amis de M.L. Duplessis) ▶

complot "pour amener ici assez d'immigrants pour nous noyer". Il les accusait aussi de vouloir amener Terre-Neuve dans la Confédération pour les mêmes raisons et de tenter avec Godbout "de nous trahir, de trahir la race canadienne-française". Il parla longuement sur les questions fédérales, surtout la sous-représentation du Québec à la Chambre des communes.

A Saint-Jean, le 26 juillet, Duplessis fit enfin connaître la nature de la correspondance des libéraux avec les communistes, après avoir tourmenté Godbout à ce sujet pendant deux semaines. Il ne s'agissait que d'un accusé de réception qu'avait écrit Valmore Bienvenue au fait que le secrétaire de Godbout, Alexandre Larue, avait envoyé la copie d'un discours qu'on lui demandait. En soi cela n'était pas matière à scandale mais Duplessis avait forcé Godbout à se mettre sur la défensive et l'avait bouleversé pendant les deux dernières semaines de la campagne. Et à la fin, Duplessis avait brandi ces quelques lettres, anodines sans aucun doute, mais qui, à des oreilles partisanes et crédules, donnaient un air de vérité aux accusations de Duplessis. Ainsi c'était vrai, pensait-on, que le bureau de Godbout avait correspondu avec les communistes.

La campagne de Chaloult se termina dans la controverse et il fallait s'y attendre. Lui et ses adversaires libéraux tinrent leur dernière assemblée le 27 juin, chacun à son bout du même parc. Ils se partageaient la foule nombreuse d'auditeurs qui finirent par se bagarrer entre eux et qui tentaient vainement de comprendre ce qui se disait à travers la cacophonie qui sortait des deux systèmes de haut-parleurs.

Godbout, hagard et déjoué, n'en continuait pas moins de lutter courageusement. Il lui fallait en plus expliquer sa conduite et des gestes qui n'étaient pas les siens: ceux de King, de Saint-Laurent et même de ce pauvre vieux Taschereau. En terminant sa campagne, dans le comté de l'Islet, il se plaignit: "Au cours des derniers jours, l'Union nationale a donné pour des centaines de millions de contrats de voirie dans le seul but d'embarrasser le gouvernement libéral qui prendra le pouvoir mercredi. L'Union nationale ne s'attend pas du tout à exécuter ces contrats mais elle les a donnés pour se procurer des fonds en vue d'acheter des votes le 28 juillet."

L'Union des Electeurs, mouvement du Crédit social, avait aussi été actif durant la campagne. Ce groupe politique à tendances sociales et religieuses s'était immiscé dans les groupes d'action locale des collectivités rurales et les avaient incités à faire une campagne basée sur la ferveur religieuse, le militantisme rural et les idées du Crédit social. Les créditistes avaient peu d'argent pour se faire connaître dans les milieux métropolitains mais ils oeuvraient patiemment dans l'ombre, avec l'espérance qu'ils finiraient par imposer leur doctrine bizarre au monde moderne, une doctrine qui faisait penser à une version réactionnaire du Maoïsme. Les chefs du parti, Gilberte Côté-Mercier et Louis Even, se présentaient respectivement dans l'Islet, contre Godbout, et dans Saint-Hyacinthe. Ernest Grégoire était en lice dans Saint-Maurice. Par respect pour Chaloult qui s'était présenté sous leur bannière en 1944, les créditistes lui laissèrent le champ libre dans le comté de Québec.

Il y avait, en plus, quelques candidats qui s'étaient dissociés de l'Union nationale. Dans Sainte-Anne, Camillien Houde plaça un homme de paille à la candidature de l'Union nationale et appuya son protégé, le conseiller municipal Frank Hanley.

Comme à l'accoutumée, Duplessis termina sa campagne à Trois-Rivières par une attaque en règle contre les libéraux, (il était rare qu'il daignât mentionner les créditistes), une récitation de ses réalisations et il souligna encore les menaces que représentaient les communistes et les centralisateurs. Il fit revivre l'idée que l'Union nationale était le véritable parti patriotique qui répondait aux besoins de tous les conservateurs, libéraux et nationalistes de bonne volonté. Quant à Godbout, il n'était pas "un vrai chef libéral comme Laurier et Gouin" et il avait essayé de diminuer les pensions de vieillesse. Il dit à ses électeurs: "Unissez vos voix et dites aux centralisateurs d'Ottawa: *Vous ne passerez pas!*"

Le lendemain, la réponse du Québec fut décisive, sinon unanime. Maurice Duplessis remporta quatre-vingt pour cent des suffrages dans Trois-Rivières et quatre-vingt-quatre des quatre-vingt-douze circonscriptions (y compris celles de Chaloult et de Hanley). C'était la pire défaite qu'ait jamais subie le Parti libéral au Québec. Adélard Godbout fut défait dans son propre comté par le Dr Fernand Lizotte. Léon Casgrain, Valmore Bienvenue, Roger Ouimet (ces deux derniers furent victimes de la terreur rouge), Honoré Mercier III, Fernand Choquette, J.A. Francoeur et François Leduc furent tous défaits. L'échec était cuisant pour Leduc qui, ayant triomphé avec la plus grosse majorité de la province dans les années trente, ne réussit même pas, cette fois, à sauver son dépôt. Seules les circonscriptions anglaises de Montréal résistèrent à la vague unioniste et George Marler, Paul Earl et C.A. Kirkland ainsi qu'Henri Groulx dans Outremont firent perdre leurs dépôts à leurs adversaires.

Pour Adélard Godbout, c'était la fin. Sept ans plus tôt il avait refusé l'offre de W.L. Mackenzie King de le nommer lieutenant-gouverneur du Québec et d'être son successeur éventuel. Et maintenant, King, posant l'un de ses derniers gestes en tant que Premier ministre, nomma Godbout au Sénat où il allait rejoindre T.-D. Bouchard, Louis-Athanase David et Jacob Nicol. Le Parti libéral du Québec allait devoir être rebâti de fond en comble par de nouveaux hommes. George Marler allait assumer le leadership parlementaire et la tâche qui l'attendait était presque désespérante.

L'Union des Electeurs fut défaite partout et seuls cinq des quatre-vingt-neuf députés réussirent à sauver leur dépôt. Cependant ils firent bonne figure dans le pourcentage des suffrages dont ils remportèrent neuf pour cent. La victoire de l'Union nationale était d'autant plus remarquable que les créditistes étaient allés chercher presque tous leurs votes dans les comtés ruraux qui appuyaient habituellement l'Union nationale. Les libéraux remportèrent trente-six pour cent des suffrages, un peu moins que ce qu'ils avaient eu en 1944 et près de la moitié des électeurs qui avaient voté pour eux étaient des anglophones. L'Union nationale passa de quarante-trois pour cent en 1944 à cinquante-trois pour cent en 1948 en se ralliant la grande majorité des votes qui avaient été accordés au Bloc populaire à la dernière élection. Le vote indépendant n'était que de deux pour cent et provenait surtout de dissidents de l'Union nationale. Le gouvernement avait une force à peu près égale dans les comtés français, urbains aussi bien que ruraux, mais dans plusieurs régions rurales le mouvement de droite, l'Union des Electeurs, avait opposé à l'Union nationale une force presque égale à celle des libéraux.

Parmi les candidats de l'Union nationale, Pierre Lafleur, député de Verdun durant les années trente fut le seul candidat d'une certaine importance à être défait. Par contre, de nouveaux membres venaient s'ajouter au caucus du gouvernement: Redmond Roche, Antoine Rivard, Yves Prévost et Jean-Jacques Bertrand. Bertrand, âgé de trente-deux ans était le gendre de Louis A. Giroux. Certains furent récompensés de leur persistance: Wilfrid Labbé, deux fois défait comme candidat de l'U.N. fut élu ainsi que Gérard Thibodeau qui avait gagné en 1936 mais avait été battu aux élections de 1939 et 1944.

Au soir de l'élection, Godbout ne fut pas aussi bon perdant ni Duplessis aussi magnanime qu'ils l'avaient été quatre ans plus tôt. Godbout déclara que la campagne de l'Union nationale avait exploité les frayeurs du public et calomnié le Parti libéral d'une manière particulièrement cynique. Duplessis, de son côté, n'avait pas oublié les attaques des libéraux qui l'avaient comparé à Hitler, une épithète que Godbout avait employée encore récemment. Il ne croyait donc pas leur devoir des excuses. Duplessis dit que le résultat de l'élection était le châtiment de ceux qui avaient trompé la confiance de la province ainsi qu'une sanction de la stratégie Rumilly-Houde-Masson. Pour les hommes rassemblés ce soir-là à la maison de Houde pour écouter la radio et boire du champagne, c'était toute une victoire.

Après cette débâcle, l'Union des Electeurs commença à se décourager et à croire qu'ils ne détiendraient jamais la balance du pouvoir. Quant aux libéraux, il leur fallait recommencer à neuf. Duplessis avait établi son pouvoir plus solidement qu'aucun leader québecois avant ou depuis Sir Lomer Gouin. Après quinze années d'incertitude, le Québec avait restauré la stabilité politique, et avec quelle force! L'ère Duplessis allait maintenant entreprendre ses plus beaux jours.

En 1950, le sénateur Adélard Godbout remit sa démission officielle comme chef du Parti libéral. Georges-Emile Lapalme, député fédéral de Joliette, lui succéda sans opposition. George Marler avait toutes les qualités requises pour accéder à ce poste, sauf qu'il n'était pas Canadien français. Comme plusieurs autres, il choisit de ne pas se présenter à la course au leadership. Parmi les noms cités il y avait: Horace Philippon, ancien militant de l'A.L.N. et récemment adversaire de René Chaloult dans le comté de Québec, l'ancien député Wilfrid Hamel, et Jean-Marie Nadeau, professeur à l'université de Montréal. Lapalme, avocat et propriétaire d'un hebdomadaire ne s'imposait pas tout naturellement comme choix au leadership provincial. Il ne faisait de la politique que depuis la mort de son associé qui avait été député fédéral. Il avait virtuellement hérité de sa circonscription en 1945. Il avait rarement pris la parole à la Chambre des Communes et il n'était pas très bien connu, même à Joliette. Les libéraux étaient si solides à Ottawa et si faibles au Québec que la position de Godbout n'était pas en grande demande. Lapalme, cultivé et bon orateur, n'avait que quarante ans. C'était un nouveau visage sur la scène politique et au point où il prenait le parti, il ne pouvait que progresser. Duplessis se moqua publiquement de son nouvel adversaire en disant qu'un bébé venait de lancer sa couche dans l'arène. En privé, il se défiait de Lapalme et était sensible à la différence d'âge qui existait entre eux. (5)

Au cours des quatre élections où ils s'étaient fait la lutte, Adélard Godbout et Maurice Duplessis avaient été des adversaires de force inégale. Godbout, appelé à diriger le parti au plus sombre de son histoire, le quitta en des jours pareillement sombres et les quatorze années qui étaient intervenues avaient été remplies de difficultés. Godbout, plus

(Soc. des Amis de M.L. Duplessis).

ASSEMBLÉE LÉGISLATIVE
8 FEVRIER 1951

encore que Taschereau, avait été victime d'un sort cruel et, dans une certaine mesure, de la déloyauté de ses collègues. Les libéraux fédéraux qui l'avaient mis en place en 1939 se souciaient bien peu des répercussions électorales de certaines de leurs actions.

Godbout lui-même n'était pas suffisamment astucieux et énergique pour donner à son parti et sa province un leadership efficace. Il buvait beaucoup et se laissait souvent aller à des crises presque violentes. Son altruisme ne faisait pas de doute et cela lui tenait lieu d'une politique qu'il n'avait pas complètement formulée. On respectait en lui l'homme honnête et bon mais personne ne le prenait pour un homme fort, malgré ses remarquables dons d'orateur. Plusieurs années après sa mort, l'expression "godboutisme" était encore employée par les nationalistes pour signifier la subordination à Ottawa et l'indécision politique en général. Le "duplessisme" allait avoir un tout autre sens.

E QUÉBEC

Les relations personnelles entre Duplessis et Godbout furent toujours excellentes malgré les quinze années où ils avaient été officiellement à couteaux tirés. Godbout avait été généreux envers Duplessis quand il était ministre de l'Agriculture alors que Duplessis n'était que député au sein d'une opposition faible et divisée. En tant que Premier ministre, il avait été secourable et bon joueur. Il était, en somme, un adversaire loyal et Duplessis ne pouvait manquer de lui rendre ses bontés. Malgré ses faiblesses, Godbout fut un Premier ministre efficace sauf en matières constitutionnelles.

Le 28 mai 1952, Duplessis annonça la dissolution du Parlement provincial et des élections pour le 16 juillet, un mercredi, bien entendu. Duplessis ouvrit sa campagne et celle du parti le 14 juin, à Trois-Rivières, devant une foule de trente mille personnes. Il déclara à la multitude: "Vous m'avez été fidèles pendant vingt-cinq ans et je vous ai été fidèle et loyal." Il commença par mener une campagne énergique et dans les premières semaines il aimait prétendre que la plupart des libéraux s'étaient retirés de la politique provinciale ou avaient adhéré à l'Union nationale. Il avait terminé son entente avec Chaloult mais au moment de la dissolution, son parti avait encore quatre-vingt-trois sièges. Il prévoyait un balayage. A Trois-Rivières, le maire J.-A. Mongrain se présentait contre Duplessis et était un adversaire plus sérieux que les précédents. Héritier spirituel de T.-D. Bouchard, il connaissait bien les affaires municipales, était dur, courageux et un véritable réformateur. Lapalme était aussi un adversaire plus redoutable que ne l'avait été Godbout au cours de ses dernières années comme chef du parti.

L'Union nationale était au pouvoir depuis huit ans et bien des choses avaient changé depuis le balayage de 1948. Lapalme avait critiqué le projet d'exploitation de l'Ungava en disant qu'il favorisait les étrangers et que Duplessis avait lâchement vendu le patrimoine national du Québec à des prix dérisoires. "Un cent la tonne!" criait-on en faisant allusion aux redevances payées par l'Iron Ore Company of Canada pour le minerai extrait et livré. L'Iron Ore Company était un groupe de sept compagnies de mise en valeur dont cinq étaient américaines et qui entreprit de construire un chemin de fer couvrant les trois cent vingt milles entre Sept-Iles et Knob Lake, où le minerai serait extrait de vastes mines ouvertes. La compagnie s'engageait aussi à développer Sept-Iles qui n'était alors guère plus qu'une station météorologique et un port de pêche à la baleine. Elle allait dépenser plus de trois cents millions de dollars avant d'entreprendre la livraison du minerai. De plus, elle payait des droits de un million de dollars au gouvernement et une redevance annuelle de vingt-cinq mille dollars. Cette entente était sujette à révision tous les dix ans. La compagnie n'était pas exemptée des taxes usuelles. Ce bill fut présenté par Jonathan Robinson en 1948 et adopté à l'unanimité par l'Assemblée législative et le Conseil législatif. André Laurendeau avait été un des votants. Il était alors chef du Bloc populaire et allait bientôt devenir rédacteur en chef du quotidien *Le Devoir*.

Là aussi les choses avaient bien changé. A la mort de George Pelletier, en 1947, le contrôle du journal *Le Devoir* était passé à l'archidiocèse de Montréal par deux trusts très compliqués. Gérard Filion, ancien secrétaire général de l'Union catholique des Cultivateurs, fut nommé directeur. Jacques Perrault, ami et conseiller légal de Mgr Joseph Charbonneau devint président et son beau-frère, André Laurendeau, rédacteur. Le journal appuya Duplessis en 1948 parce qu'il était un meilleur choix que Godbout qui ne s'était pas encore fait pardonner. Mais en 1952, le journal s'opposa ouvertement au Premier ministre. On réprouvait ses méthodes autocratiques, son manque de scrupules en matière de tactiques électorales, et son intimité avec les capitalistes anglophones. En plus les chefs du journal *Le Devoir* gardaient rancune à Duplessis personnellement.

Perrault était un véritable champion des libertés civiles ainsi qu'un partisan libéral. Filion, ancien porte-parole du Bloc, et Laurendeau, ne s'étaient pas encore remis de l'émotion provoquée par la façon dont Duplessis avait écrasé le Bloc aux élections de 1944 et aux séances du Parlement. *Le Devoir* continua d'être le défenseur de la moyenne entreprise française, des professionnels nationalistes, des académiciens libéraux, des syndicats catholiques et du clergé réformiste. Etant donné ces sympathies, le personnel du journal ne pouvait que trouver de mauvais goût les ententes spectaculaires auxquelles arrivait Duplessis avec les grosses compagnies dont Iron Ore était l'une des plus controversées. On ne pouvait non plus approuver son opposition autoritaire aux grèves qu'il affirmait être illégales d'après ses méthodes complexes de conciliation. L'attitude grassement satisfaite de son parti déplaisait ainsi que son manque de zèle pour l'égalitarisme dans maints domaines sociaux et sa façon de s'identifier à la hiérarchie conservatrice du clergé plutôt qu'avec ceux qui brûlaient du feu sacré de la réforme, tels les Jésuites et les Dominicains. Tous les quotidiens de la province avaient été neutralisés et gagnés à la cause du gouvernement, tous sauf *Le Devoir* qui, malgré son faible tirage devint la source de la plus profonde et irréductible opposition qu'aurait à combattre Duplessis pour le reste de sa vie et qui allait ultimement ternir sa réputation. Cette querelle, qui allait prendre de l'ampleur avec les années, était déjà commencée.

Lapalme par contre était vu par *Le Devoir* comme un réformateur de bon aloi; il était jeune, s'exprimait bien et passait pour un nationaliste, surtout grâce aux efforts de Duplessis qui s'évertuait à l'étiqueter comme un aventurier politique. En plus, Lapalme était moderne et Duplessis était traditionnel, et *Le Devoir* était maintenant aux mains de jeunes gens qui voulaient que les choses changent.

Il y avait aussi la question de Mgr Charbonneau qui avait quitté l'évêché dans des circonstances controversées en janvier 1950 à la suite d'un schisme avec plusieurs autres membres de l'épiscopat et d'une querelle semi-publique avec Duplessis. Mgr Charbonneau était en désaccord avec le gouvernement sur la manière dont il avait réglé la grève des travailleurs de l'amiante dans le comté de Mégantic en 1949. Des rumeurs se répandirent sur le rôle qu'avait joué le gouvernement provincial dans le départ de Mgr Charbonneau. Cet événement sera discuté en détail au chapitre 6.

De toute manière, la direction du quotidien *Le Devoir,* dont l'évêque était le protecteur et ami, éprouvait un vif ressentiment envers Duplessis pour ses initiatives dans ce domaine. Duplessis était bien vu de presque tous les évêques et archevêques en dehors de Montréal, surtout parmi les plus conservateurs. Les clercs libéraux, et particulièrement les académiciens tel le Père Georges-Henri Lévesque, recteur de la faculté d'avant-garde des Sciences sociales de l'université Laval, avaient tendance à s'allier avec les réformateurs partisans de Charbonneau, formant ainsi une minorité permanente et solide au sein de

André Laurendeau, juin 1948. (Canada Wide) ▶

Gérard Filion, directeur du quotidien Le Devoir. (Canada Wide) ▶

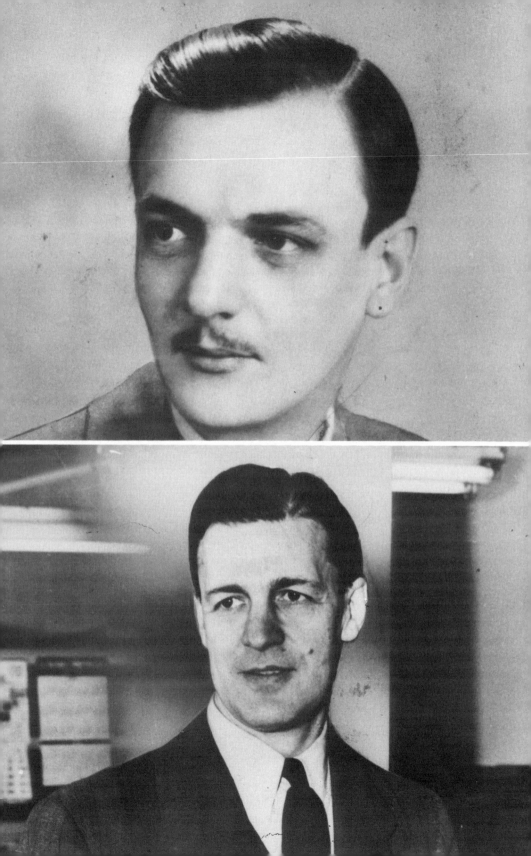

l'Eglise comme de l'Etat. Tous ces éléments étaient maintenant en opposition.

Lapalme aussi avait consolidé ses positions. Quant aux créditistes, ils étaient tellement déçus par leur incapacité de transformer leur dix pour cent du vote populaire en influence parlementaire qu'ils finirent par faire cause commune avec les libéraux. Chaloult, cependant, ne pouvait se réconcilier avec les libéraux et maintenant, pour la première fois, il faisait cavalier seul et se présentait comme indépendant contre les candidats des deux principaux partis officiels. Ecrasés en 1948, les libéraux s'étaient reformés en une véritable coalition d'opposition. Lapalme avait travaillé vite et bien et Duplessis, qui au début prenait avec un grain de sel l'obligation dans laquelle il se trouvait de renouveler son mandat, s'aperçut bientôt de la nécessité de porter des coups durs.

Duplessis compensait pour son âge — il avait dix-sept ans de plus que Lapalme — par une campagne remarquablement énergique et qui ne cédait en rien à celle du chef libéral. Un après-midi de mars 1952, Duplessis avait retardé de se faire l'injection quotidienne d'insuline que nécessitait sa condition de diabétique. Lorsqu'il se préparait finalement à la faire il fut saisi d'un étourdissement dans sa salle de bains du Ritz-Carlton et se blessa au dos en tombant sur la baignoire. Il passa l'été le torse enfermé dans un plâtre curatif mais cela ne l'empêcha aucunement de parcourir la province pour sa campagne. Même par les jours de chaleur torride, il agissait comme si ce poids supplémentaire, qui restreignait ses mouvements, n'existait pas.

En campagne électorale, Duplessis se sentait toujours à l'aise. L'Union nationale avait pour slogan: "Laissez Duplessis continuer" et de plus en plus la campagne portait sur la personnalité du chef. Un sondage Gallup publié au début de l'année démontrait que les libéraux avaient une légère avance sur le gouvernement et que vingt-quatre pour cent des électeurs étaient indécis. Le sondage était inexact, comme en 1944, où on avait prédit que l'Union nationale finirait loin derrière, en troisième place. Mais Duplessis s'inquiétait un peu. Lapalme et Mongrain espéraient diminuer son efficacité en le forçant à passer plus de temps à Trois-Rivières pour défendre sa place. Mais c'était là un défi que Duplessis ne prenait guère au sérieux.

Georges-Emile Lapalme, juin 1956. (Roland Lemire)

L'année 1952 marquait le vingt-cinquième anniversaire de la première victoire électorale de Duplessis, et l'Union nationale, pour ne pas dire toute la province de Québec, fut appelée à célébrer cet heureux événement. Les ministres et même le chef de l'Opposition parlementaire se joignirent aux amis de Duplessis pour chanter en choeur un hymne de remerciements au chef.

Mais entre temps la campagne électorale battait son plein et Duplessis avait maintenant pris l'habitude de faire allusion à Godbout, Marler et Lapalme en les appelant tout simplement "le chef de l'Opposition" comme s'il se fut agi d'une seule et même personne. Il voulait ainsi démontrer le désordre qui régnait chez les libéraux. Duplessis citait l'un et l'autre sans dire de qui il s'agissait. Cela avait beaucoup de succès.

Duplessis avait été mis sur la défensive par la question de l'Ungava mais il se défendit bien. Il employa les arguments mêmes de Lapalme pour justifier l'accord sur l'Ungava et pour appuyer sa propre affirmation que les libéraux étaient anti-capitalistes, ne s'intéressaient pas à la libre entreprise et au progrès économique en général. Il suggéra même que les idées de Lapalme lui étaient inspirées par ses préjugés raciaux et de là, il continua à invectiver les libéraux les disant capables de tendances extrémistes. Et il ne ratait aucune occasion de raconter longuement les réalisations de l'Union nationale: écoles, hôpitaux, chemins, et ainsi de suite. Vers 1952 Duplessis fit le discours suivant:

> *Lapalme a parlé de la caisse électorale avec une émotion qui le faisait tressaillir. A les entendre, on dirait que ces gens-là ne savent pas ce que c'est qu'une caisse électorale. Leur chef n'a pas d'emploi connu et il parcourt la province, fait des discours à la radio, organise des assemblées, tout cela sans caisse électorale! Comme si la génération spontanée était possible. Ce sont tous des petits anges et l'on sait qu'il y a des anges qui n'ont pas besoin d'ailes pour voler.*
>
> *Je suis étonné que le chef de l'Opposition ose parler de patronage. Il est surpris que des amis de l'Union nationale, qui remplissent les conditions exigées, obtiennent des contrats. Mais sous les régimes libéraux, est-ce que les contrats étaient uniquement accordés à des adversaires? Quand le chef de l'Opposition a porté ses attaques, il avait autre chose dans la tête. Il voulait s'en prendre à M. St-Laurent, qui a félicité l'Union nationale de sa politique concernant l'Ungava. Il pensait à la résidence du premier ministre du Canada, qui a coûté $613 000 et pour laquelle on a donné des contrats sans soumissions.*
>
> *Nous ne retirerions en retour qu'un sou par tonne: je croyais le chef de l'Opposition trop sérieux pour répéter ça. Le gouvernement retire un chemin de fer de $200 millions, des garanties de prospérité pour tout un pays qui s'étend de la Côte Nord à la Baie de James. Et en plus de la redevance annuelle de $100 000, il aura un pourcentage sur les profits de la compagnie. Je le dis sans crainte: c'est le plus gros développement dans l'histoire de la province et ce développement qui coûte $225 millions à la compagnie, ne coûte pas un sou à la province. L'Opposition a tenu une convention pour choisir le plus fin et le plus capable de tout le parti. Elle a fait là une trouvaille merveilleuse; en août 1951, celui qui est censé inspirer l'orientation de la politique provinciale*

déclarait à Victoriaville, comme chef de parti, que la province de Québec était en voie de devenir l'Iran de l'Amérique et que si jamais il prenait le pouvoir, le parti libéral tiendrait la même attitude que l'Iran contre les intérêts anglais et américains. Est-ce que le chef de l'Opposition approuve ces paroles? Il n'a jamais contredit son chef d'en dehors là-dessus. Il est heureux pour la province que cet homme choisi par la convention libérale n'ait pas plus d'influence, car ses déclarations malheureuses pourraient nous coûter bien cher. La province de Québec bénéficie d'un développement considérable grâce en grande partie au capital américain et anglais. Pourvu qu'il se conforme aux lois et respecte les droits de la population, le capital étranger est le bienvenu chez nous. Un chef de parti qui essaie de soulever les préjugés de race et d'ameuter la population pose un acte indigne des fonctions qu'il occupe. Il montre par sa légèreté que la province n'a pas besoin de lui. L'Opposition devrait avoir le courage de dégager sa responsabilité. Si nous avions ici la politique de l'Iran nous n'aurions pas le bénéfice de 4235 industries nouvelles. Pour que la population profite des ressources naturelles, il faut qu'elles soient exploitées. Et pour les exploiter, il faut du capital. Le gouvernement actuel n'a pas confiance en l'étatisation comme règle générale. Il est irrévocablement lié à l'entreprise privée. C'est sa politique, avant, pendant et après les élections.

Il méprisait Lapalme comme un radical qui avait épousé la cause de Mossadegh. Dans le monde occidental, ce dernier était considéré comme un démagogue qui s'adressait aux foules vêtu d'un pyjama et, de tempérament extrêmement nerveux, éclatait en larmes à la fin de ses remarques incendiaires. Sur le plan politique il était très près de l'élément communiste local. Lapalme avait certes découvert un point sensible qui pouvait mettre Duplessis sur la défensive mais il commit une erreur désastreuse en invoquant l'exemple de Mossadegh. Cet exemple n'était pas le plus approprié au Québec catholique, anticommuniste et inquiet. Duplessis parlait de Lapalme comme d'un politicien arrogant, médiocre et sans expérience, et comme d'une marionnette fédérale, parachutée à la place de Godbout par King et Saint-Laurent, ce dernier ayant remplacé King comme Premier ministre en 1948.

> *L'Opposition peut s'asseoir sur le poll Gallup et oublier pour quelque temps ses vicissitudes. Quand on a un chef qui ne veut pas de siège en Chambre et qui s'inspire de l'Iran, je comprends que l'on puisse s'accrocher à quelque espérance. Mais nous, nous allons nous asseoir sur le poll des électeurs.*

Lapalme attaqua le gouvernement Duplessis en disant qu'il était corrompu, dictatorial et que ses prétentions au nationalisme et à l'éradication du communisme étaient fausses. Il prétendit qu'en effet c'était là un gouvernement qui s'enrichissait aux dépens du contribuable.

Mais avant que ces accusations ne l'incitent à prendre une attitude plus agressive, Duplessis poursuivait sa campagne sur un ton plus élevé. Le 17 juin, il parlait à Mont-Joli, à l'appui d'Onésime Gagnon: "C'est en vertu de ces principes que nous faisons appel à la raison, à la mémoire et à nos réalisations et non pas à la démagogie et à l'insulte." Le 18 il dit à une foule rassemblée à Rimouski que les adversaires du gouvernement n'étaient pas des libéraux parce que la plupart d'entre eux avaient quitté la politique provinciale ou avaient adhéré à l'Union nationale. Mais Duplessis était rendu au point où les tactiques belliqueuses de Lapalme commençaient à l'irriter.

Le 15 juin, Lapalme avait dit, devant plusieurs auditoires de Saint-Hyacinthe et Drummondville: "L'Union nationale est formée de spécialistes, mais de spécialistes dans les grills, les bookies, les barbottes et autres bouges où se perd notre jeunesse." Trois jours plus tard, à Amqui, il prétendit que Duplessis avait été obligé de renvoyer quatre députés incompétents et corrompus et que Duplessis avait négligé les fermiers avec le résultat que l'exode rural vers les villes allait croissant.

Le lendemain, à Cabano, Duplessis attaqua Lapalme en un discours *ad hominem:* "Avez-vous jamais entendu parler de lui? Il a fait un stage de cinq ans à Ottawa puis il est venu à Québec oubliant que la politique provinciale doit être totalement indépendante du fédéral. Il n'a pas d'expérience administrative et peu d'expérience législative. Il n'a rien fait et il ne nous a pas montré qu'il savait faire quelque chose." Il parla aussi de l'autonomie fiscale: "Nous ne voulons pas imposer d'autres taxes mais nous voulons ce qui nous est dû pour continuer à faire du bien afin que le peuple de Québec atteigne à ses hautes destinées."

Plus tard le même jour, à Rivière-du-Loup, le discours porta sur le même thème d'autonomie provinciale. Le 22 juin, à Fortierville, Duplessis contra les déclarations de Lapalme aux fermiers en accusant les libéraux de faire une guerre de classes et de se rire des cultivateurs en présentant des professionnels comme candidats dans les comtés ruraux. Le jour suivant, à Weedon, Lapalme déclara que le présent gouvernement du Québec était "le pire dans l'histoire de la province" et promit de lutter contre le communisme par la justice sociale plutôt que par la répression. Cette défense s'approchait dangereusement de celle de Godbout qui, quatre ans plus tôt, avait dit que l'obsession maladive de Duplessis à ce sujet faisait de ce dernier le champion par inadvertance du communisme.

Le lendemain, Duplessis, parlant sur un ton des plus raisonnables et empreint de modération envers la minorité anglaise, s'adressait dans les deux langues à un auditoire de Sherbrooke, en faveur de John Bourque. Il se porta garant des droits et privilèges des anglophones et dit qu'il espérait avoir "huit ou neuf" Anglais dans son caucus. Le 26 juin, à Val d'Or, Lapalme dénonça la fraude et la corruption du programme de colonisation et fit référence aux créditistes qui étaient forts dans cette région, en disant que son gouvernement allait étudier sérieusement le programme du Crédit social.

Quand Duplessis parla à Québec, il avait sa campagne bien en main et personne n'allait le surpasser en attaques vitrioliques. Il accusa les libéraux d'avoir cédé à Ottawa des prérogatives d'une valeur de trois cents millions de dollars en échange de vingt-deux millions de dollars. Il disait que Lapalme était un "chef artificiel" et demandait: "Iriez-vous confier votre automobile à une personne qui n'a jamais conduit de sa vie?" Le 28 juin, il parlait à Joliette où Lapalme s'opposait à Antonio Barrette, député de ce comté depuis dix-sept ans. Une foule de quinze mille personnes s'assembla pour entendre Duplessis et Barrette chanter leurs vieilles rengaines. Les seize maires du comté de Joliette et douze législateurs de l'Union nationale étaient présents sur l'estrade d'honneur quand Barrette présenta son chef: "le plus grand chef que le Canada français ait connu." Barrette accusa Lapalme d'avoir reproché à Duplessis, sous sa signature, d'avoir mis fin à l'entente fiscale conclue par Godbout avec le gouvernement King. Barrette parla du bureau de poste de Joliette, promis par les libéraux depuis quarante ans. On en avait commencé la construction depuis deux ans mais il n'était pas encore terminé. Aucune soumission n'avait été faite. Le coût était passé de cent soixante-treize mille dollars à trois cent soixante-cinq mille dollars.

Duplessis était en pleine forme. Il dit que le seul service que Lapalme pouvait rendre à la province serait d'abandonner son dépôt au Trésor provincial. Quant au copain de Lapalme, le maire Mongrain, il ne valait guère plus "qu'une pincée de poussière". Il attaqua Edouard Simard qui avait appuyé les libéraux à Laval. Il le dénonça comme un exploiteur en faveur des monopoles et dont l'affiliation avec les libéraux démontrait clairement quel parti était le véritable ami du travailleur et lequel était le serviteur des grosses compagnies. Il jura de se venger de Simard s'il cherchait à intimider les électeurs de son comté, il passa en revue les réalisations "éminemment sociales" de l'Union nationale et termina avec les déclarations et allusions habituelles sur l'autonomie provinciale:

> *Il y a longtemps que ceux qui veulent la disparition des Canadiens français font des manoeuvres pour endormir la population. Ce n'est pas d'hier qu'on veut une seule langue, une seule religion et un seul gouvernement au pays. La Confédération est une convention entre les deux grandes races et quand on empiète sur les droits de l'une ou l'autre partie on commet un acte que l'Union nationale n'acceptera jamais et qu'elle s'efforcera de corriger, avec courtoisie sans doute, mais avec fermeté.*

Le 1er juillet Duplessis célébra le Jour du Canada à Marieville en compagnie de Laurent Barré. Jean-Jacques Bertrand ouvrit cette longue journée de discours en engageant la loyauté de la jeunesse du Québec "qui n'oubliera pas qu'elle a attendu si longtemps pour avoir un chef de la trempe de Maurice Duplessis". Barré et Duplessis prononcèrent le discours rituel de camaraderie envers les fermiers, leur promettant l'électrification rurale, le crédit agricole, le drainage des terres et de nouveaux chemins. Ils dénoncèrent l'impudence des libéraux qui présentaient des avocats comme candidats de comtés ruraux. Duplessis déclara que Godbout avait "toujours refusé de faire du drainage pour les cultivateurs mais qu'il a eu la honte de drainer dans les coffres fédéraux les argents du provincial... Les libéraux d'aujourd'hui sont

Maurice Duplessis s'adressant à un auditoire rural en septembre 1951. (Canada Wide)

exactement les mêmes, sauf qu'ils sont encore plus faibles. De Taschereau à Godbout c'était un saut considérable, mais de Godbout à *l'autre* (M. Lapalme) le saut est tellement grand... qu'un homme se tue en le
faisant.''

"Un vote pour les libéraux est un vote pour le désastre et l'extinc-
tion de nos droits." C'est ainsi que Duplessis commença le discours
qu'il prononçait devant un auditoire de campagnards pour lesquels on
avait retardé l'assemblée d'une heure afin qu'ils puissent profiter de la
belle température et terminer leur journée de labourage. C'était sa leçon coutumière sur la justice constitutionnelle. Un contrat avait été
établi entre les races et les autorités, et le Québec n'allait pas vivre de
subsides. Si le contrat n'avait pas été négocié de bonne foi, alors le
Québec avait été lésé et le contrat était nul. Mais il ne croyait pas —
grand dieu non — qu'il faille aller aussi loin. Godbout était après tout
"dans la lignée des grands chefs libéraux, Laurier, Mercier, Gouin,

97

Cardin et Taschereau. Pas un chef libéral avant Godbout, ou avant le *chef artificiel* n'a dit le contraire de ce que je déclare aujourd'hui''. Puis la foule heureuse se dispersa et peu de ceux qui avaient écouté ce discours réfléchirent sur la longue carrière de l'homme qui vingt ans plus tôt avait menacé d'éteindre la carrière de Barré, son hôte de ce jour, qui avait ruiné la réputation et mit fin à la carrière de Louis-Alexandre Taschereau, qui trente ans plus tôt avait lutté contre Cardin, et qui maintenant parlait d'eux comme de "grands chefs libéraux''. Cinq jours plus tard Taschereau mourait à l'âge de quatre-vingt-cinq ans. Il fut partout salué comme un des grands hommes de l'histoire de la province.

Lapalme passa le 1er juillet à haranguer un auditoire de Sherbrooke sur les multiples méfaits de l'Union nationale. Il déclara qu'il allait protéger l'entreprise privée en établissant la paix sociale et que Duplessis semait la confusion dans le milieu des affaires par ses décisions capricieuses. "Duplessis ne cesse jamais de faire l'éloge de l'entreprise privée, mais il voudrait faire de l'entreprise privée une branche de l'Union nationale." Les travailleurs, dit-il, devraient être aussi bien organisés que les avocats et il souligna que c'était un gouvernement libéral qui, cent dix ans plus tôt en Grande-Bretagne, avait garanti aux travailleurs la liberté d'association. Lapalme aimait parsemer ses discours de ce genre de remarques qui manquaient d'à-propos, mais qui, croyait-il, situaient son sujet dans un contexte historique. Il ajouta que le Québec n'aurait jamais de code de travail sous Duplessis et Barrette.

Il prétendait que Duplessis demandait "d'être réélu comme cadeau d'anniversaire pour ses vingt-cinq ans de vie publique" alors que les libéraux, eux, s'intéressaient à l'avenir. Un jeune ouvrier de Sherbrooke, Guy Gagné, remercia Lapalme en déclarant: "...si les ouvriers réélisent Duplessis, ils ne font que tisser la corde qui servira à les pendre." Ce genre de déclarations maladroites révélait bien le manque de connaissance qu'avait Lapalme de l'électorat québécois et du talent de Duplessis pour prendre son adversaire au piège et entacher sa réputation. Lapalme dit aux Anglais dans l'assistance qu'ils pouvaient avoir confiance en un "gouvernement Lapalme-Marler", puis céda la place à George Marler. *Le Devoir* rapporta sur un ton joyeux: "M. Marler lui-même a prononcé la plus grande partie de son discours en français".

Marler déclara que les Anglo-Canadiens du Québec se désintéressaient de la politique provinciale à cause "des tactiques dictatoriales de M. Duplessis et des attaques personnelles auxquelles il se livre". Gaston Ledoux, candidat libéral dans Shefford, était aussi organisateur syndical et fut, plus tard, incarcéré sous l'accusation d'être entré dans une maison par effraction. Il déclara qu'il se ralliait à Lapalme "à cause de son programme de justice sociale basé sur des principes fondamentalement chrétiens". J. Emilien Lafrance, candidat dans Richmond, parla de la grève de l'amiante et mit Duplessis au défi de "répéter que les mineurs de l'amiante sont des communistes, que les policiers provinciaux sont des hommes d'ordre et qu'il tiendrait exactement la même conduite s'il se produisait une autre grève. J'ai l'intention de venger les grévistes, non par haine, mais par souci de servir la justice. Le gouvernement s'est prostitué et l'heure de la justice populaire est arrivée." Comme à l'accoutumée, on accusa Duplessis d'être un dictateur à la tête d'un gouvernement corrompu, de payer dix pour cent de faveur sur tous les contrats, et ainsi de suite.

George Marler alla ensuite à Rimouski où il parla encore de la corruption de l'Union nationale. Il dit que Duplessis avait lui-même distribué des contrats d'une valeur globale de quatre cents millions de dollars sans demander de soumissions et qu'il s'amusait à nommer des commissions spéciales d'enquête qui ne présentaient jamais de rapport.

Le 4 juillet, à Montréal, Lapalme tint une grande assemblée où l'on parla surtout de certains scandales et de sa politique sur les ressources naturelles. Lapalme avait lancé tellement d'accusations de corruption contre le gouvernement qu'on finit par exiger des précisions. Il dit que John Bourque député de Sherbrooke et ministre des Terres et Forêts avait échangé avec Daniel French, député de Compton et ministre des Mines près de quinze mille arpents de terrain défriché appartenant à la Couronne pour onze mille arpents de terrain boisé. Lapalme prétendait qu'un terrain défriché coûtait à peu près soixante-dix fois plus cher qu'un terrain boisé pour en arriver à la révélation que deux amis du régime avaient fait un profit d'environ trois millions de dollars en une semaine. En fait, l'évaluation de Lapalme était fausse et cet échange, profitable pour ceux qui l'avaient fait, n'avait rien de bien étonnant. Ce contrat, tiré de documents qui servaient à la campagne électorale, était la seule preuve qu'il ait réussi à trouver. Le gouvernement n'eut aucune difficulté à se défendre. Cependant *Le Devoir* rapporta ces allégations mot à mot comme s'il se fut agi de faits irréfutables et d'une manière qui ne laissait au lecteur crédule aucune place pour le doute.

Lapalme tenta ensuite de justifier sa comparaison avec l'Iran dans l'affaire de l'Iron Ore en disant que le *Montréal-Matin,* devenu propriété de l'Union nationale, s'était déclaré d'accord avec ces remarques, le 21 juin 1951. Il attaqua le *Star* et la *Gazette,* et en particulier John W. McConnell et John Bassett, parce qu'ils s'entendaient bien avec Duplessis. *Le Devoir,* qui venait de se convertir au libéralisme, se fit un plaisir de rapporter ces propos. Lapalme reprit le vieux slogan "un cent la tonne" en disant que le paiement qu'on faisait aux américains pour qu'ils emportent "cinq tonnes de notre minerai de fer" était l'équivalent du cinq sous qu'on donne à un enfant pour s'acheter un cornet de crème glacée.

Le même jour, Duplessis parlait à Shawinigan, la capitale de l'électricité. Après avoir décrit le progrès de l'Hydro-Québec sous son gouvernement il fit une première référence aux créditistes non pas parce qu'il avait du respect pour leur programme officiel mais parce que leurs desseins terre à terre lui plaisaient. Il parla du candidat libéral, René Hamel, et de la campagne libérale en général, en employant les termes de "défaite, indifférence, opportunisme et manque de sincérité". Puis il reprit avec force la question de l'autonomie provinciale. "C'est la grande question de l'heure. La province a besoin de respirer les larges horizons de la liberté et n'acceptera pas la tente d'oxygène fédérale." (Il employait souvent cette image depuis que sa maladie, durant la guerre, l'avait confiné à la tente à oxygène.)

Le même jour, le leadership du Congrès canadien du Travail (syndicats internationaux) avisait ses membres de voter pour les candidats du C.C.F. et de ne voter, dans aucun cas, pour l'Union nationale.

Le lendemain, Camillien Houde, qu'on avait probablement encouragé, prit sur lui-même de répliquer en demandant aux syndicalistes "de ne pas devenir les instruments du communisme international qui s'emploie, dans Québec particulièrement, à détruire l'autorité de l'Eglise et de l'Etat en même temps."

Duplessis, parlant à Saint-Joseph d'Alma, donna un compte rendu des législations de son gouvernement dans les domaines social et du travail, surtout en ce qui concernait les accidents du travail, le droit de s'organiser, le salaire minimum, la parité des ententes et l'établissement de normes générales de conditions de travail. Le 6 juillet il parlait à Mont-Laurier en faveur d'Albiny Paquette et dit encore une fois: "Il ne reste pas un seul libéral de valeur avec le *chef artificiel* de l'Opposition. Ils sont tous avec nous ou se sont retirés de la politique provinciale." Duplessis avait considérablement changé sa tactique depuis le début de la campagne alors qu'il prétendait que la plupart des libéraux provinciaux s'étaient évaporés. Maintenant, seuls les politiciens de valeur avaient disparu parce que, disait le Premier ministre, ils étaient dégoûtés de la malhonnêteté et de l'inaptitude du "chef artificiel". A la répétition, ce surnom de "chef artificiel" finissait par amoindrir Lapalme et le rendre ridicule surtout en comparaison du culte presque universel qu'on vouait à Duplessis et auquel on se référait en disant: "Le Chef". Plus que jamais la campagne de l'Union nationale était basée sur la personnalité de son chef, ce qui faisait de l'élection une lutte très personnelle.

Duplessis n'avait cessé de harceler Lapalme, disant qu'il n'était qu'un député fédéral insignifiant qui avait eu la présomption incroyable de se proposer comme chef du peuple canadien-français. Il était facile d'attaquer Lapalme sur la question de l'autonomie fiscale. En plus il s'étais mis dans une mauvaise posture par ses déclarations immodérées sur le rôle des affaires, par ses évocations de Mossadegh ou ses attaques contre J.W. McConnell et sa sympathie pour les syndicats internationaux (c'est-à-dire les moins catholiques et les plus militants). Pendant les derniers dix jours de la campagne, tous ces points furent fortement soulignés par Duplessis, ses alliés, ses journaux, et la propagande de son parti. La Chambre fédérale avait ajourné le 6 juillet et la députation libérale fédérale du Québec, sauf M. Saint-Laurent qui décida de ne pas intervenir, se répandit dans la province pour appuyer le parti provincial. Cette décision était néfaste à Lapalme parce qu'elle renforçait les arguments de Duplessis voulant qu'il ne soit qu'un insignifiant petit député fédéral, parachuté en place par son ancien maître, Mackenzie King. Le 7, à Saint-Jérôme, Duplessis dit aux députés libéraux du fédéral "de se mêler de leurs affaires, mais de s'en mêler".

Plus tard dans la journée, Duplessis s'adressait à une foule de plusieurs milliers de personnes: "L'inaptitude et la négligence de nos adversaires ont rempli nos cimetières d'enfants morts. Mais nous, nous construisons des écoles, des collèges, des universités et nous avons fait diminuer la tuberculose et la mortalité infantile." Il ajouta: "Le chef artificiel est resté cinq ans à Ottawa à ne rien faire. Il a prononcé deux discours, un pour dire qu'il ne pouvait pas parler et l'autre à propos de la culture du tabac dont il ne connaît rien. Il s'est rarement dérangé pour voter parce qu'il avait rarement une opinion du Parti libéral. Il a aux mains et aux pieds des chaînes dorées qui l'empêchent d'avoir ses mouvements libres."

En trois semaines, Duplessis avait tourné la campagne à son avantage et Lapalme était maintenant sur la défensive. Les attaques de Duplessis commençaient à l'énerver. Le 5 juillet, à Saint-Jean, Lapalme expliqua que s'il n'avait pas voté à la Chambre des Communes c'était à cause de l'absence de Georges Héon avec qui il faisait la paire. Le 7, à Trois-Rivières, Lapalme accusa Duplessis d'établir un règne de Gestapo et sans en dire plus long à ce sujet l'accusa de nouveaux excès de corruption, en faisant allusion au témoignage de l'ancien inspecteur en chef de la Commission des Liqueurs, Maurice Bolduc, qui prétendait avoir eu sous ses ordres dix-neuf inspecteurs qui ne travaillaient pas et qui recevaient leurs chèques de paie par le courrier. Cette déclaration, encore une fois, n'était pas tout à fait juste, quoique la Commission des Liqueurs avait été pendant les trente années de son existence et allait demeurer la meilleure source de patronage. Cependant, Duplessis n'eut aucune difficulté à détruire la crédibilité de Bolduc en disant qu'il était un "libéral chronique" dont l'activité fébrile pour le parti dénotait son incompétence.

Lapalme continua sa campagne sur le thème des libertés civiques et loua Mongrain pour ses attaques contre Duplessis. Il salua en Mongrain: "l'homme qui s'est levé"' le premier pour résister à la dictature de l'Union nationale. C'est à Trois-Rivières qu'a brillé pour la première fois l'étoile de la liberté." Il dit que Mongrain et Marler feraient partie de son Cabinet mais il refusa d'en nommer d'autres de crainte de

◀ *Duplessis répondant aux ovations de la foule. (Prisma — Soc. des Amis de M.L. Duplessis)*

les exposer aux coups de Duplessis qui n'hésiterait pas à se servir des millions de sa caisse électorale.

Le 8 juillet, à Saint-Tite, Lapalme déclara que le programme agricole de l'Union nationale était insuffisant et qu'il était destiné en premier lieu à contrôler les votes des fermiers. "M. Barré n'a rien négligé pour détruire la betteraverie de Saint-Hilaire." La situation devenait pénible pour Lapalme qui en était réduit à reprendre ces anciennes accusations. Le 9, à Sainte-Anne-de-Beaupré, Lapalme accusa l'Union nationale de se cacher sous la mante de l'Eglise et Duplessis lui-même "d'exhiber publiquement sa ferveur religieuse". A propos du mépris que l'Union nationale affichait à son égard, Lapalme dit: "Si le chef libéral n'existe pas, pourquoi le Premier ministre ne reste-t-il pas chez lui pour se reposer en ces jours de chaleur? Pourquoi le ministre du Travail, M. Barrette, ne sort-il pas de son comté de Joliette? L'Union nationale livre la lutte de sa vie mais elle n'en sortira pas vivante." Lapalme s'en tenait à son programme qui consistait à exposer un scandale par jour. Il déclara que la revue *True Crime* était une publication ordurière qui devrait être censurée puis dit que le chef de la police provinciale y avait fait paraître un article. C'était vrai, mais l'article n'avait rien d'offensant et avait été obtenu de façon détournée. Le 10, à Murray Bay, Lapalme prétendit que Duplessis avait prolongé la grève de l'amiante par son indécision dictatoriale que colorait son antisyndicalisme.

Mongrain était devenu le coq du Parti libéral. A Trois-Rivières, il parla après Lapalme et tint des propos qui même d'après *Le Devoir* étaient "très violents". Il accusa l'Union nationale "d'user contre lui des procédés les plus vils, de persécuter sa famille, d'importuner sa femme, d'avoir offert de l'argent à son père pour l'amener à paraître sur l'estrade unioniste." L'Union nationale avait découvert que Mongrain, alors qu'il était hôtelier, avait été condamné deux fois pour avoir enfreint la loi sur la vente des boissons alcooliques. Mongrain rétorqua en demandant à Duplessis "ce qu'il avait fait après avoir reçu les 800 000 signatures qui lui demandaient de faire observer la Loi des Liqueurs. Il lui a demandé s'il avait fait fermer les débits où l'on vend de la boisson pendant la grand-messe en désignant nommément les tenaciers. Il a encore demandé à M. Duplessis s'il avait cessé de servir de la boisson dans ses comités."

Le 9, Mongrain dit à son auditoire de Trois-Rivières: "La pègre est dans ma ville." Il prédit des émeutes et décrivit le harcèlement que lui faisait subir la police provinciale. En promettant la défaite de Duplessis il dit: "Si nous ne brisons pas la dictature dès maintenant il faut prévoir presque la révolution, car les ouvriers n'endureront certainement pas M. Duplessis pour un autre quatre ans." Pendant la dernière semaine de la campagne, les libéraux hésitaient entre défendre leur parti et attaquer férocement le gouvernement et Duplessis. Même George Marler, encouragé par ses collègues, dénonça ses adversaires avec une férocité inhabituelle.

Le 10 juillet, Duplessis et Camillien Houde reprenaient leur grand ralliement de quatre ans plus tôt, au marché Saint-Jacques. Omer Côté présidait et un porte-parole annonça qu'il y avait soixante-quinze mille personnes présentes. *Le Devoir* commenta que le publiciste était "sans doute emporté par son propre enthousiasme" car la salle, bien que remplie à craquer, ne contenait que trois mille personnes. A l'extérieur, la foule encombrait les environs du marché mais le porte-parole de l'Union nationale exagérait en disant: "Jamais dans l'histoire de Montréal la population n'avait fait un accueil aussi extraordinaire à un homme d'Etat". Camillien Houde parla du communisme et de l'autonomie provinciale et félicita Duplessis d'avoir présenté la seule loi anticommuniste du Canada, la Loi du Cadenas. A ce sujet il dit "qu'il saluait bien le Premier ministre de la province". C'était une performance efficace qui n'avait toutefois pas le brio de quatre ans plus tôt.

Duplessis prononça un discours puissant et promit de faire de Montréal "non seulement la plus grande ville du Canada mais la plus grande de l'Amérique du Nord". La foule applaudit longuement ce slogan qui allait être employé fréquemment dans les campagnes municipales pendant des années à venir. Il promit de construire un centre culturel à Montréal si la ville demeurait fidèle au gouvernement, le mercredi suivant. C'était une technique que Duplessis employait souvent dans les comtés ruraux et les petites villes mais il était surprenant de l'entendre parler ainsi dans la plus grande ville du Canada.

Duplessis félicita Camillien Houde, maire de sa ville depuis dix-sept ans, puis ajouta: "Je connais un certain autre maire qui n'a rien de remarquable et dont le règne sera éphémère." Il souligna ce que l'Union nationale avait fait pour Montréal: on avait donné à sa population la propriété du système de tramways qui appartenait jusque-là aux intérêts privés, et enlevé la tutelle humiliante et détestable que T.-D. Bouchard avait imposée à Montréal; on avait fait don à la ville de la propriété des Sulpiciens, sauvé l'université de Montréal, construit une myriade d'écoles et d'hôpitaux, et dépensé cent vingt-cinq millions au cours des huit dernières années, apportant ainsi à la ville des améliorations d'une efficacité et d'une générosité sans précédent. Puis il prononça les inévitables dénonciations de ses adversaires, de la centralisation, du communisme, et de l'anarchie qui régnait chez les libéraux, ces hypocrites au comportement honteux. Même *Le Devoir* dut admettre que l'assemblée eut beaucoup de succès. On applaudit le Premier ministre et le maire avec éclat, longuement et fréquemment.

Plus tôt, Duplessis avait parlé pour l'adversaire de George Marler, Kenneth Wilson, à l'école secondaire West Hill où s'étaient assemblés deux mille anglophones. Il avait dit que les critiques de Marler étaient "méprisables" et que ce dernier était "complètement motivé par son fanatisme partisan". Duplessis n'y allait pas de main morte en traitant ainsi George Marler de méprisable fanatique.

Le 11, Duplessis accomplit un rite qu'il répétait à chaque campagne électorale depuis vingt ans: un discours autonomiste prononcé à Hull. Il ponctuait chaque fait saillant en pointant d'un doigt inquiet et belliqueux le Parlement fédéral, de l'autre côté de la rivière. Lapalme avait tenté de faire le contrepoids des fameuses réalisations qu'énumérait perpétuellement Duplessis en disant que ce dernier ne se préoccupait que de briques et de ciment alors que lui, Lapalme, se préoccuperait des écoliers et des patients. A Hull, Duplessis dit que les allégations de Lapalme étaient une "grave insulte" non seulement à son endroit mais aussi aux professions médicale et religieuse qui s'occupaient du personnel des hôpitaux et des écoles. Les prétentions de Lapalme n'étaient pas difficiles à tourner en ridicule et Duplessis s'en donna à coeur joie.

Le 12, à Beauceville, Lapalme aux abois répéta que "l'Union nationale ne vous donnera jamais un code du travail parce que ce parti hait l'ouvrier." Il répéta aussi son accusation de Gestapo provinciale mais elle opérait cette fois sous le couvert de la Commission des Liqueurs plutôt que de la police. Le lendemain, à Québec, Lapalme, Marler et Mongrain prononcèrent tous trois des discours emportés.

Lapalme offrit de comparer sa vie publique et sa vie privée à celle de Duplessis tant il était piqué par les attaques de Duplessis qui disait que Lapalme n'était qu'un chef médiocre, parachuté à son poste, et l'homme de paille des centralisateurs et des radicuax. Il accusa Duplessis non seulement de malhonnêteté chronique et systématique mais il l'accusa formellement, si l'on peut s'exprimer ainsi en une telle occasion, de parjure, sans toutefois donner la date exacte d'une faute aussi grave. Le jour de la Bastille il s'adressa à une grande assemblée et son discours lui donnait plus que jamais l'allure du martyr. Il dit que pendant qu'il était à la messe on avait pénétré par effraction dans sa chambre du Château Frontenac et que les agents de Duplessis avaient tenté sans succès de lui voler la documentation qui prouvait la véracité de ses accusations. Lapalme compara ensuite le régime de Duplessis à celui de Huey Long en Louisiane, mais ce nom n'était sans doute pas familier à la plupart de ceux qui l'écoutaient. Le chef libéral visita en un jour sept comtés de la région de Montréal et les foules lui firent bon accueil. Il terminait chaque discours en disant: "Mercredi vous allez être les agents de la paix, pour empêcher le vol de la victoire, de votre victoire."

Duplessis passa la dernière fin de semaine dans les Cantons de l'Est et sur la rive sud de Montréal avant d'aller à Lachine, puis de continuer jusqu'à la Côte-Nord en passant par le berceau du conservatisme québecois qui s'étend de Repentigny à Trois-Rivières. Aussi alerte que son jeune adversaire et malgré l'inconvénient de son plâtre, Duplessis prononça vingt discours en deux jours. Il parla de ses adversaires comme de politiciens sans conséquence, récita ses propres réalisations et rappela son dévouement à l'autonomie de la province. Et, voulant terminer sur un ton d'homme d'Etat, il dit: "Si je fais la lutte actuelle, ce n'est pas pour les prochaines élections, mais pour les prochaines générations." Il laissa à Paul Beaulieu la tâche de dénoncer Mongrain comme "un lâche" qui "nous glisse entre les mains comme une barbotte".

A la veille de l'élection on lisait en première page du quotidien *Le Devoir:* "Les fier-à-bras commencent leur travail". L'article racontait trois incidents: la disparition d'un camion qui transportait les journaux de Mongrain, l'entrée par effraction au domicile de Mongrain mais on n'avait rien trouvé semble-t-il, et finalement le saccage d'une salle qui servait de lieu de rencontre à un comité libéral.

Ce même soir Duplessis s'adressa à trente mille trifluviens, au séminaire, pendant que Mongrain parlait à l'académie Lasalle, un coin de rue plus loin. Le puissant système de haut-parleurs de l'organisation libérale et le vent favorable faisaient que l'auditoire de l'Union nationale pouvait entrendre le discours de Mongrain sans que l'inverse se produise. Duplessis profita pleinement de la situation. Il demanda à son immense auditoire de garder le silence et d'écouter les accusations et les promesses que faisait Mongrain. Ensuite, pendant que les partisans de Mongrain applaudissaient, Duplessis l'attaquait férocement, au grand amusement de ses propres partisans. Mongrain ne savait pas qu'on l'écoutait et, croyant que seuls ses amis l'écoutaient, lança des propos exagérés qu'il ne se serait pas permis dans un échange. Quand Mongrain eut fini de parler, Duplessis termina son propre discours sur un ton un peu plus digne. Il dit à ses électeurs: "Je vous ai tout donné, mon dévouement, et ma vie. En retour je vous demande aujourd'hui de permettre à mon adversaire de faire quelque chose pour la province en laissant au trésor provincial son dépôt de $200." Alderman Poliquin, organisateur de Duplessis, dit au journal *Le Devoir* que la campagne qui venait de se terminer avait été "la plus malpropre et la plus ignoble de l'histoire de la province". Il ajouta que Mongrain allait être battu à plate couture le lendemain.

Lapalme termina sa campaghne à Joliette par une grande assemblée tenue non loin du cinéma où Antonio Barrette présentait un spectacle de variété. Des étoiles de hockey parlaient en faveur du ministre du Travail et de leur côté, les orateurs libéraux faisaient tous allusion au "Cirque à Barrette". Lapalme répéta le programme libéral, la théorie de justice sociale selon laquelle une société plus juste serait plus profitable à l'entreprise libre, plus conforme à la religion et serait la façon la plus efficace de lutter contre le communisme. Il répéta aussi ses attaques contre Duplessis et ajouta une dénonciation de Barrette, ce "ministre robot" qui avait prolongé la grève de l'amiante (Duplessis n'était plus tenu pour le seul responsable), qui s'était rendu à Rome pour dénoncer le Père Georges-Henri Lévesque, et qui s'était permis d'acheter des votes. En terminant il dit que le lendemain Joliette aurait l'honneur d'élire un Premier ministre pour la première fois depuis la Confédération.

Ce ne fut pas le cas. Joliette réélut le ministre du Travail. Lapalme et Mongrain sauvèrent leur dépôt mais Duplessis fut réélu sans difficulté dans Trois-Rivières pour la huitième fois et Premier ministre pour la quatrième fois, comme l'avaient été Gouin et Taschereau. Chez les libéraux vingt-trois candidats furent élus, quinze de plus que la dernière fois, une performance tout à fait honorable. Ils remportèrent quarante-six pour cent des suffrages, deux pour cent de plus qu'aux dernières élections alors que l'Union nationale remporta 50.5 pour cent, 2.5 pour cent de moins qu'en 1948.

Plusieurs libéraux remarquables étaient élus pour la première fois: Joseph-Irénée-René Hamel, Emilien Lafrance et Yvon Dupuis. Hamel triompha du Dr Marc Trudel, un vieil ami de Duplessis. Trudel et Patrice Tardif – aussi un ami de Duplessis– furent les deux membres du gouvernement qui ne furent pas réélus. Hamel avait été député de l'aile fédérale du Bloc populaire de 1945 à 1949. Duplessis l'accusa d'ingratitude parce qu'il lui avait donné une bourse de vingt-cinq dollars en 1938 qui lui avait permis de terminer ses études de droit. Il s'était mérité la médaille du gouverneur général et fait des études supérieures à Louvain qu'il quitta juste avant l'arrivée de l'armée allemande. (6) Hamel et Lapalme avaient été des adversaires à Ottawa mais maintenant ils se dirent qu'ils avaient toujours été d'accord sur les questions concernant le Québec et que leurs opinions n'avaient différé que sur les questions de portée internationale. Emilien Lafrance fut élu dans Richmond contre le maire d'Asbestos. Ce dernier avait été le seul membre du caucus de l'Union nationale qui avait publiquement différé d'opinion avec Duplessis sur la grève de l'amiante. Il est probable que Duplessis n'avait pas appuyé totalement son candidat dans Richmond. Le nouveau député allait faire la pluie et le beau temps dans l'Opposition. Energique et sûr de lui-même, Lafrance incarnait le Québec semi-rural et moralisateur. Agent immobilier de profession, il était l'un des administrateurs de la Caisse populaire locale, chef de la fanfare du village, commissaire de la Commission des Ecoles catholiques et membre des Chevaliers de Colomb et des Lacordaire. Quant à Yvon Dupuis, sa carrière allait être encore plus controversée que celle de Lafrance.

Duplessis avait perdu quelques plumes mais il était satisfait du résultat de l'élection qui lui avait, malgré tout, assuré une victoire retentissante et une députation de soixante-huit membres, comprenant tous

les principaux membres de son ancienne administration. Frank Hanley, le seul indépendant, fut réélu dans Montréal-Sainte-Anne avec l'appui tacite de l'Union nationale. René Chaloult, défait par le candidat libéral dans le comté de Québec, ne fut pas grandement regretté.

Au soir de l'élection Duplessis prononça un discours magnanime au parc des Pins, devant sa demeure, où s'étaient rassemblés plus de vingt mille trifluviens:

> *Nous entendons travailler la main dans la main avec les adversaires d'hier qui sont sincères, afin de faire du Québec une province prospère, habitée par une jeunesse heureuse à qui l'avenir offre les plus belles perspectives... La campagne électorale a été l'une des plus malpropres que la province ait connues depuis 50 ans. Mais le peuple, poli et courtois comme d'habitude, a rendu un verdict qui condamne ces tactiques malheureuses. Mes candidats élus, je les félicite. Mes candidats battus, je les remercie, car tous et chacun ont contribué à ce triomphe de ce soir. Maintenant, la lutte terminée, je demande à mes amis d'avoir de la considération pour les adversaires malheureux. Le peuple a condamné les tactiques déloyales des adversaires et il n'y a rien à ajouter au verdict populaire. Il règne dans cette province, un sentiment de cordialité dont nous ne devons pas nous écarter. Je demande donc comme faveur personnelle, qu'on ne fasse rien pour humilier inutilement les adversaires, qu'on ne pose pas d'acte contraire à la courtoisie qui a marqué cette lutte de l'Union nationale depuis le début. Il y a dans cette province des perspectives et des possibilités immenses qui ont été mises en relief par la politique de l'Union nationale. Ensemble, main dans la main, comme des frères, travaillons à la grandeur de la province et de sa population.*

Lapalme ne parla pas mais fit paraître un communiqué remerciant ses partisans et exprimant sa déception du résultat. Mongrain, par contre, était plus en verve: "J'ai tout perdu sauf l'honneur... J'ai conscience d'avoir travaillé pour une bonne cause et je me console avec l'espoir que les idées que j'ai présentées avec toute mon énergie seront prises en con-

◄ *La foule venue acclamer le Premier ministre réélu à sa demeure de Trois-Rivières.*
(Canada Wide)

sidération." C'était un discours plus sobre que celui qu'il avait prononcé trois jours plus tôt au marché Atwater à Montréal où il avait accusé Duplessis d'encourager le communisme par son injustice et de laisser sortir de la prison de Bordeaux des détenus qui participaient à la campagne de l'Union nationale. Il ajouta que la police persécutait les libéraux et les harcelait. On avait aussi tenté d'intimider physiquement la famille Mongrain. Il accusa aussi Duplessis de permettre un vaste réseau de distilleries illégales et de contrebande afin de fournir, sans frais, des boissons alcooliques à ses amis. "Vous êtes, M. Duplessis, s'était écrié Mongrain, non seulement le saboteur numéro un de l'autonomie mais vous avez sali l'idéal de propreté de la province. Nous sommes fatigués de nous faire voler nos élections par votre m... machine. S'il y a des émeutes dans la province le jour de l'élection, je vous tiens responsable devant l'opinion publique, M. Duplessis."

En fait il y eut plusieurs incidents le jour du scrutin, pour la plupart cocasses, en rétrospective. A Lévis, où le candidat de l'Union nationale fut défait par soixante-dix-sept voix, une foule hostile de cinq cents personnes se rassembla autour de la maison du vainqueur, le libéral Raynald Bélanger. Le maire de la ville demanda l'intervention du Royal 22 ième mais pour cela il fallait la permission écrite du procureur général de la province et le consentement du Cabinet fédéral. Duplessis était à Trois-Rivières où il célébrait la réélection de son gouvernement. La mise en branle de l'armée canadienne au Québec était bien la dernière chose qu'il souhaitait et a u lieu de cela il envoya un détachement de cinquante policiers de la force provinciale. A leur arrivée, le candidat défait de l'Union nationale, Albert Samson, était debout sur le pare-chocs de sa voiture et demandait à la foule "d'être raisonnable et de protéger le bon renom de Lévis". La foule se dispersa mais entre temps on avait renversé une douzaine de voitures, cassé des vitres et échangé de nombreux coups de poing. A Montréal, les incidents étaient plus sérieux. La salle où se réunissait le principal comité du libéral vainqueur dans Maisonneuve, Alcide Montpetit, fut saccagée par une bande d'hommes armés de bouteilles, de morceaux de briques et de revolvers avec lesquels ils tirèrent au plafond. Un homme subit de graves blessures au visage et une femme fut blessée par un escalier de sauvetage qui lui descendit sur la tête au moment où les assaillants prenaient la fuite.

Dans Saint-Louis où le libéral David Rochon fut réélu, une bande de fier-à-bras armés de bouteilles, de bâtons de baseball, de bouts de tuyaux saccagea la salle du comité et quinze personnes furent légèrement blessées. Rochon, encore sous le choc, raconta à la presse comment il avait verbalement repoussé un des intrus qui tentait d'enlever sa petite fille. "Elle a crié *papa* et je suis allé à son secours et l'homme l'a lâchée." Dans Sainte-Anne, la salle de comité de Hanley ainsi que celle de son adversaire libéral, George O'Reilly, furent également saccagées par des bandes armées. Un policier et le gérant de la campagne de Hanley furent blessés quand les envahisseurs les poussèrent par la fenêtre du premier étage. Quatre personnes furent arrêtées.

Dans Jeanne-Mance, comté que le libéral Jean-Paul Noël enleva au député sortant de l'Union nationale, un groupe armé déchira les deux premières pages de la liste des électeurs au début de la journée et cent vingt personnes prétendirent que leurs noms étaient sur les pages manquantes et exigèrent d'être réinscrites. La police s'en mêla et la foule se dispersa en grommelant après qu'un constable eut lu la loi électorale qui stipulait que dans les circonstances ces personnes n'avaient pas le droit de vote.

A Trois-Rivières, la police escorta jusqu'aux limites de la ville une pleine voiture de "chahuteurs importés" puis tira cinq coups de pistolet en l'air. A Sorel, où chaque parti avait fait venir sa bande de fier-à-bras, la paix régnait avec la tension. Le jour du scrutin à Sorel se termina sur une note bizarre. Le chef de l'organisation libérale pour la région, Lucien Lachapelle, fut accusé d'avoir manigancé des "télégraphes". Il se livra volontairement au juge de paix, tard dans la soirée et fut relâché après avoir payé une caution de cinq cents dollars.

Tout ceci ne contribuait certes pas à créer une ambiance idéale pour des élections mais on était loin du désordre anticipé et ces incidents n'eurent qu'une influence mineure sur le résultat de l'élection. Il semble que les partisans des deux partis aient participé dans la même mesure à ces incidents ignobles. Les histoires qu'on raconta par la suite voulant que Duplessis intimidait la totalité des électeurs, déformait le procédé du comptage des voix et harassait le Parti libéral avec des bandes de durs, ne sont pas fondées sur des faits. En plus, la police agit d'une façon irréprochable malgré ce qu'on a pu inventer par la suite.

Tout compte fait, l'élection avait été un succès. Le bipartisme avait repris toute son importance et le vote pour les tiers partis avait été le plus faible depuis 1936. L'Opposition avait la force et le nombre nécessaire pour être efficace. Lapalme avait rebâti le Parti libéral après la débâcle de 1948 avec un succès remarquable. Il avait présenté une alternative valable au programme de l'Union nationale. En résumé, il voulait une société plus libérale où la politique serait moins vouée au culte à la personnalité du Premier ministre, une plus grande participation aux décisions collectives surtout dans les négociations entre patrons et syndicats.

Essentiellement, Lapalme avait essayé d'éviter la question de l'autonomie provinciale. Ses remarques à propos de l'exploitation du minerai de fer dans l'Ungava et sur la politique générale gouvernant les ressources étaient contraires au plus grand intérêt de la province en plus d'être inexactes. Cependant, il avait réussi, à une époque prospère et contre le gouvernement le plus puissant de l'histoire du Québec, à relever un parti en ruine. Au soir de l'élection, Lapalme n'avait pas à se sentir délaissé même s'il avait perdu sa place à l'Assemblée car son leadership n'était pas remis en question. Et tout s'arrangea plus vite que prévu car Henri Groulx, le dernier membre encore actif de l'administration Godbout, mourait le soir même de l'élection après avoir remercié ses électeurs dans Outremont. Ce siège vacant assurait une place à Lapalme d'où il pourrait continuer sa lutte contre Duplessis.

Pour Maurice Duplessis aussi cette élection avait été satisfaisante. Il avait non seulement remporté une grande victoire parlementaire et une majorité absolue du suffrage mais il avait été réélu après une campagne basée en grande partie sur sa personnalité. Il était clair que le Québec avait confiance en Maurice Duplessis. On l'avait invité à "continuer son oeuvre". S'il avait été trop confiant au début de la campagne et bercé par l'illusion d'une victoire facile face à seulement huit libéraux à l'Assemblée, il s'était bien vite rendu compte du danger que représentait Lapalme et avait réagi efficacement.

Malgré le plâtre qu'il avait porté durant cet été de campagne et malgré ses dix-sept ans de plus que le chef de l'Opposition, Duplessis avait mené une lutte électorale qui était peut-être encore plus énergique que celle de Lapalme. L'effort des libéraux pour faire croire qu'il était un vieil homme épuisé n'avait rien donné.

Dans les prises de bec qui occupèrent une place prépondérante dans les sept campagnes électorales qu'il mena comme chef de parti, Duplessis avait eu, cette fois comme toujours, le meilleur. Il avait marqué Lapalme plus sûrement avec des épithètes comme "politicien sans envergure", "sympathisant avec les communistes" et "marionnette des centralistes" que Lapalme ne l'avait fait en qualifiant Duplessis de "bandit" et de "fasciste". L'Union nationale dépensa certainement plus d'argent que les libéraux et leur organisation était plus forte. Le vote populaire sembla donner un nombre à peu près égal de voix aux deux partis mais cela est trompeur car si l'on fait abstraction du vote anglophone, fortement libéral, il est clair que Duplessis remporta une victoire écrasante parmi les Canadiens français des villes aussi bien que des campagnes. Ils votèrent pour Duplessis dans une proportion d'environ trois contre deux et même un remaniement de la carte électorale n'aurait pas grandement affecté le résultat. Le fondateur de l'Union nationale demeurait le chef incontesté des Québecois et ces derniers le lui avaient bien démontré. Le Québec français avait voté pour la formule Duplessis — un gouvernement autoritaire en tête de la trinité gouvernante: Etat, Eglise et capital. On pousserait l'industrialisation en même temps qu'on réaffirmerait les valeurs traditionnelles. Le gouvernement avait donné aux fermiers des programmes de crédit agricole, d'électrification rurale, d'assainissement de terrain. Tous ces programmes avaient eu un succès remarquable et en retour la population rurale appuyait l'Union nationale sans hésiter. A la bourgeoisie, le gouvernement offrait la stabilité sociale en repoussant systématiquement les forces du changement que voulaient apaiser les libéraux. Et naturellement, la bourgeoisie choisissait la sécurité, le progrès et la continuité de préférence à l'expérimentation. Aux travailleurs, le gouvernement offrait la sécurité d'emploi, des salaires plus élevés et de meilleures conditions de travail qui allaient de pair avec la prospérité croissante, si seulement ils voulaient avoir confiance au chef séculier des Canadiens français, même si cela allait à l'encontre des chefs syndicaux. La plupart des ouvriers du Québec réaffirmèrent leur appui au gouvernement malgré les efforts des libéraux pour les convaincre que Duplessis avait supprimé certains mouvements ouvriers. Mais cela était faux et les ouvriers n'en furent pas dupes. Le prestige personnel de Duplessis était tel qu'il réussissait à s'interposer entre les ouvriers et leur chef syndical et à garder

RÉFÉRENCES — CHAPITRE 2

1. *Le Devoir,* 14 juin 1948. Sauf indications contraires toutes les descriptions de discours et d'événements des campagnes provinciales de 1948, 1952 et 1956 sont tirées des comptes rendus du journal *Le Devoir* publiés le jour suivant.

2. Pendant cette campagne, *Le Devoir,* contrairement aux deux campagnes subséquentes, prit la question communiste très au sérieux et reproduisit fidèlement toutes les allusions de Duplessis, aussi exagérées soient-elles.

3. Robert Rumilly servit encore une fois d'intermédiaire.

4. *FMLD.* Il s'y trouve une copie de ce discours qui n'a rien perdu de son attrait humoristique avec le temps. Ce discours est comparable à celui que prononça Franklin D. Roosevelt en 1940 et qui s'intitulait "Martin, Barton, and Fisch".

5. Tourigny, Ouellet, Auréa Cloutier, Edouard Asselin, Edouard Masson.

6. *FMLD.* Hamel remercia Duplessis avec effusion dans sa lettre du 30 septembre 1938 où il décrit la libération de Munich. L'abbé Tessier du séminaire de Trois-Rivières avait d'abord éveillé l'intérêt de Duplessis en René Hamel, le 4 mai 1934. Tessier disait qu'Hamel était "absolument exceptionnel" et faisait allusion à une récente visite de Duplessis où il semble qu'on avait bu beaucoup de champagne.

7. Auréa Cloutier, Tourigny, Ouellet.

"Le chef incontesté de la province de Québec"

(C'est ce que Gérard Filion admettait à contrecoeur
en parlant de Duplessis, *Le Devoir,* 29 octobre 1957)

1956

L'élection de 1956 promettait d'être une reprise de celle de 1952 et c'est ni plus ni moins ce qui se passa. Les protagonistes, les questions, les méthodes électorales, étaient à peu de choses près les mêmes. *Le Devoir,* qui avait appuyé les libéraux ouvertement mais avec une partisannerie raisonnable en 1952, adopta en 1956, une attitude partiale à l'extrême. L'histoire populaire nous raconte que ce fut là le meilleur moment du journal *Le Devoir* qui était le seul quotidien à exprimer les sentiments de l'Opposition. Mais en fait le ton fréquemment diffamatoire, malicieux, hystérique même, employé envers le gouvernement, était loin d'être héroïque. Mais tout ceci sera discuté en détail dans un autre chapitre. Pour le moment il suffit de dire que *Le Devoir* formait, avec les libéraux, les créditistes et les nationalistes, une coalition d'opposition à l'Union nationale qui poussa à son paroxysme le culte du duplessisme et la contre-culture de l'anti-duplessisme.

Lapalme s'était présenté dans Outremont en 1953 et avait remporté la victoire. Mais cette fois, Duplessis ne lui avait pas offert de lui laisser le champ libre comme il l'avait fait avant l'élection de 1952 même si le résultat ne laissait aucun doute, malgré les prédictions optimistes de Camillien Houde. (1) Houde se plaisait dans son rôle de chef de l'organisation de l'Union nationale à Montréal et en 1956 ce poste occupait tout son temps. Il ne se présenta pas à la mairie de Montréal en 1954. Il fut remplacé par Jean Drapeau qui, à trente-huit ans, avait été membre du Bloc populaire, champion des grévistes d'Asbestos et leader de réformes civiques. La succession des maires de Montréal: Médéric Martin, Camillien Houde, Jean Drapeau, se compare en quelque sorte à celle des premiers ministres Gouin, Taschereau et Duplessis — chacun eut un long règne où se manifesta leur style personnel, inimitable et pittoresque.

C'est avec une véritable tristesse que Duplessis voyait Camillien Houde se retirer de la politique active, non seulement parce que Houde était son plus puissant allié mais parce que cela démontrait bien qu'au moins un ennemi, la vieillesse, gagnait du terrain.

Les rangs des vieux adversaires s'éclaircissaient et cela non plus n'était pas rassurant. Athanase David était mort en 1953 et Godbout, qui avait deux ans de moins que Duplessis, était décédé au début de l'année 1956 des suites d'une chute dans l'escalier de sa maison. En fait, les adversaires de Duplessis soulignaient souvent son âge avancé. Mais Duplessis s'apprêtait à confondre une fois de plus ses adversaires avec une vigoureuse campagne. Il annonça la dissolution de l'Assemblée législative le 25 avril, cinq jours après avoir célébré son soixante-sixième anniversaire de naissance, et des élections générales le mercredi, 20 juin. La campagne électorale serait plus longue qu'à l'accoutumée et le fondateur de l'Union nationale espérait bien qu'elle serait le prélude à son cinquième mandat comme Premier ministre du Québec, un fait sans précédent. En même temps, il allait disposer d'un autre chef libéral qui, lui, n'avait jamais été Premier ministre. Cela ne s'était pas vu depuis l'époque précédant Mercier. Le 26, Lapalme déclara tout simplement: "Nous sommes prêts." Le caucus libéral fédéral se réunit à Ottawa et résolut "d'avoir la peau de M. Duplessis." (2) Cette campagne promettait d'être enlevante dès le départ.

Les libéraux avaient prédit la date exacte de l'élection. Le 20 juin était un mercredi et tombait exactement au milieu des autres jours possibles entre le début mais et le début août. Ils ouvrirent officiellement leur campagne à Québec, le 29 avril, ce qui leur donnait sept semaines pour convaincre les électeurs. Lapalme était bien déterminé à ne pas laisser Duplessis le présenter comme l'homme de paille d'Ottawa et promit qu'il allait demander le paiement à Québec des trois cents millions de dollars que Duplessis avait permis au gouvernement fédéral d'enlever à la province au cours des dix années précédentes. Il résolut le problème qui faisait que ce projet allait à l'encontre de sa solidarité avec le parti libéral en déclarant: "Comme libéraux, je suis certain que vous serez toujours contents de nous. Comme fédéraux, il n'est pas aussi certain que vous le serez toujours." (3)

Des explications plus difficiles étaient encore à venir. Le 29 avril, Réal Caouette annonça qu'il allait être le candidat libéral officiel dans Abitibi Est. Pilier des anciens Bérets blancs, Caouette avait été le premier et le plus remarquable partisan de Gilberte Côté-Mercier et de Louis Even. Il avait tenté sa chance mais sans succès aux élections provinciales de 1944, puis au fédéral en 1945. Elu député créditiste au fédéral en 1946, il avait siégé à Ottawa jusqu'à sa défaite en 1949. Le 30 avril, suite à des discussions qui duraient littéralement depuis quatre ans, le quartier-général du Crédit social au Québec annonça que le parti allait appuyer les libéraux parce que ceux-ci avaient résolu "d'effectuer des changements financiers essentiels." Entre temps les libéraux poursuivaient fiévreusement leurs négociations avec les tiers partis, ce qui n'était pas sans rappeler celles qu'avaient menées les aides de Duplessis avec l'Action libérale nationale.

Des rumeurs, qui n'étaient pas confirmées dans les premiers temps, voulaient que René Chaloult fasse un retour à la politique comme candidat indépendant, appuyé par les libéraux dans le comté nouvellement créé de Kénogami-Jonquières. Le 6 mai, Jean Lesage, ministre fédéral des Affaires du Nord et des Ressources naturelles, député de Montmagny-L'Islet, déclara que l'intervention du caucus fédéral libéral était justifiée du fait que Duplessis avait traité de ques-

tions fédérales-provinciales aux dernières élections. Le même jour, René Hamel, fougueux ex-membre du Bloc populaire, et Réal Caouette tinrent une assemblée conjointe à laquelle participaient un millier de créditistes, à Shawinigan Falls, pour annoncer que la coalition libérale-créditiste était une garantie de victoire. Après plus d'une dizaine d'années d'hostilité (qui allait renaître un jour) envers les libéraux, Réal Caouette déclarait: "Ensemble nous marchons vers la libération de notre province."

Le 8 mai René Chaloult confirma sa candidature en tant que libéral-indépendant dans Kénogami-Jonquières. Mais l'annonce de la candidature de Pierre Laporte comme libéral-indépendant dans Montréal-Laurier était une nouveauté plus digne d'intérêt. Laporte avait été le principal correspondant parlementaire du journal *Le Devoir* à Québec et pendant les premières années où il avait été membre de la tribune de la presse il avait été en bons termes avec Duplessis. Mais plusieurs incidents étaient survenus entre eux et Laporte était devenu un adversaire implacable de l'Union nationale. Le fait qu'il entrait en lice contre Duplessis renforçait la "partisannerie" du journal *Le Devoir* qui était déjà à l'avant-garde de l'Opposition officielle. Le 10, à Thetford Mines, Lapalme confirma que Chaloult, Laporte et Caouette seraient candidats officiels du Parti libéral et il avertit les fonctionnaires que ceux d'entre eux qui prendraient une part active à l'élection provinciale seraient congédiés par le nouveau gouvernement libéral.

A l'âge de soixante-six ans, Maurice Duplessis avait été chef de parti pendant toute une génération et Premier ministre pour quatre mandats. Pendant ce temps, il avait transformé la politique au Québec en un référendum sur lui-même. Il entreprit cette campagne d'un coeur léger et s'adonna plus que jamais à sa prédilection pour les calembours. Le 26 mai il parla au Syndicat des Electriciens du Québec et amusa son auditoire en se déclarant contre "les courts-circuits électoraux" et pour le "courant populaire". Au sujet de la promesse de M. Saint-Laurent d'intervenir dans cette campagne, il dit: "Vous savez tous que le Saint-Maurice se jette dans le Saint-Laurent. Mais avez-vous déjà entendu dire que le Saint-Laurent soit sorti de son lit pour faire inonder le Saint-Maurice? Aussi longtemps que le Saint-Laurent et le Saint-Maurice suivront leur cours, tout ira bien."

◀ *Réal Caouette. (Roland Lemire)*

Duplessis sonna le coup de départ officiel de sa campagne électorale le 7 mai, à l'hôtel Windsor. Gérard Filion rapportait l'événement pour *Le Devoir* et commenta pour ses abonnés que le vieux chef avait de toute évidence fini son temps:

> *M. Duplessis n'a jamais été un grand tribun, mais il savait trouver des formules qui frappaient l'imagination des foules. Ce qui lui manquait en souffle oratoire, il le compensait en pittoresque. Lundi dernier, M. Duplessis a été terriblement terne: pas une formule bien frappée, pas un mot drôle, pas la moindre envolée. Il hésitait, il bafouillait, il répétait constamment les mêmes mots, les mêmes locutions. Cette constatation n'est pas un reproche. M. Duplessis a travaillé comme dix hommes depuis 1944; il a conduit tous les ministères jusque dans les plus insignifiants détails. Il s'est usé à la tâche; c'est un homme vidé. Pour une manifestation aussi grandiose, on s'attendait à un certain effort de renouvellement. On se disait: avec sa vivacité d'esprit, M. Duplessis va trouver le moyen de ridiculiser ses adversaires, de les mettre en mauvaise posture. Nous avons été déçu. Ses coups n'ont pas porté, ses tentatives de bons mots ont avorté. L'auditoire était visiblement mal à l'aise, il a été particulièrement avare d'applaudissements.*

Il critiqua ensuite le fait qu'une seule nouvelle initiative était annoncée: la construction d'une autoroute entre Montréal et les Laurentides. En plus, la question de l'autonomie n'avait plus le même impact parce que les relations fiscales entre Québec et Ottawa pour la période 1957-1962 avaient été établies par Duplessis et Saint-Laurent plus tôt en 1956. Il lui reprocha aussi de ne pas avoir mentionné le rapport Tremblay sur les affaires constitutionnelles parce que ce rapport critiquait l'administration, même s'il en approuvait la politique. "Le régime Duplessis est sur son déclin. Il donne des signes de décrépitude. Il a négligé de se renouveler en hommes et en idées. C'est aujourd'hui une équipe de vieillards qui administre la province. Des vieillards avec des idées qui prévalaient il y a vingt ans mais qui sont complètement dépassées en 1956. Le régime a connu son apogée en 1948. Il est à la veille de s'éteindre."

Le grand prêtre de l'Opposition s'exprimait en termes de tristesse plutôt que de colère. Il disait franchement et suivant une évaluation impartiale, qu'il était temps que le vénérable gentilhomme se repose. Cependant le film de ce discours, qui a été conservé, nous montre Duplessis prononçant un discours efficace qui fut reçu avec l'enthousiasme habituel par ses partisans qui l'applaudissaient depuis trente ans. Il présenta la question de l'autonomie en rapport avec l'intervention qu'avaient promis de faire les libéraux fédéraux dans la campagne électorale provinciale, un fait que Filion omit de mentionner. Il est vrai que ses remarques sur le rôle du capital étranger et sur l'attitude négative de ses adversaires provinciaux étaient des redites mais elles étaient bien faites et semblaient plaire à son auditoire. "Les libéraux sont le parti du désaveu: M. Godbout à désavoué M. Taschereau, M. Lapalme a désavoué M. Godbout et les coulisses sont remplies de ceux qui commenceront à désavouer M. Lapalme le 21 juin. C'est le parti de la tour de Babel qui va s'effondrer dans la confusion." Filion voulait croire que Duplessis avait fini son temps. On peut présumer qu'il voulait donner à ses lecteurs un avant-goût des goujateries partisanes qu'il allait publier, que Duplessis et son gouvernement étaient à bout de souffle mais dans les semaines à venir on allait voir que rien n'était plus éloigné de la vérité.

Durant les jours qui suivirent, l'U.N. discuta de l'utilité qu'il y aurait à engager des individus qui se présenteraient sous la bannière "Libéral-Indépendant" au lieu de nommer des candidats "Union nationale". 'Et comme à l'accoutumée, on discuta aussi de l'opportunité de présenter des candidats "Libéral-Indépendant" qui porteraient les mêmes noms que les candidats officiels des Libéraux et diviseraient le vote. Cette dernière suggestion sembla une bonne idée puisqu'en fait Jean-Paul Noël, "Libéral-Indépendant", se présentait contre Jean-Paul Noël, député sortant de Montréal-Jeanne-Mance. Dans Montréal-Laurier, Lionel Laporte se présentait contre Pierre Laporte et dans Montréal Sainte-Marie il y avait deux Yvon Dupuis inscrits sur le bulletin de vote. L'Union nationale se préparait et Duplessis parlait aux assemblées de mise en nomination.

Le 14 mai, Roch Pinard, secrétaire d'Etat au fédéral parlait à Montréal à l'hôtel Windsor en faveur de Georges-Emile Lapalme à l'occasion d'un dîner offert par la Jeunesse libérale du Québec, organisme qu'avait fondé ce cher vieux Hector Laferté, quarante ans plus tôt, comme moyen de se faire admettre à l'Assemblée législative. Pinard était le troisième ministre fédéral à se lancer directement dans la lutte à la suite de Jean Lesage et Hughes Lapointe. Ils étaient tous dans la quarantaine et l'un d'eux serait vraisemblablement le successeur de Lapalme si la victoire ne venait pas couronner ses efforts dans le présent combat.

De l'avis de Pinard, "le régime despotique instauré par M. Duplessis et son parti de l'Union nationale met en grave péril le gouvernement responsable pour lequel les patriotes dirigés par Papineau et Mackenzie se sont battus." De plus, "Maurice Duplessis, Premier ministre du Québec s'est avéré en toutes circonstances l'ennemi farouche de l'unité nationale." Finalement il ajoutait à ses autres fautes: "M. Duplessis a empêché le Québec de réaliser les progrès véritables auxquels il eut été normal de s'attendre au sein d'une économie qui progresse sans cesse et dont toutes les autres provinces de la confédération canadienne ont cherché à bénéficier pleinement. Seul le Québec n'a marqué que des reculs." La grande coalition Lapalme poussait vraiment trop fort mais *Le Devoir* reproduisait textuellement le discours, en grande partie sur la première page. Pinard proclamait: "La province de Québec étant devenue la plus taxée de la confédération canadienne... en même temps celle où les progrès soient les plus lents et où le niveau de vie soit comparativement demeuré le plus stationnaire" (tout ceci était absolument faux). Il se plaignait de ce que l'Union nationale mettait constamment de l'avant les qualités de "Chef" de Duplessis. "Mais si c'est lui, comme les propagandistes de l'Union nationale le laissent entendre, qui trouve une solution à tous les problèmes, à quoi servent les vingt autres membres du cabinet provincial, de ce cabinet dont le nombre est plus considérable par deux fois que celui du gouvernement fédéral lui-même ou celui de la province d'Ontario." (En fait, il y avait vingt-deux ministres au gouvernement fédéral et dix-huit en Ontario.) Pinard blâma aussi Duplessis parce qu'il ne répondait pas avec suffisamment d'empressement aux initiatives de conciliation confédérationiste du gouvernement Saint-Laurent. Les libéraux pensaient que cette fois ils pouvaient renverser Duplessis et ils participèrent à la campagne en

Duplessis s'adressant à la population de Trois-Rivières le 22 mai 1956. (Canada Wide) ▶
Duplessis lance une rose à ses partisans réunis dans la cour du séminaire de Trois-Rivières, le 20 juin 1956. (Canada Wide) ▶

plus grand nombre qu'ils ne l'avaient jamais fait depuis l'échauffourée de 1939. Ces activités ajoutaient un poids considérable aux paroles de Duplessis car il accusait Lapalme de n'être qu'une marionnette aux mains du fédéral. Et Pinard, parlant avec ardeur et le plus sérieusement du monde, s'aventurait dans les affaires provinciales tel un pigeon parmi les chats.

Le 20 mai à Grand'mère, René Hamel parlait devant un auditoire enthousiaste. Il déclara: "Notre province est comparable à une caverne de voleurs, où les taxes n'ont pour but que d'engraisser les rats du parti de l'Union nationale. Les rats de ce parti mangent non seulement le pain de nos enfants, ils mangent aussi leurs livres d'écoles!" (Il faisait allusion à la controverse amorcée par les créditistes à propos du patronage qui attribuait les contrats d'imprimerie et de distribution des manuels scolaires de Chambly.) A cette même assemblée, Lapalme ramena à la surface la vieille question de l'exploitation de l'Ungava au sujet de quoi il déclara encore une fois que cette affaire avait été un marchandage du patrimoine national vendu pour une bagatelle à des exploiteurs étrangers. Le lendemain, à Pont-Rouge, Lapalme revendiqua l'appui des syndicats tout en déplorant ce qu'il disait être la situation défavorable des fermiers de la province. Le front commun de l'Opposition, officielle ou non, s'étendait.

Le 17 mai, Edgar Charbonneau, candidat de l'Union nationale dans Montréal-Sainte-Marie, accusa Dupuis d'avoir essayé de corrompre l'énumérateur avec des caisses de vin afin de le persuader de changer la liste des électeurs. Dupuis se défendit en disant qu'un agent de l'Union nationale lui avait jeté dans les mains un paquet de listes d'électeurs, alors qu'il se trouvait dans sa salle de comité, en disant: "Je vous apporte ce que vous m'avez demandé." Dupuis dit qu'après l'avoir expulsé, il remarqua que la police provinciale se tenait prête à l'arrêter et à l'accuser de possession de faux certificats.

Le 18, Lapalme parlait à Courville. Il promit d'éliminer la politique des commissions scolaires et dénonça les lois des accidents du travail qui, disait-il, offraient une protection insuffisante. Le même jour Duplessis déclarait, lors d'une conférence de presse, que Lapalme laissait couler à flot des promesses irresponsables et que cela démontrait plus clairement que jamais qu'il était le valet du fédéral. Le 20 mai, Duplessis prononça un discours énergique sur ce thème devant vingt-cinq mille Trifluviens. Il dit que l'Union nationale offrait la seule garantie de l'autonomie provinciale et de la souveraineté culturelle. Il tourna les conférences fédérales-provinciales en ridicule en les appelant des "circonférences" parce que la position fédérale ne changeait pas et il s'engagea à ne jamais signer d'entente permanente avec le gouvernement fédéral. C'était là une importante déclaration qui démontrait que Duplessis, en se basant vraisemblablement sur sa grande expérience des affaires fédérales-provinciales, ne croyait pas que les deux gouvernements pouvaient en arriver à une entente permanente, qu'il y aurait toujours des changements dans la position du Québec visant à protéger ses intérêts primordiaux et que l'instabilité était inhérente au système fédéral canadien. Il était décidé, selon une expression courante durant les années soixante, à garder ouvertes les options du Québec afin qu'il puisse opter pour ou contre presque tout, y compris le Canada même, selon l'interprétation que certains ont voulu en faire.

Comme pour souligner ce point, le ministre des Postes, Hughes Lapointe, parlait le même jour à Sainte-Croix en faveur de Lapalme et attaqua férocement Duplessis. Il déclara que les lois provinciales qui contrôlaient la vente de la margarine de l'Ontario au Québec étaient "une farce" et déplora le projet d'exploitation de l'Ungava: "Lorsque les Américains auront fini d'exploiter la région ils ne nous laisseront rien qu'un grand trou."

Encore une fois, Duplessis prit la défense du projet de l'Ungava que M. Saint-Laurent lui-même avait vanté. Ce thème revenait dans tous ses discours. (Le 27 mai à Matane il dit que ce projet était "le plus grand développement industriel dans l'histoire de la province", ce qui était vrai si l'on tient compte des quatre cents millions de dollars déjà dépensés.) La question de la margarine, leitmotiv de toutes les campagnes électorales dans les régions rurales, fut surtout soulevée cette fois par les députés fédéraux qui prétendaient que Duplessis donnait une protection insuffisante aux fermiers québecois contre cette denrée.

L'Union nationale répliqua par une contre-attaque d'une originalité qui ne s'était pas vue depuis l'affaire du trésor artistique polonais. (4) Au lieu de faire valoir la difficulté de surveiller la vente de produits ontariens au Québec et les implications interprovinciales qui en découleraient, l'Union nationale dénonça le gouvernement fédéral pour avoir importé trois cent mille douzaines "d'oeufs communistes" de Pologne. D'après l'U.N. les Québecois avaient été soumis depuis cinq ans, et à leur insu, à une diète "d'oeufs communistes" par la négligence et la complicité du Parti libéral fédéral. C'était une splendide trouvaille. La nouveauté et l'invraisemblance de cette accusation forçaient les envahisseurs fédéraux à se débattre comme des coquerelles qu'on asphyxie tandis que le ridicule de l'accusation amusait ceux qui avaient le bon sens de ne pas la prendre au sérieux. Les libéraux se défendirent tant bien que mal jusqu'à ce que Jean Lesage explique, finalement, le 12 juin, à Saint-François, que c'était une compagnie privée qui avait importé ces oeufs et non pas le gouvernement fédéral. Mais l'Union nationle avait déjà alerté toute la province en distribuant des brochures et en faisant paraître des annonces dans les journaux, évoquant l'arrivée imminente d'une flotte communiste arborant le drapeau rouge orné du marteau et de la faucille, ce qui allait forcer les Québecois sans méfiance à consommer au petit déjeuner les oeufs qu'avait fait venir le gouvernement fédéral. Mais heureusement l'affaire des oeufs fut à peu près la seule référence qu'on fit au communisme, sujet tellement galvaudé pendant plusieurs années qu'il avait perdu son pouvoir d'effrayer. Duplessis ne le mentionna pas du tout. Quant à Lapalme, qu'on avait accusé d'avoir sympathisé avec le communisme, il essayait de transformer en vote le changement d'attitude à ce sujet.

L'attaque de l'Union nationale sur la question de l'agriculture s'amplifa jusqu'à inclure toute la performance fédérale dans ce domaine. Le fédéral avait laissé le blé de l'Ouest pourrir dans les champs au lieu de le vendre à prix réduits aux Québecois, il avait exporté le blé à prix réduits vers l'Asie plutôt qu'au Québec, il avait fait "des cadeaux exagérés qui se chiffraient à plus de quatre milliards de dollars au détriment de notre pays, des transactions odieuses avec les pays derrière le Rideau de fer et un intérêt inexplicable pour l'Asie alors qu'on se préoccupait tellement peu des droits du Québec". (5) Et comme il l'avait fait pour les deux dernières élections Jos Bégin répétait son beau slogan à qui voulait l'entendre: "Les libéraux donnent aux étrangers: Duplessis donne à sa province."

L'Union nationale donnait à son auditoire rural en général une récitation de tout ce que le parti avait fait pour lui: l'assèchement de terrains, la prise en charge de la dette des commissions scolaires, des routes rurales et des programmes d'enlèvement de la neige en hiver, la construction d'entrepôts réfrigérés, l'aide à la petite industrie, aux coopératives et aux orphelinats des campagnes, le crédit rural, le programme qui aidait aux familles à conserver leurs fermes, les pensions aux vieillards, aux aveugles, aux mères nécessiteuses et aux infirmes, et finalement l'électrification rurale. Ce dernier projet avait eu un succès remarquable. Quand Duplessis fut réélu en 1944, seulement quinze pour cent des maisons à la campagne avaient l'électricité; en juin 1956 il y en avait plus de quatre-vingt pour cent. Durant cette campagne, Duplessis profita pleinement du progrès accompli dans ce domaine, notamment lors d'un discours à Sherbrooke, le 13 juin. Il raconta en détail l'expansion de l'électrification dans la province au cours des douze dernières années, puis affirma pour le plus grand plaisir de son auditoire: "Un vote pour l'Union nationale est un vote pour la lampe électrique tandis qu'un vote pour les libéraux, c'est un vote pour la lampe à l'huile."

Cette campagne était mieux définie, on y disait moins de sottises et elle était, en définitive, moins troublée que celle de 1952. Les envolées oratoires, inévitables et partisanes, cachaient un choix idéologique et une politique véritable. Duplessis représentait le règne paternaliste, les droits provinciaux, le désaccord continu avec Ottawa, la continuation des renégociations des termes de la participation du Québec dans la confédération ce qui sous-entendait, très discrètement, que si un jour la coopération avec Ottawa devenait impossible, il faudrait considérer la non-participation en rendant nul le pacte confédératif. Mais Duplessis disait que cette solution extrême ne serait pas nécessaire. Il était nationaliste mais conservateur parce que cela voulait dire un pouvoir politique décentralisé et plus à sa portée, un pouvoir qui s'exerçait dans la frugalité sans dépenses extravagantes, qui allait amener le progrès tout en renforçant le passé plutôt que de chercher à le réformer, un pouvoir qui s'opposait aux grèves ouvrières et se faisait le champion de la libre entreprise. C'est le gouvernement qui déciderait qui avait le droit de faire la grève et quels en seraient les règlements, le gouvernement déciderait aussi quels organismes sociaux recevraient ses subsides. Tous — évêques, hommes d'affaires, ouvriers et fermiers — étaient invités à laisser le Premier ministre décider de toutes les questions, à s'en remettre à sa sagesse en toutes choses. Tout serait accordé selon la discrétion du Premier ministre: permis d'alcool, contrats de travaux publics, allocations aux commissions scolaires. Duplessis déciderait. Duplessis savait ce qui était bon. C'était essentiellement ce qu'on présentait au public, avec un peu plus de subtilité, il va sans dire. Duplessis représentait l'autonomie provinciale, un thème que ses contemporains n'arrivèrent jamais à dévaluer, le gouvernement autoritaire, le progrès matériel, les valeurs traditionnelles et le désir d'étendre la juridiction provinciale.

Georges-Emile Lapalme avait perfectionné son approche au cours des quatre dernières années. En même temps qu'il affirmait que ses collègues à Ottawa ne seraient pas toujours contents de lui, il offrait la possibilité d'un règlement avec Ottawa, une fin aux interminables querelles qui dominaient presque tous les domaines de responsabilités partagées. Il accusa Duplessis de faire obstruction et d'être un poseur pendant que lui-même adoptait une attitude de bonne entente avec Ottawa. Il niait, en fait, que la centralisation soit une menace au Québec français. Son libéralisme était bien celui des années cinquante, un libéralisme qui rejetait le nationalisme comme une considération artificielle divisant inutilement les peuples, qui semait la discorde et empêchait de poursuivre la libération économique. C'était une époque de justice distributive, d'égalitarisme et d'internationalisme. L'élite intellectuelle de la province n'était plus les pétainistes ou les partisans ultra-catholiques de Groulx qui avaient dominé l'entre-deux-guerres.

Un nouveau groupe évoluait autour de Lapalme, notamment la nouvelle équipe du journal *Le Devoir* qu'avait attirée Mgr Charbonneau: Jacques Perrault, Gérard Filion, André Laurendeau maintenant moins nationaliste que libéral, Pierre Laporte, ex-protégé de Duplessis mais sur lequel il avait perdu ses illusions pour nombre de raisons. Il y avait aussi Jean-Louis Gagnon, Jacques Hébert, Pierre Elliot Trudeau, Gérard Pelletier et Léon Dion: tous étaient bien renseignés et avaient beaucoup voyagé; le groupe de Georges-Henri Lévesque, les jeunes leaders syndicaux, Gérard Picard et Jean Marchand et le groupe de Radio-Canada sous la direction de René Lévesque. Pour le moment, et nonobstant les désaccords qui les sépareraient plus tard, ils étaient unanimes dans leur opposition à Duplessis qu'ils considéraient comme un espèce d'ogre qui pratiquait un nationalisme désuet et un autoritarisme dégradant, un mauvais politicien dont il fallait se méfier et qui se faisait le champion d'une société primitive pour mieux arriver à ses propres fins partisanes.

Duplessis parlait surtout de ses "réalisations" et comme elles n'étaient pas vraiment mises en doute, Lapalme, lui, parlait surtout de ce qu'il allait accomplir en fait de libéralisation, participation et démocratisation durant cette ère nouvelle et sans patriarche qui allait commencer. Duplessis avait prononcé un discours à Trois-Rivières et Lapalme y répondait le soir même à l'hôtel de ville de Saint-Joseph d'Alma dans le comté du Lac Saint-Jean. Il déclara au sujet des "faussetés" que Duplessis avaient prononcées plus tôt: "Venant de quelqu'un qui a été Premier ministre de la province depuis si longtemps, c'est une indécence à la grandeur de la province du Québec". *Le Devoir* enthousiasmé rapportait:

> *L'assemblée de dimanche a réuni devant une foule dense et enthousiaste, les trois principaux chefs du grand mouvement d'opposition qui se dresse actuellement contre l'Union nationale dans la province: M. Lapalme, M. René Chaloult, l'une des figures les plus marquantes du mouvement indépendant, et M. Louis Even, chef provincial du Crédit social.*
>
> *Après avoir rappelé qu'il ne peut plus être question de parler de survivance française chez nous, mais de vie française, M. Lapalme a demandé: "Les indépendants qui sont avec nous, Le Devoir qui nous appuie, MM. Chaloult et Laporte nous laisseraient-ils faire disparaître la langue française dans nos écoles?"*

Lapalme vanta les mérites de l'instruction gratuite puis nia que Duplessis fut un champion sincère de la langue française: "Comment M. Duplessis peut-il parler de notre langue, lui qui a *enterré* la motion présentée à l'assemblée législative en faveur du Château Maisonneuve? (Il faisait allusion au Reine Elizabeth, hôtel construit à Montréal par le Canadien national et dont le nom déplaisait aux nationalistes, mais le choix du nom était une question purement fédérale puisque les chemins de fer et les corporations de la Couronne relèvent de la juridiction fédérale.)

"M. Duplessis parle de la foi? Il parle de la religion? Qui donc fait plus d'accrocs à la moralité que M. Duplessis, qui tolère les violations constantes de la Loi des Liqueurs?" Il rappela le scandale des chèques envoyés par erreur à des enfants de Bonaventure puis continua: "Et c'est lui qui va sauver la foi? Lui qui a appelé les Jésuites *les colons de la rue Fleury* parce qu'ils ont osé émettre des opinions sur la colonisation? Lui qui s'est attaqué au Père Lévesque? Lui qui vole des élections avec le bill 34?" Le bill 34, selon lequel une seule personne énumérerait les comtés urbains, était en effet un bill de caractère douteux, mais il n'avait été adopté qu'en 1954. La déclaration de Lapalme selon laquelle Duplessis s'en serait servi pour voler une élection était quelque peu prématurée.

> *Au chapitre des institutions, M. Lapalme a rappelé qu'en 1952, un pamphlet, semblable à celui qui est répandu actuellement, est parvenu jusque dans les couvents, faisant croire aux religieuses que M. Lapalme et ses lieutenants sont des communistes. "Une de mes tantes, qui est religieuse, a dû me défendre contre l'opinion erronée de ses consoeurs, qui étaient convaincues que je suis communiste. Qui a tenté d'étouffer les institutions religieuses avec son système d'octrois discrétionnaires, sinon M. Duplessis?".*
>
> *Puis M. Lapalme livra le fond de sa pensée: "J'éprouve un immense dégoût à parler de ces choses, surtout quand je pense que mes enfants ont reçu des éclaboussures de ces accusations et qu'ils ont même demandé à leur mère, les plus jeunes surtout, si c'était vrai." Parlant de pardonner à son accusateur, M. Lapalme a dit: "Le pardon chrétien, oui; le pardon politique, non!" Puis il s'est écrié: "Aidez-moi à le jeter dehors!" La salle a répondu à cette demande par un seul cri d'approbation qui a fait trembler les murs. "Le parti libéral, lui, sort du purgatoire... et quel purgatoire... Il est en route vers la victoire. Nous sommes une équipe d'hommes neufs qui veulent faire de la politique autre chose qu'une affaire de calembours et de parti. Ne prendrez-vous pas la chance de nous élire quatre ans, appuyés comme nous le sommes par des hommes libres et sincères?"* (6)

Le lendemain Lapalme reprit sa campagne de candidat réformiste. Il parlait à Armagh dans le comté de Bellechasse où il décrivit la suggestion de Duplessis, à savoir que l'élection d'un libéral serait un danger pour l'enseignement religieux, comme étant une "goujaterie politique". Il dit que seul l'épiscopat pouvait juger une telle situation. Il dénonça de nouveau la corruption de Duplessis en donnant comme exemple les cinquante-cinq millions de dollars qu'il était censé avoir dépensés pour l'achat de machines à écrire et blâma Duplessis de tolérer l'entrée libre dans la province de littérature obscène. Le 23 mai, à Sainte-Rose, il promit d'amender la carte électorale en faveur des villes et de résoudre le problème du logement urbain. A Rouyn, le 27, il accusa Duplessis d'avoir créé un "climat antidémocratique et antiouvrier qui décourage la création de nouvelles industries et étouffe la classe ouvrière."

Lapalme passa dans tous les comtés, dénonçant les candidats sortants de l'Union nationale et imputant de sérieux et détestables méfaits au gouvernement. Le 30 mai, à Hull, Lapalme prétendit que Duplessis s'opposait inutilement à la coopération avec le gouvernement fédéral. Le 31, dans Papineau, il attaqua Roméo Lorrain, député et ministre des Travaux publics, parce qu'il avait distribué un montant scandaleux en patronage. Le 1er juin, à Montmagny, il dénonça une brochure très répandue qui prétendait que le directeur de sa campagne publicitaire, Jean-Louis Gagnon, était un communiste.

Le 3 juin, à Rivière-du-Loup, il dévoila un soi-disant complot de l'Union nationale qui nommerait quarante faux candidats communistes qui se retireraient en faveur de libéraux. En fait, il y avait eu quelques autres bizarreries électorales. L'Union nationale tenta sans succès de présenter un candidat libéral officiel dans Montréal — Laurier, où Pierre Laporte se présentait comme indépendant appuyé par les libéraux. Le 22, le Comité central libéral déclara que des milliers de noms avaient été omis des listes électorales à cause du Bill 34 qui avait mis en vigueur le système de l'énumérateur unique. L'affaire Yvon Dupuis provoqua les commentaires sarcastiques des principaux personnages de l'Union nationale et quand Dupuis défia Paul Sauvé de tenir avec lui une assemblée contradictoire, Sauvé répliqua, le 27 mai: "Je ne suis pas intéressé à courir la guignolée."

Le 27 mai, Radio-Canada interdit la diffusion de l'émission radiophonique de l'Union nationale: "Jean-Baptiste Québec parle à la province" et l'Union nationale blâma l'ingérence du gouvernement fédéral. Le 28, *Le Devoir* fit paraître un supplément de huit pages qui, sans être identifié comme publicité payée, attaquait le régime Duplessis vieux de quinze ans sur un ton de "partisannerie" hystérique. En même temps l'Union nationale faisait paraître un livre écrit par son meilleur propagandiste, Robert Rumilly, intitulé *Quinze années de réalisations,* un ouvrage extraordinaire qui allait être présenté à la mi-campagne par un auteur de renom. Ce livre remarquable n'est pas le plus méritoire des nombreux titres qu'a fait paraître M. Rumilly. Il se termine sur une note mi-lyrique de reconsécration à la province: "O ma province de Québec".

Le 31 mai, mille résidants de Ville Jacques Cartier furent avisés qu'ils devaient s'enregistrer dans le cours de la journée suivante durant les heures d'affaires afin d'être éligibles pour voter. Le 8, le candidat libéral du comté de Saguenay, Gérard Lefrançois, se vit interdire l'accès au site de construction du pouvoir hydroélectrique à Labrieville, en partie parce que les libéraux et *Le Devoir* laissaient entendre qu'il y avait un scandale dans la construction de l'immense projet Bersimis. Lapalme dit à un auditoire de Grandes Bergeronnes que cette interdiction était "une violation flagrante d'un droit constitutionnel fondamental". Le même jour, à Baie Comeau, il demanda qu'une commission royale enquête sur les méfaits qui se commettaient à Bersimis. Et le 14, à Québec, Lapalme promit que les libéraux feraient tomber une pluie de feuillets sur Labrieville afin d'éclairer la population.

Toute l'affaire était une autre tempête dans un verre d'eau puisque l'Hydro-Québec avait d'abord refusé l'accès à Lefrançois et les libéraux avaient continué l'affaire. S'arrêtant quelques instants à Baie Comeau, Duplessis déclara que les commentaires de Lefrançois et de Lapalme sur l'incident étaient comme "un chien qui se soulage sur le côté d'une église. Ça manque de dignité mais ça ne cause pas de dommage".

Le 5, à Chandler, Lapalme déclara que l'industrie de la pêche était virtuellement en faillite malgré la prétention de l'U.N. qui disait l'avoir sauvée. Le 7, à Matane, où dix jours plus tôt Duplessis avait fait une récitation magistrale du progrès industriel, Lapalme demanda: "Où sont toutes les nouvelles industries dont parle toujours l'Union nationale?" Le 10, à Shawinigan Falls, il dit qu'il était "parfaitement indépendant des libéraux fédéraux malgré leur participation à la présente campagne." Le même jour, à Louiseville, il déclara: "La corruption administrative de l'Union nationale est mille fois pire que ce que nous croyions, notamment dans le domaine judiciaire." Et le 12, à l'Assomption, il prétendit que l'Union nationale avait soudoyé trois candidats libéraux pour qu'ils abandonnent la campagne. Il contesta les réalisations que l'U.N. disait avoir à son crédit.

Le 11, Lapalme parlait au Forum de Montréal rempli à capacité. Il partageait la tribune avec l'irrésistible Gilberte Côté-Mercier, Pierre Laporte et les représentants de divers groupes d'intérêts particuliers: J.A. Choquette, ancien membre du Bloc populaire et les porte-parole des femmes et des électeurs italiens, irlandais et juifs. On avait beaucoup critiqué Duplessis pour avoir laissé dormir le rapport Tremblay sur les affaires constitutionnelles, un rapport qu'il avait lui-même demandé en réponse à la Commission Massey sur les arts, ordonnée par le fédéral, un domaine qui, disait-il, relevait du provincial. Les libéraux et leurs alliés nationalistes promettaient de déterrer le rapport et Duplessis disait que de toute façon il ne cherchait pas à le cacher. A cette occasion, Lapalme fut accueilli par une ovation qui était, selon *Le Devoir* "...sans précédent. Les cris, les bravos et les applaudissements ont duré une bonne dizaine de minutes, pendant que M. Lapalme, qui eut à ses côtés, à un moment donné sa charmante épouse et ses deux enfants, saluait cette foule en délire. Lorsqu'il put enfin prendre la parole il a déclaré: *L'heure de la libération a sonné.* "

Lapalme demanda en plus d'une commission d'enquête sur la Commission Tremblay, une commission royale d'enquête sur toute l'administration Duplessis. Il appuya le manifeste nationaliste de Pierre Laporte qui avait parlé avant lui, se débattit avec la question des oeufs communistes, annonça que les communistes du Québec appuyaient l'Union nationale, dénonça "l'orgie de dépenses" de l'Union nationale que démontrait si bien leur déploiement publicitaire et il affirma encore que la victoire était "déjà gagnée".

La charte de l'autonomie provinciale en trois points de Laporte consistait, premièrement, en l'approbation de la déclaration peu sensationnelle de la Chambre de Commerce provinciale selon laquelle l'autonomie était allée assez loin; deuxièmement, en l'assurance que les offres courantes du gouvernement fédéral seraient considérées comme strict minimum et, troisièmement, en l'assurance que Chaloult et lui-même seraient membres de la Commission Tremblay. Laporte déclara d'abord: "Ni moi ni M. Chaloult ne sommes libéraux. Nous n'approuvons pas tout ce que les libéraux ont fait par le passé et nous ne serons nullement solidaires des actes qu'ils pourront poser à l'avenir, mais nous souhaitons, avec des milliers et des milliers de Québecois, le renversement du régime actuel qui oppresse et appauvrit la province de Québec."

Chaloult se sentait particulièrement vexé par la question de la "libération économique" qui, disait-il, faisait suite à la question d'autonomie fiscale qui était maintenant réglée. (Les libéraux et les nationalistes faisaient allusion à ce règlement plus ou moins satisfaisant sans donner le moindre crédit à Duplessis.) Le 5 juin, Chaloult parlait à une émission radiophonique diffusée par toute la province et le 12 juin, il parlait à Montréal pour Pierre Laporte. A ces deux occasions il souligna la question de l'Ungava Iron Ore. Il prétendait avoir tenté avec André Laurendeau de persuader Duplessis d'amender l'acte de cession de la région exploitée afin d'assurer "...que le Québec partage les bénéfices avec les Américains. M. Duplessis a refusé." Chaloult déclara aussi qu'un gouvernement libéral construirait une aciérie sur la Côte Nord, avec un système d'affinage électrique. Les Drs Potvin et Cholette, remarquables minéralogistes et Mgr Labrie, évêque du golfe du Saint-Laurent, avaient déjà fait cette suggestion mais Duplessis l'avait rejetée avec des commentaires ironiques. Le 13 juin Lapalme répéta le même thème à Beloeil.

Les libéraux s'efforçaient de maintenir l'intérêt au sujet du communisme. Le 14, Jean-Louis Gagnon annonça qu'il intentait une poursuite de vingt-cinq mille dollars contre Daniel Johnson pour l'avoir appelé "un ancien communiste". En terminant sa campagne à Joliette, le 9 juin, Lapalme dit qu'Antonio Barrette était l'auteur des brochures qui attaquaient Gagnon. Il semble qu'on avait distribué plus d'un million de ces brochures qui ne portaient ni le nom de l'imprimeur ni celui de l'auteur. Lapalme avait souvent dénoncé Duplessis en tant que procureur général pour n'avoir pas agi contre cette infraction à la loi électorale. Duplessis répliquait toujours que Lapalme, en tant qu'avocat, devait savoir qu'il avait le droit de lancer une poursuite mais ne le faisait pas. "J'ai assez à faire dans mon travail sans m'occuper des causes privées du chef de l'Opposition."

Les nationalistes dirigèrent une partie de leurs attaques sur le seul député sortant qui avait siégé comme indépendant à l'Assemblée, Frank Hanley de Sainte-Anne. Le 13 juin, Laporte et Chaloult annoncèrent: "Battre Frank Hanley c'est une oeuvre de salubrité publique.

Le 15, le maire Jean Drapeau qui avait été attiré dans la coalition anti-duplessiste par Hamel et Laurendeau et quelques-uns de ses anciens collègues du Bloc populaire, attaqua Hanley, qui était aussi conseiller municipal, en disant qu'il ne possédait pas les qualités requises pour la fonction publique telles que les avait énumérées le Pape Pie XII.

La campagne de Duplessis était légèrement plus modérée que celle de ses adversaires, ponctuée de déclamations vibrantes. Il parla peu du communisme, se contentant de ridiculiser la prétention de Lapalme qui posait au martyr. Il réagit énergiquement à la question de l'exploitation de l'Ungava et de la libération économique et s'octroya le plein crédit de l'ouverture des rapports fiscaux avec Ottawa. Il continua de répéter que Lapalme était vendu au gouvernement fédéral, dénonça la coalition d'opposition en disant que s'ils étaient élus, ces groupes ne parviendraient jamais à s'entendre sur quoi que ce soit et souligna la prospérité croissante du Québec et récita le catalogue désormais familier de toutes les constructions élevées sous son administration. Essentiellement, il demandait encore une fois: "Laissez Duplessis continuer son oeuvre", ayez confiance au grand chef-fondateur de l'Union nationale qui a dévoué sa vie à la province, dites non au parvenu arrogant, à l'homme de paille d'un groupe mal assuré et contradictoire qui sera dominé par Ottawa. A Joliette, le 10 juin, le sujet fut la prospérité et l'autonomie: "M. Georges Lapalme tente de placer le Québec à la remorque du gouvernement fédéral." Le 12, à Shawinigan, il demanda pourquoi Lapalme n'avait pas intenté une poursuite judiciaire contre l'Union nationale s'il croyait que les brochures distribuées par l'U.N. enfreignaient la loi électorale. Le 13, à Sherbrooke, il demanda pourquoi, si le gouvernement était aussi corrompu que le disait Lapalme, l'Opposition n'avait pas encore présenté un seul cas d'enquête devant le Comité des Comptes publics. Le 18, à Louiseville, il dit que le choix était clair entre un gouvernement de constructeurs et un front commun d'agitateurs. "Allez-vous jeter dehors une prospérité sans précédent et la remplacer par de folles promesses? Pourquoi disent-ils qu'il fait nuit lorsque le soleil brille?"

Le 14 juin, Maurice Duplessis et Camillien Houde tenaient une assemblée conjointe, un événement que les électeurs montréalais attendaient à chaque fois avec impatience:

L'ex-maire de Montréal, à sa pension, est sorti de son refuge hier soir, pour venir déclarer à la population de Montréal qu'il "doit immensément à l'hon. Maurice Duplessis."

M. Camillien Houde qui, à l'issue de la trop fameuse convention de Sherbrooke où M. Duplessis l'avait supplanté, déclarait: "Ils périront ou je périrai", a supplié le peuple de Montréal d'accorder son appui au chef de l'Union nationale, à qui certaines gens "reprochent d'être trop nationaliste".

On reproche à M. Duplessis d'être trop sévère dit M. Houde. "C'est justement ce qui nous manque dans la province de Québec, des hommes qui savent s'imposer."

M. Montréal commença ensuite à dénigrer joyeusement l'Opposition, dit qu'il allait "jeter bas les masques de gens qui ne sont pas aussi jolis que moi", et amusa la foule en parlant de sa propre corpulence. *Le Devoir* rapporta sur un ton dédaigneux:

Nul doute que M. Houde, dans sa retraite, lit tous les journaux à scandales qui se publient à Montréal. Ses coq-à-l'âne d'hier soir étaient une série de citations que l'on retrouve dpuis un an ou deux dans ces feuilles de chou.

Du chef libéral, le p'tit gars de Sainte-Marie a dit: "S'il avait été femme ça se serait mal terminé parce que c'est un homme qui ne sait pas dire non".

Camillien Houde a cité le Pape Pie XI qui a dit que le "Socialisme a pour père le libéralisme et le communisme pour héritier". Il a ensuite reproché au président du journal Le Devoir *d'être socialiste.*

*M. Houde a dit qu'il préférait les vrais nationalistes qui sont avec l'Union nationale tels que Léopold Richer, François-Albert Angers et Anatole Vanier que M. René Chaloult "qui revient s'associer à des centralisateurs". Une bonne partie du discours de M. Houde a été consacrée à Jean-Louis Gagnon, publiciste du parti libéral. "Il se défend d'être communiste, dit-il, personne ne l'accuse et je n'ai pas l'intention de l'accuser parce que j'ai peur au procès."
(Daniel Johnson avait été poursuivi pour une telle accusation.)*

◄*Frank Hanley, député indépendant depuis 1948. (Canada Wide)*

> *M. Houde cependant pose deux questions à M. Gagnon:*
> *Qui a fondé le Politburo à Québec en 1936 et 1946, pour-*
> *quoi êtes-vous parti si subitement pendant l'enquête suscitée*
> *par Gouzenko?*
> *Il dit que Gagnon avait ses grandes et petites entrées à la*
> *radio et à la télévision. "C'est drôle, tous les gauchistes*
> *sont à la télévision."*
> *Après avoir dit que M. Gérard Filion était allé en Chine,*
> *Pierre Elliott Trudeau en Russie et Jacques Hébert en Polo-*
> *gne, M. Houde s'écrie: "Je vous jure que j'ai l'impression*
> *que c'est Jean-Louis Gagnon qui a fait son dégât au journal*
> *Le Devoir. Ces gens-là ont des programmes de $100, $200*
> *ou $300 par apparition".*
> *"M. Lapalme est mal pris à tel point qu'il s'est adressé au*
> *Premier ministre lui-même lui demandant d'intervenir au-*
> *près du Haut clergé pour que celui-ci fasse cesser les accu-*
> *sations de communisme qui pèsent contre le parti libé-*
> *ral.C'est une humiliation pour un chef de l'Opposition de*
> *faire une requête au Premier ministre. Il ne peut pas lui-mê-*
> *me faire sa demande aux évêques!"*

Il mentionna les changements qu'avait effectués Duplessis: le nom de la résidence du lieutenant gouverneur n'était plus Spencer Wood mais Bois de Coulonge et le Fleurdelisé dont Duplessis avait fait le drapeau de la province malgré la suggestion que Lévis l'avait laissé traîner trop longtemps dans la boue de l'Ile Sainte-Hélène. (7) Il conclut: "Je compte sur vous pour donner à Duplessis, le 20 juin, une majorité à nulle autre pareille."

Duplessis avait fait sa campagne en suivant les défenses inté-rieures, comme diraient les militaires: la prospérité et l'autonomie de la province. Sa campagne, extrêmement bien organisée, avait porté sur ces thèmes élémentaires. La machine de l'Union nationale avait accompli la plus formidable tâche de persuasion politique jamais vue dans l'his-toire du Canada et obtenu les résultats désirés. On avait dépensé neuf millions de dollars en publicité, paiements de collaborateurs influents, organisation de bureaux de scrutin au niveau local et distribution de lar-gesses de toutes sortes aux électeurs. Le ministère de la Voirie et des Travaux publics avait augmenté ses activités, comme d'habitude à l'approche des élections. On avait augmenté le nombre de travailleurs dans les équipes de la voirie, on les avait énumérés au bon endroit et encouragés à voter pour le "bon parti". Quant aux listes électorales on les avait certainement retouchées plus d'une fois quoiqu'il soit difficile de donner des précisions à ce sujet. (8)

Prudemment l'Union nationale avait évité d'attaquer M. Saint-Laurent qui était, si possible, encore plus respecté au Québec qu'ailleurs au Canada. De toute manière, M. Saint-Laurent n'avait pas participé directement à la campagne. Par contre on n'avait pas hésité à se lancer dans la bagarre contre les intrus fédéraux venus prêter main forte aux libéraux. L'Union nationale avait contre-attaqué sur tous les fronts: contre les intrus du Parti libéral fédéral, les laquais du Parti libéral provincial, les nationalistes opportunistes, les créditistes mystificateurs et un peu fous, enfin toute la gamme des subversifs qu'on disait graviter autour d'un Lapalme naïf et sans principes. On distribua des millions de brochures et des millions de dollars supplémentaires furent dépensés pour la campagne bien orchestrée du gouvernement, basée entièrement sur la personnalité de Duplessis, le premier qui avait obtenu des concessions d'Ottawa en matière fiscale et qui incarnait les traditions et les aspirations du Québec.

Maurice Duplessis, rempart de la culture, de la foi et du bien-être matériel des Français en Amérique et personnification de l'Etat du Québec déploya un prodigieux arsenal sous la direction d'une organisation électorale sans pareil, aidée du trésor du parti. En plus il était appuyé par tous les quotidiens de la province sauf *Le Devoir* et par la plupart des hebdomadaires. Malgré tout, l'Opposition s'attendait à remporter la victoire. On avait souligné plusieurs arguments valables contre le gouvernement. L'Union nationale avait été un gouvernement complaisant à bien des égards. Duplessis avait fait fi de la démocratie d'une manière presque désinvolte et si les fermiers étaient satisfaits de son administration, ce n'était pas le cas d'un grand nombre d'ouvriers. Si les capitalistes étaient enchantés on ne peut en dire autant des intellectuels.

Et dans tout cela que pensait la masse de la bourgeoisie tranquille? Les libéraux avaient assemblé une formidable coalition qui, dans bien d'autres élections aurait pu se mériter une majorité. La bourgeoisie était-elle effrayée ou rassurée par le vaste pouvoir de Maurice Duplessis? Etait-elle inquiète à la pensée de remplacer le Chef par l'Equipe

A la clôture de la campagne électorale de 1956, avec Maurice (Rocket) Richard et Maurice Bellemare. Richard était un partisan inconditionnel de l'Union nationale et il fit campagne avec Duplessis en 1952 et 1956. (Montreal Star-Canada Wide)

que formaient Lapalme, Mongrain, Chaloult, Laporte, Caouette, Hamel, Dupuis, et compagnie? Ce serait là le test ultime du système Duplessis. Ce dernier ne faisait aucun effort pour prouver que les critiques de l'Opposition étaient injustifiées. Il s'en remettait au public qui allait décider entre le chef et l'équipe, entre la continuité et l'expérience, entre le conservatisme et le libéralisme. Le contraste était frappant et les deux côtés s'attendaient à la victoire.

Contrairement à ce qu'on dit par la suite, les deux partis étaient de force à peu près égale. Si l'Union nationale dépensa beaucoup plus d'argent que les libéraux, l'Opposition par contre était favorisée par les journalistes des média électroniques et le Parti libéral fédéral voyait aux besoins financiers de ses alliés provinciaux d'une manière plus qu'adéquate, sinon généreuse. Les observateurs indépendants s'attendaient à une lutte serrée mais ils se trompaient.

144

L'Union nationale remporta facilement la victoire en faisant élire soixante-treize députés, y compris Hanley, contre vingt libéraux. Pour la troisième élection consécutive on avait réélu le Cabinet de l'Union nationale au complet. (9) A Trois-Rivières, Maurice Duplessis fut réélu pour la neuvième fois par une marge plus que suffisante de six mille cinq cents voix. Le gouvernement menait le vote populaire avec cinquante-deux pour cent contre quarante-cinq pour cent. Parmi les électeurs canadiens-français le gouvernement remporta près de soixante-cinq pour cent du suffrage ce qui constitue un balayage dans toute élection libre. Lapalme l'emporta sans difficulté dans Outremont. Mais Mongrain fut défait dans Nicolet et Caouette dans Abitibi-Est; Chaloult, dont c'était la dernière élection, fut défait dans Kénogami-Jonquières et Laporte, qui en était à sa première élection, fut défait dans Laurier et Dupuis dans Sainte-Marie. Hamel fut réélu dans Saint-Maurice et René Saint-Pierre ramenait Saint-Hyacinthe aux libéraux pour la première fois depuis le départ de T.-D. Bouchard. Les électeurs se présentèrent nombreux aux urnes donnant à l'Union nationale plus de deux cent mille votes de plus qu'aux libéraux.

En un sens c'était la plus grande victoire de Duplessis. Tous ses adversaires, les centralistes, les nationalistes déçus et les extrémistes avaient formé une coalition contre lui. Lapalme avait évidemment fini son règne de chef libéral. Il avait dix-sept ans de moins que Duplessis, avait mené deux campagnes énergiques et perdu la deuxième avec encore plus d'éclat que la première. Sa grande équipe se dispersait. La plupart chercheraient encore à se faire élire, mais à un autre niveau du gouvernement ou pour un autre parti.

P.H. Desrosiers, contracteur haut en couleurs que favorisait le gouvernement, photographia Duplessis attendant le résultat électoral dans un fauteuil de son salon, à Trois-Rivières. A la fermeture des bureaux de scrutin il semblait confiant, quinze minutes plus tard il se penchait sur les premiers résultats, comptant les comtés sur ses doigts. Et encore quinze minutes plus tard, tout était fini. Plus tard il déclara à ses proches: "Nous avons battu tous les mauvais politiciens ce soir: Chaloult, Caouette, Laporte, Mongrain et Dupuis." Quand Auréa Cloutier le félicita de sa victoire il ne dit pas, comme la dernière fois, qu'il fallait tout de suite reprendre le travail mais plutôt: "Oui, merci,

Duplessis dans sa résidence de Trois-Rivières. (Roland Lemire)

c'était splendide mais j'ai bien peur que c'était-là ma dernière élection." (10) Duplessis, le seul de l'histoire du Québec à avoir remporté cinq victoires comme Premier ministre, devait sentir que ses jours étaient comptés. Cette campagne avait drainé son énergie et il se ressentait maintenant de ses soixante-six ans. Aussi il n'hésita pas, comme quatre ans plus tôt, à se présenter devant ses électeurs, une foule de plus de trente mille personnes, qui l'attendaient, massées devant sa résidence. En tant que Trifluviens, ils sentaient peut-être que cette cérémonie, répétée tous les trois ou quatre ans, depuis aussi longtemps que la plupart pouvaient se souvenir, allait être la dernière.

Duplessis voyait dans le résultat de l'élection une approbation de sa politique autonomiste. Georges-Emile Lapalme dit: "Je m'incline devant le verdict populaire" et fit savoir qu'il se préparait à démissionner comme chef du Parti libéral. Mme Thérèse Casgrain, qui mena le Parti social démocratique à une défaite écrasante dans trente-cinq cir-

146

conscriptions et ne remporta qu'un demi de un pour cent du total, avait été défaite elle-même, tout comme Michel Chartrand. Elle déclara: "La corruption politique ne scandalise même plus la population du Québec." *Le Devoir* rapporta que l'Union nationale était étonnamment forte dans les villes.

Causes célèbres

A chacune des trois dernières élections de Duplessis, certains sujets étaient immanquablement ramenés sur le tapis. Il y avait, entre autres, la Loi du Cadenas qu'on tenta de faire déclarer non constitutionnelle de 1949 à 1957. Le 27 janvier 1949, la police de Duplessis avait mis sous cadenas l'appartement de John Switzman qui admettait être communiste et participait activement à ce mouvement. Selon la loi, son appartement pouvait demeurer sous scellés pour un an. Voyant cela, la propriétaire intenta une action en dommages contre Switzman. Il se défendit en niant la légalité de la Loi du Cadenas, ce qui mettait aussi la Couronne provinciale dans la position de défendeur, position qu'elle n'avait pas recherchée. Le juge F.T. Collins, pilier de la communauté irlandaise de Montréal, rejeta en première instance l'argument sur la constitutionnalité de l'avocat de Switzman, Abraham Feiner, mais l'excusa de l'action en dommages de sa propriétaire.

Switzman et Feiner portèrent alors la question de la constitutionnalité en appel à la Cour du Banc du roi (devenu Banc de la reine quand le jugement fut rendu quatre ans plus tard), et l'intérêt que portèrent à cette cause les libéraux du Québec et les groupes de la gauche en firent une cause célèbre. G.C. Papineau-Couture et Paul Normandin établirent un trust pour couvrir les coûts de la contestation. Feiner et son associé, Albert Marais, furent secondés par Jacques Perrault et Frank Scott. Ils perdirent l'appel à quatre contre un mais l'opinion du juge dissident Gregor Barclay donnait une idée de ce à quoi le gouvernement provincial pouvait s'attendre quand la cause allait être entendue à la Cour suprême. Barclay s'objectait à l'empiètement sur les libertés civiles inhérentes à cette loi qui permettait au procureur général provincial d'interdire à volonté l'accès d'une personne à ses lieux de travail et d'habitation, de saisir les livres et papiers qui s'y trouvaient, causant ainsi à cette personne non seulement un tort matériel, mais la rendant victime d'ostracisme social. Les mots "communiste" ou "communisme" n'étaient pas définis dans l'Acte. Les prérogatives conférées au procureur général étaient tellement arbitraires, de l'opinion du juge Barclay, que la Loi du Cadenas était *ultra vires* d'après le principe selon lequel un citoyen ne peut être condamné et puni sans recours à la loi.

Le point de vue de la Cour du Banc de la reine, émis par le vieil adversaire de Duplessis avec lequel il était en bons termes depuis quelque temps, le juge Bernard Bissonnette, maintint la tradition québecoise selon laquelle le droit collectif primait le droit individuel et permettait une réaction non démocratique aux mouvements antidémocratiques. Les points en litige étaient les suivants: la Loi du Cadenas empiétait-elle dans le domaine fédéral de la loi criminelle et venait-elle en opposition à la Loi électorale du Canada comme le prétendait Barclay ou, comme le voulaient Bissonnette et ses collègues, cette loi ne touchait-elle que le domaine provincial sur la propriété et les droits civils? C'était ce dernier point qui avait toujours prévalu au Québec français où le système de loi n'avait jamais accordé aux libertés civiles une aussi grande importance que le faisait le droit commun. Peut-être à cause de la conscience aigüe de leur statut de minorité, de la structure et de l'attitude très autoritaires de l'Eglise et de l'Etat canadiens-français, les législateurs, le pouvoir judiciaire et la plupart des commentateurs canadiens-français ont élevé les droits de la communauté au-dessus du "privilège" de dissension. Ainsi, une province catholique ne pouvait tolérer une propagande athée et une province censée démocratique ne pouvait tolérer des encouragements au communisme. Si l'esprit anglais ne voyait aucun sens à la suppression d'un droit démocratique au nom de la démocratie, l'esprit français, par contre, ne voyait aucune logique dans une interprétation de la démocratie qui poussait la tolérance jusqu'à engendrer la destruction même de la démocratie. C'était là le problème que l'on portait devant la Cour suprême, fin 1956.

L'avocat Scott maintenait que la Loi du Cadenas créait un crime dans une seule province, le crime d'enlever illégalement les cadenas posés selon la loi et qu'elle constituait par conséquent une intrusion dans la loi criminelle et la Loi électorale du Canada. Emery Beaulieu, assisté d'Edouard Asselin, plaidait la cause du Québec comme il plaidait habituellement les causes importantes. Beaulieu maintenait que le Québec se conformait strictement à son devoir en défendant les droits de tous contre le communisme, un devoir décrit sous la rubrique des droits civils et de propriété de l'Acte de l'Amérique britannique du Nord. Et Asselin maintenait que la loi n'était pas plus sévère que la section du code criminel qui autorisait la fermeture de bordels. La Cour suprême ratifia l'opinion de Barclay par une marge de huit contre un et la Loi du Cadenas fut déclarée inconstitutionnelle et nulle en loi, le 8 mars 1957, vingt ans et deux semaines après son adoption. Ernest Lapointe avait recommandé cette forme de contestation en 1938 mais les libéraux avaient cru bon de ne pas avoir recours à cette méthode. Il n'avait jamais attaqué la loi ou tenté de la faire abroger quand Godbout était au pouvoir.

Duplessis grommela pendant quelque temps, disant qu'il allait en appeler au Conseil privé mais le jugement rendu ne le tracassait pas outre-mesure. La loi avait été, plus que toute autre chose, une mesure publicitaire et avait continué de l'être après la guerre. Maintenant cette loi servait ses desseins plus que jamais. En effet le jugement de la Cour suprême, quasi unanime sauf la voix discordante de Robert Taschereau, fils de Louis-Alexandre, confirmait Duplessis dans sa position autonomiste et renforçait son affirmation qu'Ottawa s'imisçait imprudemment dans les affaires du Québec sans savoir de quoi il s'agissait. La Loi du Cadenas était bien acceptée au Québec et cela, Lapointe et Godbout le savaient bien. L'opposition des chefs C.C.F. locaux, du président du journal *Le Devoir* et de quelques avocats Juifs et leurs amis était, en fin de compte, un puissant atout politique pour Duplessis.

* * *

Cependant, le drame prolongé qui impliquait les Témoins de Jéhovah ne se déroulait pas sans peine. Comme adversaires, les Témoins faisaient tout aussi bien l'affaire que les communistes et s'ils ne semblaient pas aussi dangereux que ces derniers, ils étaient aussi impopulaires et beaucoup plus en évidence. Postés aux coins des rues, ils distribuaient des pamphlets qui incitaient à la haine, faisaient du porte à porte, promenaient des haut-parleurs dans les rues et, agressifs, ne perdaient pas une occasion de faire des adeptes. Leur propagande tendait surtout à dénigrer les autres religions et en particulier l'Eglise catholique romaine. En un mot, les Témoins étaient des fanatiques, titre qui leur garantissait l'animosité de Duplessis. En plus, les déclarations excessives contenues dans leurs tracts et leurs sollicitations insistantes leur attiraient l'antipathie générale. Duplessis se sentait presque obligé de mener une campagne contre les Témoins de Jéhovah quoiqu'il n'existe aucune preuve que la hiérarchie catholique l'y ait poussé. Du haut des tribunes il appelait cette campagne "une guerre sans merci" faite d'arrestations, de harcèlement et du démembrement du mouvement. Dans ce cas comme dans tant d'autres, Duplessis agissait pour des motifs complexes et qui ne se laissaient pas entièrement deviner. En toute vraisemblance, et malgré sa réelle ferveur religieuse, il ne pouvait éprouver une animosité aussi véhémente qu'il le prétendait envers les Témoins.

Le problème que représentait l'habitude persistante des Témoins de commettre de légères infractions à la loi culmina lors de la célèbre affaire Roncarelli. Les activités de cette secte énergique provoquèrent quelques incidents, si bien qu'en 1946 les Témoins étaient devenus une nuisance publique. Duplessis, qui n'était pas encore très au courant de ce qui se passait, s'informa auprès du bureau du Procureur général à Montréal. On lui dit qu'en partie les problèmes étaient causés par un dénommé Frank Roncarelli, propriétaire du Quaff Café, un débit de boisson de la rue Crescent à Montréal. Roncarelli avait versé les cautions exigées pour trois cent quatre-vingt-treize Témoins accusés de délits. Selon une loi adoptée sous Taschereau en 1921, la Commission des Liqueurs avait le pouvoir discrétionnaire d'annuler les permis d'alcool dans les cas où on abusait des droits que conférait ce permis, un procédé auquel on avait rarement eu recours. Le gérant général de la Commission, le juge Edouard Archambault, s'inquiétait de ce que de nombreux Témoins revenaient à la charge après avoir été arrêtés. Dans les procédures judiciaires qui s'ensuivirent, Archambault et Duplessis déclarèrent tous deux sous serment qu'Archambault avait d'abord recommandé à Duplessis d'enlever le permis d'alcool à Roncarelli. Quoi qu'il en soit, le 21 novembre 1946, Duplessis avait averti publiquement Roncarelli qu'il courait le risque de voir annuler son permis d'alcool. Roncarelli passa outre à l'avertissement, son permis fut supprimé et la police provinciale confisqua ses boissons alcooliques d'une valeur de deux mille dollars, le 4 décembre 1946. (11)

Ce geste souleva un tollé dans la communauté anglaise de Montréal et quatre jours plus tard Duplessis clarifiait sa position en publiant une déclaration qui illustrait sa conception de la loi et de son application et donnait une idée de son fameux tempérament qui le faisait réagir avec colère dès qu'on défiait son autorité:

> *D'avoir permis à Frank Roncarelli, soi-disant chef des Témoins, de continuer à se servir des fonds dérivés d'un privilège que lui avait accordé la province de Québec pour mener une campagne d'incitation à la sédition, au désordre public et à la désobéissance aux règlements municipaux aurait fait du procureur général le complice de leurs agissements. Le fait qu'un homme verse un cautionnement pour faire libérer un ami ou deux est tout à fait normal mais quand un homme crée une organisation pour faire libérer une foule de gens qui enfreignent la loi, là, c'est une autre question.* (12)

Duplessis annonça aussi qu'il ne permettrait plus qu'on vienne harceler les Québecois à domicile et aux intersections et qu'il ne tolérerait plus qu'on diffame la principale religion pratiquée au Québec.

Piqués, les défenseurs de Roncarelli tinrent une assemblée générale à l'instar de leurs concitoyens francophones, le 12 décembre, au Monument national. L'assemblée, dont la moitié de l'auditoire était venu pour conspuer les orateurs, n'eut pas de succès et les orateurs eux-mêmes, des libéraux usés et des insignifiants, attaquaient Duplessis le traitant de fasciste et de nazi mais n'arrivaient pas à convaincre l'auditoire.

Roncarelli tenta sans succès d'obtenir l'autorisation d'intenter une action contre Archambault pour plus d'un quart de million de dollars et finalement, en juin 1947, intenta une poursuite de $118 741 contre Duplessis lui-même.

La "guerre" prit de l'ampleur. En tant que procureur général, Duplessis engagea 1 665 poursuites contre les Témoins de Jéhovah entre 1946 et 1953, (13) la plupart relatives à des infractions mineures au règlement municipal concernant la distribution de littérature sans permis. Mais il y eut aussi des accusations et des poursuites beaucoup plus graves pour déclarations séditieuses, allégations exagérées pour lesquelles les défenseurs étaient toujours acquittés mais on commençait à déceler, dans toute cette affaire, des relents de persécution religieuse. A plusieurs occasions, des Témoins de Jéhovah assemblés dans une maison, furent sommés de se disperser sous prétexte que la réunion était censée être illégale. Laurier Saumur présenta toutes ces poursuites en Cour suprême comme des cas de jurisprudence. Saumur, qui devint par la suite chef des Témoins de Jéhovah au Québec, fut arrêté et condamné cent trois fois pour divers délits se rapportant au prosélytisme. La Cour suprême était plus divisée qu'à l'habitude en rendant son jugement. La Cour rejetait la légalité des accusations parce que la Province avait excédé ses pouvoirs en confiant ces responsabilités aux municipalités. Cependant la Cour ne se prononça pas sur les accusations mêmes.

Duplessis employa tous les moyens dont il disposait en tant que procureur général pour retarder la poursuite contre lui à titre personnel, mais finalement le procès eut lieu en mai 1950. Roncarelli était représenté par A.L. Stein et Frank Scott. Duplessis déclara dans son témoignage que l'affaire avait d'abord été portée à son attention par Archambault et laissait entendre que c'était Archambault qui avait insisté pour faire révoquer le permis d'alcool accordé à Roncarelli. Ce n'était pas là la version que Duplessis avait donnée dans ses discours publics.

Ses avocats, Beaulieu et Asselin, maintenaient que leur client avait agi uniquement à titre officiel et qu'il n'y avait donc pas lieu de le poursuivre à titre personnel. Le juge Gordon Mackinnon délibéra pendant près d'un an avant de donner gain de cause à Roncarelli, le 2 mai 1951, et de lui accorder une indemnité de $8 123. Mackinnon croyait que c'était Duplessis et non Archambault qui avait voulu faire supprimer le permis de Roncarelli, que Duplessis s'était immiscé sans raison dans les affaires de la Commission des Liqueurs, qu'il aurait dû se retirer officiellement d'une cause où il était personnellement impliqué et qu'il avait contourné la raison d'être principale de la Commission qui était, selon l'affirmation du juge, de placer les questions de permis hors de la portée politique. (Mais si cela avait été le but de Taschereau il ne s'y était certes pas conformé lui-même pendant les treize années subséquentes de son régime). Comme le soulignait Arthur Dansereau à T.-D. Bouchard, personne ne portait plainte quand on annulait un permis d'alcool, pas même Bouchard à qui le nouveau gouvernement Duplessis avait enlevé le permis de son hôtel à Saint-Hyacinthe. Dansereau prétendait aussi que *La Presse* ne pouvait appuyer Duplessis dans cette cause parce que ses principaux clients anglophones qui faisaient passer des annonces, tel Simpson's, appuyaient Roncarelli, ce qui est absolument faux. (14)

Duplessis et Roncarelli firent appel, le premier pour faire casser le jugement et le deuxième pour faire augmenter l'indemnité. Ces causes et toute l'affaire des Témoins de Jéhovah furent utilisées à profit durant les campagnes électorales de 1952 et 1956. Les libéraux n'allaient pas prendre parti pour les Témoins pas plus qu'ils n'étaient prêts à se déclarer partisans de la cause communiste. Duplessis était donc libre de se faire passer pour le protecteur persécuté et indispensable de la démocratie et de la chrétienté (les Témoins n'étaient pas non plus bien vus de la plupart des protestants), surtout du catholicisme, contre des ennemis qui semblaient ne pas avoir de porte-parole. Tout cela ressemblait à une partie de chasse; il fallait avoir l'esprit d'un sportif. Duplessis jouait le rôle du grand Nemrod chassant les rongeurs subversifs et le fédéral était le garde-chasse qui venait contrecarrer ses plans.

Après la victoire de Saumur en 1953, Duplessis fit adopter une loi plutôt absurde autorisant le gouvernement provincial à déclarer illégal tout mouvement religieux qui publierait des "attaques insultantes et abusives" contre les religions établies. Lapalme et les libéraux n'opposèrent que de faibles protestations à ce qui était, virtuellement, une version religieuse de la Loi du Cadenas. Les Témoins de Jéhovah réussirent à faire porter une injonction contre cette loi jusqu'à ce qu'on en ait déterminé la constitutionnalité, ce qui ne fut jamais fait, et la loi fut abrogée. Mais entre temps elle avait joué en faveur de Duplessis en périodes électorales.

Duplessis tenta en vain de faire arrêter la poursuite contre lui et, le lendemain de la dissolution de l'Assemblée en 1956, Roncarelli apprit qu'il avait perdu son appel en Cour du Banc de la reine pour faire augmenter son indemnité à quatre-vingt-dix mille dollars. Cette question fut aussi portée en Cour suprême mais Duplessis en avait déjà tiré tout l'avantage possible durant ce qui allait être sa dernière campagne électorale.

Frank Scott défendit et gagna la cause de Roncarelli à Ottawa. Le 27 janvier 1959, Duplessis fut condamné à payer $46 132 en frais et dommages, ce qu'il fit le 21 mars, à même les fonds que lui avança l'Union nationale. Duplessis tourna ce jugement à son avantage et il est bien certain qu'il l'aurait utilisé auprès de ses fidèles électeurs s'il n'était mort avant d'avoir pu mener une autre campagne électorale. Le spectacle de la cour fédérale sommant Duplessis de payer une amende personnelle de $46 132 offensait la plupart des francophones du Québec. Mais bien entendu, à cette époque, Duplessis lui-même ne s'intéressait plus guerre aux Témoins de Jéhovah. Ces derniers avaient modéré leur campagne et ne constituaient plus un élément réfractaire ou même controversé de la société. Et puis, le temps avait fait son effet, il y avait plus de douze ans que Duplessis avait lancé contre eux sa "guerre sans merci".

Au point de vue politique, la seule utilité de cette question était de mettre en lumière un événement désormais familier: une réclamation du Premier ministre du Québec rejetée d'Ottawa. Quant à Duplessis, le verdict rendu le déçut beaucoup mais il n'en répondit pas moins en membre loyal du barreau au jugement de la Cour suprême. Il ne se sentait pas personnellement humilié par ce verdict. Même Frank Scott en conclut que la performance de Duplessis devant la Cour à cette occasion démontrait qu'il n'était pas un despote et que le Premier ministre qu'on insultait en l'appelant un dictateur, avait un grand respect pour la loi quand il avait affaire à une opposition non-parlementaire, (15) au point qu'une secte fanatique et pratiquement sans conséquence l'avait emporté sur lui. Cette question lui avait cependant rapporté de nombreux suffrages et il se rendit sans rancoeur au jugement final. Mais tout compte fait, si l'on considère les nombreux effets secondaires de cette "guerre sans merci", cet épisode n'avait pas été très édifiant. Mais d'un autre côté il n'avait pas été tout à fait aussi barbare que les adversaires de Duplessis se sont plu à le décrire à une postérité assoiffée de scandale.

* * *

A cette époque il y avait aussi l'histoire bizarre des trésors polonais, une histoire sur laquelle Duplessis improvisa brillamment. Il s'agissait des trésors artistiques et religieux du palais royal de Wavel à Cracovie, qui avaient été évacués au Canada en passant par la Roumanie et la France en 1939 et 1940. Dans la collection il y avait, entre autres, de l'or en barre, des lettres de Chopin, les joyaux de la Couronne y compris la lance de Saint-Maurice qui était l'épée du couronnement des rois de Pologne. Mackenzie King fit entreposer ces riches trésors à la ferme expérimentale d'Ottawa et dans les voûtes de la banque de Montréal à Ottawa. En 1945 le Canada cessa de reconnaître le gouvernement polonais anticommuniste en exil à Londres et engagea des relations diplomatiques normales avec le régime communiste imposé par les Russes. Le Dr Waclaw Babinski, ministre anticommuniste de Pologne à Ottawa, protesta auprès de King. On lui accorda asile au Canada et il devint professeur à l'université d'Ottawa que dirigeaient les Pères Oblats. Secrètement, il fit transporter à Québec une grande partie des trésors polonais. Cependant, les nouveaux représentants polonais à Ottawa s'aperçurent de ces disparitions et demandèrent au gouvernement fédéral d'agir. La gendarmerie royale retrouva les traces du trésor au monastère des Rédemptoristes, à Sainte-Anne-de-Beaupré, et ensuite à l'Hôtel-Dieu de Québec.

Le chargé d'affaires de Pologne à Ottawa, Z.R. Bielski, visita le couvent accompagné de l'inspecteur Carrière et interrogea poliment la Supérieure de l'Hôtel-Dieu en février 1948. Bielski commettait là une erreur sérieuse qu'il aggrava en écrivant à la Supérieure le 21 février, lui donnant quatre jours pour livrer les trésors, faute de quoi il les ferait confisquer par la police fédérale. La Supérieure demanda à Duplessis de prendre les trésors en charge, ce qu'il fit avec plaisir. La police provinciale transporta tous les trésors dans les voûtes du Musée provincial sur les Plaines d'Abraham sous la surveillance de Walter Duchesneau, garde du corps de Duplessis. Et le 25 février, date à laquelle expirait l'ultimatum de Bielski, Duplessis annonça triomphalement que le gouvernement provincial avait accepté la garde des trésors, qu'il ne les remettrait jamais à une bande de "méprisables saltimbanques communistes", que les trésors tombaient sous la juridiction provinciale gouvernant la propriété et les droits civils et critiqua Saint-Laurent et King qui avaient transformé la police montée en "serviteurs communistes" et parce qu'ils avaient "violé le cloître". La question se compliquait du fait que la plus grande partie de ces trésors étaient la propriété de l'Eglise.

Saint-Laurent nia les allégations de Duplessis à propos de la police fédérale et déclara que la Supérieure elle-même avait "nié dignement mais catégoriquement" la déclaration de Duplessis. (16) C'était là un autre faux pas car Duplessis avait fait paraître dans *L'Action catholique* et ailleurs, une lettre de la religieuse remerciant Duplessis de son intervention et qui parlait de "l'extrême embarras dans lequel nous nous sommes trouvées quand nous fûmes visitées par la police montée. C'est certainement la première fois depuis la fondation de notre institution que nous avons eu affaire à des constables qui demandaient à entrer chez nous et nous nous sommes trouvées dans la situation regrettable où nous avons dû nous soumettre à leur entrée dans notre cloître." Saint-Laurent s'était jeté tête première dans le piège qu'il avait lui-même façonné et Duplessis ne le laissa pas s'en sortir aisément.

Les trésors furent maintenus en bonne condition et gardés sous surveillance au Musée provincial jusqu'au début des années soixante. Babinski et l'ancien premier secrétaire de la légation polonaise à Ottawa, Adam Zurowski, les inspectaient deux fois par année. En 1951 le gouvernement canadien incita les Polonais à porter la cause devant les tribunaux du Canada ou devant le Tribunal international de la justice à la Haye. Duplessis déclara à plusieurs reprises que, puisqu'il s'agissait de propriété, cette question tombait sous la juridiction provinciale et qu'il n'allait se soumettre à aucun verdict prononcé par un tribunal en dehors de la province. En 1955, un reportage d'inspiration communiste provenant de Londres, prétendait que les trésors se détérioraient, faute d'attentions. Duplessis, jubilant, profita de cette allégation, tout à fait fausse d'ailleurs, pour ressortir toute l'histoire. Il réfuta l'allégation avec des lettres des conservateurs de musée polonais et un rapport du conservateur du Musée provincial qui donnait en détail les mesures prises pour conserver la collection. Ce dernier avait même fait désinfecter la voûte avec un insecticide, par précaution, depuis l'apparition d'insectes provenant de la pièce voisine et qui s'échappaient des caisses contenant la volumineuse collection de documents de Sir Thomas Chapais.

Quand ce n'était pas les circonstances qui s'en chargeaient, c'était Duplessis lui-même qui ramenait cette question sur le tapis, s'il pouvait en tirer un avantage politique. Il déclarait alors sur un ton catégorique

que les trésors ne seraient jamais remis aux imposteurs communistes. Après 1948 les trésors polonais n'étaient plus une nouveauté mais jusqu'à la fin de sa vie Duplessis sut utiliser cette question à des fins partisanes. Quand, vers la fin des années cinquante, le cardinal Wyscinski de Pologne tenta d'effectuer le retour des trésors en ouvrant des négociations avec Mgr Roy et le cardinal Léger, Duplessis prétexta tout simplement le refus des gardiens polonais de rendre les trésors. Contrairement à la Loi du Cadenas et à l'affaire Roncarelli, cette question avait l'avantage de n'impliquer aucunement les droits civils des Québecois.

* * *

L'affaire Coffin fut une autre cause célèbre qui traîna pendant des années. Wilbert Coffin, chasseur et prospecteur d'expérience fut condamné en novembre 1954, quinze mois après son arrestation, pour le meurtre de trois Américains en Gaspésie. Le procès se déroula à Gaspé. Noël Dorion et Paul Miquelon représentaient la Couronne. Certains événements avant le procès ajoutèrent au sensationnel de la cause: la Couronne fut accusée d'avoir fait disparaître des preuves incriminantes et il y eut une contre-accusation de la défense portant sur le fait qu'on aurait essayé de faire de l'espionnage légal en approchant un employé de l'avocat pour la défense. La cause prit un aspect politique quand les avocats de Coffin firent appel d'une manière irrégulière que Duplessis considéra être une intrusion inconstitutionnelle dans ses prérogatives provinciales en ce qui concernait l'administration de la loi criminelle. Coffin avait à un moment servi de guide aux victimes. Quand on découvrit leur corps, Coffin était à Montréal mais on trouva dans la maison de la femme avec qui il habitait des lunettes d'approche, des vêtements et autres articles ayant appartenu aux victimes. Un avocat compétent défendit l'accusé mais après un procès qui dura presque trois semaines Coffin fut reconnu coupable de l'accusation portée contre lui. La Cour d'appel confirma le verdict, à l'unanimité. Le juge Douglas Abbott récemment nommé à la Cour suprême refusa le droit de recours au plus haut tribunal du pays. Les avocats de Coffin en appelèrent de nouveau mais la Cour suprême déclara l'affaire hors de sa juridiction puisqu'il ne s'agissait pas d'un cas ou d'un précédent qui justifierait une telle mesure.

Les avocats persévérants de Coffin allèrent jusqu'au ministre fédéral de la Justice, Stuart Garson, à qui ils demandèrent une commutation de peine et un nouveau procès. Ils insistèrent tellement que Garson prit l'initiative sans précédent de consulter lui-même la Cour suprême, le 14 octobre 1955. C'est cela même qui provoqua l'intervention de Duplessis.

Coffin avait été un prisonnier spectaculaire pour dire le moins. En septembre 1955, il s'était échappé sans difficulté de la prison de Québec (adjacente au Musée de Québec où étaient gardés les trésors polonais), s'était rendu chez son avocat en taxi et était revenu de plein gré. Duplessis, à qui il arrivait de jouer au gardien de la loi et de l'ordre, presque comme s'il se fut agit d'un simple jeu de policiers et de voleurs, fut probablement un peu offensé qu'on se moque ainsi du système pénal. Il se lança sur le sentier familier de la guerre autonomiste à propos de l'ingérence fédérale dans l'administration provinciale de la justice criminelle. Antoine Rivard, solliciteur général, annonça que le procédé de Garson était "extraordinaire, inusité, inouï. (17) Duplessis fit plusieurs remarques irresponsables sur le fait qu'Ottawa surveillait d'une manière inconstitutionnelle les juges et jurés canadiens-français. Ses objections à l'intervention fédérale n'eurent aucune portée pratique puisque la Cour suprême vota à cinq contre deux le refus d'accorder un nouveau procès à Coffin.

Les avocats de Coffin demandèrent à plusieurs reprises au cabinet fédéral une commutation de peine et l'autorisation pour Coffin d'épouser sa femme de droit commun afin de légitimer son fils de huit ans. La commutation fut refusée et Garson renvoya la question du mariage à Duplessis, reconnaissant ainsi, sur le tard, les pouvoirs de procureur général de ce dernier. Duplessis refusa à Coffin l'autorisation de se marier. Coffin monta sur l'échafaud le 10 février 1956.

En 1958, l'éditeur Jacques Hébert, adversaire libéral de Duplessis, fit paraître *J'accuse les assassins de Coffin,* livre qui présentait de nouveau le cas de la défense. En novembre de la même année, Francis Albert Thomson admit en Floride être l'auteur des meurtres pour lesquels Coffin avait été pendu mais l'opinion générale considérait cette déclaration fausse. Pour la majorité des hommes de loi Coffin était coupable et rien depuis n'est venu infirmer le verdict. Mais cela n'efface pas les mesquineries de cette affaire. Duplessis avait semblé brutal ou du moins sans coeur par son apparente insistance pour que Coffin soit pendu, par son refus d'autoriser le mariage du condamné et par la façon dont il transforma un cas d'homicide en un argument politique. Le gouvernement fédéral parut ridicule et inefficace par sa façon de prétendre répondre à un appel à la justice et au recours en grâce pour ensuite permettre que Coffin soit pendu.

Duplessis avait peut-être accru la faveur dont il jouissait déjà auprès de la majorité qui au Québec se prononce toujours pour la peine de mort. Cependant cet incident n'a pas dû aider la cause autonomiste. Duplessis ne s'était pas montré sous son meilleur jour mais cette affaire n'avait pas été non plus, comme l'ont prétendu les commentateurs qui s'opposaient à Duplessis, un meurtre accompli de sang-froid par Duplessis ou quiconque sauf, probablement, Coffin.

* * *

En fait de causes célèbres, il y eut aussi le désastre du pont Duplessis, une affreuse tragédie qui devint instantanément une question politique. Le 28 avril 1947 le conseil municipal de Trois-Rivières avait adopté à l'unanimité la motion déposée par l'échevin Frédéric Poliquin qui était depuis longtemps l'organisateur politique de Duplessis. Poliquin avait suggéré que le pont qui traversait la rivière Saint-Maurice soit nommé d'après Nerée et Maurice Duplessis. Le 6 juin 1948 Duplessis lui-même inaugurait le nouveau pont à la structure moderne et gracieuse. C'était une splendide occasion politique puisqu'on était à la veille de la campagne électorale. Mgr Hormidas Trudel, vicaire général de Trois-Rivières, bénit le pont. Des milliers de citadins assistèrent à la cérémonie. Une douzaine de ses collègues entouraient Duplessis lorsqu'il s'avança dans une Cadillac ouverte jusqu'au milieu du pont pour couper le ruban symbolique avec des ciseaux d'or. Duplessis dit en parlant du pont: "Il est solide comme l'Union nationale." Le pont avait été construit par la compagnie Dufresne Construction qui recevait beaucoup de contrats du gouvernement. La Dominion Bridge avait

159

Avril 1955. Duplessis reçoit le Conseil de Ville et le Comité du Pont. (Roland Lemire)

fourni l'acier de la structure et les plans généraux du pont. Ces détails mondains allaient prendre une importance insoupçonnée par la suite. Trois jours plus tard Duplessis annonçait la dissolution de l'Assemblée pour l'élection de 1948.

Tôt le matin du 31 janvier 1951, le pont Duplessis s'écroula entraînant plusieurs voitures qui le traversaient à ce moment-là, et causant la mort de huit personnes. Le maire Mongrain fut l'un des premiers sur les lieux, s'affairant, attirant l'attention de la foule et des photographes. Quelques partisans de Duplessis, sous la direction du député de Champlain, Maurice Bellemare, déclarèrent que c'étaient les communistes qui avaient fait sauter le pont. Duplessis était lui-même tellement ahuri qu'il tenait aussi les communistes pour responsables.

L'écroulement du pont Duplessis provoqua diverses réactions. Mongrain sauta sur l'occasion pour se faire valoir et alla même jusqu'à prononcer des allocutions sur le sujet à la radio. Charles Parent, député libéral dont le père, l'ancien Premier ministre Simon Napoléon Parent, avait été président de la Commission des ponts du Québec, écrivit à Duplessis une touchante lettre de sympathie. (18) Mgr Maurice Roy, ancien évêque de Trois-Rivières, exprima sa compassion en termes élégants. (19) C.D. Howe offrit immédiatement un pont de bateaux appartenant à l'armée canadienne afin de relier temporairement Trois-Rivières au Cap-de-la-Madeleine. J.W. McConnell fit don d'une somme de vingt-cinq mille dollars devant être distribuée aux familles des victimes.

L'Assemblée siègeait et le chef de l'Opposition parlementaire, George Marler, demanda si Duplessis allait ouvrir une enquête pour déterminer les causes du désastre. Lorsqu'il se sentait attaqué, Duplessis était à son meilleur, à son plus mordant: "Les morts ne sont pas encore enterrés que l'Opposition tente d'exploiter la tragédie produite par les amis de M. Marler à la Dominion Bridge." (20) Après quelque temps les libéraux présentèrent une motion de non-confiance basée sur la prétendue négligence du gouvernement dans cette affaire. Cependant l'attitude des libéraux était si partisane qu'elle se retourna contre eux.

Duplessis reprocha aux libéraux de n'avoir pas exprimé leur sympathie aux familles éprouvées. En sortant de l'Assemblée où il venait de donner ce discours, Duplessis rencontra Pierre Laporte et lui dit: "N'est-ce pas terrible, ils n'ont même pas offert leurs sympathies aux familles des victimes?" Laporte en convint et "Monsieur Duplessis partit d'un grand éclat de rire." (21) Duplessis, qui se défendait bien d'être sentimental, fut pourtant terriblement bouleversé par cet incident. (22) Un jour qu'il voyageait avec Laporte dans sa limousine entre Québec et Trois-Rivières, il s'efforça de détourner l'attention de Laporte vers le club de yacht en passant près des débris de son pont qui encombraient encore le Saint-Maurice. (23)

Duplessis nomma une commission d'enquête sur le désastre du pont, présidée par le juge René Lippé, avec Lucien Dansereau et Robert Clark pour assistants. On désigna Léon Méthot comme conseiller de la commission représentant le gouvernement et Louis-Philippe Pigeon comme représentant des libéraux, à la demande de Marler. La commission fit tout en son pouvoir pour découvrir qu'il y avait bien eu sabotage. C'était la seule explication que Duplessis aurait pu exploiter poli-

tiquement. Mais Trois-Rivières était probablement la ville la plus conservatrice au Canada et il est fort probable qu'aucun communiste n'y ait même jamais mis les pieds. Certains techniciens qui vinrent témoigner devant la commission, y compris le principal expert de la Dominion Bridge, un spécialiste en dynamitage, entretinrent l'idée du sabotage. On décrivit des ponts dynamités pendant la guerre et dont les résultats étaient semblables à ce qu'on examinait ce jour-là. Mongrain assistait aux séances de la commission et intervenait aussi souvent que possible, d'une façon exagérément partisane. On découvrit des fils près du pont, lesquels, espérait-on, avaient servi à relier le détonateur à la dynamite mais on dut conclure qu'il s'agissait tout simplement de lignes laissées là par la compagnie de téléphone Bell. (24)

Le rapport final des commissaires exonora le gouvernement et Dufresne de tout blâme ainsi que la Dominion Bridge, mais cette dernière d'une façon moins positive. On ne s'expliquait pas les causes de l'accident mais l'hypothèse d'un sabotage semblait peu probable. Les commissaires écrivaient: "La preuve a apporté certains facteurs qui nous empêchent d'éliminer complètement l'hypothèse du sabotage." En fait, il semble que le désastre était dû au modèle du pont dont la structure, à certains points, ne permettait pas la contraction du métal s'il survenait un brusque changement de température. Or, la nuit où le pont s'était écroulé la température avait baissé de 50°F (28°C) en six heures. Les noires suggestions de sabotage mises de l'avant par l'Union nationale, sans la moindre preuve, étaient aussi détestables que la tentative des libéraux de faire voir l'accident comme étant le résultat inévitable du système de patronage de Duplessis et le fruit de la négligence gouvernementale. Dans cette affaire on ne pouvait rien reprocher au gouvernement sauf la malchance. Pendant des années l'Opposition ne manqua jamais une occasion de ramener dans la discussion ce malheureux accident — que Duplessis mentionna toujours comme l'incident du pont des Trois-Rivières — même après qu'il eut été reconstruit. Cela représentait pour lui l'un des plus désagréables épisodes de sa carrière, une tragédie et un embarras. (25)

* * *

◀ *Le premier pont Duplessis qui s'écroula le 31 janvier 1951. (Vertey — Soc. des Amis de M.L. Duplessis)*

◀ *Le second pont Duplessis. (Soc. des Amis de M.L. Duplessis)*

L'adoption d'un drapeau du Québec profita beaucoup à Duplessis du point de vue politique. De 1948 à la fin de sa vie, Duplessis et ses propagandistes ne cessèrent de se féliciter d'avoir fait du Fleurdelisé le drapeau officiel du Québec. Cette décision plaisait à la population et apporta une grande satisfaction aux nationalistes, pendant un certain temps. Mais en fait, Duplessis avait d'abord été extrêmement hésitant, comme pour toutes ses autres réalisations, à consentir à projet.

Le tout avait commencé par une motion de René Chaloult, en mars 1947. Il demandait au gouvernement provincial l'adoption officielle d'un drapeau "qui symboliserait les aspirations de la province de Québec". Duplessis fit étudier la question par un comité formé de représentants de tous les partis. On recommanda l'adoption d'un drapeau pour le Québec "qui ne comporte aucune suggestion de séparatisme" et on demanda que le gouvernement fédéral adopte un drapeau distinctif canadien. Laurendeau, appuyé par Chaloult, proposa l'adoption immédiate du Fleurdelisé mais Duplessis fit rayer cette suggestion pour des raisons de procédure.

Chaloult annonça de nouveau, le 2 décembre 1947, qu'il allait présenter une motion à la session prochaine réclamant "suivant l'exemple de la Nouvelle-Ecosse, un drapeau vraiment québecois". Duplessis fit en sorte que cette motion ne soit pas débattue mais à la mi-janvier, invita Chaloult à discuter avec lui du dessin héraldique du drapeau du Québec. Il suggéra que l'écusson de la province, avec son lion et la couronne soit un motif du drapeau. Un lion, dit Duplessis à Chaloult "dont tu n'as pas besoin d'avoir peur" et une couronne que "les uns pourraient considérer comme la couronne de France et les autres comme celle de l'Angleterre". Chaloult consulta l'abbé Groulx qui dit: "une feuille d'érable s'il le faut, mais évitez la couronne." (26)

L'abbé Groulx soupçonnait Duplessis de vouloir donner un cachet personnel au drapeau et dit à Chaloult qu'il devrait suggérer à Duplessis de redresser les fleurs de lis qui convergeaient vers les autres. Après consultation avec un spécialiste en science héraldique, Burroughs Pelletier, Duplessis fit replacer les fleurs de lis à la verticale et le nouveau drapeau fut adopté par arrêté ministériel. Le drapeau flotta sur le parlement pour la première fois le 21 janvier 1948, jour du cent cinquante-cinquième anniversaire de Louis XVI, comme le souligna Chaloult. Ce drapeau d'origine bourbonne était devenu celui du Québec

Tableau d'Eugène Dussault commémorant l'adoption par le gouvernement Duplessis du Fleurdelisé comme drapeau du Québec. (Soc. des Amis de M.L. Duplessis)

après trente ans d'une campagne intense menée par la société Saint-Jean-Baptiste et l'Ordre de Jacques-Cartier.

Les Anglais du Québec avaient peu d'objection à ce drapeau. Ils y voyaient plutôt une expression du particularisme québecois. Marler donna à Duplessis l'assurance qu'il ne s'y opposerait pas. Les nationalistes jubilaient. Quant à Chaloult, il voyait sa persistance récompensée car il avait courageusement fait flotter cette bannière au-dessus de sa maison d'été à Kamouraska malgré les adolescents en vacances qui essayaient de la lui voler ou de la déchirer et qui le tourmentaient en venant le sérénader: "There will always be an England..." (27)

Deux ans plus tard ce drapeau était adopté à l'unanimité par un acte du parlement et devenait le drapeau officiel du Québec. Duplessis avait attendu d'avoir la certitude qu'aucun élément important de la société ne s'opposait au drapeau avant de l'adopter. Lorsqu'il fut adopté, Duplessis critiqua Ottawa pour n'avoir pas encore donné auxCanadiens un drapeau distinctif. A compter de janvier 1948, Duplessis parla du drapeau comme si l'idée venait de lui et qu'il en avait été le seul défenseur auprès des libéraux qui protestaient et manquaient de patriotisme. Mais en fait, Godbout avait appuyé Chaloult plus tôt et avec plus de force que Duplessis et les libéraux ne s'opposèrent jamais à la mesure. Cependant c'est Duplessis qui le fit adopter et c'est Duplessis qui en retira tous les bénéfices politiques.

* * *

Si Duplessis avait l'habitude de s'arroger le mérite qui revenait à d'autres pour des mesures qui avaient du succès ou pour leurs efforts, il avait aussi à subir les dénonciations injustes pour des erreurs qu'il n'avait pas faites. Les adversaires de Duplessis réussirent à donner à son gouvernement une réputation de corruption qui n'était pas entièrement méritée. Le plus célèbre scandale de l'administration Duplessis fut l'affaire du gaz naturel, exposé par *Le Devoir* en une série d'articles sensationnels, commençant le 13 juin 1958. *Le Devoir* portait cinq accusations: premièrement l'Hydro-Québec avait cédé son réseau de distribution de gaz naturel, propriété de la province, à une compagnie privée, la Corporation de gaz naturel du Québec, ce qui avait favorisé un énorme coup de bourse de vingt millions de dollars; deuxièmement, les promoteurs de la corporation avaient réalisé un profit de capital excessif d'au moins neuf millions de dollars; troisièmement, au moins six ministres de l'Union nationale, et peut-être Duplessis lui-même, avaient spéculé sur les actions; quatrièmement, les spéculateurs n'avaient risqué que cinquante mille dollars pour obtenir et contrôler un actif d'une valeur de trente-neuf millions de dollars et "le public a fait les frais de la différence"; la cinquième et dernière accusation était à l'effet qu'au moins trois hauts fonctionnaires de l'Hydro-Québec étaient impliqués dans un conflit d'intérêt flagrant entre les compagnies qui achetaient et qui vendaient. Bref, *Le Devoir* prétendait que les ministres s'étaient vendu une propriété de la Couronne à prix dérisoire.

Quand l'idée d'un pipeline trans-canadien commença à devenir une réalité, les promoteurs du projet tentèrent de convaincre l'Hydro-Québec de remplacer son gaz manufacturé par du gaz naturel en provenance de l'Alberta. Le gouvernement du Québec et l'Hydro-Québec nommèrent Edouard Asselin conseiller spécial sur cette question. C'était un bon choix mais qui plaçait Asselin dans une situation ambiguë, ce dont Duplessis ne semblait jamais se soucier beaucoup. En 1954, Asselin avait été nommé administrateur à la Trans-Canada Pipe Lines Ltd. L'Hydro-Québec refusa d'acheter le gaz naturel de l'ouest; de plus la Trans-Canada allait devoir acheter le système de distribution de gaz de l'Hydro-Québec si elle voulait opérer au Québec. La Trans-Canada n'avait pas le choix, étant une jeune compagnie qui aurait encore à faire face à de nombreux problèmes financiers et aux contraintes gouvernementales. (Le débat à Ottawa causa presque la chute du gouvernement St-Laurent parce que C.D. Howe eut recours à la clôture.) La Trans-Canada devait accepter l'offre du Québec pour rendre son pipeline rentable et accepta de payer les trente millions de dollars demandés, plus le coût de l'inventaire et diverses autres valeurs. Le prix final était de trente-neuf millions de dollars. La Trans-Canada avait quelques difficultés à obtenir la mise de fonds nécessaire pour réaliser cette affaire et, faire fonctionner la compagnie jusqu'à ce que le pipeline livre le gaz et que des actions publiques soient émises pour lancer la filiale québecoise, mais en juin 1955, la Trans-Canada établit la Corporation du gaz naturel du Québec, filiale qui allait prendre le contrôle de l'ancien réseau de distribution de l'Hydro-Québec et autres propriétés. Edouard Asselin assuma la présidence de la Corporation du gaz naturel du Québec en 1956, et en 1957 la compagnie était finalement prête à mettre ses actions sur le marché. Jusqu'alors il n'y avait rien à redire sur la conduite du gouvernement, sauf peut-être certaines inconvenances. En 1955, Duplessis annonça la vente du réseau à la Corporation du gaz naturel et conclut une entente avec la Trans-Canada Pipe Lines, mais l'entente ne devint loi qu'en 1957, après l'élection provinciale. Cette question fut peu discutée par le conseil d'administration de l'Hydro-Québec. Il semble que seuls Eugène Potvin, président, et J.A. Savoie, ami de Duplessis et vice-président, aient été consultés pour cette importante transaction. Le gouvernement fixa les conditions de vente par un arrêté ministériel le 7 mars 1957. Le triple rôle d'Asselin dans cette transaction aurait été sujet à controverse si son intégrité n'avait été reconnue de tous. La décision de vendre était raisonnable et le prix élevé avantageait la province.

Sept compagnies de courtage souscrirent à la Corporation du gaz naturel du Québec selon la procédure habituelle, publièrent leur prospectus et commencèrent à vendre les actions le 18 avril 1957 et les certificats furent mis en circulation à compter du 25 avril.

On allégua par la suite que des ministres du gouvernement et des amis bien placés avaient pressé les souscripteurs de leur vendre des actions à un prix moindre que celui qui serait offert au public. Ceci est inexact. Tout le projet du pipeline avait reçu une publicité tapageuse et le public manifestait beaucoup d'intérêt pour l'émission d'obligations. Le nombre de souscriptions dépassait le nombre d'obligations et cela dans les sept maisons de courtage qui les offraient et il n'y a pas la moindre preuve que quiconque ait tenté d'obtenir un traitement de faveur. Antonio Barrette fut le premier membre de la hiérarchie de l'Union nationale à acheter des actions, le 20 avril 1957. Le 30 avril, Daniel Johnson en achetait à son tour, puis Onésime Gagnon et Paul Dozois; John Bourque et Jacques Miquelon firent de même entre les 2 et 8 mai. Plusieurs les imitèrent y compris Emile Tourigny et Auréa Cloutier. Duplessis réfuta l'accusation du journal *Le Devoir* selon laquelle il avait personnellement profité de l'affaire, en affirmant qu'il n'avait jamais de sa vie été actionnaire d'aucune compagnie, directement ou indirectement et qu'il ne le serait jamais. Cette déclaration ne fut plus jamais remise en question.

De toute manière les actions détenues par les membres éminents de l'Union nationale n'étaient pas considérables, la plus importante étant celle de Paul Sauvé qui avait acheté cent cinquante actions au coût initial de vingt-et-un mille dollars. Il n'y avait aucune preuve que ces personnes aient vendu leurs actions rapidement réalisant ainsi un gain considérable ou qu'elles les aient achetées pour des raisons autres qu'un placement à long terme ou pour des motifs différents de ceux de la plupart des actionnaires. Ensemble, les ministres de l'Union nationale, les conseillers législatifs, les députés et les amis avaient acheté moins de mille deux cents actions, c'est-à-dire à peine un demi de un pour cent de toutes les actions émises. Edouard Asselin ne fut pas critiqué par *Le Devoir* ni à ce moment ni plus tard. Il avait acheté soixante actions qu'il conserva très longtemps. Il y avait au nombre des actionnaires plusieurs institutions religieuses, charitables et éducatives, des juges et plusieurs éminents adversaires de Duplessis. Philippe Brais, Paul Gérin-Lajoie, Antoine Geoffrion, Paul Martin, Alan McNaughton et le président de la ligue d'Action civique de Jean Drapeau, le Dr Ruben Lévesque, étaient tous de ceux qui achetèrent des actions en même temps et au même prix que les membres de l'Union nationale dont la conduite scandalisait tellement *Le Devoir*. Toute l'affaire n'était en somme qu'une autre tempête dans un verre d'eau et il fut heureux pour *Le Devoir* que Duplessis soit mort avant que sa poursuite pour diffamation ne vienne devant les tribunaux. (28) Le reste des cinq accusations initiales était presque complètement faux. Jean Drapeau et Jean Lesage avaient intérêt à crier à la corruption mais l'incident a laissé une impression de malhonnêteté à la postérité. (29) Plus juste est la description qu'a faite Duplessis de la version du journal *Le Devoir* de l'affaire du gaz naturel: une "sale rumeur" et des "racontars" (*Le Devoir,* 14 juin 1958) et sa description du journal même était aussi juste, du moins en ce qui concerne cet épisode: "un journal putride et cancéreux". (30) L'article qui contenait cette description avait été écrit par Mario Cardinal et c'est dans ce même article qu'un éditeur avait inséré la fausse déclaration selon laquelle Duplessis aurait dit à Antoine Rivard: "Tais-toé", parole qu'Edmund Wilson avait subséquemment décrite avec hauteur comme étant du "Français de paysan". (31) Mais Duplessis n'a rien dit de semblable. (32) Dans toute cette affaire *Le Devoir* avait agi d'une façon indigne et les affirmations mielleuses de

169

son éditeur, Gérard Filion, qui au moment où nous terminons ce livre attend son procès pour plusieurs accusations criminelles relevant d'un scandale de dragage portuaire, n'était guère plus distingué dans ses écrits que ses journalistes lançant des diffamations hystériques. En somme, le scandale du gaz naturel n'en était pas un.

"Champion politique incontesté de la province de Québec"

L'élection de 1956 marqua le véritable début de la légende politique de Duplessis. Les libéraux avaient formé contre lui un front commun mais ils furent écrasés par un homme de soixante-six ans qu'ils s'étaient plu à traiter en vieillard, en homme fini. Mais au soir de l'élection de 1939 Duplessis avait dit qu'il serait de retour dans cinq ans et que cette fois il resterait au pouvoir pendant quinze ans. Il y resta quinze ans et une semaine puis mourut, remportant le championnat du plus long règne. "Rien ne suggère qu'ils ne l'auraient pas réélu par une majorité écrasante pour le sixième terme consécutif (sic) en 1960." (33) Plus personne ne lui disputait son flair politique ni la signification de ses nombreuses victoires, pas même les plus partisans de ses adversaires. Pour tous, les amis comme les adversaires, il était désormais le Chef. Quels sommets n'avait-il pas atteints?

Les quelques barrières qu'il lui restait encore à ouvrir allaient bientôt céder. Duplessis et Jean Drapeau firent revivre la tradition des querelles entre l'hôtel de ville de Montréal et le gouvernement provincial, tradition qui avait été oubliée pendant les deux derniers mandats de Camillien Houde comme maire de Montréal. Drapeau n'avait jamais eu de bonnes relations avec Duplessis, sauf en 1939, quand lui et la plupart des étudiants francophones aux études supérieures se rallièrent à la campagne de l'Union nationale pour s'opposer à la participation à la Deuxième Guerre mondiale. Il avait été candidat du Bloc populaire fédéral en 1942 et Duplessis haïssait le Bloc. Drapeau avait été un des principaux avocats à défendre les grévistes d'Asbestos contre Noël Dorion et Redmond Hayes en 1949 et 1950. Il avait fondé la Ligue d'Action civique formée de dissidents et avait mené une campagne de répudiation contre Houde, maire sortant en 1954; toutefois la Ligue avait prudemment évité toute attaque personnelle contre Houde par déférence à sa grande popularité. Et en plus Drapeau était un maire tapageur. Le lendemain des élections provinciales de 1956 il fit courir la rumeur qu'il avait l'intention de fonder un nouveau parti provincial qui serait sans doute basé sur le nationalisme traditionnel. On imaginait le ton moralisateur et chicanier qu'il prendrait pour imposer son idéal de gouvernement propre et son rigoureux conservatisme économique. Drapeau se rapprochait probablement autant de Caouette et des créditistes que quiconque à ce moment quoique ce serait une erreur de vouloir l'assimiler à tout autre mouvement.

Précoce et résistant, Drapeau avait prononcé son premier discours politique à seize ans devant le cercle de bridge de sa mère. Il avait averti ces dames des tentations immorales qui guettaient leurs filles dans une société de maisons de rapports. A l'Université, il se fit le champion du mouvement nonparticipationniste durant la Deuxième Guerre et fit sa marque dans les cercles politiques étudiants qui comprenaient la plupart de ceux qui allaient être chefs des principaux partis politiques au Québec. Il fut l'un des chefs du Bloc populaire mais à la suite de sa défaite en 1944 il retourna à la pratique du droit. Il attira ensuite l'attention durant l'affaire d'Asbestos puis collabora avec le journaliste Pacifique Plante à la publication d'exposés qui paraissaient dans *Le Devoir* sur les crimes mineurs à Montréal — prostitution, jeu, protection et connivence de la police.

Puis Camillien Houde dut renoncer à la mairie pour une question de santé quoiqu'il aurait été réélu simplement en posant sa candidature. Jean Drapeau, à trente-huit ans, devenait le plus jeune maire dans l'histoire de la ville et pendant ce premier **mandat** il se fit connaître par ses excentricités. Il nomma Pacifique Plante chef de police mais en 1957 l'ancien chef, Albert Langlois, que Drapeau et Plante avaient discrédité, reprit son poste sur ordre de la Cour d'appel du Québec. Quant à Plante, il s'employa à la codification des règlements municipaux avant de s'en aller au Mexique. Drapeau promit de solutionner les problèmes de circulation en construisant une grande route sur le Mont-Royal et dit que dans cinquante ans les gens croiraient à peine que les Montréalais contournaient la montagne au lieu de passer par-dessus. Mais les protestations de ceux qui voulaient conserver au Mont-Royal

Duplessis et Jean Drapeau firent revivre la tradition des querelles entre l'hôtel de ville de Montréal et le gouvernement provincial. (La Presse)

son aspect de parc furent telles qu'il dut renoncer à ce projet. Drapeau choisit comme président du Comité exécutif, Pierre Desmarais, un homme qui, parti de rien, était maintenant propriétaire d'une grosse imprimerie. Ce choix amena une autre controverse orageuse car le premier budget de Desmarais employa tous les fonds destinés au bien-être social, c'est-à-dire près d'un million de dollars. Cela causa un tel tollé que le nouveau gouvernement dut aussi abandonner les projets qu'avait conçus Desmarais. Au moment des fameuses émeutes au Forum de Montréal, en mars 1955, suivant la suspension de l'étoile des Canadiens de Montréal, Maurice "Rocket" Richard, Drapeau ne se priva pas de commenter l'incident même s'il était à Toronto à ce moment. Il prit parti pour les chahuteurs et mit tout le blâme sur le président de la ligue, Clarence Campbell. Richard lui-même, parlant à la radio, fit plus que le maire pour calmer la population en colère. Un autre incident vint ajouter aux troubles de Drapeau. En 1955 il avait donné son appui au programme de vaccination contre la polio mais il ne réussit à persuader ni sa femme ni ses enfants de se faire immuniser.

Tout ceci ne touchait pas Duplessis qui au contraire trouvait amusantes les situations cocasses dans lesquelles se plaçaient ces "jeunes politiciens". Mais la bagarre commença quand Drapeau s'opposa à Duplessis à propos de la rénovation de zones de taudis à Montréal. Le gouvernement provincial favorisait le plan Dozois conçu par le ministre des Affaires municipales Paul Dozois quand il était conseiller municipal. Ce programme qui demandait un déboursé de \$13 750 000 serait subventionné en majeure partie par le gouvernement fédéral et la province ajouterait une subvention spéciale de un million de dollars. Dix pâtés des pires taudis de Montréal seraient éliminés pour faire place à neuf grandes habitations à loyer modique, c'est-à-dire un grand projet de logements subventionnés. Les gouvernements fédéral et provincial, le conseil municipal et l'opinion publique à Montréal étaient en faveur du plan. Mais Drapeau et Desmarais s'y opposaient énergiquement, disant que c'était du gaspillage et un projet mal adapté à la société, et qu'en plus, le domaine du logement subventionné n'était pas du ressort du gouvernement municipal.

Dozois lui-même se servait de ce plan pour se faire un nom, être élu à la législature provinciale et devenir le candidat qui allait remplacer Bona Dussault comme ministre des Affaires municipales; comme tel il serait la pointe de lance de Duplessis dans la lutte que ce dernier entreprenait contre Drapeau. Desmarais et Drapeau, forts de leur majorité au Comité exécutif, firent obstruction au plan. Duplessis rétorqua en présentant le bill 27, extraordinaire mais bien de lui, qui créait un Office municipal de l'Habitation salubre. Cet office composé de six membres enlevait tout pouvoir au Comité exécutif en ce qui avait trait au plan Dozois. Mais Drapeau ne se comptait pas pour battu et entreprit de faire tout en son possible pour empêcher l'exécution du projet.

La grande confrontation eut lieu le 8 septembre 1956 quand Duplessis vint à l'hôtel de ville. Il était attendu mais entra subrepticement par la porte de côté, s'installa avec Dozois dans la salle du Comité exécutif et attendit l'entrée de Drapeau et Desmarais qui, eux, attendaient leur illustre visiteur à la porte principale. Quand les quatre furent finalement assemblés ce fut pour un échange de propos acerbes. Duplessis tenta sans succès d'intimider Drapeau qui dit: "Le plan Dozois ne sera pas exécuté aussi longtemps que je serai maire." (34) Duplessis répliqua que la solution à cette impasse était donc évidente et promit que le projet serait mis en marche au printemps 1957, avec ou sans l'approbation de Drapeau et Desmarais. Et ainsi fut fait.

> *Il existe un grand vide dans la politique québecoise qui devra bientôt être comblé. A présent le pouvoir penche trop du même côté, c'est grotesque. L'Union nationale, habilement dirigée et grassement nourrie de pouvoir, règne, incontestée. L'opposition existe bien sûr mais fragmentaire et inefficace. Depuis la chute du vieux Parti libéral provincial, Québec se cherche un nouveau chef et un nouveau groupe d'opposition.*
>
> *Les développements récents ont donné une nouvelle urgence à cette recherche. La machine politique qui a dominé la province depuis la fin de la guerre a remporté une autre victoire écrasante l'an dernier. Cependant ses méthodes ont provoqué chez la collectivité un examen approfondi de la situation et cela a changé presque instantanément le climat politique.* (35) *(Printemps 1957)*

Duplessis voulait un maire plus malléable que Drapeau à Montréal, surtout pour les prochaines tractations relatives à l'extension du gouvernement métropolitain pour la région de Montréal. En fait, Drapeau était maintenant son principal adversaire depuis que Georges-Emile Lapalme était retombé dans un oubli presque aussi complet que celui d'où il avait emergé en 1950. Duplessis était bien déterminé à écraser cet adversaire avant même qu'il ne mette le pied dans l'étrier.

Duplessis tenta d'abord de persuader Camillien Houde de se présenter une dernière fois. M. Montréal avait bien envie d'accepter mais ses médecins s'y opposèrent catégoriquement et puis, sa femme était malade, alors il refusa, à regret. (36) Alors Duplessis passa en revue toutes les possibilités et finit par choisir Sarto Fournier, sénateur libéral depuis quatre ans. Fournier, député de 1935 à 1953, avait été élu pour la première fois alors qu'il était étudiant en droit et âgé de vingt-sept ans. Si Fournier était élu, Duplessis pourrait compter sur sa collaboration. Etant un libéral, il ne s'attirerait pas l'animosité automatique des libéraux et ainsi Duplessis n'aurait pas à faire face à une coalition libérale-nationaliste comme en 1956. La décision était prise; ce serait Fournier. La revue *MacLean's* commenta: "la question que l'on se pose maintenant est de savoir si Drapeau devrait être pris au sérieux en tant que nouveau chef politique et adversaire du champion incontesté de la politique québecoise, le premier ministre Maurice Duplessis... Houde était le maire de tout le monde avec sa personnalité sympathique, haute en couleur et sa façon charmante et spirituelle de gouverner. Drapeau, lui, est le porte-parole d'une faction, un homme déterminé, sans humour, qui considère son *entêtement* comme sa plus remarquable qualité." (37)

Camillien Houde, Edouard Masson, Daniel Johnson, les députés unionistes de la région de Montréal et les conseillers municipaux se lancèrent dans la campagne municipale. En plus de ces ressources humaines et de la collaboration de son organisation, l'Union nationale fournit environ deux mille dollars à la campagne de Fournier dont la plus grande partie fut dépensée en brochures et en annonces dans les journaux. A l'approche du 28 octobre, jour du scrutin, la publicité s'en prenait surtout à Drapeau, le décrivant comme un fasciste coiffé à la Hitler, portant un brassard nazi et saluant le bras droit levé tel un fasciste. Mais cela n'était rien en comparaison du travail d'équipe des fier-à-bras dont les activités étaient sans précédent pour une campagne électorale d'une telle envergure. Le jour du scrutin quarante personnes furent blessées, la plupart lors de l'invasion des salles de comité du Parti civique par des bandes de durs qui travaillaient indirectement pour Fournier. Sept salles de comité furent prises d'assaut et deux candidats furent enlevés. Enfin, cela avait été à tous points de vue une performance minable.

Quatre mois avant l'élection, la revue *Maclean's* avait commenté: "Les professionnels sont certains que le rusé Premier ministre ne peut être battu. Mais il mise quand même son prestige dans une lutte à finir contre le combatif maire de Montréal... La seule suggestion que le petit maire de Montréal, aussi déterminé soit-il, puisse représenter une menace sérieuse pour la solide Union nationale et son chef très entendu en politique, suffit à provoquer le sarcasme des professionnels." (38) Cette suggestion n'amena pas que le sarcasme mais aussi les bâtons de baseball, les tuyaux de plomb et les bombes lancées sur la maison de Drapeau pendant que le maire, faisant preuve d'un courage absurde, restait assis chez lui, derrière les rideaux tirés en tenant un fusil comme ultime protection. Ainsi assiégé il lui était presque impossible de faire campagne. Sarto Fournier remporta l'élection par vingt-cinq mille voix et Drapeau s'en fut rejoindre le nombre impressionnant des ennemis de Duplessis. Cette campagne électorale avait été un autre tour de force, certes, mais elle fut aussi la plus ignoble jamais menée par l'Union nationale, avant ou depuis. La violence, la publicité ordurière et la bonne vieille corruption étaient une offense à tous les citoyens honnêtes. Seuls l'extrême impopularité de Drapeau dans certains milieux et le fait que cette élection était confinée à la scène municipale empêcha qu'on ne la dénonce pour ce qu'elle avait été.

Duplessis intervint également dans plusieurs autres élections municipales à travers le Québec car les maires des petites municipalités étaient généralement favorables à l'Union nationale et jouaient un rôle important au niveau local de l'organisation du parti. Quand Maurice Bellemare voulut se débarrasser du maire libéral de sa ville du Cap-de-la-Madeleine, et se présenta contre lui à la mairie tout en demeurant député provincial, Duplessis n'était pas d'accord et exprima sa désapprobation en intervenant contre Bellemare. Il chargea même Auréa Cloutier d'aller distribuer de l'argent aux organisateurs du Parti libéral et Bellemare perdit.

Après sa défaite, Drapeau donnait plus l'impression d'être le maire qu'il ne l'avait été pendant son premier mandat. En moins de six mois l'inlassable ex-maire avait atteint une telle réputation qu'il remplissait les salles de cinéma contenant jusqu'à trois mille personnes qui payaient pour venir entendre des discours de trois ou quatre heures, démagogiques au possible. A une occasion, l'orateur s'emporta tellement qu'il s'évanouit et disparut derrière le podium. Jean Drapeau allait lui aussi devenir M. Montréal et durant les années soixante et soixante-dix il allait remporter de grandes victoires électorales que seule surpassait l'élection par acclamation de Camillien Houde et il allait donner à sa ville les jours les plus glorieux de son histoire. Pour le moment, Maurice Duplessis avait écrasé un autre adversaire important, peut-être le dernier. Mais même malgré tout cela, le meilleur était encore à venir.

Il y avait presque vingt ans que les libéraux fédéraux étaient intervenus dans la campagne électorale provinciale de 1939 et Duplessis ne s'était pas encore vengé. Les principaux coupables étaient morts: King, Lapointe et Cardin mais dans l'esprit vindicatif et implacable de Duplessis, le mauvais souvenir était toujours aussi vif. L'élection du 10 juin

1957 se termina par le plus étonnant renversement politique qu'on ait connu au Canada. Le progressiste-conservateur, John G. Diefenbaker, mena son parti à la victoire par une faible majorité contre le Parti libéral sortant qui terminait ainsi un règne de vingt-deux ans. Moins d'un an plus tard, M. Diefenbaker annonçait la dissolution du Parlement et de nouvelles élections. Duplessis se préparait à se venger impitoyablement de ses adversaires libéraux. En 1949 il était intervenu dans plusieurs circonscriptions, espérant aider son ami George Drew mais cette année-là, le chef libéral Louis S. Saint-Laurent, qui en était à sa première élection, était fort bien reçu du public. L'oncle Louis, bienfaisant, sagace, tolérant mais capable de fermeté et d'une critique constructive, mena son parti à la plus grande victoire qu'on ait vue au Canada jusqu'à ce jour — cent quatre-vingt-dix circonscriptions. Après la défaite de 1957, M. Saint-Laurent s'était retiré comme chef du parti et avait été remplacé par Lester Pearson. Ce dernier, ancien ministre des Affaires extérieures, avait remporté le prix Nobel de la Paix en 1956 pour sa contribution au rétablissement de la paix au Moyen-Orient. Et maintenant que montait la vague de popularité Diefenbaker et que M. Saint-Laurent, le québecois, s'était retiré, Duplessis était prêt à régler ses griefs, vieux de vingt ans.

M. Saint-Laurent n'avait pas été remplacé comme principal francophone libéral au fédéral selon le processus officiel par lequel il avait lui-même été choisi pour succéder à Ernest Lapointe. Pearson était unilingue et, même s'il n'avait pas fait ses preuves en politique, il assuma le leadership de son parti à un moment très difficile. On lui donna un comté sûr en 1948, Algoma East, et les trois élections générales où il se présenta par la suite représentaient la totalité de son expérience politique. Ceux qui, dans le Parti libéral fédéral, pouvaient agir en qualité de lieutenant du Québec, étaient deux Franco-ontariens, Paul Martin de Windsor qui avait contesté le leadership avec Pearson, et Lionel Chevrier, anciennement de Cornwall et qui représentait maintenant Montréal-Laurier. Ni l'un ni l'autre ne possédaient la stature d'un Lapointe ou d'un Saint-Laurent. Mais en plus aucun des anciens ministres originaires du Québec ne pouvait adéquatement remplacer le lieutenant du Québec. Donc, pour la première fois depuis Sir Wilfrid Laurier, les libéraux du Québec étaient sans chef fédéral ou provincial.

En choisissant Saint-Laurent comme son remplaçant, Mackenzie King avait agi avec sagesse. Presque universellement respecté, il était l'image du bon père de famille, un administrateur et un chef de cabinet d'une intégrité au-dessus de tout soupçon, ce qui le rendait inattaquable au Québec. Maintenant que Saint-Laurent n'était plus là, la chasse était ouverte contre ses orphelins politiques.

Parmi ceux-ci, Jean Lesage était probablement le plus fort mais il songeait déjà au leadership provincial. S'il était demeuré à Ottawa il aurait apporté une aide précieuse au parti fédéral. Il n'était pas particulièrement bien connu au Québec mais il était issu d'une éminente famille politique québecoise et avait déjà quatre victoires électorales à son crédit. Son oncle, J.A. Lesage avait été organisateur libéral en chef avec C.G. Power pour le district de Québec. Après la victoire d'Adélard Godbout en 1939, il avait obtenu pour son neveu le poste de procureur de la Couronne et, en 1945, la nomination dans Montmagny-L'Islet. Lesage conclut une entente à l'amiable avec Antoine Rivard qui remporta la section Montmagny du comté en 1948, l'année où Godbout fut défait dans la section de l'Islet. De stature imposante, Lesage s'exprimait remarquablement bien en un français impeccable, était un orateur intéressant et, âgé de quarante-cinq ans, était le plus prometteur des libéraux du Québec.

Duplessis avait des opinions divergentes sur les conservateurs fédéraux. Envers le brillant et courageux Arthur Meighen, que les libéraux québécois avaient mis au pilori sur la question si émotive de la conscription, il éprouvait une grande estime professionnelle. Cet homme tant critiqué et qui avait vu sa carrière ruinée par l'incompréhension du Canada français avait encouragé son fils, Theodore Roosevelt Meighen, et son petit-fils, Michael Meighen, à étudier le droit à l'Université Laval et à apprendre le français. (39) T.R. Meighen s'associa à Onésime Gagnon et à Maurice Dupré, et, par la suite, à Esioff Patenaude. Duplessis avait trouvé particulièrement révoltante la façon dont Mackenzie King avait saboté le retour de Meighen comme chef conservateur en 1942.

Duplessis avait toujours considéré R.B. Bennett comme un politicien inepte. Il avait à peine connu R.J. Manion et quant à John Bracken, il n'était pas vraiment son type d'homme même s'il avait été son collègue en tant que Premier ministre du Manitoba. Robert Clark,

De gauche à droite: John Diefenbaker, Léon Balcer et Laurent Paradis à Trois-Rivières en 1958. (Roland Lemire)

qui avait assisté à la convention où Bracken avait été choisi comme chef, rapporta qu'à un certain niveau ce dernier savait effectuer des compromis d'une manière experte et qu'ainsi il avait graduellement éliminé, avec la meilleure intention du monde, ceux qui s'opposaient à lui. Mais en somme, son aptitude comme leader fédéral n'était pas sans limite. (40)

Duplessis aimait bien George Drew dont les idées sur l'autonomie provinciale se rapprochaient plus des siennes que celles de Bracken. En tant que Premier ministre de l'Ontario, Drew avait continué les démarches de Mitch Hepburn d'une manière moins flamboyante, sans doute, mais plus efficace. En plus, Drew comprenait la mentalité de l'est du pays. Ancien chef de l'Ontario Securities Commission, il comprenait les liens qui s'établissaient entre la politique et la finance, rapports que les premiers ministres de l'Ouest n'arrivaient pas toujours à saisir.

Lors de la convention où Georges Drew fut choisi chef conservateur en 1948, Duplessis demanda encore une fois à Robert Clark

179

d'obtenir des renseignements pour lui, cette fois sur John Diefenbaker de la Saskatchewan. Infatigable dans les campagnes comme au parlement, il avait pendant un certain temps été l'un des principaux membres du caucus conservateur fédéral. Clark rapporta que Diefenbaker était combatif, sûr de lui-même et très partisan mais que son régionalisme et son excentricité en faisaient "une menace pour le Canada. Il ne connaît rien du Québec. Pour nous, il ne vaut pas mieux qu'un *bum*. (41)

Duplessis accepta cette évaluation et, s'il appuya Diefenbaker, cela ne signifie pas nécessairement qu'il approuvait son point de vue, surtout en matière de relations fédérales-provinciales, quoiqu'il aimait bien Diefenbaker personnellement. A cette époque, le vieux routier et conservateur pur laine qu'était Duplessis était prêt à collaborer avec quiconque s'opposait aux libéraux, sauf les communistes et les nazis. C'était de ce mélange d'esprit vengeur, d'ambition autonomiste et de pure "partisannerie" que prit forme l'alliance Duplessis-Diefenbaker.

M. Diefenbaker confia avec plaisir l'organisation du Québec à Duplessis. Sauf pour les députés sortants et les candidats qui avaient été forts en 1957, Duplessis pouvait choisir qui il voulait pour les nominations du Parti progressiste-conservateur et plusieurs amis de l'Union nationale se présentèrent comme conservateurs. La grosse organisation électorale de l'Union nationale fut mise à contribution. Duplessis, malgré ses nombreux succès, était toujours aussi habile à percevoir ce qui était possible et ce qui ne l'était pas. Il était trop tard pour Camillien Houde que la mauvaise santé empêchait de jouer un rôle politique actif. Mais Masson, Ménard, Fauteux et les autres notables du parti se rangèrent sous le commandement de leur chef. Daniel Johnson et Joseph-Maurice Bellemare se virent confier les comtés ruraux. Duplessis choisissait lui-même les candidats, autorisait les contributions et surveillait le travail. On allait concentrer les efforts sur cinquante des soixante-quinze circonscriptions de la province, le reste étant concédé aux libéraux. Duplessis autorisa une dépense de quinze mille dollars pour chacune des circonscriptions pour un montant global extraordinaire de sept cent cinquante mille dollars. (42) Les libéraux étaient interloqués.

Daniel Johnson, Maurice Bellemare et bien d'autres se répandirent à travers la province parlant pour les candidats conservateurs au nombre desquels se trouvaient Maurice Johnson, frère de Daniel, dans

Chambly-Rouville, Noël Dorion dans Bellechasse, Pierre Sévigny, fils du juge en chef, dans Longueil, et il y avait aussi deux des plus jeunes et énergiques membres de l'Union nationale dans leur région, Jean-Noël Tremblay dans Roberval et Rémi Paul dans Berthier-Maskinongé-Delanaudière. Roland English, ancien partisan de Duplessis avait été élu dans Gaspé, ainsi que Henri Courtemanche, gendre d'Albiny Paquette, dans Labelle et Paul Comtois dans Nicolet-Yamaska.

Léon Balcer, que Duplessis s'était arrangé pour faire élire à Trois-Rivières par cinquante-et-une voix en 1949, se présentait de nouveau. En 1949 les libéraux s'étaient divisés entre l'ancien député libéral Robert Ryan et Wilfrid Gariépy, ancien ministre du cabinet en Alberta, adversaire de Bourgeois en 1931 et député indépendant en 1945. Le quartier général libéral avait décidé d'appuyer Gariépy, le candidat fort, mais Duplessis décida d'intervenir. Il persuada Bob Clark, propriétaire du *St. Maurice Valley Chronicle* de téléphoner à ses anciens camarades de classe, D.C. Abbott, ministre des Finances et député de Saint-Antoine-Westmount, et Brooke Claxton, ministre de la Défense nationale et député de Saint-Laurent-Saint-Georges, et d'intervenir en faveur de Ryan. On accorda une allocation spéciale à Ryan et ainsi les libéraux divisèrent malencontreusement leur propre vote, permettant ainsi à Balcer de remporter la victoire.

Jacques Flynn, petit-fils du dernier premier ministre conservateur au Québec, E.J. Flynn (1896-97) se présentait dans Québec ouest. Une fois de plus les libéraux étaient trop sûrs d'eux. Ils n'avaient pas eu à faire face à une sérieuse opposition au Québec depuis la mort de Sir John A. Macdonald. Même en 1930, tenus pour responsables de la grande Crise et entachés du scandale de la Beauharnois, les libéraux l'avaient emporté contre les conservateurs au Québec par quarante sièges contre vingt-quatre. La dernière fois que les conservateurs avaient eu plus de députés que les libéraux au Québec remontait à 1887 quand Macdonald avait devancé Laurier de justesse par trente-trois députés contre trente-deux. Et la dernière victoire conservatrice d'importance au Québec avait été en 1882, soixante-seize ans plus tôt, avant l'époque de Laurier, quand Macdonald avait fait élire quarante-huit députés contre dix-sept libéraux.

Ce n'est qu'au soir de l'élection que les libéraux du Québec découvrirent l'ampleur de l'activité de l'Union nationale. Ils n'avaient trouvé

Maurice Duplessis et Maurice Bellemare. (Roland Lemire)

rien d'étrange au fait que quelques membres du caucus de Duplessis participent à la campagne, comme Johnson et Bellemare, surtout étant donné que le frère de Johnson était en lice. Le Premier ministre lui-même n'intervint qu'à Trois-Rivières et à quelques autres assemblées électorales.

Les libéraux ne s'étaient pas aperçu que sous ces apparences, toute la machine du parti était en branle. Bégin, Martineau, Masson et Duplessis lui-même travaillaient avec ardeur. Dans les cinquante comtés choisis, chaque maison reçut au moins deux visites de progressistes-conservateurs et dans presque tous les cas il s'agissait de vétérans des campagnes de l'Union nationale et qui connaissaient bien leurs électeurs. Pour les centaines de milliers de Québecois c'était là la première preuve tangible, qui apparaissait devant leur porte, d'un Parti conservateur. On employa avec modération les vieux trucs qui consistaient à distribuer cadeaux, faveurs, emplois et promesses. En plus, Diefenbaker était déjà au pouvoir et Duplessis y avait été depuis aussi longtemps qu'on pouvait se souvenir. Donc on pouvait croire aux promesses tandis qu'on ne l'aurait pas fait s'il s'était agi, par exemple, d'un candidat inconnu, se présentant contre un Lapointe ou un Saint-Laurent.

La question de la conscription était enfin chose du passé. En fait la demi-mesure des libéraux en 1944 en restait le seul souvenir. En fin de compte, il faut dire que les libéraux n'avaient qu'une vague idée de ce qui se passait. Si le résultat de juin 1957 les avait surpris, et on ne peut en douter, la vague conservatrice qui déferla sur eux, neuf mois plus tard, les prit complètement au dépourvu. Personne n'avait deviné l'étendue du mouvement et bien rares étaient ceux qui avaient prévu que ce mouvement s'étendrait même au Québec.

Le 31 mars 1958, John G. Diefenbaker était réélu Premier ministre du Canada à la tête d'une députation sans précédent de deux cent huit membres dont, fait encore plus étonnant, cinquante venaient du Québec — les cinquante que Duplessis avait appuyés. Roch Pinard s'était retiré et Hughes Lapointe, qui avait été tellement en évidence aux élections provinciales de 1956, avait été défait en 1957. En 1958 le même sort échut à Jean-Paul Saint-Laurent, fils de l'ancien Premier ministre, et à George C. Marler dont Duplessis empoisonnait l'existence et à qui il semblait ne pouvoir échapper. Louis-René Beaudoin, ancien président respecté de la Chambre des communes, fut défait. Les autres anciens ministres du Québec furent réélus. Dans les comtés moins importants, situés aux confins de la province, ce furent leurs alliés provinciaux qui menèrent les progressistes-conservateurs à la victoire. Mais pour Duplessis, la conquête suprême était celle de Québec est, comté qu'avaient tenu les libéraux pendant quatre-vingt-une années consécutives. C'était le plus sûr fief libéral dont les députés avaient été tour à tour Sir Wilfrid Laurier, Ernest Lapointe et Louis Saint-Laurent. Ce comté qui était demeuré fidèle aux libéraux durant vingt-six élections générales et partielles, que Saint-Laurent avait remporté en 1957 par plus de dix-sept mille voix, avait préféré le conservateur Yvon Tassé à l'assistant de Saint-Laurent, Maurice Lamontagne. La victoire appartenait à Diefenbaker mais Duplessis aussi était gagnant. Pour le "Chef incontesté de la province de Québec" la victoire semblait être devenue une habitude bien ancrée.

Ce fut la dernière élection à laquelle Duplessis participa activement. En 1957 on avait bien fêté son trentième anniversaire comme membre de l'Assemblée législative. En 1958 il y avait eu les célébrations quinquennales, cette fois pour marquer le vingt-cinquième anniversaire de l'élection de Duplessis à la convention de Sherbrooke. Il était devenu un monument, plus détestable que jamais aux yeux de ses ennemis, plus vénéré et adulé que jamais par ses amis.

Mais malgré tous ces triomphes, il ne perdit jamais de vue l'essentiel de la politique. Quelles qu'aient été ses victoires, l'adulation des foules, les constantes flatteries de politiciens, d'évêques, de millionnaires, il ne chassait jamais de son esprit méfiant la crainte de la négligence ou d'une trop grande certitude en la victoire. Jusqu'à la fin de ses jours il s'occupa d'organisation et développa des thèmes simples que tous pouvaient comprendre mais dans l'exposé desquels ni les libéraux ni les nationalistes ne pouvaient le surpasser. Il s'occupait aussi des ressources financières abondantes du parti qu'il avait fondé. La veille de son départ pour Sept-Iles en septembre 1959, dernier voyage de sa vie, il travailla tard dans la nuit à la comptabilité de la caisse électorale tenue sur les feuilles qui servent à marquer les votes et qui ne portaient aucun titre. Quelqu'un avait-il raflé de l'argent? Avait-on encore essayé de s'emparer de quelques miettes? C'étaient là ses pensées alors qu'il se préparait à une nouvelle visite au Nouveau Québec, qu'il songeait à son âge avancé, à une nouvelle décennie, à une autre élection encore gagnée selon la même vieille formule.

Son parti politique était une de ses plus grandes réussites. Ce parti à l'organisation complexe, bien financé, et qui exprimait clairement les idées de la collectivité était invincible de son vivant mais s'effrita graduellement après sa mort. Ses adversaires et ceux qui ne l'avaient pas connu pouvaient prétendre que son succès était dû à un primitivisme stupide. La vraie explication est un mélange impérieux de patriotisme sincère, de conservatisme social, de modernisme économique et d'un penchant pour le grandiose mais qui, toutefois, n'excluait pas le terre à terre, tels la surveillance constante des polls électoraux et l'immense intérêt qu'il portait aux moindres détails concernant ses électeurs.

RÉFÉRENCES — CHAPITRE 3

1. *FMLD*, lettres de Houde, 13 juin et 2 juillet 1953.
2. *Le Devoir*, 27 juin 1956.
3. Ibid., 30 avril 1956.
4. Ceci est discu. en détail plus loin dans ce chapitre.
5. *FMLD*, brochure de l'Union nationale à propos de la ferme. Il serait un peu prétentieux d'appeler cela un programme.
6. *Le Dèvoir*, 21 mai 1956.
7. C'était là l'ancienne tactique d'inventer une opposition pour ensuite la mépriser. Camillien prétendait que puisque le drapeau du Québec avait été la bannière des derniers défenseurs de la Nouvelle-France et était ainsi associé à la défaite, qu'il devait y avoir, parmi l'Opposition officielle, des personnes qui s'opposaient à son adoption. Il n'existe aucune preuve d'une telle opposition. La question du drapeau est présentée en détail plus loin dans ce chapitre.
8. Le nombre d'irrégularités se rapportant aux listes électorales qui furent soumises au scrutateur en chef avait augmenté de cinq pour cent depuis 1952 et de dix pour cent depuis 1948.
9. C'est-à-dire les ministres sans portefeuille. Duplessis perdit deux ministres sans portefeuille en 1952, Tardif et Trudel.
10. Auréa Cloutier.
11. *FMLD*. On compila un dossier considérable sur les Témoins après que Duplessis devint lui-même un défendant dans ce litige.
12. Roberts, *The Chief*, Toronto, 1963, pp. 129-130. Cette version est probablement tirée du *Montreal Star*.
13. Ibid., p. 126. Ceci est confirmé dans le dossier aux archives de Duplessis.
14. *FMLD*, lettre de Dansereau, 16 décembre 1946.
15. Conversation à Lennoxville, 23 juin 1973.
16. *Le Devoir*, 27 février 1948.
17. Ibid., 15 octobre 1955.
18. *FMLD*, 4 février 1951.
19. Ibid., 5 février 1951.
20. L'hon. Georges C. Marler, 4 avril 1972.
21. Laporte, op. cit., p. 83.
22. Auréa Cloutier, Tourigny, Ouellet, et ainsi de suite.
23. Laporte, op. cit., p. 95.
24. R.J. Clark, secrétaire de la commission d'enquête.

25. Après ceci il se méfia de la Dominion Bridge Ltd. et J.W. McConnell le tenait au courant des fluctuations des actions de cette compagnie.

26. Chaloult, op. cit., p. 289.

27. Ibid, pp. 282-292.

28. Anatole Vanier avait pris la cause en main avec l'assistance d'Edouard Asselin et ils s'attendaient de gagner mais ils ne s'attendaient pas à ce que *Le Devoir* ait à payer une somme importante. (Asselin).

29. Lesage, nouveau chef libéral réclamait une enquête royale, et Maillet envoyait ce télégramme à Duplessis: "Depuis une soixantaine d'années et au meilleur de ma connaissance 90 pour cent des enquêtes royales n'ont produit aucun fruit stop Elles ont généralement tourné en queue de poisson stop L'enquête réclamée à cor et à cri par le nouveau chef du soi-disant Parti libéral ne me dit rien qui vaille stop J'entrevois la queue du poisson bien avant l'enquête stop J'ajoute après avoir pris mes lunettes d'approche que ce n'est plus du poisson mais bien plutôt une queue de baleine stop Je sais que le baleinier expérimenté est capable à bonne portée de ficher le harpon dans son canon de droite stop Hem. Halte. Je ne parle pas du droit cannon stop Cordial souvenir de ma voisine et notre (Sweet Caporal) et du colonel alerte et voyageur stop J'ajoute que s'il y a acclamation dans Matane c'est que la tribu Lesage Gérin-Lajoie Drapeau et (tutti quanti) ont peur de se montrer stop A bientôt j'espère et ménage-toi, la province a encore besoin de toi et pour un bon bout de temps.

30. *Le Devoir,* 16 juin 1958.

31. Edmund Wilson, *O Canada,* Toronto, 1965, p. 206.

32. Laporte mentionne le même incident, op. cit., p. 76. Il s'agit du fameux "Toé taistoé!". Cette citation, publiée dans *Le Devoir* et les "manuels d'histoire" subséquents était une mauvaise interprétation d'une anecdote racontée par Mario Cardinal. Le 27 février 1976, ce dernier nous affirma que Duplessis n'avait rien dit de semblable. D'après Cardinal, Duplessis aurait dit à Rivard: "Dis rien, laisse-moi parler." Cardinal nous a demandé "de rétablir la vérité." — Cardinal est un journaliste distingué et sa version est conforme à celle de Rivard. Cardinal souligna: "M. Duplessis ne voulait certainement pas insulter ou humilier M. Rivard."

33. Roberts, op. cit., p. 187.

34. Jean Drapeau, 25 novembre 1970.

35. *Maclean's,* 22 juin 1957.

36. *FMLD,* lettre de J.M. Savignac, 17 juillet 1957.

37. *Maclean's,* 22 juin 1957.

38. Ibid.

39. Michael Meighen fut candidat du Parti progressiste-conservateur dans Westmount en 1972 et 1974 et président de l'Association nationale des progressistes-conservateurs, 1973.

40. R.J. Clark.

41. Ibid.

42. *FMLD*, correspondance et références aux élections de 1958. Pierre Sévigny écrivit des choses semblables sur l'élection de 1957 mais raconta en conversation qu'elles pourraient aussi bien s'appliquer à celles de 1958. Rien n'indique dans les archives Duplessis si l'Union nationale fournit une aide financière et si oui, dans quelle mesure, au Parti conservateur fédéral en 1957.

"Le pouvoir de taxer
est le pouvoir de gouverner" (1)

La dispute de juridictions entre Québec et le gouvernement fédéral portait sur les interprétations données à l'Acte de l'Amérique britannique du Nord surtout en ce qui avait trait aux pouvoirs de taxation et s'étendait ensuite à presque tous les domaines où la juridiction ressortissait aux deux pouvoirs. Contrairement à ses successeurs des années soixante et soixante-dix Duplessis suivait à la lettre les décrets de l'Acte de l'Amérique britannique du Nord, du moins la version, assez vraisemblable, qu'il avançait. Il ne voulait pas la rescision du pacte fédératif, il en attendait plutôt des résultats bien précis. Il pouvait sembler modéré dans ses exigences aux yeux des personnes concernées mais il n'hésitait pas à mettre ses adversaires fédéraux au pilori s'il en voyait la nécessité. Il demandait seulement, disait-il, que le contrat soit respecté et que les parties en cause s'y conforment.

Avec les années ses mémoires présentés aux conférences fédérales-provinciales devenaient prévisibles. Macdonald, Laurier et finalement même Mackenzie King furent cités à l'effet que le gouvernement qui percevait l'argent devait être le gouvernement qui le dépensait, que les pouvoirs provinciaux étaient intouchables et que les provinces ne devaient pas dépendre de subsides. Il citait les premiers législateurs du Parlement de Westminster qui avaient contribué à l'Acte de l'Amérique britannique du Nord et surtout Lord Carnarvon qui s'était fait le défenseur du particularisme canadien-français et avait souligné l'importance de l'inscrire dans la constitution canadienne et de toujours le maintenir. Duplessis se disait l'héritier véritable de Mercier, de Gouin et même de Taschereau qu'il n'avait jamais accusé d'être le dupe d'Ottawa, contrairement à ses successeurs à la tête du Parti libéral québécois.

Les conférences fédérales-provinciales de toutes sortes recevaient une grande publicité et on les convoquait en se donnant au moins l'air d'espérer en tirer quelque chose. Pendant le deuxième mandat de Duplessis on tint ces conférences pratiquement chaque année puis elles tombèrent presque en désuétude et ne furent reprises qu'à l'époque Pearson-Johnson-Robarts-Trudeau. Mais cette reprise des conférences semble n'avoir été qu'un projet pour marquer le centenaire car elle fut de courte durée. En 1941 une conférence de deux jours avait été organisée pour étudier les suggestions du rapport Rowell-Sirois. Il n'y avait pas eu d'autres conférences avant celle d'Ottawa, le 6 août 1945. Cette conférence éveillait de grands espoirs. Ce ne fut qu'une assemblée préliminaire. En effet, après un rapide tour de table où Duplessis se fit le champion de la cause autonomiste, on ajourna jusqu'en avril 1946.

A la conférence de 1946 Duplessis présenta un long mémoire qui retournait loin dans le passé, aux Résolutions de Québec (il revendiquait toujours pour le Québec le rôle de mère de la Confédération et de berceau de la civilisation de l'Amérique du Nord). Son discours était en français mais il cita en anglais le sous-secrétaire aux Colonies en 1867, Adderley, et Lord Carnarvon, lequel avait dit, lors du débat sur l'Acte de l'Amérique britannique du Nord: "It is clearly necessary that

there should be a third party, an extra to give sanction to the treaty made between them (the provinces)." Et Carnarvon avait parlé des Résolutions de Québec comme d'un "pacte d'union" entre "parties consentantes". (2)

Il cita Lord Sankey qui avait parlé au nom du Conseil privé lorsqu'en 1931 on avait établi que le trafic aérien ressortissait à la juridiction fédérale: l'Acte de l'Amérique britannique du Nord "embodies a compromise under which the original provinces agreed to federate" et, "The process of interpretation as the years go on ought not to be allowed to dim or to whittle down the provisions of the original contract on which the federation was founded."

Et Lord Atkins, en 1937, commentant la distribution des pouvoirs entre le gouvernement central et les provinces avait déclaré que c'était "probably the most essential condition in the interprovincial compact to which the British North America Act gives effet".

Duplessis cita ensuite son propre mémoire de 1937 à la commission Rowell-Sirois:

> *De là, découle une conséquence primordiale. Participant de la nature des conventions, le pacte fédératif ne peut être ni amendé, ni modifié, sans l'assentiment de toutes les parties; c'est-à-dire de toutes les provinces. Il n'appartient ni à une majorité des provinces, ni encore moins au gouvernement fédéral d'y apporter des changements.*

Laborieusement et avec une grande détermination, Duplessis plaidait sa cause.

> *Toute modification (sans le consentement unanime) ...constitue une atteinte au respect dû aux contrats et ne peut qu'affecter l'harmonie et la stabilité des relations intergouvernementales canadiennes. Ce qui caractérise notre système fédératif, c'est que la répartition des pouvoirs entre le gouvernement central et les gouvernements provinciaux est le résultat de concessions librement consenties par les provinces. Ce serait donc une erreur historique de prétendre que les provinces tiennent leurs attributions et leur prérogatives du gouvernement fédéral. C'est, au contraire, d'un acte librement consenti par les provinces qu'est né le*

gouvernement fédéral. Il est manifeste que, libres de leurs destinées, les provinces n'ont pas voulu travailler à leur disparition, mais au contraire, elles ont voulu se fortifier.

Il appuya son argument d'une citation de Lord Watson: "En ce concerne les domaines, qui, par l'article 92, sont spécialement réservés à la juridiction provinciale, chaque province continue à être dégagée du contrôle du Dominion et est aussi autonome qu'elle l'était avant la passation de l'Acte." Duplessis cita ensuite Lord Fitzgerald: "Pour ce qui est des questions énumérées à l'article 92, il confère aux provinces des pouvoirs ne devant en aucune sorte être exercés par une délégation du Parlement impérial ou par des agents en son nom, mais une autorité aussi vaste et entière dans les limites de l'article 92 que celle que le Parlement impérial dans sa plénitude possède et peut conférer. Dans les limites de ces questions, la juridiction locale est suprême et exerce la même autorité que le Parlement impérial ou le Parlement du Dominion."

Duplessis souligna surtout la taxation:

> *Le système fédéral qui comporte une répartition des pouvoirs publics entre les divers Etats fédérés doit comporter également une répartition corrélative des sources de revenus... D'après l'Acte de l'Amérique britannique du Nord, les provinces ont le pouvoir exclusif de légiférer en des matières excessivement importantes, notamment, dans les matières concernant l'éducation, les institutions municipales, les travaux publics dans la province, les hôpitaux, asiles, institutions et hospices de charité, l'administration de la justice et, généralement, tout ce qui touche à la propriété, ou au droit civil. Toutes ces matières sont d'une importance primordiale et une législation progressive, dans ces domaines, entraîne des dépenses considérables et comporte évidemment, pour les provinces, le pouvoir de prélever les deniers nécessaires à ces fins.*
> *Pour faire face à ces dépenses, les provinces se sont, en premier lieu, réservé les ressources naturelles: terres publiques, forêts, mines et minéraux, pouvoirs hydrauliques et hydroélectriques. Elles se sont, en outre, attribué, comme source de revenus, la taxe directe. Parmi les matières qui sont réservées exclusivement aux provinces, en vertu de l'article 92*

de l'Acte de l'Amérique britannique du Nord, se trouve, en effet, "la taxation directe, dans les limites de la province". Il est vrai que, par ailleurs, l'article 91 de la même loi reconnaît au parlement fédéral le droit de prélever des deniers "par tous moyens ou systèmes de taxation". Ces deux textes ne sont pas contradictoires; ils indiquent que les provinces auxquelles le texte confère l'exclusivité de la taxe directe doivent avoir un droit de priorité dans ce domaine.

Ce fut là, d'ailleurs, l'interprétation donnée à ces articles par les parties au pacte fédératif. Jusqu'à la première guerre mondiale, c'est-à-dire pendant cinquante ans, le gouvernement fédéral s'est abstenu d'une manière générale, de recourir à la taxation directe, pour le prélèvement des deniers dont il avait besoin. Et, lorsqu'en 1917, fut établi l'impôt fédéral sur le revenu, le ministre des Finances jugea bon de préciser que ce n'était là qu'une mesure provisoire, de la nature d'une mesure de guerre. D'ailleurs, le ministre des Finances, Sir Thomas White, déclarait: "L'impôt sur le revenu tombe sous la juridiction de la province et se prête parfaitement aux besoins de la province et de la municipalité." De plus dans la brochure qu'il publiait en 1921, Sir Thomas White écrivait: "My view was that the income tax should, if possible be left to provinces for their own purposes and those of municipal governments."

Or, il est admis que la meilleure règle d'interprétation des conventions est celle qui résulte de la conduite des parties.

Le gouvernement de la province de Québec a donc raison de soutenir que le pacte fédératif a créé une association d'Etats autonomes et souverains, dans leur sphère respective. Il est de plus fermement convaincu que le maintien de l'autonomie complète des provinces constitue la meilleure protection des minorités, ainsi qu'une condition essentielle de l'unité nationale et du progrès au Canada.

C'est dans les pays totalitaires que se rencontre la centalisation. Mais la terrible expérience de la guerre nous fait voir quel est l'ultime aboutissement du totalitarisme. L'un des principaux objets de la dernière guerre fut de détruire la centralisation... Les Etats-Unis d'Amérique ne sont-ils pas une Confédération dans laquelle chacun des quarante-huit Etats est autonome et souverain?

Les principes fondamentaux du pacte de 1867 inspirent et inspireront toujours la conduite politique du gouvernement actuel de la province de Québec. La province de Québec respectera toutes les clauses du pacte, elle en assumera loyalement toutes les obligations, mais elle entend défendre jalousement toutes les prérogatives qui lui appartiennent et lui furent reconnues par la constitution canadienne. C'est pourquoi elle se propose de conserver toute son autonomie et toute sa souveraineté dans les matières qui relèvent de la juridiction provinciale, et pour remplir ses obligations présentes et futures, exercer ses droits et prérogatives, il est nécessaire qu'elle conserve son autonomie financière. Elle réclame non seulement le respect de ses droits mais la sauvegarde complète des droits des autres provinces.

Elle espère sincèrement que les autres provinces, animées du même esprit, suivront la même ligne de conduite. La province de Québec est fermement convaincue que le système fédératif est le seul système capable de maintenir l'unité au pays. Ce système est à la fois une garantie pour les minorités, et une garantie pour la protection des intérêts économiques de chaque région du pays.

Plus de la moitié du mémoire de Duplessis consistait en une étude détaillée des propositions du gouvernement fédéral. En 1945 et 1946 ces propositions avaient porté sur la taxation, la sécurité sociale et les placements de l'Etat. Les propositions fiscales avaient été, disait Duplessis, "les seules au sujet desquelles il n'y a aucune difficulté d'interprétation". En fait la proposition fédérale semblait une nouvelle présentation du plan Rowell-Sirois, après l'intervalle de la guerre où on s'était permis d'expérimenter. Le fédéral sollicitait des provinces le monopole exclusif des principales taxes directes et leur promettait en retour une subvention annuelle basée sur la production nationale. Duplessis souligna que les trois taxes directes "sont les plus importantes de tout le régime fiscal provincial et l'Acte de l'Amérique britannique du Nord donne aux provinces un droit de priorité incontestable sur ces sources de revenu." Il dit que durant les dernières années de la guerre, la province de Québec avait fourni au fédéral, avec les impôts sur le revenu des particuliers et des corporations, un montant d'environ \$450 000 000 par année, soit un montant de cinq fois plus élevé que tous les revenus du gouvernement de la province durant la même période.

Il apporta de puissants arguments relatifs à l'impôt sur les successions:

> *La succession est une institution de droit civil. Ses règles ont normalement pour objet d'assurer la transmission des biens dans la famille et elles s'inspirent des principes juridiques qui régissent l'organisation de la propriété, la distinction des biens, les relations entre conjoints, ainsi que les relations entre ces derniers et leurs descendants. Ces problèmes relèvent du droit civil, et la province de Québec possède un système juridique qui lui est particulier, que nous avons droit de conserver. L'impôt, par une loi fédérale ne peut pas être équitablement établi sur des régimes successoraux différents. Aussi la loi fédérale a-t-elle entrepris d'établir, pour fins du fisc, l'uniformité successorale, en donnant de la succession une signification applicable à toutes les provinces. Mais les termes de cette définition, étrangers à la langue juridique de notre province, sont inintelligibles pour les juristes de droit civil et le gouvernement de Québec considère que la législation fédérale en matière de droits de succession édictée pour la première fois en 1941, près de 75 ans après la Constitution canadienne, est contraire à l'article 92 de la Constitution.*

Il cita l'opinion du juge P.B. Mignault, le plus réputé des juristes en matière de loi civile au Québec, et promit de coopérer avec la province d'Ontario et les autres provinces pour simplifier les règlements qui régissaient les successions inter-provinciales.

A propos de l'impôt sur le revenu des corporations, Duplessis répéta que selon la Constitution, les provinces avaient la priorité sur ces taxes et ajouta qu'il visait surtout les compagnies qui exploitaient les ressources naturelles. Les forêts, mines, pêcheries, forces hydrauliques et autres industries qui en dépendent devraient être taxées par la province parce que les provinces sont propriétaires absolus de leurs ressources naturelles. Duplessis proposa aussi de simplifier les méthodes de perception dans ce domaine comme dans celui d'autres impôts.

Il parla longuement de l'impôt sur le revenu des particuliers. "Les provinces, sur cette taxe directe comme les autres, ont un droit de priorité sur le gouvernement fédéral." Il dit qu'il était "étonnant" que le gouvernement fédéral méconnaisse les droits incontestables des provinces de lever des impôts. Il se référa à l'amendement de 1940 des statuts du Canada sur l'impôt qui permettait au fédéral de désavouer certains impôts provinciaux. "Il est inconcevable qu'en utilisant les sources de revenu qui appartiennent aux provinces, le gouvernement fédéral méconnaisse en même temps le droit des provinces de prélever d'autres impôts. C'est pourquoi la province de Québec demande que cette disposition de la Loi de l'impôt sur le revenu soit abrogée, comme d'ailleurs tous les statuts fédéraux similaires."

Il souligna, sans commenter, que si les propositions fédérales étaient acceptées par les provinces, les trois sources de revenu jusqu'alors conjointes deviendraient la propriété exclusive du gouvernement fédéral. En plus ces propositions avaient pour but évident de libérer le fédéral de l'obligation de payer aux provinces les subsides prévus en vertu de l'Acte de l'Amérique britannique du Nord et le montant des arriérés d'impôts sur les corporations qui devaient être payés aux provinces en vertu de l'entente de 1942. Il cita les propositions du fédéral qui décrivaient clairement cet objectif. Il commenta: "Il y a là de la part du gouvernement fédéral, une tendance à ne pas honorer ses obligations, tendance qui est de nature à détruire l'harmonie et la confiance qui doivent exister entre les différentes parties du pays et à montrer clairement le danger évident de remplacer des pouvoirs de taxation provinciaux par des subsides fédéraux."

Les subsides en question dont le gouvernement fédéral voulait se dispenser, étaient les compensations accordées par l'Acte de l'Amérique britannique du Nord aux quatre provinces qui avaient donné naissance à la Confédération et qui avaient abandonné au fédéral les droits de douane et d'accise. Duplessis souligna que le fédéral percevait de cette source un revenu de $11 700 000 en 1868 et qu'il en percevait douze fois plus en 1939, soit la somme de $130 000 000. Durant la même époque, la subvention totale de la province de Québec n'avait même pas triplé du $913 000 qu'elle était en 1868 à la somme de $2 534 000 en 1939. En 1867 cette subvention représentait cinquante-neuf pour cent du budget de cette province, en 1939 elle n'en représentait plus que 3.5 pour cent. Duplessis passa rapidement sur le fait que les subsides n'avaient pas donné satisfaction aux provinces. "Le seul moyen pour le gouvernement fédéral de donner satisfaction aux provinces, dit-il, ce n'est pas de les faire disparaître, mais de les ajuster aux besoins actuels."

CONFÉRENCE FÉDÉRALE-PROVINC

Les participants de la conférence fédérale-provinciale de 1950. (Office national du Film)

E, OTTAWA, LE 4 DÉCEMBRE 1950

urice L. Duplessis,

Province de Quebec...

...urs souvenirs.

...uis St Laurent

Le gouvernement fédéral stipulait que l'entente de 1942, d'après laquelle les provinces cédaient leur droit de prélever l'impôt sur le revenu des particuliers et sur le revenu des corporations, ne serait en vigueur que pour la durée de la guerre. En plus le gouvernement fédéral s'était engagé a repayer aux provinces à la fin de cette entente les déductions fédérales aux subsides payables aux provinces pour le montant des arriérés sur les taxes des corporations que les provinces avaient prélevées après l'entrée en vigueur de l'accord de 1942. Pour le Québec il s'agissait de la somme importante de $21 470 923.04. Duplessis souligna que si la province acceptait les propositions fédérales elle perdrait cette somme puisque le fédéral ne serait pas tenu à la remettre.

Il apporta aussi l'argument que la base de compensation sur la perception de l'impôt des corporations avait été de cinq pour cent sauf en Colombie britannique qui imposait, en 1942, une taxe de dix pour cent sur le revenu des corporations. Le gouvernement fédéral avait plafonné les compensations aux montants d'avant-guerre et avait ensuite brusquement augmenté le taux des taxes aux corporations, aux fins légitimes de la guerre, mais sans augmenter d'aucune manière les compensations payées aux provinces dont on exploitait les champs de taxation. Finalement Duplessis accusa poliment le gouvernement fédéral d'être en défaut sur sa promesse de payer aux provinces, selon l'entente de 1942, les frais de perception des arriérés d'impôts sur les corporations. Il dit que la province subissait ainsi une perte de $261 000. "Nous ne mettons pas en doute la bonne foi des autorités fédérales, mais avec la meilleure volonté au monde, nous ne pouvons voir la logique de ces propositions."

Duplessis mit en doute ensuite la générosité matérielle de l'offre fédérale. La subvention de 1945-46 serait calculée sur une production nationale de $10 730 000 000 et donnerait au Québec la somme de $51 850 000 laissant aux provinces un déficit budgétaire de $45 400 000 pour l'année et nul moyen de compensation. Il ajouta que s'il survenait une autre crise économique, dont la possibilité avait poussé les autorités fédérales à convoquer cette conférence afin d'envisager les problèmes du rétablissement économique d'après-guerre, alors les compensations fédérales descendraient à la subvention minimum de $40 000 000. Le déficit provincial serait alors porté à $57 200 000 ou cinquante-cinq pour cent du budget et la province serait sans ressources pour combler ce déficit.

Duplessis remit en question la précision des statistiques mêmes. Il cita la brochure du Bureau des Statistiques qui indiquait une marge d'erreur d'environ $265 000 000 dans le calcul de la production nationale. Il critiqua le procédé employé pour établir cette subvention, et le fait que les chiffres de base étaient établis par des fonctionnaires, sans aucun contrôle de la part des provinces et sur des données arbitraires. Il critiqua les propositions fédérales en ce qu'elles ne libéraient pas les provinces de leurs obligations d'assurer le développement de son réseau routier, de protéger la santé publique et d'améliorer son système d'éducation. Mais toutes ces objections n'étaient qu'un exercice oratoire puisque Duplessis avait rejeté les propositions fédérales en entier.

Les objections qu'il apportait aux propositions fédérales en matière de sécurité sociale étaient formulées sur un ton plus tranchant et toujours aussi inflexible. Les propositions fédérales étaient une intrusion dans le domaine provincial, surtout de la santé pour laquelle plusieurs provinces avaient des ministères. Cette intrusion priverait les gouvernements provinciaux de l'autorité, voire même de l'influence dans les domaines qui leur étaient réservés selon l'article 92 de l'Acte de l'Amérique britannique du Nord et pourtant le fédéral diminuerait les taxes en même temps:

> *Cette théorie est évidemment illogique... Les droits exclusifs des provinces en matière de législation sociale, d'éducation, de droit civil, etc., doivent être intégralement conservés et sauvegardés si la Confédération doit survivre. Les propositions fédérales telles que formulées et expliquées par les autorités fédérales portent atteinte sérieusement et directement aux droits inaliénables de toutes les provinces. Les propositions fédérales tendent à la centralisation, contraire à l'esprit du pacte fédératif; elles tendent à établir et à accroître une bureaucratie qui ne convient pas et ne pourra jamais convenir ni à une démocratie, ni à un pays régi par les institutions parlementaires... De l'avis du gouvernement de la province de Québec, le pays a besoin de trois choses: la clarification et la délimitation précise des pouvoirs de taxation du gouvernement fédéral et des provinces, suivant l'esprit et la lettre de la constitution canadienne,*

> *c'est-à-dire en tenant compte du passé, du présent et du futur. Deuxièmement, la simplification de l'impôt public pour en diminuer le coût et en faciliter la perception. Troisièmement, la collaboration de tous les pouvoirs pour en arriver à la modération dans le domaine de l'impôt et pour diminuer le fardeau imposé à un éternel oublié: le payeur de taxes.*

Il proposa la création d'un comité permanent fédéral-provincial chargé d'étudier la taxation et une convention temporaire de location de taxes jusqu'à ce qu'une mesure durable soit adoptée.

Duplessis rejeta encore plus rapidement les propositions fédérales au sujet des placements d'Etat qu'il n'avait rejeté les propositions sur la sécurité sociale. Il cita les documents fédéraux au sujet des placements puis déclara que cela relevait entièrement de la juridiction provinciale.

En conclusion Duplessis résuma ses arguments sur un ton qui se voulait encore modéré: "Les autorités fédérales déclarent que l'acceptation de leurs propositions aurait pour effet de sauvegarder l'autonomie des provinces, d'appliquer une politique sociale progressive, de répondre aux besoins du pays en même temps qu'aux besoins des provinces, et cela, tout en diminuant les impôts publics. Il est bien difficile de comprendre comment il serait possible d'augmenter les revenus du gouvernement d'Ottawa et de diminuer les taxes en même temps."

Cette réponse n'était pas celle que Mackenzie King avait souhaité entendre de Québec. Il était clair maintenant que le Duplessis d'avant-guerre qui agissait d'une manière inconsidérée avait disparu, tout aussi bien que Godbout et le vieux Taschereau. Jamais auparavant le Québec n'avait présenté son point de vue autonomiste d'une façon aussi précise et détaillée.

Si Duplessis s'était quelque peu laissé emporter en disant que les bolchévistes et les fascistes étaient les plus grands centralisateurs, c'est qu'il tentait ainsi de faire le contrepoids aux accusations des libéraux qui le comparaient encore à Hitler, à un tyran qui s'opposait à la démocratie. Il n'était pas facile de se prémunir contre ces diffamations qui évoquaient la cause des Alliés. Et puis il fallait prendre en considération la bonne réputation de la province. Quelques mois plus tôt *Le Devoir* se désolait de la mort de Mussolini et l'année précédente Henri

Bourassa louangeait non seulement Franco, Salazar et le pauvre vieux Pétain — c'était déjà assez grave — mais aussi Mussolini. Dans le reste du Canada on avait fait de nombreux commentaires malveillants et fréquemment inexacts sur la participation à la guerre des Canadiens français. Les dénonciations de Duplessis du fascisme et des autres systèmes totalitaires rassuraient bien des Canadiens anglais.

Cette tactique était aussi utile au Québec car en assimillant le fascisme au communisme, Duplessis mettait le Bloc populaire sur la défensive. Contrairement à ce qui se passait dans le reste du pays, au Québec les communistes étaient plus impopulaires que les fascites. Quand Duplessis disait qu'il ne voulait rien de plus pour le Canada que la décentralisation exercée aux Etats-Unis, les libéraux pouvaient difficilement le faire passer pour un séparatiste. Son insistance à ce qu'on se conforme à la lettre de l'Acte de l'Amérique britannique du Nord était inattaquable et le point central de ses revendications, le droit à la taxation directe, était une position tout à fait vraisemblable.

La façon qu'avait Duplessis d'encourager les autres provinces en influença plusieurs. On cessa bientôt de vouloir désigner Duplessis et Hepburn, puis Drew, comme les trouble-fête qui se trouvaient inexplicablement à la tête des deux plus grandes provinces. Duplessis attaquait le séparatisme et le fascisme, défendait le système fédéral, donnait l'accolade à ses homologues provinciaux et louangeait les Etats-Unis. Il était difficile aux centralisateurs de donner une mauvaise interprétation aux gestes de Duplessis, comme ils l'avaient fait jadis pour des remarques moins subtiles, et ses décisions étaient joyeusement reçues au Québec. Duplessis avait trouvé le juste milieu. Il avait exigé toutes sortes de pouvoirs, en particulier dans le domaine fiscal, que ne possédait pas le Québec, il avait présenté un réquisitoire énergique contre tous ceux qui empêchaient l'épanouissement du particularisme québecois et il avait attaqué l'extrémisme sous toutes ses formes. Il avait su plaire et aux nationalistes et aux conservateurs.

La Société Saint-Jean-Baptiste de Montréal lui exprima par télégramme son désir "d'appuyer publiquement l'attitude autonomiste du Premier ministre de la province de Québec, M. Maurice Duplessis. En face des efforts des centralisateurs qui ne reculent devant aucune manoeuvre pour saboter la Confédération canadienne, notre société nationale exprime le souhait que le chef civil du peuple canadien-français continue son effort en vue de sauvegarder nos droits les plus sacrés et, par ce moyen, préserve la structure politique de notre patrie canadienne." (3) La Société Saint-Jean-Baptiste de Québec lui fit également parvenir un télégramme dans le même sens: (Notre organisme désire) "...vous féliciter de l'attitude autonomiste que vous avez adoptée et maintenue à la conférence fédérale-provinciale. En cette heure décisive pour l'avenir de la nationalité canadienne-française, il vous assure de sa confiance et de son appui le plus complet dans la lutte sans merci que vous soutenez contre la centralisation, et il vous prie respectueusement de persévérer dans votre décision de ne céder aucune parcelle des droits provinciaux si chèrement acquis par nos ancêtres."

Le mouvement du crédit social, soit l'Union des Electeurs félicita Duplessis pour son "magnifique mémoire en défense de l'autonomie provinciale". Et Louis Even, un des chefs du mouvement se montra encore plus enthousiasmé: "Nous nous réjouissons que le meilleur plaidoyer de principes présenté à Ottawa l'ait été par un premier ministre canadien-français, l'honorable Maurice Duplessis. Des adversaires politiques l'accuseront sans doute d'avoir torpillé la conférence intergouvernementale. M. Duplessis est intervenu pour empêcher de torpiller les droits constitutionnels de la province, et tous doivent lui savoir gré."

Le chef du Bloc populaire, André Laurendeau y alla aussi de ses félicitations: "Jusqu'ici l'attitude d'opposition de M. Duplessis à la conférence d'Ottawa, correspond aux sentiments de la majorité des Canadiens du Québec." (Dix-sept ans plus tard, André Laurendeau co-président de la Commission royale sur le bilinguisme et le biculturalisme persistait encore à suivre la coutume de nommer *Canadiens* les Canadiens français et *Anglais* les Canadiens anglais.) "M. Duplessis est à Ottawa comme le mandataire de notre province, et au-dessus de toute considération de parti, nous nous réjouissons de la résistance qu'il a montrée en face de l'offensive centralisatrice.

...Ce serait renier des principes que nous avons inlassablement défendus à Québec, que de ne pas appuyer, de toutes nos forces, la thèse qu'il a reprise, de l'autonomie fiscale des provinces. Nous maintiendrons cet appui tant et aussi longtemps que M. Duplessis maintiendra sa résistance. Nous invitons le chef du parti libéral québecois, l'honorable M. Godbout, à dénoncer lui aussi la politique ouvertement centralisatrice de l'Etat fédéral. Aussi saura-t-on, à Ottawa, que Québec est unanime dans la défense de ses droits essentiels."

René Chaloult déclarait dans son télégramme: "Je suis sûr de me faire l'interprète de comté de Québec et des indépendants que je représente à la Législature, en vous adressant mes plus chaleureuses félicitations pour votre attitude énergique lorsque vous vous constituez le défenseur de nos droits."

Le Dr Philippe Hamel envoya aussi un télégramme: "Aux heures difficiles que nous vivons, félicitons tous le Premier ministre de la province de Québec pour sa défense de nos droits à la conférence interprovinciale. Puisse M. Duplessis tenir le coup sans fléchir jusqu'à la fin de ces difficultés graves! La Confédération doit son existence aux provinces. Elle paraît l'oublier et vouloir dévorer sa mère. Rappelons-lui ses origines et tâchons de la ramener à des sentiments plus dignes d'elle-même. Sachons une fois pour toutes si le fédéral peut dépenser ou hypothéquer ce qui ne lui appartient pas." Les journaux de la province étaient aussi unanimes dans leurs louanges à Duplessis.

A son retour à la conférence d'avril 1946, Duplessis fut accueilli à la gare du palais à Québec par des milliers de personnes, Thomas Chapais en tête. *Le Devoir* commenta: "La vieille capitale a fait au Premier ministre Duplessis, chef de la délégation de la province de Québec à la conférence fédérale-provinciale, un accueil comme en ont rarement reçu nos hommes d'Etat. Des milliers de personnes, sans distinction de couleur politique, se sont massées dans la gare du palais et aux environs pour offrir la plus chaleureuse et la plus triomphale réception au chef du gouvernement provincial à son retour à Québec." (4)

L'Action Catholique loua le Premier ministre, exprimant l'opinion du cardinal Villeneuve par l'entremise de Louis-Philippe Roy: "L'honorable Duplessis veut que Québec reste propriétaire de ses droits; toute la population le veut avec lui." (5) Camille L'Heureux qui avait jadis été un ami de Duplessis et qui se faisait parfois le porte-parole du cardinal, était journaliste au *Droit,* propriété des Oblats et organe des Canadiens français à Ottawa. Villeneuve avait déjà largement contribué à ce journal, sur lequel il continuait d'ailleurs à exercer son influence. L'Heureux se répandait en compliments: "Ce mémoire (de M. Duplessis) est une pièce maîtresse. C'est un magnifique et solide document. On y reconnaît l'attitude d'un grand démocrate, d'un véritable homme d'Etat, d'un vrai canadien animé de l'esprit des Pères de la Confédération canadienne, d'un chef national d'envergure... Le Premier ministre de la province de Québec a posé le problème de la révision des relations financières dans son véritable cadre... Il ne sert à rien, en effet, d'avoir des droits garantis par une constitution, si cette constitution n'accorde pas en même temps toutes les facilités de les exercer." (6)

Duplessis avait vu juste. Tous sauf une poignée de Montréalais anglophones se rallièrent à lui. Il avait détruit le rêve d'un Etat définitivement centralisé. Il avait ramené à l'Union nationale les nationalistes dissidents du Québec. Il avait une fois de plus embarrassé Godbout, si souvent laissé dans le pétrin par ses collègues fédéraux. Sa présentation, raisonnée et courtoise, ne pouvait être attaquée que sur la prétendue priorité provinciale en matière de taxation directe. Ce dernier point n'est pas encore résolu mais il n'y a pas de doute que c'est un domaine qui, pour le moins, ressort également aux deux juridictions. Ce brillant exposé allait être répété chaque année, ou à peu près, pendant quinze ans, avec seulement quelques changements pour pour l'adapter aux propositions du fédéral.

Wilfrid Eggleston écrivait dans la revue *Saturday Night* que Duplessis avait saboté les conférences de 1945 et 1946 en quittant avant la fin des séances, prétextant de pressantes affaires législatives. Il ajouta à propos des manifestations d'appui qui accueillirent Duplessis à son retour de Québec: "Ses amis les ont organisées plusieurs heures à l'avance, me dit-on." Cela était peut-être vrai. Qui peut dire si oui ou non Sir Thomas Chapais et les autres se sont rendus par hasard à la gare? Mais comme nous l'avons vu, Duplessis parlait pour à peu près tous les éléments francophones de la province: les nationalistes, les libéraux et les conservateurs. Il avait réussi, temporairement du moins, à élever l'Union nationale au-dessus de l'esprit de parti et à façonner un parti qui exprimait clairement les aspirations collectives. C'était un coup de maître aussi bien qu'un appel sincère à un but hors de l'ordinaire.

Il revenait à Onésime Gagnon de donner un compte rendu officiel des raisons pour lesquelles le gouvernement du Québec s'opposait à la location de taxes. Et c'est ce qu'il faisait presque chaque année en prononçant son important discours sur le budget. (7) Le discours du 25 mars 1947, démontrait bien le point de vue du gouvernement sur cette question. Toutes sortes de personnages, y compris Thomas Jefferson, Adolphe Tiers et William Aberhart y étaient cités à l'appui de la position du Québec. Gagnon démontrait que de 1942 à 1947, c'est-à-dire pour la durée de l'accord du temps de guerre, le gouvernement fédéral avait perçu en impôts sur le revenu personnel, le revenu des corporations et les droits de succession au Québec $2 258 381 000 et de ces sources avait payé $102 931 000 en compensation. Cette déclaration était vraie mais quelque peu trompeuse. Gagnon omit de dire que la plus grande partie des revenus que le gouvernement percevait de ces sources aurait été perçue de toute façon même s'il n'y avait pas eu d'accord avec les provinces pendant la guerre. Il ne dit pas non plus que le taux de taxes était anormalement élevé à cause des frais de la guerre. Mais, essentiellement, sa revendication était juste car pour ce qui n'était ni plus ni moins qu'une bagatelle, le gouvernement fédéral avait forcé les provinces à accepter un accord qui avantageait Ottawa et qui, en plus, donnait à Ottawa toutes les prérogatives sur la hausse des taxes. Gagnon s'attarda délicieusement sur le sujet, l'examinant sur toutes les coutures pour s'assurer qu'il en avait bien tiré tout ce qu'il pouvait.

En 1942 Godbout et Mathewson avaient loué à Ottawa des droits pour vingt millions et demi de dollars et pour lesquels le gouvernement fédéral leur offrait cinquante-six millions de dollars en 1946. Sur un ton dramatique, Gagnon donna un compte rendu précis de cet événement historique en commençant avec "l'offensive de 1939" basée sur le rapport de la Commission Rowell-Sirois. Ce rapport était en effet un signe avant-coureur de ce qu'allait être la politique King-Saint-Laurent et recommandait aux provinces la cession de l'impôt sur le revenu personnel, des corporations, des droits de succession et des subsides garantis par l'Acte de l'Amérique britannique du Nord. En échange le fédéral allait prendre à charge les frais de chômage mais, comme le souligna Gagnon, cela n'était pas grand chose à la fin de 1939. En plus, le fédéral allait assumer le service de la dette publique provinciale mais non la dette même. Le fédéral accorderait aussi des subsides à certaines provinces et ferait adopter un système de lois sociales plus complet. Selon cette formule, le Québec aurait retiré $20 346 000 pour la première année et pour chaque année subséquente, c'est-à-dire

$6.11 per capita. Les neuf provinces ensemble en auraient retiré $87 213 000 ou $7.59 per capita.

Gagnon cita Mitchell Hepburn, T.D. Pattullo et William Aberhart. En commentant les recommandations du rapport Rowell-Sirois lors de la conférence fédérale-provinciale du 14 janvier 1941, convoquée par King pour faire accepter le rapport, Hepburn "défendait éloquemment les droits de la province de Québec pendant que les représentants de notre province restaient muets." Hepburn, en prononçant l'un des meilleurs discours de sa carrière tumultueuse, avait déclaré que le rapport en question attaquait directement les droits des provinces et du Québec en particulier.

Pour Pattullo, les revendications fédérales étaient tout simplement excessives. Ce fut W. Aberhart, créditiste, premier ministre de l'Alberta qui porta le coup de grâce:

> *L'effronterie de pareilles propositions subversives, faites au sein de l'empire britannique à une heure comme la présente, me frappe de stupeur... L'affirmation que l'acceptation des propositions dont il s'agit constitue une preuve de patriotisme et de loyalisme dans la présente lutte titanesque contre les puissances du totalitarisme me paraît si trompeuse et outrée qu'il faut la considérer comme une propagande dangereuse et diabolique... Les ...propositions comportent une centralisation d'autorité venant nettement en conflit avec les principes démocratiques pour lesquels nous combattons aujourd'hui et les traditions britanniques que nous chérissons...*"

Cette déclaration allait encore plus loin que les déclarations de Duplessis au temps des élections contre les petits Hitler du pays.

"Sous la menace de représailles de la part du gouvernement fédéral, à la suite de l'échec de la conférence destinée à mettre en vigueur les recommandations du rapport Rowell-Sirois, les provinces signèrent un accord pour la durée de la guerre." C'était "l'offensive de 1942". Selon cette proposition le Québec recevait $20 586 074.56 ou $6.18 per capita et l'ensemble des gouvernements provinciaux recevait $8 427 644.80 ou $7.34 per capita. Ces propositions étaient un peu

◄ *Au retour de la désastreuse conférence inter-provinciale tenue à Ottawa en mai 1946. (Roland Lemire)*

moins généreuses que celles de la Commission Rowell-Sirois. Gagnon souligna que selon l'offensive de 1942, le Québec ne recevait que sept cents per capita de plus qu'en 1939:

> *Quel chef-d'oeuvre de diplomatie, monsieur l'Orateur, 7 cents par tête! Y a-t-il vraiment là raison de crier au triomphe, si ce n'est le triomphe de la naïveté? Pendant que l'ancien gouvernement provincial libéral savourait son triomphe, le gouvernement fédéral envahissait en même temps sept autres champs provinciaux de taxation: 1- les successions, 2- la gazoline, 3- les amusements, 4- l'électricité, 5- les transferts d'action, 6- les paris mutuels, 7- les messages téléphoniques et télégraphiques. Ces taxes mineures ont permis au gouvernement fédéral de faire payer, chaque année, aux contribuables du Canada depuis 1942, une somme additionnelle de $65 000 000. Dans tous ces domaines, remarquez-le bien, M. l'Orateur, c'est le gouvernement fédéral qui a créé la double taxation et c'est encore lui qui persiste à la maintenir au détriment des droits provinciaux. Ce procédé n'empêche pas certains hommes politiques fédéraux de verser des larmes hypocrites sur les inconvénients de la double taxation.*

Il parla ensuite de "l'offensive de 1945-46". Le gouvernement évoqua sa lourde tâche dans le rétablissement de l'économie d'après-guerre pour demander que l'accord sur les droits fiscaux conclu entre les provinces et le fédéral en 1942 soit rendu permanent. Cette proposition, faite en août 1945 et à laquelle Duplessis répliqua à la conférence d'avril 1946, ressemblait à la suggestion de la Commission Rowell-Sirois avec cette différence qu'au lieu d'assumer la dette provinciale et de payer des subsides à certaines provinces, on accorderait aux provinces une subvention minimum de douze dollars par tête basée sur la population de 1941 et une production nationale de huit milliards de dollars. Selon cette formule, le Québec obtiendrait quarante millions de dollars et l'ensemble des provinces $138.04 millions. Cependant la cession par les provinces des droits de succession et la disparition des subsides que le fédéral payait aux provinces selon la Constitution, rendait cette proposition à peine plus généreuse que celle de 1939 en accordant quinze millions de dollars ou $1.25 de plus par personne, surtout si l'on considère le progrès économique entre 1939 et 1945.

En 1946 l'offre était de quinze dollars per capita au lieu de douze et était basée sur la production nationale et la population de 1942. Cette formule était loin d'être parfaite, comme le démontra Duplessis. Les statistiques seraient établies uniquement par les employés fédéraux et accuseraient toujours un retard voulu. La promesse de subsides à certaines provinces selon le bon vouloir du Trésorier fédéral, était susceptible d'abus et risquait de devenir l'appât qui forcerait les provinces à se soumettre, peut-être même politiquement, au gouvernement fédéral. Il ne semblait y avoir aucune mesure qui compenserait les forces inflationnaires, ce qu'on avait tendance à oublier à cette époque où on venait de subir dix années de déflation et de crise économique et plus de cinq ans de contrôle rigide. Etant donné ces circonstances, il est étonnant que King ait réussi à faire avancer le moindrement cette proposition et encore plus étonnant qu'il ait réussi auprès de certaines personnes à faire passer Duplessis et même Drew pour des coquins qui agissaient en mauvais patriotes.

Après que ces hommes eurent mis son projet en pièces, King lança ce que Gagnon appelait "l'offensive des ententes séparées". Les gouvernements libéraux du Manitoba, du Nouveau-Brunswick, de l'Ile-du-Prince-Edouard et apparemment de la Colombie-Britannique ainsi que le gouvernement C.C.F. de la Saskatchewan, conclurent une entente avec Ottawa basée sur un subside de quinze dollars par personne. Cependant, le Premier ministre du Nouveau-Brunswick accusa King d'être de mauvaise foi. King remania sa proposition et offrit un double choix: soit $12.75 per capita plus cinquante pour cent du montant annuel que chaque province recevait selon l'accord de 1942, ou quinze dollars per capita basé sur les données de 1942. Ces deux propositions n'annulaient pas les subsides statutaires.

En vertu de cette offre, le Québec recevrait dans le premier cas $16.63 per capita, c'est-à-dire moins que toutes les autres provinces (l'Ile-du-Prince-Edouard était la plus avantagée avec $21.45 per capita). Selon la deuxième proposition, Québec recevrait $15.84 per capita, trois cents de plus que l'Ontario, la province qui recevrait le moins. "Trois cents, monsieur l'Orateur", s'écria Gagnon. "Quelle générosité! Comme le chef de l'Opposition a raison de le proclamer, la province de Québec reçoit vraiment d'Ottawa un traitement de faveur!" La plus généreuse de ces propositions accordait au Québec 15.26 pour cent des recettes qu'Ottawa avait prélevées au Québec en 1944, selon l'accord de 1942, c'est-à-dire $482 092 011 ou $144.69 per capita. La plupart des autres provinces n'étaient guère plus avantagées. L'Ontario serait la plus défavorisée, ne recevant que 11.11 pour cent du revenu fédéral de 1944 provenant de la même source. La Colombie britannique, troisième province de par sa population, allait recevoir 15.38 pour cent, le Manitoba 18.63 pour cent, l'Alberta 28.09 pour cent, le Nouveau-Brunswick 33.54 pour cent, la Nouvelle-Ecosse 30.18 pour cent, la Saskatchewan 52.63 pour cent et l'Ile-du-Prince-Edouard 75.97 pour cent.

Ottawa cherchait à convaincre les provinces d'abandonner complètement la division des pouvoirs en échange de quoi les provinces recevraient ce qui serait, ni plus ni moins qu'une rente du gouvernement fédéral. Le texte de l'Acte de l'Amérique britannique du Nord perdrait presque tout son sens, les provinces étant incapable de se charger des responsabilités qui leur incombaient avec des revenus aussi minimes que ce qu'on leur proposait. En s'arrogeant complètement les domaines de l'impôt partagé, comme il les avait définis, ou des droits d'impôts à priorité provinciale, selon la définition de Duplessis, le gouvernement fédéral allait augmenter considérablement ses revenus et ses prérogatives tout en augmentant à peine ses responsabilités.

En somme, et vu à la lumière d'événements subséquents, c'était une proposition peu réaliste et les arguments qu'on apportait en sa faveur n'étaient pas très solides. De plus, les tactiques employées pour convaincre les provinces d'accepter ces propositions n'étaient pas des plus louables. Gagnon continua:

> *A la suite de ces offres, le gouvernement fédéral commença avec un certain nombre de gouvernements provinciaux pris individuellement, le plus odieux marchandage dont fassent mention les annales de l'histoire canadienne. Certaines provinces de l'Ouest furent invitées à accepter les propositions fédérales moyennant remise d'une partie de leur dette envers la Banque du Canada. Le sénateur William Duff, libéral de la Nouvelle-Ecosse, protesta devant le Sénat, le 13 février dernier, contre la décision du gouvernement fédéral d'annuler une dette d'environ $44 000 000, plus $16 000 000 d'intérêt afin d'obtenir le consentement de la Saskatchewan*

*à signer cette entente. En d'autres termes, le Dominion,
dit-il, a consenti à faire à la Saskatchewan un don pur et
simple de $60 000 000.*

Comme le faisait fréquemment son chef, Gagnon cita les déclarations appropriées d'anciens premiers ministres fédéraux. Sir Wilfrid Laurier avait dit, dans le discours qu'il prononçait à Somerset, le 2 août 1887, quelques jours après avoir été nommé chef du Parti libéral: "C'est un principe tout à fait faux que celui d'après lequel un gouvernement perçoit les revenus et un autre gouvernement les dépense . Cela devra toujours conduire à l'extravagance. Au moment où Honoré Mercier était sur le point de convoquer une conférence interprovinciale, Sir Wilfrid Laurier mettait Mercier en garde contre les dangers de solliciter des augmentations de subsides fédéraux: "Ces augmentations successives (de subsides), faites sans règle, sans proportion, constituent en réalité un système de corruption entre les mains du gouvernement fédéral, et trop souvent, cette augmentation des subsides n'a été de la part du gouvernement fédéral que le paiement de la note en récompense de trahisons politiques."

Mackenzie King avait déclaré à la Chambre des communes, en 1930: "En une autre circonstance, alors que nous discutions cette question de la contribution du trésor en faveur d'une autre caisse publique, j'émis l'avis que ce n'était pas là un sage principe. A la vérité, je pense avoir dit que c'était un principe pernicieux de voir un gouvernement prélever des impôts et un autre les dépenser." Les chercheurs de Duplessis finirent par découvrir que King avait dit que c'était un "système défectueux".

Selon l'Acte de l'Amérique britannique du Nord, les gouvernements municipaux ressortent exclusivement à la juridiction des provinces et exercent les droits que les provinces veulent bien leur déléguer. Toutes les provinces du Canada ont accordé aux gouvernements municipaux le pouvoir de percevoir leurs propres taxes et en 1947, l'ensemble des municipalités avait prélevé $340 690 000 alors que le revenu de l'ensemble des provinces avait été de $250 646 000 et l'assiette fiscale du fédéral pour la même année avait été de $2 522 414 000 ou mille trois cents dollars par personne. Même si l'on fait exception de la durée de la guerre, ces chiffres démontrent que les offres de King de douze ou quinze dollars par tête n'étaient guère généreuses, comme le disaient

Duplessis et Drew, surtout si l'on considère les obligations constitutionnelles des provinces en matière d'éducation, de bien-être, de voirie et de travaux publics. Gagnon disait que les provinces étaient coincées entre un gouvernement qui réclamait toujours plus de taxes et des gouvernements municipaux écrasés de dettes et qu'en plus les provinces recevaient une portion toujours plus mince de l'assiette après les discussions fédérales-provinciales. Gagnon ridiculisa aussi les prétentions du gouvernement fédéral qui se disait le champion de la réforme sociale. La sécurité sociale n'était clairement qu'un prétexte qu'invoquait Ottawa pour accroître ses pouvoirs de taxation, disait-il, puisque Ottawa n'avait prévu, aux fins de sécurité sociale qu'une taxe supplémentaire de trois ou cinq pour cent, prélevée sur le revenu personnel de tous les Canadiens de plus de seize ans, et cela, sans exception. Les revenus ainsi obtenus ne suffiraient pas au programme et la taxe manquait trop de flexibilité pour être vraiment destinée au bien-être. Gagnon prétendait que les pensions aux aveugles et aux mères nécessiteuses de l'Union nationale constituaient une plus réelle preuve de sympathie envers les désavantagés et un plus grand intérêt à la sécurité sociale que tous les programmes fédéraux. Il démontra que le programme provincial d'aide agricole était bien plus généreux que celui du fédéral et décrivit la proposition fédérale qui accorderait des pensions aux aveugles seulement à partir de quarante ans comme étant "absurde" aussi bien qu'injuste.

Gagnon reprocha aussi au fédéral de prolonger le gel des emprunts provinciaux à l'extérieur du Canada. Il disait que ceci avantageait, sans nécessité, les créanciers des provinces et surtout ceux de la province d'Ontario dont trente-huit pour cent de la dette avait été contractée à l'extérieur, alors que pour le Québec seulement vingt-deux pour cent venait de l'extérieur. Il cita une déclaration du ministre des Finances, James L. Ilsley, selon laquelle le gouvernement fédéral pouvait avoir le pouvoir de légiférer pour "la paix, l'ordre et le bon gouvernement" du pays, même si ces lois portaient sur des matières habituellement considérées comme étant du ressort exclusif des provinces. (8) "C'est sans doute pour protester contre une telle politique de centralisation que le chef de l'Opposition (Godbout) prête son concours au candidat libéral fédéral de Montréal-Cartier." De telles remarques partisanes n'étaient pas rares à l'époque de Duplessis et s'entendaient même dans les discours sur le budget.

Pour Mackenzie King c'était la dernière bataille fédérale-provinciale. Il se retira en 1948 en faveur de Louis Saint-Laurent. On finit par reconnaître que les conférences de 1945 et 1946 n'avaient pas été bien organisées. Le gouvernement fédéral n'avait pas communiqué les détails de ses propositions aux provinces avant la première rencontre, puis les avait déposées en disant de les accepter telles quelles ou pas du tout. On finit aussi par oublier l'indignation ressentie devant les impolitesses de Duplessis et reconnaître le bien-fondé de ses revendications. Saint-Laurent de son côté prépara une nouvelle offensive, plus subtile cette fois.

La soi-disant taxe d'éducation était l'un des nombreux exemples de non-coopération entre le fédéral et le provincial. En 1946, le gouvernement Duplessis avait présenté une "Loi pour assurer le progrès en éducation", établi un fonds d'éducation qui fut mis à la disposition du département de l'Instruction publique et qui pouvait être utilisé selon les besoins, soit pour le paiement de salaires ou de dettes des commissions scolaires, soit pour la construction d'écoles. Le fonds serait alimenté par un droit de coupe additionnel de quinze sous par corde de bois imposé aux concessionnaires forestiers, par une redevance additionnelle de quinze sous par kilowatt-heure aux exploitants de forces hydrauliques, par un versement annuel de $2.8 millions imposé à l'Hydro-Québec, par la moitié des revenus provenant de la taxe de vente perçue par le trésorier provincial et, après 1947, par le versement annuel d'un tiers de un pour cent des effectifs de toutes les raffineries d'huile dans la province et par le même versement imposé aux compagnies de téléphone ayant un effectif de plus d'un million de dollars. Duplessis dut intervenir énergiquement pour persuader le gouvernement fédéral d'accepter que ces charges soient déductibles de l'impôt sur le revenu des corporations.

Pendant toute une décennie le gouvernement provincial se vit dans l'obligation d'intervenir auprès du fédéral pour l'empêcher d'arracher aux corporations qui faisaient affaire au Québec, la somme insignifiante de deux millions de dollars. Cet argent était destiné à un besoin vital, l'éducation. Le gouvernement fédéral choisissait mal son moment pour montrer sa mesquinerie. En effet son ingérence dans les domaines fiscaux dont la juridiction était censée être partagée faisait le sujet d'une grande controverse constitutionnelle. Le fédéral ne le savait pas encore mais il allait payer chèrement ces intransigeances au cours des années à venir.

Au moment où allaient expirer les accords fiscaux conclus en 1947 pour une période de cinq ans, le gouvernement fédéral lança un nouveau projet d'entente sur les taxes. Le 10 janvier 1952, Douglas Abbott écrivait à Onésime Gagnon à propos des récentes discussions fédérales-provinciales sur la fiscalité. La dernière tactique d'Ottawa — que Duplessis et Gagnon appelaient "l'offensive des ententes séparées" — avait porté fruit auprès de neuf des dix provinces. Leslie Frost, après s'être fait prier un peu, pour suivre les traces de Hepburn et Drew qui avaient fait tant d'histoires à propos des taxes, finit par accepter l'entente suggérée par Ottawa en 1952. Seul Québec tenait bon.

A la conférence constitutionnelle et fiscale, tenue à Ottawa en décembre 1950, les provinces avaient insisté pour que le gouvernement fédéral augmente les paiements minima aux provinces. Ces paiements étaient encore calculés sur une base de population et de production nationale. Abbott commentait ce point dans sa lettre du 10 janvier:

> *En examinant ces propositions il nous a fallu balancer les besoins croissants des gouvernements provinciaux, dont nous comprenons parfaitement la nature, et le fardeau que continuent d'imposer au trésor fédéral les frais de défense et les autres dépenses de l'Etat. Nous avons été forcés de conclure qu'il serait peu sage pour le gouvernement fédéral, vu l'extrême incertitude des années prochaines et les très lourdes charges qu'il porte maintenant, d'assumer des engagements fixes plus onéreux que ceux qu'entraînent les paiements minimums garantis, prévus par les propositions primitives.*

Cependant, il se disait prêt à envisager une nouvelle façon de calculer la base de paiement selon la population et la production nationale afin de pouvoir tenir compte d'une croissance rapide de la population ou de la production. Cette suggestion n'était pas terriblement généreuse et n'était pas non plus ce qui allait lui assurer l'adhésion du gouvernement du Québec.

Duplessis répondit à Abbott le 19 mars 1952, en une lettre de cinq pages:

> *Vous conviendrez sans doute que l'existence d'un droit ou d'un devoir comporte, comme corollaires indispensables, les moyens financiers nécessaires à l'exercice de ce droit et à l'accomplissement de ce devoir... Illusoire est le droit qu'on ne peut exercer.*
>
> *La province de Québec bénéficie d'un immense développement et d'un progrès particulièrement remarquable qui vont s'accentuant et enrichissent beaucoup la Confédération canadienne. Il serait pour le moins illogique de subordonner l'exercice des droits provinciaux au bon vouloir d'une autre autorité législative et administrative.*
>
> *A notre humble avis, la reconnaissance de ces principes n'est que l'application du bon sens, de la justice et du respect de la parole donnée.*
>
> *A l'occasion de la Confédération canadienne, deux pouvoirs de taxation provinciaux, les droits d'accise et les droits de douane, furent cédés à l'autorité centrale qui n'a pas donné le jour aux provinces mais qui tient sa vie des provinces. Le fait que deux pouvoirs de taxation seulement ont été remplacés par des subsides fédéraux indique qu'il s'agit d'une exception et démontre, à l'évidence, le désir des auteurs de la Confédération de conserver aux provinces tous les pouvoirs de taxation inhérents au gouvernement responsable.*
>
> *Depuis plusieurs années, les autorités fédérales, en dépit d'engagements formels et contrairement à la Constitution, ont presque tout absorbé les sources de revenus. A tel point que le gouvernement central retire plus des trois quarts de tous les revenus payés par le contribuable canadien, ne laissant aux provinces, aux municipalités et aux corporations scolaires que moins du quart de ces revenus.*
>
> *En de nombreuses circonstances, depuis plusieurs années, nous avons exprimé notre profonde conviction qu'il existe trois moyens adéquats de régler définitivement ces problèmes. Le premier consiste dans la délimitation et la précision des pouvoirs de taxation fédéraux, provinciaux, municipaux et scolaires. Nous n'avons pas de doute à ce*

(*Photo Oesterwinter — Soc. des Amis de M.L. Duplessis*)

sujet, mais nous désirons dissiper toute équivoque chez les esprits de bonne foi. Le deuxième moyen, nous le trouvons dans la simplification des méthodes de perception de l'impôt, de manière à en diminuer le coût et les inconvénients, mais sans pour cela sacrifier aucun des droits essentiels. Le troisième moyen réside dans la modération que réclame à grand cri cet éternel oublié qu'on appelle le payeur de taxes.

Me serait-il permis d'ajouter que les événements démontrent, en toute évidence, que même au simple point de vue financier, le gouvernement actuel de Québec a bien fait de refuser les propositions formulées par le gouvernement central, en 1945 et en 1946.

Abbott répondit le 22 avril: "Je vous remercie de votre lettre du 19 mars que j'ai lue avec grand intérêt.... Je déduis de votre lettre que votre

218

gouvernement ne désire pas conclure une convention de location de domaines fiscaux à présent." Abbott continua sur ce ton enjoué:

> *Ainsi que vous le savez, l'offre d'une telle convention a été faite à tous les gouvernements provinciaux, laissant chacun d'eux parfaitement libre de l'accepter ou non suivant qu'il y voyait l'intérêt supérieur de sa province. Bien entendu, nous n'avons aucun désir d'influer sur la décision d'une province dans un sens ou dans l'autre.*

> *En offrant à toutes les provinces les avantages d'une telle entente, je n'ai guère besoin de préciser qu'il n'y avait aucun désir de modifier la Constitution le moindrement. Nous sommes tout aussi convaincus que vous que le régime fédéral est le seul régime de gouvernement qui convienne à nos conditions diverses et que les auteurs de laConfédération ont fait preuve de sagesse en rejetant toute forme d'union législative.*

> *En effet, c'est justement parce que le gouvernement fédéral est partisan d'un régime fédéral sain et vigoureux que nous avons proposé ces ententes à la considération de tous les gouvernements provinciaux. Nous espérions que de cette façon chaque gouvernement provincial serait plus sûr de posséder des ressources financières suffisantes pour s'acquitter efficacement des fonctions que lui assigne la Constitution.*

> *Je n'étais pas bien sûr si votre lettre suggérait une modification de la constitution tendant à enlever au gouvernement fédéral quelques-uns de ses pouvoirs fiscaux. La Loi de l'Amérique du Nord britannique a conféré au gouvernement fédéral le pouvoir de "prélèvement de deniers par tous modes ou systèmes de taxation". Or, vu les très lourdes obligations qui reposent sur le gouvernement du Canada, je ne crois pas que nous puissions envisager une modification qui tendrait à restreindre ce pouvoir. En terminant, je tiens à vous exprimer ma satisfaction de vous savoir pleinement remis de votre douloureux accident. (Il faisait allusion à une blessure au dos que Duplessis s'était infligée lors d'une chute provoquée par un état d'hypoglycémie.)*

Pour une fois Duplessis ne répliqua pas à cette dissimulation si évidente.

Les gestes qu'avait posés le gouvernement libéral fédéral depuis la création de la Commission Rowell-Sirois jusqu'à "l'offensive des ententes séparées" et après, démontrait clairement son intention de centraliser et d'apporter des modifications majeures à la constitution canadienne. Abbott avait beau proclamer le désintéressement du fédéral, les faits n'étaient pas conformes à ses déclarations, pour dire le moins. Ottawa ne cessait de réclamer de plus grands pouvoirs de taxation, donnant continuellement des prétextes pour justifier son ingérence dans les domaines où les provinces avaient le droit constitutionnel de taxer. Duplessis décrivait les accords que le fédéral s'efforçait d'imposer aux provinces comme des ententes conclues sur une base "temporaire permanente".

Après sa victoire sur les libéraux aux élections provinciales de 1952, Duplessis commença à préparer sa propre offensive fiscale. Jusqu'à ce moment il avait été tour à tour belliqueux et diplomatique avec les autorités fédérales. Il avait rejeté leur suggestion d'abandonner les taxes provinciales contre ce qu'il considérait des paiements insuffisants. Québec était maintenant seul dans son refus et dix ans s'étaient écoulés depuis le retour de Duplessis au pouvoir en 1944, sans qu'aucune des politiques fiscales qu'il avait proposées n'ait fait le moindre progrès. Le fédéral n'avait rien alloué pour compenser le droit provincial de taxation directe. Ottawa imposait des taxes aussi lourdes que le marché pouvait le permettre et ne laissait aux provinces qu'une déduction de cinq pour cent de la taxe fédérale, c'est-à-dire environ deux pour cent. En dix ans de discussions on n'était pas arrivé à définir les pouvoirs de taxation, à simplifier les méthodes de perception des impôts ou à réduire les taxes en général.

Naturellement, Duplessis était déçu et puisqu'il n'y avait pas eu de progrès, il était bien décidé à agir lui-même. Agé de soixante-quatre ans, au milieu de son quatrième mandat, Duplessis se préparait à faire la seule chose qui forcerait le main du fédéral: instituer un impôt provincial. Cette taxe sur le revenu serait imposée, que le fédéral la déduise ou non, qu'il donne ou non aux contribuables québecois un crédit pour cet impôt provincial. Duplessis croyait que l'opinion publique allait l'appuyer. Après tout, il ne serait pas difficile de dé-

Louis Saint-Laurent, Premier ministre du Canada et Maurice Duplessis, Premier minis-
tre du Québec. (Photo Moderne Enr.)

montrer aux électeurs que la présente distribution, qui n'allouait au Québec que cinq pour cent du revenu de l'impôt prélevé dans cette province, était le fait d'un gouvernement fédéral qui abusait des mesures d'urgence nationales et qui cherchait à perpétuer son hégémonie fiscale en achetant la coopération des provinces. Le gouvernement fédéral contrôlait maintenant le domaine des taxes et refusait le compromis. On donnait pour raison que le gouvernement fédéral avait besoin de toutes les sources de revenus à sa disposition pour se décharger des lourdes responsabilités qui lui incombaient. Donc, toute tentative par les provinces d'exercer leur droit constitutionnel à l'impôt direct était considérée déloyale et peu patriotique, à un moment où le pays se débattait contre des dangers à l'extérieur aussi bien qu'à l'intérieur de ses frontières. C'était de l'opportunisme, du chantage, voire même du vol.

A la demande de Duplessis, on organisa une rencontre entre lui et Saint-Laurent à l'hôtel Windsor, à Montréal, le 5 octobre 1954.

221

Après plusieurs années de compromis diplomatiques, il fallait maintenant en venir à une résolution. Lors de la précédente session de la législature, Duplessis avait fait adopter un impôt au taux de quinze pour
cent de l'impôt fédéral sur le revenu personnel mais qui comportait de
nombreuses exemptions et déductions pour différents groupes de contribuables. Dans le préambule à la nouvelle loi, Duplessis donnait tous
les arguments bien connus sur les prérogatives et les rapports fiscaux.

Il semble que la rencontre entre Duplessis et Saint-Laurent ait été
cordiale et se soit déroulée sans les polémiques qu'on retrouve dans leur
correspondance. Pour Saint-Laurent, c'était la dernière opportunité
d'éviter une escalade de la querelle pour laquelle Duplessis pourrait aisément, du moins au Québec, blâmer entièrement le gouvernement
fédéral. Ainsi, pour éviter une confrontation avec le Québec, sans pour
autant le traiter différemment des autres provinces, Saint-Laurent consentit à étudier la question afin d'ajuster les taxes et les dépenses
fédérales en tenant compte des ententes avec les autres provinces. Pour
le gouvernement libéral fédéral il était essentiel que toutes les provinces
soient traitées pareillement; il considérait que tout autre système allait
à l'encontre du fédéralisme, était un pas vers la séparation ou l'association et porterait atteinte à l'intégrité du Canada. Cette croyance
était alors à son apogée et M. Saint-Laurent la résuma en quelques
mots, qui furent parmi les plus mémorables de toute sa carrière:
"Québec est une province comme les autres." (9)

A la rencontre du 5 octobre, Duplessis avait communiqué à
Saint-Laurent toutes les données statistiques pertinentes. Le 11 octobre, il écrivit à Saint-Laurent et mentionna leur "agréable entrevue",
le travail supplémentaire que lui occasionnait la session législative qui
allait commencer et les vacances de dix jours qu'il devait bientôt entreprendre, "les premières que je prends depuis plus d'un an".

Saint-Laurent lui souhaita des vacances agréables et reposantes
dans une lettre le 15 octobre, et le 1er novembre 1954, Duplessis lui donna des renseignements précis. Il fit un résumé objectif de l'histoire récente des relations fiscales fédérales-provinciales tout en se référant
aux rencontres intergouvernementales qui avaient d'abord eu lieu à
Ottawa en août 1954 et la dernière fois à Québec, en septembre 1950.
Ces efforts pour en venir à une entente n'avaient pas eu de succès. Il
dit que le Québec avait choisi de ne pas se prévaloir de son droit d'im-

poser un impôt direct depuis la fin de l'entente du temps de guerre de 1947 et que cela était bien la preuve de la volonté de coopérer de son gouvernement. "Il est certain que le revenu fédéral a largement bénéficié de cet état de choses." Il mentionna "les progrès énormes et le développement formidable" qui se voyaient au Québec surtout dans les "régions qui seraient autrement moins favorisées" et où des dépenses imprévues pour l'éducation et les services médicaux s'avéraient nécessaires."La brillante perspective qui s'offre à la province exige une utilisation plus complète des sources de revenu provincial."

Il expliqua que la taxe provinciale qui était officiellement de quinze pour cent de la taxe fédérale n'était en réalité que de dix pour cent environ à cause des nombreuses exemptions:

> *Les autorités fédérales déclarent que la province et le fédéral ont des droits concurrents à l'impôt sur le revenu personnel. Environ 90 pour cent à Ottawa, c'est une concurrence extraordinairement raisonnable, vous en conviendrez sans doute. En outre, il est bon de se rappeler que notre impôt provincial sur le revenu est consacré intégralement à des fins éducationnelles, d'hospitalisation, de santé publique et de législation sociale dans et pour la province... Nous sommes disposés à conclure une entente véritablement temporaire qui accorderait un délai supplémentaire aux parties pour en arriver à un arrangement définitif. Les autorités fédérales sont d'opinion — et nous respectons leur opinion sans la partager — qu'elles ont le droit d'imposer des taxes dans une province pour le bénéfice de certaines réalisations provinciales dans une autre province. (Ceci était clairement une allusion à la controverse sur les subsides aux universités qui sera discutée au chapitre 5).*

> *Pour en arriver à une entente au sujet de la déduction de notre impôt provincial, nous sommes prêts à supprimer de notre loi décrétant un impôt provincial sur le revenu personnel des déclarations, dans le préambule, à l'effet que la province possède un droit prioritaire en matière de taxation directe.*

Cette concession, que faisait Duplessis avec le plus grand sérieux était une indication qu'il reconnaissait la faiblesse de cet argument. Il

Maurice Duplessis et Hugues Lapointe. (Soc. des Amis de M.L. Duplessis)

allait laisser tomber sa revendication de priorité si le gouvernement fédéral renonçait en pratique, et non seulement en paroles, à s'approprier l'exclusivité de la taxation directe.

Duplessis termina comme à l'habitude en exprimant son espoir que la question serait réglée à l'amiable et disant qu'il se ferait un plaisir d'assister à une conférence intergouvernementale à la date fixée par Saint-Laurent, même si pour cela il était nécessaire d'ajourner la session. En fin de compte c'était là un geste conciliatoire de la part de Duplessis. En langage très poli il avait proposé ce qui revenait à l'excercice du droit incontestable d'imposer une taxe concurrente dans une proportion d'environ quatre-vingt-dix à dix. Aussi incroyable que cela semblera plus tard, cette proposition était alors considérée très osée et certains y voyaient même un geste anticanadien.

Thomas Tremblay, qui préparait à ce moment-là son volumineux rapport constitutionnel, dit à Duplessis: "N'attends pas qu'Ottawa te donne quoi que ce soit. Tu as déjà ton butin, prends-le." (10) Duplessis n'acceptait pas d'emblée les nouvelles idées et rejeta celle-là comme les autres en disant que c'était ridicule et que d'imposer une taxe provinciale amènerait la fin de sa carrière politique. La discussion était close mais un mois plus tard Duplessis déposait son nouveau bill sur l'impôt.

Le rapport préparé par Tremblay et ses collègues exprimait de la façon la plus convaincante la position autonomiste de Duplessis et sa conception de l'Acte de l'Amérique britannique du Nord. Cependant Tremblay croit que Duplessis n'a jamais lu le rapport (11) quoiqu'il contenait de puissants arguments qui confirmaient sa propre position.

Pendant que se déroulait le débat avec Ottawa et que la Commission Tremblay préparait le rapport qui allait ratifier la position de Duplessis, l'Opposition provinciale commença à accuser Duplessis de séparatisme. Il se défendit de cette accusation, rarement lancée dans les débats officiels de l'époque, en rejetant la responsabilité sur les autres provinces. Le 23 janvier 1953, en réplique à René Hamel, il répéta sa position, qu'il avait d'ailleurs déjà précisée pour la presse: "...si les autres provinces étaient d'avis que Québec est un embarras pour le reste du Canada cette province, serait prête à se retirer de la Confédération." (12)

Les événements des années soixante et soixante-dix donnèrent raison à Duplessis concernant sa position sur le nouveau partage des pouvoirs fiscaux et des différentes obligations des gouvernements fédéral et provinciaux. Malgré les prétentions de Saint-Laurent, la situation internationale n'était pas suffisamment grave pour justifier les restrictions imposées aux provinces dans un domaine que l'Acte de l'Amérique britannique du Nord avait défini principalement en termes provinciaux. Tous ceux, et ils étaient nombreux, qui avaient accusé Duplessis de pousser l'affaire jusqu'à l'extrême limite du danger en 1954, durent bien vite changer d'opinion.

Saint-Laurent discuta longuement au téléphone avec Duplessis le 5 novembre 1954 et lui écrivit le même jour car il était incertain du résultat qu'aurait sur les statistiques une taxe provinciale ayant une exemption de base de cinq cents dollars de plus que le fédéral. Ils échangèrent encore plusieurs lettres portant sur les statistiques et où Duplessis assurait Saint-Laurent qu'Emile Tourigny pourrait l'aider à en faire l'analyse. Cet attardement sur les statistiques n'indiquait pas un grand empressement de la part du fédéral à régler la question. Ce ne fut que le 14 janvier 1955 que Saint-Laurent répondit en donnant des détails mais même là, plus de la moitié de sa longue lettre consistait en un résumé de ce que lui avait écrit Duplessis l'année précédente et d'une interprétation de la loi provinciale sur la taxe; en somme, un prologue plus laborieux que tout ce que Duplessis avait pu imposer à Saint-Laurent. Ce dernier soulignait que la taxe provinciale était en fait de quinze pour cent et même si les exemptions la réduisaient à environ dix pour cent, légalement la réclamation initiale de quinze pour cent demeurait inchangée.

Il dit son opposition à tout système qui rendrait la taxe fédérale dépendante de la taxe provinciale. Il souligna que depuis 1946, alors que les gouvernements provinciaux qui n'avaient pas abandonné leurs pouvoirs de taxer au gouvernement fédéral se virent accorder pour la première fois leur exemption de cinq pour cent de la taxe fédérale à l'intérieur de quoi ils pouvaient imposer leurs propres taxes, le taux de taxes fédérales avait décliné et les rémunérations des provinces ayant abandonné leur pouvoir au fédéral avaient augmenté en proportion de l'augmentation de la population et de la production nationale. Il fit une importante concession:

> *Au lieu de déduire l'impôt provincial de l'impôt fédéral, nous proposons au Parlement de diminuer l'impôt fédéral pour tous les contribuables d'une province où il existerait un impôt provincial, qu'ils aient ou non à payer cet impôt. Ainsi les contribuables de cette province auront le bénéfice du montant total de la diminution de l'impôt fédéral et les autorités fédérale et provinciales pourront déterminer indépendamment l'une de l'autre l'assujettissement et le degré d'assujettissement de leurs contribuables à leurs impôts respectifs... En attendant les résultats d'une nouvelle conférence fédérale-provinciale, nous demanderons donc au Parlement d'amender la loi fédérale de l'impôt sur le revenu afin d'accorder une diminution de 10 pour cent à tous les contribuables de toute province où il existerait un impôt provincial sur le revenu...*

La lettre de Saint-Laurent avait un ton triste, une lenteur douloureuse, et l'auteur semblait trop peiné pour manifester la moindre colère, pour proférer la moindre menace. Tel un patriarche désappointé, le Premier ministre du Canada prenait un air abattu à la pensée qu'un membre de la grande famille fiscale songeait à s'éloigner.

En plus, la réponse de Saint-Laurent était insatisfaisante pour le Québec. En effet, depuis bientôt un an il existait au Québec une loi instituant une taxe provinciale basée sur le principe établi par le gouvernement fédéral en 1946, quand il avait donné son assentiment à une taxe allant jusqu'à cinq pour cent. En octobre, Duplessis et Saint-Laurent avaient négocié sur cette même base. Il y avait trois mois que le chef fédéral et ses consultants s'affairaient avec les statistiques et la proposition qu'ils présentaient finalement n'accordait au Trésor fédéral qu'un peu plus de revenus que la proposition de Duplessis, sans toutefois réussir à éliminer entièrement le fléau d'une double taxe. Cette proposition rejetait la formule fédérale employée depuis huit ans par tout le Canada sous le prétexte superstitieux que toutes les provinces devaient être traitées de la même façon. Saint-Laurent ne mentionnait même pas les deux concessions que Duplessis avait proposées dans sa lettre du 1er novembre: premièrement, retrancher la clause prioritaire dans la loi de l'impôt provincial sur le revenu, loi qu'il intitulait "Loi assurant à la province les revenus nécessités par ses développements" et deuxièmement, coordonner son imposition de taxe sur les dividendes et revenus non partagés avec la loi fédérale.

Duplessis exprimait son désappointement dans sa lettre du 19 janvier 1955:

> *Nous apprécions les allègements et les améliorations que mentionne votre réponse, mais la vérité nous oblige à dire qu'ils ne tiennent pas compte du fait que depuis 1947, dans un but évident de coopération avec les autorités fédérales, nous n'avons pas prélevé d'impôt sur le revenu personnel dans la province de Québec; ce dont Ottawa a largement bénéficié.*
>
> *De plus, cette décision des autorités fédérales est loin d'être conforme aux droits essentiels de la province, et même, loin de correspondre au montant d'argent que vous offrez aux lieu et place des pouvoirs fiscaux de la province, pouvoirs*

que nous considérons, pour d'excellentes raisons, essentiels au gouvernement responsable et auquel nous tenons.

En outre, il est juste — nous en sommes profondément convaincus — que, dans l'exercice des pouvoirs fiscaux des provinces et relativement aux taxes et à la période de temps en question, la province de Québec puisse au moins bénéficier de revenus équivalant au montant offert par le fédéral en échange des droits de taxation que nous voulons sauvegarder.

Ce dernier argument était astucieux en ce qu'il privait le fédéral de la possibilité de prétendre que les propositions du Québec diminueraient le revenu fédéral au point de l'empêcher de remplir les obligations imposées par la Guerre froide, le développement du pays et autres engagements. Il s'agissait donc de la confrontation de deux principes: le Québec s'attachait à défendre ses droits juridictionnels et Ottawa persistait à traiter toutes les parties du Canada de la même manière.

Le 14 janvier, Saint-Laurent récapitulait pour les autres premiers ministres provinciaux, sur un ton où pointaient ses préjugés de partisan, les faits qui l'avaient amené à la proposition qu'il présentait ce jour même à Duplessis. Le reste de la lettre était pareil à celle qu'il faisait parvenir à Duplessis et qui contenait sa proposition de dix pour cent:

Nous avons cru que la loi fédérale devait s'appliquer uniformément dans toutes les provinces.

Nous avons laissé entendre, cependant, que le gouvernement fédéral n'était pas attaché au principe des ententes fiscales au point d'exclure une meilleure solution, s'il s'en trouve. En même temps, nous avons affirmé clairement que le présent gouvernement n'avait aucunement l'intention d'abandonner l'objectif des ententes fiscales qui est de donner à toutes les provinces, quelle que soit l'assiette de leurs impôts, la possibilité financière de s'acquitter elles-mêmes de leurs responsabilités constitutionnelles et d'assurer des services provinciaux satisfaisants à travers le pays, tout en évitant un trop lourd fardeau de taxation. Tel est le fondement de la politique du gouvernement fédéral.

En octobre dernier, à sa suggestion, j'ai rencontré le Pre-

mier ministre du Québec, et il a laissé entendre à ce moment qu'il songeait à certains amendements à sa loi d'impôt, qui pourraient, espérait-il, rendre possible un règlement temporaire. Mes collègues et moi avons cru qu'il était de notre devoir de ne rien négliger pour trouver une formule qui pourrait remplacer au besoin les ententes fiscales et sauvegarder l'objectif fondamental des accords, tout en étant plus acceptable à tous les gouvernements provinciaux.

Des conférences fédérales-provinciales furent organisées pour étudier ces questions. Duplessis, le doyen de tous les chefs des délégations présentes, était presque une figure légendaire à ces réunions, donnant le point de vue provincial d'une manière toujours plus singulière. (13)

Les premiers ministres du Canada se réunirent à Ottawa les 26 et 27 avril et du 3 au 6 octobre 1955. Un comité d'experts fut formé à la réunion d'octobre; il était composé de représentants de chaque gouvernement et d'un président nommé par le Premier ministre du Canada. Le président était le sous-ministre des Finances, K.W. Taylor, et pour représenter le Québec, Duplessis nomma le contrôleur du revenu provincial, Georges H. Shink.

A la séance d'ouverture de la conférence d'octobre, Saint-Laurent énonça les grandes lignes des propositions qui seraient discutées à la conférence et aux rencontres subséquentes du comité d'experts. Il résumait ces propositions dans sa lettre du 6 janvier 1956 à Duplessis et aux autres premiers ministres. Le gouvernement fédéral offrait aux provinces des paiements de péréquation. Ainsi les provinces seraient assurées d'un revenu per capita provenant des trois grands impôts — revenu personnel, corporations et successions — égal à la moyenne du revenu per capita des deux plus riches provinces. Ces paiements seraient calculés d'après les statistiques démographiques et fiscales de l'année précédant immédiatement l'année d'imposition. Le fédéral s'engageait aussi à payer aux provinces la différence entre leur revenu provenant des trois grands impôts et la péréquation, et le paiement le plus élevé de la taxe louée, évaluée selon les statistiques de l'année précédente. Si cela n'était pas satisfaisant, le fédéral s'engageait alors à payer quatre-vingt-dix pour cent de la moyenne du revenu pour les deux années précédentes provenant de ces taxes et de la préréquation. Cette dernière proposition visait à protéger les provinces contre les pertes financières en période de récession économique ou pour toutes autres raisons imprévisibles.

Si une ou des provinces s'engageaient à ne pas imposer de taxe sur le revenu personnel, sur les compagnies et sur les successions et à interdire la même chose aux municipalités, le fédéral paierait à ces provinces l'équivalent de revenu qui aurait été perçu. Si certaines provinces voulaient imposer et percevoir leurs propres taxes, le gouvernement fédéral réduirait son propre impôt de dix pour cent pour l'impôt sur le revenu personnel, de neuf pour cent pour l'impôt sur le revenu des compagnies dans la province, et de cinquante pour cent pour les droits de succession qui iraient au fédéral. Les taxes aux corporations imposées par les provinces sur autre chose que les revenus de ces compagnies ne seraient considérées déductibles par le fédéral que jusqu'à neuf pour cent de leur revenu imposable ou pour le montant soumis à l'impôt provincial aux corporations, sans plus.

Cette entente garantissait aux provinces un plus grand revenu que les accords de location de taxe, faisait dépendre le revenu plus sûrement de la croissance du pays et de son économie, qui en cette époque était spectaculaire, et promettait aux provinces des revenus plus stables. Tout bien considéré, la proposition de Saint-Laurent était digne d'éloges. On arrivait ainsi à augmenter les revenus du Québec, à contourner l'obstacle qu'était l'insistance à traiter toutes les provinces de la même façon, tout en continuant à y croire, et à rendre plus flexible l'autonomie. Tout ceci se faisait au moyen de la péréquation, concept altruiste et politiquement acceptable. Ce concept avait aussi l'avantage de démontrer la valeur matérielle du fédéralisme dans sept des dix provinces, valeur qui se ferait sentir avec l'arrivée de paiements de péréquations provenant de l'Ontario, de l'Alberta et de la Colombie britannique.

Mais tout cela ne se fit pas du jour au lendemain car les mesures d'après-guerre étaient visiblement démodées. La campagne pour la centralisation de tous les pouvoirs de taxation n'avait pas eu de succès et, de toute manière, n'avait pas nécessairement été la plus admirable ambition d'Ottawa. L'inflexibilité d'Ottawa en ce qui concernait le partage de la juridiction des taxes avait créé une impasse qui prenait des proportions sérieuses car, avant les propositions de M. Saint-Laurent et

MM. Campbell du Manitoba, Stanfield de la Nouvelle-Ecosse et Duplessis à la Con-férence d'Ottawa en 1952. (Roger Ouellet)

de ses collègues, le gouvernement fédéral n'avait montré ni leadership ni imagination. Avec sa lettre du 18 février 1956, Saint-Laurent faisait aussi parvenir à Duplessis un mémoire de six pages rédigé par le ministre des Finances, Walter Harris, et spécifiant certaines clauses des propositions fédérales. Saint-Laurent écrivait que les premiers ministres du Nouveau-Brunswick, de la Nouvelle-Ecosse et de la Saskatchewan avaient été désappointés de ce que l'argument des besoins fiscaux n'avait pas été considéré plus sérieusement mais que le gouvernement fédéral ne pouvait envisager d'autres concessions.

Cependant le mémoire de Harris contenait de bonnes nouvelles pour les provinces. Le gouvernement fédéral ne tenterait pas de limiter les redevances provenant des ressources naturelles provinciales avant les taxes (c'était une partie du problème qui avait été soulevé lors de la controverse sur les fonds d'éducation). Le gouvernement fédéral avait retiré la taxe sur les primes d'assurance de la catégorie des taxes sur les corporations et permettait de les déduire indépendemment des autres taxes provinciales avant le calcul de la taxe fédérale. Le fédéral avait déjà imposé aux corporations une limite de deux cent cinquante dollars pour les permis déductible pour fins d'impôt fédéral et avait décrété que les charges spéciales sur les compagnies de téléphone avant la taxe provinciale seraient limitées à quatre pour cent, et sur les autres services à trois pour cent. Mais désormais le fédéral permettrait aux corporations de déduire, avant le calcul de la taxe, jusqu'à quatre cents dollars en permis d'affaire et promettait d'étudier l'état des services en vue de leur conférer des bénéfices semblables. On allait aussi étudier la possibilité de déduire une taxe provinciale pour la prévention du feu. Les taxes imposées aux non-résidents seraient divisées de la même manière que celles imposées aux résidents.

Les premiers ministres provinciaux se réunirent de nouveau à Ottawa, comme ils en avaient exprimé le désir, et le 9 mars 1956 M. Saint-Laurent résumait les délibérations de cette rencontre dans une lettre à Duplessis. Le gouvernement fédéral se préparait maintenant à offrir des paiements de stabilisation qui allaient assurer aux provinces quatre-vingt-quinze pour cent de la moyenne des revenus des taxes et des paiements de péréquation de la moyenne des deux années précédentes au lieu de quatre-vingt-dix pour cent, comme c'était le cas avant. Le gouvernement fédéral allait suggérer une commission de deux pour cent pour percevoir les taxes provinciales. Saint-Laurent répéta: "...nous n'avons pas l'intention de faire un profit avec les ententes de perception mais nous nous attendions à récupérer le coût additionnel qu'elles entraînent à la trésorerie fédérale". Saint-Laurent disait en termes polis que c'était là la dernière offre et que l'abandon d'autres sources ou une réduction de la taxe fédérale pour avantager les provinces "...obligerait vraisemblablement le gouvernement fédéral à trouver des revenus additionnels provenant d'autres sources afin d'effectuer de tels paiements tout en maintenant un sain budget fédéral. La taxation fédérale est déjà élevée et nous ne croyons pas que l'intérêt du pays serait le mieux servi par des accroissements additionnels des taxes fédérales pour des fins provinciales."

Duplessis lui répondit le 18 avril après "plusieurs jours de vacances" un des rares congés qu'il se soit permis au printemps et dont il se sentait presque coupable. Les alternatives présentées par le gouverne-

Conférence fédérale-provinciale à Ottawa en 1958: Leslie Frost, Premier ministre de l'Ontario, John Diefenbaker et Maurice Duplessis. (Roger Ouellet)

ment fédéral accordaient à Duplessis les concessions dont il avait besoin pour les nécessités financières immédiates et laissait espérer qu'Ottawa en ferait d'autres. Duplessis avait raison de croire qu'Ottawa commençait à fléchir. Mais après avoir contribué plus que quiconque à ce fléchissement de la volonté d'Ottawa, il mourut avant d'en voir le résultat tangible. C'était là une des nombreuses ironies de sa carrière.

Duplessis expliqua à l'Assemblée législative que la modification du préambule à sa loi "assurant à la province les revenus nécessités par ses développements" n'était qu'un geste de conciliation. "Les mots comptent peu, ce sont les faits qui comptent." (14) Il n'avait pas abandonné ce thème et continua ses avertissements à l'effet que "la province a certains droits sur la taxation directe". Duplessis ne prétendait pas éloigner entièrement le fédéral de la taxe directe mais voulait seulement donner la priorité au gouvernement provincial. Il avait réussi à amener la bataille des relations fiscales sur un terrain plus ferme.

Au Québec, en général, cette nouvelle entente était perçue comme une victoire de Duplessis. Mgr Maurice Roy le félicita: "Indépendamment de toute considération de parti, je crois que tout le monde s'accorde à dire que votre lucidité et votre courage ont sauvegardé des droits incontestables." Le primat du Canada exprimait aussi "la fierté que je ressens du rôle si important que vous avez fait jouer à votre province dans la vie de notre pays." (15) Les louanges étaient d'autant plus appréciées qu'elles venaient du plus fédéraliste des évêques québecois, aumônier général des Forces armées du Canada et ami personnel de Saint-Laurent et de Duplessis. C'était aussi l'opinion générale, donc très favorable à Duplessis à l'approche d'une autre élection provinciale. Il annonça la dissolution de l'Assemblée et de nouvelles élections une semaine après sa lettre à Saint-Laurent où il admettait avoir pris quelques jours de vacances. Deux mois plus tard Duplessis était réélu pour un cinquième terme.

Gérard Filion et les autres antiduplessistes avaient avancé l'argument qu'on n'avait rien à craindre pour l'autonomie provinciale en élisant Lapalme, maintenant que Duplessis avait conclu un accord de cinq ans avec le fédéral et que, de toute manière, il y aurait une autre élection provinciale avant la fin de cette entente. En soi, c'était un argument boîteux, mais en plus Duplessis n'avait pas réellement conclu d'entente. Il n'avait fait qu'accepter les concessions fiscales fédérales et n'avait renoncé à rien sauf à quelques mots au préambule du texte de la loi. De plus, Filion s'était trompé dans ses prédictions.

Duplessis avait surmonté les derniers obstacles mais Saint-Laurent, par contre, fut défait aux élections du 10 juin 1957. Le gouvernement qui le remplaça devait beaucoup à Duplessis, surtout après sa réélection en 1958. Walter Harris, C.D. Howe et Stuart Garson furent défaits. Duplessis avait résisté à l'assaut et maintenant il pourrait négocier avec un gouvernement fédéral qui lui était plus sympathique.

Durant la campagne électorale, M. Diefenbaker s'était engagé à tenir une conférence fédérale-provinciale sur les relations fiscales (16), ce qu'il fit les 26 et 27 novembre 1957. Diefenbaker annonça à Duplessis dans un télégramme, le 24 janvier 1958, la mesure provisoire qui augmentait la part provinciale de l'impôt sur le revenu personnel de dix à treize pour cent. Une lettre de Diefenbaker à Duplessis, le 15 janvier 1959, date de l'ouverture du parlement, annonçait que cette mesure serait continuée en 1959. Le discours du Trône, prononcé par le gouverneur général Vincent Massey, déclarait que cette mesure provisoire serait en vigueur jusqu'à la conclusion d'une nouvelle entente à laquelle on allait arriver par des discussions au sein des comités qui existaient déjà, du moins c'est ce qu'on espérait dans les milieux officiels.

Duplessis répondit à Diefenbaker le 31 janvier 1959 en termes qui auraient été familiers aux deux précédents premiers ministres du Canada:

> *L'opinion et l'attitude du présent gouvernement du Québec ont été clairement exprimées depuis plusieurs années et en particulier depuis votre accession au pouvoir... Il serait injuste d'exiger, dans l'espace de moins de deux ans, le redressement de griefs et le règlement de problèmes qui datent de bien nombreuses années.*
>
> *Mais d'un autre côté, à cause même de cette longue période d'attente et de pourparlers, il convient de faire diligence dans le règlement définitif de ces problèmes.*

Donald Fleming, nouveau ministre des Finances, était bien vu au Québec depuis plusieurs années parce qu'il défendait les intérêts des Canadiens français au Parlement et parce qu'il s'exprimait très bien en français. En fait, il avait été le candidat préféré de Duplessis et de la plupart des conservateurs du Québec pour succéder à George Drew comme chef de l'Opposition, en décembre 1956. (17) Le 4 février 1959, Fleming écrivait à John Bourque, qui avait remplacé Onésime Gagnon comme ministre des Finances en 1958, et décrivait l'état des relations fiscales fédérales-provinciales. A ce moment là, les choses étaient à peu près au même point qu'elles le seraient à la mort de Duplessis. "Nous avons heureusement résolu certains de nos problèmes mais il reste beaucoup à faire. Une des questions à régler est la forme de nos présentes relations fiscales qui, malgré les progrès réels accomplis en comparaison de ce qui existait auparavant, ne nous fournit pas encore la solution finale."

Conférence fédérale-provinciale tenue à Ottawa les 25 et 26 novembre 1957. Assis de gauche à droite: MM. Stanfield de la Nouvelle-Ecosse, L.M. Frost de l'Ontario, J. Diefenbaker, Premier ministre du Canada, M. Duplessis, J. Fleming du Nouveau-Brunswick; debout, dans le même ordre: MM. E.C. Manning de l'Alberta, A. Matheson, de l'Ile-du-Prince-Edouard, D.L. Campbell du Manitoba, W.E.C. Bennett de la Co-lombie britannique, T.C. Douglas de la Saskatchewan, J. Smallwood de Terre-Neuve. (Office national du Film)

L'argument invoqué par Saint-Laurent en faveur de l'équivalence pour toutes les provinces n'était pas satisfaisant. C'était un truisme fédéral libéral que de dire: "La province de Québec est une province comme les autres", et une position qui allait être entièrement démolie par Lester Pearson et Jean Lesage qui seraient au pouvoir au cours des années soixante. Lesage, le libéral modernisateur, allait prendre ce que demandait Duplessis, le rebelle de l'Union nationale. Et Pearson, le sauveur libéral du Canada, allait consentir avec plaisir, pour le plus grand bien du Canada (et du Parti libéral) à ce que Saint-Laurent, le défenseur libéral de l'intégrité nationale canadienne, tentait d'empê-cher.

RÉFÉRENCES — CHAPITRE 4

1. Phrase traditionnelle que Duplessis prononçait habituellement un peu avant la conclusion de ses discours aux conférences fédérales-provinciales sur la fiscalité, comme ce fut le cas pour celui du 26 avril 1946, p. 27 *(FMLD)*.

2. Ibid. p. 7 Toutes les références aux propositions de Duplessis faites lors des conférences intergouvernementales sont tirées des textes originaux déposés aux archives Duplessis, sauf s'il y a indication contraire.

3. *FMLD,* 29 avril 1946. Les messages subséquents proviennent de la même source, à peu près à la même date.

4. Ibid., *Le Devoir,* 26 avril 1946.

5. Louis-Phillipe Roy dans *L'Action catholique, FMLD,* 3 mai 1946.

6. *Le Droit,* (Camille l'Heureux), 26 avril 1946 *(FMLD)*.

7. Les discours du budget avaient le style plutôt ampoulé d'Onésime Gagnon mais le contenu était dicté par Duplessis.

8. *Journal des débats de la Chambre des communes,* 20 mars 1947, cité par Onésime Gagnon dans le discours du budget, le 27 mars 1947, pp. 42-3.

9. *Le Devoir,* 19 septembre 1954. Saint-Laurent avait parlé au Club de Réforme de Québec le soir précédent et avait prononcé la même phrase quelques semaines plus tôt lors d'un dîner à bord du paquebot de la Cunard, "Saxonia".

10. Thomas Tremblay. 3 avril 1975.

11. Ibid.

12. *Le Devoir,* etc., 24 janvier 1953.

13. Walter Darby, ancien procureur général à l'Ile-du-Prince-Edouard et ensuite juge de la Cour suprême de cette province nous a donné une intéressante description de Duplessis à ces conférences, le 1er avril 1975. Duplessis ressemblait presque à un gangster avec son feutre sur la tête, cigare en bouche et escorté de quatre hommes formant un carré immédiatement derrière lui, mais il avait "une présence formidable, plaidait sa cause avec beaucoup de talent et j'ai toujours cru qu'il était un Canadien sincère." D'autres, y compris George Drew, nous ont raconté à peu près la même chose.

14. Rumilly, *Duplessis,* vol. 2, p. 518.

15. *FMLD,* lettre de Mgr Roy, 15 avril 1956.

16. Ibid., lettre de M. Diefenbaker, 16 septembre 1957.

17. R.J. Clark, Emile Tourigny, Roger Ouellet, Auréa Cloutier, Edouard Asselin, Edouard Masson.

"Aujourd'hui nous sommes indépendants"

(Lettre de Jean Désy, ambassadeur du Canada en France,
à Duplessis, le 24 janvier 1958)

De toutes les causes célèbres paradées tambour battant durant le régime Duplessis, nulle ne fit plus de tapage ni ne fut plus chère au coeur patriotique et à l'esprit pratique du Chef que ce qu'il appelait "l'Autonomie" (toujours avec un grand A). Ses ennemis ne voyaient là qu'une affectation qui servait à jeter de la poudre aux yeux des électeurs. Mais par contre, pour les amis de Duplessis, ce souci exprimait la plus sacrée, la plus inviolable, la plus sincère préoccupation de leur chef. Duplessis avait choisi le mot *Autonomie* avec soin. C'était moins excessif que *séparation*, mot familier, certes, mais qui effrayait et pour lequel on n'avait plus grande considération. Depuis les premiers débats sur la Confédération on avait beaucoup parlé de séparatisme, on en avait discuté de tous bords et de tous côtés, on avait contemplé le séparatisme avec inquiétude et on l'avait finalement rejeté. Son antonyme, l'*Assimilation,* était la vieille bête noire tenue en éveil par le Parti libéral pendant quarante ans avant l'avènement de Duplessis. Les conservateurs étaient le parti des Anglais, des orangistes et de la conscription. Les libéraux étaient le parti de Laurier et Lapointe, de Gouin et Taschereau, et même de Mercier. Cela suffisait. On savait que les libéraux s'opposaient à l'assimilation et à la conscription.

Duplessis compliqua cette simple équation lorsque le Parti conservateur du Québec se fondit dans l'Union nationale. Pendant les sept élections où il fut chef du parti, Duplessis s'efforça d'amener les conservateurs et les nationalistes à voter ensemble pour l'Union nationale. A cette fin il présentait le nationalisme québecois comme une lutte contre la horde des bureaucrates centralisateurs. S'il était impossible de discerner le but de cette bataille, par contre, l'ennemi auquel on s'opposait était très visible. La centralisation était à éviter sous peine de se retrouver dans un Etat unitaire tel que proposé par le rapport Durham. La centralisation priverait le Québec du pouvoir de défendre ses prérogatives culturelles, religieuses et nationales. L'alternative, c'était l'Autonomie. L'Autonomie ce n'était pas le séparatisme, mais un concept légitime, inscrit dans la Constitution, en fait, l'intention réelle qu'exprimait l'Acte de l'Amérique britannique du Nord. Ce n'était pas un moyen radical mais plutôt une façon de réduire la bureaucratie et de remettre les pouvoirs gouvernementaux à leur source originale, c'est-à-dire aux provinces qui avaient donné naissance à la Confédération et au peuple lui-même. C'était un nationalisme économiquement conservateur — conservateur des traditions, de la langue française, de la religion catholique et du statut distinctif du Québec.

Le mot *autonomie* avait d'abord été employé par les juristes de la province unie du Canada (Ontario et Québec) après l'épisode Durham, entre 1840 et 1867, avec l'intention avouée d'assimiler les Canadiens français et de leur enlever le fardeau supposément intolérable de leur particularisme culturel. Le juge T.G.G. Loranger fut l'un des promoteurs du concept de l'autonomie provinciale qui fit son chemin entre l'insurrection de 1837 fomentée par Papineau et l'acceptation du fait canadien-français en 1867. Loranger, comme le feront ses successeurs, cherchait un compromis entre l'assimilation et la séparation,

entre la soumission absolue et la révolte armée. Le concept de l'autonomie servit d'inspiration à plusieurs des Pères canadiens-français de
la Confédération et ne s'opposait pas aux opinions prédominantes des
chefs du Haut-Canada. Parmi les chefs provinciaux, Honoré Mercier
fut le premier à s'enthousiasmer pour la cause de l'autonomie provinciale qu'il défendit avec ardeur. Sans doute la plus grande réalisation de
son règne si bref, ce concept lui survécut et fut repris par tous ses successeurs libéraux au Québec, avec une détermination plus ou moins
grande selon le cas.

Sir Lomer Gouin, gendre de Mercier, défendit l'autonomie provinciale au moment de la Première Guerre mondiale et de la conscription
imposée par le gouvernement conservateur fédéral. Pour L.-A. Taschereau, l'autonomie prenait la forme d'abstention de certains programmes fédéraux qu'il jugeait être *ultra vires,* surtout le plan de pension
suggéré en 1927. Mais la crise économique vint restreindre le penchant
autonomiste du gouvernement Taschereau. Godbout, à son tour, parla
en faveur de l'autonomie lors de la conférence fédérale-provinciale de
1941, mais ce n'était que des paroles et puis cette époque était peu propice à la cause autonomiste à cause de la guerre et de Godbout lui-
même, de son caractère conciliant et du fait qu'il devait beaucoup à
ses collègues du fédéral qui l'avaient aidé à se faire élire.

Duplessis, donc, ranima le flambeau qui menaçait de s'éteindre
depuis les années vingt. La rivalité Taschereau-Lapointe avait res-
semblé, dans une certaine mesure, aux rivalités qui avaient opposé Mercier et ensuite Bourassa à Laurier, et il en était de même de la lutte sur
les juridictions qui allait s'engager entre Duplessis et Saint-Laurent. Au
fédéral comme au provincial, les libéraux s'efforcèrent de présenter
Duplessis comme un extrémiste. Au Québec, les nationalistes essayaient de temps à autre de le décrier comme un autonomiste démagogique qui n'accomplirait rien de sérieux. Ces objections, venant de
deux directions différentes, servirent Duplessis puisqu'il utilisa les unes
pour réfuter les autres. D'ailleurs elles n'étaient pas fondées et les électeurs n'y attachèrent aucune importance.

Après les déclarations impétueuses de 1939, on ne réussit plus à
faire passer l'Autonomie pour un mouvement radical quoique c'était le
but que s'était donné le Parti libéral fédéral en intervenant dans la campagnes de 1952 et de 1956. Vers 1955 l'Union nationale avait accompli

sa plus grande réalisation: l'affirmation de l'Autonomie provinciale, doctrine désormais inséparable de l'Union nationale. Malgré ses discours excessifs qui faisaient douter de ses déclarations, Duplessis exprimait sa pensée réelle du moins dans la théorie qui sous-tendait sa position sur la Constitution. Il était à la fois conservateur et nationaliste, ce qui, pour lui, n'était pas un paradoxe. Il était anti-séparatisme, ce qui ne l'empêchait pas d'avoir de sérieux doutes sur l'évolution du fédéralisme. Autonomiste, il le demeurait dans l'intimité comme en public.

Durant le long règne de Duplessis il n'y eut pas que les taxes qui furent matières de controverses, mais presque toutes les questions fédérales-provinciales, même celles qui semblaient les plus inoffensives. Par exemple le poste de lieutenant-gouverneur fut le sujet d'une dispute entre Duplessis et Mackenzie King. Le tout commença lorsque King, par simple courtoisie, envoya à Duplessis une copie de sa lettre du 6 juillet 1939 à Esioff Patenaude concernant le remplacement de ce dernier comme lieutenant-gouverneur. King écrivait à Patenaude que puisqu'il avait si largement contribué au succès de la visite royale, "je crois que... nous ne devrions pas vous priver, vous et Madame Patenaude, de la tranquillité et de la beauté qu'offrent les mois d'été à Spencerwood". Duplessis profita de ce geste apparemment sans conséquence pour écrire à King, le 17 juillet:

> *J'apprécie pleinement la tranquillité et la beauté de Spencerwood, notre propriété provinciale que vous mentionnez dans votre lettre.*
>
> *Dans votre lettre vous dites que le successeur de l'Honorable E.L. Patenaude devrait prendre son poste au plus tard vers la mi-septembre, sauf pour des raisons exceptionnelles. Auriez-vous l'obligeance de me dire ce qui, d'après vous, constitue des raisons exceptionnelles?*
>
> *Nous considérons que de plusieurs façons le lieutenant-gouverneur de la province est un ambassadeur auprès des provinces et, nous le suggérons respectueusement, la marche à suivre habituelle devrait être observée pour une telle nomination. En plus permettez-moi de dire que si les rumeurs à l'effet qu'il y aura des élections fédérales à l'automne sont fondées, alors il va de soi que la nomination d'un nou-*

◀ *(Canada Wide)*

veau lieutenant-gouverneur devrait être faite seulement après les élections.

La lettre commençait par la même expression que celle de King: "My Dear Premier", une façon bien cavalière de s'adresser le Premier ministre du Canada. Quoi qu'il en soit, Duplessis avait mal jugé la situation. C'était seulement au Québec et non pas dans le Canada en entier que le gouvernement allait changer à la suite des élections. Pour l'orgueilleux Maurice Duplessis de 1939, ce fut là une expérience humiliante.

Mais peu de temps après son retour au pouvoir en 1944, la même question souleva une nouvelle controverse. Cette fois King et Duplessis échangèrent des lettres jusqu'à ce que les choses en arrivent à un point mort. Ce fut un tour de force qu'accomplirent ces deux hommes tenaces, imbus de politique et ayant une profonde connaissance de la procédure. King, alerté par les bulletins de nouvelles rapportant les commentaires de Duplessis sur le fait que le lieutenant-gouverneur Fiset demeurait à son poste, même alors que son mandat de cinq ans devait se terminer à la fin de l'année 1944, écrivait à Duplessis le 21 décembre 1944. Duplessis avait déclaré aux journaux qu'il était contrarié de n'avoir pas été consulté par le fédéral à ce sujet. King teminait ainsi sa lettre:

Les cinq ans durant lesquels on ne peut enlever son poste au présent lieutenant-gouverneur, sauf pour les raisons citées dans l'article 59 de l'Acte de l'Amérique britannique du Nord, ne sont pas encore écoulés, mais d'après les Statuts et la Commission, il garde son poste après l'expiration de son mandat jusqu'à ce qu'un remplaçant soit nommé. Durant la guerre nous avons pris l'habitude de permettre aux lieutenants-gouverneurs qui le désiraient de garder leur poste à la fin d'un premier mandat de cinq ans, sans nouvelle Commission. Ainsi le lieutenant-gouverneur de la Saskatchewan, nommé le 1er octobre 1936, le lieutenant-gouverneur de l'Alberta, nommé le 20 mars 1937 et le lieutenant-gouverneur de l'Ontario, nommé le 30 novembre 1937, sont encore à leur poste sans que leur Commission n'ait été renouvelée. Personnellement je ne vois aucune bonne raison pour que cette pratique ne soit pas suivie dans le cas du lieutenant-gouverneur de la province de Québec. Mais si vous avez d'autres opinions sur le sujet, et croyez nécessaire de me les communiquer directemment, je ne manquerai pas de les soumettre à mes collègues au Conseil après le 31 décembre, afin que nous puissions les examiner ensemble et décider quel avis, s'il en est besoin, nous devrions faire parvenir au lieutenant-gouverneur à ce sujet. Sincèrement vôtre...

Duplessis reçut cette lettre le 27 décembre et il téléphona et fit parvenir un télégramme à Mackenzie King le même jour. Il lui répondit par écrit le 5 janvier se disant d'accord avec l'opinion exprimée par King dans sa lettre du 21 décembre: "La question relative au lieutenant-gouverneur de la province est assez importante pour justifier une correspondance directe entre nous..." Puis il se dit surpris que King ne soit entré en "communication directe" avec lui qu'une seule fois depuis son retour, il y avait déjà quatre mois, au poste de Premier ministre de la province de Québec et qu'il ne le fasse que quatre jours avant l'expiration du mandat de Fiset.

Vous émettez l'opinion que la nomination du Lieutenant-gouverneur, en vertu de l'article 59 de la Constitution, serait pratiquement pour un terme illimité. A notre humble avis, cette interprétation de l'article 50 est contraire à l'esprit et à la lettre de l'Acte de l'Amérique britannique du Nord, et, elle est également contraire à la pratique généralement suivie en semblables matières.

Vous ajoutez que durant les années de guerre la pratique a été de prolonger le mandat des lieutenants-gouverneurs et vous citez l'exemple de la Saskatchewan, de l'Alberta et de l'Ontario... Avec la meilleure volonté au monde il nous est impossible de voir en quoi la nomination du lieutenant-gouverneur dans la province pourrait influer sur la longueur, la durée ou l'issue de la guerre, et nous sommes convaincu que l'allusion que vous faites à ce sujet est la conséquence d'une erreur typographique.

Il termina en exprimant ses meilleurs voeux pour la Nouvelle Année. King répondit le 11 janvier qu'il ne pourrait probablement rien ajouter d'utile "à ce qu'il avait déjà dit et écrit sur le sujet, et que, selon la Constitution, le gouvernement fédéral ne faisait qu'exercer une "responsabilité exclusive":

> *S'il y a consultation avec le gouvernement provincial, il n'est consulté que par courtoisie et non de droit. Ainsi le 21 décembre je ne vous écrivais que par courtoisie.*
>
> *Je ne peux cependant laisser passer sans commentaires les derniers paragraphes de votre lettre. La suggestion qu'il existe la moindre analogie entre le poste de lieutenant-gouverneur et celui d'un diplomate suggère que les provinces ne sont pas les parties d'une nation et que le gouvernement du pays ne devrait pas exercer sa juridiction dans toutes les parties du pays.*
>
> *En fait le gouvernement fédéral possède les mêmes responsabilités et doit exercer sa juridiction fédérale tout comme les gouvernements provinciaux exercent leur juridiction dans les domaines qui leur sont propres, et je suis certain que vous désirez autant que moi-même que chaque gouvernement reconnaisse et respecte les responsabilités propres à chacun et ses juridictions.*
>
> *Je vous remercie de vos bons souhaits personnels pour la Nouvelle Année et vous souhaite la même chose.*

Duplessis répondit le 17 janvier 1945:

> *Je note que vous passez sous silence plusieurs assertions de ma lettre du 5 janvier, assertions d'ailleurs indéniables... D'après vous, la nomination d'un lieutenant-gouverneur serait du domaine exclusif du gouvernement fédéral qui pourrait se dispenser de consulter le gouvernement provincial intéressé.*
>
> *Que le gouvernement fédéral puisse faire cette nomination, cela est certain. Mais il n'est pas moins certain que le projet de nomination doit d'abord être soumis au gouvernement provincial auprès duquel le lieutenant-gouverneur doit exercer ses fonctions. La pratique constitutionnelle et la plus élémentaire courtoisie l'exigent, d'autant plus que, sous notre régime parlementaire, le lieutenant-gouverneur participe à l'administration puisqu'il fait partie de l'organisme administratif appelé lieutenant-gouverneur en conseil... Prétendre, comme vous le faites dans votre lettre du 11 janvier,*

qu'un gouvernement provincial n'a rien à dire au sujet de la nomination d'un lieutenant-gouverneur, c'est soutenir une théorie conforme à celle que soutenaient les adversaires de la Confédération, théorie jugée inacceptable, et avec beaucoup de raison, par les Pères de la Confédération. Au reste, il nous paraît raisonnable, convenable et conforme à la doctrine démocratique que le lieutenant-gouverneur, faisant partie de l'administration, les ministres, ses conseillers, soient consultés sur son choix.

Il ressort de votre lettre que ce que vous appelez consultation équivaut à une imposition.

Puis il aborda le sujet de la courtoisie, disant qu'elle devrait être la règle plutôt que l'exception et, qu'étant un devoir, un acte de courtoisie ne devrait pas être considéré comme une imposition. Il dit aussi que c'étaient les provinces qui avaient donné vie au gouvernement central, et ainsi de suite. Il cita Mackenzie King à propos du gouvernement exerçant sa juridiction dans toutes les parties du pays, puis ajouta:

Pourquoi mentionnez-vous dans votre lettre que le gouvernement du pays doit exercer sa juridiction dans toutes les parties du pays? Nous ne pouvons pas constater une interprétation erronée de notre attitude sans rétablir les faits. J'aime à croire que cette allusion malheureuse de votre part est involontaire et que vous ne cherchez pas à soulever les autres provinces contre la province de Québec, car vouloir soulever les provinces les unes contre les autres serait anti-canadien en tout temps; et que serait-ce dans les présentes circonstances?

Il commenta ensuite les remarques de King sur la Saskatchewan, l'Alberta et l'Ontario.

Vous vous élevez contre le fait que nous croyons qu'il y a une certaine analogie entre la position qu'occupe le lieutenant-gouverneur et celle d'un ambassadeur. Mais une saine et franche diplomatie entre le gouvernement provincial et le gouvernement fédéral serait-elle inacceptable? Nous ne le pensons pas.

Et ainsi de suite sur le même ton.

King répondit, le 26 janvier, avec la patience et l'indulgence qui pourraient expliquer, en partie, la durée remarquable de sa carrière. Il était accaparé par la fin de la guerre européenne, la paix à négocier et la fondation de l'Organisation des Nations unies. Il devait aussi songer au rétablissement économique, au développement atomique, à la guerre dans le Pacifique, aux élections fédérales prochaines. Enfin, une multitude de questions le préoccupaient, des questions plus pressantes que celles sur lesquelles Duplessis persistait à attirer son attention. Il ne donnait pourtant pas le moindre signe d'irritation.

> *Mon cher Premier ministre, j'ai bien reçu votre lettre du 17 courant portant sur la fonction du lieutenant-gouverneur. L'opinion exprimée sur le degré et la façon qu'une administration provinciale devrait participer au choix du lieutenant-gouverneur n'est pas appuyée par l'Acte de l'Amérique britannique du Nord ni par la pratique constitutionnelle des derniers soixante-quinze ans... Le gouvernement fédéral fera bien, j'en suis certain, de continuer à respecter la Constitution sur cette question comme sur tant d'autres.*

Puis il rappela, sans souligner et sans commenter, la conclusion de sa lettre du 21 décembre.

Duplessis revint aussitôt à la charge. "Comme je vous l'écrivais dans ma lettre du 5 janvier, il s'agit en l'occurence d'une question de principe et vous me permettrez de différer d'opinion avec vous, respectueusement mais catégoriquement, quant à l'interprétation que vous persistez à donner à l'Acte de l'Amérique britannique du Nord." Il cita le passage où King disait que le fédéral était assuré de bien agir en respectant la Constitution puis enchaîna:

> *J'ignore pourquoi vous faites allusion à d'autres questions que celle qui concerne la charge de lieutenant-gouverneur, mais cette digression de votre part m'oblige à faire les rectifications qui s'imposent.*
>
> *L'attitude de votre gouvernement au sujet de l'assurance-chômage, quant à la redistribution des comtés et relativement à de nombreuses autres questions qu'il serait trop long*

d'énumérer, est loin de corroborer l'affirmation que vous faites.

Nous voulons bien ne pas douter de la sincérité de vos intentions mais, avec la meilleure volonté au monde, nous ne pouvons faire autrement que de constater, une fois de plus, que la manière dont vous concevez le respect des droits constitutionnels provinciaux correspond aux désirs et à l'opinion des adversaires de la Confédération, des partisans de l'union législative des centralisateurs.

Les empiètements nombreux dont les provinces ont été victimes sous votre gouvernement, comme sous d'autres d'ailleurs, et le fait que vous affirmez quand même respecter les droits constitutionnels provinciaux, manifestent clairement un état de chose paradoxal et contradictoire qui laisse voir combien sont dangereux et contagieux les précédents inconstitutionnels et combien est impérieux le devoir du gouvernement provincial de veiller constamment à la sauvegarde des prérogatives provinciales.

Duplessis, qui ressentait encore vivement les cinq années passées dans l'Opposition, mesurait le pouvoir reconquis en faisant état des griefs dont la question du lieutenant-gouverneur était symbolique et qu'il espérait redresser avec Ottawa.

Cependant, King n'avait pas l'intention de continuer indéfiniment cette discussion, aussi tenta-t-il d'y mettre fin dans sa lettre du 10 février. "Je note que vous réitérez votre première opinion sans toutefois commenter notre intention de laisser Sir Eugène Fiset à son poste sous son présent mandat. Puisque, comme vous, je maintiens l'avis exprimé dans mes lettres précédentes, je ne vois pas à quoi servirait de poursuivre cette correspondance." Et c'est ainsi que, finalement, l'incident se termina. Mais Duplessis avait clairement signalé au fédéral qu'on n'en était plus aux jours calmes d'Adélard Godbout.

Dans sa lettre du 30 mai 1946, à Saint-Laurent, alors ministre fédéral de la Justice, Duplessis posait ses objections au projet fédéral de modifier la base de représentation au Parlement du Canada. Il invoqua la déclaration sur les minorités contenue dans la Charte de l'Atlantique de 1941. Ce sera la dernière fois que Duplessis emploiera cet argument tiré par les cheveux. Lorsque Churchill et Roosevelt s'étaient rencontrés à Placentia Bay aux jours les plus sombres de la Deuxième

Guerre mondiale, ils avaient parlé d'autonomie en rapport avec les souffrances imposées aux peuples qui subissaient les avances des armées des pays totalitaires conquérants, et non pas en pensant aux querelles de paroles et de plume des pays démocratiques. Duplessis consacrait le reste de sa lettre aux intérêts du Québec. Il osa presque écrire que le Québec avait un droit de veto sur les amendements à la Constitution. Il laissa entendre que puisque la Confédération avait été un pacte entre les Canadiens anglais et les Canadiens français, et que les Anglais étaient représentés par trois provinces tandis que les Français ne l'étaient que par une seule, le Québec avait une triple vocation: celle de gardienne de la Constitution, de province pionnière et de seule province à majorité francophone.

Saint-Laurent ne tint pas compte de ce mémoire angoissé. Cependant Duplessis répondit à certains commentaires que fit le ministre de la Justice pendant les débats suivants par un arrêté ministériel protestant avec encore plus de véhémence contre la position du fédéral. Le 18 juin 1946, Saint-Laurent avait déclaré à la Chambre des Communes: "Le pouvoir central ne tient ni son existence ni son autorité des provinces et n'a pas besoin de s'adresser aux provinces pour dire ce que sera le Canada dans l'avenir." Au cours du même débat, en réponse à une question sur l'importance de l'article 133 qui assurait les droits de la langue française dans les cours et les législatures du Canada et du Québec, Saint-Laurent émit une opinion qui produisit une mauvaise impression: "Peut-on régler cette question sans le consentement des législatures provinciales? Légalement, je dis que nous le pouvons." (1)

Dans son arrêté ministériel, Duplessis démontrait que ces remarques et l'amendement relatif à la redistribution des comtés indiquaient une tendance vers l'union législative et soulevaient l'ancienne crainte de l'Etat unitaire où la minorité française serait submergée. "Attendu que les susdits amendements.. conduisent directement à l'union législative et constituent une menace sérieuse à l'unité canadienne bien comprise et à la stabilité de la Confédération canadienne..."(2)

Duplessis envoya le texte de son arrêté ministériel à Mackenzie King et à Saint-Laurent. Il ajouta à l'intention de King que le Québec "as I stated time and over again, will always be glad to co-operate with your government on a fair and constitutional basis". Malgré les fautes de forme — il n'y avait personne à l'emploi de Duplessis qui connaissait suffisamment l'anglais pour bien l'écrire — King fut si heureux de recevoir de Duplessis une lettre composée en anglais qu'il ajouta à sa réponse manuscrite: "Kind personal regards."

Même s'il lui arrivait parfois de faire des erreurs de syntaxe, Duplessis s'exprimait beaucoup mieux en anglais que Godbout. Ce dernier avait eu raison de dire que son ignorance de la langue anglaise était un obstacle à une carrière fédérale, en 1941. Godbout terminait habituellement ses lettres à Mackenzie King en écrivant: "With best wishes of success, I beg to believe me always, my dear Premier, Yours sincerely, Adélard Godbout." Certaines lettres provenant du bureau de Duplessis étaient presque incohérentes en anglais. Ainsi, le 28 février 1945, Georges Léveillé, alors adjoint de Duplessis, écrivait à George Drew qu'une réunion ne pourrait avoir lieu car Duplessis était "confined to his apartments with a malignant gripe." Léveillé voulait sans doute dire que Duplessis avait la grippe, sans plus.

Pour en revenir à l'arrêté ministériel de Duplessis, Saint-Laurent y répondit longuement le 9 juillet. "Il me semble que le préambule de votre ordre en conseil n'apporte rien de nouveau à la controverse..." Il rejeta la question de l'usage de la langue française qui avait été soulevée par un député conservateur de l'Ouest: "C'était trop apparemment une manoeuvre destinée à empêcher les députés de Québec d'insister pour qu'on attribue à notre population la représentation numérique au Parlement, à laquelle, vous admettrez avec moi, nous avons un droit incontestable..." Quant à l'article 133:

> *Il est évident que ce serait empiéter sur les droits de la Législature de Québec pour le Parlement fédéral que de décider quoi que ce soit, quant à l'usage de ces langues dans les procédés des Chambres de la Législature de Québec ou des tribunaux de notre province. Quant à l'usage de ces langues dans le Parlement fédéral ou les tribunaux fédéraux, cela intéresse la population canadienne représentée, d'après moi, autrement que par les députés élus à la Législature de Québec.*
>
> *Il est inconcevable que les représentants de cette population songent jamais à demander une modification préjudiciable aux Canadiens de langue française à cet égard. Si le contraire arrivait, la réaction chez les Canadiens de notre*

> *langue serait spontanée et unanime et je suis convaincu qu'elle serait partagée par une proportion importante et croissante des Canadiens dont la langue usuelle est l'anglais...*
>
> *Quant aux conclusions de votre ordre en conseil, je me permets d'en répéter la substance sous forme d'affirmations catégoriques.*

Puis il déclara que le fédéral verrait à ce que les droits de la province de Québec, que défendait Duplessis, soient toujours respectés et dit que le gouvernement du Canada avait pris à cette fin les mesures appropriées.

Duplessis et George Drew avaient fait cause commune aux conférences de 1945 et 1946 et leurs rapports étaient aussi cordiaux, sinon aussi hauts en couleur, que ceux de Duplessis et Hepburn. Drew écrivait à Duplessis, le 29 mai 1946, à propos de *leur cause:* "Vous et moi sommes *les gros méchants loups* de la presse Sifton dans l'Ouest canadien. Ces journaux sont devenus presque hystériques dans leurs dénonciations de la position que nous avons adoptée." Duplessis avait déjà envoyé à Drew, le 13 mai, certains documents saisis au domicile du communiste Louis Kon, le 12 novembre 1939: "Ces documents démontrent d'une manière concluante les relations directes qui existent entre Moscou et les communistes canadiens qui ne reconnaissent devoir allégeance qu'à Moscou." Drew et Duplessis se communiquaient les plus infimes détails de l'administration provinciale; Drew, par exemple, écrivit à son homologue qu'il valait mieux ajourner la session à la mi-juin afin de permettre aux députés fermiers d'ensemencer leurs champs, quitte à reprendre la session entre les semences et les récoltes. (3) Il souhaitait bonne chance à Duplessis avant chaque élection partielle au Québec.(4)

Drew coordonnait aussi les efforts des premiers ministres, faisant en sorte que Manning, Hart, McNair et les autres déclarent chacun leur tour leur mécontentement à l'égard de King, cependant que Québec et Toronto décochaient les plus grosses flèches.(5) Drew envoya des délégations de fonctionnaires et d'hommes d'affaires ontariens étudier le français à Québec, à l'été 1947, alors que lui-même passait ses vacances en Gaspésie, au luxieux camp de pêche de Gwyllym Dunn. Duplessis avait organisé ces vacances pour Drew mais n'y alla pas lui-même car il ne s'accordait jamais de longs congés et puis, il détestait la pêche. (6)

Drew aspirait au leadership du Parti conservateur fédéral même alors qu'il était chef de l'Opposition en Ontario. Il avait toujours su que son parti ne prendrait pas le pouvoir au fédéral aussi longtemps que les libéraux garderaient leur emprise sur le Québec. Lorsqu'il succéda à John Bracken comme leader fédéral en 1948, il continua à défendre les droits provinciaux, espérant ainsi s'attirer la faveur du Québec tout en conservant celle de l'Ontario.

Donc, contrairement à Hepburn, l'amitié de Drew pour Duplessis venait en partie de son admiration pour la puissance politique de ce dernier au Québec. Il réalisait qu'au point de vue électoral, un conservateur ne pourrait espérer accomplir quoi que ce soit au Québec sans la coopération de l'Union nationale.

A Ottawa, King, toujours aussi intuitif, porta un dernier coup magistral en nommant Stuart Garson ministre de la Justice. Garson, ancien Premier ministre du Manitoba qui avait succédé à Bracken, appuyait fortement le centralisme et les accords de location de taxes, et devait contrer l'influence et réfuter les arguments de Drew. Ce geste allait avoir d'importantes répercussions sur les discussions constitutionnelles des années cinquante. Pour faire place à Garson, Saint-Laurent avait été muté aux Affaires extérieures, portefeuille qu'avait administré King lui-même, et enfin, Saint-Laurent avait remplacé King comme chef libéral lors d'un congrès où les jeux avaient été faits à l'avance, et qui n'avaient fait que confirmer la volonté de King. Désormais Garson et Saint-Laurent feraient équipe contre Drew et Duplessis.

Dans son journal, King remercia presque la Providence du fait qu'il n'était plus là au moment où Drew devenait chef de l'Opposition. (7) Il détestait Drew avec une telle violence qu'il ne pouvait supporter de se trouver au parlement en même temps que lui. Quant à Duplessis, King disait qu'il ne le trouvait pas aussi odieux que Drew mais qu'il lui faisait penser au ministre soviétique des Affaires étrangères, V.M. Molotov. C'était bien évident, écrivait King, que ni l'un ni l'autre ne croyaient pas "un mot de ce qu'il disait". (8)

Drew entreprit son attaque constitutionnelle en termes qui faisaient paraître Duplessis modéré en comparaison. Répondant au

discours du Trône en janvier 1949, Drew critiqua les tendances centra-
lisatrices anticonstitutionnelles du gouvernement fédéral et, à l'instar
de Duplessis, attaqua la bureaucratie fédérale croissante. Saint-
Laurent, piqué, lui répondit sur un ton agressif, le 31 janvier. Drew
s'aperçut aussitôt qu'il n'avait pas affaire à un autre Mitchell
Hepburn.

Presque tous les discours de Drew et les répliques de Saint-Laurent
portèrent sur le problème des relations fédérales-provinciales. Drew
avait accusé Saint-Laurent d'être de l'avis que le gouvernement fédéral
n'était tenu par aucune obligation constitutionnelle et qu'il pouvait
intervenir quand il le désirait dans tous les domaines réservés aux provinces, les droits civils et de propriété, les droits de langue.

Saint-Laurent répliqua: "Chaque mot et chaque lettre de chaque
mot contenus dans cette déclaration sont faux. Je mets au défi tous les
députés de cette Chambre de trouver un seul iota à l'appui d'une
déclaration de ce genre." Il nia énergiquement que le gouvernement
fédéral veuille centraliser le pouvoir et il mentionna en particulier le
refus des gouvernements provinciaux d'assumer la responsabilité du
contrôle des loyers. Saint-Laurent répéta la remarque qu'il avait faite
sur l'importance de l'article 133 de l'Acte de l'Amérique britannique du
Nord: il avait dit que le français comme langue parlementaire à la
Chambre des Communes pourrait être aboli si les membres de la
Chambre le désiraient. Saint-Laurent expliqua qu'il avait ajouté que
personne, et certainement pas lui-même, ne désirait qu'il en soit ainsi.
(Cette remarque avait été complètement déformée et volontairement
mal citée par l'Opposition. On se souvenait surtout des fameux discours
de Camillien Houde au marché Saint-Jacques au mois d'août
précédent.)

Saint-Laurent prit George Drew par surprise en jouant le même
jeu que lui. Il cita des déclarations anti-autonomistes que Drew avait
faites alors qu'il était chef de l'Opposition en Ontario. Drew avait
déclaré, à une occasion, que les Pères de la Confédération avaient
souhaité établir un gouvernement fédéral fort et des gouvernements
provinciaux qui ne s'occuperaient que de questions locales. Il récita les
attaques de Drew contre Hepburn en 1939 parce que ce dernier avait dit
devant la commission Rowell-Sirois que l'Ontario désirait demeurer
autonome. Mais il cita une autre déclaration de Drew: "Le Canada

doit être comme une entreprise commerciale: il doit avoir un siège social et neuf succursales." Saint-Laurent donna la devise du Québec: "Je me souviens" puis ajouta avec une aigreur surprenante que les Québecois n'avaient certes pas oublié 1911 car "c'était la dernière fois que le Parti conservateur avait eu un appui sérieux dans la province (de Québec)".

Drew avait commis une grave erreur en s'attaquant à la crédibilité de Saint-Laurent. Sa tentative de s'interposer entre les électeurs francophones du Québec et un natif de la province, qui était aussi Premier ministre du Canada et exerçait une grande autorité morale, était une tâche presque impossible. Drew s'était exposé à des accusations beaucoup plus sérieuses que celles qu'il avait portées sur la conduite de Saint-Laurent.

Cette situation ne pouvait durer indéfiniment. Il faudrait bientôt prendre une décision. Ainsi le 31 janvier, Saint-Laurent dit qu'il était inutile de tenir une conférence fédérale-provinciale en période pré-électorale car les partis ne seraient pas suffisamment motivés pour s'efforcer d'en arriver à une entente. La stratégie électorale des progressistes-conservateurs consistait à discréditer Saint-Laurent auprès des électeurs et à faire accepter leur conception autonomiste de la Confédération. Les libéraux s'apprêtaient à contrer l'effort Drew-Duplessis en ayant recours à l'argument traditionnel qu'ils étaient le seul parti "vraiment national", comme le dit Saint-Laurent dans son discours du 31 janvier. Quant à l'Union nationale, ses membres se sentaient d'humeur à combattre surtout après l'enivrante victoire de l'été précédent. On espérait se venger de l'intervention libérale contre Duplessis en 1939. Enfin, la tentative des conservateurs de présenter Saint-Laurent comme un centralisateur inflexible, rappelait la tentative libérale de faire passer Duplessis pour un séparatiste.

King, Saint-Laurent et le nouveau ministre des Affaires extérieures, Lester B. Pearson, avaient prétendu que les dangers que présentait la menace du communisme mondial — la prise du pouvoir en Chine et en Tchécoslovaquie, le rideau de fer, la guerre civile en Grèce, l'intervention soviétique en Iran, et l'espionnage communiste international rendu plus angoissant par les affaires Gouzenko et Rosenberg — justifiaient la centralisation du pouvoir de taxation. Pour Diefenbaker, Drew et Duplessis tout cela n'était que balivernes. Et on peut imaginer les exclamations de dérision de Duplessis rappelant l'appui que les libéraux avaient accordé à l'Union soviétique pendant la guerre.

Garson fit plusieurs déclarations malencontreuses, notamment le 8 février 1949, quand il annonça que l'intention réelle des Pères de la Confédération avait été la création d'une union législative. Du point de vue légal, cette déclaration était absurde; du point de vue politique, elle était très mal choisie et Saint-Laurent dut, ni plus ni moins, la renier.

Duplessis répliqua à Saint-Laurent et à Garson à l'Assemblée législative, le 15 février 1949. Il répéta ses arguments habituels, cita Lord Carnarvon, entre autres, et dit que l'interprétation fédérale officielle de l'article 133, si elle était vraie, voulait dire que la Confédération avait été une manoeuvre frauduleuse. En mars, il alla plus loin en déclarant devant l'Assemblée:

> *Si la Confédération est une fraude, une tromperie, un piège, qu'on nous le dise. Si la Constitution canadienne n'est qu'un chiffon de papier dont les garanties sacrées ne sont qu'un mythe, qu'on nous le déclare. Si les Pères de la Confédération n'ont agi qu'avec hyprocisie, qu'on l'affirme... Trève de faux-fuyants. Le temps est venu de parler clairement, de savoir si l'avenir des provinces canadiennes est abandonné aux caprices et aux interprétations juridiques étonnantes d'un Louis-Stephen Saint-Laurent. (9) Depuis quand ce monsieur amené dans la politique sans préparation aucune et ignorant évidemment la tradition canadienne, serait-il devenu soudain l'interprète de l'histoire et des faits passés? Au lieu de rechercher la vérité historique et constitutionnelle, ne se laisse-t-il pas plutôt guider par les conseils saugrenus d'un groupe qui n'a rien de commun avec notre mentalité et qui, depuis des années, tente d'orienter notre pays vers des voies n'ayant aucun but exclusivement canadien? Promu Premier ministre par un parti qui a louvoyé dans toutes les directions, il semble être régulièrement influencé par ceux qui ne recherchent aucunement l'intérêt national et se moquent royalement de l'unité canadienne. Rien d'étonnant, devant ces faits, à ce que le comté fédéral de Nicolet-Yamaska ait récemment fait essuyer à M. Saint-Laurent ce que le journal fanatiquement libéral, Le*

Canada *lui-même, s'est vu obligé d'appeler un "extra-ordinaire scrutin"*. (10)

Pendant que s'éternisaient les querelles de juridiction, Louis Saint-Laurent rouvrit le débat sur un autre aspect des relations fédérales-provinciales. Il reprit la question jamais résolue des appels au comité judiciaire du Conseil privé et de tout ce qui concernait l'amendement à l'Acte de l'Amérique britannique du Nord. C'était un terrain mieux choisi pour livrer la bataille et une offensive plus réussie que ce qu'avait tenté l'unilingue Mackenzie King sur le terrain épineux des pouvoirs de taxation. En 1948 on avait beaucoup parlé d'une formule d'amendement à la Constitution, surtout à l'approche de l'élection provinciale au Québec et de l'élection fédérale prochaine, la première en trente deux ans où le chef libéral ne serait pas Mackenzie King.

Saint-Laurent déconcerta Duplessis en ne s'occupant plus des propositions fiscales de King et en faisant une campagne énergique visant à affirmer les droits des Canadiens français inscrits dans la Constitution canadienne. Il ranima la question qu'avait soulevée King au cours des dernières années, une nouvelle formule d'amendement à l'Acte de l'Amérique du Nord et qui permettrait de rapatrier ce document. Saint-Laurent expliqua clairement qu'il croyait que le gouvernement fédéral pouvait amender les articles de l'Acte qui se rapportaient uniquement aux questions fédérales et pour lesquelles il n'était pas nécessaire d'obtenir l'approbation des provinces. Sur ces questions, il ne revendiquait pas pour le fédéral de droits plus importants qu'il n'en reconnaissait aux provinces dans les domaines qui les concernaient exclusivement.

Dans sa lettre du 8 avril 1947, Duplessis disait à Drew comment il règlerait la question des appels au Conseil privé.

> *...un tribunal canadien, siégeant au Canada, composé de Canadiens compétents nommés par les provinces et par Ottawa suivant des méthodes convenables et pratiques... qui pourrait répondre aux besoins d'aujourd'hui et de demain. Il semble que le groupe d'Ottawa commence à se rendre compte du pétrin dans lequel ils se sont mis... Il nous faut plus que jamais, si possible, faire un choix définitif entre la stabilité provinciale et la sécurité, et l'instabilité fédérale et l'insécurité.*

Drew approuvait cette idée. Le 10 avril il écrivait:

> *Je trouve intéressante votre suggestion qu'il doit y avoir un tribunal canadien nommé par les provinces et par Ottawa. Je dois dire qu'il me semble plus en rapport avec notre stature comme nation d'avoir le tribunal final sur les questions constitutionnelles, au Canada. Avant d'atteindre ce stage, toutefois, il me semble de la plus haute importance de savoir quelle est notre constitution, si ce doit être l'Acte de l'Amérique britannique du Nord ou quelque nouvelle constitution établie sur les mêmes principes de base. Il doit y avoir une constitution, quelle qu'elle soit.*

Duplessis répondit:

> *Il n'y a aucune raison, comme vous le déclarez, pour laisser King se servir du Conseil privé comme d'un ballon politique... Le gouvernement fédéral est évidemment très irritable sur les questions constitutionnelles. Les déclarations bien connues faites par Saint-Laurent et Ilsley ont peut-être été d'une franchise brutale, mais, heureusement, elles sont très utiles à nos amis et aux partisans de l'autonomie provinciale.* (11)

Pendant quelque temps Duplessis fut tenté de s'opposer à l'abolition du recours au comité judiciaire du Conseil privé sous prétexte que ce Conseil rendait généralement des jugements favorables au Québec sur les questions constitutionnelles. Mais il changea d'idée lorsqu'il devint évident qu'une forte opposition avantageait Saint-Laurent. Par la suite, Duplessis s'objecta à l'amendement unilatéral de la Constitution canadienne par le gouvernement fédéral, qu'il s'agisse ou non de prérogatives relevant uniquement du fédéral. Ce n'était pas non plus la meilleure façon de s'opposer au fédéral puisque Saint-Laurent avait dit clairement qu'il ne revendiquait rien pour le pouvoir fédéral qu'il n'était pas prêt à accorder aux provinces dans les domaines qui les concernaient. En plus, bien peu d'électeurs comprenaient de quoi il s'agissait.

Aux élections fédérales de 1949, Drew se fit un plaisir de remettre le contrôle de la campagne au Québec à Duplessis, qui ne l'accepta pas entièrement. Houde, Masson et les autres "barons" pouvaient vraiment faire accepter Drew au Québec. Duplessis refusa de prendre part lui-même à la campagne mais prêta quelques-uns de ses organisateurs au Parti progressiste-conservateur au Québec, parti fragmenté et mal organisé. Il nomma quelques candidats dont Redmond Hayes dans Richmond et prit un certain montant d'argent des fonds électoraux de l'Union nationale pour aider quelques candidats favoris. (12)

Duplessis avait agi sagement en ne participant pas pleinement à la campagne fédérale. Les Canadiens français manifestaient pour Saint-Laurent un enthousiasme qui rappelait les meilleures années de Laurier. Saint-Laurent pouvait sans peine contrer l'influence de Duplessis qui se montrait d'ailleurs tiède et peu empressé. Il était francophone, même s'il parlait avec un accent anglais et son intégrité, tant dans sa vie privée que dans sa vie publique, ne faisait aucun doute. C'était une époque prospère et puis les dénigrations libérales habituelles de Drew et des conservateurs qu'on disait être des Tories, ex-impérialistes déguisés en moutons, avaient achevé de convaincre les électeurs.

Quant à Drew, il n'avait pas bien choisi les questions qui l'aideraient dans sa lutte contre Saint-Laurent. La revendication des droits provinciaux avait été bien vue dans l'ouest du pays et en Ontario, sa province natale, quand il était Premier ministre. Mais cette question n'était pas faite pour galvaniser les électeurs à un moment où les Canadiens prenaient conscience d'un sentiment national, malgré leur désir de conserver les liens qui les unissaient au Royaume-Uni. En plus, il n'était pas facile de se présenter contre le Premier ministre sortant. Saint-Laurent offrait un contraste heureux au mystérieux et complexe Mackenzie King dont seuls ses plus fervents admirateurs estimaient encore la conduite politique. Saint-Laurent était inoffensif mais il était loin d'être inefficace. "Oncle Louis" était l'homme de l'heure, le précurseur de l'époque Eisenhower-Churchill-Adenauer. Âgé, distingué, sage et honnête, il faisait à la fois figure de bon père de famille et de directeur du conseil.

Par contre Drew, ce Tory bien mis, avait l'allure dynamique qui le faisait sembler toujours prêt à lancer une croisade, mais il était aussi changeant comme un caméléon et quelque peu guindé. Dans l'Ouest, les libéraux disaient de cet ancien chef de l'Ontario Securities Commission, ambassadeur-exploiteur de Bay Street, qu'il était un opportuniste. Au Québec, il était un conscriptionniste déguisé, président honoraire unilingue de L'Orange Lodge qui allait sauver le Québec de l'emprise du Premier ministre, natif du Québec et héritier en droite ligne de Laurier et de Lapointe.

Et puis, il n'y avait presque rien à redire contre Saint-Laurent. Le Canada était prospère; la guerre et le rétablissement économique de l'après-guerre s'étaient faits sans problèmes. Le ministère regorgeait de gens de talent, depuis Saint-Laurent et C.D. Howe jusqu'aux jeunes ministres tel Robert Winters. Le Canada prenait de l'importance dans les affaires mondiales. Il n'y avait pas de scandale à dénoncer.

Le 27 juin 1949, Saint-Laurent remporta cent quatre-vingt-dix circonscriptions, soixante-cinq de plus qu'en 1945 et les conservateurs quarante-six, une perte de vingt-six. Au Québec, Saint-Laurent remporta soixante-sept comtés, les conservateurs deux et les indépendants quatre dont celui de Camillien Houde, élu par une marge de soixante-quinze voix dans Montréal-Papineau. (13) Les deux conservateurs étaient Léon Balcer dans Trois-Rivières et Henri Courtemanche dans Labelle. Ce dernier, gendre d'Alpiny Paquette, était éditeur du *Flambeau,* journal de Mont-Laurier. De Kingsmere, près d'Ottawa, Mackenzie King, mourant mais toujours conscient, vit pour la dernière fois le suprême triomphe de sa statégie et la confirmation de son jugement politique. A Québec, Duplessis reçut la nouvelle de la victoire écrasante sans commentaire sauf les félicitations traditionnelles adressées au Premier ministre.

Saint-Laurent reprit sa politique constitutionnelle avec une force renouvelée. Après des vacances, en juillet 1949, à sa résidence d'été à Saint-Patrice, dans le bas du fleuve, il rentra à Ottawa le 1er août. Il fut accueilli à la descente de son wagon personnel par C.D. Howe, J.R. Smallwood, Premier ministre de la dixième province canadienne, et par ses adjoints, Jules Léger et J.W. Pickersgill. (14) M. Saint-Laurent dit aux journalistes qu'il espérait bientôt conclure une entente sur les relations fiscales avec l'Ontario dont le Premier ministre était Leslie Frost. Quand on lui demanda s'il était aussi optimiste envers le Québec, il répondit en riant: "Je n'ai pas vu M. Duplessis depuis plusieurs mois et n'ai eu aucune communication avec lui, directement ou indirectement." Puis il ajouta que si Duplessis manifestait comme M. Frost le désir de discuter la question et bien "tout homme élu pour diriger les affaires de sa province a le droit de parler avec le gouvernement fédéral." Duplessis avait dominé la situation pendant environ dix mois. Mais déjà la campagne de dénigration reprenait de plus belle.

L'élection passée, on pouvait maintenant convoquer de nouveau la conférence fédérale-provinciale interrompue dans la dissension générale en avril 1946. On visait maintenant un objectif constitutionnel et Saint-Laurent présenta sa proposition en termes sobres et impeccablement nationalistes. Le 14 septembre 1949, il écrivait à Duplessis:

> *"Si étroite que soit notre association à un autre pays, le fait que nous soyons obligés de recourir à son Parlement pour décider de choses qui nous concernent en tant que nation, ne concorde pas avec notre statut de nation autonome... Notre but est d'en arriver aussitôt que possible à une entente sur le mode d'amendement qui libérera le Parlement du Royaume-Uni d'une obligation embarrassante, et donnera au Canada pleine et entière responsabilité sur tous les aspects de notre vie nationale."*

Duplessis ne pourrait facilement dénaturer cette noble aspiration. Il accepta cordialement l'invitation de Saint-Laurent à la conférence fédérale-provinciale fixée au 10 janvier 1950.

Duplessis ne perdit pas de temps à recréer l'impression que le gouvernement provincial avait toujours été en faveur de ce changement. Ainsi Omer Côté, qui le représentait à la convention de l'Association rurale du Barreau du Québec, à Saint-Jean, le 30 octobre, rappela les mérites de P.-J.-A. Cardin et L.-A. Giroux, morts récemment, puis déclara que le "gouvernement de la province de Québec était le premier à demander l'abolition des appels au Conseil privé, supprimant ainsi tous les liens avec l'Empire britannique." (15)

Saint-Laurent avait agi avec prudence et traité cette question avec plus d'habileté que Duplessis, laissant l'Union nationale dans la posture peu respectable d'allié de l'orangiste Tommy Church. Saint-Laurent avait coupé l'herbe sous les pieds de Duplessis et s'était empressé d'en profiter. Il avait alerté le sentiment public contre ce qu'il appelait le "pélerinage à Westminster", puis avait commencé sa tournée constitutionnelle avec une précipitation qui le caractérisait bien peu. Vers la fin du débat sur la question, il se référait même à "nos chers premiers ministres provinciaux." (16)

261

Pendant que s'écoulaient les derniers jours de l'an 1949, Duplessis tentait de démêler une controverse ecclésiastique et de régler les querelles syndicales (Chapitre 6). Ses adversaires libéraux s'amusaient à croire qu'ils pourraient encore faire échec au chef de l'Union nationale. Là où King avait failli — trouver une alternative à Duplessis en qui les électeurs québécois pourraient avoir confiance — peut-être Saint-Laurent réussirait-il. Lors d'un discours dans son comté de Lotbinière le 30 octobre, Hughes Lapointe déclarait que les libéraux avaient conservé "le foyer de nos ancêtres. Nous avons gardé la flamme; nos adversaires n'ont gardé que les cendres." (17) Saint-Laurent lui-même attaqua Duplessis lors d'un discours au Club de Réforme, le 6 novembre. Deux semaines plus tard Georges-Emile Lapalme, qui aspirait au leadership, parlait au même endroit. Il accusa Duplessis d'être sympathique aux visées des "impérialistes". Il rappela le vieux grief libéral de l'alliance Bourassa-Borden, accusa Duplessis d'être antinationaliste et termina sur une attaque des fameuses "réalisations" de Duplessis, qui, en somme, n'étaient rien d'autre que "des monuments de pierres et de briques construits à un coût quatre ou cinq fois plus élevé que la valeur réelle et où les pauvres pouvaient difficilement entrer". (18) Le *Montréal Matin,* propriété de L'Union nationale, expliqua à ses lecteurs: "Les journalistes ont compris qu'il voulait faire allusion aux grands hôpitaux dont l'Union nationale a doté la province et où on ressuscite les malades dont la majorité y sont placés par l'Assistance publique dont les allocations ne cessent d'augmenter." (19)

Si l'espoir qu'entretenait Duplessis d'avoir remporté sa grande bataille contre le Parti libéral fédéral en 1948 était prématuré, ces mêmes libéraux, par contre, sous-estimaient dangereusement leur ennemi en lançant leur nouvelle attaque. La déclaration et les réjouissances des lions libéraux allaient, éventuellement, sembler très ironiques. Mais pour le moment Saint-Laurent pouvait faire revivre, à son propre avantage, les rivalités de Laurier avec Mercier et Bourassa. Il pouvait poser au champion d'un nationalisme meilleur et grandiose, le nationalisme de la réconciliation culturelle et de l'affirmation d'un peuple uni d'une mer à l'autre, contre ceux qui voulaient faire du Québec une forteresse dont les remparts garderaient le passé mais aussi le futur.

Lors d'un banquet des Jeunes Libéraux à Montréal, le 13 octobre 1949, Saint-Laurent dit que le 21e Parlement passerait à l'histoire, non seulement parce qu'on y trouvait plus de députés libéraux qu'il n'y en avait eu chez les conservateurs au cours des quatre précédents Parlements mis ensemble, mais "parce qu'il aura fait du Canada une nation vraiment adulte. Nous aurons ainsi aboli les deux derniers vestiges du colonialisme au pays" dit-il, pensant aux appels au Conseil privé et au droit d'amender. Le même espoir allait surgir au cours des années soixante avec la formule Fulton-Favreau et plus brièvement dans les années soixante-dix avec la charte de Victoria. Ces espoirs, éternellement renouvelés, n'atteignaient jamais à la réalisation. (20)

La conférence constitutionnelle du 10 janvier 1950 n'apporta rien de neuf et se déroula sans acrimonie. Le 1er février 1950 Duplessis répondait à une lettre de Saint-Laurent reçue quatre jours plus tôt et proposait la tenue d'une conférence fédérale-provinciale à l'automne 1950. La lettre de Duplessis était longue, un peu pédante et émaillée de nombreuses homélies. ("Gouverner c'est prévoir. C'est pourquoi il est nécessaire de posséder les sources de revenu capables non seulement de répondre aux besoins présents mais aussi aux besoins futurs.") Il proposait une mise au point des pouvoirs de taxation fédéraux et provinciaux afin d'éviter les problèmes de juridiction.

Il termina en invitant Saint-Laurent à tenir une conférence à Québec, "berceau de la civilisation chrétienne en Amérique et même berceau de la Confédération canadienne". Désormais Duplessis allait revendiquer l'autonomie fiscale pour de bon, en s'insinuant dans les bonnes grâces du fédéral et en brandissant la branche d'olivier de la conciliation.

Saint-Laurent lui répondit sur un ton cordial, le 6 février. Il exprimait le souhait, en partie tiré de la lettre du 1er février de Duplessis, que "nous allons continuer à collaborer, comme nous l'avons fait à la conférence constitutionnelle 'non pas comme chefs de partis mais comme représentants de la province' d'une part et 'de l'autorité fédérale' d'autre part." Dans sa réponse du 22 février, Duplessis exprimait l'espoir que "la multiplicité des conférences n'aurait pas pour résultat de rendre la situation encore plus difficile". A part la question constitutionnelle, il y avait aussi de "nombreux autres" problèmes à régler. Il mentionnait en particulier "les droits exclusifs des provinces en matières d'assurance, de chômage, de diffusion radiphonique et ainsi de suite."

263

Le 28 février, Saint-Laurent répondait qu'il se ferait un plaisir de discuter des sujets que mentionnait Duplessis si c'était aussi le désir des autres chefs provinciaux. "En terminant, je veux souligner que, comme vous, nous sommes convaincu que l'étude et le règlement de ces problèmes devra se faire sans partisannerie." Les Premiers ministres du Canada et du Québec ayant amené la lutte au niveau élevé du désintéressement et de l'absence de tout esprit de parti, ajournèrent jusqu'à l'automne leur discussion au sujet des conférences intergouvernementales.

En septembre 1950, la conférence intergouvernementale siégea à Québec. Duplessis fut un hôte parfait, si bien que tous les Premiers ministres provinciaux reçurent une impression très favorable de la majestueuse capitale du Québec, de l'hospitalité princière et du charme ineffable de leur hôte attentif. Maurice Duplessis cherchait à faire oublier la disgrâce où l'avait plongé Saint-Laurent aux yeux de ses homologues provinciaux. A ce point de vue, la réunion de Québec fut un immense succès. La plupart des Premiers ministres provinciaux remercièrent Duplessis pour son accueil courtois et chaleureux.

John B. McNair, Premier ministre du Nouveau-Brunswick écrivit: "Vous et les membres de votre Cabinet avez été d'excellents hôtes, en démontrant ces qualités pour lesquelles vous nous êtes chers, nous de descendance anglo-saxonne — la cordialité, l'hospitalité chaleureuse, l'humeur agréable et la bienveillance, la compréhension et la bonne volonté. Nous n'oublierons pas votre grande contribution à l'ambiance de sincérité et d'unité qui a dominé la conférence." (21)

A peine moins enthousiaste, Leslie Frost écrivit: "Vous êtes un hôte brillant..." (22)

Les représentants de la Nouvelle-Ecosse furent particulièrement impressionnés lorsque Duplessis fit flotter leur drapeau sur le parlement pour marquer le fait que la Nouvelle-Ecosse et le Québec étaient les seules provinces qui avaient leur propre drapeau. Angus L. Macdonald remercia Duplessis (23) et quelques jours auparavant le procureur général de sa province avait écrit à Hormisdas Langlais: "Nous de la Nouvelle-Ecosse avons certainement aimé notre visite et votre Premier ministre nous a certainement fait passer de merveilleux moments. Tous les délégués présents ont été traités avec la plus haute considération. Nous n'oublierons jamais sa bienveillance et son hospitalité." Saint-

*A la conférence fédérale-provinciale tenue à Québec en 1950. Assis de gauche à droite:
John B. McNair du Nouveau-Brunswick, Maurice Duplessis, Louis Saint-Laurent, Premier ministre du Canada, Lord Alexander, Gouverneur général, Leslie M. Frost de l'Ontario, A.L. MacDonald de la Nouvelle-Ecosse et D.L. Campbell du Manitoba; debout,
de gauche à droite: E.C. Manning de l'Alberta, J.W. Jones de l'Ile-du-Prince-Edouard,
B.L. Johnson de la Colombie britannique, T.C. Douglas de la Saskatchewan et J.R.
Smallwood de Terre-Neuve. (Soc. des Amis de M.L. Duplessis)*

Laurent fit allusion à la "charmante hospitalité" de Duplessis et "à
l'atmosphère si agréable" qui régnait à la réunion. (24)

Le Premier ministre Johnson, de la Colombie-Britannique, dut
être hospitalisé durant la conférence. Duplessis lui envoya des fleurs, lui
rendit visite à l'hôpital, s'occupa de sa femme. Ce fut un grand triomphe personnel. Tous, sauf Tommy Douglas, Premier ministre C.C.F.
de la Saskatchewan, furent enchantés par le savoir-faire et l'esprit jovial
du chef québecois.

Le procureur général de la Saskatchewan était malade et ne pouvait participer à la conférence. Tommy Douglas le remplaça par Frank
Scott comme délégué officiel; Scott et Duplessis échangèrent des pro-

pos pleins d'esprit. Leur présence anima les discussions habituellement abstraites et égaya l'atmosphère.

La bonne entente traditionnelle avec l'Ontario fut maintenue et Duplessis établit avec Leslie Frost des liens tout aussi confortables et féconds qu'avaient été ses rapports avec Hepburn et Drew. (25)

Duplessis, hôte de la conférence, avait fait une impression tout autre que celle qu'on accordait à l'auteur implacable de la Loi du Cadenas, à celui qui avait presque prôné la résistance passive durant la guerre alors qu'on tentait de sauver l'Empire et de déliver le monde chrétien.

Cependant, ce fut là la seule réussite de la réunion car, une fois de plus, aucune décision ne fut prise à propos de la formule d'amendement. D'autres comités seraient formés, des experts étudieraient la question. On avait déclaré sa bonne volonté et son désir d'aboutir à quelque chose, mais aucun progrès n'avait été fait. La réunion, cemmencée le 25 septembre, avait duré quatre jours. Le 12 octobre, Saint-Laurent faisait parvenir à Duplessis une lettre donnant les grandes lignes des sujets qu'on se proposait de discuter à la prochaine rencontre à Ottawa. A ce moment-là Duplessis assistait aux séries mondiales, ce que Saint-Laurent ignorait puisqu'il ne lisait pas les journaux populaires. Les lettres de Saint-Laurent à cette époque témoignaient d'une certaine anticipation, d'une grande émotion à la pensée de ce qui pouvait être accompli. Mais la situation internationale, avec toutes ses complications, assombrissait son espoir.

En 1949, on avait établi la Commission royale pour l'Avancement des Arts, des Lettres et des Sciences au Canada. Maurice Duplessis s'était tout de suite objecté à cette commission parce que, disait-il, les affaires culturelles relevaient du domaine de l'éducation, une prérogative provinciale (ce qui a été reconnu depuis). En plus, de l'avis de Duplessis, cette commission avait certains aspects politiques inacceptables du fait que le Père Georges-Henri Lévesque en était membre.

Le Père Lévesque était tombé bien bas dans l'estime officielle depuis le temps où Onésime Gagnon avait chanté ses louanges dans le discours sur le budget en 1947. Gagnon avait alors fièrement proclamé que le gouvernement provincial se faisait un plaisir de faire don de cinquante mille dollars au Père Lévesque afin d'aider l'école des Sciences sociales de l'université Laval "à jouer un rôle de premier plan dans l'enseignement des doctrines sociales inspirées des encycliques des Souverains Pontifes aussi bien que dans l'entraînement de spécialistes qui diffuseront dans les classes laborieuses les principes sains, vivifiants et préservateurs de la paix sociale." (26)

Il était encore plus éloigné de l'auréole de gloire que lui avait attribuée Duplessis lors de sa première rencontre avec le père de Lévesque, le shérif de Roberval. Ce dernier avait très bien reçu Duplessis lors de sa tournée provinciale en 1934 et Duplessis lui avait écrit ces mots:

> *En revenant aux Trois-Rivières, j'eus le plaisir et l'honneur de faire la connaissance de votre fils distingué, très distingué, le Révérend Père Lévesque. Je lui ai dit votre délicieuse gentillesse à mon endroit.*
>
> *La présente lettre vous apporte mes remerciements les plus sincères et mes meilleurs souhaits de santé et de longue vie; pour que vous puissiez longtemps, très longtemps, vous réjouir à bon droit, des succès toujours grandissants de celui qui projette tant d'éclat, non seulement sur sa famille et sur sa communauté, mais sur toute la race. (27)*

Quand il fut au pouvoir, Duplessis vit à ce que Lévesque père conserve son poste de Shérif. Il n'eut jamais à payer pour les péchés du fils.

Quand Saint-Laurent établit la Commission Massey, Duplessis répliqua en instituant sa propre Commission royale sur les affaires constitutionnelles, présidée par son vieil ami, le juge Thomas Tremblay que Duplessis promut de l'Office de l'Electrification rurale pour cette prestigieuse contre-offensive. Duplessis nomma aussi à la Commission, Richard Arès, Jésuite, éditeur des *Relations*, revue de la Société. Duplessis voulait ainsi contrer la présence du dominicain Lévesque sur la Commission Massey car cette position lui donnait l'occasion de se faire entendre tout en augmentant son prestige auprès de l'élite cléricale québecoise. Il avait posé là un geste entièrement politique, car en réalité il n'avait pas une très grande estime pour Arès. (28) Cependant, celui-ci fut très efficace quand il s'agit de répliquer à la performance de Lévesque. Arès occupait aussi un poste prestigieux et ses fonctions d'éditeur des *Relations* assurait au gouvernement une présentation élaborée de ses vues sur les questions constitutionnelles dans les milieux ecclésiastiques.

Finalement la Commission Massey déposa un rapport qui recommandait, entre autres, la création du Conseil canadien des Arts et de la Bibliothèque nationale à Ottawa. On recommandait aussi l'aide fédérale aux universités et institutions de niveau universitaire. Duplessis se méfia aussitôt de cette recommandation et sa méfiance s'accrut avec la mise en marche du plan d'aide universitaire, lequel devint une question brûlante au cours des années cinquante au Québec. Duplessis fut officiellement avisé du projet fédéral par le ministre des Finances, Douglas G. Abbott, le 1er octobre 1951:

> *Les commissaires ont aussi proposé un moyen qui, selon eux, permettrait d'accorder ces octrois de manière que ceux-ci ne puissent en aucune façon empiéter ni influer sur la compétence exclusive des provinces dans le domaine de l'enseignement.*
>
> *Cette recommandation de la Commission s'est imposée à l'attention du gouvernement pour deux raisons. D'abord, parce que les étudiants et diplômés des universités viennent d'un peu partout et se déplacent, d'une province à l'autre, beaucoup plus que ne le font les élèves des écoles primaires et secondaires. Aussi, bien que la nation en général profite de l'affectation des deniers provinciaux à l'enseignement universitaire, toutes les provinces ne retirent pas toujours individuellement de ces fonds, au point de vue de leur propre intérêt, des avantages analogues à ceux que leur vaut l'affectation de fonds aux écoles primaires et secondaires.*
>
> *La seconde raison, c'est que chaque année le gouvernement fédéral retient les services d'une proportion importante des diplômés des universités. Il paraît donc plausible que le Trésor fédéral participe à l'entretien des institutions où les fonctionnaires reçoivent la formation supérieure qui leur est essentielle pour devenir aptes à remplir leurs fonctions.*
>
> *Ces motifs n'auraient probablement pas été suffisants, si l'on n'avait pas proposé, pour le versement de ces subventions, une méthode dont le fonctionnement serait automatique et qui s'appliquerait, de façon purement objective, à*

> *toutes les institutions qui, de l'avis des autorités provinciales*
> *elles-mêmes, fournissent, dans leurs provinces respectives,*
> *un cours élaboré d'enseignement à l'échelon universitaire.*
> *Dans un ou deux cas, un collège, situé dans une province,*
> *est affilié à une université reconnue située dans une autre*
> *province. Nous proposerions, pour toutes fins pratiques, que*
> *cette affiliation soit reconnue comme un titre à une*
> *subvention.*

On calculait l'aide fédérale en allouant cinquante cents par personne dans chaque province, montant qui était ensuite divisé par le nombre d'institutions sur la base de leurs effectifs d'étudiants. Toute institution d'enseignement reconnue aurait droit à l'aide sur demande. Les gouvernements provinciaux contrôleraient ainsi la distribution des subventions tout comme ils décideraient des normes d'éligibilité à ces subventions fédérales.

La lettre d'Abbott du 1er octobre était accompagnée d'une liste provisoire des institutions qui semblaient éligibles aux subventions. Le 25 octobre Duplessis reçut une lettre identique mais portant, cette fois, la signature de Louis Saint-Laurent. Ceci décida Duplessis à sortir de son silence. Il répondit le 17 novembre 1951.

Duplessis cita d'abord les passages de la lettre d'Abbott et de Saint-Laurent qui réaffirmaient les droits exclusifs des provinces en matière d'éducation et qui exprimaient le désir du fédéral de connaître les opinions des provinces sur le sujet. Il fit deux fois référence à: "la préparation du règlement qui régira le versement des subventions." Il ajouta: "En de nombreuses occasions, le gouvernement de Québec a exprimé, de façon claire et définitive, son opinion au sujet de la commission fédérale en question et concernant les problèmes constitutionnels." Puis, selon son habitude fastidieuse, Duplessis sermonna Saint-Laurent sur la qualité du système d'éducation au Québec et sur l'importance de l'éducation en général. Enfin il présenta ses objections pratiques et constitutionnelles à la proposition d'aide financière:

> *A notre avis, les problèmes financiers universitaires ne peu-*
> *vent se régler par des empiètements, même dorés. C'est*
> *notre intime conviction que les octrois indiqués dans votre*
> *lettre sont contraires à la Constitution et n'apportent*
> *aucune sécurité à nos universités et à nos collèges clas-*

siques... En toute franchise et amicalement, il nous semble incontestable qu'un empiètement dans le domaine de l'enseignement universitaire, et qui se prolonge dans le champ de l'enseignement secondaire, est un acheminement certain vers une intrusion fatale dans le domaine de l'enseignement élémentaire. Il est plus facile de prévenir que de guérir et c'est pourquoi nous voulons prévenir.

Vous conviendrez sans doute, monsieur le Premier ministre, qu'il est du devoir de la province de Québec de ne pas sacrifier des droits fondamentaux et dont la permanence est intimement liée à la vie et à la survie d'une des deux grandes races qui procurent à notre pays une richesse insurpassable. Il nous paraît évident que le meilleur moyen de régler ces problèmes c'est de reconnaître, non seulement en théorie mais surtout en pratique, les pouvoirs financiers indispensables aux provinces pour l'exercice de leurs droits et l'accomplissement de leurs obligations... En attendant que soit réalisée cette délimitation des pouvoirs financiers, désirable et désirée, il y aurait lieu d'appliquer, sous réserve de tous les droits de la province, à titre temporaire et tel qu'expliqué ci-après.

Ici Duplessis cita un article d'une loi fédérale de 1948 sur la taxation qui faisait partie d'une remise des pouvoirs de taxation que King avait accordée parcimonieusement aux provinces qui n'étaient pas d'accord avec lui sur les locations de taxes. Le règlement permettait à un particulier de déduire de la taxe fédérale le moindre montant de l'impôt payé à la province à laquelle il payait ses taxes ou, cinq pour cent de la taxe fédérale à payer. Duplessis s'élança:

Il ressort de cet article qu'il s'agit, non pas de cinq pour cent du revenu, mais seulement de cinq pour cent de l'impôt fédéral, ce qui est beaucoup moindre que les droits de la province mais beaucoup plus que le projet que mentionne votre lettre... Dans les circonstances, Ottawa pourrait, soit remettre aux provinces le cinq pour cent en question, soit fournir aux provinces tous les renseignements indispensables sur lesquels doit être basée, individuellement et personnellement, la dite déduction de cinq pour cent. A notre avis, cette suggestion, faite sous les réserves ci-dessus, constitue une méthode bien supérieure à celle que recommande la com-

mission en question... Ne croyez-vous pas que le moyen que nous suggérons est le plus pratique et le plus approprié en l'occurence?

Duplessis s'était montré habile et avait effectivement renvoyé la question constitutionnelle de la culture aux taxes et fait en sorte que l'acceptation de la proposition fédérale dans un domaine soit lié aux compensations fédérales dans un autre domaine.

Saint-Laurent lui répondit le 26 novembre en choisissant bien ses mots. Il notait les commentaires de Duplessis sur une détermination précise des sources de revenus et des pouvoirs de taxation de chaque administration et dit que Duplessis voudrait certainement poursuivre cette discussion dans le cadre des négociations en cours:

Comme vous le savez, nous avons, avec huit des provinces canadiennes, des contrats qui n'expireront qu'à la fin du présent exercice financier et il ne nous serait pas possible de modifier cette entente sans leur consentement exprès pendant la durée de ces contrats.

Tout cela crée une situation qui ne peut être modifiée pendant le présent exercice financier et nous n'en avons pas moins à disposer pendant cet exercice du crédit spécial de sept millions pour les octrois aux institutions universitaires qui a été voté au cours de la dernière session du Parlement fédéral.

J'ose espérer qu'il sera possible de disposer de ce crédit suivant une procédure provisoire que vous pourriez accepter avec toutes les réserves voulues sans aucun préjudice pour l'avenir à une solution plus adéquate et plus définitive de nos relations constitutionnelles. Nous l'avons fait lors des sinistres de Rimouski et de Cabano en recourant à une commission conjointe pour nous enquérir des faits et pour recommander la répartition du crédit que nous voulions affecter comme aide aux sinistrés.

Ne pourrions-nous pas convenir pour cette année d'une procédure quelque peu analogue qui ferait voir, d'une façon indiscutable, le contrôle exercé par les autorités provinciales sur la répartition de cet octroi? Cela serait un nouvel exemple de la possibilité pour nos deux gouvernements de trouver des terrains d'entente mutuelle lorsque nous nous y appliquons sincèrement.

Les arguments constitutionnels qu'opposait Duplessis à l'aide financière aux universités n'étaient pas très solides mais il n'en avait pas moins réussi à désarçonner Saint-Laurent en faisant reparaître la vieille bête noire qu'était le partage fédéral-provincial des revenus et le texte mesquin et ambigu de la loi fédérale sur la taxe.

Duplessis répondit à la lettre de Saint-Laurent le 30 novembre, et selon la coutume qui s'était établie entre eux, commença par citer quelques passages de cette lettre. Il fit référence à l'affaire de Rimouski-Cabano — un feu dont les compensations avaient été fournies par Ottawa et Québec et auxquelles J.W. McConnell avait ajouté sa propre contribution. Duplessis prit probablement un malin plaisir à reprendre la question de Saint-Laurent qui lui demandait s'il avait trouvé une méthode analogue à celle de Rimouski-Cabano. Il semble que Saint-Laurent avait fini par succomber à la tentation de poser une question apparemment sérieuse et qui résumait sa position, une manie de Duplessis dont il s'était souvent moqué. Duplessis continua:

> *Dans les circonstances actuelles et extraordinaires, sans créer de précédent et sans préjudice des droits et des prérogatives de la province, avec toutes les réserves qui s'imposent en l'occurence, nous serions prêts, relativement au crédit fédéral en question, pour cette année, à consentir à une entente intergouvernementale conclue sur les bases dont vous suggérez les grandes lignes dans votre lettre en date du 26 novembre.*

Duplessis décrivit le comité qui allait être formé sur le modèle de celui de Rimouski-Cabano et pour lequel il nommerait Onésime Gagnon, représentant du Québec. Il s'assura ensuite que la participation du Québec serait reconnue:

> *...il serait très important que les chèques, destinés à chaque institution, soient contresignés par les membres de ce comité intergouvernemental Ottawa-Québec... Ne croyez-vous pas que, dans les circonstances, cette façon de procéder est la plus appropriée et constitue une méthode "qui ferait voir, d'une façon indiscutable, le contrôle exercé par les autorités provinciales sur la répartition de cet octroi"?*

La lettre de Saint-Laurent du 15 décembre confirmait l'entente. Duplessis lui répondit le 27 décembre en suggérant des amendements mineurs. Il réitérait sa conception de la Constitution et exprimait ses voeux du Nouveal An. Le lendemain, Saint-Laurent répondait sur le même ton joyeux. Le 3 janvier 1952, Duplessis remerciait Saint-Laurent d'avoir accepté son amendemant "à mon retour de Trois-Rivières, à la fin d'un congé que nous avons accordé aux fonctionnaires de la province à l'occasion des vacances du Nouveal An".

Leurs lettres n'étaient plus que de deux paragraphes et semblaient ne s'attarder qu'à de petits détails. Tout semblait bien aller mais Duplessis intervint dans la correspondance entre Abbott et Gagnon, le 23 janvier, pour suggérer certains changements dans les montants attribués. Il écrivit à Saint-Laurent:

> *Il n'est pas nécessaire, croyons-nous, de réitérer l'opinion et l'attitude du gouvernement de la province, que nous avons exprimées de façon claire, précise et définitive et nous comprenons qu'il est toujours entendu qu'il s'agit uniquement de l'item budgétaire fédéral en question pour l'année financière en cours.*
>
> *La liste des institutions, accompagnant la lettre de M. Abbott, est très considérable. Il s'ensuit que les octrois en question seraient très morcelés et n'offriraient, en dernière analyse, que très peu d'avantages matériels aux bénéficiaires.*

Duplessis proposait qu'en donnant les crédits aux universités, on tienne compte des collèges classiques affiliés aux universités Laval et de Montréal. Saint-Laurent avait cru la question close avant le début de la nouvelle année mais cet espoir avait été prématuré.On le sentait lassé du sujet dans sa réponse du 31 janvier. Il faisait référence à sa conversation téléphonique avec Duplessis le jour précédent et s'engageait encore une fois à incorporer les préférences du Premier ministre du Québec dans la lettre officielle destinée à toutes les institutions en question.

Puis pendant un mois on n'entendit plus parler de cette question mais cette paix était due au seul fait que Duplessis était hospitalisé pour sa blessure au dos. Le 1er mars, il était de retour et les lettres reprirent de plus belle, confirmant toutes les ententes, y compris ses objections

273

constitutionnelles que Saint-Laurent connaissait maintenant par coeur. Il savait qu'il aurait à lire les locutions: "Québec en particulier", "il serait juste et désirable" et "clair, précis et définitif". Duplessis démontrait ainsi, presque involontairement, sa ténacité extraordinaire sur les questions de juridiction. En fait, sa lettre du 1er mars 1952, confirmait une entente qui n'apporterait que des bénéfices mineurs aux universités, comme il l'avait lui-même déclaré, et en plus, l'année scolaire était presque terminée. Saint-Laurent confirma cette nouvelle entente le 4 mars.

Duplessis n'exprimait ses réserves à propos de l'aide financière aux universités que dans l'intimité. C'est pourquoi Emile Bouvier, S.J., écrivait le 19 avril 1952, dans sa lettre de félicitations à l'occasion des vingt-cinq ans de Duplessis à l'Assemblée et de son soixante-deuxième anniversaire de naissance:

> *Bon nombre de vos admirateurs ont été surpris de l'acceptation des octrois fédéraux aux universités. Elle donnait malheureusement raison au Père Lévesque qui vous avait fait flancher. Mais votre dernière déclaration nous a rassurés par le fait que c'est un cas d'espèce et que d'ici l'automne prochain vous aurez trouvé la formule conséquente avec l'autonomie provinciale.*

Duplessis répondit le 28 avril:

> *...j'ai la conviction que nous avons certainement agi pour le mieux, mais pas dans le meilleur des mondes.*
>
> *Plusieurs personnes de bonne foi sont induites en erreur par la prétention de gens, bien disposés dans certains cas, mal disposés dans d'autres cas, qui veulent faire croire que la loi fédérale qu'ils invoquent permet à la province de prélever un impôt sur le revenu représentant cinq pour cent de l'impôt fédéral... Cette théorie est dangereuse et inexacte pour de multiples raisons... Comme toute loi, étant toujours susceptible d'amendements, il est évident qu'elle est, de sa nature, aléatoire et précaire et, conséquemment, ne peut servir de base à une solution permanente...*

Il se plaignait de ce qu'il était impossible d'évaluer à l'avance le montant provenant de cette source parce qu'Ottawa disait être confidentiels les renseignements à partir desquels ces calculs étaient faits.

> *L'article de la loi fédérale en question a, de toute évidence, été placé dans les statuts fédéraux afin de forcer indirectement, mais sûrement, les provinces à accepter les conditions inacceptables d'Ottawa.*
>
> *De fait, quand la province d'Ontario a voulu invoquer cette loi en demandant à Ottawa de percevoir le cinq pour cent en question, les autorités fédérales ont refusé.*
>
> *Bref, cette législation, invoquée de bonne foi mais erronément par plusieurs organismes, est d'une nature précaire et, en pratique, elle est inexécutoire.*
>
> *Entre nous, il n'y a pas l'ombre d'un doute que la bureaucratie fédérale, s'ingénie, par tous les moyens, à ruiner les provinces en s'accaparant, d'une part, leurs sources de revenus et, d'autre part, en provoquant des appétits qui augmentent la source des dépenses.*
>
> *Quant à nous, je vous en donne l'assurance la plus sacrée, nous allons continuer à faire tout ce qui est humainement possible pour éviter les embûches et sauvegarder, dans leur intégrité, les droits, prérogatives et libertés de notre province.*

Malgré tous les avertissements de Duplessis, Ottawa semblait ne pas se rendre compte de l'hostilité de celui-ci envers l'aide financière aux universités. Le 9 octobre 1952, D.C. Abbott écrivait à Duplessis pour lui annoncer la continuation automatique du programme. D'après les données fédérales, la population du Québec avait augmenté de 118 000 et les subventions seraient donc accrues de cinquante-neuf mille dollars pour un montant global de \$2 087 000. La formule de la commission conjointe, en ce qui concernait le Québec, était incorporée à la loi fédérale autorisant cette aide financière. C'est donc en toute innocence que le ministre des Finances écrivait: "Je serais heureux si vous vouliez bien me faire savoir à votre prochaine convenance si votre gouvernement désire proposer des changements à cette liste (d'institutions éligibles) pour l'année courante." La commission mixte, proposée par M. Saint-Laurent comme mesure intérimaire, basée sur la solution qu'on avait apportée au désastre de Rimouski-Cabano, n'avait pas pris en considération les changements survenus dans l'intervalle. Le gouvernement fédéral prenait tout simplement pour acquis que ce que le Québec avait accepté une fois, il l'accepterait toujours.

Au moment où Duplessis recevait cette lettre, il avait été réélu pour la quatrième fois et il ne favorisait pas plus qu'avant l'aide fédérale directe à l'éducation. Il avait exprimé, en termes on ne peut plus clairs, sa méfiance des subsides. Il considérait que ceci était, non seulement une excroissance de la conception élevée du patronage artistique de Vincent Massey, non seulement une autre manifestation d'insolence du prêtre Georges-Henri Lévesque, mais une nouvelle tactique du gouvernement fédéral pour se faire passer pour le Père Noël avec l'argent qui appartenait aux provinces et dans une juridiction où la province avait des droits exclusifs. En plus, au Québec, l'enseignement dans les collèges classiques commençait après l'école primaire. Forcément, les subsides à ces institutions bénéficiaient autant au cycle secondaire qu'au cycle universitaire car il était impossible de garantir que l'allocation ne serait employée que pour les besoins de l'éducation universitaire.

Ne recevant pas de réponse à sa lettre, Abbott, quelque peu mystifié, écrivait de nouveau à Duplessis, la veille de Noël 1952. Il lui rappela la liste des institutions qu'il avait préparée avec Gagnon l'année précédente puis ajouta: "Autant que nous sachions, toutes les institutions dont il fut convenu alors sont encore des institutions admissibles et il n'y en a pas de nouvelles à ajouter sur la liste. Si cela n'est pas exact, je vous prierais de vouloir bien me le faire savoir aussitôt que possible." Gagnon avait beau être le représentant officiel de la province de Québec sur la commission mixte qu'il formait avec Abbott, il n'en prenait pas pour autant les décisions. Il avait la permission d'écrire quelques lettres sans conséquence sur l'ordre de Duplessis et pendant un an avait pu se faire passer pour l'ange auréolé d'or qui distribuait l'argent aux universités. Mais tout le courrier qui portait sur cette question était déposé directement sur le bureau du Premier ministre, qu'il lui soit adressé ou non, et là, attendait sa réponse. Au Québec les choses ne se passaient pas comme à Ottawa où on se permettait l'extravagante coutume d'accorder une autorité indépendante aux ministres. Ce fut donc Duplessis qui fit savoir au gouvernement fédéral qu'il refusait les subsides pour 1953 puisqu'on n'avait pas donné satisfaction à une seule des objections qu'il avait formulées.

L'étonnement du fédéral devant ce refus se transforma du jour au lendemain en argument électoral. La bataille reprenait de plus belle. Aux élections fédérales de 1953, les libéraux s'emparèrent de cette question pour démontrer une fois de plus le séparatisme de Duplessis et sa conception archaïque de la Constitution. La question ayant pris de l'ampleur, ce ne serait pas Duplessis qui la laisserait tomber. Ainsi le geste culturel inoffensif et la noble intention de Vincent Massey prenaient les proportions d'une lutte politique suprême.

Duplessis était surtout offensé parce qu'il avait été très généreux avec les universités du Québec. Pendant les années cinquante il faisait valoir le fait que l'argent offert par le fédéral était compris dans les subsides provinciaux payés annuellement. On ne parvint jamais à le convaincre du bien-fondé de la proposition originale pour laquelle on donnait d'ailleurs peu de raisons dans le rapport de la Commission royale. Duplessis expliquait ceci et les initiatives d'Ottawa dans d'autres domaines en disant que c'était comme "un voleur qui vole votre montre et vous redonne la chaîne en disant que c'est un cadeau". Ce genre de comparaisons amusait les auditoires qui ne les oubliait pas de sitôt.

Néanmoins, à chaque année Ottawa proposait et Québec refusait les subsides offerts. Dès que revenaient les premières semaines de septembre, la même lettre d'Ottawa apparaissait sur le bureau de Duplessis: "Cette année, comme les années dernières, le Parlement a voté une somme destinée,..." La réplique de Duplessis était à peine plus variée.

En 1954, Abbott étant en vacances, la tâche de soumettre la proposition au vieux lion du Québec, revint à Stuart Garson, ministre de la Justice et ministre suppléant des Finances. Duplessis se sentait en verve. Il était à la veille de partir pour son voyage annuel de baseball et il lui plaisait de voir Garson, un adversaire sympathique, (29) participer à la controverse. En réponse il lui fit un des exposés les plus complets sur la question de l'autonomie jamais envoyés à Ottawa:

> *Je comprends que vous avez été chargé de m'écrire cette lettre en lieu et place du ministre des Finances du Canada et pour les autorités fédérales. Votre lettre, dites-vous au début, concerne les "subventions aux universités"; en fait, elle se rapporte aussi aux maisons d'enseignement secondaire.*
>
> *Nous devons vous dire que nous sommes péniblement impressionnés par l'insistance et la persistance du gouvernement central à vouloir remplacer, au moyen de subsides*

fédéraux, les pouvoirs financiers essentiels aux provinces et à vouloir pénétrer dans le domaine vital de l'éducation, domaine exclusivement réservé aux provinces, à la province de Québec, en particulier, pour des raisons évidentes et incontestables.

Il fit ensuite longuement référence à sa lettre du 17 novembre 1951 à Saint-Laurent. De nouveau il cita Lord Carnarvon et Sir Wilfrid Laurier puis enfin son propre mémoire qu'il avait présenté à la Conférence inter-gouvernementale de 1946:

Pendant huit ans, dans un but de coopération évidente, au prix de grands sacrifices financiers, de la part de la province et au bénéfice du revenu fédéral, nous avons manifesté notre sincère désir d'en arriver à un règlement à l'amiable qui serait juste, équitable et conforme aux droits et aux obligations du pouvoir central et des pouvoirs provinciaux. Nous regrettons devoir constater que pendant tout ce temps Ottawa a multiplié les empiètements dans le domaine provincial et renié plusieurs de ses engagements formels en matière de relations inter-gouvernementales canadiennes.

Malheureusement, en ces matières, depuis quelques années, les mots et les engagements semblent avoir perdu leur signification à Ottawa; des conventions apparemment temporaires et déclarées telles par Ottawa deviennent des conventions permanemment temporaires.

Cette attitude fédérale, vous en conviendrez, fait obstacle à la confiance qui devrait toujours découler des conventions inter-gouvernementales canadiennes et qui est une des bases essentielles de l'unité canadienne bien comprise.

Malgré cela, nous avons toujours patienté dans un but évident de coopération. Aujourd'hui, les développements formidables dont la province bénéficie, depuis 1954, et qui indubitablement profitent beaucoup au pays et au revenu fédéral, exigent l'exercice des droits fiscaux de la province. De fait, ces progrès gigantesques nécessitent de nouveaux et nombreux travaux et services publics dans le domaine éducationnel, au point de vue d'hospitalisation et de santé publique et dans le domaine de l'administration provinciale en général... Nous savons que les autorités fédérales doivent faire face à d'immenses problèmes et la province de Québec est heureuse de coopérer au règlement de ces problèmes dans le respect des droits de tous et chacun, des droits essentiels de la province de Québec, en particulier. C'est faciliter le règlement des problèmes canadiens que d'exiger que le fédéral reste dans son domaine et cesse d'usurper les fonctions, les droits et les pouvoirs provinciaux. Vous conviendrez d'ailleurs, je crois, que le fédéral ne peut pas convenablement imposer des taxes pour des fins provinciales.

Nous sommes convaincus, comme toujours, que remplacer les pouvoirs financiers des provinces par des subsides fédéraux, c'est non seulement enfreindre le pacte d'honneur conclu entre les représentants des deux grandes races, c'est non seulement contraire à la Constitution canadienne, mais c'est substituer la tutelle fédérale, contraire à l'esprit et à la lettre du pacte fédératif, à l'indépendance financière essentielle aux provinces.

L'histoire de tous les temps nous enseigne que la centralisation des pouvoirs gouvernementaux conduit infailliblement à la bureaucratie, antithèse de la démocratie, et qu'elle est la source du bolchévisme, du nazisme et du fascisme qui ont toujours répugné, qui répugnent encore et répugneront toujours à la province de Québec.

Le gouvernement de la province de Québec est sincèrement désireux de coopérer, généreusement et loyalement, au progrès et à la prospérité de la confédération canadienne; toutefois, fidèle à son devoir et au mandat qui lui a été confié par l'électorat de la province, il ne peut pas et ne doit pas acquiescer à des actes fédéraux susceptibles de compromettre ses droits essentiels et de nuire considérablement à la coopération canadienne que nous désirons de tout cœur. (30)

Ce document, avec ses airs de bravoure, reflétait assez bien l'opinion de Duplessis sur la question constitutionnelle. Il croyait que les provinces, "la province de Québec en particulier", avaient été exploitées par le gouvernement fédéral, que le fédéral avait récompensé les provinces pour les économies faites en cédant plusieurs champs de taxation directe pour aussi longtemps que possible, en envahissant ces mêmes champs pour ensuite en redistribuer les miettes tout en se glorifiant de sa générosité fiscale.

Plusieurs personnes qui faisaient autorité en matière constitutionnelle au Québec, appuyaient ce raisonnement, y compris nombre d'adversaires de Duplessis, tel Pierre Elliott Trudeau. (31)

En 1955, répondant à la lettre rituelle sur l'aide aux universités, signée cette fois par Walter Harris (Douglas Abbott était rendu à la Cour suprême), Duplessis se rapporta à sa lettre de l'année précédente à Garson. Il imita la lettre de Harris avec son titre souligné — "Subventions aux Universités" — et termina exactement comme lui avec "l'expression de mes meilleurs sentiments". (32) En 1956, Duplessis ajouta une plaisanterie. "L'attitude du gouvernement actuel de la Province de Québec a été affirmée et réitérée en plusieurs circonstances, de façon claire et précise. Lors des récentes élections générales provinciales, au mois de juin dernier, cette attitude a de nouveau reçu l'approbation de l'électorat de la province. Nous n'avons pas modifié cette attitude et nous n'entendons pas la changer." (33) A l'automne 1957, les choses avaient changé, mais à Ottawa.

Aux yeux de ses adversaires, la controverse sur les subventions aux universités démontrait une fois de plus l'entêtement de Duplessis, sa misanthropie, son attitude anticanadienne et opportuniste. Quant à Duplessis et ses partisans, ils voyaient là une manifestation de l'avidité et de l'insensibilité des libéraux fédéraux, de leur mauvaise foi et de leur ingérence politique et constitutionnelle dans les affaires des autres provinces. Ni l'un ni l'autre n'avait tout à fait tort. Duplessis était certainement entêté et les libéraux d'Ottawa étaient certainement insensibles et il n'y a pas de doute qu'ils cherchaient à s'immiscer dans les affaires provinciales. Cependant, ils n'avaient pas non plus tout à fait raison. Duplessis n'était certainement pas anticanadien, pas plus, d'ailleurs, que Saint-Laurent et son équipe ne voulaient vraiment former un Etat unitaire qui rendrait un gouvernement totalitaire possible. Duplessis réservait ce dernier argument pour les campagnes électorales et ne le mentionnait jamais dans ses lettres aux ministres fédéraux. C'était un argument mal choisi qui, tout en faisant tort à King, Saint-Laurent et ses associés, fit à Duplessis une réputation de McCarthyiste qui lui resta et fit de lui la risée des milieux bien renseignés. Tout cela ne servait à rien.

Chaque année, de 1953 à 1959, le gouvernement fédéral déposait les subventions annuelles votées par le Parlement pour les collèges et universités du Québec, à la Fédération canadienne des Universités. Les octrois s'y trouvaient encore à la mort de Duplessis. Paul Sauvé négociait le règlement de cette question avec John Diefenbaker et Donald Fleming quand il mourut. Antonio Barrette reprit le projet et conclut une entente avec le gouvernement fédéral et les universités de la province. On créa un fonds d'amortissement où furent déposées les subventions fédérales qui s'accumulaient depuis sept ans, environ vingt-cinq millions de dollars. On y déposa aussi la somme (à peu près le double) votée par le gouvernement provincial. Les chèques du fédéral étaient envoyés directement aux universités et déposés directement dans le fonds qui était administré par le gouvernement provincial. Barrette avisa Cyril James, principal de l'Université McGill de déposer le chèque au fonds provincial, sinon la part des bénéfices provinciaux de McGill serait diminuée d'autant. McGill fut la première institution à déposer son chèque. (34) C'était exactement le même système qu'avait employé Duplessis. Chaque année il avisait les universités que la province allait leur donner l'équivalent des octrois proposés par le fédéral mais que si les universités acceptaient les octrois fédéraux, les octrois provinciaux seraient réduits d'autant. Contrairement à ce qu'ont prétendu les critiques de Duplessis, les universités ne perdaient rien et ce dernier ne bousculait pas les administrateurs. Les universités finissaient par recevoir l'équivalent d'un double octroi. En fait, la formule Barrette-Fleming exprimait bien la position constitutionnelle qu'avait maintenue Duplessis.

La postérité libérale aime bien prétendre que Duplessis à peine enterré, son successeur, Paul Sauvé, homme sensé et innovateur, s'était empressé de renverser les décisions de son chef sur la question des universités. Mais en réalité, l'entente avait été rendue possible grâce à la politique de M. Diefenbaker, plus flexible que ne l'avait été celle de M. Saint-Laurent. En plus, les contributions provinciales au fonds établi par Barrette provenaient en grande partie de l'accroissement de la portion provinciale de l'impôt sur les corporations. Diefenbaker et Fleming, négociant avec Sauvé et Barrette, avaient d'abord suggéré que si on accordait au Québec une plus grande portion du revenu de la taxe aux corporations, on réduirait les paiements de péréquation au Québec.

Mais le fédéral finit par céder sur ce point, faisant ainsi montre d'une volonté de conciliation étrangère au gouvernement précédent. C'était donc le départ de Saint-Laurent, plutôt que la mort de Duplessis, qui avait mit fin à cette longue impasse.

Il y avait aussi la question de la route Trans-Canada qui venait assombrir les relations fédérales-provinciales et que les adversaires de Duplessis invoquaient comme preuve de son caractère rebelle. La loi fédérale de la route Trans-Canada, adoptée en 1949, était destinée à promouvoir la construction d'une route inter-provinciale, financée par Ottawa. On projetait une route à deux voies, ayant une largeur de vingt-deux à vingt-quatre pieds. On précisait la largeur des fossés, des traversées, de l'accotement et autres détails. La surveillance de la construction reviendrait aux gouvernements provinciaux puisque la Constitution leur attribuait cette responsabilité.

Duplessis s'opposa immédiatement à ce projet comme étant une autre invasion de la juridiction provinciale. Antonio Talbot, ministre de la Voirie, écrivait à Robert Winters, le 3 octobre 1949 et, suivant les directives méticuleuses de Duplessis, lui exprimait son appui pour l'idée d'une route transcanadienne mais disait que le gouvernement provincial préférait décider lui-même de l'endroit où passerait la route. Le fédéral ne répondit qu'en partie à la lettre de Talbot. Il était clair qu'Ottawa ne pouvait accepter les conditions que posait Québec. Duplessis intervint lui-même dans la question. Il exprima son désaccord dans une lettre à Winters, le 26 octobre 1949:

> *A plusieurs reprises, nous avons exprimé notre intention de coopérer avec les autorités fédérales à la réalisation de la route Trans-Canada, sur des bases justes et constitutionnelles... Des explications incomplètes qui nous ont été fournies à date il ressort clairement que les autorités fédérales assumeraient pratiquement le contrôle de la construction de la route Trans-Canada à travers notre province... Sans doute, il est juste que les autorités fédérales puissent se rendre compte de la façon dont les crédits fédéraux sont dépensés mais, à notre avis, il ne convient pas que les pouvoirs de la province en matière de voirie soient assumés par d'autres.*

Antonio Barrette, ministre du Travail. (Roland Lemire) ▶

Il dit aussi que le projet serait possible si seulement le gouvernement fédéral voulait établir un plan suffisamment clair et précis.

Le Québec ne participa pas au plan fédéral tant que Duplessis fut au pouvoir. Par contre on construisit au Québec une route allant des frontières de l'Ontario à celles du Nouveau-Brunswick et qui reliait la route Trans-Canada dans ces provinces et se conformait en tous points aux normes établies par le fédéral. Cette route fut un sujet de discussions animées au début des années cinquante et donna lieu à une légende persistante voulant que Duplessis, en refusant de participer au plan, ait appauvri le Québec et saboté les communications interprovinciales. Ceci est tout à fait faux et il n'y avait, en fait aucun problème. (35)

Autant les adversaires politiques de Duplessis que Duplessis lui-même furent blâmés pour avoir commencé la guerre partisane sur les questions constitutionnelles. La lutte prit continuellement de l'ampleur d'un côté comme de l'autre, et ne fit que s'intensifier après la mort de Duplessis.

Sur les questions d'ordre secondaire, les relations entre Duplessis et le gouvernement fédéral étaient tout à fait cordiales. Les modalités de l'assurance chômage, sujet d'une série de conférences tenues pour la plupart en 1955, furent fixées sans qu'il y eut de difficultés entre les gouvernements. Duplessis délégua Paul Sauvé, ministre de la Jeunesse et des Affaires sociales, à la conférence tenue sur ce sujet, les 20 et 21 juin 1955. Une lettre de Saint-Laurent à Sauvé, du 22 juin 1955, indique que les autorités fédérales étaient heureuses du changement d'attitude: "...je tiens à dire combien mes collègues et moi-même avons apprécié l'esprit soucieux du bien public avec lequel vous et ceux qui vous accompagnaient ont participé à nos délibérations durant ces deux jours passés."

Il est difficile de s'imaginer Saint-Laurent écrivant une lettre semblable au vieux chef coriace de Sauvé. Cependant, Duplessis et Saint-Laurent étaient en bons termes malgré leurs différences d'opinions. Ils n'avaient peut-être pas fréquenté la même école politique — Saint-Laurent était déjà dans la soixantaine quand il vint à la politique — mais ils avaient reçu le même enseignement sur l'étiquette, ils étaient tous deux des gentilshommes, de la même génération et pratiquaient la même profession. Leurs "salutations confraternelles" étaient sincères ainsi que les voeux qu'ils s'adressaient aux Fêtes et autres occasions.

Le 10 mai 1955, Duplessis écrivait à Saint-Laurent, suite à une conversation qu'il avait eue avec madame Saint-Laurent lors d'un dîner donné par le gouvernement fédéral. Duplessis et madame Saint-Laurent avaient parlé de vitamines. Duplessis envoyait une bouteille de ses capsules à Saint-Laurent avec le commentaire suivant: "J'ai l'intime conviction que ces vitamines sont très efficaces et capables de prolonger de nombreuses années, la vie de ceux qui s'en servent; après tout le Bon Dieu ne désire pas la mort du pécheur mais sa conversion..."

Quatre jours plus tard, Saint-Laurent répondait: "Nous sommes, ma femme et moi, très touchés de ce que vous songiez à me faire obtenir plus de temps pour me convertir! Je vais faire l'essai de ces vitamines à la place de celles dont je me servais avec confiance depuis assez longtemps déjà. J'espère qu'elles auront pour moi une efficacité aussi satisfaisante que pour vous."

Duplessis entretenait d'excellents rapports personnels avec les lieutenants-gouverneurs successifs — Pérodeau, Gouin, Carroll, Patenaude, Fiset, Gaspard Fauteux. Fiset et Fauteux étaient de vieux routiers libéraux et d'anciens législateurs avec qui Duplessis avait eu maintes disputes mais il s'entendait bien avec ces hommes affables et d'humeur joviale. Ils témoignaient souvent leur égard pour Duplessis par des cadeaux — du saumon lorsqu'ils allaient à la pêche —, des invitations ou toutes sortes de petits renseignements que Duplessis était curieux de connaître. Quand Fiset se préparait à recevoir le nouveau gouverneur général, Lord Alexander, lors de sa première visite à Québec, il écrivit à Duplessis, qui était en dehors de la ville, pour lui raconter comment il avait prié sa soeur, madame Balcer, de l'aider: "Je me suis mis à genoux à ses pieds, (chose très agréable), mais je n'ai pas eu de véritable succès; elle viendra à cette date si elle n'est pas forcée de déménager dans votre nouvelle maison. Or j'ai de grandes craintes qu'encore une fois elle ne me refuse." (36)

Fauteux était à peine moins jovial quoiqu'il lui arrivait parfois de se laisser emporter par un excès de piété. Duplessis avait fait un don au couvent des carmélites sur la recommandation de Fauteux, geste qui avait grandement ému ce dernier: "La petite Thérèse de l'Enfant-Jésus qui est si puissante et généreuse tiendra compte, j'en suis certain, de ton geste magnanime et magnifique." (37)

Finalement, en 1958, Onésime Gagnon devint lieutenant-gouverneur. Duplessis récompensait ainsi son vieux collègue qui, vingt-cinq ans plus tôt, avait été brièvement son adversaire. C'était sur sa recommandation que Diefenbaker avait nommé Gagnon à ce poste. Cette nomination permettait d'évaluer jusqu'à un certain point le succès de Duplessis dans sa revendication des droits provinciaux: en 1944 on ne l'avait même pas consulté, en 1958 c'est lui qui, effectivement, nomma le lieutenant-gouverneur. Duplessis décréta que dès lors on ne dirait plus dans le discours du Trône "mon gouvernement" mais plutôt "le gouvernement". Duplessis avait bien voulu récompenser son vieux camarade mais il n'avait aucunement l'intention de lui donner la prééminence sur tous les Québecois et encore bien moins sur lui-même. (38) Le poste de lieutenant-gouverneur n'aurait plus jamais la même influence, non pas à cause de la qualité de son occupant, mais parce que le gouvernement fédéral n'exercerait plus sur le Québec une influence aussi grande qu'avant Duplessis.

Duplessis régnait depuis longtemps comme le démontre bien une lettre de M. Diefenbaker, datée du 30 mars 1959, traitant de propositions de défense civile et passive. C'était là une question qui remontait loin en arrière. En effet, c'était pour discuter d'abris contre les bombes nazies que C.G. Power avait rendu visite à Duplessis, puis au cardinal Villeneuve, en septembre 1939. Le 7 avril 1945, le général McNaughton, alors ministre de la Défense nationale, avait écrit à Duplessis au sujet des ballons japonais, "faits avec du carton", et transportant des bombes incendiaires qui devaient être larguées au-dessus des forêts du nord et du centre du Québec.

McNaughton suggérait qu'on s'en serve pour mener une guerre bactériologique car "on ne croit pas qu'ils serviront au transport de soldats ennemis". Il expliquait ceci sur trois pages, à Duplessis, et ce dernier, à peine crédule, répondit que son gouvernement allait "coopérer" à la "protection de notre pays et de notre province en particulier, en ce qui a trait à cet étrange et extraordinaire danger que vous mentionnez dans votre lettre concernant les soi-disant ballons japonais. Je dois ajouter que la Province de Québec s'oppose catégoriquement, et à juste titre, à l'établissement de camps de concentration ou autres établis-

◀ *En compagnie du lieutenant-gouverneur Gaspard Fauteux et de Jean Allard (extrême gauche). (La Presse)*

sements du genre, se rapportant à des Japonais internés ou à des prisonniers de guerre japonais."

Quinze ans plus tard, à l'ère nucléaire, Duplessis répondait à Diefenbaker, le 6 avril 1959, qu'il allait remettre ce dossier au "Brigadier (l'honorable) Paul Sauvé, c.r., à qui incombe la tâche de mettre en application la Loi de la Protection civique." Duplessis mettait ainsi de l'avant le membre de son gouvernement le mieux renseigné sur les questions militaires. La seule alternative aurait été John Bourque, colonel du cercle des Fusiliers de Sherbrooke. Beaucoup de choses avaient changé en vingt ans mais l'appréhension d'une attaque aérienne, à la Orson Welles, revenait par intermittences.

Jusqu'en 1950, l'activité de Duplessis dans les affaires internationales, sauf ses contacts avec le Vatican, avait été limitée aux échanges de délégations avec divers pays d'Amérique latine. Ces échanges avaient commencé avec le voyage que firent Onésime Gagnon et Paul Beaulieu au Mexique et à Haïti, au début de 1945. Ce voyage faisait inconsciemment partie d'un vague mouvement des milieux intellectuels québecois des années trente et quarante tendant à réduire l'isolation des Canadiens français en les rendant solidaires des pays latins et catholiques de l'Amérique du Sud et de l'Amérique centrale. Marie-Victorin poussa ses expéditions botaniques jusqu'aux Caraïbes. Paul Bouchard s'enfuit en Amérique du Sud pendant qu'on discutait de la conscription et y demeura pendant trois ans. (Il écrivit à Duplessis à son retour au Québec, le 22 août 1945, qu'il était très content de constater qu'il était Premier ministre. Il expliqua qu'il n'avait pas donné de nouvelles depuis trois ans parce que les censeurs fédéraux "rendaient la communication épistolaire difficile". Ce silence n'avait pas grandement peiné Duplessis. (39)) Daniel Johnson était un de ceux qui lancèrent l'alliance universitaire qu'on appelait la Ligue des Latins d'Amérique.

Jean Désy, ambassadeur au Brézil avait personnellement encouragé le mouvement romantique qui cherchait à établir des liens avec les pays d'Amérique latine, quoique ces derniers soient de langue espagnole, que leur population soit en grande partie autochtone, qu'ils soient plus éloignés du Québec que ne l'était l'Europe et d'une utilité économique pratiquemment nulle pour le Québec. Désy écrivait donc à Duplessis, du Brézil, le 7 mars 1946, demandant une aide financière de quinze mille dollars pour lancer un programme d'hygiène au Brésil. Dans sa longue lettre il fit quelques allusions au "paysan de la Beauce". Duplessis lui répondit, le 18 mars 1946, que "le paysan de la Beauce, comme vous l'appelez" a agi en bon patriote en élisant le candidat de l'Union nationale lors de l'élection partielle, tenue l'automne précédent. Le candidat libéral avait perdu son dépôt de deux cents dollars, ce qui constituerait sans doute un premier versement au fonds de quinze mille dollars que réclamait Désy. Désy donnait plus souvent l'impression d'être l'émissaire du Québec que celui du Canada surtout lorsqu'il eut remplacé le général Georges P. Vanier comme ambassadeur en France en 1954.

Sous Duplessis, les relations entre le Québec et la France prirent une importance qu'on ne leur avait pas accordée depuis la visite à Paris du Premier ministre Chapleau, en 1881. Duplessis n'aimait pas particulièrement les Français. Il les croyait hautains, maussades, corrompus et irrésolus. Pendant qu'il était au pouvoir, la France n'occupa pas une grande place dans les affaires internationales et commençait tout juste à reprendre de l'importance sous de Gaulle quand Duplessis mourut. Duplessis n'avait jamais partagé l'adulation que les milieux nationalistes québécois vouaient à Pétain. Mais par contre, il n'était pas non plus d'accord avec ceux qui dénigraient le maréchal. Il trouvait leurs critiques excessives et dit à Jules Moch, ministre socialiste français, de passage au Québec en novembre 1959, qu'on n'arriverait pas à le convaincre que Pétain avait été un traître. (40) Antoine Rivard rapporta ce commentaire au général Weygand, à Paris, qui fut heureux de l'entendre. La scission entre les gaullistes et les pétainistes marquait la grande division de cet univers francophone. Ne s'intéressant pas particulièrement à la France, Duplessis ne prenait parti ni pour l'un ni pour l'autre mais il avait un grand respect pour les deux. Il admirait Pétain parce qu'il avait triomphé à Verdun et avait lutté contre le communisme pendant les années vingt et trente alors que le pays se détériorait. Il admirait en de Gaulle le patriote courageux et intelligent, sa fermeté de caractère et la grandeur de sa vision. Duplessis ne rencontra jamais de Gaulle mais s'intéressa aux événements alors que la France se tournait vers de Gaulle, à la fin des années cinquante. Duplessis suivait les affaires françaises d'assez près grâce aux délégations qui

Photo prise lors de la visite du général Montgomery à Québec. (Soc. des Amis de M.L. Duplessis)

venaient en visite et à ses amis en France, notamment Roger Maillet, et Jean Désy lorsqu'il devint ambassadeur à Paris. Duplessis admirait particulièrement la Constitution de De Gaulle pour la cinquième République. Désy lui en avait fait envoyer une copie par Maillet. (41) En tant qu'avocat, Premier ministre et autonomiste, Duplessis s'intéressait aux constitutions et prédit correctement que la Constitution de De Gaulle en 1958 aurait plus de succès que n'en avaient eu les trois dernières Républiques de France.

La visite de de Gaulle à Ottawa et à Montréal en 1943, alors qu'il était chef du gouvernement provisoire français installé à Alger, était le premier contact entre les chefs de la France et du Québec depuis le voyage de Chapleau, soixante-deux ans plus tôt. Mais même là, la visite de de Gaulle n'était pas de nature officielle et il ne passa qu'une journée à Montréal. Les contacts officiels du Québec avec la France se rapportaient plutôt aux affaires canoniques; Henri Bourassa et Mgr

290

*Visite à Québec du Président de la France, M. Vincent Auriol. (Office national du film
— Roger Ouellet)*

Georges Gauthier avaient assisté au Congrès eucharistique à Lourdes en 1914, il y avait eu les missions et légations du cardinal Villeneuve. Sir Wilfrid Laurier et Sir Lomer Gouin avaient eu une plus
grande affinité avec le Royaume-Uni et ils y étaient mieux connus qu'en
France.

Duplessis fit un don assez généreux de la part du gouvernement
provincial pour la reconstruction de l'université de Caen en Normandie
détruite durant la guerre. L'Université le récompensa en lui accordant
un doctorat honorifique mais il refusa l'invitation à le recevoir en personne. Gagnon le représenta, le 27 septembre 1946. Le Président de la
France, Vincent Auriol, vint au Québec en avril 1951 où il fut reçu
avec tous les honneurs dus à son rang et Duplessis démontra ses talents
bien connus d'hôte gracieux et rompu aux usages mondains.

Vincent Auriol écrivait à Duplessis, le 9 avril, pour lui dire "l'impression" qu'il emportait de son séjour:

291

...dans cette magnifique Province de Québec, pour laquelle tous les Français éprouvent un attachement si profond. Ce ne sont pas seulement les souvenirs du passé qui nous y ont émus. C'est aussi le spectacle de ce que l'ardeur et le courage des descendants des pionniers français ont su accomplir et la promesse, partout si visible, du brillant avenir qui attend nos frères d'Amérique.

Le "vieux pays", auquel vous n'avez cessé de témoigner une fidélité si touchante, est fier de la Nouvelle-France et je vous exprime en son nom tous les voeux qu'il forme pour le maintien de ses traditions et de sa prospérité.

Quand cette lettre fut publiée, Saint-Laurent écrivit à Duplessis, le 21 avril 1951: "J'ai lu avec le plus grand plaisir le message que vous a adressé le Président de la République française en quittant le Canada et, à titre de citoyen de la province de Québec, je partage avec vous la fierté provoquée dans le coeur de notre population par l'expression de gratitude du Président pour l'hospitalité reçue de notre gouvernement."

Même ce voyage d'Auriol fut rapporté de travers par les antiduplessistes. René Chaloult prétendit que Duplessis avait demandé à Auriol sur un ton moqueur s'il était bien certain que le gouvernement français n'avait été renversé pendant qu'ils parlaient et que Auriol l'aurait mis "vertement à sa place". (42) En fait cet échange eut lieu lors de la réception donnée par le lieutenant-gouverneur Fauteux. Fauteux et Auriol écoutaient, amusés, un échange de plaisanteries entre Duplessis et Louis-Alexandre Taschereau qui, à quatre-vingt-quatre ans, n'avait rien perdu de sa vivacité d'esprit. Auriol dit: "A vous entendre, j'en déduis que le problème dans ce pays est que les gouvernements ne changent pas assez fréquemment." (Pierre Laporte confondit Vincent Auriol avec Pierre Mendès-France en racontant l'anecdote (43) et Georges-Emile Lapalme répéta une synthèse erronée des deux histoires.)

Le Premier ministre de France, Guy Mollet, et le ministre des Affaires étrangères, Christian Pineau, vinrent au Québec en mars 1957 où ils passèrent une journée agréable et très instructive en compagnie de Duplessis — instructive en ce que la France commençait à voir que le Québec était une partie importante, moderne et riche de l'univers francophone. L'ambassadeur de France au Canada, Francis

Lacoste, écrivait à Duplessis, le 6 mars 1957, que sa visite avait été et demeurait un "événement mémorable". "Je tiens à vous dire, personnellement, combien MM. Guy Mollet et Christian Pineau et leurs compagnons ont été heureux de faire votre connaissance et combien ils ont apprécié votre esprit, votre manière directe et franche, et les entretiens si vivants qu'ils ont eus avec vous... Ils ont été profondément impressionnés, non seulement par tout... ce qui tient à des souvenirs si émouvants, mais aussi par la puissance actuelle de la Province, si manifeste, en particulier, dans le domaine économique."

Mollet écrivait: "C'est avec reconnaissance, qu'à mon retour sur la terre d'où sont partis les premiers fondateurs du Canada, je me souviens de l'accueil si profondément chaleureux que vous avez bien voulu me réserver à Québec." (44) Pineau était plus expansif: "Le développement prodigieux que connaît, sous votre conduite, la Province de Québec, sur les plans économique, social et culturel, aura été pour moi un des plus précieux enseignements de ce voyage, dont je retire la certitude de la pérennité de l'amitié franco-canadienne." (45)

Si la France rédécouvrait le Québec, la réciproque était également vraie. Jean Désy était plus ou moins un ami de Duplessis et il était un intime de l'ineffable Maillet. Désy, sachant qu'il serait forcé de prendre sa retraite en 1958, écrivait à Maillet, le 13 octobre 1957: "N'y aurait-il pas, à votre connaissance, une présidence vacante dans une société industrielle québecoise ou un poste de directeur des relations publiques?" (L'ambassadeur semblait croire que les deux postes s'équivalaient.) Maillet ne réussit pas à trouver une telle position à son ami mais fit part de la situation à Duplessis, ou plutôt à "Trifluvius" comme l'appelaient Désy et Maillet.

Duplessis était toujours prêt à aider un vieil ami et songeait depuis quelque temps à élever le statut diplomatique de Québec à Paris. Maillet transmit ces renseignements à Désy et ce dernier écrivit à Trifluvius, le 24 novembre 1957:

> *N'y a-t-il pas une grande société industrielle ou financière qui puisse me nommer son représentant en Europe, à toutes fins utiles? Inutile d'ajouter que je me chargerais — sans que cela fut dit expressément — des intérêts québecois, je viendrais au Canada aussi souvent que cela serait nécessaire. Ainsi je n'apparaîtrais pas au budget provincial. Mes*

> *émolûments, payés par la société, comprendraient un traite-*
> *ment fixe, sujet à l'impôt et des frais de représentations*
> *non taxables qui pourraient figurer au titre de propagande*
> *ou de publicité.*

Quand Gérard Martineau se rendit en France en mars 1958, il emporta de la part de Duplessis, un message à Désy qui contenait les grandes lignes d'un projet de mission diplomatique provinciale. (46) Ce n'était qu'un projet et non une certitude mais pour Désy cette possibilité était si excitante, qu'il télégraphia à Duplessis le 24 avril après avoir tenté pendant quatre jours et sans succès de lui téléphoner pour lui souhaiter un bon anniversaire de naissance: "Ma gratitude et mon acceptation enthousiaste. Suis votre homme."

Duplessis examina cette idée pendant plusieurs mois avec quelques collègues. Antoine Rivard avait écrit de Paris, le 21 janvier 1958, où il avait présidé à l'ouverture de l'Exposition canadienne-française, tenue sous les auspices du président de conseil municipal de Paris, Pierre Taitinger, au magasin du Louvre. Rivard disait qu'une telle exposition faisait plus pour faire connaître le Québec que ne le pouvait un délégué-général.

Désy écrivit à Maillet, le 8 janvier 1958: "C'est aujourd'hui mon anniversaire et l'année de mon exécution." Il citait une lettre que le secrétaire d'Etat aux Affaires extérieures lui avait adressée à propos de la nomination de son successeur et prétendait que Rivard avait essayé de le sonder au sujet de la possibilité d'un nouveau poste mais, "c'est une affaire entre toi, Trifluvius et moi. Pas de court-circuit!"

Duplessis avait été impressionné par l'admiration que lui avaient manifestée Mollet et Pineau l'année précédente. Dans l'état où se trouvait la France, drainée par la guerre d'Algérie et affaiblie par de fréquents changements de gouvernements, il était possible que le Québec puisse jouer un plus grand rôle sur la scène internationale.

Désy avait eu une carrière académique distinguée, avait étudié avec André Siegfried, et en 1924, âgé de trente et un an, avait été conférencier en histoire canadienne à la Sorbonne. Après le Brésil il fut nommé ambassadeur en Italie, puis en France. Duplessis en était venu à la conclusion qu'une maison du Québec en France desservirait, en principe, toute l'Europe de l'ouest, élèverait la stature du Québec et satisferait les nationalistes à peu de frais. Après tout, le Fleurdelisé flottait au Québec depuis déjà dix ans et comme argument électoral, commençait à faire vieux jeu.

Désy avait gagné sa vie au service du gouvernement fédéral pendant trente-trois ans mais il n'en était pas moins, comme la plupart des lettrés canadiens-français, quelque peu nationaliste. En janvier 1958, il écrivait à Duplessis à propos de "*notre* exposition... Quand je pense que, depuis 1890 jusqu'à 1956, il n'y avait pas à Paris de Chambre de Commerce franco-canadienne, et que nous étions englobés dans une Chambre de Commerce britannique. Aujourd'hui nous sommes indépendants et nous ne demanderons plus à nos concurrents britanniques de protéger nos intérêts le plus souvent en conflit avec les leurs."

Et la lettre qu'il confia à Martineau pour Duplessis, datée du 17 avril 1958, avait le ton de celle d'un ambassadeur heureux d'oeuvrer dans le meilleur intérêt de son pays:

> *Nous apporterons au travail que vous envisagez pour nous, notre longue expérience et notre bonne volonté. Enfin, nous aurons le sentiment de terminer notre carrière en nous dévouant à la cause des* nôtres, *sans avoir toujours à lutter contre les influences contraires et souvent hostiles de nos prétendus frères anglophones. Quelle joie et quelle satisfaction nous aurons à montrer, à l'étranger, sans être tenus de le maquiller, notre visage originel. Nous essaierons de poursuivre, hors frontière, le combat que vous menez chez nous avec une si fructueuse fermeté.*

Maillet continua d'encourager le projet de nomination d'un délégué-général du Québec en Europe. Il écrivait à Duplessis, le 6 août 1958:

> *Johnny est encore largement capable de gagner son sel. Et si Diefenbaker s'est montré injuste et brutal à son endroit, c'est que la "camarilla" des "ventres-jaunes", qui est puissante encore à Ottawa, trouvait que "that fellow Désy was a bit too much on the Frenchy side!"*
>
> *Les Canayens ont besoin du capital anglo-américain... et ne dédaignons par l'européen... pour développer l'immense territoire qu'est le nôtre et dont tu es, j'en remercie le bon Dieu (mais oui, ça m'arrive!) et dont tu es, dis-je, le premier gar-*

dien. Cordial salut du Caporal-Maréchal et de l'Amiral de "l'Arche". (L'Arche était la maison de Maillet, et le Caporal-Maréchal, sa compagne de longue date, Fernande Létourneau.)

Alexandre Guillet écrivait, le 25 décembre 1958, que le nouvel ambassadeur canadien, Pierre Dupuy, "très ami du Premier ministre", favorisait l'ouverture d'un bureau du Québec à Paris, que le clergé canadien à Paris appuierait aussi ce projet, qu'une visite de Duplessis en France serait très bien vue des autorités françaises et qu'il fallait un certain effort pour "remettre à sa place la gauche ou les *gauchistes* canadiens, de Gagnon à Lévesque en passant par Drapeau."

Quand la possibilité d'ouvrir une maison du Québec à Paris fut rendue publique, en février 1959, Maillet télégraphia à Duplessis: "*Le Droit* d'Ottawa signale l'appui de l'Opposition en faveur de l'établissement d'une maison du Québec à Paris... Bravo et bravissimo pour cette nouvelle fondation de l'Union nationale." (47)

Cependant Maillet s'était réjoui un peu prématurément. Duplessis suspendit le projet à la dernière minute. Il envoya six mille dollars à Désy le 19 mars 1959, en disant:

> *Après avoir étudié avec soin les aspects nombreux que comporte l'établissement de bureaux de la Province en Europe, nous en sommes arrivés à la conclusion que, dans les circonstances actuelles, il ne serait pas opportun de faire encourir à la Province les dépenses assez considérables qui découleraient de la mise en exécution de semblable projet. Il faut donc, bien à regret, ajourner à plus tard et dans des circonstances plus favorables la réalisation des projets que nous caressons à ce sujet.*

Duplessis aurait repris le projet s'il avait vécu plus longtemps. La mise en oeuvre de ce projet n'attendait plus que le règlement de quelques litiges avec Ottawa, la clarification de l'attitude du nouveau gouvernement gaulliste en France et le règlement de la question budgétaire. Tout était en place, les plans et le personnel, l'idée avait été dévoilée au public. Les successeurs de Duplessis n'eurent qu'à établir la maison du Québec à Paris, avec tambours et trompettes et à en récolter les bénéfices politiques. (Désy tenta ensuite d'obtenir le poste de gouverneur général, demanda à Duplessis de l'aider à réaliser ce projet et critiqua son rival, le général Vanier: "le fossoyeur des nôtres, ses faveurs ayant toujours été réservées aux anglophones." (17 juin 1959) Duplessis ne l'appuya pas en ceci, pas plus qu'il n'avait appuyé Armand Lavergne.)

Quoiqu'il s'en tirât toujours très bien, Duplessis préférait éviter la pompe et la cérémonie des visites d'Etat, les siennes comme celles des autres. Le général Vanier lui écrivait le 12 janvier 1952, alors qu'il était encore ambassadeur à Paris:

> *Monsieur le Premier Ministre, récemment j'ai eu l'honneur d'être reçu par le Président de la République qui m'a demandé de vous faire savoir de nouveau combien il serait heureux si vous vouliez bien venir en France. Il vous réserve le meilleur accueil.*
>
> *Je me permets d'appuyer le désir exprimé par Monsieur Vincent Auriol. J'ajoute que je compte avoir le plaisir de vous rendre visite au printemps parce que nous devons nous rendre, ma femme et moi, au Canada pour l'ordination de notre fils cistercien qui aura lieu à la fête de l'Annonciation.*

Duplessis remercia Vanier et Vincent Auriol (avec lequel il aurait eu un échange acerbe, selon Chaloult), mais cette invitation ne l'intéressait pas vraiment. Pourtant ses successeurs s'empresseraient de traverser l'Atlantique à la moindre invitation. Le seul voyage européen que fit Duplessis fut en Ecosse en 1937 où il visita la maison ancestrale et eut grand plaisir à assister aux Highland Games.

La dernière visite d'Etat à laquelle Duplessis prit part fut celle de la reine Elizabeth II, en juin 1959. Elle était venue, en partie, pour l'ouverture de la voie maritime du Saint-Laurent. (Ce projet qui avait tant alarmé les Québecois dans les années trente, ne fut nullement contesté par Duplessis dans les années cinquante.) (48)

Duplessis avait une grande admiration pour la Couronne britannique à travers l'histoire et il estimait beaucoup ses plus hauts représentants. En 1959 il était le Premier ministre du Commonwealth qui avait conservé le pouvoir le plus longtemps. Lors d'un banquet donné par son gouvernement à Québec, Duplessis prononça un discours à

Banquet en l'honneur de la reine Elizabeth II et du prince Philip. (Canadian Pacific)

peine moins fleuri que celui qui avait accueilli les parents de la reine, dans cette même ville, vingt ans plus tôt. Dans sa réplique, la reine Elizabeth parla des Canadiens français "et de leur Premier ministre qui a servi sa province avec distinction depuis aussi longtemps que nous vivons". (49)

Quinze années s'étaient écoulées depuis que Duplessis avait repris le pouvoir. A la fin de cette période, le Canada et le Québec commençaient une nouvelle page d'histoire. La tendance vers la centralisation avait été renversée. On avait fait du progrès dans la déconcentration fiscale du partage des taxes et obtenu des concessions du fédéral. L'autonomie était devenue une alternative légitime. Après exactement deux siècles d'isolation presque continuelle, le Québec entreprenait une modeste vocation internationale.

◀ *Présentation des membres du Cabinet provincial à Sa Majesté la reine Elizabeth II au parlement de Québec. (Office provincial de publicité — Roger Ouellet)*

◀ *Monsieur le Premier ministre en compagnie de Sa Majesté la reine Elizabeth II en 1959. (Roger Ouellet)*

Ce n'est qu'après la mort de Duplessis et après que la pensée politique et psychologique québecoise eût changé considérablement, que les chefs provinciaux jetèrent par-dessus bord l'Acte de l'Amérique britannique de Nord comme base de la politique provinciale et proposèrent de s'en débarrasser complètement. Duplessis croyait au Canada, quoique, après des années de tractations avec Ottawa, il commençait à douter de sa durée.

Duplessis était un légitimiste, un nationaliste, un conservateur — en un mot un autonomiste. En mourant il emporta avec lui la légitimité du pouvoir établi, le conservatisme et l'autonomie du Québec. Plus rien ne s'opposerait désormais au nationalisme et à tout ce qui va de pair.

RÉFÉRENCES — CHAPITRE 5

1. *Hansard*, 18 juin 1946, pp. 2693-2696.
2. *FMLD*, arrêté ministériel du 3 juillet 1946.
3. Ibid., lettre de Drew, 2 juillet 1946.
4. Ibid.
5. Ibid., 2 décembre 1946.
6. Ibid., 23 août 1947.
7. Pickersgill (King) op. cit., vol. 4, p. 394.
8. Ibid., vol. 3, p. 297.
9. Ce fut la seule fois, à notre connaissance, où Duplessis eut recours à la tactique plutôt mesquine d'indiquer l'origine anglaise de Saint-Laurent en employant l'initiale S. (Stephen) de son nom. Rumilly, par contre, utilise cette initiale dans la plupart de ses références à Saint-Laurent.
10. *FMLD*, *Les Nouvelles*, 11 mars 1949.
11. Ibid., lettre de Drew et réponse de Duplessis les 10 et 14 avril 1947.
12. Redmond Hayes nous a raconté ceci, ainsi qu'à M. Rumilly, avec preuves à l'appui lors d'une rencontre à Sherbrooke.
13. Camillien Houde avait souvent parlé de son rêve de conduire une phalange de nationalistes à Ottawa. Il comptait embarrasser Saint-Laurent, s'emparer du pouvoir et étendre sa nouvelle alliance avec Duplessis jusqu'à inclure les affaires fédérales. Quand il constata qu'il n'avait pas l'appui des nationalistes, Houde perdit intérêt à son poste de député et quoiqu'on lui eût installé une chaise spéciale à la Chambre des communes et qu'on attendît impatiemment son arrivée, il n'y prit jamais la parole. Rumilly l'avait encouragé à faire une intervention au sujet de l'affaire Bernonville mais à la dernière minute, un député du C.C.F., qui participait au débat à ce sujet, modifia ses allégations et Houde garda le silence, à la grande déception de la foule venue l'entendre.
14. *The Montreal Gazette*, 2 août 1949.
15. *La Presse*, 31 octobre 1949.
16. *The Montreal Gazette*, 31 octobre 1949.
17. Ibid., 30 octobre 1949.
18. Ibid., 21 novembre 1949.
19. *Montréal-Matin*, 21 novembre 1949.
20. A un certain moment à cette époque, Saint-Laurent voulait rapatrier tous les amendements constitutionnels, après quoi les amendements sur les affaires concernant le fédéral et les provinces seraient acceptés suivant ratification de toutes les législatures provinciales et du Parlement fédéral. Cependant, Pickersgill et d'autres le persua-

dèrent d'abandonner ce projet. C'était probablement la seule formule d'amendement qui aurait pu être acceptable à tous mais elle ne fut jamais présentée au public, pas plus qu'aux premiers ministres, au Parlement ou même au Cabinet.

21. *FMLD,* lettre de McNair, 3 octobre 1950.

22. Ibid., lettre de Frost, 10 octobre 1950 (En réponse, Duplessis remercia Frost de sa "lettre de remerciements", 24 octobre.)

23. Ibid., lettre de Macdonald, 16 octobre 1950.

24. Ibid., lettre de Saint-Laurent, 5 février 1951.

25. Quand l'une des plus importantes installations de l'Ontario Hydro fut détruite par le feu, Duplessis télégraphia immédiatement à Leslie Frost une promesse de secours. Frost lut le télégramme à la législature ontarienne puis offrit une "déclaration de gratitude" qui fut "reçue avec enthousiasme par les députés." (*FMLD,* 4 mars 1953). Drew soignait aussi ses rapports avec Duplessis et à l'approche de l'anniversaire marquant les vingt-cinq ans de ce dernier à l'Assemblée, Drew lui fit cadeau d'un étui à cigarettes en argent accompagné d'une note de sa main demandant à Duplessis "d'accepter ce présent... non seulement en souvenir des grandes réussites de ces années si remplies, mais aussi comme un gage d'amitié." (*FMLD,* 4 mai 1952).

26. Discours de Gagnon sur le budget, 27 mars 1947, p. 46.

27. *FMLD,* 29 novembre 1934.

28. Arès raconta aux sociétés savantes qui se rencontraient à l'Université McGill, que lorsque Duplessis le fit appeler pour lui demander, finalement, son opinion sur les affaires constitutionnelles, il demanda à Arès de prendre un siège puis continua un monologue déjà entamé et qui s'adressait surtout à son autre visiteur, Sir Mathias Tellier, âgé de quatre-vingt-huit ans. Duplessis repassa quelques souvenirs avec Tellier puis renvoya Arès sans lui demander son opinion (7 juin 1972).

29. Ils avaient été en bons termes lorsque Garson était Premier ministre du Manitoba. Garson était un adepte de la chasse et de la pêche et chaque année Duplessis lui envoyait des permis complimentaires, valides dans tout le Québec et facilitait ses expéditions sportives dans la province. A l'occasion, Duplessis intervenait auprès de Garson pour la nomination de juges au Québec. C'est ainsi que Léon Casgrain fut nommé à la Cour supérieure après sa défaite à l'élection de 1948. Casgrain en fut éternellement reconnaissant à Duplessis (FMLD, 15 décembre 1949).

30. *FMLD,* 15 septembre 1954.

31. Pierre E. Trudeau, *Cité Libre,* février 1957; voir surtout la conclusion de cet article.

32. *FMLD,* 9 septembre 1955.

33. Ibid., 19 septembre 1956.

34. Antonio Barrette, op. cit., p. 233.

35. Quand les libéraux du Québec reprirent le pouvoir après la mort de Duplessis, ils réussirent à faire désigner la portion la plus coûteuse de la route provinciale, celle qui traverse l'île de Montréal, comme une partie du projet de route Trans-Canada et envoyèrent la facture au gouvernement fédéral.

36. *FMLD,* lettre de Fiset, 1er mai 1946.

37. Ibid., lettre de Fauteux, 17 octobre 1951.

38. Sous Sauvé et les premiers ministres qui lui succédèrent, la terminologie redevint "mon gouvernement".

39. C'était ce même Paul Bouchard qui avait écrit dans *La Nation,* avant la guerre, en parlant de Duplessis: "Bénissons cet austère célibat, cette race de traître ne se reproduira pas." (Laporte, op. cit., p. 35. Mais de toute évidence la vie de Duplessis n'était pas un "austère célibat".)

40. Emile Tourigny.

41. *FMLD,* lettre de Maillet accompagnant la copie de la Contitution de la France, 14 janvier 1959.

42. Chaloult, op. cit., p. 42.

43. Laporte, op. cit., p. 47.

44. *FMLD,* lettre de Mollet, 7 mars 1957.

45. Ibid., lettre de Pineau, 7 mars 1957.

46. Ibid., lettre de Duplessis, 18 mars 1958.

47. Ibid., télégramme de Maillet, 10 février 1959.

48. Il demanda seulement à Lionel Chevrier, ministre fédéral du Transport, de ne pas dire que lui, Duplessis, était en faveur. Les arguments économiques en faveur de la voie maritime étaient clairs et Duplessis en favorisait la construction dans les années cinquante. Il ne parlait plus de "suicide national". (28 janvier 1941)

49. La presse n'assistait pas à ce dîner; nous rapportons ces discours d'après les souvenirs de Jean-Jacques Bertrand et d'Edouard Asselin.

"Les évêques mangent dans ma main" (1)

Tout dans la nature et l'éducation de Maurice Duplessis, comme dans ses intérêts personnels, concourait à faire de lui un catholique fervent. Même s'il errait fréquemment dans sa propre conduite, d'après les normes établies par l'Eglise, même s'il pratiquait sa religion avec ostentation et même s'il était souvent méprisant pour l'épiscopat, il n'en était pas moins profondément religieux. Il aurait pu difficilement en être autrement car Maurice Duplessis avait vécu sa petite enfance, jusqu'à l'âge de la communion, à l'époque et dans le diocèse de Mgr Laflèche, il était fils du porte-parole des ultramontains à l'Assemblée législative et avait grandi avec la croyance en la suprématie de l'Eglise même dans les affaires temporelles. Nul autre choix ne s'imposait à lui que la croyance ou la rébellion et rien ne porte à croire qu'il fut jamais tenté par cette dernière alternative.

305

Tous les mercredis matin, Duplessis assistait à la messe de 6h 30 à la cathédrale de Québec. (Soc. des Amis de M.L. Duplessis)

A l'école et au collège, Duplessis remporta des prix de théologie mais ne se mérita jamais celui de la piété. Il songea brièvement à la prêtrise mais, dans toute l'ardeur de sa bouillante jeunesse, décida que "le sacerdoce c'était trop pour lui." (2) Ses plaintes à propos du manque à observer les lois protégeant le caractère religieux du dimanche sous le règne de Taschereau, semblaient sincères. Peut-être était-il aussi sincère quand il fustigeait les abus impies dus à la loi des liqueurs mais, sauf quelques mesures au temps de Noël, il ne fit rien pour remédier à cette situation lorsqu'il fut au pouvoir. Enfin il est difficile de savoir si, en opposant un refus à la requête de C.D. Howe qui demandait que les usines à papier continuent d'opérer le dimanche pour la durée de la guerre, Duplessis voulait impressionner ses électeurs ou s'il faisait montre de cet esprit de clocher pointilleux dont il mit beaucoup de temps à se débarrasser.

Duplessis avait des opinions orthodoxes, souvent exprimées. L'adresse suivante, qu'il composa pour Antonio Elie lors de l'installation de Mgr Comtois comme évêque de Trois-Rivières, en février 1935, est un exemple typique:

> *A l'heure où les institutions purement humaines sont vive-*
> *ment secouées parce qu'elles ont oublié de s'inspirer des*
> *vérités fondamentales, l'Eglise du Christ qui seule a reçu*
> *des gages d'immortalité, résiste à tous les assauts et con-*
> *tinue à donner le spectacle réconfortant d'une vitalité in-*
> *comparable et d'une puissance toujours grandissante... Vous*
> *avez été appelé au siège épiscopal des Trois-Rivières, par*
> *la plus grande autorité sur cette terre, par la seule qui ait*
> *reçu des gages certains d'infaillibilité et d'immortalité.*

Le nouvel évêque était assuré que la classe agricole en particulier lui accordait "ses respectueuses félicitations et son indéfectible soumission" et qu'il recevrait un témoignage de "filiale soumission" de la population en général. (3)

Une fois au pouvoir, l'attitude de Duplessis envers les évêques était aussi paradoxale que pouvait l'être la variété des comportements de Leurs Excellences. Duplessis en admirait sincèrement quelques-uns, surtout Mgr Maurice Roy, archevêque de Québec. Il était respectueux envers le cardinal Villeneuve et son successeur éventuel à la proverbiale pourpre romaine, le cardinal Paul-Emile Léger. Le cardinal Villeneuve avait été, pour ainsi dire, le mécène qui avait appuyé Duplessis dans les bons et les mauvais moments: son élévation au pouvoir, sa chute et sa remontée. Duplessis n'était pas homme à oublier une faveur. La vanité de Villeneuve était excusable aux yeux de Duplessis à cause de ses fonctions élevées de cardinal, de son courage personnel et parce que Duplessis révérait l'autorité, celle des autres non moins que la sienne.

Le cardinal Léger, par son intelligence brillante et son panache, par son efficacité et la faveur dont il jouissait au Vatican, s'attirait et recevait le respect de tous, y compris Duplessis. Cependant leurs rapports étaient rarement cordiaux. Le Québec était à peine assez grand pour contenir ces deux fortes personnalités, mais par déférence, l'un et l'autre se laissaient les coudées franches dans l'exercice de leurs fonctions.

Il y avait parmi les évêques ceux qui étaient sympathiques à Duplessis et dont l'esprit de parti amusait ce dernier. C'était le cas de Mgr Desmarais, évêque d'Amos qui était ni plus ni moins, agent officiel de l'Union nationale en Abitibi. Il y avait ceux dont Duplessis appréciait l'appui tel Mgr Courchesne, évêque de Rimouski. Dès qu'un évêque devenait adversaire avoué, c'en était fait de ses rapports avec Duplessis. Ce fut le cas de Mgr Charbonneau de Montréal. Les évêques qui marquaient leur mécontentement par des bouderies ou faisaient les importants, étaient tout simplement ignorés ou traités d'une façon cavalière. Ce fut le cas de Mgr Labrie de Hauterive. S'imaginant expert de l'industrie sidérurgique, il parcourait le monde à la recherche de capitaux pour construire des usines à quatre cents milles au nord de Montréal. Par contre, Duplessis accordait à certains ce qu'ils demandaient quoique le Premier ministre devenait parfois exaspéré et les rabrouait publiquement, ce qui arriva à Mgr Desranleau de Sherbrooke. Et puis il y avait ceux parmi les évêques qui avaient peu d'importance.

Tous les évêques, sauf les archevêques de Québec, devaient subir les manifestations de Duplessis exerçant jalousement les prérogatives de l'Etat. Cette expérience n'était épargnée à personne, même pas au cardinal Léger. Dans l'intimité, Duplessis s'amusait souvent aux dépens des évêques. Il les faisait attendre dans son antichambre. (4) Quand ils l'importunaient pour des subventions aux écoles et aux hôpitaux, Duplessis les traitait souvent comme des mendiants. Il s'esclaffait en se tapant sur les cuisses quand Antoine Rivard et les autres ministres imitaient les évêques paradant dans leur robe, barrette et anneau. Après la mort du cardinal Villeneuve, en 1947, Duplessis ne considéra plus les évêques comme ses pairs dans le domaine séculier du gouvernement. Les gestes de dévotion auxquels s'adonnait Duplessis: embrasser l'anneau épiscopal, montrer de la déférence en public, faire parvenir ses souhaits d'anniversaire sans faute chaque année, contribuaient certes aux bonnes relations entre l'Eglise et l'Etat mais ces gestes étaient surtout les multiples manifestations de la dévotion filiale de Maurice Duplessis envers l'Eglise de Rome, et en cela, il était sincère quelle qu'ait été son opinion des membres de la hiérarchie québecoise.

Le haut clergé, dans son ensemble, était satisfait du retour de Duplessis au pouvoir en 1944. Villeneuve avait regretté le manque d'enthousiasme de Duplessis au sujet de la participation à la guerre mais il savait qu'il n'était pas plus un fasciste que les libéraux de Godbout n'étaient des communistes. Il ne partageait peut-être pas toutes les opinions nationalistes de Duplessis à propos du Québec mais il savait que Duplessis n'était pas un séparatiste et que l'administration King-Saint-Laurent était un gouvernement puissant qui allait sûrement défendre l'intégrité de l'Etat fédéral. De plus il n'était pas lui-même sans un grain de sentiment autonomiste. Villeneuve croyait, comme l'ensemble des Québecois, que le Québec avait besoin d'un chef énergique, et en ceci Duplessis l'emportait clairement sur Godbout. En homme suffisant qu'il était, le cardinal s'identifiait mieux à Duplessis le bâtonnier, qu'à Godbout l'agronome. Mais ce qui plus est, le Parti libéral était le parti de Bouchard, des protestants et des juifs. Quant au Bloc populaire, on n'y pensait pas; que pourrait-on espérer d'ailleurs de ces têtes chaudes, bien intentionnées certes mais extravagantes. Du jeune Laurendeau au septuagénaire Bourassa ils étaient simplement tous trop impétueux. C'était Duplessis, l'homme de l'Eglise. C'était lui qui allait défendre le catholicisme au Québec, et on savait qu'il le ferait avec plus de détermination que les libéraux, avec plus de modération que le Bloc et obtiendrait de meilleurs résultats qu'eux.

Duplessis était un partisan de l'autorité. Il croyait en une Eglise et un Etat hiérarchisés mais compatissants. En fait, il façonna l'Union nationale presque à l'image de l'Eglise du Québec. Hautement structurée, elle récompensait le mérite, se souciait de l'ouvrier, du fermier et de la petite bourgeoisie mais se méfiait des élitistes et des réformateurs. Le catholicisme du Québec n'était pas le catholicisme bénin pratiqué en Hollande et en Grande-Bretagne et il n'avait pas non plus la forme hautement intellectuelle du catholicisme français. L'Eglise du Québec n'avait pas l'attitude morbide et fataliste de l'Eglise espagnole ni l'esprit mondain de l'Eglise italienne. Au Québec, l'Eglise n'était pas aussi politisée qu'elle ne l'était en Allemagne ni aussi aristocratique qu'en Amérique du Sud. Elle n'était pas, comme l'Eglise européenne, habituée à l'existence de mouvements antichrétiens, de gouvernements athées et de révolutions et elle n'était pas non plus, comme l'Eglise des pays anglo-saxons, habituée à partager sa tâche avec les majorités protestantes. Au Québec, le catholicisme était puissant et absolu.

Chez nous, le leadership de l'Eglise procédait du peuple. Le cardinal Villeneuve était fils de chapelier et le père du cardinal Léger était un épicier. Parmi les prélats, Mgr Roy était celui qui se rapprochait le plus d'un aristocrate. Son père, Ferdinand Roy, avait été nommé par Duplessis à la présidence de l'Office des Salaires raisonnables et devint par la suite doyen de la faculté de Droit de l'université Laval et juge en chef de la magistrature du Québec. Quoique la plupart des évêques fus-

Photo envoyée à Duplessis par Calixte Dumas avec une note humoristique: "Cette fois-ci, personne ne pourra vous accuser d'être en mauvaise compagnie!" (Soc. des Amis de M.L. Duplessis)

sent d'origine modeste, ils étaient presque tous profondément conservateurs. L'après-guerre au Québec était l'époque du grand débat sur la sécularisation. Les syndicats internationaux défiaient les syndicats catholiques. Du résultat de la concurrence pour l'adhésion des ouvriers et l'estime du public dépendait la décision à savoir si le mouvement syndical de la province serait dirigé au niveau provincial et par des catholiques ou s'il serait dominé par les gauchistes internationaux pour qui primaient les questions matérielles. Ces soi-disant internationalistes avaient tendance à considérer les différences culturelles comme des obstacles artificiels à l'unité du prolétariat international. Ceci, plus que toute autre chose, était la question brûlante qui faisait réagir le clergé. Il était bouleversé à la pensée que les patrons des syndicats américains et les avocats juifs prendraient la place des évêques et des aumôniers syndicaux.

Une autre préoccupation majeure du clergé était la question des écoles confessionnelles au Québec. Mais sur ce point, l'Eglise et l'Etat

310

Duplessis octroyant une école. (Soc. des Amis de M.L. Duplessis)

s'entendaient parfaitement. Le clergé était convaincu que de son contrôle de l'éducation et, à un moindre degré, des soins hospitaliers, dépendaient la survie de la langue française et de la religion catholique ainsi
que l'utilité du clergé lui-même. Aussi longtemps que l'Eglise adminis-
trerait les écoles et les hôpitaux, l'influence de l'Eglise et le renouvellement de ses effectifs serait assuré. Aussi longtemps qu'on recruterait
enseignants et personnel hospitalier chez les prêtres, les religieuses et les
ordres monastiques et aussi longtemps que les mouvements ouvriers, les
coopératives, les caisses populaires et l'animation sociale en général se
feraient sous l'étiquette "catholique", l'Eglise conserverait sa force matérielle et institutionnelle.

   Duplessis pouvait éveiller l'appréhension du clergé et attiser les
sentiments antilibéraux, ce qu'il faisait souvent d'ailleurs, en évoquant
le spectre de la sécularisation des écoles qui s'accomplirait sûrement si
les libéraux étaient élus. Ce cataclysme surviendrait à la suite de l'institution d'un "ministère de l'Education". Il y avait déjà eu un tel mi-

311

nistère au Québec sous le règne de P.J.C. Chauveau, le premier à occuper les fonctions de Premier ministre du Québec. Mais son successeur, Gédéon Ouimet, un porte-étendard du catholicisme et le plus jeune d'une famille de vingt-six, résigna ses fonctions de Premier ministre de la province en 1871 pour devenir chef du département de l'Instruction publique, organisme non-politique chargé d'exécuter la volonté de l'épiscopat en matière d'éducation avec l'argent du public. Les titulaires de ce poste continuèrent pendant soixante-dix ans à suivre les directives des évêques.

"Ministère de l'Education" était un euphémisme pour athéisme, pour "arracher les crucifix des murs des écoles" disaient Duplessis et ses orateurs. Pour Duplessis, la continuation du statu quo avait cela de bon qu'il économisait ainsi une somme considérable en salaires que le gouvernement n'aurait pas à payer et réduisait l'Eglise à une position de dépendance quasi complète envers la générosité de l'Etat. Ce système, anachronique mais efficace, était l'une des pierres angulaires du système Duplessis et il en tirait tous les bénéfices possibles. Les dizaines de milliers de religieux et religieuses qui enseignaient dans les écoles du Québec ne recevaient, pour toute rémunération, que quelques centaines de dollars par année du gouvernement. A cause du taux élevé des naissances au Québec à cette époque, de loin le plus élevé au Canada, il y avait presque autant d'enfants dans les écoles du Québec durant les années cinquante qu'en Ontario dont la population comptait environ un million de plus d'habitants. Même alors, le gouvernement du Québec pouvait consacrer une plus petite partie de son budget annuel aux salaires que n'importe quelle autre province et un plus grand pourcentage de son budget que toute autre province aux travaux de construction. C'était la fondation même des fameuses "réalisations" de Duplessis et dont l'énumération frustrait tant Godbout, Marler, Lapalme et Lesage. Durant cette période, Duplessis, comme le faisaient les chefs autoritaires d'autres juridictions, mena le Québec à des réalisations physiques sans précédent. Sous son leadership, le Québec cessa d'être une province arriérée du point de vue matériel. Et, comme nous le savons tous, les centaines de millions de dollars dépensés en contrats de travail n'étaient pas sans profiter au Trésor de l'Union nationale. C'est encore là une ironie de l'histoire du Québec que la modernisation de cette province fut l'effet des efforts de Maurice Duplessis et de la structure aberrante et monumentale de l'Eglise catholique.

Quand Duplessis reprit le pouvoir en 1944, l'épiscopat différait sensiblement de celui qu'il avait connu en 1939. Le cardinal Villeneuve était toujours irrépressible mais personne n'oubliait, lui moins que les autres, qu'il avait appuyé sans broncher la politique de guerre et qu'il s'était fait le champion de cette politique qui allait justement à l'encontre de la volonté de la majorité de ses ouailles. On n'entendait plus jamais dire qu'il serait le prochain pape. Depuis le renversement officiel par les électeurs de la position Eglise-Etat lors du plébiscite de 1942, le faste avait diminué. La pompe qu'avait connue le cardinal en tant que légat papal, la vénération dont il avait été l'objet en 1939 lors de la visite du roi Georges VI et à l'occasion de ses voyages en France et à Washington, et la déférence de King, Lapointe et Saint-Laurent étaient choses du passé. Néanmoins le cardinal archevêque de Québec jouissait encore d'une immense influence. Dans les réunions, sa voix se faisait encore entendre au-dessus de celles de ses confrères. Cette personnalité énergique et douée n'était nullement ébranlée par l'opposition féroce qu'avait soulevée sa politique. Après tout, les événements lui avaient donné raison, jusqu'à un certain point. Rares étaient ceux qui alors, nonobstant les louanges du Bloc à Pétain et à Mussolini, auraient nié que l'idéal que représentaient Roosevelt, Churchill et de Gaulle était le plus élevé, le plus civilisé.

Les évêques de Montréal, Mgr Bruchési à l'esprit dérangé et son successeur, Mgr Gauthier, archevêque-coadjuteur, n'avaient pas vraiment fait le poids contre Villeneuve. Si Mgr Gauthier avait été terne, par contre, son successeur, Mgr Charbonneau, était un homme dynamique qui s'exprimait avec force et éloquence sans pour autant prendre une attitude théâtrale, comme Villeneuve. Même physiquement, Charbonneau différait de l'image qu'on avait fini par se faire d'un évêque. Sa taille haute et mince, son allure distinguée faisaient souvent dire qu'il ressemblait au général Dwight D. Eisenhower. Alors que Villeneuve et les autres évêques n'apparaissaient en public que revêtus de leurs robes richement brodées, de leurs croix et médailles d'apparat et escortés en grande cérémonie par un entourage de valets attentifs, Mgr Charbonneau était sans prétention et simplement vêtu. En fait, il se préoccupait si peu des apparences qu'il portait souvent une soutane visiblement rapiécée. Comme plusieurs de ses confrères, Mgr Charbonneau était un brillant académicien, mais qui avait fréquenté une école différente. En tant que Franco-ontarien il était un ardent champion des intérêts canadiens-français. Il n'était pas vraiment un nationaliste québécois; il ne prônait même pas l'exclusivité du catholicisme et n'avait rien du paysan. Mgr Charbonneau était un pluraliste, au point de vue social, un libéral avoué, et politiquement, un partisan décidé du Parti libéral.

Presque dès le début, ces faits auguraient mal pour les affaires ecclésiastiques et séculières. Quand Rome nomme un évêque canadien, la nomination est traditionnellement soumise au gouvernement fédéral, au moins d'une manière officieuse, par pure courtoisie. A l'époque tourmentée de 1940, le gouvernement canadien n'était pas d'humeur à voir un autre prélat partisan de l'Action nationale et de la droite, un nationaliste et ultra-conservateur, s'installer dans la plus grande ville du Canada. Le choix du Saint-Siège avait été des plus judicieux. Rome, de son côté, n'était pas d'humeur à accueillir un crypto-fasciste car il était clair à Pie XII, sinon à Henri Bourassa, que Hitler et Mussolini étaient incompatibles avec les démocrates chrétiens. Joseph Charbonneau misait plutôt sur le Canada que sur le Québec; il envisageait pour l'Eglise un rôle matériel moins important accompli en coopération avec un Etat plus porté vers l'aspect social. Il déclara qu'il s'efforcerait d'être l'archevêque de tout Montréal, non seulement de la population catholique. Aussi longtemps qu'il y fut, l'Union-Jack flotta sur le palais archiépiscopal.

Charbonneau était l'archevêque du peuple, le champion infatigable des pauvres, des ouvriers et des humbles. Malheureusement, toutes ces admirables qualités étaient accompagnées de certains défauts: comme administrateur il était d'une inefficacité chronique et péchait encore plus gravement par un manque de tact personnel et de sens politique qui l'empêchait de comprendre les réalités de la politique épiscopale ou partisane. Durant l'après-guerre et suite aux négligences et à l'altruisme de son principal occupant, le palais archiépiscopal devint un endroit explosif.

En 1944, soixante-cinq pour cent de la population habitait les villes. Cependant, seules les juridictions de Villeneuve et de Charbonneau étaient surtout urbaines. Les quinze autres prélats qui composaient l'épiscopat québecois représentaient essentiellement des diocèses semi-ruraux et certains de ces évêques s'opposaient carrément à l'industrialisation. En ordre descendant, les plus remarquables évêques après Villeneuve et Charbonneau étaient Mgr Georges Courchesne de Rimouski et Mgr Philippe Desranleau de Sherbrooke. Mgr Courchesne était peut-être le plus conservateur de tous. Il avait une opinion bien arrêtée sur toutes les questions sociales du temps. Il était l'adversaire le plus irréductible de tout ce qui tendait vers la sécularisation, de l'intrusion de laïcs dans les cadres de l'enseignement et des fonctions para-médicales. Le catholicisme devait primer sur tout et la vocation religieuse devait être le passeport indispensable qui permettait l'accès aux carrières importantes ou aux fonctions d'élite sauf dans le cas des autres professions libérales et de la haute finance. Courchesne exigeait que le soin des orphelins, des vieillards dans les hospices, des prisonniers, des malades mentaux, des filles-mères — bref, tout le domaine du travail social — soit confié aux congrégations religieuses. On aurait pu croire qu'il était une réincarnation de Mgr Laflèche sauf qu'il n'était pas ultramontain, du moins en apparence. Il respectait les prérogatives de l'Etat en autant que l'Etat respectait les exigences de l'Eglise et fasse tout en son pouvoir pour maintenir un climat de saine moralité et un milieu politique stable et modéré. Son diocèse était isolé et demeurait comparativement peu touché par les courants intellectuels de l'époque et à peine troublé par les contestations qui minaient les relations ouvrières ailleurs dans la province. Ce diocèse pauvre, sous-développé et pittoresque, s'étendait de Rivière-du-Loup à Gaspé et l'Eglise y était l'organisme social incomparable, la seule dispensatrice de toutes les charités. Mgr Courchesne régnait sur son diocèse avec un absolutisme paternel, bienveillant mais inflexible. C'était une nature forte à la manière traditionnelle. C'était un chef.

L'évêque de Sherbrooke, Mgr Desranleau était plus démonstratif et avait une conception plus universelle des choses que Mgr Courchesne mais il était tout aussi féroce que lui dans l'exercice de son apostolat. Il avait été l'aumônier des ouvriers à l'emploi des Simard à Sorel et un des grands initiateurs de la longue grève qui avait affecté cette ville avant la guerre. De tous les évêques, Desranleau était le plus bruyant champion des syndicats catholiques. Son idée de l'Eglise n'était pas celle de Courchesne qui la considérait comme un roc solide, un appui continu à travers les âges, une gardienne pleine de sollicitude, indulgente même mais ferme et sévère. Desranleau voyait l'Eglise dans un rôle plus énergique, plus militant. Il croyait que l'Eglise, loin de s'opposer au changement, devait s'en faire le précurseur. L'agitation ouvrière était tout à fait acceptable si cela aidait la cause du catholicisme populaire ou s'il s'agissait d'ouvriers canadiens-français s'opposant à des patrons anglais ou anglicisés. Et l'agitation était aussi acceptable si cela pouvait augmenter la gloire et l'influence de l'Eglise de Rome sur les prophètes de Mammon, que ce soit les syndicats internationaux sécularisés et cyniques, qui agissaient sans considération pour le particularisme catholique et français ou bien encore les industriels exploiteurs, indifférents et amoraux.

Durant la brève période entre la mort de Mgr Villeneuve et la promotion de Mgr Léger, Desranleau, avec son allure théâtrale et ses manières pompeuses et arrogantes fut le plus spectaculaire des évêques du Québec. Lorsqu'il enfourchait son cheval de bataille, en défenseur exalté des causes qu'il avançait, seul le refus de Duplessis ou du Vatican pouvait mettre fin à ses importunités. Mais même là il n'était pas complètement réduit au silence. En plus Desranleau était un nationaliste. Rien n'indique qu'il était anti-Anglais si ce n'est la conception romantique qu'il avait de son propre rôle comme champion de l'ouvrier canadien-français. Il luttait dans un même élan pour le progrès social des ouvriers, pour répandre l'Action catholique avec ses multiples ramifications et ses ferventes initiatives et pour promouvoir l'autonomie politique et industrielle du fait français. Durant les années trente il avait encouragé exagérément les grèves illégales. Il n'était pas le type de personne qui pouvait plaire à Duplessis mais il n'était pas suffisamment subtil pour s'en rendre compte. Ses déclarations publiques étaient aussi provocantes que celles de Charbonneau mais sans l'idéalisme, l'humilité et l'éloquence de ce dernier. Cependant, en dépit de toutes ses fautes, Desranleau remplissait son ministère avec efficacité et énergie. Il a oeuvré avec succès pour les désavantagés des environs de Sherbrooke et favorisé le progrès dans de nombreux domaines.

Mgr Labrie était sans doute le plus intéressant parmi les autres évêques. Premier évêque du golfe du Saint-Laurent, diocèse établi en 1938, Mgr Labrie y avait passé toute sa vie de prêtre sauf pour deux années d'études en France. Il avait une bonne formation et des goûts littéraires raffinés. Toute sa vie était dédiée à la Côte-Nord, ce pays lointain, mystérieux, majestueux, qui s'étend jusqu'à quatre cents milles au-delà de la rivière Saguenay en suivant le Saint-Laurent de

Tadoussac à Blanc-Sablon. C'était le lieu que Jacques Cartier avait surnommé "la terre que Dieu donna à Caïn" et Labrie s'était donné pour mission de la racheter. En fait, pendant de longues périodes, il lui arrivait d'être la seule personne instruite qui habitait ce vaste domaine, à part les quelques ingénieurs miniers qui y séjournaient occasionnellement pour explorer les lieux. Il se trouvait bien sous ce climat rigoureux et se plaisait au contact de sa rude population composée surtout d'autochtones, de pêcheurs, de trappeurs, de chasseurs et de bûcherons. Il était le missionnaire qui reprenait les activités des fondateurs légendaires de la chrétienté nord-américaine.

Il était aussi un innovateur. Il parcourait son vaste territoire dans un avion primitif et il lui arriva, ayant été surpris par un hiver prématuré, d'être contraint d'hiverner pendant sept rigoureux mois avec les trappeurs et les chasseurs dans une localité située à environ mille milles au nord-est de Montréal. (5) Il connaissait intimement ses paroisses — leurs habitants et leurs problèmes. Inlassablement il poursuivait ses efforts pour attirer l'attention officielle sur la région; il ne perdait jamais de vue le rêve grandiose et la promesse que renfermait le Nord, cet élément suprême du patrimoine national québecois.

L'ouverture de la Quebec North Shore Paper Company à Baie Comeau, en 1938, fut l'une des grandes réalisations de sa carrière. Il avait aidé à persuader le propriétaire du *Chicago Tribune* et du New York News, le colonel R.R. McCormick, de construire ce grand complexe industriel dans cette région vierge. Attenant à Baie Comeau, municipalité complètement contrôlée par la compagnie et fief corporatif, Mgr Labrie fonda la municipalité résidentielle de Hauterive. Même s'il avait participé à l'implantation de la compagnie, il n'en fut jamais la marionnette et fit en sorte que les employés locaux aient une certaine indépendance et détiennent la balance du pouvoir, assurant ainsi aux collectivités un très haut standard de vie et une ambiance de travail paisible. On lui accorda un évêché en récompense, le premier dans l'histoire de l'Eglise catholique romaine, prétendait-il, à n'être pas alloué d'après une juridiction civile. Et là, sur les hauteurs dominant la Manicouagan il fit bâtir une splendide école et un magnifique palais épiscopal en pierres. Plus tard vinrent les grands projets de mise en valeur du minerai de fer, encore plus au nord-est, amenant avec eux chemins de fer, urbanisation et constructions portuaires.

Malgré son énergie et l'ampleur de sa vision, Mgr Labrie était tout aussi vieux jeu que Courchesne et tout aussi tatillon que Desranleau, mais il était moins conservateur que le premier et criait moins fort que le second. La construction d'une piscine municipale intérieure à Sept-Iles fut considérablement retardée parce que Mgr Labrie insistait pour qu'il y ait des piscines séparées, une pour les femmes et une pour les hommes. Finalement on accéda en partie à sa demande en décrétant des heures de bain bien séparées pour les hommes et les femmes.

Durant les années cinquante, Labrie sollicitait ouvertement des capitaux pour l'installation d'une industrie sidérurgique sur la Côte-Nord, une initiative qui finit par irriter Duplessis et ceux qui étaient plus compétents dans ce domaine que l'évêque ambulant du Nouveau-Québec. Lorsque Lapalme se posa en champion du même projet, pour des raisons strictement partisanes et d'une manière très irresponsable, les rapports de Labrie avec le gouvernement du Québec se détériorèrent rapidement et le dommage fut irréparable. Cependant Mgr Labrie avait apporté beaucoup à son diocèse et au Québec. Il avait donné un exemple frappant de ce que pouvait accomplir l'influence ecclésiastique employée à des fins constructives. Le fait qu'il vécut encore longtemps, presque ignoré, après l'époque de ses grandes réalisations, ne diminue en rien l'importance de son oeuvre.

Mgr J.A. Desmarais, évêque d'Amos et peut-être le plus haut en couleurs parmi les évêques d'importance secondaire, était celui qui aurait pu le mieux comprendre Mgr Labrie. Desmarais était originaire de Saint-Hyacinthe, centre de nombreuses activités religieuses, doté d'un excellent séminaire et d'un splendide centre hospitalier dirigé par l'évêque et pourvu d'un personnel clérical. C'était aussi un centre culturel à proximité de Montréal, donc facile d'accès mais complètement indépendant de la grande ville. Capitale des fiers Maskoutains, ville natale de T.-D. Bouchard, Saint-Hyacinthe avait aussi un noyau anticlérical.

En imposant une taxe à l'Eglise pour l'entretien de la force policière, des pompiers et des services municipaux, Bouchard contribua à faire de Saint-Hyacinthe une belle ville avec ses larges boulevards et ses places attrayantes. En plus de toutes ses autres réussites, Bouchard partageait avec Médéric Martin, S.N. Parent, Camillien Houde, Jean Drapeau et peut-être Roland Désourdy et quelques autres, l'honneur

d'être un des plus remarquables maires du Québec au vingtième siècle. Il était en outre le plus grand chef politique anticlérical depuis
Papineau.

Mgr Desmarais avait été évêque-coadjuteur sous Mgr Decelles. Il
n'était donc pas étonnant qu'il éprouvât une haine implacable pour
Bouchard. Quand on voulut souligner le mouvement de colonisation en
créant un évêché en Abitibi, on éleva J.-A. Desmarais des tranchées de
Saint-Hyacinthe où il faisait la guerre aux idées, au nouveau siège
épiscopal à la frontière de la civilisation. C'était un choix bizarre
semblait-il, mais Mgr Desmarais mit tout autant de zèle au service de
ses paroissiens, pauvres et transplantés, dont plusieurs avaient fui la terrible crise économique, qu'il en avait apporté à combattre les bouchar-
distes. Il n'avait pas la stature de Labrie mais il était efficace, laborieux
et consciencieux dans l'exercice de ses fonctions, parmi les habitants de
son diocèse et avec le gouvernement provincial, surtout quand Duplessis était au pouvoir. Mais il n'aimait pas autant la rude frontière de
l'Abitibi que Labrie n'aimait la Côte-Nord. Il était venu dans cette
région en tant qu'évêque, le premier évêque si l'on veut, mais non pas le
premier prêtre comme cela avait été le cas pour Labrie dans son district.
En plus Labrie avait choisi une région à l'avenir prometteur tandis que
Desmarais avait été affecté à un territoire dont la croissance était en
grande partie due au retour à la terre, un phénomène qui ferait son
temps puis disparaîtrait. Ceci le condamnait à une insignifiance gran-
dissante en cette époque d'après-guerre, dominée par l'industrialisation, l'urbanisation et la prospérité. Labrie par contre prospérait après
son dur apprentissage loin du monde.

Mgr Desmarais était aussi trop partisan. Ce défaut ne lui nuisait
pas auprès du gouvernement Duplessis mais affaiblissait sa position
comme évêque et ne l'aida guère lorsque Godbout et Bouchard accé-
dèrent au pouvoir. Et il était aussi trop vaniteux. Par exemple il
envoyait des cartes de Noël où figurait sur un côté le Pape XII super-
posé sur un arrière plan du Tibre et de Saint-Pierre de Rome. Sur l'autre côté de la carte, face à ce tableau grandiose, Mgr Desmarais se
tenait à la butée d'un modeste pont construit par Bouchard, avec, en
arrière-plan, la cathédrale. Cela était suffisamment présomptueux
mais Desmarais était allé plus loin en imitant la position du Pontife,
bras croisés et anneau épiscopal bien en vue. L'anneau de l'évêque

319

d'Amos l'emportait définitivement sur celle du Saint-Père par sa grosseur et par son éclat. (6) Ce genre d'affectation tendait à diminuer la crédibilité en la personne de Desmarais et en sa qualité d'évêque.

Le successeur de Mgr Decelle à l'évêché de Saint-Hyacinthe, Mgr Douville, ressemblait à la plupart des autres évêques en ce qu'il faisait peu d'impression, était bien intentionné, dévoué et plus ou moins médiocre. On aurait pu en dire autant de Mgr Albiny Lafortune, évêque de Nicolet, de Mgr Athanase Forget, évêque de Saint-Jean, de Mgr Papineau de Joliette et de Mgr Limoges de Mont-Laurier. L'évêque de Valleyfield, Mgr Langlois, était différent. Il était vieux et, en 1944, il avait presque sombré dans un état léthargique. Mais pour un temps il avait semblé destiné aux plus hauts offices. Cependant tous ses espoirs s'étaient évanouis lorsque le nonce papal de l'époque avait promu son ancien protégé, le dominicain F.M.R. Rouleau, à l'archevêché de Québec en 1925 et subséquemment l'avait nommé cardinal. Autrement cet honneur serait revenu à Langlois et, si l'on en juge d'après sa longévité à Valleyfield, il aurait occupé ce siège très longtemps. Mais cela ne devait pas être. Intelligent, respecté, conservateur, il languissait, c'était presque le Sir Thomas Chapais de l'Eglise du Québec. Mgr George Melançon, évêque de Chicoutimi, était un homme énergique, un évêque efficace, un grand admirateur de Duplessis. Mgr Georges-Léon Pelletier, évêque de Trois-Rivières après 1947, était ambivalent. Il était l'ami de Georges-Henri Lévesque à Québec mais à Trois-Rivières il ne passait pas pour un partisan des libéraux. Pendant un temps il affecta le panache d'un Desranleau mais il n'avait pas la même fougue et de toute manière, ce genre de performance n'était pas très bien vu dans la ville natale de Duplessis. Pelletier se mérita la réputation de n'être, dans son diocèse, qu'un pâle reflet de l'autorité civile de Duplessis. Tout bien considéré, il était plutôt décevant.

Parmi les évêques, J.-A. Desmarais était sans nul doute le plus enthousiasmé au soir de l'élection de 1944. Le 12 septembre 1944, il écrivait à Duplessis:

> *C'est le soir même, ou au lendemain, de la journée mémorable de 8 août dernier, que j'aurais voulu vous écrire, pour vous féliciter de la victoire qui remettait entre vos mains les rênes du gouvernement de la Province... Toutefois, si vous vous êtes rappelé le souhait très sincère que je vous faisais*

de vive voix, en vous croisant au Parlement, au début du mois de juillet, il n'était pas nécessaire de vous écrire pour vous faire connaître mes sentiments. Vous saviez que je devais me réjouir bien grandement avec tous vos amis du brillant succès que vous veniez de remporter, dans des circonstances particulièrement difficiles, par suite de la présence des candidats du Bloc populaire dans la plupart des comtés de la Province... Quelques jours après la votation, je rencontrais ici, à Upton, le nouveau député de Saint-Hyacinthe, Ernest Chartier. J'étais si fier de sa victoire! Enfin, vous étiez là, le maître de la forteresse! Et je rencontrais à Montréal notre ami Eugène Poirier, qui avait généreusement consenti à poser sa candidature contre le chef du Bloc populaire et un candidat du parti libéral: il aurait bien mérité lui aussi d'être élu, j'en aurais été heureux!

Il y a cinq ans déjà! Je me souviens qu'à pareille époque, en 1939, je me préparais à quitter mon beau pays maskoutain, pour venir en pays neuf prendre la direction d'une nouvelle "barque de Pierre" en Abitibi. Et je n'ai pas oublié — les photos sont là pour en perpétuer le souvenir —, il y avait six ministres de l'Union nationale, pour m'honorer de leur présence lors des fêtes de mon intronisation. Son Excellence le Délégué apostolique lui-même en était tout réjoui. Et de fait, quel heureux présage c'était pour le nouveau diocèse d'Amos et pour son chef, de se voir ainsi, dès le début, entouré de sollicitude par les chefs du gouvernement. Mais hélas! ce ne fut qu'au début! Les célébrations n'étaient pas terminées, que, nous l'avons su, devant la situation impossible qui vous était faite, vous avez rappelé vos ministres — quelques-uns sont partis directement d'Amos — et décidé la dissolution des Chambres; et l'on connaît la suite, et pour la Province et pour le diocèse d'Amos, en particulier.

A partir de là, finies les faveurs du Gouvernement. Il a fallu tout sacrifier à la dictature de Bouchard et à la tyrannie de Perrier, se contenter des beaux sourires et des promesses trompeuses de l'honnête Henri Groulx, se montrer satisfait de la faveur du Premier ministre et de "la haute considération" qu'il accordait à nos problèmes.

En avant-plan, de gauche à droite: Mgr Pelletier, le cardinal Léger et Maurice Duplessis. (Soc. des Amis de M.L. Duplessis)

Desmarais écrivait encore cinq pages sur les mérites du nouveau cabinet Duplessis. Il avait entendu dire de bonnes choses à propos de Bégin, ne connaissait pas Robinson, aimait bien Côté, un de ses anciens élèves à Saint-Hyacinthe, et faisait l'éloge de Gagnon.

Georges Melançon, évêque de Chicoutimi était à peine moins partisan de Duplessis:

> *L'occasion est trop belle pour que je n'en profite pas... Je vous félicite du bon travail de votre Gouvernement durant la dernière session. Je serais bien tenté parfois de venir vous féliciter, et même souvent, mais je ne voudrais pas être importun et vous avez tant à faire et même à lire... Mgr Courchesne me disait pourtant, au temps du regretté cardinal Villeneuve: "Il faudrait que nous venions l'encourager de nos félicitations, autrement il n'aura à lire que des reproches et des sottises, ce qui est bien déprimant." Si parfois de tels écrits vous sont adressés, — à quoi ne peut-on pas*

s'attendre en notre siècle — je suis convaincu qu'ils ne vous dépriment pas du fait que vous restez toujours à la hauteur des principes d'une juste et saine politique.

Si j'en juge d'après vos activités, votre santé doit être excellente et je souhaite pour vous-même et le bien de notre Province qu'elle se maintienne ainsi encore de longues années. (7)

Après les élections de 1952, il écrivait:

"Cher Monsieur le Premier Ministre, Je vous apporte, à mon tour, mes plus vives félicitations, non pas tant pour la victoire remportée lors des dernières élections, car cela ne faisait aucun doute, mais plutôt pour la résistance extraordinaire dont vous avez fait montre tout au long de la campagne électorale. Non vraiment, il y a erreur, vous n'avez pas soixante ans!!!!" (*Il avait en fait, soixante-deux ans.*)

L'évêque de Saint-Hyacinthe, Mgr Douville saluait Duplessis avec presque autant d'enthousiasme mais pour des raisons un peu différentes. Même s'il avait souffert de la domination de T.-D. Bouchard, il n'était pas aussi ouvertement partisan que Desmarais, Melançon, Courchesne et quelques autres. Il se trouvait fréquemment en difficultés financières. Sa correspondance avec Duplessis démontre bien les méthodes qu'employait ce dernier en transigeant avec les évêques. Tout en semblant se rendre à leurs demandes, il ravalait Leurs Excellences au rang de solliciteurs suppliants. Douville écrivait à Duplessis, le 10 août 1944, deux jours après l'élection, vingt jours avant la réinstallation de Duplessis comme Premier ministre:

Cher Monsieur le Premier ministre, Je tiens à vous saluer comme Premier ministre et à vous féliciter de la marque de confiance que vient de vous donner la Providence. Saint-Hyacinthe s'est placée de votre côté, et je crois que monsieur Chartier vous fera un bon député. Puis-je vous exprimer, dès aujourd'hui, mon désir? Je l'ose: que l'école technique de Saint-Hyacinthe échappe au contrôle de Bouchard et soit dirigée par nos si méritants Frères du Sacré-Coeur.

Duplessis soumettait à un petit exercice, à une sorte de cérémonie de supplication épiscopale, les évêques qu'il croyait lui être hostiles ou à qui il décidait, par simple caprice, de rappeler la dépendance financière dans laquelle ils se trouvaient. Mais même en cela il y avait un ordre à suivre. Desmarais demandait et recevait. Villeneuve et Roy n'avaient même pas à demander. Desranleau se voyait fréquemment refuser ce qu'il demandait. Douville demandait, puis suppliait et finalement recevait. Quant aux demandes de Labrie, on n'en tenait aucun compte. Papineau et Pelletier étaient traités à peu près comme Douville, Courchesne comme Roy et Melançon comme Douville. Le cardinal Léger était dans une classe à part — trop fier pour demander, trop intelligent pour exiger, trop puissant pour être refusé. Il établissait un *modus operandi* à chaque fois que le besoin s'en faisait sentir. La chose n'allait pas sans difficultés ni sans échanges acerbes, mais lui et Duplessis se résignaient à la nécessité de travailler ensemble.

La technique de Douville était la plus fréquemment employée et on peut en suivre les péripéties dans la correspondance portant sur les finances de l'Hôtel-Dieu de Sorel, du début de l'année 1950. On était dans les premières semaines suivant la démission controversée de Mgr Charbonneau comme évêque de Montréal. Les lettres entre Duplessis et les évêques venaient nombreuses, rapides et entrelardées de protestations de solidarité. Les évêques se surpassaient en flatteries et le Premier ministre n'avait jamais été aussi généreux. Mais même en ces jours de paix, Douville fut contraint de se plier au rite de la supplication et de l'attente avant d'obtenir l'aide financière du gouvernement pour son hôpital. Il écrivit à Duplessis plusieurs fois en décembre 1949 et janvier 1950. Le 28 janvier, il dit que l'Hôtel-Dieu se trouvait dans une "précaire situation financière":

> *Il lui faudrait, en somme, cinq cent mille dollars pour payer son ameublement, son outillage et les comptes courants accumulés depuis trois ans: tout ceci constitue une dette criarde de fort embarrassante.*
>
> *Confiant en votre compréhension et en votre bon coeur, je vous lance mon S.O.S. angoissé, en vous disant, comme Marie dans l'Evangile: "Ils n'ont plus de vin"; et, comme jadis, les nouveaux mariés et les convives de Cana chantèrent la gloire du Maître en constatant que le meilleur vin avait été réservé pour la fin, ainsi, je l'espère fermement, les nouvelles arrivées, les religieuses de Saint-Joseph, et nos*

*chers et sympathiques Sorellois jubileront en votre honneur,
à la nouvelle que vous les avez tirés de leur embarras.*

Ne recevant pas de réponse, Douville écrivit de nouveau à Duplessis le 19 février, prenant cette fois un ton moins angélique:

*Je me permets d'insister au sujet de l'Hôtel-Dieu de Sorel
qui va tomber en faillite à moins qu'on ne puisse, et bientôt, lui apporter l'aide d'au moins trois cent mille dollars.
On me dit que Monsieur le ministre Paquet (il voulait dire le
Dr Paquette) a promis dernièrement $100,000.00. C'est
bien, évidemment, mais c'est franchement insuffisant dans
les circonstances où les créanciers vont jusqu'à prendre
action contre l'Hôtel-Dieu.*

Puis suivait une récitation vraiment émouvante de l'impossibilité
dans laquelle se trouvait le diocèse de sauver l'hôpital parce que l'évêque avait déjà engagé quatre cent mille dollars pour la construction du
nouveau séminaire. Il énumérait les économies qu'il avait tenté d'effectuer, parlait de la souffrance et de la dévotion des pauvres religieuses
qui ne recevaient rien et sacrifiaient tout, même le chauffage dans leurs
appartements, pour aider l'hôpital. Puis il donnait une explication vraisemblable des coûts de l'hôpital et terminait en demandant un rendez-
vous à Duplessis, à l'endroit et au moment indiqués par le Premier
ministre.

Duplessis ne répondait toujours pas. Le 25 janvier, il avait reçu de
Tourigny un rapport confidentiel sur l'état de l'hôpital. Le 1er février
ses débentures seraient déclarées en défaut et si elles n'étaient pas hono-
rées, la compagnie General Electric, en tant que plus important créancier à qui on devait la somme de cinq cent mille dollars prendrait une
action contre l'hôpital. Les fournisseurs ne voulaient plus avancer de
nourriture ou de remèdes aux religieuses qui ne savaient plus comment
nourrir les quatre-vingt-cinq malades. La construction avait coûté neuf
mille dollars du lit, ce qui était moins élevé que pour la plupart des hôpitaux. On avait ajouté vingt pour cent aux coûts estimés à cause du
retard dans la livraison des matériaux de construction. Tourigny soulignait que si le gouvernement permettait la faillite de cet hôpital cela
aurait de terribles répercussions sur le marché des obligations. Ce rapport décida Duplessis à agir mais il attendit encore plus d'un mois

avant de répondre à l'évêque de Saint-Hyacinthe qui l'importunait toujours avec une énergie dont le point culminant fut sa lettre écrite à la main en date du 26 février et que Duplessis reçut le 28: "Je vous envoie une copie de la lettre de l'Assistante générale des hospitalières relative à la décision de retirer les religieuses de l'Hôtel-Dieu de Sorel; leur situation est franchement intenable. Dans l'espoir que vous pourrez faire un dernier effort victorieux, je me redis votre tout dévoué, Arthur Douville."

Cette missive accompagnait une lettre pitoyable d'un membre de la congrégation religieuse en question. Entre temps Duplessis se décidait enfin à lui répondre, le 27 février, mais selon la formule qu'il employait habituellement avec les évêques et sous le coup de laquelle ils ont dû souvent souffrir:

> *Votre lettre du 19 février courant, livrée à mon bureau le 21, n'a pu m'être communiquée que ce matin à mon retour de Montréal. Le gouvernement actuel a fait beaucoup pour l'hôpital Hôtel-Dieu de Sorel. De fait, la contribution du gouvernement de la province, avec le dernier $100 000.00 accordé, se chiffre à plus de $850 000.00. Je puis affirmer, Excellence, sans crainte d'être contredit victorieusement, qu'aucun gouvernement provincial n'a autant fait, pour la santé publique et pour l'éducation, dans notre province. Notre province est immense et les problèmes, qui ont été accumulés pendant les nombreuses années durant lesquelles nos adversaires politiques ont été au pouvoir, — et cela dans presque tout les domaines — sont innombrables. Néanmoins, pour Vous être agréable, Excellence, et cela me fait bien plaisir, je vais soumettre de nouveau la question à mes collègues au Conseil exécutif à notre prochaine réunion, mercredi de cette semaine.*

> *Je comprends, par Votre lettre, que Vous désirez obtenir un octroi additionnel et total de $300 000.00 y compris le $100 000.00 dont il a été question précédemment. Avec ces $300 000.00 le gouvernement actuel se trouverait à payer plus d'un million de dollars en faveur de l'hôpital en question. Vous conviendrez, Excellence, que c'est très généreux.*

Le Premier ministre se tira finalement de sa torpeur officielle, le 3 mars, et annonça à Douville par télégramme l'attribution des trois cent mille dollars additionnels demandés et résumait encore une fois la générosité des contributions du gouvernement à cette institution. Duplessis résuma ce genre de situation en une phrase mémorable: "Les évêques mangent dans ma main."

Cependant, Duplessis était généralement bien vu des évêques. La plupart d'entre eux avaient tendance à se croire les gardiens de la culture française aussi bien que de la foi et l'attitude autonomiste de Duplessis leur convenait tout à fait. En plus ce dernier pratiquait sa religion avec une rare ferveur, il était, tout au moins en apparence, respectueux de l'épiscopat et même ses manques d'égards en privé n'offensaient que quelques évêques.

La lettre que lui adressait Mgr Desranleau, évêque de Sherbrooke, démontrait bien l'attrait qu'exerçait sur les évêques la position autonomiste de Duplessis. Mgr Desranleau était si touché par l'attitude de Duplessis sur la Constitution qu'il lui écrivait ces mots, peu de temps avant l'éclatement de l'affaire Charbonneau: "Très Honorable Monsieur le Premier, que saint Maurice dont nous célébrons la fête ce jour même vous garde en bonne santé et vous obtienne tout le temps utile pour sauver l'autonomie de notre province! Ce matin à ma messe j'ai bien prié pour notre Premier ministre. Votre tâche est immense et vous êtes de taille à l'accomplir." (9)

Dans la lutte qu'engageait Duplessis et ses alliés parmi les clercs contre l'archevêque de Montréal, pour l'approbation de la hiérarchie de l'Eglise catholique, Duplessis avait déjà gagné. Cet épisode — la grève d'Asbestos et le départ de Mgr Charbonneau — a donné lieu à ce qui a probablement été la plus grande controverse de la carrière de Duplessis.

Duplessis n'avait jamais eu avec Charbonneau les rapports amicaux qu'il avait eus avec Bruchési et Gauthier. Charbonneau avait réussi à offenser les conservateurs et les nationalistes et sa personnalité n'était pas de celles qui auraient pu lui attirer l'amitié de Duplessis. Il avait fait des remarques désobligeantes en comparant l'Ontario et le Québec, surtout en 1943. Cela non plus n'eut pas l'heur de plaire à certains Québecois car, d'après ces remarques, l'Ontario était toujours mieux que le Québec. Il avait commenté l'aide à la Chine, alors aux prises avec une guerre civile, et avait semblé incertain quant au résultat de la guerre. Ce n'était pas très astucieux de sa part à un moment où les journaux du Québec étaient remplis d'articles décrivant les souffrances des missionnaires catholiques en Chine. En 1947, il avait rencontré James Mutchmore de la United Church et, pratiquant l'oecuménisme avant son temps, ils avaient convenu de plusieurs buts communs. C'était une entreprise admirable mais le Québec n'était pas préparé à ce genre de choses ni l'Ontario d'ailleurs où Mutchmore fut critiqué plus sévèrement que Charbonneau au Québec. Ceci sembla confirmer l'impression répandue par ses adversaires, que Charbonneau ne comprenait pas vraiment le Québec.

Charbonneau avait passé plusieurs remarques désobligeantes à propos du manque d'un programme d'ensemble sur l'habitation à Montréal. Ces commentaires ne pouvaient faire autrement qu'offenser Duplessis et Houde. En 1947, l'archevêque acheta *Le Devoir* par l'intermédiaire de deux trusts compliqués et installa au journal les vigoureux antiduplessistes qu'étaient Gérard Filion, anciennement de l'Union catholique des Cultivateurs, André Laurendeau, chef provincial du Bloc populaire, et Antonio et Jacques Perrault. Pour le chef de l'Union nationale c'était là un geste franchement hostile. On n'avait pas oublié que lors des élections municipales de 1944, après la libération de Camillien Houde, Charbonneau avait exhorté les électeurs à ne pas se prononcer sur des questions nationales. Et puis, il y avait eu ses tentatives d'amender la charte de l'université de Montréal afin de la séculariser davantage tout en augmentant les pouvoirs du chancelier, l'archevêque lui-même, ce qui aurait eu pour effet d'augmenter les frais d'opération et les coûts au gouvernement provincial. Et enfin, il y avait eu son intervention dans la grève à la Commission des Ecoles catholiques de Montréal, en 1949. Il avait pris parti pour des grévistes dont il était, d'une certaine façon, l'employeur et cela avait rendu le gouvernement furieux.

Mgr Charbonneau était un homme brillant, charmant, tout d'une pièce. Dans sa candeur il n'entendait rien à la politique cléricale et encore moins à la politique séculière. Ses visites *ad limina* à Rome se passaient à explorer des champs de bataille. Aux réunions de l'épiscopat du Québec on l'avait entendu à travers les portes closes accuser ses collègues "d'étroitesse d'esprit" et cependant, il semblait ne pas com-

Mgr Joseph Charbonneau en 1949. (Wide World — Canada Wide) ▶

prendre qu'il s'était fait des ennemis parmi les évêques. Lorsqu'il s'en aperçut, il était trop tard. Pour Mgr Charbonneau, l'Eglise était universelle et il accordait peu d'attention au nationalisme québecois et aux partis pris confessionnels. L'archevêque croyait que les gens devaient être justes et bons et si l'on découvrait une injustice ou une mauvaise action il fallait la dénoncer énergiquement, quelles qu'en soient les conséquences. Il ne vint jamais à l'esprit de cet homme, altruiste et fervent, qu'une telle attitude pouvait conduire au désastre. Et finalement, quoique indiscutablement intelligent, Mgr Charbonneau était un administrateur incroyablement inefficace. Il n'entendait rien aux chiffres et ne s'attachait nullement au protocole. Désorganisé, il négligeait souvent de répondre à son courrier ou le faisait en retard. (10)

L'épiscopat avait été témoin de plusieurs querelles sérieuses entre Mgr Charbonneau et le cardinal Villeneuve après la fin de la guerre, dont ils avaient tous deux suivi le progrès avec un même désir de victoire, d'une intensité qui ne devait être excédée que par le désir de Winston Churchill. Mais le cardinal était mort en 1947 et son successeur, Mgr Roy, était un homme moins porté à la controverse et capable d'entretenir de bonnes relations avec presque tout le monde. Avant la guerre, il avait été aumônier des étudiants à l'université Laval et avait passé toute la guerre au front, au service de l'aumônier quand cela était possible. Elevé au rang d'aumônier en chef de la première Armée canadienne, il était subséquemment devenu aumônier en chef des Forces armées canadiennes et avait été promu au rang de général. A son retour d'Europe il fut nommé recteur de la faculté de Théologie de l'université Laval et en 1946, succéda à Mgr Comtois comme évêque de Trois-Rivières. L'année suivante, âgé de quarante-deux ans, il montait sur le trône qu'avaient occupé Mgr Laval et les cardinaux Taschereau, Bégin, Rouleau et Villeneuve, en tant qu'archevêque de Québec et primat du Canada. (Il devint cardinal en 1965.) La nomination de Mgr Roy fut acclamée par la plupart des chefs séculiers. Les libéraux et les conservateurs l'admiraient pour son activité durant la guerre et l'Union nationale faisait l'éloge du fils d'un bon conservateur. Mais même le tact et la diplomatie de Roy ne suffirent pas à contenir le problème que représentait l'amalgame de la personnalité de Charbonneau, la division profonde qui partageait traditionnellement le clergé du Québec et la présence dans la province d'un gouvernement quasiment tout-puis-

Inauguration du moulin de la Canadian Johns Manville à Asbestos en 1955. De gauche à droite: Mgr Georges Cabana, archevêque de Sherbrooke, M. Duplessis, deux directeurs de la compagnie et le Révérend Philip Carrington, archevêque anglican de Québec. (Editorial Ass. Ltd. — Roger Ouellet)

sant et déterminé à ne céder en rien sa mainmise sur le royaume de César.

Ce schisme éclata aux yeux du public durant la fameuse affaire d'Asbestos, en 1949. Environ 2 100 des 5 000 travailleurs de l'amiante, employés par la Canadian Johns-Manville à Asbestos, ville située à environ soixante milles à l'est de Montréal, quittèrent leur travail à la suite d'une rupture dans les négociations, le 10 février 1949. La grève déclenchée le 13 février, fut déclarée illégale le jour même par le ministère du Travail. Et cela pour la bonne raison que les syndicats, après avoir accepté l'arbitrage auquel la loi décrétait qu'ils devaient avoir recours avant de déclencher une grève, avaient ensuite refusé l'arbitrage. Duplessis désapprouvait les grèves et pour les éviter il avait inventé un système complexe de conciliation et d'arbitrage. L'employé n'avait droit de grève que si ce processus s'avérait insuffisant à rétablir la situation.

Les ministères de la Santé et du Travail avaient déjà commencé à améliorer les conditions de travail insalubres des mineurs de l'amiante et à la demande instante du gouvernement, la Canadian Johns-Manville avait mis en place pour plus d'un million de dollars d'équipement pour éliminer la poussière. Ces précautions réduisirent effectivement l'incidence de maladies pulmonaires: la silicose et l'amiantose. L'année précédente un long et plutôt sensationnel exposé de ce problème était paru dans la revue des jésuites, *Relations*. Cet article, signé de Burton Ledoux, était à la fois un plaidoyer plein de compassion pour les mineurs et une attaque virulente du système capitaliste. Gérard Pelletier, alors jeune journaliste, avait été le principal collaborateur de Ledoux pour la rédaction de cet article.

Dans les syndicats catholiques de l'industrie de l'amiante, les personnes les plus influentes étaient Gérard Picard qui avait remplacé Alfred Charpentier, moins combatif que lui, à la direction de la Confédération des Travailleurs catholiques, et Jean Marchand, secrétaire général du syndicat et l'un des premiers disciples de Georges-Henri Lévesque. Chez les travailleurs de l'amiante il ne s'agissait pas que d'une lutte pour un meilleur salaire et de meilleures conditions de travail mais il y avait aussi le conflit entre deux concepts sociaux qui avait fait surface après la guerre. Ce conflit opposait les syndicats internationaux, qui mettaient de l'avant les objectifs universels des ouvriers, aux syndicats catholiques qui prétendaient inculquer des valeurs catholiques et quelque peu corporatistes aux travailleurs. Plusieurs organismes appuyaient le mouvement ouvrier: l'Action catholique, les Oeuvres de bienfaisance catholiques, les coopératives et les caisses populaires, les journaux catholiques, *Le Devoir* en tête, et même l'épiscopat. La question était de savoir si les ouvriers du Québec aspiraient surtout au bien-être matériel de la classe ouvrière, but qui serait mieux atteint par les syndicats internationaux ou s'ils aspiraient plutôt à satisfaire le mélange de bien-être matériel et d'aspirations culturelles que représentait le mouvement ouvrier catholique du Québec.

Les travailleurs demandaient une hausse du salaire de base de quinze sous à un dollar l'heure, une contribution par les compagnies de trois pour cent de l'ensemble des salaires, pour constituer un fonds de bien-être social, une indemnité de cinq cents l'heure pour couvrir diverses conditions nouvelles, neuf congés payés par année, des vacances annuelles plus longues et divers droits d'ancienneté. On demandait aussi l'application de la formule Rand qui stipule que tous les employés, syndiqués ou non, doivent verser leur cotisation au syndicat et une description précise des droits de l'administration. Les salaires de base avaient augmenté de cinquante-huit cents en 1947 à quatre-vingt-cinq cents vers la fin de 1948. La compagnie offrait une augmentation de dix cents l'heure et crut d'abord que le recours à la grève n'était qu'une tactique syndicale pour obtenir l'arbitrage pour toute l'industrie. La compagnie ne se rendait pas compte qu'il y avait danger d'un soulèvement ouvrier; elle rapporta des dommages d'environ cinq cent mille dollars dus au vandalisme durant la première semaine de grève, un montant très élevé même en admettant qu'il y ait eu exagération. (11)

Il était à ce moment clair que les accrochages entre les grévistes et ceux qui refusaient de faire la grève contribuaient largement à l'agitation et à la difficulté de reprendre les négociations. Les syndicats catholiques avaient pris de l'avance sur leurs rivaux et il se produisit plusieurs incidents entre les deux groupes. Le 21 février, le ministre du Travail appliqua la Loi sur les Grèves illégales en révoquant le certificat du Syndicat des Travailleurs catholiques d'Asbestos. Le même jour, Duplessis, en sa qualité de procureur général, envoyait un contingent de la police provinciale rétablir l'ordre à Asbestos d'où parvenaient des rapports d'anarchie croissante et de dommages matériels sur les lieux de travail. La partie syndicale était clairement responsable de la confusion qui régnait puisqu'après avoir d'abord accepté d'aller en arbitrage elle avait ensuite changé d'idée.

Cependant les agissements de la police provinciale à Asbestos furent des plus controversés. Le 21 février, le conseil municipal d'Asbestos adoptait une résolution de protestation contre la police provinciale dont les membres, disait-on, avaient été trouvés en état d'ivresse et avaient agi d'une manière provocante. Selon les allégations de la Ville et du syndicat il se serait agi de cent cinquante policiers, et l'on prétendait que la police locale n'avait pas été consultée par la force provinciale et qu'elle n'était pas au courant des réclamations de la compagnie pour cinq cent mille dollars en dommages. Cependant la police ne fut impliquée dans aucun incident grave et personne n'avait reçu de blessures. Jean Marchand décrivit cette "démonstration de force" comme étant "injustifiée" mais ses commentaires n'allèrent pas plus loin. Le maire d'Asbestos et député unioniste de Richmond, Albert Goudreau, félicita publiquement le ministre du Travail, Antonio Barrette, pour l'effort accompli dans la lutte contre la silicose. Malgré son affiliation à l'Union nationale, Goudreau présenta la motion critiquant la conduite de la police et il agit avec indépendance et sans crainte des résultats. Mais jusque-là il ne fut soumis à aucune représaille de son chef.

A ce moment, Duplessis et Barrette se préoccupaient surtout de faire voter et accepter du public un bill décrétant l'arbitrage obligatoire pour les travailleurs municipaux. Le 22 février, ils dénonçaient tous les deux les "saboteurs" de ce bill et ne firent aucun commentaire public sur les événements d'Asbestos. Mais ce jour-là, Barrette rendit publique une lettre qu'il avait reçue deux ans plus tôt de Rodolphe Hamel, président de la Fédération des Travailleurs d'Asbestos, le remerciant d'avoir obtenu une hausse de salaire pour le syndicat. Le Trades and Labour Congress of Canada, quartier général des syndicats internationaux au Canada, n'étant pas appelé à participer, se sentait sur la défensive et fit paraître une déclaration condamnant les activités communistes au sein du mouvement ouvrier canadien.

Le 24 février, plus de la moitié des travailleurs en grève avaient repris le travail et on semblait vouloir accepter l'arbitrage. Barrette avait déclaré que la certification syndicale serait remise aussitôt que la procédure normale aurait été rétablie. A cette époque les journaux du Québec parlaient surtout de la pénible situation du cardinal Mindzenty, malheureux primat de Hongrie et de l'affaire Bernonville. La France avait demandé l'extradition d'un officier de Vichy qu'on accusait de collaboration. Dans cette affaire, Saint-Laurent coopérait avec la France tandis que Camillien Houde et Robert Rumilly s'étaient faits les champions de l'officier. Les manchettes étaient aussi accaparées par la tension croissante en Europe de l'ouest, surtout à Berlin, et par la guerre civile en Chine. On sentait encore, pendant que se déroulait l'affaire Rosenberg, les répercussions des événements qui avaient impliqué Alger Hiss, Gouzenko et Masaryk. La propagande hystérique anticommuniste allait bientôt atteindre son point culminant. L'époque

McCarthy était déjà dans l'air et au Québec tous les groupes se défendaient contre d'éventuelles accusations d'activités subversives.

Pour un temps, l'affaire d'Asbestos cessa de faire les manchettes. On avait retiré la police provinciale après quarante-huit heures à la demande du conseil municipal, mais la question n'était pas réglée pour autant. Les syndicats refusèrent de se soumettre à l'arbitrage et il n'y avait pas de véritables négociations en cours. Le gouvernement, un peu offensé par la façon dont on critiquait ses méthodes, laissa faire la grève illégale dans l'espoir que les parties en cause finiraient par s'entendre entre elles. Mais les syndicats continuèrent, sans violence cette fois, leurs manoeuvres d'extermination réciproque. On tenait des réunions fort animées dans les sous-sols d'église ou on tentait de persuader les ouvriers qui avaient manqué à la solidarité en retournant travailler, de se joindre aux grévistes.

Les syndicats rivaux continuèrent à faire venir des sympathisants d'ailleurs. Les partisans d'une action syndicale radicale l'emportèrent sur les modérés qui s'opposaient à une grève coûteuse pour des résultats incertains. Le 23, un surveillant de la North American Mining était enlevé et battu. Quatre jours plus tard on dynamitait la maison du président d'une autre compagnie mêlée à la grève, la Johnson Mining Company.

Irrité par la tournure des événements, Duplessis sortit de son long silence, le 28 mars, en prononçant un discours portant en grande partie sur l'affaire d'Asbestos. Il souligna le fait que les grévistes ne représentaient pas la majorité des ouvriers, que la grève n'était pas générale, malgré les encouragements apportés, car les mines de Bell et d'East Broughton fonctionnaient normalement. Il énuméra les améliorations apportées aux conditions de travail des mineurs grâce à l'intervention gouvernementale depuis 1944. Il critiqua certains porte-parole syndicaux qui avaient exprimé des doutes sur la justice de la procédure d'arbitrage. Il souligna en particulier les règlements d'arbitrage proposés par Barrette lui-même et qui avaient accordé un montant global de plus de soixante millions de dollars en augmentation de salaire aux ouvriers de l'amiante au cours des dernières années. Mais Duplessis souligna surtout l'aspect légal de la question. La grève avait été illégale depuis le début, les chefs de la grève avaient défié la loi et tenté d'amener toute la classe ouvrière à suivre leur exemple pernicieux. Tout ceci ne pouvait conduire qu'à un refus général d'observer la loi, ce qui était intolérable. Il ne pouvait, disait-il, demeurer indifférent à une situation où toute la classe ouvrière, voire même la population entière, était encouragée à mépriser les lois qu'il avait lui-même fait adopter en tant que Premier ministre et qu'il se devait de faire respecter en tant que procureur général. "Le procureur général", avait-il dit, en une déclaration déjà bien connue, "ne se fera pas le complice des briseurs de lois."

Malgré cet avertissement qui, comme on le savait bien, n'était pas des paroles en l'air, les syndicats ne semblaient pas enclins à reprendre l'arbitrage. Le 2 avril, Barrette déclara publiquement que les grévistes étaient coupables de violation grave du Code du Travail du Québec. *Le Devoir* prétendait que la Canadian Johns-Manville donnait cinquante sous par jour, pour chaque homme, à la police locale pour maintenir l'ordre. Ceci était faux et fut démenti. Le 17 avril, on accorda aux ouvriers qui n'étaient pas en grève, une hausse de salaire de dix sous l'heure, ce qui avait été offert dès le début. Les ouvriers qui continuèrent à travailler durent demander la protection de la police contre les menaces grandissantes des militants.

Le jour suivant, à la radio, Barrette lança un nouvel appel aux grévistes. Il dit qu'il n'en tenait qu'aux ouvriers de mettre fin à la grève, qu'il n'y aurait ni récriminations ni représailles et qu'on remettrait leur certificat aux syndicats. Il déclara que les ouvriers avaient déjà perdu plus de deux millions de dollars en salaires et les avertit du danger qu'il y avait à prolonger une grève illégale. Jean Marchand répliqua en exigeant la démission de Barrette. Marchand s'était installé à Asbestos où il surveillait la marche quotidienne des activités syndicales. Le président de la Johns-Manville, Lewis Brown, écrivait à Duplessis le 20 avril:

> *Veuillez croire... à toute ma reconnaissante appréciation pour le ferme soutien que vous et votre gouvernement nous avez donné en secondant nos efforts pour nous maintenir dans une position adéquate. Ce fut pour moi un important réconfort, ce matin, de pouvoir assurer notre conseil d'administration de votre constant appui, ainsi que de la protection qui continue d'être accordée à nos propriétés et à nos collaborateurs.*

Le 21 avril, la rumeur voulait que les compagnies expulsent cent familles de grévistes des maisons appartenant à la compagnie. Hamel promit que les ouvriers se défendraient. Barrette et Marchand demandèrent publiquement à la compagnie de reconsidérer sa décision. Marchand fit le commentaire, quelque peu raciste, que les Canadiens français n'étaient pas prêts "à accepter l'esclavage". Quoi qu'il en soit, la compagnie démentit avoir eu l'intention d'expulser qui que ce soit. Le tout n'avait été, semble-t-il, qu'une rumeur répandue par les ouvriers militants.

Les comptes rendus du quotidien *Le Devoir* étaient si colorés et hystériques que, le 29 avril, Mgr Ferdinand Vandry, recteur de l'université Laval, demanda aux étudiants et aux anciens de l'université de ne plus acheter, lire ou faire passer d'annonces dans ce journal. Le 18 avril, Mgr Courchesne avait écrit à Duplessis pour lui demander une "dernière intervention" car il n'y avait plus qu'à obtenir de la compagnie deux sous de plus que ce qui avait été accordé aux ouvriers. "Vraiment, est-ce qu'on ne trouvera pas qu'il vaut la peine de céder cette différence qui permettrait aux ouvriers de sauver la face et aux syndicats catholiques de garder leurs membres, qu'on dit menacés d'être ramassés par les C.I.O.?"

Le 24 avril, on semblait avoir pris la situation en main. Les deux partis en cause avaient formellement demandé à Barrette de compléter la composition d'un conseil d'arbitrage. La formule syndicale Rand avait déjà été acceptée dans les usines d'amiante. Mais lors d'une réunion à Asbestos le 4 mai, les pères Pichette et Masson, accompagnés des chefs syndicaux Picard et Marchand, dirent aux grévistes que la Commission épiscopale sur les Etudes sociales, ainsi que tous les évêques du Québec, appuyaient entièrement leurs revendications. C'était une grossière exagération mais ajoutée à d'autres fausses déclarations, cela avait suffi à mettre le feu aux poudres, le lendemain.

Le soir du 4 mai, lors d'une grande assemblée réunissant les grévistes comme les non-grévistes, à l'école Lasalle de Thetford Mines, il fut décidé de résister à la loi par tous les moyens. Les chefs syndicaux appuyés de plusieurs prêtres militants sortis des rangs de l'Action sociale et des aumôneries syndicales encouragèrent un auditoire réceptif et aisément excitable à ce genre d'action. L'aumônier du Syndicat des Tra-

vailleurs de l'Amiante de la région préconisait franchement le recours à la violence.

La violence éclata juste au moment où la procédure officielle, après des démarches accomplies dans la patience et la modération, allait aboutir à un règlement paisible de la grève. La police locale fut rapidement cernée par des groupes de grévistes, les policiers furent désarmés, menottés et certains furent sévèrement battus. Les grévistes bloquèrent les cinq routes qui donnaient accès à la ville en érigeant des barricades de camions et autres objets gardés par environ mille cinq cents grévistes armés pour la plupart d'instruments contondants mais personne n'avait d'arme à feu. Certains policiers furent paradés à la ronde devant les grévistes railleurs avant d'être amenés aux barricades et renvoyés à pied comme on le faisait pour les déportés ahuris des anciens Etats-cités. Douze policiers et quelques grévistes furent blessés au cours de l'émeute. Il n'y eut aucune blessure grave et, chose étonnante, que peu de dommages; seuls quelques véhicules furent renversés et brûlés. A Québec "Duplessis voyait noir, il voyait rouge, il en voyait de toutes les couleurs". (12) L'isolation forcée d'Asbestos coïncida avec un retour des lignes de piquetage à l'usine Johns-Manville. Les piqueteurs, quoique turbulents, procédaient avec ordre et étaient loin d'être aussi destructeurs que les bandes de grévistes qui erraient par les rues ou qui surveillaient les barricades.

La réunion du 4 mai avait été modérée en comparaison de celle qui rassembla à Asbestos, vingt-quatre heures plus tard, trois mille cinq cents grévistes et leurs amis pour une messe de minuit et une séance où on allait évaluer les développements de la journée précédente et établir la stratégie des jours à venir. Les participants jubilaient, se félicitaient du succès qu'ils avaient eu à interdire l'accès à la région et à amener l'affaire à son plus haut point. Mais malgré leur enthousiasme, ils ne croyaient pas que Duplessis et son gouvernement accepteraient cet état de choses, totalement opposé à toutes les idées et lois votées par Duplessis sur les relations de travail et l'ordre social. Ils s'attendaient à ce que la police provinciale démolisse les barricades et rétablisse dans la ville l'ordre qui y régnait avant le conflit. Mais sachant cela, on

◄ Jean Marchand parmi les grévistes d'Asbestos en 1949. (Canada Wide)

n'en conseilla pas moins aux grévistes qui assistaient à la réunion de "tenir bon" derrière leurs barricades et d'empêcher la police d'entrer.

Tandis qu'à un bout de la ville le choeur victorieux se dispersait et que les ouvriers rentraient chez eux après une dure journée, laissant un corps de garde veiller à ce que la police ne reprenne pas possession des lieux, à l'autre bout environ quatre cents policiers provinciaux en provenance de Sherbrooke pénétraient dans la ville. Ils étaient armés de mitrailleuses, d'une quantité considérable de gaz lacrymogène et d'équipement anti-émeutes — c'était la garde d'élite de Duplessis. Le détachement de soixante-quinze véhicules renversa la barricade sans provoquer d'incident, rétablissant ainsi au milieu de la nuit le gouvernement habituel d'Asbestos. Un magistrat qui accompagnait la force policière, Hertel O'Bready, lut l'Acte d'Emeute.

Debout sur les marches de l'église de la paroisse Saint-Aimé d'où s'étaient dispersés les grévistes à peine trois heures plus tôt, O'Bready lut l'antique loi aux quelques paroissiens ahuris qui se rendaient si tôt à l'église: "Notre souverain seigneur le Roi enjoint et ordonne à tous ici présents de se disperser immédiatement et de retourner paisiblement à leurs domiciles ou occupations légitimes sous peine d'être reconnus coupables d'une infraction passible de l'emprisonnement à perpétuité. Dieu sauve le Roi."

Immédiatement après qu'il eût envoyé la police provinciale en force dans la région minière et fait appliquer la Loi d'Emeute, Duplessis convoqua son caucus, une des rares occasions où il eut recours au consensus au cours de son long règne. La rencontre fut brève. Les députés se levèrent respectueusement à l'entrée du Premier ministre. Blême, le pas plus rapide qu'à l'accoutumée, il alla tout de suite prendre place et les députés étaient à peine assis qu'il commença à parler sur un ton grave, d'une voix ferme et mesurée:

> *La politique du gouvernement et de l'Union nationale en ce qui concerne la grève de l'amiante et les désordres qui en découlent est telle que je l'ai déclarée. Il s'agit ici d'une tentative avouée et encouragée de l'extérieur de défier et casser l'autorité de l'Etat. Cela est intolérable. Quiconque s'éloigne, en public ou en privé, de la politique que j'ai établie, sera expulsé de l'Union nationale. C'est une question de principe sur laquelle il ne peut y avoir de compromis.* (13)

Après ce discours, bref et sévère, Duplessis quitta la pièce en coup de vent.

Inutile de dire qu'on n'osa pas le contredire dans son propre caucus mais même l'Opposition ne le critiqua pas trop sévèrement. Marler demandait une enquête mais prudemment, pour ne pas sembler prendre le parti des fauteurs de trouble.

A Asbestos, les policiers avaient libéré leurs camarades et procédaient déjà aux arrestations. Ils montaient maintenant la garde aux barricades et suivaient les directives de Duplessis que leur transmettait Hilaire Beauregard, fidèle partisan de l'Union nationale et directeur adjoint de la Police provinciale. Ils avaient ordre d'arrêter tous les responsables de l'incident.

Quatorze habitants de la ville furent blessés, aucun grièvement. Il y eut cent quatre-vingts arrestations sous divers chefs d'accusation: vagabondage, assaut grave et ainsi de suite. La violence s'arrêta là mais l'épisode devint une cause célèbre. D'aucuns présentèrent cet épisode comme un point tournant dans le mouvement syndical au Québec et une importante contribution à la libéralisation de la province en général. Mais en fait cet épisode avait été lamentable à presque tous les points de vue. Après un long délai, la procédure d'arbitrage reprit son cours normal et le règlement final était à peu de choses près pareil à celui qu'avaient rejeté les militants en février, mars, avril et mai. La lutte n'avait profité à personne.

De tous les journaux, seul *Le Devoir* rapporta les incidents d'Asbestos d'une manière qui concordait vaguement avec l'histoire romancée qui allait un jour être la version populaire. Tous les autres journaux de la province décrivirent les événements comme une émeute populaire, désagréable et inutile. Le 6 mai, la *Gazette* rapportait que:

> *(La vue de policiers) ...avec leurs chemises ensanglantées, leurs blessures à la tête, un bras en écharpe et des contusions aux visages, contemplant leurs voitures de service renversées et démolies, démontre bien à toute personne étrangère à la situation que le conflit va bien au-delà des revendications pour une hausse de salaire et de meilleures conditions de travail. Pour les habitants paisibles de la ville qui ont vu la bataille entre les grévistes et les policiers près des barricades, cette grève est le fait d'une centaine de ter-*

roristes menés par des agitateurs recrutés au sein de l'Union des' Electeurs, du Labour-Progressive Party et parmi quelques membres irresponsables de l'Eglise.

Hilaire Beauregard raconta sur un ton macabre comment ses hommes avaient été maltraités aux mains des trois cents grévistes et piqueteurs qui s'étaient emparés d'eux. "Les grévistes ont attaqué les policiers avec des bâtons, des marteaux, des pierres et autres armes. Au moins trois voitures de police furent renversées... Les policiers ont été battus et certains laissés inconscients sur le bord du chemin, après que les grévistes hurlants leur eurent passé les menottes." Mais malgré le tumulte résultant de ces accrochages avec la police, les activités de la ville suivirent leur cours normal ce jour-là, et les enfants allèrent à l'école comme d'habitude.

Tout porte à croire que les grévistes étaient bien organisés et n'agissaient pas selon l'inspiration du moment. Quand les onze policiers capturés furent amenés dans le sous-sol de l'église, René Roch, organisateur syndical, fit cesser les injures dont les ouvriers abreuvaient les policiers en disant: "On ne peut pas continuer de faire ça, sinon on aura la loi martiale. Il vaut mieux les laisser partir." Il demanda aussi aux militants s'ils voulaient s'aliéner la sympathie du clergé. Un "non" résonna dans la salle et la question fut réglée; les policiers furent relâchés.

Plus tard les représentants syndicaux n'eurent que des explications boîteuses et contradictoires à offrir sur cet incident. Rodolphe Hamel dit à la Canadian Press que le syndicat avait recommencé à piqueter et avait bloqué les routes parce que "les ouvriers ont décidé de prendre la situation en main et d'empêcher les *scabs* d'entrer en ville. Nous avons placé nos hommes sur la route pour les intercepter." (14) Cependant l'adjoint de Hamel, Raymond Pellerin, secrétaire local du Syndicat national de l'Amiante dit que le syndicat regrettait les incidents mais "n'en acceptait pas la responsabilité":

> *Si des officiers de police furent saisis par les grévistes c'est parce qu'ils refusèrent d'abord de s'identifier. Ils ont pris les barricades d'assaut et tiré du pistolet en direction des grévistes. Ils ont ensuite prétendu qu'ils n'étaient pas de la police mais étaient venus aider les mineurs en grève. Aussitôt que les grévistes eurent établi la véritable identité des*

> *policiers, ces derniers furent remis à la police municipale*
> *d'Asbestos. Les grévistes ont respecté tous les officiers de*
> *police en uniforme et nous voulons souligner le fait que des*
> *piqueteurs ont passé toute la journée en présence de policiers*
> *aux portes de l'usine (Johns-Manville) sans tenter de les*
> *molester d'aucune façon.*

En parlant des *scabs* que la compagnie faisait venir de l'extérieur, il dit: "C'était pour mettre fin à cette politique intolérable de la part de la compagnie, et à cette seule fin, que les grévistes ont effectué et maintenu depuis le matin un solide front de piquetage." Cette explication ne concorde pas avec les comptes rendus de la presse décrivant une foule de grévistes harcelant des policiers en uniforme et menottés. Un fait qui ne fut d'ailleurs pas contesté durant les procès. Et cette explication ne s'accorde pas non plus avec les descriptions de nombreux journalistes, y compris deux reporters du *Montreal Star* qui furent bousculés, menacés avec une pince-monseigneur et intimidés par les gardiens de barricades.

Il n'y a pas de doute que la compagnie employait des *scabs* dans son usine mais le gouvernement, sinon la compagnie, avait affirmé à maintes reprises, qu'une fois la grève réglée les grévistes seraient réembauchés, qu'il n'y aurait aucune représaille et qu'on remettrait aux syndicats leurs certifications. Mais en plus, quand il s'agit de faire venir des étrangers pour compliquer la situation, les syndicats l'emportaient aisément sur la compagnie. La grève était donc inspirée et soutenue de l'extérieur. Les deux parties avaient contribué à l'escalade de la grève et ni l'un ni l'autre n'en sortait gagnant. Mais Pellerin semble avoir dit la vérité quand il déclara que la propriété de la compagnie n'avait pas été endommagée.

A la suite de la grève on s'entendait généralement pour dire que le gouvernement n'avait pas eu d'autre choix que d'envoyer la police rétablir l'ordre surtout que ces mesures n'avaient pas causé de grands conflits, beaucoup moins que les syndicats n'en avaient causés eux-mêmes, selon leurs propres révélations. On s'entendait aussi généralement pour dire que la lecture de l'Acte d'Emeute s'imposait. L'Acte d'Emeute à Asbestos fut révoqué le 8 mai. L'indomptable Jean Drapeau entreprit la défense de soixante accusés. Il ouvrit son plaidoyer par une plainte contre les policiers qui avaient "mangé la nourriture des ouvriers". (15) Ceci contredisait la déclaration de Beauregard qui avait prétendu que ses hommes faits prisonniers par les grévistes avaient été "affamés pendant trente-six heures".

La grève d'Asbestos a donné naissance à de nombreuses controverses, surtout au sujet du gouvernement qu'on disait avoir été d'une sévérité excessive et qu'on soupçonnait d'avoir agi de connivence avec la direction de la compagnie. Mais le rapport entre la grève d'Asbestos et le départ de Mgr Charbonneau comme archevêque de Montréal fut plus discuté encore.

Au lendemain de leur humiliation aux mains des grévistes, les policiers furent excessivement brutaux envers les ouvriers. Sept d'entre eux furent arrêtés dans le sous-sol de l'église Saint-Aimé où ils se cachaient, supposément pour ne pas désobéir au couvre-feu. Aussi improbable qu'ait été ce respect soudain pour la loi, rien ne justifie la brutalité avec laquelle les policiers traînèrent ces hommes hors de l'église pour leur administrer une sévère râclée devant les journalistes et les habitants de la ville. Plusieurs autres grévistes furent traités sans ménagement par les policiers qui agissaient sans autre provocation que les événements de la journée précédente. Nombre de grévistes arrêtés furent tirés de leur domicile avec une brutalité rappelant les régimes de terreur des dictatures étrangères. Tous les prisonniers furent transportés à la prison de Sherbrooke; plusieurs d'entre eux étaient dans un état pitoyable.

Rien ne démontre que Duplessis approuvait ce genre de choses et il n'y a pas de doute que les ouvriers lancèrent la première pierre. Les chefs syndicaux et les conseillers cléricaux, en plus d'avoir encouragé des illégalités flagrantes, avaient mené les ouvriers à un combat qu'ils ne pouvaient gagner. Les barricades érigées sur les routes constituaient non seulement des actions criminelles mais aussi des gestes insensés. La police de Duplessis acquit au cours des années une réputation de brutalité sans doute méritée, surtout à cette occasion. Un journaliste du *Time-Life* décrivit la réaction exagérée de la police capturant les ouvriers confus et sans défense dans le sous-sol de l'église comme un "spectacle écoeurant". (On doit cependant se rappeler que le *Time* était férocement anti-duplessiste et que ses reportages à cette époque étaient autant d'exemples de journalisme irresponsable tout comme d'ailleurs la bouillie servie par la presse quotidienne favorable à Duplessis ou par *Le Devoir*.) Duplessis n'avait pas ordonné les excès de la police mais d'un autre côté il ne tenta nullement de les restreindre. (Le 5 mai, Hilaire Beauregard avait dit: "La violence sera servie par la violence.") Dans l'esprit méfiant et pour l'orgueil offensé de Duplessis cet incident prit une importance presque aussi démesurée que celle que lui accorda la légende. Mais au moins il faisait la distinction entre les ouvriers — qu'il respectait pour leur diligence, leur endurance et leur courage — et leurs conseillers méphistophéliques à qui il attribuait tous les torts depuis le communisme jusqu'au libéralisme. Duplessis nomma Noël Dorion et Redmond Hayes procureurs spéciaux et recommanda la clémence de la cour envers les innocents qui avaient cédé aux exhortations de leurs chefs. Il ne fit aucune démarche en faveur des meneurs de bande.

Jusqu'à la fin de sa vie Duplessis persista à dire que le règlement de la grève avait été retardé par la campagne électorale fédérale qui se termina le 27 juin 1949 par la victoire de M. Saint-Laurent. Le rôle du Père Georges-Henri Lévesque était aussi de nature contentieuse. En d'autres circonstances, ses serments cléricaux, sa vocation de prêtre, sa participation à la Commission Massey, lui auraient peut-être imposé une certaine discrétion mais ici, le Père Lévesque se tenait constamment en communication avec les chefs des grévistes et les encourageait à tous les points tournants du conflit. (16) Il avait cependant le bon sens de ne pas se prononcer publiquement sur la question mais son nom et ses opinions étaient si fréquemment mentionnés et avec une telle véhémence par ses disciples que cela revenait presque à une intervention publique de sa part.

Duplessis exagérait probablement en croyant, sans toutefois le dire publiquement, que Saint-Laurent et ses amis, y compris le Père Lévesque, avaient fomenté, encouragé la grève et exacerbé ses organisateurs afin d'avancer leur propre campagne et d'entacher sa réputation. Cependant des membres importants du Parti libéral, ou qui allaient le devenir, donnèrent leur soutien moral aux interventions de l'extérieur. C'était là un geste regrettable et inconsidéré. Le leadership fédéral n'avait pas d'affaire à encourager indirectement les adversaires de Duplessis et rien ne pouvait justifier qu'il fasse de ces ouvriers inoffensifs les instruments de ses activités. Les leaders savaient que Duplessis ne pouvait laisser passer leurs agissements sans se venger, et avant même d'en avoir terminé, Duplessis avait fait subir un châtiment sévère au

Parti libéral fédéral, au Parti libéral provincial, aux extrémistes du mouvement ouvrier ainsi qu'à ses ennemis parmi le clergé.

Il se montra compatissant et même généreux envers les ouvriers. La sentence arbitrale prononcée par le juge Thomas Tremblay, le 4 juillet, recommandait une hausse de salaire de dix cents l'heure au lieu des quinze cents demandés par les syndicats. Il y eut une dispute au sujet des indemnités et de la mise en vigueur de la hausse de salaire qui de toute manière s'appliquait rétroactivement au 1er janvier. Les syndicats demandèrent au ministre du Travail d'intervenir pour élargir la base de l'augmentation de salaire. Mais Barrette étant en voyage à Rome, Duplessis se chargea lui-même du dossier. Il ordonna aux compagnies d'accorder la hausse de salaire à tous les employés, ce qui fut fait, et Duplessis fit indexer la hausse des salaires au coût de la vie. Tous les salaires seraient augmentés de quarante sous par semaine à chaque point de hausse à l'indice du coût de la vie. Ceci augmenterait le salaire d'environ 1.2 pour cent à chaque hausse d'environ ¾ pour cent du coût de la vie. Ce règlement, appelé le Règlement Maurice Duplessis, était en avance sur son temps de plusieurs années et donnait une garantie de très importants bénéfices aux ouvriers de l'amiante. De sa mise en vigueur en décembre 1949, jusqu'en janvier 1952, l'indice du coût de la vie passa de 159.6 à 189.6 et le salaire de base augmenta de douze dollars. En faisant ajouter cette clause supplémentaire, Duplessis avait fermé le dossier d'Asbestos sur une innovation intelligente que les syndicats réclameraient à grands cris vingt-cinq ans plus tard, au Québec et ailleurs.

On a souvent accusé Duplessis, à tort d'ailleurs, d'avoir été de connivence avec les propriétaires étrangers des compagnies frappées par la grève. A cette époque, il rencontrait plus souvent que tous autres, les évêques qui agissaient au nom des syndicats à la demande de ces derniers. En fait Duplessis n'a jamais même recontré Lewis Brown, président de la Canadian Johns-Manville quoique une rencontre avait été prévue mais dut être remise car le mauvais temps empêcha l'avion qui transportait Brown, d'atterrir à Québec. Duplessis éprouvait une certaine sympathie pour Brown et ses collègues car leurs compagnies, comme le gouvernement, étaient victimes d'une importante campagne subversive. Et puis la partie patronale était, après tout, celle qui avait observé la loi. Les compagnies s'étaient opposées à certains aspects de la sentence arbitrale et avaient hésité à prendre les mesures nécessaires et coûteuses pour améliorer les conditions de travail des ouvriers mais elles s'étaient finalement pliées aux exigences du gouvernement. En outre Duplessis désapprouvait fortement les arguments racistes et presque marxistes dont certains s'étaient servis pour soulever l'hostilité contre les compagnies. En résumé, Duplessis favorisait les ouvriers, observait la neutralité envers les compagnies et s'opposait aux syndicats.

La plus grande controverse de toutes se déroulait autour de l'archevêque de Montréal. Mgr Charbonneau marqua le 1er mai, une coïncidence, certes, mais regrettable, en prononçant un discours enflammé en faveur des mineurs en grève et contre le gouvernement provincial. Il déclara qu'il existait "un complot pour détruire la classe ouvrière". (17) Il ne nomma pas le gouvernement en question mais il était bien évident qu'il faisait allusion à l'hostilité de Duplessis envers les chefs syndicaux. Cependant il ne suggéra d'aucune manière que Duplessis ou son gouvernement étaient hostiles à la cause ouvrière en général. Quoi qu'il en soit ces remarques étaient explosives et Duplessis et la hiérarchie de l'Eglise prirent fort mal la chose.

Mgr Roy avait beaucoup travaillé à ramener la paix entre les partis en conflit. Sa méthode était efficace et il en était presque arrivé à un règlement lorsque Mgr Charbonneau décida de faire sa malencontreuse déclaration. Le 5 mai, Mgr Roy annonça que toutes les paroisses catholiques de la province feraient une collecte tous les dimanches pour aider les familles des grévistes. Il voulait lui aussi démontrer que l'épiscopat sympathisait avec les ouvriers, comme le faisaient Duplessis avec l'Etat, sans toutefois approuver la conduite des chefs syndicaux. Mais déjà l'impétuosité de Mgr Charbonneau avait gâché les efforts diplomatiques de Mgr Roy, donné une fausse impression de l'opinion épiscopale et grandement contribué au désordre qui se produisit pendant les quatre jours suivant son sermon. Il avait aussi amené la fin inexorable de sa carrière. L'archevêque agissait, certes, pour de bons motifs mais son intervention avait été négative et imprudente.

A ce malheureux dénouement, Maurice Duplessis explosa de rage. Il rappela à la délégation sous la conduite de Mgr Roy, qui vint le voir peu de temps après, qu'il avait toujours soutenu les prérogatives de l'Eglise, que sans lui l'Eglise n'aurait ni l'influence ni le prestige dont elle jouissait maintenant, qu'il était habitué aux provocations de certains éléments du bas clergé mais qu'il n'allait pas tolérer les assauts de l'épiscopat sur son gouvernement. Il dit aussi que ce genre de condamnation publique, cause immédiate de violence et du mépris des lois légiférées par son gouvernement et appliquées par son ministère, était une intrusion intolérable dans le domaine séculier et un affront personnel et officiel inexcusable. Il termina cette courte entrevue, qui n'était ni plus ni moins qu'un monologue, avec une déclaration qui n'augurait rien de bon: "Quelqu'un va payer et on n'a pas besoin d'une grande imagination pour deviner qui ce sera." (18)

La majorité des évêques étaient d'accord avec Duplessis. A l'exception du diplomatique Mgr Roy, de Mgr Douville, et peut-être de Mgr Labrie, Mgr Charbonneau n'avait pas d'amis parmi les évêques du Québec et aucun d'entre eux ne prendrait parti pour lui dans la contre-attaque qui se préparait. Charbonneau était trop franc et trop spontané pour évoluer à l'aise dans le domaine guindé de la politique ecclésiastique québecoise. Il n'avait jamais pris l'habitude d'exprimer son opinion autrement que d'une manière impatiente. Il était presque toujours condescendant envers les autres évêques et le gouvernement provincial. Il croyait que lui, ses cohortes du journal *Le Devoir* et quelques autres Montréalais d'avant-garde, étaient les seuls éléments francophones du Québec qui comprenaient les implications de l'urbanisation. Sur ce point, il importe peu de savoir s'il avait ou non raison.

Une lettre à Duplessis datée du 19 avril 1945, démontre bien la façon de communiquer de Mgr Charbonneau. Il protestait contre un arrêté ministériel adopté par le gouvernement, interdisant aux employeurs industriels de Montréal de faire travailler les femmes à domicile. Duplessis croyait que les femmes étaient exploitées parce que l'employeur se soustrayait facilement aux exigences de la Loi sur le Salaire minimum. De plus, le fait que le travail se fasse aussi bien le dimanche que la semaine était mal vu de l'épiscopat, Charbonneau excepté. L'arrêté ministériel satisfaisait presque tout le monde, sauf l'archevêque de Montréal, les femmes en question et les employeurs qui étaient loin d'être généreux:

> *Au nom de mes protégées, je tiens à protester contre cette décision qui attente à la liberté de travail. Je la crois imposée par nos unions internationales et suggérée par monsieur*

Fine qui, depuis des mois, s'est juré de faire disparaître ce travail à domicile.

Pourquoi forcer ces femmes à quémander ainsi la permission de travailler? Veut-on contrôler ce travail? Il suffisait alors que l'autorité exige du manufacturier le nom et l'adresse de ces femmes pour surveiller ce travail et corriger les abus, s'il s'en glissait quelque part. Pourquoi fixer un minimum de gain à la semaine, si le travail se fait à la pièce. A travail égal, salaire égal. On veut de toute évidence bannir ce travail à domicile. Est-ce pour cela que l'on confie à ses ennemis le soin de le réglementer, de le surveiller, de l'empêcher? ...Il ne faudrait donc pas que, sous l'inspiration d'unions socialisantes, on vienne dans notre province, méconnaître le droit naturel qu'ont mes femmes de Montréal d'entreprendre un travail à la maison remunérateur et transcendant.

Nous citons cette lettre parce que c'est un des rares exemples qui se trouve dans les archives Duplessis et qui va au-delà des plus élémentaires détails. Pour des raisons évidentes, Mgr Charbonneau et le Premier ministre ont très tôt cessé de correspondre. Leurs rapports personnels n'étaient pas très bons et Mgr Charbonneau ne correspondait avec les subordonnés de Duplessis que lorsque cela était absolument nécessaire. Rappelons-nous que dans la lettre précitée, Charbonneau accusait en fait Duplessis de trafiquer avec les syndicats internationaux "socialisants", de se laisser dicter sa conduite par un avocat syndical juif, et d'avoir imaginé des abus contre les femmes qui prenaient du travail à domicile et qui n'étaient pas syndicalisées et cela dans le but de légiférer contre elles pour satisfaire le mouvement syndical international.

Cette façon de s'exprimer, aussi exagérée soit-elle, ressemble plus à l'impression qu'a laissée Mgr Charbonneau sur ses contemporains de l'Eglise et de l'Etat que la vision radieuse qui émergea par la suite des écrits des propagandistes qui s'opposèrent à Duplessis. Ils ont créé un archevêque travailleur social, jovial et affable, oeuvrant inlassablement pour la paix et la justice en parfait accord avec les autorités temporelles mais qui fut, hélas, brutalement délogé par le virtuel Henri VIII qui régnait à Québec.

A l'été 1949 Duplessis, appuyé de ses alliés parmi le clergé, avait décidé de mettre fin aux activités des membres de l'Eglise qui d'après lui contestaient son autorité et donnaient le mauvais exemple à ses électeurs. Chez les évêques, Courchesne et Desranleau étaient en tête d'un mouvement pour enlever à Mgr Charbonneau son archevêché de Montréal. Plusieurs amis personnels de Duplessis parmi le moyen clergé établirent en grand secret un comité destiné à attirer l'attention du Pape sur ce "problème social", euphémisme qu'on employait pour décrire toute l'opération dans la correspondance furtive de l'époque. Cette cabale était organisée par le chanoine Cyrille Labrecque, un ultra-conservateur, presque de la trempe de Lionel Groulx; par les abbés Gravel et Bouvier, amis de Duplessis, le premier à cause de sa loyauté et de sa constance pendant les années d'opposition, le deuxième étant un vieux confident qui brillait par son intelligence et par Mgr Courchesne, Mgr Morin et le Père Dubois. Ces hommes n'étaient pas tous des réactionnaires. Bouvier, Gravel et Mgr Desranleau qui coopéraient entièrement à ce mouvement étaient des défenseurs reconnus des ouvriers. Bouvier dirigeait la faculté des Relations industrielles à l'université de Montréal et ses opinions de la classe ouvrière étaient non moins favorables que celles de son patron, le chancelier Mgr Charbonneau.

Mgr Courchesne connaissait bien la situation à Rome et recommanda qu'on y retienne les services d'un certain Paul-Everard Richemont, quoique ce n'était pas là son vrai nom. Ce Français ultra-conservateur, *persona non grata* en France depuis la libération, était un protégé de plusieurs cardinaux y compris le cardinal Giuseppe Pizzardo, un des chefs de la curie romaine. C'étaient Labrecque et Dubois qui avaient les premiers suggéré Richemont qu'ils avaient connu au Centre Pix XI à Montréal. (19) Courchesne et Desranleau tentaient depuis 1946 de discréditer Georges-Henri Lévesque auprès de la hiérarchie romaine. Ils commencèrent alors à organiser l'opposition contre Charbonneau. Ce dernier devait aussi se défendre contre Mgr Ildebrando Antoniutti, qui lui aussi avait été offensé par l'attitude brusque et les gestes officiels spontanés de Mgr Charbonneau. (20)

Richemont s'affairait autour des palais du Vatican, abordant au passage les cardinaux et leur transmettant la documentation que la plupart des primats du Québec et un gouvernement provincial furieux, lui faisaient parvenir avec empressement. Le chanoine Labrecque assurait le lien avec Richemont. Ainsi on s'appliqua pendant l'été et l'automne

1949 à miner le statut de Mgr Charbonneau à Rome. Ce n'est que vers la fin novembre que l'archevêque apprit la gravité de sa situation. Lui qui s'était si joyeusement jeté dans les affaires temporelles et avait si insoucieusement critiqué ses confrères épiscopaux, n'avait jamais songé qu'il pourrait être l'objet d'interventions malicieuses auprès de ses supérieurs romains. L'archevêque ne se préoccupa pas suffisamment de son sort pour tenter de présenter son point de vue à Rome, pour concilier les autres évêques ou pour apaiser l'hostilité venimeuse de Maurice Duplessis.

Le 11 octobre 1949, le chanoine Labrecque écrivait à Duplessis, sur du papier à lettre de la "Trans World Commerce Ltd.":

> *J'ai été l'hôte de Mgr Courchesne et nous avons discuté pendant vingt-quatre heures du problème qui nous préoccupe.*
>
> *Mgr Courchesne m'a confirmé ce que m'ont déjà dit d'autres personnalités, que le motif pour l'attitude apparemment passive dans la question sociale était le manque de documentation qui les empêche de soutenir la controverse avec les chrétiens de gauche.*
>
> *Etant convaincu que le service que j'ai organisé peut répondre au besoin d'information et de documentation dont lui et d'autres ont déploré l'absence, il se déclare prêt à collaborer avec moi et à entrer dans le comité avec Mgr M. et le Dr. V.*
>
> *A ce point, je lui ai confié mon projet de remettre au Saint-Père un rapport sur le problème social au Canada. Non seulement m'a-t-il approuvé, mais nous avons convenu de le présenter éventuellement à Rome conjointement. Je dois le précéder au Vatican, y préparer quelques "complicités" en vue de nous assurer la collaboration de certains cardinaux. Ainsi le Pape serait informé non seulement d'un seul côté, mais de plusieurs à la fois, et le problème prendrait de l'importance.*

Il fit encore allusion à "notre comité secret", puis continua:

> *Comme convenu je prends l'avion le 12, c'est-à-dire mercredi, sans compagnon de voyage, Mgr Courchesne me rejoignant vers la fin de la deuxième semaine de novembre.*

*Je prolongerai mon séjour à Rome au besoin et emploierai
à cette fin une partie des fonds économisés.*

Cette campagne était entièrement alimentée par Duplessis à
partir des fonds secrets de la caisse électorale et du bureau du Premier
ministre.

Le 19 octobre 1949, Richemont écrivait à Duplessis une lettre
assez extraordinaire de Rome. Il se plaignait de ce que l'*Osservatore
Romano* avait dissimulé les remarques du Pape d'une façon gauchiste et
imprécise et que cette façon de présenter l'adresse de Pie XII aux employeurs belges, lui semblait inacceptable:

> *Malheureusement il n'y a pas que ce journal pour déformer
> la pensée du Pape. Aussi bien à la Curie que dans les Offi-
> ces, en particulier à la Secrétairerie d'Etat, les circonstan-
> ces ont fait naître un courant d'idées néomodernistes et les
> partisans de ce courant entourant le Saint-Père, ont tendu
> autour de lui comme un filtre destiné à tamiser tout ce qui
> sort et entre...*
>
> *Comment expliquer un tel aveuglement chez certains prê-
> tres?... L'explication tient dans l'opinion qu'ont certains de
> l'avenir de l'humanité. Ils sont convaincus de deux choses:
> qu'une troisième guerre mondiale aura lieu en 1951/52,
> avec occupation soviétique de l'Europe et qu'elle sera suivie
> d'un gouvernement mondial juif et de l'ère préapocalypti-
> que des prophéties. Leur conduite est donc toute condition-
> née par la peur et l'opportunisme...C'est pour réagir contre
> ces tendances que le Saint Père a cru nécessaire de rappeler
> tout récemment aux syndicats chrétiens que la lutte de clas-
> ses n'est pas le but de la doctrine sociale de l'Eglise, mais
> qu'il souhaite la disparition prochaine des syndicats pour
> voir la corporation unir capital et travail dans une coopéra-
> tion harmonieuse... Le Pape, m'a-t-on affirmé, bien qu'in-
> quiet du développement de la situation politique mondiale,
> et connaissant les plans juifs pour un gouvernement mon-
> dial, ne partagerait nullement la peur de son entourage et
> songerait à provoquer par l'Action catholique un revire-
> ment salutaire dans les esprits, et surtout à former des
> groupes de militants d'élite, de doctrine sûre et de bonne
> trempe, afin que dans la tempête des idées confuses ils main-*

*tiennent droit et haut l'étendard de la seule vraie doctrine
sociale de l'Eglise: celle que nous connaissons par l'ensemble des encycliques, en particulier celle de Pie XI. Son intention serait de proclamer la béatification de ce saint Pape, au
cours de 50 et de revaloriser à cette occasion ses mémorables encycliques, systématiquement étouffées par les partisans du néomodernisme ou du socialisme.*

Il reste à dire quelques mots sur la façon dont on est informé ici
sur les faits et événements canadiens. Les informations parviennent le
plus souvent par les agences anglo-protestantes maçonniques, ou juives,
et sont donc toujours tendancieuses. Il se publie beaucoup d'articles
dans la presse romaine, et ces articles proviennent d'agents d'Ottawa
qui travaillent indépendamment de l'ambassade, disposent de beaucoup
d'argent, et payent les journaux italiens pour les articles publiés. Ces
articles chantent la louange, bien entendu, du régime libéral, et discré-
tent systématiquement le gouvernement du Québec. On peut s'attendre,
m'affirme mon informateur, que lorsque l'Ungava sera mis en exploitation, il se déclenchera une nouvelle publicité pour prouver que Duplessis
est vendu aux capitalistes américains, antisociaux et anticatholiques.
Ce sont les articles de ce genre qui forment l'opinion des hommes du
Vatican, et rien, absolument rien, ne vient les contredire.

Richemont exagérait sans doute son importance et la prédominance dans les milieux officiels du Vatican d'attitudes antisémites et corporatistes, pour ne pas dire fascistes. La fréquence et la véhémence avec
lesquelles il dénonce dans sa correspondance les influences "néomodernistes" à Rome, rassurent sur ce point. Cependant, certains développements confèrent un semblant de vérité à ces allégations. L'attaque
anticipée sur la question de l'Ungava, eut lieu et on recommença à
vénérer Pie XI qui fut finalement béatifié. Il est aussi clair que les conservateurs de la trempe de Richemont jouissaient d'une grande influence quoique leurs opinions ne triomphaient pas toujours.

Richemont avait désigné le secrétaire d'Etat adjoint, Mgr G.B.
Montini (subséquemment le Pape Paul VI) comme ayant des idées
néomodernistes et, implicitement, ayant une influence socialiste au
Vatican. Ce dernier fit plusieurs visites officielles au Canada et finit par
bien connaître les problèmes de l'épiscopat du Québec pour les avoir
observés sous plusieurs aspects et pendant une longue période de

temps. Il y avait aussi une autre personne dont l'influence grandissait dans l'Eglise et que Richemont considérait sans doute comme l'exemple le plus flagrant de néomodernisme. Il s'agissait de Mgr Paul-Emile Léger, recteur du Collège canadien, poste qu'il occupait depuis 1947, et ancien vicaire général de la cathédrale de Valleyfield. A cette époque il n'y avait pas de représentant officiel du Canada au Vatican et c'est Mgr Léger qui recevait habituellement les évêques canadiens en visite. Son frère, Jules Léger, était le premier secrétaire de la section française du bureau du Premier ministre Saint-Laurent. Mgr Léger, qui venait tout juste d'avoir quarante-cinq ans, était un homme très éloquent et d'une grande présence. Il avait encore plus d'influence auprès du Pape que Mgr Montini et aux yeux du Saint Père il était digne d'une confiance et d'une affection quasi filiales. Ceci était bien connu, mais Mgr Léger ne se vantait et n'abusait jamais de sa situation. Peu de temps après la mort du cardinal Villeneuve en 1947, Mgr Léger vint occuper la première place parmi le clergé canadien d'expression française. (Mgr James McGuigan, archevêque de Toronto, avait été nommé cardinal en 1946, devenant ainsi le premier cardinal du Canada anglais.)

Mgr Léger se trouvait donc au coeur d'un réseau qui s'étendait d'Ottawa à Québec et jusqu'au conseil privé de la Papauté. Il passait habituellement ses vacances au Canada, ce qu'il fit en 1949, à l'automne. Il semble qu'il ait passé presque tout son temps en visites privées de sa famille et de ses amis. Il dit n'avoir rencontré aucun membre de l'épiscopat sauf son ancien évêque, Mgr J.A. Langlois de Valleyfield. (21) Dans les milieux cléricaux, on affirme généralement qu'il conseilla le Pape sur la division au sein de l'épiscopat québecois créée autour de la personnalité de Mgr Charbonneau. Le cardinal Léger dément ces allégations. Quoi qu'il en soit il retourna à Rome et Mgr Courchesne arriva peu de temps après. L'opposition à Mgr Charbonneau était très active et l'archevêque de Montréal était apparemment si éloigné de ce qui se passait à Rome qu'il ne sut rien de ce qui se tramait avant la fin novembre.

En même temps Duplessis annonça qu'il envoyait deux de ses ministres, Antonio Barrette et J.H.A. Paquette, à Rome pour l'ouverture

Le cardinal Paul-Emile Léger au palais archiépiscopal en 1956. (Canada Wide) ▶

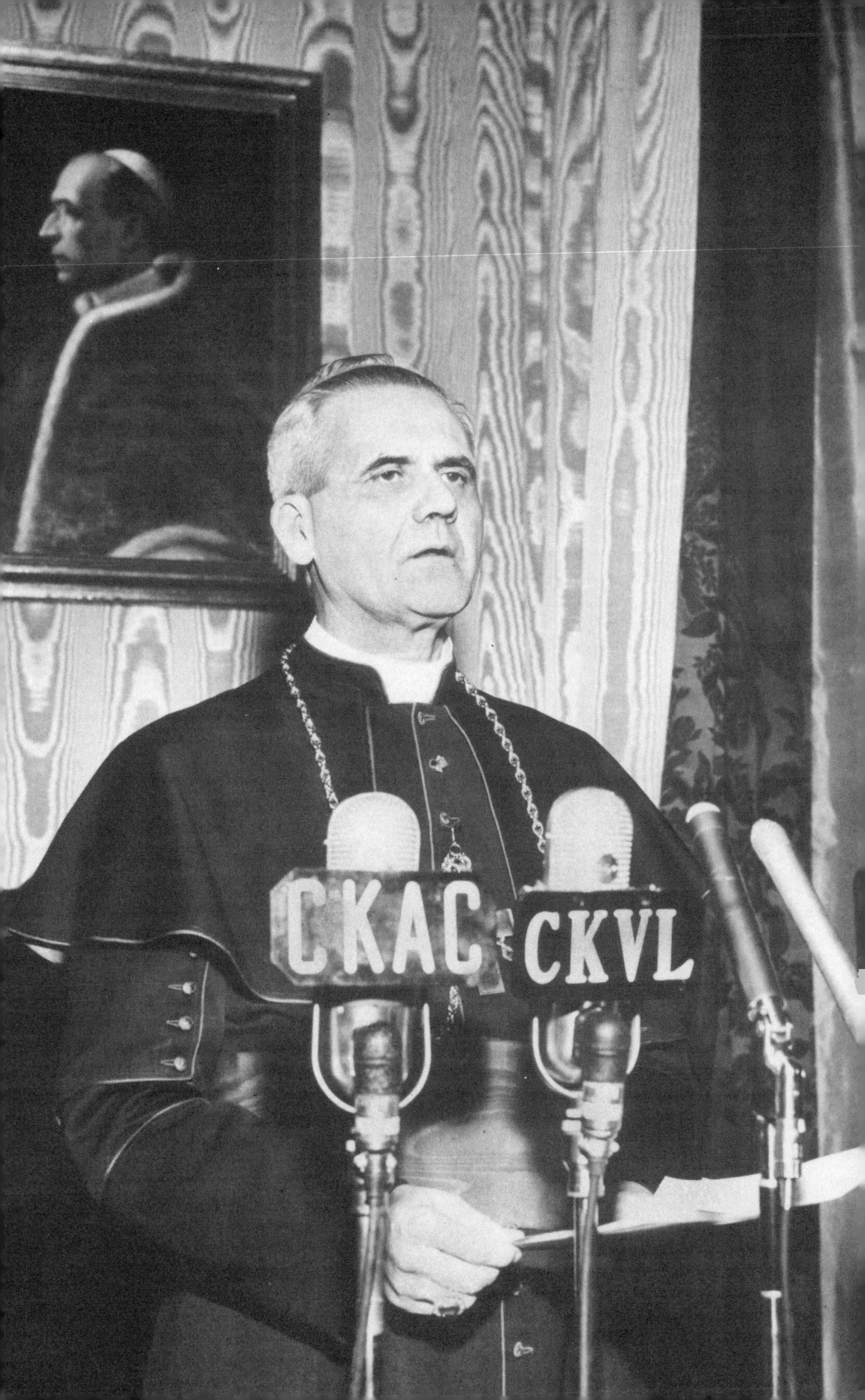
CKAC
CKVL

de l'Année sainte où le pape accomplirait le geste rituel d'ouvrir la Sainte Porte à la veille de Noël. Dans le monde antique et sensible du Saint-Siège ce geste de Duplessis prenait toute sa signification. Le Canada ne serait représenté que par Jean Désy, alors ambassadeur en Italie, et il n'avait pas été spécialement mandaté par le gouvernement fédéral. La délégation ministérielle était donc très encourageante pour les évêques du Québec qui avaient répété avec fierté aux autorités romaines qu'ils représentaient le seul gouvernement catholique de l'Amérique du Nord. Le 5 décembre 1949, peu de temps avant son départ pour Rome, Mgr Desranleau écrivait à Duplessis:

> *Votre décision d'envoyer deux ministres représenter la province de Québec à l'ouverture de l'Année sainte est un geste qui vous fait grand honneur. La province en est glorieuse; le Canada, édifié; l'Eglise, magnifiée. Le Saint Père jugera, j'en ai la certitude, que cet acte est digne des plus grands peuples.*
>
> *C'est par de tels gestes que les Canadiens français démontrent à Rome et à tout l'univers leur vitalité et leur esprit catholique. C'est par des actes de ce genre que le peuple prend conscience de sa valeur, et, petit à petit, atteint sa majorité. Notre drapeau et cette ambassade du coeur catholique de la province — et nous vous devons les deux — rediront hautement et longtemps que, si le Canada retarde, piétine sur place, Québec va droit de l'avant et montre le chemin.*

Tous les évêques de la province, sauf Charbonneau, manifestèrent leur enthousiasme à ce sujet.

Le secrétaire de l'Assemblée des évêques, C.O. Garant, évêque coadjuteur de Québec, écrivait à Duplessis le 16 décembre au sujet de cette expédition des deux ministres à Rome: "Ce geste de piété filiale à l'endroit de l'Eglise catholique et de son Chef visible honore le Gouvernement de la Province et attirera certainement les bénédictions du Ciel sur tout le peuple du Québec."

L'archevêque d'Ottawa, Mgr Alexandre Vachon écrivait à Duplessis, le 14 décembre: "Je vous prie d'agréer... l'assurance de mon ardente prière pour que la divine Providence, au cours de l'année qui

Seminario Internazionale Beato Eymard · Via Giovanni Battista De Rossi, 40 · Roma

Honorable Maurice Duplessis

Premier Ministre de la Province de Québec

Canada

Bien connu comme un excellent catholique, très dévoué au Très Saint Père et défenseur constant des intérêts de l'Église.

Secrétairerie d'État

Vatican. — P. Bélair

Vatican, 4-V-50.

Rapport du frère Bélair de l'opinion du pape Pie XII sur Duplessis. (Soc. des Amis de M.L. Duplessis)

va bientôt commencer, continue à guider et protéger le chef du Gouvernement de notre Province et ses dignes collaborateurs."

J.A. Desmarais, évêque d'Amos, se joignit à ce chœur enthousiasmé et à ce genre d'expressions, il était insurpassable. Il écrivait à Duplessis, le 2 janvier 1950:

"A deux reprises, dans mes audiences auprès du Saint-Père, en 1947 et 49, je lui ai parlé de vous, et lui ai demandé une bénédiction spéciale pour que vous puissiez répondre à mon attente. Je ne vous dirai pas ici quelle réflexion délicate le Saint-Père m'a faite à votre sujet la dernière fois." (22) Desmarais demandait un octroi pour construire un collège classique. Tout en faisant cette requête, il réitira sa fidélité à l'Union nationale: "Vous savez qu'en maintes circonstances, en public devant les foules ou en particulier dans les réunions intimes, je ne vous ai pas ménagé mes témoignages d'admiration et de sympathie. Surtout depuis deux ans je n'ai pas laissé passer une seule occasion favorable d'exprimer ma satisfaction et ma reconnaissance pour la générosité avec laquelle l'Union nationale a traité notre région en ce qui a trait à l'enseignement primaire et à la santé publique."

Un mois après cette réaffirmation complaisante, qui prouve que Desmarais aussi participait au mouvement visant à démontrer les mérites du gouvernement provincial au Souverain Pontife, Mgr Joseph Charbonneau demandait à être relevé de sa charge à l'archidiocèse de Montréal pour raisons de santé (4 février). La journée précédente, à Rome, Pie XII avait reçu Barrette et Paquette en audience privée. Les partisans de l'archevêque déchu, virent là la preuve de l'intervention dénonciatrice de Duplessis. Cependant, comme le démontre Robert Rumilly avec certes plus de crédibilité, si ces deux ministres avaient eu pour mission d'informer le Vatican du mécontentement du gouvernement provincial, il aurait été "pratiquement impossible, sinon physiquement impossible", d'obtenir en vingt-quatre heures la démission de l'archevêque. Paquette et Barrette nient énergiquement que la question de Mgr Charbonneau fut soulevée durant leur audience avec le Pape. De toute manière, Duplessis, qui ne confiait jamais la moindre mission d'importance à ses ministres, n'avait certainement pas imaginé de leur confier la tâche de négocier avec le Pape le renvoi de l'archevêque de Montréal. Et enfin, il avait à sa disposition de bien meilleurs instruments pour cette très délicate tâche. Si deux ministres provinciaux en visite avaient osé profiter de leur audience avec le Pape pour demander qu'un archevêque métropolitain soit relevé de ses fonctions, le Saint-Siège aurait considéré ce geste d'une telle impudence que l'influence de la province au Vatican aurait disparu en un mot.

On s'efforça de faire oublier le doute qui s'élevait autour de l'explication officielle du départ de Mgr Charbonneau. Peu de temps après sa démission, ce dernier confiait à sa soeur qu'en réalité, sa santé était très bonne. (23) La revue catholique *Ensign* sous le contrôle de Murray Ballantyne de Montréal, fit paraître un éditorial qui fut reproduit en français dans la revue des Jésuites, *Relations,* et dans *Le Devoir.* Cet article soutenait énergiquement l'explication officielle de la démission de Mgr Charbonneau quoique Ballantyne, un confident de Mgr Charbonneau, savait que cette explication était fausse: (24)

> *Dix ans d'incessants labeurs dans le plus populeux, le plus bigarré, le plus difficile diocèse du Canada avaient épuisé la résistance nerveuse d'un homme dont la santé offrait encore toutes les apparences de la robustesse. Comme si la douleur des fidèles n'avait pas été assez vive, des agences de*

presse et des postes de radio, en mal aigu de primeurs, déversaient des potins tous plus fantaisistes ou plus méprisables les uns que les autres.

On citait aussi, sans préciser davantage, les déclarations des "milieux vaticans" et de la revue romaine jésuite *Civilta Cattolica*, qui faisaient l'éloge de l'attitude de Mgr Charbonneau au moment de la grève d'Asbestos:

> *La revue à grand tirage* Time *eut l'impudence de sous-entendre, tout en y mêlant le nom du délégué apostolique, Mgr Antoniutti, qu'on avait demandé à Mgr Charbonneau de changer d'attitude sur la question ouvrière. Là encore, la réponse ne se fit pas attendre. Le soir même de la parution de l'édition canadienne,* Time *essuya une rebuffade. Dans un télégramme adressé à la revue et aux agences de presse B.U.P. et P.C., le délégué apostolique "niait catégoriquement qu'il eût jamais demandé à Mgr Charbonneau* to draw back from his pro-labor stand *puisque, au contraire, il avait toujours approuvé et encouragé sa très charitable attitude à l'égard de toutes les victimes de la guerre, des grèves et de l'injustice sociale".* (25)

Au moment où il faisait parvenir son télégramme péremptoire à la revue *Time* et aux agences de presse, Mgr Antoniutti entretenait aussi une vigoureuse correspondance avec Duplessis visant à démontrer sans la moindre équivoque que l'Eglise favorisait l'ouvrier. Le 2 février 1950, il avait écrit à Duplessis que Barrette et Paquette "vous auront certes fait connaître avec quelle déférence ils furent accueillis, dès leur arrivée à Rome, par les autorités du Vatican". Le délégué apostolique soulignait que l'*Osservatore Romano* avait cité les ministres du Québec comme étant des représentants de gouvernements étrangers:

> *Aujourd'hui j'ai l'honneur de vous communiquer officiellement de la part de la Secrétairerie d'Etat de Sa Sainteté les sentiments de très vive satisfaction du Souverain Pontife ainsi que ceux du Comité central de l'Année sainte pour le noble geste qu'a su poser le Gouvernement dont vous êtes le Premier Ministre.*

> *En même temps la Secrétairerie d'Etat de Sa Sainteté rappelle la tradition séculaire des gouvernements chrétiens, d'accorder une amnistie totale ou partielle à certaines catégories de prisonniers afin de marquer le caractère de pardon et d'indulgence de l'Année sainte.*
>
> *Il serait difficile dans un pays comme le Canada, où une population de religions différentes relève de divers gouvernements et de tribunaux mixtes, d'obtenir une amnistie nationale.*
>
> *Toutefois, un tel geste serait possible, il me semble, à l'échelle de la province de Québec où une très grande majorité de la population partage la même foi. Il couronnerait même d'une façon grandiose la cérémonie de la veille de Noël. Ce pourrait peut-être même être une occasion très chrétienne d'intercéder en faveur des travailleurs d'Asbestos en procès.*
>
> *Si votre gouvernement pouvait, au moment propice, accéder à ce désir du Saint-Père, soyez assuré, Monsieur le Premier Ministre, que ce geste lui causerait une joie profonde.*

C'était là un effort un peu tardif de la part du leadership catholique international pour démentir les imputations qu'il s'opposait aux mouvements ouvriers.

Duplessis répondit quatre jours plus tard. Après avoir proclamé que son gouvernement et lui-même étaient "très honorés et très heureux" de recevoir les bons sentiments de Sa Sainteté, Duplessis esquiva ou rejeta les autres remarques d'Antoniutti:

> *...J'ai le grand plaisir de vous dire, Excellence, que nous avons agi par anticipation, car déjà de nombreuses personnes coupables ont bénéficié d'une générosité, pour ne pas dire d'une magnanimité, que nous nous sommes crus autorisés à manifester.*
>
> *La malheureuse grève dans l'industrie de l'amiante, qui s'est prolongée jusqu'à la fin de la campagne électorale fédérale, offre plusieurs aspects d'une particulière gravité. Les renseignements dignes de foi que nous avons à notre disposition, et qui évidemment ne peuvent être connus de tous, indiquent d'une façon évidente qu'il s'est agi en l'occurrence, non pas simplement d'une grève fondamentale-*

ment illégale, mais d'une révolution anarchique contre la loi, contre les tribunaux et contre l'autorité légitimement constituée.

A plusieurs reprises depuis 1944 nous avons manifesté beaucoup de générosité et beaucoup d'indulgence à l'endroit de certains chefs ouvriers qui s'étaient, de leur propre aveu, rendus coupables de crimes sévèrement punissables par nos lois.

Les malheureux incidents qui eurent lieu à Asbestos, pendant une période de plus de quatre mois, nous autorisent à croire que la généreuse clémence dont nous avions fait preuve, au lieu d'être considérée, comme elle devait l'être, comme un encouragement à mieux faire, a plutôt été comprise comme un encouragement à faire pire. Malgré cela, nous avons été très magnanimes et généreux et c'est notre désir de continuer à l'être dans toute la mesure compatible avec l'accomplissement honnête et consciencieux de notre devoir.

Avec beaucoup de fierté et beaucoup de plaisir, Excellence, je vous réitère, au nom du gouvernement actuel et de la population de la province, le témoignage fidèle et constant de notre filial attachement au Saint-Siège et à la religion catholique.

Cette lettre était clairement un rejet de presque toutes les demandes officielles du Saint-Siège mais le délégué apostolique ne s'estimait pas si vite battu. Il répondait donc à Duplessis le 15 février:

C'est avec plaisir, veuillez me croire, que j'ai appris la magnanimité dont votre Gouvernement a fait preuve, par le passé, dans le traitement de certains coupables. Une disposition d'esprit si généreuse ne saurait que m'encourager à réitérer la demande que je vous présentais au nom du Saint-Père, afin d'obtenir un acte d'amnistie au cours de cette Année sainte qui vient de s'ouvrir le 24 décembre dernier.

Si je me suis permis de désigner à la clémence de votre gouvernement les victimes de la grève d'Asbestos, c'est que les Evêques du diocèse intéressé leur avaient déjà montré leur sympathie, leur étaient venus en aide, avaient soulagé la misère et l'affliction de leurs familles.

Il n'y a pas le moindre doute que tout acte de compassion à l'égard des grévistes traduits devant les tribunaux mettrait en pleine lumière votre intellignece des sentiments de charité qui ont animé la conduite de Nos Seigneurs les Evêques, et ferait en même temps connaître à toute la population dans quel harmonieux accord est venue se terminer l'affaire d'Asbestos.

S'il y a eu des violences et s'il existe des cas regrettables, ne semble-t-il pas qu'il faille les examiner et les juger dans le contexte des malheureux événements eux-mêmes dont il serait injuste de faire porter à ces grévistes l'entière responsabilité?

C'est avec empressement, Monsieur le Premier Ministre, que les pays catholiques du monde entier ont accueilli la demande du Saint-Père pour un acte de clémence en cette année du Grand Pardon, rendant ainsi le témoignage que la doctrine de miséricorde et d'amour prêchée par le Christ est toujours vivante. Je me plais donc à espérer que votre Gouvernement, si désireux de seconder toute initiative qui a pour but la pacification des esprits, accueillera à son tour la demande de Sa Sainteté, d'autant plus qu'il a déjà manifesté l'union à ses "grandes intentions" par l'envoi de deux représentants officiels à la cérémonie symbolique du Pardon universel qui marqua, le vingt-quatre décembre dernier, l'ouverture de l'Année sainte. Je serai heureux de faire connaître au Souverain Pontife les décisions de votre Gouvernement; et dans cette attente je vous prie, Monsieur le Premier Ministre, d'agréer l'assurance de ma très haute considération.

La réponse de Duplessis, une semaine plus tard ne devait pas être des plus satisfaisantes pour Antoniutti:

Je suis heureux de vous dire, Excellence, qu'à la demande de Son Excellence Mgr Maurice Roy, archevêque de Québec, et conformément à la politique que nous avons l'habitude d'appliquer, nous avons manifesté une clémence non seulement généreuse mais magnanime à l'égard de nombreuses personnes qui s'étaient rendues coupables, à l'occasion de la malheureuse grève de l'amiante, de délits sévèrement punis par nos lois.

Et pour le reste de la lettre, il répétait textuellement la conclusion de sa lettre du 13 février.

Ainsi l'affaire d'Asbestos passait à l'histoire et à la mythologie de la province. Duplessis ne s'était pas conduit d'une manière terriblement offensive. Il avait toléré qu'une situation illégale traîne pendant des mois et son intervention majeure en mai lui semblait être la seule alternative. Les policiers avaient commis des excès détestables en rétablissant l'ordre; toutefois, ils n'avaient pas été les agresseurs. Les ouvriers avaient des griefs légitimes auxquels le tribunal d'arbitrage du gouvernement, finalement, sous la direction de Duplessis, donna satisfaction. Il n'y eut pas d'autre grève dans cette industrie avant 1975. Les salaires et conditions de travail continuèrent de s'améliorer d'une façon réelle et permanente après comme avant la grève. Mgr Charbonneau avait été bien intentionné mais sa performance était essentiellement ridicule, voire même tragique. Les autres prélats avaient agi avec plus ou moins de discernement. Mgr Roy, à force de travail, avait presque réussi à obtenir un règlement juste et paisible à la grève. Desranleau et Courchesne démontrèrent leur sympathie pour les ouvriers mais aussi leur tendance à confondre la politique ecclésiastique et la politique séculière. Mgr Antoniutti et son supérieur immédiat, Mgr Montini, tentèrent de dissiper le nuage de réactions qui s'était amassé au-dessus de l'Eglise, tant par leur intervention en faveur des ouvriers auprès du gouvernement que par leur justification de la conduite du Père Lévesque. Mais en fait, Duplessis les avait déjoués. Le Premier ministre du Québec avait permis aux clercs bien placés de faire toutes sortes de représentations contre Charbonneau au Vatican et les y avait même encouragés. De plus, il leur fournissait, souvent, la documentation nécessaire. S'il avait manifesté très visiblement sa "soumission filiale", il s'était par contre abstenu de toute intervention directe dans la politique romaine. Lorsque Antoniutti lui demanda, au nom de Montini et du Pape lui-même, un *quid pro quo,* Duplessis leur rappela ni plus ni moins les prérogatives de l'Etat. Ainsi les évêques du Québec apprirent à leurs dépens, s'ils en avaient douté, que les manifestations ostentatoires de catholicisme de Duplessis ne voulaient aucunement dire qu'il abdiquait son autorité temporelle en faveur de la hiérarchie cléricale.

Le Saint Père n'avait d'autre alternative que de relever l'archevêque de Montréal de ses fonctions. Sans défenseurs parmi l'épiscopat, fantasque, inefficace, mal vu du délégué apostolique et insensible aux complexités du Québec, sans parler de la politique vaticane, il était une cible trop bien placée pour résister longtemps à l'hostilité implacable du gouvernement provincial. Il quitta Montréal immédiatement pour Victoria en Colombie britannique où , redevenu simplement le Père Charbonneau il vécut le reste de ses jours loin de la controverse et presque oublié. A Victoria, il recevait parfois la visite de voyageurs de l'Est et passait presque toutes ses soirées à jouer au bridge, jeu pour lequel il avait beaucoup de talent. Il lui arrivait de céder à la sentimentalité, surtout à la veille de Noël, et là, parmi ses intimes, il ne cachait pas qu'il tenait Maurice Duplessis pour principal responsable de son départ prématuré. A l'occasion il lui arrivait de dire, mi-frustré mi-résigné: "Duplessis dit: *Les évêques mangent dans ma main* et malheureusement, c'est vrai". (26) Même à Victoria il avait parfois l'occasion d'éveiller l'inquiétude chez ses anciens adversaires de l'Union nationale. En mai 1950, Omer Côté, en vacances à Victoria, espionnait du vestibule de l'Empress Hotel le prélat à sa retraite qui dînait avec quelques vieux amis de Montréal. L'intimité de leur conversation éveilla la méfiance du secrétaire provincial indiscret. (27)

Mgr Charbonneau mourut quelques semaines après Duplessis. Sa dépouille fut ramenée à Montréal où il n'était jamais revenu après sa démission. On lui fit des funérailles archiépiscopales et il fut inhumé sous l'autel latéral dans la cathédrale, aux côtés de Mgr Ignace Bourget. Il allait devenir un personnage encore plus controversé durant sa retraite et après sa mort qu'il ne l'avait été durant la période la plus active de sa vie. Homme admirable et talentueux, il n'avait cependant pas le tempérament qui convenait à ses fonctions.

Goudreau, député unioniste de Richmond et maire d'Asbestos, qui avait critiqué la première intervention de la police dans la région, fut défait en 1952 par le boutefeu libéral, J. Emilien Lafrance. Mais Tancrède Labbé, ultra-loyal à Duplessis et ami de longue date des syndicats d'amiante de la région, fut réélu dans Mégantic. Les districts ouvriers de la province demeurèrent généralement loyaux à Duplessis, d'une manière plus décisive en 1956 qu'en 1952.

Sur l'affaire d'Asbestos et la démission de Mgr Charbonneau on allait, au cours des années et surtout après la mort de Duplessis et de Charbonneau, fabriquer toutes sortes d'interprétations diffamatoires et ridicules. Mais les circonstances étaient irrésistibles aux faiseurs de scandales: le caractère dramatique de ces deux événements et le silence officiel qui entoura le rapport entre les deux, l'attitude impénétrable du Saint-Siège et la mystique du pouvoir et de l'autocratie qui entourèrent toujours le gouvernement Duplessis.

Avec Léger et Roy installés à Montréal et Québec, il devenait inutile à Duplessis de continuer à maintenir un groupe de pression à Rome. Il avait toujours trouvé la politique cléricale désagréable et ne s'y était adonné que parce qu'il croyait que Charbonneau avait exacerbé l'animosité entre l'Eglise et l'Etat à tel point qu'il fallait agir. Pour lui c'était un sujet compliqué, qui n'offrait ni récompense ni intérêt et n'était en somme qu'un piètre substitut à la politique séculière, son véritable métier. Duplessis fut le seul chef politique canadien qui réussit à développer une influence réelle au Vatican. Ce n'était pas là la moindre de ses réalisations même si elle fut de courte durée. Le Vatican n'aime pas se faire bousculer et Duplessis avait beaucoup d'autres intérêts plus pressants que la fragilité byzantine de Rome. Ses contacts lui permirent d'apprendre tout ce qu'il voulait savoir sur les conciles privés du Vatican et il serait désormais impensable et d'ailleurs inutile de vouloir intervenir encore une fois et avec autant de force dans les affaires ecclésiastiques. Il maintint cependant une correspondance cordiale mais qui portait rarement sur la politique, avec le cardinal Pizzardo.

Richemont poursuivait ses activités à Rome. Le 29 mai 1950, il écrivait à Tourigny pour demander "une audience d'urgence" avec Duplessis. Il disait:

> *Le chanoine Labrecque, le chanoine Gagnon, le Père Arthur Dubois, et d'autres parmi mes collaborateurs, insistent auprès de moi pour que je retourne immédiatement et sans délai à Rome, à cause de certains voyageurs qui y séjournent et dont l'activité est néfaste pour nous... D'autre part, M. Lewis H. Brown de la Johns-Manville m'a demandé, voici quinze jours, de lui procurer des entrevues avec les Cardinaux et le Pape, et il se trouve à Rome actuellement où il a obtenu satisfaction, grâce à mon intervention. Il*

> *quitte Rome mercredi après avoir été reçu en audience spé-*
> *ciale par le Pape... (*Les Cardinaux*), ...comme j'ai eu l'hon-*
> *neur de la dire au Premier Ministre, désirent avoir constam-*
> *ment près d'eux un conseiller-confident susceptible de leur*
> *fournir sans délai les éclaircissements requis. Je ne voudrais*
> *pas les décevoir. Mon intention est de partir samedi pro-*
> *chain si le Premier Ministre est d'accord.*

Duplessis acquiesça à ce projet et sa lettre du 1er juin enhardit davantage Richemont. Duplessis résumait le texte d'une lettre de Mgr Douville à son retour de Rome, le 24 juillet 1946 :

> *J'arrive de Rome; j'y ai eu l'occasion de causer de votre loi*
> *concernant l'enseignement spécialisé avec S.E. Mgr Monti-*
> *ni, qui tient la place du Secrétaire d'Etat, il en a été très sa-*
> *tisfait je crois, et le Saint Père doit être au courant mainte-*
> *nant. Je pense qu'il vous sera ainsi agréable de savoir en*
> *quels termes j'ai parlé de vous: "Votre Excellence me per-*
> *mettra d'ajouter que le Premier ministre actuel l'Honorable*
> *M. Duplessis, a fait preuve, comme toujours, d'un sens*
> *chrétien remarquable, et je suis heureux de souligner ce fait*
> *à Votre bienveillance bien connue et, par Votre Excellence,*
> *à l'attention paternelle du Souverain Pontife." J'ai donc*
> *pensé de mon devoir de parler de cette franche victoire, l'une*
> *des plus grandes dans l'enseignement religieux chez-nous, et*
> *je vous en félicite de nouveau, de tout coeur.*

Richemont demeura à Rome jusque vers la fin de l'année 1951 mais ses rapports avec son employeur putatif se détériorèrent. Le 11 décembre 1951, il écrivait à Duplessis pour réclamer ses rémunérations qu'il n'avait pas reçues depuis un an et demi. Il s'arrogeait à peu près tout le mérite du départ de Mgr Charbonneau :

> *Lorsque après mes premiers succès à Rome vous m'avez*
> *proposé, en mars 1950, d'entrer à votre service en renon-*
> *çant à toute autre activité rétribuée, afin de me vouer en-*
> *tièrement à la bonne cause qui est aussi la vôtre, celle de*
> *notre chère Province, ma patrie adoptive, et celle de l'Egli-*
> *se notre mère, je me suis bien rendu compte de tous les*
> *aléas, du danger même que pouvait entraîner pour moi l'ac-*
> *ceptation de cette charge. Habitué cependant aux luttes con-*

tre les forces subversives, j'ai accepté votre offre qui comportait une marque de confiance et d'estime de votre part, éprouvant pour ma part des sentiments identiques à votre égard. Le récent passé vous en a donné des preuves.

En concluant un accord pour une durée provisoire de deux ans, du printemps 1950 au printemps 1952, vous me garantissiez "un traitement de ministre" pour employer vos propres paroles, payable trimestriellement à l'avance, ainsi que le remboursement des frais de voyage. Votre trésorier, l'Honorable Gérald Martineau était présent...

Faute de nouvelles régulières sur mon activité, il m'est fort compréhensible que vous étiez en droit de vous poser des questions relatives à votre "ambassadeur personnel et confidentiel au Vatican"... D'autre part les tentatives de certaines personnes de s'attribuer le mérite de mon travail à Rome, mérite que je partage d'ailleurs avec mes dévoués correspondants: M. Le Chanoine Labrecque, feu Mgr Courchesne, Mgr Morin, M. l'abbé Gravel, le R.P. Dubois pour ne citer que les plus importants, ont pu influencer votre jugement quant à l'efficacité de mon service.

Il réclamait la somme due de trois mille deux cents dollars et dit qu'il venait tout juste de recevoir des renseignements importants concernant Duplessis. Il ajoutait: "Etant donné que ma femme est gravement malade, qu'elle doit subir prochainement deux interventions chirurgicales, que j'ai subi de grandes pertes d'argent par suite de mon activité anti-subversive, je vous demande de bien vouloir assurer à ma famille un Noël un peu moins triste que celui qui nous attend si Monsieur Martineau se refuse d'honorer les engagements pris."

C'est ainsi que se terminait, sur une note misérable, une ambassade peu édifiante. Comme le démontrent ses lettres, Richemont était un émigrant français plutôt pompeux, avec lequel Duplessis n'avait pas grande affinité. Durant ses derniers mois à Rome, Richemont préparait un bulletin de nouvelles sous le nom d'emprunt Custos dont le contenu était sinistrement antisémite et fasciste, et qu'il faisait circuler parmi ses connaissances. Le premier numéro, qui parut en septembre 1951, portait sur "Les démocrates chrétiens et la franc-maçonnerie", "Le manque de vigilance par le clergé d'Argentine", "Les Chevaliers de Colomb et la franc-maçonnerie". Duplessis croyait que l'argent du public pouvait être employé à de meilleures fins qu'à des publications ordurières et cela lui fait honneur comme administrateur et comme homme sinon comme partie contractante. Tourigny paya une partie de la somme que réclamait Richemont et on n'en entendit plus parler. Duplessis continua d'avoir des informateurs étrangers ici et là, comme Alexandre Guillet à Paris qui écrivait le jour de Noël 1958, à propos d'une soi-disant querelle entre le cardinal Léger et le nouveau Pape, Jean XXIII. Le cardinal était à ce moment en vacances, rue de Babylone.

Quant aux autres qui avaient participé à ce mouvement au sein de l'Eglise du Québec, ils disparurent en même temps que Richemont. Mgr Courchesne mourut quelques mois après la démission de Mgr Charbonneau (28) et Labrecque ne fut pas correspondant beaucoup plus longtemps que Richemont. Le 23 août 1951, il écrivait à Duplessis une lettre qui commençait avec le slogan écrit en grosses lettres: "A bas les grèves! Sauvons les ouvriers!" La lettre suggérait des façons d'imposer une procédure d'arbitrage obligatoire qui éviterait toutes les grèves et d'après laquelle le troisième membre du tribunal d'arbitrage serait nommé par le juge en chef (il ne disait pas de quelle cour). Dubois et Bouvier étaient plus jeunes et plus durables et Bouvier pouvait se réclamer de l'amitié personnelle de Duplessis, ce qu'il faisait d'ailleurs sans réticence. Dubois écrivait à Duplessis, le 16 juin 1950, et ses paroles indiquaient clairement que les évêques étaient agacés de ce que de simples prêtres et chanoines exercent autant d'influence à Rome. Si toute l'affaire augmenta le respect pour Duplessis, elle provoqua par contre la colère des évêques sur les prétentions du bas clergé, surtout après la mort de Mgr Courchesne.

Dubois décrivit le rôle qu'il avait joué dans la conciliation des Jésuites avec les compagnies qu'avait attaquées Burton Ledoux dans son infâme article sur l'industrie de l'amiante. Il assuma ce rôle à la demande du secrétaire provincial, Léon Pouliot, et de son ami Alphonse Raymond, industriel et conseiller législatif. Son intervention eut sans doute du succès puisque l'article même, pour lequel la recherche avait été faite en majeure partie par Gérard Pelletier, était rempli de grossières calomnies et d'inexactitudes. Mgr Courchesne avait demandé à Dubois d'examiner le rapport de la Commission sacerdotale sur les Etudes sociales qui recommandait, entre autres, la reconnaissance des droits de l'ouvrier à la "cogestion", et la participation des ouvriers aux bénéfices de l'entreprise. Apparemment, écrivait Dubois, puisque le document ne fut jamais publié, on accepta, à Rome, son affirmation que ce n'était pas le moment de se mettre les capitalistes à dos par un pareil assaut.

Le problème avec le corporatisme modéré dont on rêvait au Vatican était la faiblesse matérielle du catholicisme. "Combien le Pape a-t-il de divisions?" demandait Staline par dérision. Il n'avait même pas une petite armée sans armes, mais à cette époque de bipolarisation, au sommet de la Guerre froide, que le Vatican s'avise de vouloir mettre de l'avant le projet qu'il chérissait aurait suffi à faire renaître le spectre répugnant et discrédité du fascisme et à diviser les forces internationales de l'anticommunisme. Et surtout au Québec, antagoniser les capitalistes n'aurait pas été une initiative très brillante. Le projet corporatiste fut donc remis sur la tablette.

En critiquant la lettre pastorale sur "La condition ouvrière", Dubois s'était mis dans une mauvaise situation vis-à-vis des évêques. Il soutenait qu'un cardinal romain lui avait demandé de faire cette critique, ce qui faisait probablement partie de l'enquête qu'on menait sur la conduite de Georges-Henri Lévesque, enquête qui tombait maintenant sous l'autorité du cardinal Pizzardo de la Congrégation des Séminaires et Universités. Pizzardo était sans doute d'accord avec Dubois pour dire que la lettre pastorale, dont les arguments étaient plutôt faibles, était trop libérale. Mais tout ceci offensait les évêques, surtout qu'avant la nomination de Paul-Emile Léger à la fin de 1952, il n'y avait pas au Québec de cardinal pour les défendre à la Curie et aux Offices. On enleva à Dubois ses fonctions extérieures à la Compagnie des Jésuites et on lui assigna un travail interne.

Le Père Bouvier subit le même sort. Mgr Léger n'aimait pas beaucoup les Jésuites de toute façon, mais il n'aimait surtout pas ces prêtres qui conspiraient avec les cardinaux les plus conservateurs de Rome et qui essayaient de couper l'herbe sous les pieds de l'épiscopat du Québec. Si Duplessis s'opposait énergiquement à "un Etat dans un Etat", Léger, appuyé par ses collègues, était hostile à "une Eglise dans l'Eglise". Le 26 décembre 1951, Dubois faisait part à Duplessis du triste sort de Bouvier:

La démission du Père Bouvier qui est devenue un symbole dans la bataille idéologique qui fait rage, m'a affecté comme s'il se fut agi de moi-même. Des procédés qui n'étaient pas sans rappeler certains aspects de l'Inquisition ont fini par épuiser sa patience. Le R.P. provincial m'a dit que la situation n'était plus tenable; les ministères de la Compagnie souffraient de l'antipathie épiscopale à son endroit.

Le Père Lévesque, plus heureux, reçoit, lui, en son école des louanges officielles. Les 'enthousiastes sociaux' sont dans la jubilation... Et pour la plupart, ils croient parler au nom de la doctrine sociale de l'Eglise. Je leur ai demandé de citer les paroles des papes condamnant notre système de salaire; de nommer les encycliques qui établissent les droits du travailleur à la cogestion, à recevoir une part des profits, à être copropriétaire de l'entreprise. Nul n'a pu produire les textes demandés...

Par le rejeunissement erroné des formules, ces faux prophètes sèment la confusion dans les idées, fomentent une opposition factieuse entre le captial et la main-d'oeuvre. Des notions aussi fondamentales que celles, par exemple, de la loi, la propriété privée, la liberté, la personne humaine, l'autorité, ont perdu leurs contours définis et fixés par la longue tradition philosophique chrétienne. Elles sont devenues le sujet des interprétations les plus capricieuses et les plus troublantes.

Je crois l'avenir de notre province menacé par les machinations concertées d'un gauchisme malfaisant, destructeur des qualités que notre peuple a péniblement acquises au cours d'une longue tradition catholique... Cependant, je demeure confiant que notre attachement traditionnel à Rome, les bonnes intentions de plusieurs, la piété de tous seront notre ultime protection contre ce courant d'idées insensées et que Pie X avait déjà prévu comme étant l'épreuve la plus subtile pouvant affliger l'Eglise...

Qu'il ait été ou non un prêtre insolent, un Jésuite intransigeant, un renégat condamné à l'obscurité par l'étoile montante de Mgr Léger, le Père Dubois n'en démontrait pas moins, une fois de plus, l'étonnante aptitude des Jésuites à prévoir et à persévérer, et à donner aux causes futiles un air de noblesse. Il faisait également ressortir les différences historiques entre les Jésuites et les Dominicains. Il refusa le compromis et ne reçut pas les honneurs dus à un prophète. Georges-Henri Lévesque, par contre, devint un précurseur célèbre, puis une légende et finalement un personnage sans conséquence, le tout de son vivant. Dubois aussi était plus qu'un petit conspirateur clérical. Cet homme dévot et redoutable n'allait ni s'effacer ni être réduit au silence. Il continua à harceler la hiérarchie, à militer avec la redoutable ténacité et la conviction d'un martyr jésuite. Il triomphait parfois, remportant de petites victoires, fugaces et inconséquentes mais d'un caractère moral qui leurs conférait une certaine forme de permanence.

Le Père Dubois racontait une de ses victoires à Duplessis, le 10 mars 1952. Le Saint-Siège avait envoyé une monition à l'épiscopat recommandant à tous les évêques de se conformer aux directives qu'avait données Pie XII dans son discours au Congrès international des Etudes sociales, le 7 juin 1951, et dans deux discours subséquents. Le Pape rejetait l'argument voulant que l'ouvrier ait le droit inaliénable à la cogestion et à la participation aux bénéfices en plus d'un salaire raisonnable et des récompenses pour une production accrue et plus d'efficacité. A mesure que s'éloignait la Guerre mondiale et que s'allongeait la Guerre froide, le Pape en vint presque à parler comme George Meany, président de l'American Federation of Labour.

Dubois croyait qu'il avait gagné la bataille et Duplessis était d'accord avec lui. Dans sa réponse du 15 mars il dit que la lettre du Père Dubois était... "un rayon de soleil réconfortant... Avec l'aide de Dieu et le concours de ses fidèles et dévoués serviteurs, parmi lesquels vous figurez au premier rang, je suis pleinement confiant que la vérité et la justice vont conclure en triomphant et ce, une fois pour toutes."

Il n'y a pas de doute que c'était là une philosophie acceptable à Duplessis. Pour ce dernier, le corporatisme, même du type qu'avait préconisé Léger durant le bref interlude où cette mode faisait fureur dans les corridors du palais du Vatican, n'était ni plus ni moins que des fadaises néo-fascistes, impraticables et de toute façon, indésirables. Duplessis plaçait dans la même catégorie la défense illimitée de l'ouvrier telle que pratiquée par Georges-Henri Lévesque sous le prétexte d'encourager la "coopération". Sur les aspirations gauchistes et trop simples des syndicats internationaux, il ne pouvait que jeter l'anathème. Car les solutions que proposaient les syndicats amèneraient la lutte de classes et le déséquilibre social, accorderaient trop de pouvoir aux chefs syndicaux et produiraient un matérialisme démoralisant, opposé à la tradition et, inévitablement destructeur du catholicisme. De l'autre côté, les capitalistes rigoureux, la vieille garde du "big business", — individus remarquables, certes, et même, comme le croyait Duplessis, indispensables générateurs de l'économie — professaient une doctrine sociale qui n'était pas plus acceptable à Duplessis que ne l'était le corporatisme. Leur doctrine était totalement matérialiste, indifférente à la majorité de la population. Un Mammon déshumanisant n'était pas plus acceptable que le gouvernement par la populace. Un salaire raisonnable pour l'ouvrier dans un Etat qui respectait le capital mais surtout où "le capital humain prime le capital financier" comme disait souvent Duplessis, voilà ce qui était souhaitable.

Le Père Emile Bouvier envoyait ses félicitations à Duplessis quelques jours avant le vingt-cinquième anniversaire de sa première élection à l'Assemblée, événement que l'Union nationale réussit à faire passer pour une cause de réjouissance pour tous les Québecois à la veille d'une campagne électorale provinciale.

> *Permettez que du fonds de ma retraite forcée je m'unisse à cette fête de famille en vous adressant mes humbles hommages et un témoignage de profonde reconnaissance.*
>
> *La Province, l'histoire le dira, reconnaît en vous le défenseur de l'autonomie provinciale; le promoteur de la sécurité sociale et de l'éducation; le protecteur de l'ordre et surtout le catholique qui a protégé l'Eglise tant de fois à une heure où un clergé maladroit commit tant de gaffes et d'erreurs.*
>
> *Qui connaîtra tout ce que vous avez souffert pour cette province et pour l'Eglise? Le bon Dieu qui perce le fond des coeurs mesure tous les tourments, les angoisses et les misères d'un homme d'Etat et reconnaît, en particulier, les mérites d'un homme qui lui a consacré sa vie publique. Que Dieu vous conserve à la Province car vous la conduirez à la gloire.*

Le Père Bouvier remerciait Duplessis pour tout ce qu'il avait fait pour lui, surtout pour avoir facilité la fondation du département des Relations industrielles à l'université de Montréal. Il lui demandait ce qu'il devrait faire maintenant qu'il était sans travail.

Duplessis le remercia le 28 avril. Sa lettre de deux pages était presque entièrement consacrée à une attaque du gouvernement fédéral sur la question des octrois aux universités et autres. Il terminait en disant: "J'ai l'impression, pour ne pas dire la conviction, que les injustices dont vous êtes victime vivront, comme la rose de Malherbe, l'espace d'un matin, et soyez persuadé que je m'emploierai de mon mieux à rectifier cette malheureuse situation et à faire prévaloir la justice."

Si les amis de Duplessis parmi le bas clergé étaient encore actifs, ses adversaires l'étaient aussi. Le Père Georges-Henri Lévesque prônait la déconfessionnalisation des mouvements coopératifs et se créait du même coup des problèmes à Rome où les Jésuites s'opposaient farouchement à ses idées. Lévesque maintenait qu'il était tout aussi ridicule de parler de coopératives catholiques que d'oeufs ou de vaches catholiques. Mgr Charbonneau soutenait entièrement cette opinion ainsi que le cardinal Villeneuve dont les réactions éclairées étonnaient toujours même si elles étaient fréquentes. Les Jésuites de l'Ecole sociale populaire, milieu d'où étaient sortis Paul Gouin et l'Action libérale nationale des années trente, attaquèrent le Père Lévesque sur ce point. Ils étaient d'avis que l'Eglise devait se placer à la tête de tout mouvement social progressiste et non se tenir à l'écart en se contentant d'exprimer des encouragements. C'était là la conception traditionnelle qu'entretenaient les Jésuites sur l'action catholique. Cette querelle était une nouvelle manifestation du schisme entre les Jésuites et les Dominicains qui durait depuis plusieurs siècles et qui n'était jamais longtemps oublié, et du désaccord entre les activistes et les académiciens. Les Jésuites étaient plus participationnistes que les Dominicains et ces derniers s'adonnaient mieux à la théorie et à l'oecuménisme. Desranleau et les autres aumôniers de syndicats, les prêtres ouvriers ainsi que Mgr Courchesne, intéressé à la cause malgré son âge avancé, étaient beaucoup plus près de l'opinion des Jésuites que de celle du Père Lévesque dont les propos aléatoires les irritaient.

La première des nombreuses expériences désagréables du Père Lévesque à Rome fut précipitée par un rapport de l'Ecole sociale populaire que Desranleau et Courchesne présentèrent au Saint-Office où présidait le très conservateur cardinal Ottaviani. Le Père Lévesque était appuyé par le puissant Ordre dominicain, et le supérieur universel de l'ordre, Mgr Suarez, prit lui-même la défense de son collègue canadien, accusé "d'hérésie, de laïcisation excessive, de positivisme, d'expérimentalisme et de socialisme". (29) Le Père Lévesque, averti par le délégué apostolique Mgr Antoniutti de la plainte portée contre lui par les Jésuites, se rendit précipitamment à Rome pour prendre sa propre défense. A Rome, les Dominicains réussissaient habituellement à déjouer les Jésuites et cette fois encore la tradition fut perpétuée. Ottaviani n'approuvait peut-être pas ce que faisait Lévesque mais le cardinal Villeneuve avait été consulté en tant que chef de l'épiscopat du Québec et primat du Canada, et Villeneuve, qui avait autant d'influence à Rome que Ottaviani, appuya le Père Lévesque. Mgr Desranleau et Mgr Courchesne ne pouvaient surmonter l'opposition combinée de Villeneuve, Charbonneau, Antoniutti et de l'ensemble des Dominicains. Cependant Georges-Henri Lévesque n'était pas au bout de ses peines: après la mort du cardinal Villeneuve en 1947, les charges contre lui furent ranimées par la Congrégation des Séminaires et Universités qui était maintenant présidée par le cardinal Pizzardo, non moins conservateur que le cardinal Ottaviani et en meilleurs termes avec les ennemis du Père Lévesque.

Le deuxième procès du Père Lévesque était en cours lorsque ses accusateurs dirigèrent soudain leur feu vers une cible plus grande et plus vulnérable. Les influences qui avaient pesé contre le Père Lévesque au Vatican se tournèrent toutes vers Mgr Joseph Charbonneau. Ce dernier était beaucoup moins impliqué dans la politique que le Père Lévesque. Il ne bénéficiait pas de la grande influence des Dominicains et il n'était pas, comme le Père Lévesque, très bien vu du gouvernement fédéral.

Le recteur de l'Université Laval, Mgr Ferdinand Vandry avait écrit à Duplessis le 1er mai 1950:

> *Je tiens à vous dire que je déplore amèrement les paroles malheureuses du R.P. Lévesque au dîner de clôture du congrès des Relations industrielles mardi dernier. Je tiens à dégager totalement la responsabilité de l'université Laval dans cette triste affaire, qui ajoute encore à tous les ennuis que nous cause le bon Père.*
>
> *Je suis à voir aux mesures à prendre pour protéger l'Université contre les écarts de jugement de ce trouble-fête. Je*

veux mettre fin, et pour toujours, à une situation qui est devenue intolérable.

D'ici à ce que j'aie trouvé la solution de ce problème crucifiant, je vous supplie de ne rien dire ou de ne rien faire qui puisse me mettre dans l'embarras ou me compromettre. Il importe que j'aie les mains bien libres et qu'on ne puisse m'accuser d'avoir subi une pression de votre part. Nous y perdrions tous deux. La responsabilité de mon devoir me suffit pour prendre les décisions nécessaires.

Malgré les paroles combatives du recteur qui s'exprimait habituellement en termes plus mesurés, le Père Lévesque continua à occuper les mêmes fonctions et avec la même partisannerie pendant encore cinq ans. Le fait qu'à cette époque le Père Lévesque faisait partie d'une commission royale en plus de ses occupations de prêtre et d'académicien n'aida pas le recteur dans ses efforts pour se débarrasser de lui. Lévesque fit campagne ouvertement contre l'Union nationale en 1952 tout en étant toujours recteur à Laval. La protection de M. Saint-Laurent lui a peut-être aidé mais rien ne démontre que la promesse de son supérieur immédiat de le congédier ou la présumée irritation de Mgr Roy, lui aient nui. Cependant Roy et Léger firent front commun pour empêcher sa nomination au Sénat, une idée de Saint-Laurent qui, si elle avait été réalisée aurait donné à Duplessis de quoi faire quelques bons discours électoraux. (Le Père Lévesque croit qu'il a été épargné grâce au fait que son congédiement aurait démontré effectivement que Duplessis dictait sa volonté à l'Eglise. Cette théorie, d'après les renseignements de Murray Ballantyne, fut publiée dans le magazine Maclean's, entre autres.) (30)

Les Jésuites, semble-t-il, firent une dernière tentative pour censurer Lévesque auprès du secrétariat d'Etat; Montini mit fin à l'affaire une fois pour toute. Ce dernier alla même jusqu'à dire au Père Lévesque, en 1953, qu'il serait désormais "immunisé" contre de telles accusations. (31)

Deux ans plus tard, le Père Lévesque renonça à son titre de doyen à Laval pour diriger la Maison Montmorency, un vieil hôtel remarquable près des chutes surplombant le pont de l'Ile d'Orléans, sur la route qui va de Québec à Sainte-Anne-de-Beaupré. Lévesque se proposait de transformer cet hôtel en institut qui serait un centre d'activités sociales, économiques et religieuses, un foyer de rencontre pour les intellectuels. Lorsque la Maison Montmorency voulut faire reconnaître son statut, en 1958, Noël Dorion, maire de Courville, présenta ce bill privé. Quand Duplessis reçut le bill il y inséra une clause de taxe municipale de deux mille dollars. C'était là un geste malveillant, tout à fait caractéristique de Duplessis dans un moment d'irritation. Ce n'était pas non plus un geste très brillant. Laurendeau entreprit aussitôt une campagne dans *Le Devoir* et Duplessis retira finalement la mesure à la demande de Dorion et d'autres personnes. (32)

Duplessis n'exagérait pas tellement quand il dit à Malcolm Muggeridge: "Il n'y a pas grande difficulté à gouverner la province de Québec. On n'a qu'à laisser les Jésuites et les Dominicains se quereller." (33)

En tant qu'orateur, Duplessis était unique. (Roland Lemire) ▶

RÉFÉRENCES — CHAPITRE 6

1. Duplessis prononçait fréquemment cette phrase à l'Assemblée ou au cours de conversations. Quoique bien connue, cette expression est rarement rapportée dans les journaux de l'époque. Toutes les personnes qui ont connu Duplessis s'en souviennent. Voir par exemple, Pierre Laporte, op. cit., p. 139: "C'est lui (Duplessis) qui a dit ces mots cruels: *Les évêques mangent dans ma main.*

2. Auréa Cloutier.

3. *FMLD*, février 1935.

4. Emile Tourigny, Roger Ouellet, Auréa Cloutier. Il les faisait presque toujours attendre pendant quelques minutes. Il arriva que Robert Clark, qui avait rendez-vous avec Duplessis après Mgr Léger, endossa la cape et se coiffa de la barrette du cardinal que ce dernier avait laissées dans l'antichambre. Quand la porte du bureau s'ouvrit brusquement, Clark, debout au milieu de la pièce, la main droite tendue, disait à Tourigny: "Donne-moi un baiser". En un clin d'oeil Duplessis vit ce qui se passait et réussit à détourner l'attention du cardinal pour un moment, le temps que Clark remette les effets du cardinal à leur place. (L'exemple le plus mémorable où Duplessis fit attendre un évêque est décrit au chapitre 10).

5. *La Côte-Nord*, Baie Comeau, 14 février 1973. (Les mémoires de Mgr Labrie).

6. *FMLD*, 16 décembre 1950.

7. Ibid., lettre de Mgr Melançon, le 1er juin 1947.

8. Ibid., 30 juillet 1952.

9. Ibid., lettre de Mgr Desranleau, 23 septembre 1949.

10. Entrevue avec le cardinal Roy à l'occasion du vingt-cinquième anniversaire de son intronisation à l'évêché de Québec, *Le Soleil*, 22 juillet 1972.

11. *FMLD*, rapport sur l'affaire d'Asbestos par Donvier, Dorion, la police provinciale, et d'autres.

12. Roger Ouellet.

13. Jean-Jacques Bertrand.

14. *Montreal Gazette*, 6 mai 1949.

15. Ibid., 9 mai 1949. Les citations sans références des deux pages suivantes sont tirées de la même source.

16. Conversation avec le Père Georges-Henri Lévesque.

17. Murray Ballantyne dit avoir le texte véritable des remarques de l'archevêque.

18. Paul Beaulieu, Emile Tourigny.

19. Le secrétaire provincial adjoint, Jean Bruchési, neveu de l'ancien archevêque de Montréal obtint aussi des renseignements de Duplessis sur Richemont, le comte de Paris. Auréa Cloutier transmit à Bruchési les renseignements que Richemont était alsacien, avait terminé des études en droit, était officier dans l'armée et journaliste. *FMLD*, lettre du comte de Paris de Sintra, le 9 novembre 1949.

20. Murray Ballantyne.

21. Conversation avec le cardinal Paul-Emile Léger, 14 décembre 1973.

22. *FMLD*, Duplessis apprit du Père Roméo Bélair du Secrétariat d'Etat du Vatican qu'on le considérait à Rome comme "un excellent catholique, très dévoué au Très Saint-Père, et constant défenseur des intérêts de l'Eglise." Lettre du 4 mai 1950.

23. Cette lettre fut publiée dans *La Presse* en janvier 1975.

24. Murray Ballantyne a confirmé tout ceci. En tant qu'ami de l'ancien archevêque, il voulait surtout que le départ soudain de Mgr Charbonneau s'accomplisse dans la dignité.

25. *Relations*, mars 1950.

26. Le Père Lewis McClellan, compagnon assidu de Mgr Charbonneau à Victoria, 10 juin 1973.

27. *FMLD*, note de Côté, 4 octobre 1950: "Mgr Charbonneau traversa rapidement le vestivule de l'hôtel."

28. Mgr Courchesne et Mgr Desranleau furent tous deux nommés archevêques, et Rimouski et Sherbrooke élevés au statut d'archevêché, ce qui semblait les mettre sur un même pied d'égalité que Québec, Montréal et Ottawa. Cette décentralisation était faite pour plaire à Duplessis car toute collectivisation du leadership de l'Eglise servait l'Etat, et en même temps récompensait les alliés de Duplessis parmi le clergé.

29. Le Père Georges-Henri Lévesque, O.D.

30. Murray Ballantyne et le Père Georges-Henri Lévesque.

31. Le Père Georges-Henri Lévesque.

32. Lévesque, Noël Dorion. Cet épisode est bien décrit par Robert Rumilly dans *Duplessis*, vol. 2, pp. 673-674.

33. R. Colombo, op. cit., p. 170.

L'Eglise et l'Etat au lendemain d'Asbestos

En nommant Mgr Roy et Mgr Léger pour succéder respectivement au cardinal Villeneuve et à Mgr Charbonneau, Pie XII rehaussait la qualité de l'épiscopat du Québec. Ces nouveaux venus étaient peut-être les plus compétents pour exercer ce ministère depuis Mgr Bourget, Mgr Laflèche et le cardinal Taschereau.

Mgr Roy, homme tranquille, peu cérémonieux et à l'esprit judicieux, était très différent de Mgr Léger, personnage sensationnel et attachant qui allait devenir plus populaire à Montréal qu'aucun chef politique et le resterait encore longtemps après que l'Eglise aurait cessé de jouer un rôle de premier plan et même après son départ de la métropole. Si Rome avait été un livre fermé pour Mgr Charbonneau, Mgr Léger, lui, en avait une connaissance intime. Si Mgr Charbonneau n'avait pas eu d'amis à Rome, Mgr Léger exerçait une grande influence sur les sommités romaines. Si Mgr Charbonneau avait été inefficace, Mgr Léger était un modèle de diligence. Non moins compatissant

Les rapports entre Duplessis et le cardinal Léger ne furent pas toujours aussi cordiaux.
(Roger Ouellet)

que Mgr Charbonneau, il était possédé d'un idéalisme encore plus élevé que ce dernier et en politique, il était à peu près de taille à se mesurer à Duplessis. Si le Premier ministre avait espéré qu'on remplacerait Mgr Charbonneau par un zéro, ou même un bûcheur aussi peu controversé que Mgr Gauthier, il avait dû être fort désappointé.

Mgr Léger était libéral et cela était connu tant par l'affiliation politique de son père à Valleyfield que par la position de son frère Jules dans l'entourage de Saint-Laurent. Le 27 mai 1950, tout juste une semaine après l'arrivée du nouvel archevêque, Duplessis le mettait à l'épreuve lors d'une réunion à l'Assomption où l'on devait procéder à la consécration d'une nouvelle école. Il ne devait pas être question de politique mais le chef de l'Union nationale se lança dans un véritable panégyrique de son parti. Le nouvel archevêque n'attendit pas son tour. Il se leva, descendit de la tribune et, sans un mot, quitta les lieux, non

par esprit de parti mais pour sauvegarder la dignité de son rôle archiépiscopal, rôle éloigné de la politique sans toutefois lui être nécessairement supérieur. (1)

Duplessis avait fait parvenir un télégramme de félicitations à Mgr
Léger lors de sa nomination à la mi-mars. Celui-ci lui répondit le 27
mars et sa lettre présageait l'élégance raffinée des lettres et discours du
futur cardinal. La lettre était adressée au "Très Honorable Monsieur
Maurice Duplessis":

> *Le métier de chef n'est pas de tout repos en ces heures diffi-*
> *ciles. Je demande au Seigneur de me donner sa lumière et*
> *sa force afin que ma vie soit une consécration totale au bien*
> *commun de la Communauté humaine si nombreuse de cet*
> *archidiocèse. Au carrefour du spirituel et du temporel nous*
> *aurons à traiter avec vous de problèmes communs. Nous*
> *savons que vous y manifesterez toujours un grand esprit de*
> *foi et nous nous en réjouissons.*

Mgr Léger fut sacré archevêque à Rome par le cardinal Piazza, le
26 avril 1950, jour de son anniversaire de naissance. Paul Sauvé, ancien
camarade de Mgr Léger au collège Sainte-Thérèse, représentait la
province de Québec. Le 30 avril il faisait parvenir à Duplessis le récit
des événements de la journée précédente. Il racontait sa journée depuis
le matin, disant qu'il y avait déjà longtemps qu'il était debout quand il
assista à la consécration de Mgr Léger, cérémonie qui avait lieu à
huit heures du matin. Vinrent ensuite les déjeuners en l'honneur du
nouvel archevêque et auxquels étaient conviés ambassadeurs, cardinaux, Mgr Montini et la haute société romaine y compris quelques très
charmantes princesses. Sauvé fut bien reçu partout. Il racontait ensuite
l'audience avec le Saint-Père:

> *Le 28 nous sommes allés avec un groupe de Canadiens, con-*
> *duits par Mgr Léger, à une audience du Saint Père qui est*
> *passé parmi nous et qui a causé avec chacun. Nous étions en*
> *tête du groupe et le Saint Père a bavardé avec nous pendant*
> *quelques instants, s'informant des oeuvres de mon minis-*
> *tère et de notre famille. Il a bien voulu bénir les deux. Puis*
> *à la fin, avant de nous donner une bénédiction générale,*
> *pendant que nous étions agenouillés, il a dit avec une émo-*
> *tion surprenante, son amitié pour Mgr Léger, sa peine de le*

voir partir de Rome. Il a ajouté que c'était un grand sacrifice que de se priver de ses services et que ce sacrifice il avait consenti à le faire pour prouver son amour de notre patrie et parce qu'il est convaincu de la valeur des services que Monseigneur peut rendre à l'archidiocèse de Montréal. Et après nous avoir bénis, il s'est penché sur Monseigneur qu'il a pris dans ses bras et qu'il a embrassé avec une émotion dont la sincérité était prenante. Je n'ai jamais vu pareil tableau! Cette scène confirme ce que tout le monde dit ici: la nomination de Mgr Léger est une décision personnelle du Saint Père, et il est évident qu'en plus, il jouit dans tous les milieux à Rome d'un très grand prestige.

Sauvé fut ensuite reçu à un déjeuner avec Mgr Léger et l'ambassadeur Désy, chez les Dominicains. Leur hôte était le Supérieur général de l'ordre, Manuel Suarez, qui défendait encore le Père Georges-Henri Lévesque contre les accusations portées contre lui à Rome par Desranleau et Courchesne. Il fut ensuite reçu chez les Jésuites mais ne put accepter l'invitation à déjeuner des Oblats. Sauvé assurait Duplessis que partout où il allait on exprimait le désir de voir Duplessis plutôt que ses ministres et que l'on parlait toujours de lui en termes respectueux.

Mlle Auréa Cloutier se trouvait à Rome en même temps, mais sa visite n'avait rien à voir avec celle de Sauvé. Elle visitait son frère au monastère des Oblats. Duplessis l'avait chargée de faire cadeau à la Congrégation de l'anneau de feu le cardinal Villeneuve qui, à sa mort, était le plus ancien de tous les Oblats du monde. Elle devait aussi remettre un don personnel de Duplessis pour un nouvel autel. Les Oblats apprécièrent grandement cette générosité.

Fin 1952, Paul-Emile Léger devenait le sixième Canadien à accéder à la dignité de cardinal. Il revint du Conservatoire via New York d'où un train spécial le ramena à Montréal. Son père l'accueillit à la gare Victoria, débordant de fierté devant son fils cardinal et songeant à l'autre qui était maintenant ambassadeur. Enfant, le cardinal avait rêvé d'être un jour ingénieur de locomotive, ce dont son père se souvenait toujours et après avoir vénéré l'anneau cardinalice de son fils, il s'exclama: "Tu l'as enfin ton train." (2)

Le Pape avait accédé aux demandes instantes de ceux qui désiraient que Mgr Charbonneau soit relevé de ses fonctions. Cependant, il avait pris les mesures nécessaires pour que le Saint-Siège ne soit plus ainsi coincé entre le schisme épiscopal et l'hostilité séculière au Québec. Il s'ensuivit une période de calme mais non absolu. Les relations officielles entre le cardinal et le Premier ministre allaient être correctes mais rarement cordiales.

Les visites de Mgr Léger à Québec étaient toujours des occasions mémorables. Durant les jours qui suivaient ces visites, Antoine Rivard, en particulier, régalait Duplessis et ses collègues en donnant des imitations du cardinal. Les tentatives amusantes et gauches de Rivard de recréer le discours scintillant de Mgr Léger, faisaient rire Duplessis et les autres aux larmes. Pourtant il n'était pas facile d'imiter ces yeux qui jetaient des éclairs, ces lèvres minces, intenses, et cette voix résonnante qui créait de si majestueuses images. Ces petites comédies étaient en fait des manifestations de ressentiment qui permettaient aux chefs de l'Etat de se libérer de la frustation qu'ils ressentaient après chaque confrontation avec ce chef de l'Eglise. (3)

Mgr Léger se fit tout de suite connaître comme un archevêque à l'esprit réformiste. Prodigieusement actif, administrateur compétent, il savait aussi très bien, malgré son verbe grandiose, se faire comprendre des gens ordinaires de son diocèse. Il devint le chef ecclésiastique le plus vénéré qu'ait connu le Québec. Si Bourget et Laflèche avaient été respectés et tout-puissants, si Villeneuve avait été autoritaire et pompeux, Léger, dans un diocèse beaucoup plus étendu et à l'époque électronique, galvanisa le Canada français avec ses émissions radiophoniques diffusées tous les soirs et ses gigantesques campagnes de recrutement de fonds pour ses oeuvres de charité, par sa personnalité souple et sympathique, et surtout, par l'originalité captivante de ses remarques, verbales ou écrites, quels qu'en soient le sujet ou l'auditoire. Sa voix profonde et compatissante, mélodieuse et forte mais teintée de lassitude, parlait au coeur et à l'âme de son peuple avec une clarté émouvante qui éveillait chez certains le ressentiment et chez d'autres, l'envie de le tourner en ridicule, mais nul ne pouvait l'égaler et nul ne pouvait l'ignorer. Il avait une allure frappante: les cheveux argentés ramenés en arrière sous la barrette de cardinal, les sourcils épais cachant presque les yeux profonds, sombres et expressifs, la bouche et le menton forts et des traits à la fois irréguliers et symétriques formaient un tout imparfait peut-être, mais frappant et qui avait du caractère. Ce visage devint plus familier aux Québecois que tout autre à l'exception de celui de Duplessis. Le Premier ministre respectait Mgr Léger mais il le surveillait avec méfiance et souvent avec envie. Il faisait fi du talent oratoire légendaire du cardinal en disant que ce dernier était un démagogue, opinion qu'il exprimait souvent dans l'intimité.

Durant les années cinquante, le cardinal Léger se fit le porte-parole fidèle des courants de pensée qui dominaient les conciles les plus solennels du Vatican. Lui aussi contribua à faire revivre Pie XI tel que l'avait prédit Richemont en octobre 1949. Il démontra de plusieurs façons que l'Eglise était indépendante de l'Etat, ce qui parfois eut l'heur d'offenser considérablement Duplessis. Par exemple, l'allocution qu'il prononça au congrès de l'Association du Patronat industriel, le 17 septembre 1951, irrita Duplessis qui, par la suite, parla sur un ton rageur de "l'archevêque communiste". (L'intérêt que portait le cardinal aux questions sociales et son indépendance d'esprit avaient le don de rendre Duplessis furieux.) "La présence de l'évêque dans une assemblée comme celle-ci a une signification plus profonde" qu'une discussion sur "la productivité", sujet qui devait être traité pendant ce congrès:

> *De par sa mission même, l'Evêque représente l'Eglise. Le message qu'il apporte est une approbation du bien accompli, une précision des buts à atteindre et parfois même une rectification de l'oeuvre entreprise.*
>
> *L'Evêque est père, et il encourage le bien. Il est le représentant de Dieu, il fixe les buts. Il est le chef. Il a le droit de diriger. L'Eglise est heureuse lorsqu'elle constate que ses fils répondent avec empressement aux "suggestions" qu'elle leur fait.*

Une telle conception du rôle de l'évêque ne pouvait définitivement pas attirer l'adhésion du gouvernement provincial d'alors. Mgr Léger mentionna les principales encycliques sur les questions sociales ainsi que l'encyclique *Quadragesimo Anno* qui traitait d'associations patronales comme celle à qui il s'adressait:

> *...en ces différents domaines sociaux et économiques, l'Eglise a le droit et le devoir d'intervenir avec une souveraine*

autorité... "*l'Eglise ne se reconnaît point le droit de s'immiscer sans raison dans la conduite des affaires temporelles, et lorsqu'elle le fait, bien des hommes sont prêts à lui rappeler son domaine; mais, par contre, à aucun prix elle ne peut abdiquer la charge que Dieu lui a confiée et qui lui fait une loi d'intervenir en tout ce qui touche à la loi morale... En ces matières, en effet, le dépôt de la vérité qui nous est confié d'En-Haut et la très grave obligation qui nous incombe de promulguer, d'interpréter et de prêcher, en dépit de tout, la loi morale, soumettent également à notre suprême autorité l'ordre moral et l'ordre économique.*"

Ces paroles du Pontife Suprême sont assez claires par elles-mêmes et n'exigent aucun commentaire de qui que ce soit. Un fils soumis de l'Eglise, un chrétien authentique doit donc accepter les directives de l'Eglise en matière sociale et en ce domaine de l'action comme dans celui de la pensée, il doit se rappeler qu'en "protestant" il peut pactiser avec l'hérésie. Or seule l'Eglise est compétente pour déterminer les points d'incidence entre la technique et la morale... Ces solennelles affirmations suffisent, il me semble, pour détruire ces préjugés funestes qui règnent encore chez un grand nombre de catholiques et qui se résument en ces deux expressions "les affaires sont les affaires", "l'Eglise n'a aucune compétence dans le domaine temporel."

Il lut ensuite d'autres passages tirés d'autres encycliques et de documents pontificaux. Ces pensées profondes témoignaient cependant d'un manque de fermeté dans l'attitude interventionniste de l'Eglise. Il ajoutait:

Ces textes austères, mais combien lumineux, nous font comprendre la vraie position de l'Eglise en matière syndicale: la légitimité de telles associations pour toutes les classes et la primauté du spirituel dans la hiérarchie des valeurs... A quoi servent ces déclarations d'allégeance à l'Eglise de tout le groupe, si chaque membre n'est pas prêt à faire des sacrifices pour assurer le triomphe de l'Eglise? Or l'Eglise, ce sont vos pasteurs, ce sont les aumôniers qui vous ont été désignés par les évêques, seuls juges compétents en cette matière... Enfin, chers messieurs, une association comme la vôtre doit favoriser par tous les moyens possibles

> *la fondation, le développement et la multiplication de syndi-*
> *cats ouvriers chrétiens.*

Cela était presque suffisant pour que Duplessis se prenne à souhaiter le retour des bons vieux jours de Mgr Charbonneau.

Mgr Léger parla ensuite de ses oeuvres pastorales:

> *Tout à l'heure on a dit qu'ouvrier et patron devraient être à la même table. J'ai le droit d'être ici l'avocat d'une classe que je n'ai jamais rencontrée dans ce salon. Si je suis venu souvent ici pour partager les agapes fraternelles, je n'ai jamais rencontré d'ouvriers qui aient jamais été capables de se payer ce luxe.*
>
> *Les conditions d'habitation pour un grand nombre de famil-les ouvrières sont une occasion prochaine de manquer aux lois les plus élémentaires de la morale. Une exploitation éhontée des propriétaires rend ces conditions d'habitation encore plus immorales et engendre une corruption qui atteint toutes les classes de la société. On voit de riches pro-priétaires fréquenter ostensiblement l'Eglise alors qu'ils viennent de soutirer quelques centaines de dollars à de pau-vres ouvriers qui doivent emprunter d'usuriers perfides pour payer le droit d'entrer dans leur logis. Et que dire du coût de la vie qui monte en flèche alors que les salaires sont accrochés à des points fixes! De nombreuses familles ouvrières souffrent de sous-alimentation et plusieurs disent l'ignorer. L'Evêque est, de par sa vocation, l'avocat des pau-vres, et dut-il recevoir la condamnation des autres, il demeu-rera toujours le défenseur des faibles et des économiquement faibles... L'Eglise a toujours demandé aux associations qui s'inspiraient de sa doctrine, de ne pas tomber dans la lutte des classes et le collectivisme et de ne pas exciter l'animosité en "se livrant à ces déclarations amères et violentes par lesquelles des hommes étrangers à nos croyances ont cou-tume de pousser les masses au bouleversement de la société". (Ces dernières paroles sont citées de Benoit XV.)*
>
> *Si dans d'autres pays on a vu des révolutions, c'est peut-être parce qu'on n'a pas adopté immédiatement ces réformes que préconisait l'Eglise. Pour déjouer une propagande habile, pour réfuter une fausse doctrine de paix, pour lutter contre la force du matérialisme, pour arracher les âmes au mal, il*

faut s'unir sur tous les fronts. Patrons et ouvriers chrétiens doivent cesser toutes les luttes intestines et se hâter de bâtir une défense contre la marée montante du mal. Aux heures du danger, lorsque le tocsin réveille les énergies de tout un peuple, refoulées très souvent au fond des âmes par l'égoïsme de chacun, les barrières dressées par les passions sont renversées et l'unité éclate comme un miracle... Ce que les industriels catholiques doivent précisément rechercher c'est le royaume de Dieu à l'intérieur d'eux-mêmes. Ils doivent s'établir dans une confiance inébranlable en la Divine Providence, ils doivent se rappeler que toutes les richesses qu'ils ont reçues, tant de l'âme, de l'esprit, du corps et de l'argent, ce sont des richesses qui leur ont été prêtées par Dieu, non pas pour qu'ils se déclarent supérieurs à une classe, ni même pour donner à la classe indigente le superflu, mais pour lui donner un monde d'activités libres, libres de la pauvreté.

Messieurs, je parle, non pas en votre nom, car je n'ai pas à vous défendre, vous êtes assez forts pour le faire, mais au nom de ces milliers de pauvres que je représente. Et je l'ai déclaré et je l'ai dit, et si Dieu m'en donne la force, je le ferai: je ne prendrai pas de repos tant qu'il y aura un quartier misérable dans cette ville, tant qu'il y aura une mère de dix enfants qui vit dans un taudis où l'on est obligé de placarder les murs avec du carton et de tuer les rats qui sortent des égouts.

L'archevêque parla encore ainsi pendant un moment puis annonça qu'il établirait son propre foyer de charité, qu'il ne demanderait pas un sou aux hommes d'affaires ni même à l'assistance publique mais qu'il compterait sur les contributions des fidèles. Il dénonça la distribution matérielle inéquitable en donnant pour exemple ceux qui ont deux maisons, une pour l'été et l'autre pour l'hiver, alors que des milliers n'en ont même pas une:

C'est pour ceux-là que je parle et que je parlerai jusqu'à la fin. C'est pour eux ce soir que je suis venu ici afin de vous dire, à vous messieurs qui contrôlez leurs destinées: essayons de rendre le monde meilleur, non pas seulement par la charité, mais par la justice sociale, en nous rappelant que celui qui tient la foreuse dans ses mains et qui sent les

> *vibrations dans son corps et qui, à 45 ans, sera obligé de*
> *mourir parce qu'il a construit la route pour que nous pas-*
> *sions, celui-là, eh bien, mon Dieu, il est peut-être plus*
> *grand que nous.* (4)

C'était là un message plus sujet à controverses et plus profond que tout ce qu'avait pu dire ce malheureux Mgr Charbonneau et sans les affronts inutiles de ce dernier. Mgr Léger avait fait une allusion subtile à la collusion entre l'Etat et les gros intérêts financiers qui empêcherait l'Eglise d'exercer son soi-disant rôle d'arbitre de ce qui est juste et chrétien. Il avait appuyé le mouvement ouvrier mais aussi les associations patronales. Il avait claironné bien haut les prérogatives et le bien-être des désavantagés mais avait tout aussi fortement dénoncé la lutte des classes et les tendances révolutionnaires. Ces propos irritèrent certaines personnes, en choquèrent d'autres mais beaucoup furent impressionnées et personne ne fut irrévocablement offensé.

Cette allocution eut peut-être un plus grand impact dans les milieux cléricaux où l'on voyait se réaliser le prédiction de Pie XII, qui avait dit à Paul Sauvé et à d'autres, que Mgr Léger serait très efficace à Montréal. Léger était en effet le plus puissant porte-parole de la pensée néo-corporatiste du Vatican en Amérique. Il savait naviguer à travers les remous du capitalisme nord-américain. Le Pape devait se réjouir en son coeur paternel en constatant la brillante diffusion de sa doctrine. Il éleva donc son protégé au cardinalat alors que ce dernier n'avait que quarante-huit ans.

De temps à autre Duplessis essayait d'intimider Mgr Léger. Une telle occasion se présenta au moment d'une altercation sur un octroi à l'hôpital Saint-Laurent. Dans un excès de mauvaise humeur, Duplessis jeta à la poubelle un chèque d'un million de dollars. (5) Cependant il n'avait pas ici affaire à Mgr Douville ou à Mgr Desmarais et on finit par remettre l'argent au cardinal bien que pour le récupérer, celui-ci dut user de diplomatie.

Mais il arrivait aussi au cardinal de pousser Duplessis à bout comme il le fit par exemple en 1957 à propos des conditions existant à la Cour juvénile. Il écrivait à Duplessis, le 7 novembre 1957: "Monsieur le Procureur général, *il y a un peu plus d'un an,* j'attirais votre attention sur le traitement fait aux enfants à la Cour du Bien-Etre social... pour vous demander si vous pouvez mettre fin à cette tragique

situation''. Les enfants qui étaient là pour délit et ceux qui y séjournaient pour être protégés par la Cour recevaient le même traitement
déplorable. Il dit que des jeunes filles étaient frappées durement par des
gardiens; des enfants étaient jugés sur des dossiers inventés; certains
gardiens blasphémaient continuellement. "Egalement, les religieuses en
charge de la rééducation m'ont fait part que la façon dont se pratiquait
l'examen médical est souvent *illicite et immorale.*" D'après le cardinal, ces faits étaient connus des personnes en charge et le Juge en chef
admettait que la situation était intolérable. Le cardinal demandait au
Procureur général: "Quelle est votre solution *face à ce grave problème d'immoralité à l'intérieur de votre propre département?*" Il
avait déjà écrit au début de sa lettre: "*Le Pasteur d'un diocèse ne peut
tolérer semblable situation.*" (Les mots en italiques étaient soulignés
dans la lettre du cardinal.)

Le cardinal Léger exprimait sa compassion sur un ton agressif et si
la situation qu'il décrivait existait vraiment (il est certain qu'il en était
ainsi, du moins dans une large mesure), la réponse de Duplessis en date
du 12 novembre était habile:

> *Eminence, les préparatifs de notre session parlementaire qui
> s'ouvre demain et les travaux sessionnels ajoutent beaucoup
> à l'ouvrage déjà très considérable que comporte l'admi-
> nistration de notre immense province en plein développe-
> ment. Je prends connaissance aujourd'hui de Votre lettre en
> date du 7 novembre courant concernant la Cour de Bien-
> Etre social.* (Duplessis avait lui-même écrit sur la lettre du
> cardinal qu'il l'avait reçue le 8.)
>
> *Vous avouerai-je, Eminence, que j'ai été péniblement
> surpris de la teneur et du ton de Votre lettre. Je consacre à
> l'étude et au règlement des problèmes administratifs de
> notre immense province des heures longues et chargées. J'ai
> conscience de faire tout ce qui est humainement possible
> pour accomplir de mon mieux le mandat qui m'a été confié
> (à quelques reprises).*
>
> *Il est incontestable que le gouvernement actuel du Québec a
> accompli de multiples et fécondes améliorations dans le
> domaine de la protection de l'enfance en particulier. La dé-
> linquence juvénile est un problème de portée mondiale et
> j'ai raison de croire que d'une manière générale la situation*

Lors de l'inauguration de l'hôpital Ste-Justine à Montréal en 1951. (Lucien Desjardins — Roger Ouellet)

> à ce sujet dans la Province de Québec, bien qu'imparfaite, est supérieure à celle d'ailleurs.
>
> Après avoir lu Votre lettre j'ai demandé des renseignements à certaines autorités civiles recommandables, de bonne foi et au courant de la situation. Les informations qui m'ont été fournies ne correspondent pas à toutes celles qui vous ont été données.
>
> Toutefois, je ne doute pas qu'il y ait lieu d'améliorer la situation et c'est ce à quoi nous allons nous employer de la meilleure manière possible et avec toute la diligence raisonnable dans les circonstances.

En fait la situation de la Cour s'améliora assez rapidement après cet échange. Le cardinal avait agi sagement en ne distribuant pas de copies de sa lettre car ainsi Duplessis pouvait la considérer comme un affront personnel plutôt que public.

Leurs rapports étaient d'autant plus froids que le cardinal s'était assuré d'une certaine indépendance financière. Son prestige personnel et son grand style, l'importance matérielle du poste qu'il occupait dans l'un des plus grands archidiocèses du monde, lui permettaient de diriger plusieurs entreprises charitables d'envergure et qui avaient beaucoup de succès. Son projet le plus ambitieux, la "Grande Corvée du Cardinal", lui rapportait plus d'un million de dollars par année. (6) Il avait, bien sûr, encore besoin de la collaboration du gouvernement provincial mais, contrairement à ses collègues parmi l'épiscopat, il ne gaspillait pas l'argent du diocèse en projets prétentieux — telle la construction de séminaires — et qui rapportaient peu. Ses propres sources de revenu lui laissaient une certaine liberté d'action.

Les deux plus puissants chefs de l'Eglise et de l'Etat qu'ait connus l'histoire du Québec gardèrent leurs distances tout au long des années cinquante. S'ils ne débordaient pas d'affection l'un pour l'autre, ils se respectaient et savaient même être chaleureux lors de certaines grandes occasions ou lorsqu'ils faisaient cause commune contre un tiers parti qui leur semblait, à tous deux, condamnable. Lors des grandes cérémonies qui unissaient l'Eglise et l'Etat — dévoilements de monuments, inaugurations d'hôpitaux — l'un et l'autre mettaient de côté les banalités doucereuses et les tentatives ridicules d'accaparer l'avant-scène. Et après le premier fiasco à l'Assomption en 1950, Duplessis n'essaya plus guère de transformer ces occasions en assemblées électorales pour l'Union nationale.

Duplessis et le cardinal Léger se comprenaient, étant tous deux Canadiens français, coreligionnaires et chefs. Il faisaient cause commune contre les éléments qu'ils considéraient subversifs et malhonnêtes. Le cardinal Léger des années cinquante, jeune prodige du Sacré Collège de Pie XII, était un personnage bien différent du grand modernisateur qui allait faire valoir ses idées lors de Vatican II, sous Jean XXIII durant les années soixante. Mais à l'époque des années cinquante Léger et Duplessis pouvaient sans trop de difficulté trouver des terrains d'entente. La plupart du temps ils étaient à peu près aussi irrités l'un que l'autre par les membres les plus d'avant-garde de l'université de Montréal, par le groupe du journal *Le Devoir* et par certains membres du bas clergé qui n'hésitaient pas à faire connaître leurs opinions. La ténacité de la petite élite qui gravitait autour de la revue mensuelle *Cité Libre*, agaçait surtout Duplessis mais aussi le cardinal car les activités de ce groupe compliquaient inutilement les rapports de ce dernier avec le gouvernement provincial. Duplessis détestait entre tous Pierre Elliott Trudeau qu'il trouvait paresseux, gâté et subversif. (7) C'était son père, Charles Trudeau, qui avait amassé la fortune de famille qui avait permis au jeune Trudeau de faire de grands voyages, de s'adonner pendant plusieurs années à des activités intellectuelles et finalement de lancer sa revue d'opposition. Cette revue, bien qu'à faible tirage, avait un poids considérable parmi les académiciens, les journalistes et les professionnels. (Durant les années soixante et soixante-dix, Trudeau allait dire de *Cité Libre,* dans le *Guide parlementaire du Canada,* que cette revue avait servi de "tremplin à la réforme sociale au Québec durant les années cinquante". (8) Cette remarque un peu présomptueuse et dont l'exactitude peut être mise en doute, démontre cependant le point de vue oppositionniste de la revue.) Trudeau père avait été ami et partisan de Duplessis et aurait probablement été nommé au Conseil législatif s'il n'était mort peu de temps après la première victoire de Duplessis. (9)

Les dénonciations de Trudeau avaient beau être celles d'un amateur, elles n'en chatouillaient pas moins le gouvernement. Le cardinal Léger n'approuvait pas tout ce que faisait Duplessis mais préférait ses propres méthodes d'action à celles de Trudeau dont il désapprouvait les sorties qui étaient fréquemment mal à propos, injustes et basées sur des faussetés. Il faisait parfois des remarques absolument choquantes, comme à l'été 1954, et cela, malheureusement pour Trudeau, tombait à un moment où le cardinal et Duplessis s'entendaient particulièrement bien. Duplessis venait d'offrir à Léger un anneau cardinalice comme il l'avait fait pour le cardinal Villeneuve quoique la présentation au cardinal Léger fut loin d'être aussi théâtrale. L'anneau, une améthyste sertie de quatorze diamants avait coûté $3 750 au Trésor provincial. Le cardinal appréciait ce don à sa juste valeur. Il portait l'anneau pour la première fois au couronnement de la statue de la Vierge Marie au sanctuaire du Cap-de-la-Madeleine, le 5 août 1954. C'était le cardinal Valerian Valeri qui officiait à cette cérémonie d'une grande signification dans les milieux catholiques. Le cardinal Valeri, ancien nonce en France, avait été relevé de ses fonctions en 1944 à la demande du général de Gaulle qui estimait que le cardinal avait été trop favorable au régime de Pétain. Il avait été remplacé par Mgr Giovanni Roncalli, qui devint par la suite Jean XXIII. Valeri avait été pleinement réintégré dans ses fonctions et nommé cardinal. Sa présence au Québec en tant que légat papal indiquait jusqu'à quel point les conservateurs étaient à l'ascendant au Vatican. Les deux cardinaux canadiens, Léger, et McGuigan, assistaient le cardinal Valeri. Léger écrivait à Duplessis le 12 août: "Il convenait que Trois-Rivières soit le premier témoin des reflets de ce bijou! Je profite de l'occasion pour vous remercier de l'intervention énergique que vous avez cru devoir faire à l'occasion du scandale Trudeau:" (10) Il abordait ensuite le sujet d'une publication obscène dont il adressait un exemplaire à Duplessis:

> *Au nom de la sainte Vierge, dont le Cap célèbre les gloi-*
> *res en ce moment, auriez-vous la bonté de nous débarrasser*
> *de cette littérature provocante?*
> *La scène d'exhibitionnisme, à la page 3, dépasse tout ce*
> *que les pires revues américaines présentent à leurs lecteurs*
> *en quête d'émotions lubriques. Au nom de nos enfants du*
> *Québec de la génération montante, je vous conjure, Mon-*
> *sieur le Premier Ministre, de mettre le bras séculier au servi-*
> *ce de la morale chrétienne, le seul rempart efficace contre le*
> *communisme et les menées pernicieuses de Satan. (11)*

Cette explosion de rage du prélat habituellement si froid, touchait, amusait même Duplessis. Ce dernier éprouvait sans doute de la satis-faction à apprendre que les fumisteries du petit groupe qui se voulait à l'avant-garde de la réforme, agaçaient aussi le cardinal. L'inquiétude que manifestaient les évêques au sujet de la pornographie, de la prosti-tution, du jeu et du manque de respect envers les lois sur l'alcool amusait toujours un peu Duplessis. Ce dernier était loin d'être un puri-tain et son catholicisme n'était nullement offensé par toutes ces dé-monstrations de faiblesse humaine. Il n'accepta jamais l'argument que la jeunesse était corrompue parce que les adolescents buvaient, parce qu'il existait des maisons de prostitution ou parce qu'on vendait des re-vues obscènes dans les kiosques à journaux. Il se rappelait sa propre jeunesse qui avait été si vigoureuse et croyait que le puritanisme était le fait des protestants, sinon des hypocrites. Cependant il passait parfois à l'action lorsque les évêques s'en prenaient à un point bien précis. Par exemple Mgr Douville lui demandait, dans sa lettre du 7 mai 1946, de refuser d'accorder un permis de liqueur "dans cette paisible paroisse... et auquel je m'oppose de toutes mes forces". Mais règle générale, Duplessis était d'avis que le département du procureur général et surtout la police, avaient mieux et plus pressé à faire que de s'instituer en gardiens de la moralité nationale. Quoi qu'il en soit le clergé avait une influence indéniable. Ainsi, jusqu'à la fin des années soixante, le clergé réussit à empêcher la construction de cinémas en plein air au Québec. On croyait que ces cinémas étaient des inventions américaines destinées à promouvoir et à diffuser la perversion sexuelle et le relâchement des moeurs.

Même au cardinal Léger il arrivait parfois d'avoir à subir la manie ennuyeuse qu'avait Duplessis de sermonner ses correspondants sur les réalisations de son gouvernement. Léger lui écrivait le 8 mai 1957, pour demander une augmentation de la pension aux indigents. Dans sa réponse, Duplessis tenta de mêler le cardinal à sa longue lutte avec le gouvernement fédéral, lutte qui venait d'entrer dans une nouvelle phase avec la défaite de Saint-Laurent et l'accession au pouvoir de John Diefenbaker. Duplessis lui répondait donc le 15 mai:

> *Comme vous l'écrivez au début de Votre lettre, les relations fédérales-provinciales causent bien des soucis au Premier ministre de la province de Québec. Notre chère province est malheureusement victime de multiples et dangereux empiètements de la part des autorités fédérales...*
>
> *Notre éminent compatriote, Sir Wilfrid Laurier avait raison de déclarer: "C'est un fait historique que la forme fédérative n'a été adoptée qu'afin de conserver au Québec cette position exceptionnelle et unique qu'elle occupait sur le continent américain." Malheureusement cette vérité incontestable est gravement méconnue par les autorités fédérales.*
>
> *Les pénibles injustices dont sont victimes nos compatriotes dans les autres provinces nous l'indiquent de façon évidente et nous savons tous que nos droits et nos prérogatives sont beaucoup mieux sauvegardés et protégés dans Québec où nous sommes en majorité qu'ailleurs où nous sommes en minorité...*
>
> *Pour ne mentionner que le cas des veuves et des orphelins, que Vous signalez dans Votre lettre, il est certain que c'est l'Union nationale qui, dès la première année de son arri-*

> *vée au pouvoir, c'est-à-dire en 1937, après quarante ans consécutifs d'un autre régime politique, a établi les allocations aux mères nécessiteuses et aux orphelins...*
>
> *C'est vous dire, Eminence, que c'est notre intime désir et conforme à nos réalisations d'accomplir toutes les saines et fécondes améliorations possibles à mesure que diminueront les empiètements du fédéral dans le domaine provincial.*

Duplessis tentait de rattacher le cardinal à son point de vue juridictionnel de la condition du bien-être social et exprimait l'opinion, familière à tous les libéraux de la province, que le progrès au Québec dépendait du retrait du fédéral du domaine fiscal.

Le cardinal ne s'intéressait pas à cette question qui clairement n'était pas du ressort de l'Eglise. De plus lui et Mgr Roy étaient les plus fédéralistes des évêques. Son frère était diplomate fédéral, ses parents s'étaient épousés au Michigan, il avait été élevé non loin de la frontière de l'Ontario, il avait passé la majeure partie des années vingt et quarante en Europe et presque toutes les années trente au Japon et le nationalisme québecois ne l'intéressait pas particulièrement. Quoi qu'il en soit, son intérêt principal allait aux veuves et aux orphelins et la haute idée qu'il se faisait de ces causes ne souffrait pas qu'on vienne l'en divertir.

En s'adressant à Duplessis il se posait parfois en chef des Canadiens français, un chef associé mais autonome, qui restait maître de son domaine propre. Le 3 septembre 1953, il écrivait à Duplessis au sujet "du bien général de nos groupes ethniques et religieux". Le 25 avril 1955, ils échangeaient des souhaits d'anniversaire de naissance (ils étaient tous deux nés en avril à six jours de différence). Le cardinal écrivait: "Je voulais vous dire que je prie à vos intentions car je sais, par expérience, que le maniement des hommes n'est pas toujours chose facile... Le Seigneur doit souvent intervenir pour faire penser les autres comme nous." Et le 10 juillet 1955, il demandait une entrevue à Duplessis: "...car j'aimerais causer avec vous de problèmes importants auxquels il faudrait apporter des solutions urgentes pour le bien de notre peuple. Je suppose que vous ne prendrez pas de vacances... Voilà tout de même un point sur lequel nous avons des idées identiques." En fait, ils prenaient l'un et l'autre des vacances, bien méritées certes, mais ils ne pouvaient résister au plaisir de faire ces allusions théâtrales à leur propre sens de l'abnégation.

Les rapports avec Mgr Roy étaient très différents. Ce dernier était l'ancien évêque de Trois-Rivières et son père avait été l'ami de Duplessis, deux facteurs importants aux yeux du Premier ministre traditionaliste. Mais ce n'était pas la seule raison; la personnalité de Mgr Roy y était pour beaucoup. Affable sans jamais être obséquieux, Mgr Roy savait transiger d'une manière douce et gentille tout en faisant respecter son autorité; il avait de l'esprit mais ne l'exerçait jamais au détriment de son interlocuteur. Duplessis s'était réjoui de sa nomination à l'archevêché de Trois-Rivières et avait exprimé sa joie dans l'allocution qu'il avait prononcée lors du banquet offert en l'honneur de la consécration de Mgr Roy. Duplessis fut encore plus heureux d'apprendre que c'était Mgr Roy qui avait été choisi pour remplacer le cardinal Villeneuve à Québec. Plus que tout autre évêque, Mgr Roy était un ami personnel de Duplessis, et non seulement parce qu'ils étaient voisins ou pour les raisons déjà mentionnées.

Mgr Roy avait "le mot juste". Dans sa lettre du 25 janvier 1948, où il remerciait Duplessis pour ses souhaits d'anniversaire de naissance et pour un octroi généreux consenti à l'Université Laval, il ajoutait: "S'il est possible à notre vieux serviteur de monter sur le toit de l'Archevêché sans risquer sa vie, je célébrerai ces deux événements en faisant hisser à notre mat le drapeau que vous venez de donner à notre Province et qui nous rend, à un nouveau titre, fiers d'elle-même et de son Chef."

Georges-Léon Pelletier, le remplaçant de Mgr Roy comme évêque de Trois-Rivières, avait été hospitalisé à cause de "fatigue accumulée". Mgr Roy écrivait: "Quand je vais le voir à l'hôpital, nous parlons souvent de vous et je sais combien votre sympathie le touche. L'anneau que vous nous avez donné, à l'un et à l'autre, est un gage de notre fidélité à l'Eglise de Trois-Rivières; dans les prières que nous offrons sans cesse pour Elle, nous faisons toujours une large part à son Premier paroissien."

Durant la controverse d'Asbestos, Mgr Roy fut, de tous les évêques, le plus utile à sa province et le plus positif. Rien ne démontre qu'il ait contribué de quelque manière que ce soit au dénouement de l'affaire Charbonneau mais par contre il se dévoua sans compter au règlement de la grève. La province n'a probablement jamais eu de médiateur plus discret ou plus compétent. Il écrivait à Duplessis, le 4 juin 1949, pour lui souhaiter un prompt rétablissement et lui faire rapport du progrès de la médiation: "Je serais heureux de pouvoir diminuer quelque peu vos soucis en facilitant le règlement de la grève de l'amiante; j'ai passé la journée en entrevues avec monsieur L.H. Brown et monsieur Gérard Picard et j'ai l'impression que nous avons fait quelque progrès. Nous sommes certainement beaucoup plus près d'une solution que nous ne l'étions hier. Il y a eu de part et d'autre des concessions intéressantes."

Lorsque cet épisode dramatique fut enfin réglé, Mgr Roy écrivit de nouveau à Duplessis, le 30 août 1949, le remerciant de ses félicitations à l'occasion de sa nomination comme commandant de l'Ordre d'Orange Nassau et l'assurant que cela ne voulait pas dire qu'il était devenu membre de l'Orange Lodge et qu'il préférait toujours "la Saint-Maurice et le Saint-Laurent à tous les canaux de la Hollande". (Ils prirent l'habitude de s'écrire au moindre prétexte. Par exemple, deux ans plus tard, le 30 août 1951, Mgr Roy félicitait Duplessis qui venait d'être nommé commandeur de l'Ordre de Saint-Jean de Jérusalem: "Il est toujours agréable de voir la vertu récompensée.") L'archevêque ajoutait: "Comme ce serait charmant si vous pouviez, quelque bon matin ou quelque bon soir, venir causer un peu avec moi pour le seul plaisir d'échanger des idées et sans avoir la préoccupation de régler une grève. Cela ne vous ferait pas de mal, puisque vous avez besoin de vous reposer de temps en temps, et cela me ferait certainement à moi beaucoup de bien."

Peu de temps après le départ de Mgr Charbonneau et durant la période de calme qui suivit, l'épiscopat du Québec fit paraître une lettre pastorale donnant les grandes lignes tracées par le Vatican sur la question du travail et des affaires sociales mais sans la fermeté déclaratoire et l'éloquence claironnante des remarques subséquentes de Mgr Léger sur le même sujet. Mgr Roy faisait parvenir une copie de cette lettre (dont la majeure partie avait été préparée sous son égide) à Duplessis et aux autres évêques en même temps: "Vous constaterez, je le crois, que cette lettre ne contient rien de révolutionnaire; j'ai confiance qu'elle apportera d'utiles éclaircissements et qu'elle contribuera à pacifier les

John Diefenbaker en compagnie de Mgr Pelletier, évêque de Trois-Rivières. (Roland Lemire)

esprits. Comme nous avons souvent discuté de ce problème ensemble, je tenais à ce que vous soyez l'un des premiers à la recevoir."

A l'automne 1950 Duplessis fit encore la joie du Saint-Siège en envoyant une importante délégation à Rome pour marquer les cérémonies de béatification de Marguerite Bourgeoys, fondatrice de la Congrégation Notre-Dame et de l'Hôtel-Dieu à Montréal. On célébrait en même temps à Rome la "Proclamation du Dogme de l'Assomption". Cette fois les ministres délégués étaient Onésime Gagnon et le Dr Camille Pouliot. Roy écrivait à Duplessis, le 14 décembre 1950, et lui faisait parvenir en même temps copie d'une lettre de Mgr Montini: "Cette lettre confirme le témoignage de vive satisfaction de Sa Sainteté le Pape Pie XII qui m'avait déjà été exprimée verbalement et dont, comme citoyen de la province de Québec, je ressens la plus vive fierté." La lettre de Mgr Montini soulignait la déférence avec laquelle Gagnon et Pouliot avaient été reçus. Il ajoutait: "Je n'ai pas besoin de redire à Votre Excellence combien a été apprécié ici le geste courtois du Gouvernement de la Province de Québec."

400

Lors de l'écrasement spectaculaire du pont Duplessis à Trois-Rivières en février 1951, Mgr Roy fut le seul évêque qui exprima des sentiments réconfortants pour Duplessis:

> *...J'ai été vivement affecté, comme tous les Trifluviens, par l'accident du pont Duplessis. Quand on songe à toutes les oeuvres solides que vous avez construites, on est tout particulièrement peiné de voir que, par suite d'une erreur ou d'une faute d'un inconnu, une construction dont vous aviez raison d'être fier soit à recommencer. Il faut beaucoup plus que cela pour abattre votre courage, mais je devine et je partage la tristesse que vous devez ressentir devant un accident qui affecte douloureusement une ville qui nous est chère à tous deux...*

Ils échangeaient souvent félicitations, encouragements et expressions de gratitude. En réponse aux souhaits d'anniversaire de naissance que lui adressait Duplessis, Mgr Roy écrivait: "Il est toujours réconfortant pour l'Archevêque de Québec de pouvoir compter sur la fidèle amitié comme sur la collaboration d'un chef d'Etat comme celui dont la province de Québec est fière à bien des titres. Soyez assuré, qu'en retour je ne manquerai pas de recommander au Divin Maître vos plus chères intentions, particulièrement au Saint Autel, afin qu'il vous guide et vous protège dans l'exercice de vos hautes fonctions." (12)

"J'espère que vous continuerez encore longtemps à nous donner l'exemple d'une grande activité au service de notre province." (13) "Je suis profondément touché de la bienveillante fidélité que vous mettez à vous souvenir de mon anniversaire et je m'empresse de vous exprimer mes remerciements. Ce geste me rappelle de nombreux et très chers souvenirs d'un vieux paroissien des Trois-Rivières et d'un généreux Chef d'Etat." (14) Et en réponse aux félicitations que lui adressait Duplessis à l'occasion de l'anniversaire de sa consécration épiscopale, Mgr Roy écrivait: "Le mois de mai marque le trentième anniversaire de votre élection à la législature, un événement dont l'effet semble avoir été aussi permanent que s'il avait été imprimé avec une encre indélébile. Je vous félicite à mon tour et souhaite pour vous la santé et l'illumination dont vous aurez besoin pour accomplir la lourde tâche qui vous a été confiée." (15)

"Lespensées graves et profondes que suggère le retour du 1er mai sont associées à de nombreux et très chers souvenirs: celui de la cathédrale des Trois-Rivières et des habitants si bienveillants de cette ville qui m'ont accueilli comme leur pasteur et surtout celui des fidèles paroissiens qui m'ont offert d'abord mon anneau pontifical et plus récemment ma croix de procession. Soyez assuré qu'en retour de votre délicate attention je vous garderai un fidèle souvenir et offrirai mes prières à vos intentions." (16)

Si Duplessis offrait assez souvent un anneau à un nouvel évêque, cette croix fut le seul cadeau de ce genre. Payée à même les fonds du bureau du Premier ministre, elle fut présentée à Mgr Roy par Emile Tourigny en janvier 1957. Mgr Roy écrivait à Duplessis, à la main, comme il le faisait souvent:

> *Vous m'avez demandé de considérer ceci comme étant absolument personnel; j'en suis profondément touché et je respecterai scrupuleusement vos désirs. Cette magnifique croix de fer me fera penser à vous encore plus souvent, particulièrement quand elle sera portée devant moi durant les cérémonies liturgiques. Vous savez mieux que moi que dans l'exercice de l'autorité il faut supporter bien des croix; en mettant celle du Christ devant nos yeux, l'Eglise nous offre en même temps un modèle et une source de tous les pouvoirs, civils et religieux. Je demanderai souvent au Prince de la Paix d'illuminer votre chemin et de vous soutenir dans l'accomplissement de l'oeuvre très importante qui vous a été confiée. Demain matin je célébrerai la Sainte Messe en votre honneur et je vous garderai toujours un fidèle souvenir.*

Et en réponse à Duplessis qui le félicitait à l'occasion de sa nomination comme président de la Conférence catholique canadienne, Mgr Roy écrivait, le 18 octobre 1955:

> *Cet accroissement de travail m'inquiéterait si j'y voyais une nouvelle taxe imposée par le gouvernement fédéral à la province de Québec. Mais je crois que nous devons plutôt voir là l'expression d'une marque de confiance qui ne vous est pas étrangère: ayant admiré le rôle très brillant que vous avez joué lors de la conférence fédérale-provinciale, on*

a cru opportun d'inviter l'archevêque de Québec à remplir une fonction ecclésiastique au niveau fédéral.

Durant les treize années où ils furent fréquemment en contact pour des raisons officielles ou autres, jamais un mot acerbe ou un désagrément apparent ne vint troubler les rapports entre Mgr Maurice Roy et Maurice Duplessis. Durant les années cinquante, Mgr Roy était le seul évêque en qui Duplessis avait confiance, à qui il se confiait et pour qui il avait de l'amitié. Il y avait bien Mgr Langlois, toujours fidèle mais maintenant très vieux. Quant au cardinal Léger, Duplessis avait l'habitude de dire: "Mieux vaut un archevêque Roy qu'un cardinal Léger." Duplessis considérait ce dernier imprévisible, brillant, démagogique et politique et il voyait en Roy un homme solide, intelligent, digne de confiance et sans prétention.

Il existe certaines preuves que Mgr Roy était un partisan, au moins semi-actif, de l'Union nationale durant les années cinquante. Léopold Richer, ancienne tête chaude du Bloc populaire était devenu l'un des membres les plus obséquieux de la clique de journalistes qui entouraient Duplessis. Il devint directeur de *Notre Temps,* journal qui se disait un "hebdomadaire social et culturel", et qui était la propriété de Fides, maison d'édition des Pères de Sainte-Croix à Montréal. Richer, un nationaliste qui avait toujours été hostile aux libéraux, adopta le duplessisme avec la ferveur du converti. Sa femme et lui bénéficièrent des largesses de l'Union nationale en récompense de leur profession de foi. Mme Richer fut nommée au Conseil de la Censure du Film, charge mineure qu'avait détenue Daniel Johnson pendant un temps. Durant la campagne électorale de 1956, Richer attaqua impitoyablement les libéraux et l'intelligentsia qui les appuyait, surtout le groupe du quotidien *Le Devoir*. Richer, Tourigny et les chefs de l'Union nationale à Montréal élaborèrent un projet destiné à transformer *Notre Temps* en un journal qui ferait contrepoids au journal *Le Devoir* car le *Montréal-Matin,* quotidien de l'Union nationale, ne pouvait opérer cette transformation sans perdre son attrait comme journal populaire. C'était donc *Notre Temps* qui donnerait la réplique au journal *Le Devoir* et à ses lecteurs parmi les professionnels, les académiciens et la haute bourgeoisie.

A la fin de juin 1956, Mgr Roy invita Richer et son épouse à déjeuner avec l'évêque coadjuteur, Mgr Audette, au Cercle universitaire à Montréal. Nous présumons que Mgr Audette parlait aussi au nom de Mgr Roy lorsqu'il exprima son appui à l'attitude antilibérale de Richer dans le journal qu'il dirigeait. C'est ce que racontait Richer à Duplessis dans sa lettre du 4 août. Douze jours plus tard, il confiait à Duplessis qu'il avait appris que les évêques désapprouvaient les critiques des abbés Gérard Dion et Louis O'Neill proférées contre l'éthique politique de l'Union nationale et la politisation du haut clergé. Il écrivait de nouveau à Duplessis, le 9 septembre 1956, pour dire que Jacques Hébert, ami et compagnon de voyage de P.E. Trudeau, et directeur de l'hebdomadaire libéral, *Vrai* (que Richer décrivait comme "la poubelle du *Devoir*") était intervenu auprès du nouveau provincial des Pères de Sainte-Croix, le Père Germain Lalande, afin de lui demander de retirer à Richer la protection de Fides.

Le Père Lalande était, d'après Richer, un ardent libéral, en fait, "le maître qui avait formé Gérard Pelletier et toute son école de gauchistes", et il avait, semble-t-il, engagé le Père Martin à mettre Richer à la porte si ce dernier ne cessait de se prononcer sur la politique. Le 4 septembre, Richer et sa femme obtinrent une entrevue du cardinal Léger, qui "fit venir Lalande à la chancellerie et lui dit de régler cette question de façon élégante".

Richer écrivait de nouveau à Duplessis le 13 septembre lui disant que le cardinal Léger lui avait obtenu une pension au moment de son congédiement, et d'autres conditions avantageuses, et que désormais, *Notre Temps,* dont il allait reprendre contrôle, serait complètement séparé de Fides. La lettre de Richer du 25 octobre commençait par ces mots: "Mon éditorial de cette semaine *M. Gérard Filion fait du chantage* m'a été inspiré, et aussi bien le dire, demandé par son Excellence Mgr Maurice Roy, archevêque de Québec, qui est venu me voir au nouveau local du journal... A date, quatre évêques se sont abonnés à *Notre Temps.*"

Le 20 mars 1957, Richer racontait à Duplessis la conversation téléphonique qu'il avait eue avec Mgr Roy, le 12 mars, et au cours de laquelle l'archevêque l'avait félicité de sa politique éditoriale, lui avait offert de l'argent, du moins Richer avait cru qu'il lui avait offert de "l'assistance matérielle". Richer avait poliment refusé et Mgr Roy avait promis d'aider à augmenter le tirage de *Notre Temps* dans la région de Québec. Même le cardinal Léger et Mgr Roy, aussi éclairés qu'ils eussent été, n'appréciaient guère les entreprises du groupe du quotidien *Le Devoir.*

De 1944 jusqu'au départ de Mgr Charbonneau en 1950, Duplessis agit prudemment dans ses rapports avec les évêques, surtout du vivant du cardinal Villeneuve. Après 1950, il fut beaucoup moins cérémonieux sauf avec Mgr Roy, le cardinal Léger et aussi ce cher vieux Mgr Langlois. Il traitait le plus délicatement possible toute la question de la création d'un ministère de la Jeunesse. Cette question se rattachait à la loi de la Protection de l'Enfance et le 18 janvier 1946, le cardinal Villeneuve exprimait à Duplessis l'inquiétude que lui causait ce projet de ministère de la Jeunesse. L'évêque de Nicolet, Mgr Albiny Lafortune, rendait compte à Duplessis, le 13 février 1946, d'une réunion des évêques tenue à Québec le 5 février. Duplessis fit passer cela pour l'appui de l'épiscopat pour son nouveau ministère. Mgr Lafortune lui écrivait sur un ton fâché, le 17 mars 1946: "Vous avez jugé à propos de faire allusion à ma lettre du 13 février dernier et de jeter dans la mêlée le nom de mes collègues et le mien. Je ne vous cache pas que j'ai été surpris de votre tactique. J'imagine qu'en ce faisant votre but était de laisser croire à la députation et au public que nous avions approuvé d'emblée le nouveau ministère que vous désirez créer. J'ai beau relire ma correspondance, je ne trouve rien qui puisse légitimer une telle interprétation... Vous êtes trop habile avocat pour ne pas admettre qu'en faisant pareille déclaration vous disiez trop et trop peu." (Trop peu parce que la lettre du 13 février, concernant les amendements, était citée hors texte, et trop parce qu'à l'entrevue à laquelle il faisait allusion on n'avait fait que décider qu'il y aurait un ministère de la Jeunesse sans toutefois préciser sa nature exacte.)

Duplessis répondait à Mgr Lafortune le 19 mars: "Je vous remercie profondément pour le ton paternel que Vous donnez à Votre lettre et j'en suis très honoré." Il souligna trois points: Mgr Lafortune n'avait pas indiqué que sa lettre était confidentielle et Duplessis avait donc droit de s'en servir dans le débat "étant donné la campagne déloyale et perfide que certains laïcs poursuivent"; que le gouvernement avait proclamé lors du discours du Trône, et pour la première fois "les droits inaliénables des parents et les droits indispensables du Conseil de l'Instruction publique"; et qu'il avait "des raisons de croire" que le gouvernement fédéral songeait à établir son propre ministère de la Jeunesse.

Mgr Lafortune remerciait Duplessis sur un ton radouci, le 21 mars, disant que puisque les évêques ne connaissaient pas la nature du ministère proposé, ils ne pouvaient ni l'approuver ni le désapprouver. Il célébrait leur entente et la restitution des pouvoirs du Comité de l'Instruction publique; il suggérait qu'ils "tirent le rideau" sur cette question et dit que Duplessis n'avait pas besoin de répondre.

Mais il répondit, le 25 mars: "Vous proclamez, Excellence, avec tant d'élégance et de succès la nécessité des grandes vérités éternelles que je puis bien, humble fils de l'Eglise, proclamer une vérité humaine incontestable: nous ne redonnons pas au Conseil tous ses droits en matière d'éducation, mais nous ajoutons à ceux qu'il possède déjà des droits nouveaux très importants que nous multiplions et garantissons."

Après le départ de Mgr Charbonneau, Duplessis ne s'adressa plus à l'épiscopat avec une telle régularité, et les évêques, sauf le cardinal Léger à quelques occasions, ne prirent plus avec Duplessis un "ton paternel" comme celui qui valut à Mgr Lafortune les remerciements ironiques de Duplessis.

La correspondance avec Mgr Desranleau illustre bien le changement qui s'effectua après l'affaire Charbonneau. Mgr Desranleau importunait Duplessis depuis le 12 septembre 1949 avec ses demandes d'aide du gouvernement provincial pour l'achat de l'ancien camp militaire fédéral à Newington près de Sherbrooke et qui serait transformé en collège classique. Le ministère provincial de la Voirie l'avait obtenu du ministère fédéral de la Défense nationale et Mgr Desranleau demandait au ministère de la Voirie de lui remettre ces bâtisses à bon compte.

Il prenait, comme d'habitude, un ton quelque peu impérieux mais marqué d'un enthousiasme juvénile:

> *Tout le diocèse, 180 000 catholiques, le clergé, 400 prêtres, et toute la ville, 50 000 Canadiens français, demandent et attendent cette fondation.* (2 janvier 1950)
>
> *Comme mars s'approche, vous ne serez pas surpris si je vous entretiens de nouveau de la propriété du Gouverne-*

ment à Sherbrooke et de notre futur collège classique. (11 février 1950)

Cette dernière lettre arrivait une semaine après la démission de Mgr Charbonneau et, le 27 février, Duplessis ayant fait patienter Mgr Desranleau pendant cinq mois, refusa sa requête. Le prélat des Cantons de l'Est fut grandement déçu:

> *Très Honorable Monsieur, j'accuse réception de votre lettre du 27 mars dernier. Elle m'annonce que votre Gouvernement a refusé de céder la propriété Newington pour y installer un collège classique.*
>
> *Tous ceux avec qui j'ai causé de cette question ont pensé comme moi que votre Gouvernement pouvait facilement et sans faire de sacrifices d'argent nous céder cette propriété à de bonnes conditions. Votre Gouvernement en a décidé autrement, faisant passer les intérêts d'un service du ministère de la Voirie avant ceux d'un collège classique et de tout un diocèse. Beaucoup s'étonneront de cette décision.*
>
> *Je regrette extrêmement ne pas pouvoir continuer à traiter de cette question avec le ministère fédéral de la Défense; j'aurais au moins la satisfaction de n'avoir pas reçu cette solution de notre Province.* (17)

Duplessis avait agi ainsi parce que, disait-il, il y avait déjà assez de collèges classiques dans la province, que la propriété en question était mal adaptée à ce genre d'usage et qu'il serait peut-être utile d'abaisser un peu les prétentions de Mgr Desranleau.

Quant à l'irrépressible Mgr Desmarais, il continua jusqu'à la fin de sa vie à manifester son esprit de parti en faveur de Duplessis. Son grand plaisir était d'envoyer à Duplessis copies des lettres qu'il adressait au Pape et à Mgr Montini faisant l'éloge du Premier ministre. Il aimait aussi raconter à Duplessis les nombreuses fois qu'il avait chanté les louanges de l'Union nationale en public et à ses visiteurs. Il avait écrit au Pape en mars 1950 et avait louangé Duplessis: "Très Saint Père, l'Evêque d'Amos humblement prosterné aux pieds de Votre Sainteté, comme l'enfant qui vient annoncer une nouvelle qui doit réjouir le coeur de son père...". Mgr Montini répondit le 10 avril en disant que le Pape s'était "réjoui et félicitait paternellement le généreux donateur".

Mgr Desmarais inventait des calembours: "...au sujet du barrage... tout puissant qu'il puisse devenir, il ne saurait jamais barrer la respectueuse amitié et la très haute considération que j'ai pour vous." (28 juillet 1954); il écrivit à l'occasion d'une victoire électorale: "Qu'il me soit permis de saluer avec bonheur le retour au pouvoir du Gouvernement de l'Union nationale... Inutile de vous dire que je me suis particulièrement réjoui de la réélection de mes deux députés d'Abitibi-Est et de Bagot," mais surtout celui de Bagot, Daniel Johnson. Il joignait à sa lettre des coupures de journaux où apparaissaient en détail ses louanges publiques de l'Union nationale durant les derniers jours de la campagne électorale et remerciait chaleureusement Duplessis pour le cadeau de mille dollars offert par le gouvernement pour marquer son vingt-cinquième anniversaire de vie sacerdotale "une grande bénédiction, pour votre bonheur personnel et le bien de toute la province, au début de ce nouveau mandat que le peuple, à ma grande joie, vient de vous confier". (30 juin 1956).

Peu de temps avant son vingtième anniversaire comme évêque d'Amos, Mgr Desmarais écrivait à Duplessis une lettre extraordinaire:

> *Vous savez quelle part j'ai prise pendant ces deux décades à l'organisation et à la transformation de la ville épiscopale et à tant d'autres oeuvres dans le diocèse. Vous supposez bien qu'en cours de route j'ai pu recevoir bien des coups de la part de ceux qui trouvent ça fatigant de voir un autre aller de l'avant, ramer à rebours du courant et en fin de compte réussir convenablement. Si au moins ce qu'on fait au prix de labeur et de sacrifices, en prenant parfois de gros risques, était apprécié de ceux qui sont les premiers à en bénéficier. Mais hélas! la reconnaissance est une fleur qui n'est guère cultivée dans les jardins de la terre. Vous en savez sans doute plus que moi sur ce sujet.* (18)

Duplessis répondit le 25 août 1959, une des dernières lettres de sa vie: "J'ai été heureux, et je le serai toujours, de coopérer avec l'éminent et très dévoué premier évêque d'Amos."

Mgr Langlois et Mgr Douville, aimables et discrets, conservaient l'habitude d'écrire à Duplessis à propos d'événements confus et sans grande importance. Ainsi le 25 février 1947, Mgr Langlois demandait à Duplessis d'accorder un contrat de couvreur de maison à son paroissien, Edward Negrych qui, selon lui, se voyait fermer les portes au nez par le ministère des Travaux publics parce qu'on le disait juif. Mgr Langlois expliquait qu'il l'avait lui-même converti de la religion anglicane au catholicisme et qu'il l'avait récompensé par un contrat pour refaire le toit de la cathédrale de Valleyfield. Mgr Douville écrivait à Duplessis le 18 août 1951 lui demandant d'assigner un policier digne de confiance de la Force provinciale pour retrouver le vicaire qui l'aidait à la cathédrale, l'abbé Maurice Tougas, dont on était sans nouvelles depuis deux semaines: "Pour des raisons graves, il est absolument essentiel de le ramener."

Mgr Desranleau fut tué dans un accident d'automobile en 1953. (19) Il fut remplacé par l'archevêque de Saint-Boniface, Mgr Georges Cabana, conservateur enthousiaste, comparé même à Mgr Courchesne. Il avait participé à nombre d'oeuvres constructives, telle la fondation de l'université de Sherbrooke et avait fait un séjour dans les missions de l'Ouest suivant la rude tradition établie par le cardinal Villeneuve et par le vieux lion de Saint-Boniface, Mgr Langevin. Mais Mgr Cabana n'en avait pas moins des opinions qui étaient parfois incompatibles avec le vingtième siècle. Sa lettre du 5 janvier 1959, à Duplessis, avec copie du tract 37 de l'Ecole sociale populaire des Jésuites est typique des positions qu'il défendait. Il était difficile de croire que ce même organisme avait été considéré comme le tremplin de la réforme sociale durant les années trente et que Duplessis avait été fortement dénoncé comme réactionnaire pour avoir jeté les partisans de cette école hors de l'Union nationale. Le tract en question dévoilait un plan pour la "soviétisation des Amériques", et dénonçait la conspiration qui allait "permettre aux mormons, anglicans, protestants, bouddhistes, juifs et musulmans d'entrer au Québec pour diluer le catholicisme et faciliter la propagande communiste. L'archevêque ajoutait à cette perle de lucidité politico-religieuse, l'assurance réconfortante: "Je sais combien les communistes ont entravé votre travail et ce n'est pas la Cour suprême qui vous a soutenu à Ottawa. Les communistes, comme vous le savez, cherchent à corrompre notre population et surtout notre jeunesse. Je suis porté à croire qu'ils encouragent, ici comme en Amérique du Sud, la propagande de certaines sectes protestantes et des témoins de Jéhovah."

La composition de l'épiscopat de la province fut encore modifiée d'une façon sensible par la démission de Mgr Napoléon Labrie en tant qu'évêque du Golfe du Saint-Laurent en 1956, diocèse qu'il avait dirigé pendant dix-huit ans. Il avait été à couteaux tirés avec Duplessis depuis qu'il avait commencé à faire campagne pour l'implantation d'une industrie sidérurgique sur la Côte-Nord, région riche en minerai de fer. Mgr Labrie avait visité la Suède et depuis prônait pour sa région la méthode d'affinage électrique du minerai de fer développée dans ce pays. Bien que cette activité ne fût pas du ressort de son ministère, il y consacra une énergie considérable. On donna comme raisons officielles de sa démission des raisons de santé mais certains événements semblent aussi l'avoir découragé. En premier lieu, un proche parent fut reconnu coupable d'un crime et en plus Duplessis lui avait refusé toute audience depuis cinq ans. Même le secrétaire provincial, Yves Prévost, à qui on l'avait référé, ne s'était pas montré très coopératif. Ce n'est pas que Mgr Labrie faisait l'objet d'une grande hostilité gouvernementale; la difficulté venait plutôt de ce qu'on le traitait comme un paria. Il n'existe aucune preuve que les fonds nécessaires n'étaient pas versés à son diocèse, que le gouvernement faisait des pressions contre lui auprès de l'Eglise ou qu'on l'ait menacé. Aucune ambassade gouvernementale ne fut envoyée à Rome pour agir contre lui. Bref, il ne s'agissait pas d'une reprise de l'affaire Charbonneau. Mais il semble que l'attitude désenchantée du gouvernement à son égard, attitude tacite mais évidente, ait contribué non seulement à décourager Mgr Labrie mais aussi à convaincre l'opinion épiscopale qu'il était devenu une charge. Après presque quarante ans sur la Côte-Nord, il était certainement fatigué et toutes ces raisons ensemble le persuadèrent finalement de donner sa démission, ce qu'il fit avec grâce, en évitant toute controverse. Il vécut à Québec (Saint-Romuald) jusqu'en 1973. L'Eglise, voulant éviter une telle situation à l'avenir, nomma comme successeur de Mgr Labrie, le fils du député unioniste de Gaspé-Nord, Alphonse Couturier. Il n'y avait aucun doute qu'il serait tout à fait acceptable au "gouvernement catholique de la province de Québec". (20)

◀ *En compagnie de Mgr Cabana, archevêque de Sherbrooke. (Roger Ouellet)*

Au cours des années cinquante, en réaction à un gouvernement d'une puissance sans précédent et qui s'installait de plus en plus confortablement au pouvoir, de nombreux jeunes parmi les membres du bas clergé se tournèrent vers un idéalisme universel au lieu de reprendre le sentiment autonomiste qui avait animé le clergé durant la première moitié du siècle. Ces jeunes hommes n'acceptaient pas de croire que l'élection de 1956 représentait l'idéal de la démocratie en action. Ils ne voulaient pas demeurer silencieux face aux singulières moeurs électorales qui avaient toujours été de coutume mais qui, d'après eux, qui n'étaient pas familiers avec le passé, avaient atteint le sommet de l'outrecuidance. Le gouvernement Duplessis en venait à ressembler de plus en plus au gouvernement Taschereau. Cependant Duplessis comprenait mieux que Taschereau les désirs du public, veillait plus attentivement à dépister la corruption au niveau supérieur du gouvernement, et il avait l'avantage de gouverner à une époque de prospérité mais il négligeait ses tactiques électorales. Il n'y avait pas de Loi Dillon et la police se conduisait avec une plus grande probité qu'elle ne l'avait fait sous Lanctôt et Jargailles. L'Opposition sous Lapalme, inspirée par *Le Devoir,* agissait d'une manière tout aussi irresponsable que Houde en 1931 ou Duplessis lui-même en 1936. Mais l'usage des fonds officiels et du parti pour des fins électorales, s'il créait parfois des situations amusantes et n'était pas un gaspillage complet, était en vérité, et comme nous l'avons mentionné, devenu quelque peu scandaleux.

C'était pour dénoncer ces méthodes que les deux protégés du Père Georges-Henri Lévesque à l'université Laval, les abbés Gérard Dion et Louis O'Neill, rédigèrent une série d'articles sensationnels à la demande du journal *Le Devoir* qui les fit paraître sous le titre de *L'Immoralité politique dans la Province de Québec,* à l'automne 1956.

> *Le déferlement de bêtise et l'immoralité dont le Québec vient d'être témoin ne peut laisser indifférent aucun catholique lucide. Jamais peut-être ne s'est manifestée aussi clairement la crise religieuse qui existe chez nous... Ceux pour qui la moralité se réduit à peu près uniquement au problème des shorts, des robes-soleil ou de la Loi du Cadenas trouveront bien osés les propos que nous tenons ici. Mais une morale chrétienne qui respecte l'ordre des vertus pose la charité, la vérité et la justice comme fondements de la vie sociale, et qui sait encore se scandaliser devant le mensonge,*

la perversion des consciences, la corruption systématique du droit ne peut que s'émouvoir devant un état de faits devenu manifeste...

Une chrétienté où le mensonge est érigé en système est un pays où inévitablement on attaque le sens religieux, car la foi chrétienne est d'abord et avant tout un culte de la vérité...

Les procédés tels qu'achat de votes, corruption de la loi électorale, menaces de représailles pour ceux qui ne soutiennent pas le "bon parti", faux serments, substitutions de personnes, corruption des officiers d'élections, semblent aussi devenir des éléments normaux de notre vie sociale en période électorale. Quelques secteurs urbains ont vu des exemples de violence à rendre jaloux les anarchistes les plus fervents.

Ceux qui actuellement emploient ou tolèrent ces procédés n'ont pas le mérite de les avoir inventés. Il faut avouer que notre catholique province connaît depuis déjà assez longtemps ce que l'on entend par fraudes électorales. Mais leur emploi est de plus en plus généreux à chaque élection. Aucun parti n'en a le monopole...

Ici encore, ce qui doit le plus nous inquiéter, c'est que peu de gens semblent se scandaliser de tout cela. Des méthodes similaires, utilisées en pays communistes, soulèvent l'indignation de nos braves gens et mettent en branle le zèle de nos journalistes catholiques. Au pays du Québec, elles obtiennent rapidement une généreuse absolution populaire. Même on s'en vante et on en rit comme s'il s'agissait de tours innocents...

Nous sommes ici devant une manoeuvre coutumière de nos techniciens d'élections. Le procédé est devenu tout simplement plus raffiné et ignoble. On y est allé sans scrupules, dénonçant partout de pseudo-ennemis de la religion et réussissant à mettre en action les mécanismes de défense des croyants dont la bonne volonté dépasse de beaucoup le sens critique... Une littérature de bas étage a pénétré les presbytères et les couvents... Des religieuses ont lu ou entendu raconter d'étranges histoires sur des gens que, jusque là, on croyait catholiques. On a parlé de la foi mise en danger, des ennemis qui rôdaient, de l'exemple des pays où une poignée de communistes avait réussi à prendre le pouvoir, etc. Vue

413

de près c'était de la pacotille pour épater des primitifs. Et pourtant, le truc a fonctionné à merveille!

Il y a certains cas où malheureusement le motif de vote semble avoir été moins spirituel. Il y a lieu de croire que les laïcs ne sont pas les seuls à être influencés par des dons en argent ou en nature. Les dons aux associations pieuses ou de bien-être, les contributions aux associations paroissiales savent toucher la corde sensible de certaines âmes ecclésiastiques. Devant quelques faits, on est enclin à méditer la remarque du chanoine Tellier de Poncheville sur les "causes cléricales de l'anticléricalisme"...

Dans une paroisse de banlieue de Québec un curé a poussé la bienveillance non seulement jusqu'à parler en chaire en faveur de son candidat mais est même allé, paraît-il, jusqu'à solliciter les votes à domicile. Autre cas: dans le même comté, un curé a conseillé de voter pour le candidat dont le parti serait au pouvoir: "Sans cela on n'a rien", dit-il. Un autre: "Votez pour qui vous voudrez, mais quand on a un bon gouvernement, on le garde". Un dernier cas: "Avant d'aller voter, n'oubliez pas de regarder notre belle école neuve"...

Une période électorale comme celle que nous venons de traverser s'avère un instrument de démoralisation et de déchristianisation. Ce qui fait un pays chrétien, ce n'est pas avant tout le nombre d'églises, les déclarations pieuses des politiciens, l'apparente influence temporelle et politique de l'Eglise ou les "bonnes relations" entre l'Eglise et l'Etat. C'est premièrement le respect de la vérité, le culte de la justice, l'intégrité des consciences, le respect de la liberté. Les procédés électoraux actuels attaquent de front toutes ces valeurs... (21)

On s'étonne de ce que l'intelligentsia ait pu réagir aussi vivement à ces déclarations naïves. Cette série d'articles vagues, poseurs et pompeux était une manifestation de l'état d'esprit démoralisé des forces antiduplessistes. On n'y disait rien qui ne fût déjà connu et ces écrits, commandités par *Le Devoir* et Jean Drapeau, étaient de caractère partisan et finalement témoignaient de l'habileté de Duplessis à séduire l'Eglise avec des apparences, à diviser ses cadres et à s'en tenir avec une efficacité inouïe aux traditions politiques du Québec. Ces articles contribuèrent à agrandir la scission au sein du clergé entre les jeunes et leurs aînés, entre le bas et le haut clergé, entre le clergé rural et urbain, entre les ordres, etc. Sur le grand public, l'effet fut à peu près nul. Les abbés Dion et O'Neill avaient souligné certains points valables en théorie mais n'avaient rien apporté d'original à la discussion. De toute manière cela avait peu d'importance puisque la première leçon du duplessisme disait qu'il n'y avait pas place pour les théories.

L'abbé Dion (que Duplessis décrivait comme "une personne méprisable" dans sa lettre du 22 janvier 1958, à Albert Farley) et l'abbé O'Neill avaient raison jusqu'à un certain point quand ils disaient que Duplessis dispensait le patronage aux institutions dirigées par l'Eglise en échange de leur docilité électorale. Mais une telle affirmation lésait l'Eglise et Duplessis en laissant croire que la première pouvait toujours être achetée, et en suggérant que les programmes de subventions de Duplessis n'étaient mis sur pied que pour lui gagner des votes. Duplessis répétait à quiconque recevait un octroi qu'il s'agissait là d'un acte de générosité consenti par l'Union nationale et par lui-même mais d'un autre côté, il refusait de satisfaire à de nombreuses requêtes ou y donnait suite avec une telle condescendance qu'il se mettait le bénéficiaire à dos. Mais aussi il n'arrivait pas toujours à convaincre que l'Union nationale était généreuse. Et parmi le clergé, il est probable que la plupart de ceux qui dirigeaient des congrégations, des diocèses, des hôpitaux et des services sociaux, ne se laissaient pas influencer aussi facilement.

Il est vrai que la majorité des membres du haut clergé préféraient Duplessis à un autre chef, surtout à Lapalme, mais ce n'était pas, en général, pour des raisons financières. Il faut plutôt chercher une explication du côté idéologique ou du moins dans la politique de Duplessis, surtout sa politique d'autonomie provinciale et dans le fait qu'il se présentait toujours comme étant le candidat le plus catholique. Même dans les régions où le leadership religieux favorisait clairement l'Union nationale, les fidèles ne les imitaient pas nécessairement. C'est un des grands mythes de l'histoire du Québec que de croire que le haut clergé peut dicter son choix aux électeurs et que sur les questions politiques, l'Eglise fait l'unanimité comme par enchantement. La hiérarchie de l'Eglise s'opposa vigoureusement à Laurier en 1896. L'Eglise appuya l'effort de guerre sous Bruchési en 1917-1918 et encore sous le cardinal

415

Villeneuve en 1942-1944. Mais à chacune de ces occasions le public décida différemment de ses chefs spirituels. Et même en Abitibi en 1946 alors que Mgr Desmarais proclamait tambour battant sa préférence pour le candidat du gouvernement, le ministre Jacques Miquelon ne l'emporta sur le candidat officiel des libéraux que par environ sept pour cent des voix et le gouvernement fut défait dans la partie ouest du comté par le libéral, Alcide Courcy.

Règle générale les prêtres et les religieuses votaient pour Duplessis, ce qu'il appréciait, mais il n'en allait pas de même pour les paroissiens. Ou bien le curé se conformait à la loi et ne les conseillait pas ou les fidèles n'écoutaient pas. Duplessis tolérait mal que l'Eglise s'immisce dans les affaires séculières et cela même les jours d'élection, ce qui d'ailleurs ne se produisait pas d'une manière systématique. Comme nous l'avons vu, l'Eglise renferme autant de factions, d'opinions et de nuances que la société dans laquelle elle évolue. L'Eglise et la société francophone du Québec se reflétaient l'une l'autre; on ne pouvait jamais dire avec certitude qui précédait et qui suivait. L'Eglise était comme l'électorat lui-même, variée, compliquée et difficile à manier. Ici comme ailleurs, les explications simplistes du succès de Duplessis sont inexactes et n'apportent aucun éclaircissement.

L'attitude de Mgr Vandry, recteur de l'Université Laval démontre bien ce que nous venons de dire. Il disait de Duplessis qu'il était "le second fondateur de l'Université Laval". Il proclamait son adhésion à l'Union nationale tout en expliquant son refus d'accorder à Gérald Martineau un diplôme honoris causa:

> Je n'ai pas cru sage de donner un diplôme à l'organisateur du Parti de l'Union nationale à laquelle je suis pourtant bien attaché. J'ai beaucoup d'estime pour M. Martineau mais je ne pouvais accéder à la demande qu'on m'a faite sans soulever contre l'Université et contre l'Union nationale elle-même, dans un certain public surtout, de virulentes critiques qui n'eussent fait du bien à personne. Pour la même raison j'ai écarté la proposition... de donner un diplôme au sénateur Dessureault, l'organisateur à Québec du Parti libéral fédéral. (22)

Duplessis comptait de véritables amis parmi le bas clergé; il s'agissait surtout d'amitiés de longue date formées lors de son séjour au séminaire de Trois-Rivières, et de Trifluviens comme le chanoine Chamberland, son curé et probablement le confesseur auquel il avait le plus fréquemment recours. Le chanoine dirigeait d'admirables oeuvres de charité et des projets communautaires auxquels Duplessis souscrivait souvent "personnellement et officiellement". Ces clercs bons, dévoués, apolitiques, et sans prétention étaient ceux que Duplessis admirait le plus et qui réaffirmaient et soutenaient, beaucoup plus que ne le faisait la hiérarchie, la foi de Duplessis en l'Eglise catholique. Il était d'avis que l'assistance publique, tant spirituelle que matérielle que dispensaient ces curés était précieuse et irremplaçable. Il s'opposait vigoureusement à toute suggestion de sécularisation à ce niveau car il croyait que cela détruirait un aspect intangible mais désirable, une force, une continuité qui était partie de l'âme collective du Québec. Et la sécularisation coûterait cher.

Il assistait à la messe, fidèlement tous les mercredis, à cinq heures trente du matin, à la basilique de Québec. Le dimanche, il accompagnait son amie, Mme Massey, à l'église anglaise St-Patrick, boulevard Dorchester, à Montréal ou se rendait à la cathédrale de Trois-Rivières. S'il assistait régulièrement à la messe, ce n'était pas par ostentation mais, parce qu'à ce niveau du moins, il était un croyant sincère.

Il conserva l'amitié de certains autres membres du bas clergé à qui il était attaché par des liens de loyauté, comme, entre autres, le Père Pierre Gravel, curé de Boischatel. Il écrivait à Duplessis, année après année, des lettres sans conséquence. Sur son papier à lettre apparaissait le drapeau du Québec flottant dans le ciel et de petits commentaires imprimés apparaissaient habituellement dans la marge. Par exemple: pensées de Louis Veuillot en hommage à la Province de Québec, pensées de Pie X en hommage à Louis Veuillot, mots de Charles Maurras et du Chanoine Labrecque; une phrase du Psaume 64 et enfin un commentaire anonyme sur la peinture.

Duplessis prenait plus au sérieux ses anciens professeurs du séminaire de Trois-Rivières dont quelques-uns vécurent aussi longtemps que lui. Le 31 mars 1945, il écrivait au chanoine Trudel:

> *En matières financières, l'usure est une pratique détestable et intolérable mais dans les domaines cordial et senti-*

A la sortie de la messe matinale. (Soc. des Amis de M.L. Duplessis)

> *mental, il ne peut jamais y avoir d'excès et c'est pourquoi je réponds aux aimables souhaits contenus dans votre lettre en ajoutant l'intérêt composé plusieurs fois.*

Le gouvernement Duplessis contribua généreusement à des projets civils et religieux à l'extérieur de la province surtout lorsqu'il s'agissait d'aider les minorités francophones hors du Québec. Le poste radiophonique de langue française à Edmonton, situé dans un immeuble nommé bien à propos le *Survivance Building,* opéra pendant des années grâce aux subventions du gouvernement du Québec. Dans sa lettre du 4 avril 1958, le cardinal James McGuigan remerciait Duplessis en un français impeccable d'avoir facilité la construction d'un centre culturel français à Toronto. Duplessis subventionnait les missions de l'Ouest et les Acadiens, surtout *L'Evangéline* malgré le fait que c'était un journal libéral et qui attaquait fréquemment Duplessis. Il gardait toujours à la mémoire les visites qu'on faisait à la maison de son père du temps de Mgr Laflèche et surtout celle de Mgr Langevin de Saint-Boniface, au début du siècle. C'était l'époque où les nationalistes du Québec n'avaient pas encore abandonné les populations françaises hors du Québec sous prétexte qu'elles étaient assimilées, et bien avant l'époque où le gouvernement fédéral se mêlerait sérieusement de la question. On n'accorda jamais à Duplessis le mérite qui lui revenait pour ces efforts, anonymes et qui n'avaient rien à voir avec la politique, mais qui rendirent un service incomparable aux minorités francophones. Il aida même les associations franco-américaines du Rhode Island, du Maine et du Massachussetts.

Même si la politique dominait ses relations avec la hiérarchie, Duplessis n'en était pas moins profondément religieux. Le fait qu'il ne mêla jamais ses propres sentiments religieux à l'accomplissement de son devoir démontre bien la profondeur de ses propres convictions religieuses. Sa vénération envers saint Joseph, que les libéraux ridiculisaient publiquement, était tout à fait sincère. Le galvaudage de ses croyances à des fins politiques l'offensait tellement qu'il finit par demander à Léon Casgrain de faire pression auprès de ses amis libéraux pour qu'ils cessent leurs moqueries, ce qui fut fait.

Durant ses années au pouvoir après 1944, Duplessis assura la prédominance de l'Eglise dans des domaines qui, après son règne, furent confiés au pouvoir séculier: l'éducation, les services hospitaliers et l'assistance publique. A l'époque d'après-guerre, le contrôle religieux de ces institutions plaçait le Québec dans une situation de plus en plus anachronique. Ce système premettait à la province d'épargner plus d'un milliard de dollars en salaires qu'elle n'avait pas à payer. Cet argent, qui représentait quarante pour cent du budget provincial pour cette période, permettait à la province de construire écoles, hôpitaux, routes et habitations, de poursuivre l'électrification rurale, de ne pas augmenter les taxes et de maintenir sur le marché des valeurs un crédit comparable à celui de n'importe quel autre gouvernement de l'Amérique du Nord.

Et malgré le soi-disant pouvoir de l'Eglise, les évêques du Québec mangeaient effectivement dans la main de Duplessis comme l'avait remarqué sur un ton amer Mgr Charbonneau, le retraité malgré lui. Les responsabilités financières croissantes auxquelles avaient à faire face les évêques, les obligeaient à demander plus d'aide de l'Etat. Duplessis jouait sur la vanité des évêques et employait auprès d'eux l'argument toujours efficace que la sécularisation des institutions ferait disparaître le catholicisme de la province et la plongerait dans l'ignorance de la morale. Il rendait ainsi les évêques toujours plus dépendants de lui, tous, sauf le cardinal Léger, exception qui confirmait la règle. Dans la lutte qui opposait l'Eglise à l'Etat, l'Etat sortait définitivement vainqueur. Duplessis devint le plus puissant Premier ministre de l'histoire du Québec. La province entière a bénéficié de cette état de chose. Alors qu'ils semblaient gagner, les évêques perdaient et la province, au contraire, gagnait alors même qu'elle semblait perdre.

Un dernier mot encore au sujet des évêques. Ces hommes étaient constants dans leur dévouement. Même les plus pompeux, tel Mgr Desmarais, travaillaient avec ardeur et efficacité pour leurs diocésains. Certains d'entre eux étaient ternes mais aucun n'était stupide et il n'y en avait pas un seul qui fut paresseux. L'épiscopat du Québec à cette époque avait probablement un niveau d'intellignece plus élevé, et était manifestement plus diligent et honnête en matière intellectuelle et financière que le cabinet provincial ou que la moyenne des ministres fédéraux d'expression française. Dans le domaine incommensurable de la valeur des hommes, Léger, Roy, Villeneuve, Vachon et Charbonneau pouvaient être avantageusement comparés à Duplessis et à Saint-Laurent, à Lapointe, à Godbout et à Bouchard. Nonobstant les vanités, les compromis et les prétentions de certains évêques, malgré les tendances fascistes et antisémites, l'étroitesse d'esprit et la manie de se mêler des affaires d'autrui qui en affligeaient d'autres, ils rendirent un grand service à la province. L'Eglise était la gardienne suprême de la langue française et la meilleure garantie de l'ordre social, la dispensatrice de presque tous les services médicaux et d'assistance publique. Ce rôle primordial tendait à faire de l'Eglise une institution conservatrice mais sans laquelle le français n'aurait pas aujourd'hui l'importance culturelle qu'il a conservé. L'Eglise catholique aurait pu sans peine abandonner ce rôle protecteur car elle est universelle, ce qui n'est pas le cas de la langue française.

Le cardinal Léger était le seul parmi l'épiscopat qui se rendait compte où Duplessis voulait en venir et qui par conséquent craignait pour l'avenir. Il voulait se débarrasser de la responsabilité de l'université de Montréal. Les frustrations que lui causaient les promesses jamais réalisées d'un hôpital universitaire, l'impossibilité d'établir, malgré ses efforts, une université bilingue au collège jésuite Loyola et ses propres observations des tendances de l'époque lui faisaient dire sur un ton maussade: "Les autorités civiles n'exercent pas leurs responsabilités." (23) Mais il choisit, ce qui était compréhensible, de ne pas élever la voix dans le désert épiscopal pour cette cause. L'époque Duplessis dura aussi longtemps que Duplessis lui-même.

Finalement, et cela leur fait honneur, les évêques ne donnèrent pas de véritable encouragement à la campagne de Duplessis contre les Témoins de Jéhovah. Ils détestaient pourtant cette secte, mais sauf les soupçons inconsidérés de Mgr Cabana, ils ne cherchèrent ni à inspirer ni à soutenir ce triste épisode, mais ils n'exprimèrent pas non plus leur désapprobation.

Lors d'un déjeuner offert au cardinal légat Paul-Emile Léger à l'occasion du couronnement de la statue de Saint-Joseph à l'oratoire du Mont-Royal, le 9 août 1955, Duplessis énonça clairement ses vues ecclésiatiques desquelles dépendaient tant de choses au Québec:

> *Etre ici, aujourd'hui, éveille en moi un monde de souvenirs... Et pendant quatre ans, j'ai connu intimement le Frère André. Je l'ai même assisté dans ses importantes fonctions de portier car, comme à cette époque-là, l'année scolaire était longue — elle commençait le 5 septembre, avec seulement une semaine de vacances au jour de l'An, pour se terminer le 26 ou le 27 de juin... Le Frère André a escaladé la montagne et il nous a montés avec lui. Et par une inspiration évidemment providentielle... le Frère André, dans cette ambiance des litanies de la sainte Vierge, a pensé à saint Joseph... Après tout, la terre c'est une station, nous sommes des pèlerins, nous sommes en voyage. Et le Frère André, dans sa bonté, a pensé nous assurer un billet de première classe pour le grand voyage d'où nous ne revenons pas.*
>
> *Et c'est pour cela que le Frère André, avec des moyens d'action extraordinairement limités, ayant à subir l'absence de collaboration prudente des autorités, mais ayant bénéficié de la force morale de son "auxiliaire", a décidé de réaliser ce chef-d'oeuvre qui, pour tous les élèves de mon temps constitue — qu'ils soient protestants ou catholiques*

— un miracle de la résurrection en miniature. Sans moyens d'action humains, sans argent, sans prestige personnel, sans la sympathie de ceux sur qui il croyait pouvoir compter, le Frère André a vaincu les obstacles, a réussi ce chef-d'oeuvre. Saint Joseph, c'est le Patron du Canada; saint Jospeh, c'est le Patron de l'Eglise; saint Joseph, c'est le Patron des ouvriers, le Patron des travailleurs... Aujourd'hui, c'est une journée merveilleuse pour le Canada et pour la province de Québec en particulier. Au nom de tous ceux qui ont connu le Frère André, et Eminence Légat Pontifical, respectueusement, au nom du Premier Ministre de la Province, voulez-vous s'il vous plaît, dire à Notre Saint Père le Pape que le Frère André, à part tout son mérite, m'a enduré durant quatre ans et que ceci devrait être suffisant pour au moins le béatifier à côté de la statue couronnée de son ami, saint Joseph.

Il se fait tard, je ne veux pas retarder davantage. Je sais que vous avez hâte d'entendre l'Eminentissime Légat Pontifical, mais je répéterai aujourd'hui avec la même conviction, la même sincérité et la même foi que celles que j'avais lors du Congrès eucharistique de Québec en 1938, lors du Congrès marial à Ottawa où j'avais le plaisir de rencontrer cette grande victime de la persécution communiste, Monseigneur Midsentsky, je répéterai, au nom de la Province et au nom du Gouvernement: "Je crois en Dieu et je crois en la religion catholique." (24)

On reconnaissait à travers ces déclarations sentimentales voilées, les traits essentiels de Duplessis: sa foi quasi mystique et portée à l'oecuménisme, son respect mesuré pour la hiérarchie de l'Eglise, sa sollicitude pour l'état de la province et pour les prérogatives de l'Etat.

◀ Le frère André. (La Presse)

423

RÉFÉRENCES — CHAPITRE 7

1. Cardinal P.E. Léger, 14 décembre 1973.

2. Tiré du discours que prononça le cardinal Léger lorsque lui et son frère, le gouverneur général Jules Léger, reçurent des doctorats honoris causa lors du vingtième anniversaire de l'université de Sherbrooke, le 8 juin 1974.

3. Père Emile Bouvier, S.J.

4. *FMLD*. Duplessis demanda et reçut le texte authentique du discours. 17 septembre 1951.

5. Cardinal Léger, 14 décembre 1973.

6. Duplessis suivait avec intérêt le développement des oeuvres charitables du cardinal et chaque année le président, surtout Jean-Louis Lévesque, faisait à Duplessis une liste détaillée des donateurs et de leurs contributions *(FMLD)*.

7. Duplessis est censé être intervenu auprès des autorités de l'université de Montréal pour empêcher la nomination de P.E. Trudeau à la faculté de droit.

8. P. Normandin, ed., *The Parliamentary Guide,* Ottawa, 1968 —.

9. Edouard Asselin, Paul Beaulieu, Auréa Cloutier.

10. Le cardinal a déclaré ne pouvoir se rappeler de quelle affaire il s'agissait exactement mais qu'il était toutefois certain que cela se rapportait à un quelconque article de P.E. Trudeau dans *Cité Libre*. Un examen de la publication ne révèle aucun "scandale". Mais, comme le cardinal l'a d'ailleurs confirmé il n'y a pas de doute que l'opposition continuelle de P.E. Trudeau irritait le cardinal Léger tout autant que Duplessis.

11. *FMLD,* 6 février 1951

12. Ibid., 28 janvier 1957.

13. Ibid., 31 janvier 1958.

14. Ibid., 28 janvier 1959.

15. Ibid., 8 mai 1957.

16. Ibid., 29 janvier 1957.

17. Ibid., 2 mars 1950.

18. Ibid., 18 août 1959.

19. Cérémonieux jusqu'au bout, lorsque l'ambulancier qui l'aidait à s'étendre sur la civière lui demanda son nom, Mgr Desranleau est censé avoir dit: "Je suis Monseigneur Desranleau." Cette histoire fit bien rire Duplessis. (Auréa Cloutier).

20. Description qu'employait fréquemment Duplessis dans ses lettres de félicitations et télégrammes adressés aux membres de l'épiscopat. Ceci amusait particulièrement le cardinal Léger qui, quinze ans après la mort de Duplessis, pouvait encore imiter ce dernier prononçant ces mots. Le cardinal se vengeait peut-être ainsi des imitations que s'était amusé à faire de lui l'entourage de Duplessis.

21. Dion et O'Neill, *Le chrétien et les élections*. Les Editions de l'Homme, Montréal, 1960. Voir en appendice: "L'immoralité politique dans la province de Québec" pp. 113-123.

22. *FMLD*, 15 octobre 1957.

23. Le cardinal a prononcé ces paroles à plusieurs occasions, notamment à Toronto, le 23 septembre 1974.

24. *FMLD*, texte du 9 août 1955.

demandes de bourses d'études. Le nombre de facultés était réduit et les programmes d'études incomplets. Alors que le gouvernement du Québec était supposé avoir un surplus de $6.7 millions pour l'année fiscale 1943-44, il accusa un déficit courant qui rendait difficile l'accès au crédit sur un marché saturé de bons de la défense durant la guerre. Des quatre-vingt-douze millions de dollars votés pour couvrir les dépenses durant l'année fiscale, il ne restait plus que douze millions de dollars pour les derniers sept mois de l'année. A la veille de l'élection, le Parti libéral s'était laissé aller aux dépenses excessives qui précédaient inévitablement cet événement, mais cette fois le moment avait été mal choisi.

En plus de finances défaillantes, d'une dette écrasante, du sous-développement matériel et du bouleversement social, le Québec souffrait aussi d'une administration déficiente. Il n'y avait ni prévisions budgétaires ni système de dépenses qui régissait les comptes publics, ni de conseil du trésor. Le trésorier provincial de M. Godbout, Arthur Mathewson, avait déclaré en 1940 que l'ensemble du Conseil législatif constituerait le Conseil du Trésor. Cela pouvait difficilement s'appeler une solution. Et comme l'a remarqué Onésime Gagnon, il n'y avait qu'un contrôle oratoire sur la distribution des dépenses publiques.

Il n'y avait au gouvernement aucun bureau central où référer les demandes de renseignements sur les règlements se rapportant à l'économie et sur les services industriels. On n'avait pas encore inventorié les ressources naturelles de la province et le service cartographique était encore au stade embryonnaire. Il n'existait ni planification ni coordination du développement industriel et pas de véritable programme pour attirer les investissements. Le ministère de l'Industrie et du Commerce, loin d'être un département indépendant, faisait partie du ministère de T.-D. Bouchard, c'est-à-dire la Voirie et les Travaux publics. Les réseaux routier et ferroviaire étaient insuffisants pour une province en voie d'expansion surtout si l'on considère les rigueurs de l'hiver québecois, l'immensité du territoire et la dispersion des ressources.

Le système d'instruction publique croulait, miné par l'embarras financier, par ses programmes d'étude incomplets et inadaptés aux besoins de l'époque, et par le besoin pressant de renouveler ses ressources matérielles. Chez les francophones (catholiques), seuls ceux qui se consacraient aux professions libérales pouvaient espérer poursuivre leurs études; les autres devaient se contenter du strict minimum: apprendre à lire, écrire et compter.

En 1944 au Québec, 5.15 pour cent de la population avait moins de vingt-cinq ans, un chiffre supérieur de 5.3 pour cent à la moyenne canadienne; 37.6 pour cent de la population avait moins de quinze ans, et 5.6 pour cent avait soixante-cinq ans et plus; 43.2 pour cent de la population ne pouvait être employé à des fins économiques, un chiffre qui était environ de 5.5 pour cent supérieur à la moyenne canadienne. La famille moyenne au Québec était composée de 4.7 personnes alors qu'en Ontario la moyenne était de 3.8 personnes. (1)

En 1944, l'Ontario avait une population de 3.96 millions comparée aux 3.5 millions du Québec, mais en Ontario il n'y avait que deux mille enfants de plus inscrits aux écoles: 622 000 contre les 620 000 du Québec. Cependant le Québec payait cher ce taux de naissance légendaire qui assurait la survie démographique du Canada français. Un nombre proportionnellement plus élevé de dépendants augmentait les dépenses publiques, surtout pour l'éducation et les pensions aux mères nécessiteuses et réduisait d'autant le revenu individuel dans la province. La famille nombreuse faisait diminuer le surplus du revenu, les dépenses du consommateur, les revenus du gouvernement.

Il est toujours tentant d'attribuer rétrospectivement un plan d'ensemble à la politique alors qu'il n'existait rien de plus que la détermination d'agir avec efficacité. Mais en 1944, selon toute apparence, Maurice Duplessis n'avait rien de plus précis qu'une pratique économique générale basée en partie sur la leçon salutaire tirée de son premier mandat au pouvoir. Faute de politique, il avait une méfiance instinctive des théoriciens gouvernementaux qui s'étaient si souvent offerts à le conseiller durant son premier régime; il respectait le capital et il croyait qu'un judicieux apport matériel préserverait les traditions légendaires du Québec, garantissant ainsi l'avenir de la civilisation française en Amérique du Nord.

Dans le domaine économique, on élabora un plan d'action cohérent, comme le démontre le budget de l'Union nationale de 1945. On se proposait d'attirer les capitaux étrangers pour développer l'industrie primaire, surtout les mines, les pâtes et papiers, le pouvoir hydroélectrique, et les produits chimiques. Les capitaux étrangers exploiteraient les ressources sans toutefois en devenir propriétaires. Les droits d'extraction seraient loués, garantissant ainsi la conservation intacte du patrimoine national suivant la pratique établie sous les gouvernements Gouin et Taschereau. Duplessis était bien décidé à éviter la surcapitalisation dont il avait dénoncé les méfaits durant les années vingt dans l'industrie du papier surtout, et qui avait amené la ruine de cette industrie dans les années trente. Durant les années à venir, les autorités du Québec emploieraient les grosses mises de fonds initiales pour encourager les capitalistes étrangers à compléter leur premier placement en s'intéressant au secteur secondaire ou manufacturier. Pour ce faire, la Province assurerait aux investisseurs une solide politique fiscale et des relations de travail paisibles.

A la suite de l'expérience excitante de sa première administration, passée en compagnie de renégats libéraux, Duplessis retourna à ses attaches conservatrices. En matière économique, le gouvernement d'après-guerre au Québec était en fait très conservateur. Durant son premier mandat, Duplessis avait essayé de faire face à la crise économique, il avait cédé sur certains points à la faction Action libérale nationale et avait apprécié la signification du New Deal du président Franklin D. Roosevelt. Mais en 1944, l'aspect sévère de sa nature sceptique avait repris le dessus. Il se méfiait des dettes et la facilité à les contracter était une tentation à éviter, le fruit défendu des finances publiques. Le noble petit peuple du Québec ne garderait la maîtrise de sa situation que par l'économie, le travail et le refus de céder à la solution facile d'hypothéquer l'avenir.

Il ne sous-estimait pas les difficultés de la situation au Québec. Il savait qu'il fallait obtenir des capitaux et qu'il faudrait aller les chercher presque entièrement chez les voisins anglais. Ainsi donc, aux yeux de Wall Street, de Bay Street et même de la rue Saint-Jacques à Montréal, le Québec allait devoir être un peuple et un gouvernement en qui on pouvait avoir confiance. La politique publique s'appliquerait désormais à transformer la psychologie populaire d'antagonisme, de désordre et d'insouciance en un esprit d'union, d'énergie et de sacrifice.

On tenta avec beaucoup d'imagination mais peu de succès de ranimer la mystique folklorique du Nord mais cette fois en termes d'industries. Impressionnés par la grandeur et la rapidité de la croissance économique du Québec, le *Chicago Tribune,* le *New York Times,* le *Time,* le *Maclean's,* le *Financial Post* et autres publications faisaient connaître à leurs lecteurs un Québec sûr de ses moyens, laissant derrière lui le dix-huitième siècle pour entrer d'emblée dans le vingtième siècle, un "géant du Nord", une "vallée de la Ruhr en Amérique du Nord". (2)

Duplessis lui-même allait bien vite tirer avantage des relations publiques, un domaine qu'il avait négligé durant les années trente. Le Premier ministre, qui en 1936 n'avait été qu'un "rustaud et un paysan", selon la description du président de la Consolidated Paper Company, L.J. Belknap, et qui dans le monde des affaires passait généralement pour un matamore de la politique, haut en couleur mais déplaisant, allait devenir dans l'atmosphère vivifiante de la fin des années quarante, l'arche de délivrance de son peuple, l'architecte sage et courageux d'une politique plus dynamique que la simple survivance, le rempart de l'anticommunisme et dans la lutte mondiale contre la menace rouge, un tireur d'élite gardant l'un des parapets de nos libertés avec une constance inébranlable. Le Chef, qui aimait bien les situations théâtrales, se plaisait dans ce rôle et le jouait avec beaucoup de sincérité.

Comme Taschereau avant lui, il aurait voulu instituer une loterie provinciale mais la loi fédérale venait toujours contrecarrer ce projet. Sa façon de distribuer les contrats finit par devenir notoire mais son gouvernement n'en était pas moins très frugal, se gardant toujours d'accorder aux fonctionnaires des salaires trop élevés ou d'entreprendre de nouvelles dépenses publiques sans mûre réflexion.

Le gouvernement ne consentait à faire des allocations au secteur social des activités de l'Etat que pour éviter les déficits auxquels il s'opposait. Heureusement pour la province, une époque prospère avait remplacé la longue crise économique et les préoccupations du temps de guerre. C'était une ère pleine de promesses dont beaucoup furent réalisées.

Duplessis et Onésime Gagnon expliquaient souvent et en peu de mots la pensée économique de l'Union nationale. Cette politique sans complication reposait sur l'équilibre fiscal, les dépenses étant dirigées vers des réalisations visibles (hôpitaux, écoles, routes, ponts, etc.). Par contre les salaires, comme la taxe et la dette, étaient maintenus à un bas niveau. On assurait des relations de travail paisibles et on encourageait les capitaux étrangers (en autant que seuls les droits d'exploitation et non les ressources soient vendus). L'Etat surveillait et complétait les

A Sept-Iles en août 1953. (John A. Rodriguez)

activités du marché mais ne pouvait s'y substituer. Cependant le gouvernement acheta, vers la fin des années quarante, la compagnie Gulf Paper au coût de un million et demi de dollars et en distribua l'actif à la population de la région du Lac Saint-Jean. Le mouvement coopératif allait s'engager à promouvoir le développement de projets d'améliorations locales: l'électrification rurale, la construction de chemins et l'assainissement de terrains, le crédit rural, l'habitation familiale, les pê-

432

cheries, les caisses populaires, le marché agricole. C'étaient là des projets décentralisateurs où l'esprit de coopération pouvait être mis au service de la ville, de la paroisse, du comté et de la famille. Maurice Duplessis ne nourrissait pas l'illusion que le mouvement coopératif exploiterait des mines, construirait des voies ferrées, des usines, des ports, des villes entières. Pour ces services, il lui faudrait chercher plus loin que la bien-intentionnée chaire de coopération de Georges-Henri Lévesque. Mais les caisses populaires offraient une méthode à long terme pour accumuler une source de capital indigène au Québec français et à ce titre elles avaient l'approbation et de l'Eglise et de l'Etat.

Le gouvernement pensait, parfois tout haut, à l'avenir économique du Canada français et au jour lointain où les Québecois seraient "maîtres chez eux" pour employer cette expression devenue banale à force de répétition. En 1944, chez les francophones du Québec, on comptait peu de personnel de cadres, le personnel de gestion était à peu près inexistant, les capitaux étaient rares et dans ce domaine, l'avenir n'était pas très prometteur. L'économie était largement atrophiée et marginale, les ressources fiscales expurgées et sur le marché des capitaux, la province n'avait qu'une réputation quelconque. Maurice Duplessis crut bon de commencer par le commencement malgré la distance qui le séparait de son objectif. (3)

Le peu de prospérité qui existait depuis 1939 était dû entièrement à la guerre. Mais dès la première semaine de son accession au pouvoir Duplessis songeait à mettre en valeur le nord du Québec et à jeter les bases d'une industrie sidérurgique. On avait exploré les concessions minières de Hollinger durant la guerre, et en 1942 et 1943 on avait trouvé de très grands gisements de minerai de fer dans la région de l'Ungava et procédé à la reconnaissance du terrain. On n'avait pas encore découvert la méthode rentable pour traiter le minerai de fer de qualité inférieure et les zones minières de Mesabi dans la région centrale des Etats-Unis commençaient à s'épuiser. Les alternatives au Québec et au Labrador étaient le Vénézuela et l'Afrique de l'Ouest qui présentaient de semblables problèmes de logistique et une situation politique stable selon toute apparence mais dont la durée était encore plus incertaine qu'au Québec. (4)

Pendant que la guerre faisait encore rage en Europe et dans le Pacifique quelques hommes d'affaires et des politiciens avaient déjà commencé à penser à cette question stratégique, qu'ils jugeaient importante pour l'après-guerre. Cyrus Eaton, natif de la Nouvelle-Ecosse et promoteur de mines écrivait à Duplessis à ce sujet, le 20 septembre 1944. Eaton avait fondé la United Light and Power Company, la Republic Steel Corporations, et la Cliffs Corporation qui détenait la majeure partie des actions de cinq compagnies sidérurgiques américaines — Inland, Youngstown, Wheeling, Jones and Laughlin, et Cleveland-Cliffs Iron Co., le plus important producteur indépendant et expéditeur de minerai de fer en Amérique. Il était aussi président de Steep Rock Iron Mines. Dans sa lettre, il déclarait: "J'aimerais avoir le privilège de travailler avec vous à l'acquisition de compagnies de services publics par la province de Québec et à attirer au Québec des industries qui utiliseraient de grandes quantités de pouvoir hydroélectrique. Mes ressources combinées sont plus grandes que n'importe quel établissement bancaire au monde et notre expérience dans le domaine du financement de services publics est la plus étendue." (Il écrivait qu'on avait souscrit et émis plus de sept milliards de dollars d'actions.) "Personnellement je peux apporter à la solution des problèmes du Québec une vie entière d'expérience dans les services publics et les industries sidérurgiques et chimiques." Eaton proposait de faire l'évaluation des compagnies de force hydroélectrique, d'obtenir les fonds nécessaires pour acheter ces compagnies en émettant des bons de la province et ensuite de faire venir au Québec des industries qui utiliseraient de grandes quantités de pouvoir électrique. "Nous croyons que la province a l'occasion de faire de très grandes choses dans ce domaine. Il serait possible par exemple de fabriquer la fonte brute et l'acier en utilisant l'électricité et de traiter les métaux par les autres méthodes qui utilisent l'électricité."

Si Duplessis se méfiait de qui le flattait, il était encore plus sceptique envers ceux qui se vantaient de leurs prouesses. Cependant Eaton se présentait au bureau de Duplessis quelques jours plus tard, en compagnie de Mitchell Hepburn. Peut-être croyait-il avoir encore affaire au même Duplessis qui dix ans plus tôt s'était amusé à faire l'hurluberlu en compagnie de Hepburn. Duplessis écrivait le 25 septembre à Eaton que son entrevue avec lui et "mon vieil ami Mitch" avait été très agréable mais que certains aspects de son projet étaient inapplicables.

Pour commencer, ce projet était basé sur l'acquisition de compagnies de pouvoir hydroélectrique, ce que Duplessis était peu disposé à entreprendre. Il existait encore un bon fond de mécontentement à propos des compensations accordées aux actionnaires de la Montreal Light, Heat and Power que Godbout et Bouchard avaient pris en main pour fonder l'Hydro-Québec et les actionnaires qui se croyaient lésés se préparaient à agir contre l'expropriation. Une entreprise comme celle que suggérait Eaton accumulerait une immense dette provinciale sur laquelle le Québec ne pourrait peut-être même pas payer les frais accessoires car les accords fiscaux du temps de la guerre étaient encore en vigueur et Duplessis ne considérait pas une telle éventualité d'un oeil favorable. De plus, il ne croyait pas qu'il soit nécessaire que le gouvernement provincial prenne ces compagnies en charge. Quant au reste du projet Eaton concernant les placements de capitaux et l'usage de forces hydro-électriques, il était plutôt vague. Duplessis laissa passer ce projet sans agir, quoique Eaton revenait de temps à autre à la charge en devenant un autre des nombreux spécialistes de l'envoi de coupures de journaux qui faisaient l'éloge de Duplessis ou de l'expéditeur.

R.E. Powell de l'Aluminum Company of Canada proposa un projet dans la même veine mais un peu plus intéressant. Il suggérait l'aménagement de la Manicouagan jusqu'à sa source afin de créer une plus grande industrie d'aluminium à Arvida. Pour ce faire, il aurait fallu l'intervention de l'Hydro-Québec et l'emprunt de centaines de millions de dollars. Duplessis décida finalement qu'il ne valait pas la peine d'encourir une aussi grande dette pour créer quelques milliers d'emplois dans l'industrie de l'aluminium. Il en aurait coûté environ cent mille dollars pour chaque emploi ainsi créé. (5)

Powell, avec qui Duplessis continua d'entretenir d'excellents rapports, fit une offre semblable au gouvernement de la Colombie britannique. Le projet fut accepté et c'est ainsi que fut fondée la ville de Kitimat. Les objections de Duplessis étaient très semblables à celles que prononceraient ses anciens critiques dans les années à venir, notamment, Eric Kierans. Consacrer tant d'argent à créer si peu d'emplois diminuait la stabilité de la monnaie et du marché des capitaux, avantageait les prêteurs étrangers sans pour autant donner des bénéfices suffisants. La Manicouagan fut cependant aménagée à sa source durant les années soixante et selon les plans établis par Daniel Johnson et ses col-

lègues du ministère des Ressources hydrauliques durant les dernières années du règne de Duplessis. La question à savoir si Duplessis
avait pris la bonne décision demeure un point à controverse mais il est
probable que s'il avait eu à prendre cette décision dix ans plus tard il
l'eut prise différemment.

Après avoir survolé la Côte-Nord en 1949 et en 1953, il envisagea
la création de barrages hydroélectriques sur la rivière Koksoak et
d'une industrie sidérurgique indigène à la région; un jour, espérait-il,
des produits finis partiraient de cette région pour distribution à travers
le monde. (6) Sa vision ne manquait pas d'envergure et il avait la conviction nécessaire pour réaliser ses rêves. Mais depuis son retour au
pouvoir, il était bien décidé à ne rien brusquer car Mackenzie King à
Ottawa tentait toujours de rendre permanents les accords fiscaux temporaires et l'avenir fiscal de la province demeurait incertain, ce qui
n'était pas fait pour encourager la planification à long terme. Entre-
temps Duplessis étudiait les propositions qu'on lui soumettait et cherchait à découvrir des sources de capitaux pour la mise en valeur du
minerai de fer de la Côte-Nord. C'est en vain qu'il tenta d'éveiller l'intérêt des hommes d'affaires canadiens-français à ce projet. Il approcha
aussi Jules Timmins, président de Hollinger Mines. Timmins était à
moitié français (de par sa mère) et il était certainement un authentique
Québecois.

Au moment où Eaton cessa de se préoccuper de la question, la
Hanna Company de Cleveland s'intéressa précisément au même sujet.
Cette compagnie remplaçait la Cleveland-Cliffs dans le groupe des
cinq compagnies sidérurgiques dont il a été question. Sous la direction
de son président, George W. Humphrey, chef du Parti républicain et secrétaire du Trésor des Etats-Unis sous le président Eisenhower, ces
compagnies réunirent un groupe capable de faire la mise de fonds nécessaire à cette vaste entreprise. Ainsi les cinq compagnies américaines, la Hollinger Mines et sa filiale, la Labrador Mining and Explora-
tion Limited, garantirent entre elles les trois cents millions de dollars
requis pour la construction d'un chemin de fer de trois cent trente milles
s'avançant de Sept-Iles à l'intérieur de la toundra. Cette voie allait
permettre de construire les usines d'extraction et d'installer dans cette
région rude et sauvage une collectivité d'environ dix mille personnes.

Visite aux usines Iron Ore à Sept-Iles, en compagnie de John Bourque, en 1952. (John A. Rodriguez — Roger Ouellet)

C'était la plus grande entreprise mécanique jamais tentée dans des conditions semi-arctiques.

Comme l'ont démontré les événements, Duplessis avait eu raison de dire qu'il ne convenait pas à un gouvernement d'entreprendre un tel projet. La première tentative d'installation des voies ferrées était déjà très avancée quand des conditions climatiques extraordinaires et un gonflement du terrain démolirent la superstructure de la voie. La partie ferroviaire du projet dépassa les prévisions budgétaires de près d'un million de dollars. Considérant les critiques partisanes que soulevait ce projet, on peut imaginer quelle aurait été la réaction de Lapalme et de ses collègues et ce qu'ils en auraient tiré si le gouvernement avait été obligé de faire les frais de ce malheur.

437

L'entente conclue avec le gouvernement comprenait une redevance annuelle de cent mille dollars et aucune exonération d'impôts n'était accordée. Il était entendu que la compagnie paierait le taux régulier de taxe corporative ainsi que les redevances payables par toutes les compagnies minières. Les conseillers légaux avaient tenté, mais en vain, d'obtenir un octroi du gouvernement. La Quebec North Shore and Labrador Railway devenait ainsi la première compagnie canadienne à qui on n'accorda pas d'octroi, car même Mercier en avait accordé à la Lake St. John Railway. L'entente entre la compagnie et le gouvernement était sujette à renégociation, et même à une nouvelle législation, tous les dix ans à compter de 1968.

Ce fut Jonathan Robinson qui présenta la mesure initiale à l'Assemblée. Ministre des Mines, membre irréprochable de l'Assemblée, Robinson fut l'un des plus remarquables ministres des Ressources de l'histoire du Québec. Le bill de la mise en valeur de l'Ungava fut voté à l'unanimité par les deux chambres de la législature, en avril 1946. André Laurendeau au nom du Bloc et tous les libéraux sous la direction de Godbout, votèrent pour la mesure qui maintenait, en termes absolument clairs, la Loi des Mines et les redevances pour les compagnies concessionnaires. Le cent mille dollars de redevances annuelles supplémentaires était en sus et non un substitut aux obligations régulières de la compagnie minière comme allait le prétendre par la suite l'Opposition. Celle-ci choisit de déclarer, pour fins électorales, que le cent mille dollars représentait "un sou la tonne" alors qu'on savait parfaitement bien que cela représentait un montant additionnel, versé en sus des redevances régulières sur le minerai extrait. Mais pour un temps, ce montant additionnel n'était, semble-t-il, que d'un sou la tonne.

Quand il fut temps de renouveler l'entente, en 1968, ceux qui l'avaient dénoncée avec tant d'ardeur même plusieurs années après le fait, notamment René Lévesque, commentateur à Radio-Canada et Pierre Laporte au journal *Le Devoir,* n'eurent rien à redire sur le sujet. En fait on modifia la façon d'évaluer les redevances à un dollar l'acre exploité et comme on minait alors 199 900 acres, le changement était comparativement peu important. En 1955 M. Saint-Laurent déclara publiquement que l'entente intervenue entre l'Iron Ore Company of Canada et le gouvernement du Québec était avantageuse pour la province. Il fit la même déclaration à Duplessis personnellement. (7)

George Marler se prononça à peu près dans le même sens et refusa d'imiter le cri de guerre que Lapalme rendit populaire: (8) le slogan "un sou la tonne", était un argument fictif et mesquin.

La Côte-Nord fut mise en valeur, nonobstant les grossières calomnies d'une Opposition irresponsable et cette région, "le pays que Dieu donna à Caïn", qui avait toujours été gardée dans la réserve matérielle et psychologique des Canadiens français était maintenant ouverte au monde. L'histoire se chargea de faire l'apologie de Duplessis mais tandis que rageait la controverse, il disait à ses collègues: "Quand on cherche à obtenir trois ou quatre millions de dollars pour une nouvelle entreprise industrielle, ce n'est pas Filion ou Laporte ou Lévesque qui vont les trouver. Ils vous donneront des centaines de millions de mots, ça oui, mais pas d'argent." (9) La réalisation de ce gigantesque projet et tout ce qui en découlait assurait au Québec des bénéfices incommensurables pour les années à venir et finalement, même Lévesque allait revenir sur son opinion. (10)

La demande d'une industrie sidérurgique au Québec, avec ses propres méthodes d'affinage, devint une question politique et même ecclésiastique durant les années cinquante. Lapalme exigeait la création d'une telle entreprise et demandait: "Combien de temps nous faudra-t-il encore voir nos ressources arrachées de notre sol et transportées sous notre nez aux Etats-Unis pour créer des emplois? (11) De son côté Mgr Labrie, évêque du Golfe du Saint-Laurent, provoquait la colère de Duplessis par sa campagne pour l'implantation d'une usine d'affinage électrique du minerai. Les réclamations bruyantes de ses adversaires politiques et de l'évêque finirent par convaincre Duplessis d'étudier le problème. Dans sa lettre du 20 septembre 1944, Cyrus Eaton soulevait la possibilité "d'appliquer l'électricité à la métallurgie" ouvrant ainsi une discussion qui allait durer aussi longtemps que Duplessis serait au pouvoir. Durant la dernière moitié des années quarante, Duplessis regimbait devant une dépense de centaines de millions de dollars nécessaires à l'aménagement de la partie supérieure de la Manicouagan, rendant ainsi la construction d'une usine d'affinage sur la Côte-Nord peu pratique. Mais la construction du nouveau barrage Beauharnois par l'Hydro-Québec, inauguré en 1950, rendait possible le traitement électrique de l'acier. Le barrage Beauharnois pouvait produire jusqu'à 1 670 000 mégawatts comparés aux 1 353 000 mégawatts qui représentaient la puissance de Manicouagan 5, le barrage Daniel Johnson finalement inauguré en 1968 et dont R.E. Powell avait suggéré la construction pour aider son industrie d'aluminium.

Duplessis fit appel au secteur privé pour trouver un commanditaire pour son projet: une usine intégrée pour la transformation du minerai de fer en fer et acier, des usines adjacentes pour le traitement de l'acier et des manufactures de produits finis. La Steel Company of Canada examina attentivement le projet. Mais sa production était concentrée dans la région de Hamilton et utilisait les méthodes traditionnelles de production, fours à coke et hauts fourneaux, et en fait elle avait dans ses usines de Hamilton tout le potentiel d'expansion nécessaire et n'était pas grandement intéressée à entreprendre un projet d'une telle envergure pour la production comparativement peu importante envisagée.

Duplessis insista tellement auprès de Stelco que le président de la compagnie, H.G. Hilton se décida à lui écrire, le 16 juillet 1957, pour lui dire que Stelco avait acheté plusieurs centaines d'arpents attenants au Saint-Laurent près de Contrecoeur pour un but encore indéterminé. "J'ai pensé que vous seriez intéressé à avoir cette preuve tangible de notre foi en l'avenir de la province. N'hésitez pas à employer ce renseignement comme bon vous semblera." Sir James Dunn, qui dirigeait l'Algoma Steel Company à Sault-Sainte-Marie en Ontario, était un vieil ami de Duplessis depuis l'époque Hepburn mais il en vint aussi aux mêmes conclusions. Ce projet était trop grand et trop spéculatif pour les Simard ou tout autre Québecois mais Duplessis réussit, après avoir frappé à la porte de nombreuses corporations, à mettre sur pied un consortium qui semblait vouloir s'attaquer à ce projet.

Jules R. Timmins était un homme aimable qui faisait figure d'autorité en matière d'industrie minière et affaires connexes. Il s'enquit ici et là pour découvrir qui s'intéressait à ce projet et finit par former un groupe composé de ses partenaires de l'Iron Ore Company, de la compagnie canadienne Sogemines sous contrôle belge, au sein de laquelle il occupait un poste d'administrateur et qui faisait affaire dans plusieurs secteurs de l'industrie minière canadienne; faisaient également partie de ce groupe, la filiale sidérurgique belge de Sogemines et les Forges de la Providence. Pour Duplessis, ce groupe était tout à fait acceptable puisqu'il comprenait de vrais Québecois, que ses membres étaient en grande partie d'expression française et qu'ils avaient une bonne réputation dans le monde des affaires. Jean Raymond était l'éclaireur de Duplessis dans cette affaire. Le 2 avril 1958 il mettait Duplessis au courant des derniers développements et lui faisait parvenir en même temps un rapport détaillé sur la position du groupe Timmins — Sogemines — Providence. Le consortium prévoyait une première construction au coût d'environ quatre-vingt millions de dollars à Contrecoeur ou Beauharnois produisant environ cinq cent mille tonnes d'acier par année par une méthode de réduction et oxydation électrique. Il faudrait cent vingt mille kilowatts pour alimenter la nouvelle usine, et on prévoyait doubler ce pouvoir sur une période de plusieurs années. Pour que le projet soit rentable, l'électricité ne devait pas coûter plus de quatre millième de dollar le kilowatt-heure, et la production d'une tonne d'acier requerrait environ 4 700 kilowatts-heures. Un contrat à long terme pour l'électricité était donc essentiel. "Nous espérons être en mesure de prendre la décision de construire durant les mois à venir."

Des problèmes surgirent au moment de l'organisation des ressources électriques et l'élément belge du groupe commença à s'inquiéter. Puis survint une légère récession, Duplessis mourut et le projet ne fut jamais mis en oeuvre. Une fois au pouvoir, les adversaires libéraux qui avaient réclamé ce projet à cor et à cri, ne firent rien pour le réaliser.

L'industrie du minerai de fer de la Côte-Nord continua à prospérer. Au milieu des années cinquante la United States Steel Corporation établit la Quebec-Cartier Mining Company à Port Cartier et construisit un chemin de fer vers l'intérieur du territoire. C'était un projet d'envergure quoique plus modeste que celui de l'Iron Ore à Sept-Iles. Le 13 mai 1958, H.G. Hilton de Stelco annonçait à Duplessis que la Wabush Iron Company (propriété de la Steel Company of Canada, de la Dominion Foundries and Steel Company et d'intérêts américains, dirigée par la Bethlehem Steel Corporation et représentée par Pickhands, Mather and Company) ouvrirait, avec l'autorisation du gouvernement provincial, un territoire de minerai de fer d'une superficie comparable à celle de l'Iron Ore Company près de Schefferville. La lettre déclarait que la mise en valeur de ce territoire minier situé en partie au Québec, en partie au Labrador, se ferait au coût global d'environ deux cent cinquante millions de dollars; qu'une portion substantielle

441

Maurice Duplessis et John Bourque en visite officielle à Sept-Iles en août 1953. (John A. Rodriguez — Roger Ouellet)

de l'acier qui en résulterait retournerait au Québec après production à Hamilton et serait transformé en produits de consommation dans les usines québecoises de la Stelco; et qu'on allait bientôt enregistrer une demande d'autorisation de construire un barrage hydroélectrique sur la rivière Pekans pour desservir la ville et le projet.

En mai et juin 1959, Duplessis correspondit avec le président de la Rio Tinto Mining Company, Robert H. Winters, ancien ministre du cabinet fédéral libéral, au sujet de la propriété de l'Oceanic Iron Ore, appartenant à la Rio Tinto et que Winters espérait mettre en valeur. (Leurs rapports étaient familiers, ils s'appelaient "Bob" et "Maurice".) (12)

Tous ceux qui voulaient établir un commerce au Québec, ou investir leurs capitaux dans la province étaient assurés que Duplessis leur ménagerait un accueil cordial. Tout allait bien en autant qu'ils payaient leurs taxes, se conformaient aux autres règlements, notamment l'interdiction de piller les ressources. On devait également observer le règlement tacite à l'effet que dans certains cas il fallait rendre l'hommage dû au parti au pouvoir. Duplessis, agissant en sa capacité de président du Comité des bills privés, réglait les disputes avec les municipalités, les questions de services industriels, d'électricité, de chemin, de zonage et les autres questions, même de détail. Duplessis tenait parole et avec lui, les choses ne traînaient pas en longueur. Les hommes d'affaires, accoutumés aux vaines promesses cent fois répétées des politiciens, trouvaient en Duplessis un splendide cocontractant dont le parti pris idéologique leur semblait rafraîchissant.

Duplessis commença d'abord, en 1944, par consolider le ministère du Commerce et de l'Industrie, à étendre ses pouvoirs et à lui accorder un budget substantiel. Le ministre, l'énergique Paul Beaulieu, comptable agréé, fut mandaté pour attirer et encourager les placements de capitaux. L'un des plus habiles membres de l'administration, Beaulieu présida lui-même à l'organisation technique de son ministère. Il institua des services capables de répondre aux demandes de renseignements venues de l'extérieur et capable aussi de pourvoir aux nouveaux intérêts industriels du Québec à l'étranger. En fait, il effectuait lui-même des voyages ici et là à travers l'hémisphère occidental mais surtout aux Etats-Unis. Ces initiatives donnaient des résultats très satisfaisants. Beaulieu mettait en valeur la proximité des ressources naturelles, les marchés nord-américains, les voies maritimes internationales ainsi que les relations ouvrières paisibles et un gouvernement responsable. (13) Mais, contrairement aux allégations des adversaires de Duplessis, il ne soulignait pas la main-d'oeuvre à bon marché, le "cheap labour" comme on avait coutume de dire. Duplessis s'efforça d'obtenir la parité de salaire avec l'Ontario pour le travailleur québecois, pour l'ouvrier comme pour l'employé de bureau, et il y parvenait généralement assez bien. Son désir n'était pas d'avoir une main-d'oeuvre québecoise à bon marché; il ne promit rien de semblable pas plus qu'il n'envisagea ou n'excusa cet état de choses, soit directement ou par l'intermédiaire d'un ministre. Mais malgré tout Duplessis continua d'être la cible de critiques mal fondées, d'accusations d'avoir vendu les droits de la main-d'oeuvre québecoise aux exploiteurs étrangers dans le but de garnir le trésor de l'Union nationale.

Les rapports de Duplessis avec le monde des affaires furent féconds malgré la controverse qu'ils soulevaient et le Québec tout entier en récolta les bénéfices en cette époque où la croissance économique fut la plus rapide, la plus générale et la plus prolongée dans l'histoire industrielle de la province. Les capitaux qui furent engagés dans la province grâce à ses propositions financèrent une époque de développement économique et d'avancement social sans précédent. En retenant les enseignants religieux dans les écoles à un coût comparativement minime pour le gouvernement provincial, Duplessis put produire ses fameuses "réalisations" tout en faisant baisser la dette provinciale du Québec de quarante-et-un pour cent, en réduisant la taxe des corporations de six pour cent et en élevant le montant minimum taxable, exemptant ainsi de l'impôt les petits salariés. Ces derniers étaient ceux qui bénéficiaient le plus des avantages découlant des lois qu'imposa Duplessis pour aider les travailleurs non-syndiqués. Ces lois seront décrites au prochain chapitre.

Un cycle favorable commençait. Les capitaux entraient à flot, activant la ronde des emplois et des revenus disponibles, de la consommation et du profit, de l'épargne, des placements et des constructions de toutes sortes. Toutes les industies, sauf peut-être les plus antiques, prenaient de l'expansion et prospéraient comme jamais auparavant ou depuis.

De 1944 à 1959, la production des industries minières passa de quatre-vingt-dix millions de dollars à quatre cent quatre-vingt millions de dollars; la même chose se produisait en Ontario — $209 millions à $971 millions — mais la production de cuivre au Québec augmenta de $111 millions à $135 millions alors que celle de l'Ontario déclinait de $284 millions à $188 millions et la production de minerai de fer du Québec passait de zéro à 11.5 millions de tonnes par année alors que celle de l'Ontario augmentait de 2.7 millions à 6 millions de tonnes. (14)

Le pourcentage de la population urbaine du Québec était passé de quarante pour cent en 1901 à soixante-cinq pour cent en 1944. La période d'urbanisation la plus intense s'était terminée en 1931 alors que le pourcentage de la population urbaine était de soixante-trois pour cent. Durant les années trente, la crise économique et le mouvement du retour à la terre aidèrent à garder l'équilibre urbain-rural à environ soixante-trois et trente-sept pour cent. Les besoins industriels de la guerre contribuèrent à l'accélération de l'urbanisation qui amena le pourcentage de résidents dans les centres urbains à soixante-cinq pour cent. En 1944, environ la moitié de la population urbaine du Québec se trouvait dans la région métropolitaine de Montréal. En 1959, soixante et onze pour cent de la population du Québec résidait dans les villes et de ce nombre il y en avait soixante-quatre pour cent dans la région métropolitaine de Montréal dont la croissance phénoménale dépassait même celle de Toronto. (15) Au moment où se produisait ce mouvement de population, des changements remarquables prenaient place dans les manufactures et les industries de transformation du Québec.

Le contraste est frappant entre l'industrie de réduction et d'affinage et la scierie traditionnelle. La première, avec seulement cinq établissements, n'employait que mille six cents travailleurs de moins que les 1 947 scieries de la province, déboursait presque deux fois plus en salaires et produisait environ cinq fois plus en valeur brute.

La division qui s'établissait entre l'industrie moderne et l'industrie ancienne était très claire et d'ordre pratique. Il y avait maintenant des industries de transformation des métaux et du minerai, des industries de papier, de produits chimiques, de matériel roulant de chemin de fer, de construction navale, d'appareils électriques et d'avions qui contrastaient avec les industries décentralisées et qui demandaient un travail intense comme la confection, industrie en voie de disparition, le textile, la chaussure, les produits de cuir et les usines de tricot. Le premier groupe avait 189 établissements industriels, employait 130 300 ouvriers et produisait la valeur brute de soixante-dix millions de dollars. Toutes ces industries payaient en moyenne un salaire annuel excédant $1 500, ce qui était satisfaisant en 1943. Le deuxième groupe avait 902 établissements, employait 74 800 ouvriers, produisait une valeur de $343 millions et dans aucune de ces industries on ne payait un salaire aussi élevé que $1 500. L'industrie de la chaussure de cuir et les usines de tricot payaient un salaire annuel inférieur à mille dollars. Le groupe le plus rémunérateur requerrait un plus grand apport de capitaux et le nouveau gouvernement comprit très vite la signification de ces données élémentaires.

Le tableau suivant, un résumé des principales industries du Québec (toutes celles ayant neuf mille employés ou plus) classées selon la valeur brute de la production, illustre bien la transition qui s'opérait au Québec à la fin de l'année 1943.

1943 (16)

	Etablissements	Personnel milliers	Salaires millions $	Valeur brute millions $
Réduction et affinage	5	9.8	15.2	196.44
Pâtes et papier	46	18.5	32.7	168.29
Produits chimiques	63	42.7	56.9	142.86
Coton	16	18.2	20.4	107.97
Confection pour hommes	234	17.5	18.5	83.97
Matériel roulant de chemins de fer	10	16.2	31.4	81.81
Confection pour femmes	455	17.6	19.4	78.91
Constructions navales	11	14.1	23.3	72.39
Appareils électriques	39	12.2	18.7	60.53
Avions	15	16.8	29.9	60.4
Chaussures en cuir	131	12.4	12.2	42.70
Scieries	1947	11.4	8.2	40.43
Tricot	66	9.1	8.5	29.39
Total des industries principales	6470	324.4	450.03	1943.89
Total de toutes les industries	9342	399.0	536.33	2333.30

En 1959 l'industrie du Québec avait évolué, laissant derrière les petites usines et les industries marginales basées sur la main-d'oeuvre à bon marché; l'industrie nouvelle à gros capital était basée sur des marchés plus étendus et sur les ressources naturelles. Entre 1944 et 1959 la valeur brute des produits manufacturés s'éleva de $3.2 milliards à $7.4 milliards; la production moyenne par ouvrier passa de $6 600 à $16 000 (en Ontario de $7 500 à $19 400), et le salaire moyen de $1 500 à $3 800 (en Ontario de $1 750 à $4 240). Le taux composé de la croissance annuelle de la production de marchandises au Québec entre 1945 et 1959 était de 8.2 pour cent, ce qui était exactement la moyenne canadienne. En Ontario le taux était de neuf pour cent. Ces positions étaient inversées dans les industries primaires et d'extraction et le Québec devançait l'Ontario par un pour cent.

	Nombre d'employés % d'augmentation ou de diminution 1945-1959	Total des salaires % d'augmentation 1945-1959	Valeur brute des produits % d'augmentation 1945-1959	1959 Salaire moyen $
Terre-Neuve				63.68
Ile-du-P.-E.	-4.4	+129.7	+138.7	54.75
N.-E.	-15.7	+69.6	+99.5	60.17
N.-B.	-7.0	+97.1	+107.8	60.39
Québec	+12.3	+154.7	+173.2	70.56
Ontario	+18.9	+190.6	+194.3	76.39
Manitoba	+12.5	+157.5	+118.8	70.16
Saskatchewan	+7.9	+178.2	+107.1	70.13
Alberta	+83.9	+365.5	+257.4	75.63
C.-B.	+15.0	+162.7	+198.2	80.09
Montréal	——	——	——	72.02
Canada	+15.6	+173.2	+181.8	——
Toronto	——	——	——	76.57

Industries du Québec, 1959

	Etablissements	Employés	Salaires (Millions $)	Coûts primaires (Millions $)	Valeur à l'expédition (Millions $)
Aliments et boissons	2591	49374	163.6	792.4	1,233.9
Tabac	21	7381	28.8	99.4	185.8
Caoutchouc	33	5748	20.1	26.6	61.1
Cuir	321	16702	41.0	64.5	126.6
Textiles	396	36547	112.3	244.5	434.2
Chapellerie	179	10616	26.3	53.0	98.0
Vêtements	1464	54645	137.1	262.0	485.7
Bois	2112	19448	48.0	113.2	198.9
Meubles	658	12446	37.6	56.7	117.9
Papier	191	36750	164.8	344.8	752.4
Imprimerie	922	19917	81.4	74.0	225.7
Ind. métallurgiques	114	19856	93.9	491.1	723.2
Production métallique	646	27270	133.6	183.1	389.7
Machinerie	87	7802	31.3	44.0	102.0
Equipement de transport	110	30858	137.6	158.0	344.8

Appareils électriques	110	24559	105.2	149.7	306.4
Minéraux non métalliques	377	12828	50.8	71.1	196.3
Huile et charbon	14	3225	17.9	288.6	380.2
Produits chimiques	364	21044	91.6	178.6	407.9
Industries diverses	583	13565	43.2	62.2	141.2
Total	11293	430531	1545.8	3756.7	6912.1

Etablissements industriels, Emploi et Production, Québec et Ontario, 1917-1959

	Etablissements		Employés (milliers)		Salaires (Millions de $)		Coût des matières premières (Millions de $)		Valeur ajoutée (Millions de $)		Valeur brute des produits (Millions de $)	
	Q	O	Q	O	Q	O	Q	O	Q	O	Q	O
1917	7032	9061	188.0	299.4	141.0	258.4	385.2	794.6	380.8	662.2	766.1	1456.7
1929	6948	9348	206.6	328.5	225.2	406.6	537.3	1056.5	537.8	917.0	1108.6	2020.5
1939	8373	9824	220.3	318.9	223.8	378.4	536.8	907.0	470.4	791.4	1045.8	1745.7
1946	10818	11424	357.3	498.1	566.0	845.2	1297.0	2001.9	1126.0	1659.3	2498.0	3754.5
1959	11584	13081	431.2	615.7	1546.9	2564.7	3750.0	6190.6	2998.8	5332.1	6916.2	11668.5

Centres urbains et Production, Québec et Ontario, 1943 & 1959

	Centres urbains produisant valeur brute de plus $1 million		Nombre d'établissements		Dépenses (millions $)		Production provinciale (millions $)	Production urbaine %	
	1959	1943	1959	1943	1959	1943	1959	1943	1959
Québec	179	95	7927	4754	6452.6	2333.3	6916.2	92.0	93.3%
Ontario	181	140	8873	7358	9595.9	3817.4	11668.5	92.9	82.2%
Canada	475		22236		19086.0		23311.6		81.9%

Montréal et Toronto, 1939, 1946, 1959

	Etablissements		Employés (milliers)		Salaires (millions $)		Coût des matières premières (millions $)		Valeur brute (million $)	
	M	T	M	T	M	T	M	T	M	T
1939	2501	3885	105.3	98.7	114.6	122.5	254.2	240.5	483.3	482.5
1946	3785	3632	173.5	145.6	291.4	247.3	602.7	549.3	1148.0	1036.9
1959	3951	3073	173.3	124.0	627.0	503.8	1219.2	1013.1	2329.6	1875.7
Région métropolitaine										
1959	4835	4668	244.3	210.2	933.4	869.9	2191.5	1714.4	3957.6	3305.8

Salaire moyen par province des employés à la production, 1945-46 et 1959

	Salaire moyen annuel et horaire des employés à la production (collets bleus)									Salaire moyen, annuel et horaire des employés de bureau (collets blancs)					
	Salaire moyen			Annuel			Horaire			Annuel			Horaire		
	1959	1945	%+	1959	1946	%+	1959	1946	%+	1959	1946	%+	1959	1946	%+
T.-Neuve	$3169									$3453					
Î.-du-P.-É.	2180	$907	140	$2005	$911	120	$1.13	$.46	145	2683	$1471	71	$1.51	$.98	54
N.-É.	3113	1547	101	2953	1398	111	1.49	.69	116	3848	1788	115	2.09	.93	125
N.-B.	3052	1440	112	2879	1390	107	1.43	.66	117	3900	1879	107	1.93	.93	108
Québec	3587	1582	127	3203	1445	122	1.54	.67	130	4900	2298	114	2.50	1.07	134
Ontario	4165	1703	145	3814	1552	146	1.82	.78	133	5217	2356	121	2.57	1.08	138
Manitoba	3569	1559	129	3333	1491	124	1.64	.73	125	4402	2090	111	2.19	.97	126
Saskat.	3751	1455	158	3646	1455	151	1.77	.75	136	4026	1654	143	2.11	.90	134
Alberta	3859	1525	153	3647	1477	147	1.83	.75	144	4511	1812	149	2.40	.92	161
C.-B.	4165	1823	128	3918	1750	124	2.11	.89	137	5118	2200	133	2.69	1.11	142
Territoires	5305	1983	167												
Canada				$3551	$1516	134	$1.72	$.74	132	$4998	$2270	120	$2.52	$1.07	136

La production de l'industrie forestière du Québec passa de $145 millions en 1944 à $520 millions en 1959 et la construction, de $520 millions à $1.9 milliard. Le commerce au détail passa de $1.3 milliard à $4.1 milliards. Le tableau suivant compare la croissance de la capacité de production hydroélectrique au Québec et en Ontario.

Capacité de Production hydroélectrique
(Millions de c.v.)

	1920	1930	1940	1944	1959
Québec	.96	2.72	4.32	5.85	11.26
Ontario	1.06	2.09	2.60	2.67	7.79
C.-B.	.31	.63	.79	.80	3.50
Canada	2.52	6.13	8.58	10.21	24.63

Les deux provinces les plus productrices de pouvoir hydroélectrique avaient eu un taux de croissance parallèle durant la période d'après guerre quoique le système de l'Ontario était entièrement contrôlé par l'Etat et, pour financer son expansion, avait recours au crédit et aux marchés d'obligations.

Les dépôts aux caisses populaires de la province de Québec augmentèrent de $99 millions à $576 millions. Le gouvernement Duplessis accorda aux caisses populaires le droit de contracter des emprunts publics et d'entrer dans le domaine de l'assurance, encourageant ainsi une présence provinciale dans des domaines traditionnellement réservés aux chartes fédérales et aux règlements fédéraux.

Le nombre de véhicules moteur dans la province passa de 219 000 à la fin de 1943 à 1 022 000 en 1959. En Ontario ce nombre passait de 684 000 à 1 978 450. L'augmentation du nombre de routes pavées était encore plus spectaculaire. L'Union nationale, en plus de paver les routes qui traversaient six cents villages et de mettre sur pied un système adéquat d'entretien des routes durant l'hiver, ouvrait du même coup de vastes régions de la province à la communication. La Gaspésie, Matagami, Chibougamou, Baie Comeau, Saint-Félicien et le Lac Saint-Jean étaient toutes des régions qui n'auraient pu se développer, comme elles l'ont fait, en centres miniers, sans ce réseau routier.

**Distance en milles de routes pavées au Canada
par province, 1944 et 1959
(milliers de milles)**

	T.-N.	Î-du-P.-É.	N.-É.	N.-B.	Qué.	Ont.	Man.	Sask.	Alb.	C.b.	Canada
1959	3.8	2.3	12.4	13.2	41.4	68.3	23.1	33.6	6.4	22.3	268.7
1944		.5	6.6	8.6	22.7	56.4	9.0	6.7	5.4	9.3	125.1

Le gouvernement Duplessis a accompli un travail prodigieux de construction dans le domaine scolaire. En quinze ans plus de $400 millions furent dépensés à la construction de 4 100 écoles desservant 780 000 élèves avec 23 000 salles de cours. C'était la fin de la petite école rurale où tous les cours se donnaient dans une seule pièce. A la mort de Duplessis, plus de la moitié des écoles de la province avaient été construites par son gouvernement. Son programme prit graduellement de l'ampleur, commençant avec la construction de 188 écoles comprenant 288 salles de cours, au coût de $1 827 412 en 1944-45 mais en 1958-59 il faisait construire 320 écoles comprenant 2 296 salles de cours, au coût de $43 195 988. Malgré les nombreux pots-de-vin ajoutés aux coûts de construction et même au coût du terrain, le programme, dans son ensemble, avait été relativement avantageux. Presque toutes les écoles avaient été construites en briques sur un même modèle, peu imaginatif, mais aussi peu extravagant. Comme dans tant d'autres domaines, l'esprit d'économie de Duplessis avait vu à ce que la province fasse une bonne affaire.

En 1958-59 il y avait au Québec 8 281 écoles pour 1 000 939 élèves et 41 084 enseignants tandis que l'Ontario comptait 7 542 écoles pour 1 249 673 élèves et 43 586 enseignants. Le Québec était bien en avance sur les autres provinces en matière de formation spécialisée et dans la plupart des autres formes d'éducation supérieure. De 1944 à 1948 le nombre d'étudiants suivant des cours du soir passa de 7 577 à 19 078; dans les écoles de métiers, de 6 853 à 17 818; dans les écoles techniques et d'enseignement spécialisé (arts graphiques, arts appliqués, textiles, marine, production du papier, techniques, ameublement), de 6 005 (153 de plus qu'en 1930) à 11 611. Le nombre d'étudiants inscrits aux Beaux-Arts tripla; on admettait aux études polytechniques cinq fois plus d'étudiants qu'en 1944; et les inscriptions aux cours d'administration doublèrent. Sous la loi de l'aide à l'apprentissage, votée en 1944, onze commissions et sept écoles furent établies desquelles sortirent 48 521 apprentis diplômés entre 1945 et 1960.

La section nouvellement construite de l'université de Montréal obtint finalement la sécurité financière et la construction du nouveau campus de l'université Laval, valut à Duplessis le titre, conféré par Mgr Vandry, de deuxième fondateur de l'université. L'université de Sherbrooke et l'université Sir George Williams furent fondées là ou aucun collège n'existait, au moment même où Duplessis remboursait l'énorme dette de la commission scolaire, $100 millions, qui en 1944 menaçait presque toutes les commissions scolaires de la province. Le nombre des bourses universitaires se multiplia par huit durant cette période.

Le nombre de professeurs dans les universités du Québec passa de 1 522 en 1944 à 7 281 en 1958-59 et le nombre d'étudiants de 23 493 en 1944 à 64 119 en 1959. Il y avait plus d'universitaires au Québec qu'en Ontario. En remaniant entièrement le système d'éducation afin de donner une plus grande importance à l'instruction pratique et en étendant sa portée jusqu'à inclure le niveau économique le plus bas de la société, on avait effacé pour toujours le retard qui faisait partie de l'héritage du Canada français et qui avait entravé son progrès pendant deux siècles. Ce fait, beaucoup plus que les alarmes et les expérimentations des années soixante, constituait un développement révolutionnaire pour le Québec. Ce fut l'une des plus grandes réalisations de la carrière de Maurice Duplessis.

Il accomplit aussi beaucoup dans le domaine de la santé, notamment en ce qui concerne la construction d'hôpitaux. Il avait fondé le ministère de la Santé en 1937 et durant son deuxième mandat, Duplessis continua à étendre les programmes d'hygiène et de prévention de la maladie, surtout les programmes de dépistage de la tuberculose, en organisant un réseau d'hôpitaux locaux et des centaines de cliniques mobiles et d'unités sanitaires. Sous l'administration Duplessis le nombre de lits d'hôpitaux au Québec passa de 22 000 en 1944 à 54 476 en 1959 alors qu'en Ontario il passait de 31 000 à 56 512. En 1959 le Québec était de toutes les provinces celle qui avait le nombre le plus élevé de lits d'hôpitaux per capita à l'exception de l'Alberta et la Colombie britannique où les hôpitaux pour vétérans étaient plus nombreux qu'ailleurs (il y avait 108.9 lits pour dix mille personnes au Québec alors qu'il y en avait 94.9 en Ontario); selon ces données, le Québec figurait en sixième place parmi les provinces, en 1944. Duplessis songeait à établir un système d'assurance santé mais estimait qu'on n'arriverait pas à réduire l'incidence de certaines maladies, telle la tuberculose, avant 1970 et à former un nombre suffisant de médecins pour que le plan soit pratique. En 1970 le Québec adopta effectivement un plan d'assurance médicale.

Le Québec fut la première province à adopter des lois sur l'habitation. La loi pour améliorer les conditions de logement, passée en 1948, permettait au gouvernement d'intervenir dans les hypothèques de plus de trois pour cent. La Loi de l'Habitation familiale, la Loi de l'Habitation de l'ouvrier et des lois spéciales pour les gens âgés encourageaient les projets locaux d'habitation, entrepris de concert avec des organismes tels les caisses populaires, les paroisses, les syndicats locaux et diverses sociétés. Durant les années cinquante on construisit environ quarante mille maisons au Québec contre cinquante-cinq mille en Ontario. Si l'on considère le fait qu'au Québec la famille moyenne était plus nombreuse qu'en Ontario, la progression vers l'idéal de la maison unifamiliale était plus rapide au Québec qu'en Ontario. C'était une réalisation particulièrement remarquable étant donné que la Société centrale d'Hypothèques et de Logement distribuait trois fois plus d'aide à l'Ontario qu'au Québec. Duplessis avait toujours douté de la constitutionnalité de cet organisme fédéral constitué sous la Loi nationale de l'Habitation mais ne l'avait pas contesté avec beaucoup de vigueur. Entre 1948 et 1960, près d'un quart de million de Québecois se prévalurent des programmes d'aide du gouvernement Duplessis pour acheter une maison ou contracter une hypothèque.

Dans le domaine de l'agriculture, domaine cher au coeur des orateurs de l'Union nationale, le gouvernement ajouta environ sept cent mille arpents de terre cultivable à ce que possédait déjà la province quoique cela ne compensait pas la quantité de terrain qu'on cessa de cultiver à cause de l'épuisement du sol. Ces nouveaux terrains avaient été rendus cultivables grâce aux programmes de drainage et de déblayage. L'Office du Crédit agricole avait contribué à l'amélioration des fermes et empêché qu'environ trente-cinq pour cent d'entre elles ne tombent aux mains des créanciers. Le pourcentage des fermes qui bénéficiaient de l'électricité passa de vingt-deux pour cent en 1944 à quatre-vingt-seize pour cent en 1959, grâce à l'Office de l'Electrification rurale. Durant cette même période la valeur brute de la production agricole augmenta de \$440 millions à \$620 millions.

L'industrie des pêcheries n'employait pas un grand nombre de Québecois mais était importante dans environ huit comtés. Duplessis s'assura la loyauté politique de la plupart de ces comtés du bas Saint-Laurent en créant des programmes de réfrigération du poisson et des coopératives d'entreposage qui améliorèrent sensiblement les conditions des pêcheurs. Le ministère des Travaux publics sous Roméo Lorrain fit construire 2 900 ponts, la plupart étant nécessaires pour compléter le réseau routier de vingt mille milles construit sous Antonio Talbot. Duplessis fonda le système d'autoroutes du Québec donnant ainsi à sa province les meilleures grandes routes du Canada. L'Autoroute des Laurentides, inaugurée le 30 novembre 1958, fut un succès immédiat malgré les commentaires sarcastiques du quotidien *Le Devoir* disant que cette route facilitait le passage des anglophones de Westmount, amateurs de ski, vers les Laurentides. (17)

Duplessis tint sa promesse de faire construire un opéra à Montréal. En 1956 et 1957 on dévoilait les plans de la Place des Arts et la construction, complétée en 1963, était déjà avancée à la mort de Duplessis. (18) La rénovation du boulevard Dorchester à Montréal était un autre projet de prédilection de Duplessis. Il s'intéressa activement au projet conjoint de la Banque royale et du Canadien national qui donna naissance à la Place Ville-Marie et à l'hôtel Reine Elizabeth. Au moment de sa mort il considérait, mais apparemment sans enthousiasme, la possibilité de tenir l'Exposition mondiale à Montréal en 1967. Cette idée lui avait été suggérée d'abord par un groupe sous la direction de l'urbaniste Michel Chevalier et ensuite de sources indépendantes tels le sénateur Marc Drouin, le maire Sarto Fournier, et Pierre Sévigny. Paul Beaulieu s'occupait de cette question au moment de la mort de Duplessis. Paul Sauvé, devenu Premier ministre, exprima un vif intérêt pour ce projet. (19)

Et enfin le projet hydroélectrique Bersimis-Outardes-Manicouagan, un des plus grands au monde, fut conçu par les ingénieurs sous la direction de J.-Arthur Savoie à l'Hydro-Québec et déposé par Daniel Johnson, ministre des Ressources hydrauliques.

Duplessis possédait à un haut degré le sens de la grandeur du Québec. Il rêvait constamment à ce qu'il pourrait encore construire et à quoi ressemblerait le Québec vingt ans, cinquante ans après sa mort. En vieillissant il devint plus conservateur, moins pressé d'entreprendre des projets d'envergure. Comme il gardait toujours à l'esprit l'affaire de l'Iron Ore qui avait presque été un désastre, il devint plus difficile de le convaincre d'entreprendre de vastes projets. Cependant, il garda toujours ce goût de la nouveauté, du grandiose, des choses qui pouvaient susciter la fierté des Québecois et démontrer leur créativité et leur sens des proportions à l'égard de leur vaste province.

Entre 1951 et 1961, la population de l'Ontario augmenta de 1 502 000 grâce à l'immigration et à la migration tandis que celle du Québec n'augmentait que de 530 559. Cependant l'accroissement naturel (les naissances moins les décès) de la population des deux provinces était de 953 493 en Ontario et de 998 300 au Québec où le taux des naissances était très élevé à cette époque. Il en résultait, comme nous l'avons démontré plus tôt, que l'Ontario avait une population économiquement productive qui était presque le double de celle du Québec. Mais malgré ceci, et comme l'indiquent les tableaux précédents, le Québec était plus fort que l'Ontario dans presque tous les domaines, qu'il ne l'avait été en 1944.

Cette période en fut une de croissance et de progrès sans précédent dans de nombreuses parties du monde occidental mais la performance du Québec en regard de l'Ontario, la région comparable la plus prospère, était remarquable malgré ses handicaps démographiques et ses limitations budgétaires. C'était une époque de croissance réelle où il y avait peu d'inflation. L'époque Duplessis fut la seule période depuis que l'on avait commencé à tenir des statistiques en 1880 où le progrès économique et social du Québec se faisait aussi rapidement sinon plus qu'en Ontario.

En 1960 le Québec avait une solide base industrielle, des ressources nombreuses et accessibles, les taxes n'étaient pas élevées et la dette était basse; sa jeune population avait devant elle un avenir plus prometteur que n'en avait eu aucune des générations précédentes de Canadiens français. En Amérique du Nord seul Houston avait une croissance plus rapide que Montréal et dans la métropole, les nouvelles constructions étaient beaucoup plus nombreuses qu'à Toronto. Le

Québec recevait en investissements environ quatre-vingt-dix pour cent du montant qui allait à l'Ontario.

La plupart de ces projections optimistes se sont depuis perdues dans la confusion. Il est vrai que le gouvernement autoritaire de Duplessis a émoussé certains instincts démocratiques de son peuple (ces instincts n'étaient pas très vifs pour commencer) et ce faisant n'a pas contribué à la création d'une éthique politique plus élevée dans la province. Mais il est également vrai que la longue période durant laquelle il fut au pouvoir produisit au Québec un progrès matériel et social incomparable.

Comme l'a écrit Robert Rumilly, ce furent "Quinze années de réalisations; les faits parlent". (20)

Les industriels

Duplessis s'empressa d'améliorer les rapports du gouvernement avec les hommes d'affaires du Québec. Le personnage clé dans ce domaine était J.W. McConnell, propriétaire du *Montreal Star* et du *Montreal Herald*, le plus riche industriel du Canada et aussi celui qui avait le plus d'influence. La façon dont Duplessis prit la situation en main lors de la grève de la Montreal Cottons Ltd. à Valleyfield en 1946 lui attira la sympathie de McConnell. La grève était à strictement parler, illégale, et en plus un grand nombre d'ouvriers voulaient l'éviter. C'était l'Union internationale des Ouvriers unis des Textiles d'Amérique qui l'avait organisée. Ce syndicat international était considéré plutôt gauchiste selon les normes de l'époque, surtout étant donné que son directeur, Kent Rowley, était membre avoué du parti communiste. Les grévistes étaient assurés de n'avoir aucun appui; l'Eglise, les capitalistes, les nationalistes, les fédéralistes, tous étaient contre eux et en plus, ils contrevenaient au règlement de conciliation de Duplessis. Le 7 juin 1946, quelques jours après le déclenchement de la grève qui provoqua des escarmouches parmi les piqueteurs, Duplessis dénonça la grève comme étant illégale, d'inspiration communiste et le fait d'un groupe minoritaire.

Le *Montreal Star* appuya d'emblée Duplessis, y compris ses dénonciations du communisme, et McConnell envoya une copie de son éditorial à Duplessis en l'assurant de son appui. Duplessis lui répondit le 18 juin 1946. Il mentionnait un éditorial du *Star* appuyant la Loi du Cadenas, commentant un discours de Duplessis à l'Empire Club de Montréal en 1939 et il faisait également allusion à un jugement récent du juge en chef Greenshields en Cour supérieure de Québec, maintenant la légalité de la Loi du Cadenas:

> *Si notre loi, que les libéraux ont condamnée mais n'ont pas eu le courage d'abroger, avait été appliquée durant le régime Godbout, nous n'aurions pas à regretter aujourd'hui au moins plusieurs des conditions actuelles insupportables... Ne croyez-vous pas que le manque d'énergie des autorités fédérales causent de grands torts? Les Etats-Unis souffrent peut-être du "délirium Truman" mais raison de plus pour mettre un frein à cette horrible maladie et l'empêcher de se répandre dans notre vie économique... Imaginez-vous ce qui arriverait à notre pays s'il n'y avait qu'un seul gouvernement pour tout le Canada et qui serait sous le contrôle des gens du C.C.F. ou autres socialistes radicaux? Les choses vont déjà assez mal avec le régime insidieusement socialiste que nous avons aujourd'hui.*

Ce genre de raisonnement plaisait énormément à J.W. McConnell. De treize ans plus âgé que Duplessis, John Wilson McConnell possédait un grand charme et une belle apparence. Né en Ontario, il avait vécu à Montréal depuis le début du siècle et s'était imposé rapidement dans les cercles financiers. Il avait fait de bonnes affaires à la bourse et à la fin de la Première Guerre mondiale il était probablement le doyen en richesse et en influence du groupe formé par le Pacifique canadien, la Banque de Montréal et le Royal Trust. Durant les années vingt, seul Herbert Holt aurait pu surpasser l'influence qu'exerçait McConnell sur la communauté financière de Montréal. Mais Sir Herbert avait vingt-et-un ans de plus que J.W. et il ne profita pas comme McConnell de la crise économique. Ce dernier s'était pratiquement retiré du marché à l'été 1929, en prévision de la crise. Il attendit la débâcle avec des dizaines de millions de dollars en argent comptant. La crise n'affecta pas grandement ses propres entreprises, la St. Lawrence Sugar Company et Ogilvie Flour Mills.

McConnell atteint une telle prééminence à Montréal non seulement par sa longévité et son flair en affaires mais aussi en devenant le propriétaire du *Star*. Ce journal qui disputait à *La Presse* la place du deuxième journal à grand tirage au Canada après le *Toronto Star,* avait été fondé par Hugh Graham, Lord Atholstan, en 1869. Quand Atholstan commença à se faire vieux, il consentit à vendre à McConnell, en 1917, à la condition que la transaction demeure secrète et qu'Atholstan continue à diriger le journal aussi longtemps qu'il serait en possession de ses facultés. Lord Atholstan resta à son poste au journal pendant encore vingt ans, jusqu'à sa mort en 1937, à l'âge de quatre-vingt-quinze ans. Atholstan et McConnell se querellaient fréquemment et quoique McConnell lui achetât une bouteille de scotch presque tous les jours pendant les vingt ans que dura leur entente, il finit par éprouver du ressentiment envers le vieil homme pour son entêtement sinon pour sa longévité même. (21)

McConnell avait été un Tory pendant que Borden et Meighen dirigeaient le Parti conservateur mais il n'aimait pas beaucoup R.B. Bennett. La montée de Duplessis durant les années trente le laissa probablement indifférent. Mais lorsque Duplessis fit sensation en annonçant une élection en 1939, McConnell, vexé, contribua généreusement à la victoire de Godbout.

A partir de ce moment, et jusqu'à la fin de la vie de Mackenzie King, McConnell et le chef libéral fédéral furent de bons amis. Onésime Gagnon, dans son budget de 1945, fit une allusion sarcastique à McConnell qu'il appela "une feuille conservatrice qui a tourné au rouge", (22) et Duplessis voyait en lui un adversaire. Cependant, lorsque McConnell eut découvert le nouveau Duplessis, des liens chaleureux et profitables s'établirent entre eux et ne se démentirent jamais. Dès qu'il eut constaté la solidité de Duplessis, McConnell s'empressa de se faire valoir auprès du nouveau Premier ministre. Les télégrammes de félicitations et les éditoriaux se firent plus fréquents et plus flatteurs et McConnell déploya sa remarquable philantropie au profit des oeuvres préférées du Premier ministre.

McConnell, qui avait été président de la campagne des bonds de la victoire pour l'île de Montréal en 1917-1918, fit un don personnel de un million de dollars au gouvernement britannique à l'été 1940. Mais la générosité prodigieuse et habituellement anonyme de McConnell ne

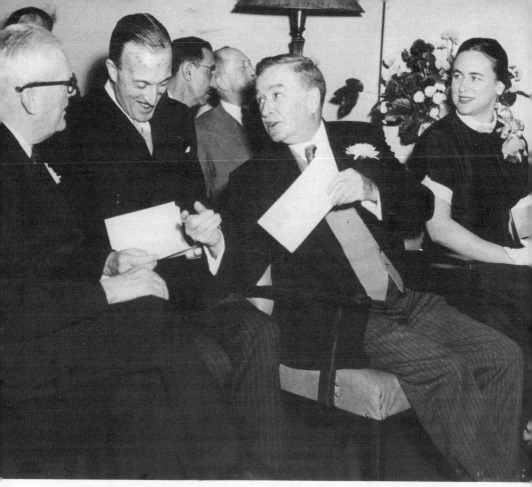

MM. John W. McConnell, président du Montreal Star, Cyril F. James, recteur de l'université McGill et Maurice Duplessis au Montreal Neurological Institute en 1954. (David Bier — Roger Ouellet)

se manifestait pas que durant les guerres. Après les incendies désastreux de Rimouski et Cabano en 1946 et 1947 il fit un don anonyme de plus de cent mille dollars pour venir en aide aux sinistrés. Et dans son budget de 1947, Onésime Gagnon, l'auteur des remarques sarcastiques des années précédentes, louait "la générosité immense et désintéressée d'un grand homme que nous sommes fier d'appeler citoyen du Québec, le très estimé et à juste titre, monsieur J.W. McConnell". (23) M. McConnell eut soixante-dix ans en 1947 et quoiqu'il conservât la direction générale de ses compagnies, il les céda officiellement à ses fils pour s'occuper plus intensément du *Star* et de la McConnell Foundation, source de ses grandes oeuvres de bienfaisance.

Il comblait Duplessis de petits cadeaux — des cigares, une pièce d'or de vingt dollars de 1890 pour son soixante-huitième anniversaire

461

de naissance, des photos de Duplessis parues dans le *Star* — de cadeaux un peu plus importants comme par exemple un Krieghoff, et de gros cadeaux, notamment ses contributions électorales. Ces contributions étaient exceptionnelles en ce qu'elles arrivèrent quarante-huit heures après la dissolution de l'Assemblée en 1952 et 1956 et consistaient en billets de banque neufs pour la valeur de cinquante à cent mille dollars livrés dans des boîtes de carton, à l'attention du Premier ministre lui-même. (24)

Il faisait parfois des contributions supplémentaires. McConnell écrivait le 4 juillet 1952: "Vous ne m'avez cependant pas dit à quel nom le ou les chèques devraient être faits pour la contribution supplémentaire dont nous avons discuté. J'esprère bien avoir de vos nouvelles sous peu à ce sujet."

Durant les années cinquante la section des charités canadiennes-françaises de la fondation McConnell fut mise à l'entière disposition de Duplessis. Ce dernier fit donner quinze mille dollars au monastère des Carmélites à Trois-Rivières, le 17 décembre 1951, pour l'achat d'un carillon. C'était la congrégation où était entrée la fille de Charles Bourgeois, vieil ami de Duplessis, et député et sénateur de Trois-Rivières. Duplessis décida que l'Hôtel-Dieu à Québec serait le premier hôpital canadien-français à recevoir une bombe au cobalt et que l'hôpital Saint-Joseph à Trois-Rivières, où il avait souvent été traité lui-même, serait le deuxième à recevoir ce service. McConnell fit un don aux deux hôpitaux. Duplessis réserva aussi $285 000 de l'argent de la fondation McConnell pour construire et équiper le splendide Centre sportif des Jeunes à Trois-Rivières. La fondation McConnell dispensait des sommes qui étaient énormes si l'on considère que ces montants provenaient d'un particulier: il donnait environ $750 000 par année pour la seule section française mais qui comprenait presque toutes les oeuvres de charité de la province d'un mérite quelconque. Ces dons étaient accordés selon la recommandation du Premier ministre.

Duplessis demeurait abasourdi devant la grande générosité de McConnell et il trouvait tout aussi ahurissante l'insistance de ce dernier à garder l'anonymat. C'était un point sur lequel Duplessis et McConnell se querellaient gentiment. Duplessis avait l'habitude de révéler aux récipiendaires des générosités de McConnell la source de ces bienfaits. A la cérémonie de dévoilement de la murale à l'hôpital neurologique Royal Victoria en 1954 et à l'inauguration du Centre sportif des Jeunes à Trois-Rivières, Duplessis fit l'éloge de McConnell en termes des plus flatteurs. Il insistait pour que les bénéficiaires sachent qui était l'ange généreux afin que ce dernier puisse recevoir leur expression de gratitude. McConnell au contraire exigeait l'anonymat mais à sa grande consternation, Duplessis finissait presque toujours par révéler son nom.

Mais parfois cette passion pour l'anonymat affectait aussi Duplessis car lui et McConnell se sentaient parfois embarrassés par l'intimité de leurs rapports. Ainsi McConnell avait fait cadeau du Centre sportif des Jeunes à Trois-Rivières (le 15 février 1955) à la condition que ce don demeure anonyme et de son côté, Duplessis avait exigé la même chose en accordant un octroi spécial à l'université Sir George Williams (21 juillet 1953). Il est probable qu'en agissant ainsi, Duplessis voulait éviter les questions des évêques et des universités françaises et que McConnell voulait éviter de paraître trop intime avec Duplessis aux yeux de la collectivité anglophone du Québec.

Si les dons de McConnell aux charités françaises étaient généreux, les cadeaux qu'il faisait aux projets qui lui tenaient particulièrement à coeur, notamment l'université McGill, l'hôpital Général de Montréal et l'hôpital Royal Victoria, étaient immenses et se chiffraient dans les dizaines de millions de dollars. Ainsi, par ces attentions à Duplessis il cherchait surtout, quoique ce n'était pas l'unique raison, à ce que le gouvernement provincial lui rende la pareille en contribuant aux causes et aux oeuvres dont il se faisait le champion. Et Duplessis répondait à son attente par une générosité officielle sans précédent envers les institutions anglophones du Québec.

Sur les instructions de Duplessis, le gouvernement provincial accédait immédiatement et entièrement à toutes les requêtes de McConnell. Sous le règne de Gouin, Taschereau, Godbout et Duplessis avant la guerre il n'y avait certes pas eu de discrimination contre les institutions anglaises mais les budgets et les circonstances étaient plus modestes. De 1946 à 1959, aussi longtemps que dura l'entente Duplessis-McConnell, les largesses du gouvernement provincial coulèrent à flots comme jamais auparavant ou depuis.

Duplessis et McConnell finirent par éprouver une réelle admiration l'un pour l'autre et se prouvaient leur affection et leur considération personnelle à la manière d'hommes âgés et puissants. McConnell témoigna de la commisération lors de l'écroulement du pont Duplessis et Duplessis lui rendit la pareille lorsque les flammes ravagèrent la maison de McConnell à Val David. McConnell envoya à Duplessis des capsules de vitamines E, "huile de germe de blé concentré" (17 janvier 1956), des conseils médicaux et des expressions de sollicitude: "Vous avez travaillé trop et trop vite dernièrement," (25) ainsi que des photos du Premier ministre prises par les photographes du *Star*. Duplessis était d'accord avec McConnell pour dire que ces photos étaient celles "de l'homme d'Etat le plus important du Commonwealth maintenant que Baldwin n'était plus". (26) Leurs souhaits d'anniversaires de naissance, les 20 avril et 1er juillet, étaient brefs mais de style fleuri tant dans l'expression que dans la réponse. Le 24 avril 1958 Duplessis remerciait McConnell pour la pièce d'or de vingt dollars: "Je suis profondément convaincu, et cela pour de nombreuses et excellentes raisons, que rien ne peut être aussi précieux et aussi rare que votre extraordinaire philanthrophie dorée et que votre amitié sans pareil." Et McConnell écrivait à Duplessis: "Quoique c'est à moi qu'ait été livrée votre très aimable lettre du 28 juin, je tends à croire que toutes vos paroles et expressions étaient destinées à quelqu'un d'autre! Si cependant je me trompe et que ces paroles d'appréciation me sont destinées, mon front est déjà incliné en un geste de profonde humilité. J'ai des fonds disponibles pour vos charités spéciales, si vous vouliez seulement me les faire connaître." (4 juillet 1957).

Les expressions de sollicitude devenaient particulièrement intenses si l'un ou l'autre était indisposé. McConnell se disait "bouleversé" d'apprendre que Duplessis avait eu un accident de voiture et "remerciait Dieu" de ce qu'il n'avait été que légèrement blessé. Une autre fois, Duplessis avait la grippe et McConnell écrivait: "Je récite deux fois plus de prières." (27) Duplessis lui rendait la pareille: "Dès mon retour à Québec ce matin, j'ai téléphoné à votre bureau espérant avoir le privilège de vous parler et d'apprendre que vous êtes tout à fait remis; je regrette d'apprendre de votre brillante et dévouée secrétaire que ce n'est pas le cas. Soyez assuré que je multiplierai mes prières." (29 mai 1951)

McConnell prit l'habitude d'envoyer divers articles à Duplessis, espérant ainsi le reposer un peu de ses lourdes responsabilités. C'est ainsi que Duplessis lut un article du *Reader's Digest* sur les quintuplées Dionne et des articles néo-McCarthyistes et anticommunistes. Il commentait, le 6 août 1951: "La carrière patriotique d'Earl Gruber est une autre preuve convaincante que nous ne devons et ne pouvons prendre le communisme à la légère. Le vieux dicton (il n'y a rien de nouveau sous le soleil): *Le prix de la liberté est la vigilance éternelle* est plus vrai que jamais, si cela est possible. Le communisme est synonyme d'athéisme, de déloyauté et est un poison contagieux et devrait être traité comme tel." (Le nom de Gruber était en réalité Karl. Il était le ministre des Affaires étrangères de l'Australie et l'article en question s'intitulait: "L'homme qui a dit non à Staline".) Durant ces années, Duplessis et McConnell n'étaient rien de moins qu'éternellement vigilants.

McConnell lui envoya aussi un article à propos de l'affaire Rosenberg, provenant aussi du *Reader's Digest*. Il y avait ajouté un commentaire à la main: "Cela démontre bien avec quel acharnement *ils* travaillent." (28) Ce à quoi Duplessis répondit: "Ce fut et ce sera toujours un devoir sacré que de combattre le communisme sans relâche, avec fermeté et ténacité." (29) Une autre fois Duplessis répondait: "Mon cher Jack: Il est très aimable à vous de vous être donné la peine d'attirer mon attention sur l'article très intéressant paru dans le *Reader's Digest* de février dernier et portant sur le complot du Kremlin au Guatemala." (30)

Quand McConnell demandait des faveurs, c'était surtout pour ses oeuvres de charité mais il lui arriva de faire des requêtes personnelles toujours très poliment, timidement presque. Mais J.W. McConnell n'eut jamais à demander quelque chose deux fois à Duplessis. En 1951, la demande croissante et les problèmes mécaniques avaient créé une pénurie de papier journal. McConnell demanda donc à Duplessis d'intervenir pour procurer au *Star* la quantité nécessaire plus deux mille tonnes de papier-journal pour terminer l'année. Duplessis contraignit les compagnies de papier à accéder à sa demande en les menaçant de diminuer ou d'annuler leurs concessions, d'augmenter les redevances ou tout simplement d'annuler les permis d'essouchement. Ce n'était pas la dernière fois que Duplessis procéderait de cette façon. Moins de quarante-huit heures après s'en être remis aux bons offices de Duplessis, McConnell apprenait du Premier ministre qu'on avait donné suite à sa demande.

C'était une nouvelle bienvenue et profitable. McConnell écrivait à la main: "Mon cher Maurice: Il n'y a pas de mots pour exprimer adéquatement mon appréciation pour l'aide que vous m'avez apportée personnellement par rapport à la pénurie de papier journal, et pour votre réponse immédiate à ma requête." Il terminait ce cri de gratitude sur une note singulière: "Je serai *à votre service à ce bout de la ligne, en tout temps...* Avec les plus chaleureux remerciements du *Evening Star* au *brilliant Sun* (Son!)". (31)

McConnell mettait aussi beaucoup de zèle, lorsque cela s'avérait nécessaire, à protéger son entreprise, la St. Lawrence Sugar Refineries. Il écrivit à Duplessis à ce sujet pour la première fois le 26 mai 1947, avant l'époque où toutes ses lettres commençaient par "Mon cher Maurice" et se terminaient par "Très sincèrement vôtre" écrit en lettres majuscules. Il écrivait: "Peut-être ne sommes nous pas d'accord sur tous les points, mais il y a une chose sur laquelle nous pouvons nous entendre, à savoir que l'établissement d'une betteraverie dans la province de Québec a été une erreur monumentale." Il joignait à sa lettre un rapport annuel de la coopérative qui était, après tout, une corporation provinciale de la Couronne et donc, une des affaires dont Duplessis, si méticuleux, devait certainement être au courant. Les pertes pour l'année 1946 s'élevaient à $409 976.78 "pour une si petite production de sucre qu'on pourrait presque la qualifier de négligeable." Nonobstant cette production négligeable, M. McConnell décrivit avec force détails la perte financière encourue par la province et qu'il estimait à treize millions de dollars qui auraient pu, disait-il "être employés à agrandir les hôpitaux dont on a un si grand besoin et pour les institutions éducatives de la province... Ceci est effectivement une malencontreuse exploitation du contribuable." Il voulait obtenir la fermeture de la raffinerie mais Duplessis n'en fit rien malgré l'avantage politique qu'il avait retiré d'une telle promesse aux dépens de Godbout. La raffinerie demeura et en fin de compte, presque quinze ans après la mort de Duplessis, on commença à en retirer un profit.

McConnell intervint plus vigoureusement en 1957, quand le régime Drapeau (les "Pères de la ville" comme disait McConnell sur un ton sarcastique) (32), peu de temps avant l'ouverture de la voie maritime du Saint-Laurent, proposa d'élargir la rue Notre-Dame, empiétant ainsi sur la propriété de la raffinerie St-Lawrence. Il joignait à sa lettre à Duplessis le rapport annuel de la Canada and Dominion Sugar Company, qu'il disait être une compagnie ontarienne, affiliée à Tate and Lyall en Grande-Bretagne et aux Antilles. C'était vrai mais la compagnie était dirigée de Montréal et au nombre de ses administrateurs il y avait Huntley Redpath Drummond, ancien président de la Banque de Montréal, et G.B. Foster, conseiller législatif sous Duplessis.

Etant donné l'esprit indépendant du régime Drapeau, il eut été peu pratique d'intervenir directement auprès du maire. Duplessis parla donc à certains membres de la Commission municipale qui devaient officiellement décider de la question. Le président de la Commission municipale, Charles Mignault, étant en vacances, Duplessis mit quelques jours à le trouver mais une semaine plus tard, le 24 février 1957, il répondait à McConnell: "Il (Mignault) m'a assuré, comme l'avaient déjà fait les officiers de la Commission, qu'en ce qui concerne la Commission, aucune décision ne sera prise avant que cette importante question n'ait été discutée avec moi personnellement. Entre nous et confidentiellement, même si aucun avis défini n'a encore été donné, j'ai des raisons de croire que la Commission n'autorisera pas ce projet." Il avait en effet de bonnes raisons de le croire car les officiers de la Commission, quels qu'ils soient, étaient indéfectiblement loyaux à Duplessis et ils prenaient les désirs de leur chef pour des ordres, faute de quoi ils perdaient instantanément leur poste. La rue ne fut pas élargie.

En plus d'être extraordinairement généreux, M. McConnell était très perspicace, comme l'atteste d'ailleurs la fortune considérable qu'il amassa, et il exprima rarement par écrit son parti pris pour Duplessis quoique ses propres contributions financières et la fidélité exprimée dans les éditoriaux du *Star and Herald* et des publications affiliées, le *Farmer's Weekly* et le *Star Weekly,* parlaient d'elles-mêmes.

Après le départ de Mackenzie King, McConnell appuya en général la position constitutionnelle de Duplessis. Au lendemain de la première conférence fédérale-provinciale de Saint-Laurent, le 14 janvier 1950, McConnell télégraphiait à Duplessis: "Félicitations pour un excellent travail à Ottawa. Ce fut un réel plaisir d'observer l'exemple que vous donnez en leadership, diplomatie et aimable coopération et qui a placé le Québec à l'avant-garde, du début à la fin."

McConnell et Duplessis étaient bons amis et de personnalités assez semblables. Ils se comprenaient l'un et l'autre. Durs mais généreux, autoritaires et bien intentionnés, ils se convenaient. En plus McConnell ne voyait en Lapalme qu'un démagogue irresponsable, ne possédant pas les qualités requises pour assumer son poste. Durant les années cinquante, McConnell et Duplessis, tels des titans vieillissants, s'amusaient à évaluer la génération montante et d'un accord tacite concluaient que leurs héritiers présomptifs ne seraient pas de taille.

Les interventions de McConnell et de John Bassett (33) aidant, Duplessis entretenait de bons rapports avec les membres les plus influents de la communauté anglaise des affaires. Quant aux autres ils maintenaient, selon la description de George Marler, "la réputation indifférente de Duplessis" au sein de la collectivité anglaise de Montréal. On ricanait en parlant de sa méthode excentrique et personnalisée de gouverner, on prenait un ton de délicatesse offensée pour décrire ses attitudes autoritaires, son goût de la chicane politique et son nationalisme. Mais ceux dont la position les amena en contact avec lui — industriels, directeurs de journaux, journalistes même — étaient presque toujours séduits par sa forte personnalité, pour ne pas dire par ses faveurs tangibles.

Duplessis impressionnait les directeurs de l'industrie par la force de son idéologie, par son anticommunisme plein d'ostentation, par son opposition courageuse aux syndicats réfractaires et par le fait qu'il s'était fait le champion de la libre entreprise. Son esprit décisif, ses succès électoraux retentissants, sa longue carrière impressionnaient ces hommes accoutumés à juger les gens et les situations d'après des états de comptes et des bilans de pertes et profits. Pour ces gens, Duplessis était l'homme sur qui on pouvait compter le jour du scrutin et entre les élections. Aux hommes d'affaires anglophones qui lui posaient des questions sur un sujet politique, il répondait souvent, sur un ton rassurant: "Je vais m'en occuper. Ça ne concerne que nous les Québecois français. C'est ma responsabilité, ne vous inquiétez pas." Ainsi la collectivité anglophone avait l'impression qu'elle n'avait pas à se préoccuper du quatre-vingt pour cent de majorité française qui les entourait. Duplessis, comme toujours, règlerait tout.

Ils applaudirent pour marquer leur appréciation de sa déclaration en 1957 à l'Association canadienne des Manufacturiers: "Mon gouvernement est le seul en Amérique du Nord qui est entièrement en faveur de la libre entreprise avant, durant et après les élections... Je viens d'être réélu pour un cinquième mandat. Aucun autre gouvernement au Canada n'a eu cinq mandats et aucun autre dans l'histoire de la province de Québec; et croyez-moi, ce n'est que le commencement." (34) Etant donné que ces chefs d'entreprises étaient aussi les gouverneurs et les administrateurs des universités et hôpitaux anglais, ils pouvaient apprécier mieux que quiconque la générosité de Duplessis envers la minorité anglaise de la province.

Situation ironique, Duplessis, si vindicatif envers les comtés francophones qui votaient contre lui, se montra toujours généreux envers les Anglais et leurs institutions, même si les districts cossus de Montréal votèrent toujours contre lui après 1936. Sa modération s'explique en partie par son désir de maintenir une bonne réputation auprès des capitalistes anglophones qu'il cherchait à convaincre de placer leur capital dans la province et en partie parce qu'il s'opposait sincèrement à la discrimination raciale. Le traitement mesquin des minorités francophones hors du Québec lui déplaisait souverainement et renforçait sa conviction que les minorités devraient partout être traitées de façon équitable. Contrairement à certains de ses sucesseurs, il n'envisagea jamais sérieusement l'idée d'abandonner les minorités françaises hors du Québec sous prétexte qu'elles étaient déjà assimilées et il n'était pas d'accord non plus pour contrarier les Anglais du Québec. Il n'aurait jamais toléré les politiques de ses successeurs — faire de la langue une question politique tout en exigeant du fédéral plus d'argent à dépenser au Québec avec une prodigalité partisane.

Duplessis se servait parfois des inaugurations d'hôpitaux et d'universités pour énoncer sa philosophie de la société. Ainsi lorsqu'on posa la pierre angulaire du nouvel hôpital de Montréal, auquel le gouvernement avait contribué environ cinq millions de dollars, il déclara: "Le pire cancer est le cancer de l'esprit qui amène la population à penser que le gouvernement devrait tout faire... Le devoir de la province de Québec est d'aider ceux qui s'aident. Notre devoir n'est pas d'aider ceux qui ne s'aident pas." Le *Financial Times,* jubilant, reproduisit ces paroles tout en exprimant le regret qu'il n'y ait personne au fédéral pour manifester de tels sentiments (8 mai 1953).

Norman Dawes, qui avait perdu le contrôle de la National Breweries après une lutte acrimonieuse avec le groupe Argus de Toronto sous la direction de E.P. Taylor et de John A. McDougald, exerçait toujours une influence considérable dans les milieux financiers de Montréal et possédait encore une grande fortune personnelle. La défaite de l'oligarchie de la rue Saint-Jacques par le nouveau groupe de Toronto fut l'un des points tournants du transfert du leadership financier de Montréal à Toronto. La vieille garde de Montréal commençait à perdre son élan. Dawes, maintenant libéré de ses responsabilités corporatives, consacra son énergie à ses deux occupations favorites: la lutte contre l'alcoolisme et dans un tout autre domaine, la pêche. Duplessis lui facilita ces deux entreprises en lui accordant octrois et permis.

Il avait aussi des relations cordiales avec le groupe Molson. Quand Duplessis reçut John H. Molson, président du fonds conjoint des hôpitaux Montreal Children's, Royal Victoria et Royal Edward Laurentian, en mai 1956, il régala Molson d'histoires de sa visite en Ecosse en 1937 et lui fit voir les statistiques comparatives sur la construction d'écoles et d'hôpitaux au Québec et en Ontario. Duplessis s'engagea à contribuer généreusement et Molson le remercia le 8 mai 1956. On était à cinq semaines des élections et Molson terminait sa lettre en offrant ses meilleurs voeux pour "les événements importants qui auront lieu d'ici peu". Le sénateur Hartland Molson, libéral-indépendant, président du club de hockey les Canadiens de Montréal, essayait toujours d'attirer Duplessis dans le salon du Forum réservé aux directeurs quand Duplessis assistait aux parties des Canadiens de Montréal, ce qu'il faisait presque tous les samedis.

Duplessis était un partisan reconnu des Canadiens et plusieurs des étoiles de l'équipe participaient aux campagnes électorales, surtout Maurice "Rocket" Richard et Bernard "Boom Boom" Geoffrion, les deux principaux personnages de l'imbroglio qui se termina par l'émeute Richard de 1955. Duplessis, grand amateur de hockey, détenait un billet de saison au forum depuis le début des années trente et disait que ce sport lui faisait penser à la politique.

Il n'entra jamais dans la salle des directeurs au Forum, pas plus d'ailleurs qu'il ne mit les pieds sur la glace du Forum. Il était mieux avisé que Jean Drapeau qui s'empressait toujours d'aller mettre son mot aux cérémoines marquant les victoires des Canadiens. Duplessis savait que le public ne verrait pas d'un bon oeil le Premier ministre passant ses heures de loisirs avec les bourgeois anglais de Montréal et il savait aussi que les spectateurs étaient venus au Forum pour voir des joueurs sur la glace et non pas des politiciens. Le plus assidu de ses disciples, Daniel Johnson, allait suivre cet exemple. Il assistait toujours aux parties sans se faire remarquer et on ne le voyait pas en compagnie des propriétaires anglophones de l'équipe nationale du Canada français. Mais il n'en fut pas de même pour Jean-Jacques Bertrand qui ne réussit jamais à faire oublier le fiasco de sa présentation laborieuse lors de l'inauguration du nouveau Forum de Montréal en 1969.

L'intérêt que portait Duplessis au hockey et au baseball surprenait, étant donné qu'il avait toujours refusé de participer aux sports. Mais dans le cas du baseball, c'était l'esprit de compétition, les stratégies, qui l'intéressaient. Maurice Richard, capitaine des Canadiens et Casey Stengel, gérant des Yankees étaient les personnalités du hockey et du baseball que Duplessis respectait le plus. Il était un partisan loyal des Yankees de New York et des Canadiens de Montréal, les deux champions à l'époque. Pour Duplessis, ils étaient comme l'Union nationale: sous le leadership d'un chef solide ils ne perdaient jamais le désir de gagner et manifestaient toujours la fierté du champion malgré leurs victoires répétées.

Avec le temps, ses visites aux Séries mondiales devinrent plus cérémonieuses. Pendant plusieurs années il assista aux parties à titre privé. Il se faisait accompagner de J.E. Barrette, journaliste sportif qu'il avait fait nommer au Conseil législatif et dont la seule fonction semblait être précisément d'accompagner Duplessis dans ses expéditions sportives, et de Gérald Martineau qui transigeait pour lui avec les propriétaires des équipes. Mais durant ses dernières années on mettait un avion à sa disposition pour faire le voyage entre New York et Milwaukee, la ville des champions de la Ligue nationale en 1957 et 1958. Dans ces deux villes il se promenait en limousine, était logé comme un prince et assistait aux parties dans la loge des propriétaires des équipes.

Loin de chez lui, il lui plaisait d'être l'invité des propriétaires. Il était reçu par Del Webb, copropriétaire des Yankees de New York qui était aussi un des associés de la firme Webb et Knapp, souvent appelée à faire la mise en valeur de terrains au Québec. Il était aussi reçu par Louis R. Perini, propriétaire des Braves de Milwaukee et de la Perini

Maurice Duplessis avait deux grandes passions: la politique et le baseball. On remarque en arrière-plan à gauche: Bernard Geoffrion, J. Arthur Savoie et Jean Béliveau. (Soc. des Amis de M.L. Duplessis)

Construction Company qui elle aussi faisait souvent affaire au Québec. Ces deux hommes cherchaient naturellement à satisfaire les goûts de Duplessis en matière de baseball.

Dans sa lettre du 4 septembre 1957, Perini disait qu'il s'était occupé de tout ce qui se rapportait à la visite de Duplessis aux Séries mondiales et en donnait les détails. Il ajoutait: "Mme Perini et moi serions enchantés et cela ajouterait immensément à notre plaisir d'assister aux Séries mondiales, si notre ami le Premier ministre choisissait de s'asseoir avec nous du côté qui, Florence et moi l'espérons en priant, sortira victorieux. Puisque vous n'avez pas l'habitude d'être du côté du perdant, je vous recommande fortement de vous joindre à nous..." Il refusa poliment cette invitation. Pendant plusieurs années, Duplessis eut ses entrées dans tous les parcs de baseball des deux ligues majeures, gracieuseté des commissaires des ligues.

Les invitations enthousiastes du sénateur Molson et ses collègues à Duplessis ne se limitaient pas à lui demander d'assister avec eux aux parties des Canadiens. Frank J. Selke, directeur administratif de la Canadian Arena Company à qui appartenait le Forum et les Canadiens de Montréal, invita Duplessis à voir les ballets Bolshoï en juillet 1959. Duplessis lui répondit, le 17 juillet, qu'il refusait d'assister à un spectacle soviétique et que, de toute manière, il ne voulait pas se voir accorder en tant que Premier ministre, des faveurs qu'il ne recevrait pas comme simple citoyen.

Selke écrivait de nouveau le 29 juillet, disant qu'il aurait été "tout aussi empressé à vous servir à cause de l'effet énorme que vous avez eu sur la province tout comme nous voulons vous servir comme Premier ministre". Selke avait assisté au spectacle du Bolshoï "parce que c'est mon devoir". Il disait que "les circonstances les avaient pour ainsi dire obligés à accepter cet engagement de trois jours du festival russe", auquel il avait invité Duplessis en l'assurant que "les personnes les plus avisées" assisteraient à ce spectacle et que sa présence ne ferait l'objet "d'aucune publicité..."

> *Le sénateur Molson m'a dit qu'il ne voulait pas trop s'impliquer avec certains types d'attractions. Je lui ai dit que ma mère-patrie, la Pologne, avait été dominée par les communistes et que j'avais plus de raisons que la plupart de les haïr. Mais ma fille, qui est religieuse de l'Ordre de Saint-Joseph, me dit que toutes les religieuses de sa communauté récitent tous les soirs une prière spéciale pour la conversion de la Russie et son retour aux croyances de l'Eglise catholique (à laquelle la Russie n'avait jamais appartenu).*
>
> *Il semble que l'Eglise catholique reprend de la force en Pologne et qu'il est possible que ma pauvre patrie écrasée depuis plusieurs centaines d'années par les Allemands, les Autrichiens et les Russes puisse avoir l'honneur d'effectuer la conversion de la Russie.*

Une telle expression d'évangélisme était inhabituelle.

Presque toute la correspondance que Duplessis recevait des hommes d'affaires, surtout les anglophones, était remarquablement respectueuse et admirative. Pour eux Duplessis était l'homme à qui on pouvait laisser sans inquiétude la tâche de comprendre les profondeurs troubles de la politique canadienne-française. Allan et Samuel Bronfman exprimaient leur gratitude pour le traitement accordé à l'hôpital Montreal Jewish General; Rodgie McLagan, président de la Canada Steamship Lines, remerciait Duplessis pour les octrois accordés à l'hôpital Reddy Memorial; Herbert H. Lank exprimait la gratitude de la C.I.L. pour la construction du nouvel Institut polytechnique à Montréal. Une lettre de G.B. Foster est un exemple des courbettes exagérées que certains croyaient devoir faire à Duplessis: "Vous avez eu tant de bontés pour moi que ma dette est tout simplement énorme. J'espère seulement pouvoir vous la remettre, d'une façon ou d'une autre, du moins en partie. Je veux que vous sachiez que je vous suis terriblement reconnaissant." (35)

Des sentiments tout aussi élogieux mais exprimés avec plus d'élégance provenaient de personnages plus importants que Bunnie Foster: R.E. Powell, président de l'Aluminium Company of Canada et à un moment chancelier de l'université McGill, Jules Timmins, le colonel R.R. McCormick du *Chicago Tribune* et autres compagnies et Sir James H. Dunn étaient tous de grands admirateurs de Duplessis. Durant les années cinquante, Dunn se rendait en avion à Montréal ou Québec pour déjeuner avec Duplessis, une fois par mois. Duplessis avait de longues discussions, pour la plupart fructueuses, avec chacun de ces hommes sur la mise en valeur du nord du Québec, soit la Côte-Nord ou la région du Lac Saint-Jean.

J.Y. Murdoch, président de la Noranda Mines, compagnie avec laquelle le gouvernement avait collaboré à l'expansion de la région minière de Noranda en Abitibi, écrivait souvent à Duplessis, prenait surtout plaisir à lui envoyer copies des lettres que lui adressaient les actionnaires faisant l'éloge de la compagnie et du gouvernement provincial pour leur opposition à l'atelier fermé. Le 23 novembre 1946, Murdoch racontait la conversation d'un dîner de la veille: "Duplessis voit la menace que représente la C.I.O. et il est probablement le seul solliciteur général du Canada qui a le courage d'agir." Murdoch demandait qu'on lui envoie cent cinquante policiers. "Dans cette lutte que nous livrons pour la Liberté et les Principes, il est essentiel que vous nous envoyiez un nombre suffisant de policiers provinciaux pour nous permettre d'ouvrir nos barrières."

Duplessis lui répondait, deux jours plus tard, qu'il ne pouvait agir comme il l'entendait puisque la province était toujours sous la Loi d'urgence du fédéral et qu'un contingent de cent cinquante policiers constituait pratiquement toute la force policière provinciale. Il ajoutait: "Le manque de courage des autorités fédérales et la complicité de certains fonctionnaires fédéraux compliquent les choses."

Les souhaits d'anniversaire de naissance du président de la banque royale, James Muir, faisaient également partie de la catégorie des lettres rituelles, tout comme celles de Murdoch sur les actionnaires et celles de Jules Timmins, intarissables, sur la pêche au saumon. Muir écrivait: "Il y a soixante ans aujourd'hui, naissait un garçon aux Trois-Rivières," etc. (36); Hartland Molson félicitait Duplessis tous les cinq ans de sa "magnifique carrière", (1958); une fois par année Arthur Schmon annonçait l'arrivée prochaine de "quatre paires" de faisans et Duplessis lui envoyait ses "chaleureux remerciements personnels et officiels" pour ces "délicieux" oiseaux. (37)

Arthur Schmon était le président de l'Ontario Paper Company et de la Quebec North Shore Company de même que l'ami intime et le partenaire du colonel McCormick. Il ne se dispensa jamais des formalités officielles quoique ses rapports avec Duplessis fussent très cordiaux. Tout devait être soumis à l'approbation du gouvernement: chaque amendement à la charte municipale d'une de leurs municipalités de la Côte-Nord, toute expansion dans la production du papier-journal, la coupe du bois, ou l'augmentation de la force hydraulique. Ces compagnies étaient toujours dirigées d'une manière très responsable, donnaient de l'avancement aux Canadiens français, avaient des relations de travail paisibles et payaient leur dû sans hésiter. Elles n'éprouvèrent jamais de difficultés politiques au Québec et n'essayèrent pas d'obtenir un traitement de faveur. La mémoire remarquable de Duplessis, son souci du détail, sa compréhension des besoins de l'industriel et son efficacité politique et administrative ne laissaient pas d'impressionner McCormick et Schmon.

Pour satisfaire la plupart des requêtes de ces compagnies il était nécessaire de voter ou d'amender des bills privés. Suite à la modification d'un tel bill concernant la Manicouagan Power Company, Schmon écrivait à Duplessis, le 24 novembre 1956: "C'est avec étonnement que je constate tout le temps et l'énergie que vous consacrez à votre chère province. Vous portez un lourd, très lourd fardeau, et comme vous l'avez fait pour moi si souvent, je ne peux que vous souhaiter une plus grande récompense au Ciel — vous la méritez grandement." Durant les années cinquante la Quebec North Shore and Manicouagan Power inaugurait une chose ou une autre presque tous les mois de juillet, si bien que c'était pratiquement devenu un événement annuel pour Duplessis que de se rendre à Baie Comeau présider aux cérémonies. Il faisait le voyage avec le colonel McCormick qui avait là une maison d'été qui servait aussi de camp de chasse. Duplessis offrit en "cadeau de Noël pour le colonel" (18 décembre 1953) une extension de la concession de coupe de bois de la St. Raymond Paper Company mais ce fut Schmon qui le remercia en disant que McCormick n'était pas actionnaire de cette compagnie alors que lui, Schmon, l'était.

Schmon télégraphia à Duplessis lorsque Gagnon démissionna de son poste de ministre des Finances pour devenir lieutenant-gouverneur: "C'est avec regret que j'apprends la démission d'Onésime comme ministre des Finances. Je sais ce que représente cette perte d'un ami fidèle et d'un confrère. J'ai appris avec plaisir aujourd'hui la nomination de Johnny à ce poste, ce qui fait que cet homme distingué et fidèle reste près de vous. Puissiez-vous vivre encore longtemps." Schmon faisait en tout point écho à l'opinion politique de droite de son employeur (McCormick). En 1944, il paria avec Duplessis que Thomas E. Dewey l'emporterait sur Franklin D. Roosevelt mais Duplessis refusa les vingt-cinq dollars qu'il avait gagnés. (38)

Le 23 septembre 1955, Schmon transmettait à Duplessis une coupure du *Chicago Tribune* selon laquelle le long règne de Juan Peron en Argentine serait fondé sur l'exploitation du pouvoir des bandes organisées au sein des syndicats. "Il y a dans notre pays ceux qui s'imaginent que le mouvement ouvrier est toujours et nécessairement une force pour la liberté. C'est là une dangereuse illusion procédant de l'idée romanesque qu'une personne qui travaille de ses mains est de ce fait plus désintéressée, plus sage et meilleure que le reste de l'humanité."

Le groupe *Chicago Tribune-New York News* était à l'avant-garde des grandes réalisations industrielles entreprises sous le règne Duplessis. En plus de l'ouverture de Baie Comeau en 1938, de l'expansion du territoire et de l'aménagement des forces hydrauliques, ce groupe amena l'industrie de l'aluminium sur la Côte-Nord vers la fin des années cinquante. La chose s'était faite selon le plan établi par Schmon. La British Aluminum Company achèterait une partie de la Manicouagan Power Company et les deux ensemble mettraient sur pied une fonderie d'aluminium à Baie Comeau. Tout cela à condition que le gouvernement provincial autorise l'augmentation des forces hydrauliques en usage à Baie Comeau et assure la transmission du pouvoir nécessaire de l'Hydro-Québec. Le 16 juin 1955, Schmon accompagnait le président de la British Aluminum, Lord Portal, au bureau de Duplessis pour une discussion à ce sujet, discussion qui s'avéra très satisfaisante. L'usine de la British Aluminum construite à Baie Comeau au coût initial de cent millions de dollars fut tout de suite une réussite.

C'était l'ancien gouverneur général du Canada, Earl Alexander de Tunis, qui était chargé de maintenir les relations entre le gouvernement provincial et la British Aluminum. Ses rapports avec Duplessis étaient presque aussi cordiaux, quoique forcément moins fréquents, que les rapports entre Duplessis et McConnell. Lors de la grève à l'usine d'Arvida de la British Aluminum à l'été 1957, Alexander écrivait à Duplessis:

> *Mon cher Maurice, je regrette de n'avoir eu le plaisir de vous revoir lors de ma visite au Canada. Je pense souvent à ces jours heureux quand j'y habitais en tant que Gouverneur général. Maintenant je n'y vais que pour quelques jours, de temps à autre, pour m'occuper des affaires de notre Aluminum Co. La grève à Arvida est une bien triste affaire et fait beaucoup de tort à tout le monde mais je crois personnellement que la compagnie doit adopter une attitude ferme sur les questions de principe — les salaires, heures de travail, conditions et autres peuvent être négociés. Il y a place ici pour améliorer les conditions de nos ouvriers mais nous ne pouvons aller au-delà.*
>
> *Je suis resté quelques jours avec nos amis Jack et Lil McConnell et, bien sûr, j'ai vu notre ami commun Rip (R.E. Powell). Ces gens sont tellement aimables.*
>
> *J'espère que vous allez bien. Je reçois de bonnes nouvelles sur votre état de santé et sur vos activités. (39)*

Duplessis lui répondait, le 13 septembre 1957, en rapport avec la grève à Arvida: "Je vous félicite de l'attitude que vous mentionnez dans votre lettre concernant cette question."

Duplessis

Quand Alexander quitta le Canada en 1952, à la fin de son mandat comme gouverneur général, Duplessis était hospitalisé à cause de sa blessure au dos. Alexander lui écrivit: "Mon cher Maurice, je crains de n'avoir pas le plaisir de vous revoir avant notre départ car nous partons demain mais j'aimerais vous dire combien votre amitié m'a été précieuse. Nous sommes bien tristes, ma famille et moi, de quitter le Canada — nous y avons été si heureux que nous considérons ce pays comme notre deuxième patrie. Cependant je ne vous dis pas "adieu" mais "au revoir". Je compte bien vous revoir d'ici quelque temps, soit ici, soit en Europe." (40)

Duplessis lui répondit dix jours plus tard (25 février 1952):

> *Les mots me manquent pour vous dire combien j'apprécie votre charmante et amicale courtoisie. Je regrette beaucoup de n'avoir pu vous dire au revoir avant que ne s'embarque pour l'Angleterre celui qui a probablement été le plus remarquable et certainement le plus populaire gouverneur général qu'ait connu le Canada.*
>
> *Je suis certain que vous serez toujours le bienvenu au Canada mais non pas plus que dans la Province de Québec.*

Alexander fit une de ses visites périodiques au Canada en octobre 1955, mais ne put rencontrer Duplessis qui assistait aux Séries mondiales. Alexander s'était enthousiasmé pour l'English-Speaking Union et écrivait à Duplessis à ce sujet, le 10 janvier 1956:

> *La réunion de l'English-Speaking Union a eu beaucoup de succès — surtout étant donné que c'était là notre première incursion au Canada français. Je suis, tout comme ma femme, un fervent de l'E.S.U. parce que je crois que son idéal est juste et bon et peut faire beaucoup pour aider à l'avancement de notre mode de vie occidental dans la présente lutte contre le communisme — et j'espère que vous pensez comme moi à ce sujet. "English-Speaking" n'est pas un terme très heureux au Canada français, mais comme vous le savez, c'est un nom mal approprié et il ne devrait pas être bien difficile d'en trouver un autre qui soit acceptable à ceux qui apprécient nos buts. En tant qu'ami de longue date, je viens solliciter votre appui sans lequel nous ne réussirons pas.*

Malgré tout le respect et l'amitié qu'il portait à Alexander, Duplessis jugea que l'English-Speaking Union n'était pas le tremplin qui convenait à ses propres opinions anticommunistes. Il accepta cependant, en remerciant Alexander, d'être membre honoraire tout comme il avait accepté, le 21 septembre 1949, l'invitation de Cyril Clemens à devenir membre honoraire de la Mark Twain Society où figuraient déjà les noms de Clement Attlee, du général Dwight D. Eisenhower et de George Bernard Shaw. Duplessis, un fervent de Mark Twain, était familier avec toutes ses oeuvres et le citait souvent.

La renommée de Duplessis était très étendue. Lord Beaverbrook lui écrivait à la main pour son anniversaire de naissance, le 20 avril 1958: "Cher Premier ministre: j'ai lu dans un livre que c'est aujourd'hui votre anniversaire de naissance, alors je vous envoie un message d'estime. Vous étiez au collège Bishop quand John Bassett occupait le fauteuil présidentiel. Vous y avez prononcé un discours magnifique que vous aviez dû improviser. J'ai admiré votre génie et depuis ce jour j'ai suivi avec admiration votre conduite des affaires publiques. Ne vous donnez pas la peine de répondre. Sincèrement votre, Beaverbrook." Et le 3 juillet de la même année, Lord Beaverbrook envoyait à Duplessis un article paru dans l'*Evening Standard,* censément en l'honneur du 350e anniversaire de Québec. On y faisait l'éloge habituel de Duplessis, qu'on disait être, entre autres, "Le plus remarquable Premier ministre de l'Empire".

Et bien sûr le *Chicago Tribune,* l'un des premiers prophètes de l'avènement de l'âge industriel au Québec, faisait bonne presse à Duplessis. On le citait longuement et on disait de lui qu'il était un grand modernisateur dans le numéro du 29 décembre 1946: "Le métier à tisser et le rouet sont encore en usage dans plusieurs maisons de campagne du Québec. On voit même à l'occasion un habitant de l'Ile d'Orléans labourer sa terre ancestrale à l'aide d'un boeuf pendant que sa femme cuit de grosses miches de pain dans un four extérieur, à la vue des touristes qui passent sur le chemin au revêtement de macadam, étroit mais sans aspérité." Cette publicité traditionnelle était suivie d'extraits de discours de Duplessis parlant des mille nouveaux établissements industriels dans la province au cours des deux années précédentes et de l'augmentation du nombre d'ouvriers dans les usines du Québec. Le chiffre de 220 331 ouvriers en 1939 avait triplé en 1946. On citait un discours

THE FINANCIAL POST

SECOND SECTION

XX   Member of Audit Bureau of Circulations   PUBLICATION OFFICE: TORONTO, SEPTEMBER 12, 1936   10c a Copy; $5.00 a Year

Duplessis — Canada's Busiest Man Today

Quebec's New Bachelor Premier Gives Outstanding Demonstration Of Ceaseless Industry at High Pressure in Hiring, Firing, Saving

...LINGTON JEFFERS

...CITY. — Hon. Maurice ..., Premier of Quebec, is ... candidate for the title ... busiest man in Canada. ... at 9 a.m. Seeing people ... in Cabinet council ... of state until 1 p.m. his lunch as likely as ... lly if he has to make a ... on the 4.30 p.m. train ... Friday or go by motor ...brooke to open up the ... on Thursday. A short ... or so to himself to think ... rate after he eats and ... again to midnight or to ... a.m. During the historic ...ch ended the Taschereau ... books and documents ...ed him to his room and it ... always 2 o'clock before

Bachelor In Cabinet

...sier is the only bachelor ...net. That may explain ...allowed to forget meals ...engrossed in work. So ... the Premier King in the ..., married to his work, ... Quebec. ... he very strong to stand ... He works at high pres-...thinks fast, speaks in a ...sar' voice and wastes ... nor motion. On Que-... he expects his car and ...ur to do all the car is ... A slow pace would be ...im to endure. So say ...have been passed by him ... It is easy to envisage ... flying Premier. If he ... the air he would prob-... time without let-up. On ...ptember 4, he worked ... train time from before ...without eating. He then ...bined lunch and dinner ...jumped into a series of ... on unemployment re-... to present Quebec's case ... at Ottawa on the next ...s out of the train he left ... destination in Montreal ...ough there so that on the

and in correcting whatever abuses are thus disclosed. It will be noted that he comes out almost daily with statements about decisions arrived at. His motto appears to be three-fold: First, action; second, more action; third, still more action.

The actions so far are mainly destructive, the sort of work a wrecking crew does when it tears down old buildings to make way for new. The questions in most Quebeckers' minds turn on what will be erected in the place of what is destroyed. Reactions so far are decidedly hopeful but the final judgment on the wholesale dismissals and the elimination of certain government services and commissions will be passed when people can see the design of what is later intended and they will see the design when it is ready to go into effect and not before.

The Financial Post has already given full publicity to L'Action Libérale Nationale programme with all its implications. It is possible to win general approval for that programme if the more contentious and doubtful planks are left in abeyance until the things on which all can unite are accomplished. It would also be possible if there was fanatical leadership to do things which would alienate enterprise and capital and all in the name of increased employment and happiness of the Quebecker in his own province.

Shaken Civil Service

And so Maurice L. Duplessis, Quebec's third premier this century, deserves the closest attention. He is now intensely concentrated on Quebec's affairs and problems but what he does or fails to do in those efforts will have Dominion-wide repercussions.

Quebec voters showed unmistakably on August 17 they wanted drastic action toward racial and economic regeneration of some sort and because they wanted it they chose the man who actually detonated the dynamite placed under the Taschereau régime by the L'Action Libérale Nationale movement. He told them exactly what to expect if they elected him and

Fourth, by borrowing to meet the province's expenditures on works of general public advantage; and

Fifth, by lowering taxes eventually when relief is no longer a burden.

The reasoning is sound. If outgo is pared to the bone and if Ottawa is induced to help out as much as possible, taxpayers will pay additional imposts more cheerfully.

MINISTERS OF THE NEW DUPLESSIS CABINET

Reading left to right the ministers of the new Quebec cabinet are as follows: Antonio Elie, Minister without portfolio; F. J. Leduc, Minister of Roads; Dr. J. H. Paquette, Provincial Secretary; Bona Dussault, Minister of Agriculture; Henry L. Auge, Minister of Colonization; Oscar Drou n, Minister of Lands and Forests; Maurice L. Duplessis, Premier and Attorney-General; Martin B. Fisher, Provincial Treasurer; Onesine Gagnon, Minister of Fisheries; John S. Bourque, Minister of Public Works; William Tremblay, Minister of Labor; Joseph Bilodeau, Minister of Commerce and Industry; T. J. Coonan, Minister without portfolio; and Gilbert Layton, Minister without portfolio.

need not fear they protected. He prom a smaller and more which will offer a ented young men. ...gested that he cou Mounted Police wh for most Provincial Canada at one ti Others think he m of the "G" men at advice from Scotl study French meth ally evolving the Q police system he every newspaper q ous rumors he says I am going to do?" arranged he will a will not interfere omy of municipal A total of 150 memb thus bit the dust. will have a free h new appointments may take back som

Quebec' E

In Quebec the law civil service, politi ism have offered French-Canadians Most English-Cana the minority, hav minds and energ ceas in business, in ing up public utility in making good power and timbe create wealth a Large amounts of money were also att Coonan, Minister of French - Canadians should be promine as well. Extremi French-Canadian b ploited.

Co-opera

"The French-Can in the prosperity o prises," said one ind Financial Post. "Th at wages which we These enterprises career for many Canadians not only elsewhere. The F English and Engli

Who's Who In Cabinet Selected By Duplessis

Premier and Attorney-General

Maurice LeNoblet Duplessis was born 46 years ago at Three Rivers, the son of the late Judge Louis Theodule Neree LeNoblet Duplessis ... vention in Winnipeg in 1927 and general secretary of the Quebec Conservative convention in 1929. He was elected member for Dorchester County in the House of Commons

of his following is beginning to gang up on him.'"

All he meant by this expression is that L'Action members are exerting great and continued pressure. He intended no implied slur on the Action Libérale itself with many of whose views he had a sympathy.

But a French-Canadian lawyer, who has been divorced overnight from a comfortable Government job, has no sympathy. "You are right about his efficiency." he said,

Duplessis faisait parfois la manchette des grands quotidiens américains. (Soc. des Amis de M.L. Duplessis)

récent de Duplessis à l'Association des Manufacturiers canadiens: "Nous sommes à l'aube d'un grand développement industriel dans la province... Québec est le seul endroit en Amérique du Nord où l'on peut être certain qu'il n'y aura jamais aucun communiste, gauchiste ou autre radical. Le compromis serait de la complicité... Vous pouvez être certains d'une chose, c'est que la libre entreprise sera toujours respectée et sauvegardée. L'appropriation par l'Etat peut parfois s'avérer nécessaire pour éviter un plus grand mal, mais ce n'est pas à recommander."

Cette redécouverte du Québec comme une nouvelle puissance industrielle faisait l'objet de fréquents articles dans les principaux journaux canadiens anglais, américains et britanniques. Cela continua durant une grande partie de l'époque Duplessis jusqu'à ce que le sujet eût cessé d'attirer l'attention. On pouvait alors présumer que la plupart des lecteurs ne chérissaient plus l'image d'un Québec où des troupes de folklore d'une époque révolue, vêtues de costumes bizarres, dansaient

480

pour amuser les officiers anglophones de la Gendarmerie royale, en tuniques rouges, échappées du décor de *Rose Marie* et du curé dans sa soutane noire sonnant la cloche pour annoncer l'heure du retour aux champs.

Même Carl Goldenberg, distingué avocat syndicaliste et subséquemment sénateur, avec qui Duplessis avait eu de fréquents désaccords quoique toujours à l'amiable, prit l'initiative d'écrire à Duplessis quand parut l'article sur la situation du Québec: "Mon Dieu, que le gouvernement Duplessis est important! Voici un journal américain qui ne parle que de l'Union nationale en première page." (41)

Il y avait aussi parmi les nombreux industriels qui venaient faire la cour à Duplessis, Clint W. Murchison, ce magnat du pétrole du Texas, extrêmement riche, qui s'intéressait à la construction d'un pipeline du Texas à Montréal. Le 11 juillet 1951, il écrivait: "Je n'ai jamais vu esprit plus alerte, plus agile. Vous connaissez évidemment sur le bout des doigts les ressources et les réserves de la province de Québec et vous faites sûrement un bon travail en les appliquant au bénéfice de la majorité." Murchison à son tour invita Duplessis au Mexique mais il n'accepta pas. Il ne prenait jamais de vacances avec les hommes d'affaires et acceptait rarement d'aller chez eux.

Il n'était pas tellement touché par toutes ces flatteries. Sa vie politique l'y avait habitué et il savait combien peu coûtent les mots et le peu de valeur qu'on doit leur attacher. Mais cela n'empêchait pas que plusieurs de ses amis du milieu des affaires étaient de bons camarades à qui il rendait bien leur affection.

Mais entre tous c'était avec Donald Gordon, ce géant écossais à la tête du Canadien national, qu'il se plaisait le mieux. Après l'accident d'automobile de Duplessis en 1950, Gordon lui suggéra par télégramme de penser "au moyen de transport sûr et confortable qu'est le chemin de fer, le C.N." (42) Duplessis lui répondait le 17 juillet 1950: "Lorsque survient un accident il est tout à fait naturel de penser au C.N.; je comprends donc votre allusion."

Il y avait aussi un groupe à part d'hommes d'affaires, ceux que Duplessis avait connus et qui étaient devenus ses amis avant qu'il ne devienne Premier ministre. Parmi ceux-ci il y avait Vernon E. Johnson de la Vallée du Saint-Maurice et qui avait connu Duplessis même avant la Première Guerre.

'Swede' Johnson fut toujours un bon ami. Il adressait à Duplessis, le 31 août 1959, une lettre à laquelle les événements se chargèrent de répondre: "Si tu fais une élection tu fais mieux de me le laisser savoir afin que je puisse travailler pour toi." Johnson fut président de la Canadian International Paper Company pendant plusieurs années.

C.O. Baptist exerçait son influence dans un milieu plus restreint que celui de Johnson. Homme d'affaires très en vue à Trois-Rivières, il était propriétaire de l'élevateur à grains, entre autres, et président de la campagne du Prêt de la victoire à Trois-Rivières. Lui et Duplessis furent amis toute leur vie. Baptist écrivait à Duplessis, le 30 octobre 1944, pour le remercier d'avoir dit à la presse qu'il souscrivait à la campagne d'obligations à Trois-Rivières. Il ajoutait, admiratif, que la lecture de déclarations récentes de Duplessis lui rappelait le jour où ils avaient été soumis à la partisannerie d'un tribunal irrégulier, l'un comme client, l'autre comme avocat. "Nous sommes entrés ensemble à la cour et en sortant tu as dit, en français: *Je les aurai un jour ces enfants de chiennes.*" Duplessis n'oublia jamais les vieux partisans qui avaient partagé avec lui les années de vache maigre.

Duplessis était très populaire auprès des hommes d'affaires, surtout les plus conservateurs, tant par son anticommunisme que par son intolérance du désordre dans les relations de travail et aussi parce qu'il appréciait ce qui passait alors pour l'entreprise privée. Règle générale, du moins à cette époque, il est probablement juste de dire que plus un homme d'affaires était riche plus il était conservateur. Ainsi plus on cherchait haut dans la hiérarchie du milieu des affaires au sommet duquel trônait J.W. McConnell *et al,* plus on trouvait d'admirateurs de Duplessis. Mais il faut dire que parmi ceux qui adhéraient à la politique anticommuniste et anicentralisatrice on comptait aussi des hommes d'affaires de moindre importance.

Les compagnies qui dépendaient d'une adhésion constante aux règlements provinciaux, surtout celles de produits forestiers, d'énergie hydroélectrique et d'extraction de minerai, avaient de fréquents rapports avec le Premier ministre. C'était lui qui prenait toutes les décisions dans ces domaines; les ministres des Mines, des Ressources hydrauliques et des Terres et Forêts, et le secrétaire provincial ne faisaient que transmettre les ordres de Duplessis. Quiconque s'avisait de transgresser les règlements du gouvernement en matière de reboisement ou de tout ce qui pourrait affecter l'avenir des ressources, ou tentait d'obtenir un avantage financier indu, encourait la grande colère de Duplessis.

Quand il s'agissait de fournir du papier journal aux publications qu'il favorisait, Duplessis n'avait qu'à dire à la Canadian Pulp and Paper Association de trouver le papier journal même s'il fallait pour cela réduire les exportations. En 1955 il alla même jusqu'à établir un conseil du papier journal qui devait fixer les prix et duquel allait dépendre entièrement la répartition du papier journal. A ce moment la plupart des journaux de la province appuyaient le gouvernement et chacun croyant qu'il pourrait en tirer quelque avantage, faisait l'éloge de cette décision. L'enthousiasme de la presse pour un projet qui allait effectivement donner au gouvernement pouvoir de vie et de mort sur la presse écrite, démontre bien la fragilité de la démocratie au Québec. La seule exception fut *Le Devoir* qui, présume-t-on, déplorait cette initiative parce qu'il allait être le premier et probablement le seul journal qui verrait diminuer son approvisionnement en papier journal. On discuta alors de la possibilité de faire imprimer le journal en Ontario. Duplessis finit par abandonner ce projet; le conseil fut établi mais demeura inactif.

Duplessis intervenait énergiquement s'il croyait qu'un spéculateur tentait de s'emparer d'une compagnie de papier de la province pour de mauvais motifs. Il n'hésitait pas, si cela s'avérait nécessaire, à suspendre la vente d'actions à la bourse canadienne et à la bourse de Montréal et, les droits acquis mis à part, il insistait habituellement pour que les compagnies forestières établissent leur siège social au Québec. Vers la fin des années quarante, les transactions à la bourse se faisaient nombreuses et rapides à mesure que se raffermissaient l'instinct et le talent pour la spéculation après un long intervalle d'inactivité. Duplessis interprétait toute tentative de manipuler les actions à la bourse ou autre manigance du genre dirigées contre les compagnies qui mettaient en valeur les ressources naturelles du Québec, comme un assaut contre le patrimoine national du Québec même et il avait donné ordre à la Commission en Valeurs boursières de prendre les mesures qui s'imposaient. Cette commission n'était pas plus autonome que ses autres conseils, telle la Commission des liqueurs.

Des incidents nécessitant l'intervention de la Commission survinrent dans le cas de la St. Lawrence Paper Mills Ltd, en 1946 et en 1951. Duplessis écrivait au président de la compagnie, J.I. Rankin, le 21 janvier 1947:

> *Des rumeurs sérieuses et des renseignements qui me semblent provenir de sources sûres m'autorisent à croire que certains courtiers et spéculateurs de Montréal et Toronto sont décidés à organiser, en ce qui a trait à votre compagnie et ses filiales, des transactions financières qui entraîneraient certainement des résultats désastreux dans notre domaine forestier et qui iraient absolument à l'encontre du meilleur intérêt de la province, du pays, voire même de votre industrie... Nous ne pouvons accorder et nous n'accorderons pas de concessions de coupe de bois pour fins de spéculation et nous ne pouvons tolérer et ne tolérerons pas de méthodes financières qui ont été si coûteuses, pour ne pas dire désastreuses, par les années passées... Les spéculateurs et les soi-disant stratèges financiers qui par habitude recherchent les profits financiers temporaires aux dépens de la stabilité et de la sécurité véritable, sont des parasites intolérables, effroyables, ceux-là même qui causent le plus de dommages.*

Rankin se déclara entièrement d'accord avec Duplessis et prétendit que la lettre du Premier ministre lui serait très utile. (43)

Il n'était pas nécessaire de gratter longtemps la surface pour découvrir la part de patronage dans les affaires. Duplessis ne se gênait pas pour intervenir auprès des compagnies, même les plus grosses, pour demander qu'on donne plus de travail à un certain fournisseur ou qu'on cesse d'en donner à un autre. Contrairement au mythe chéri des anglophones, les milieux anglais entraient dans l'esprit du système politico-économique byzantin de Duplessis avec un enthousiasme qui ne le cédait en rien à leurs compatriotes d'expression française. Les hommes d'affaires, quelle qu'ait été la langue dans laquelle ils s'exprimaient, savaient reconnaître une bonne affaire. Ils comprenaient les ententes où les parties se faisaient des faveurs mutuelles et il n'y a aucune preuve qu'on objectait à ceci de nobles principes britanniques.

Il n'y avait pas beaucoup de capital disponible dans les milieux francophones ni personne d'aussi riche que J.W. McConnell; par conséquent des projets grandioses au coût de millions de dollars et des legs impressionnants aux oeuvres de charité venaient rarement modifier les rapports entre le gouvernement et le monde francophone des affaires. En un sens, les évêques, par leur contrôle des écoles françaises, des collèges et des hôpitaux, jouaient un rôle équivalent à celui des leaders philanthropes de la collectivité anglaise qui siégaient aux conseils d'administration et sollicitaient et faisaient don de fonds pour les universités et hôpitaux anglais. Ce partage des influences donnait l'impression à la collectivité francophone que son milieu d'affaires ne comptait pas pour grand chose en comparaison du groupe d'affaires anglophone. Mais ceci ne conférait certes pas aux Anglais une supériorité morale.

Une lettre de R.E. Powell du 16 février 1959, témoigne de l'une des innombrables interventions de Duplessis: "Comme vous avez aussi manifesté de l'intérêt pour le jeune et estimable propriétaire de Marshall Equipment Company, Inc., je vous écris pour vous apprendre que ma Compagnie a acheté de lui pour un montant cinq fois plus élevé en 1958 que l'année précédente."

Duplessis lui répondait le 2 mars: "Cher Rip: c'est très aimable à toi de m'envoyer les renseignements si agréables que contenait ta lettre reçue la semaine dernière, au sujet de la compagnie Marshall Equipment. Cordiales félicitations pour l'amélioration mentionnée. Je répète que ce jeune homme a beaucoup de mérite et est tout à fait digne de la plus haute considération."

George MacNamara remerciait Duplessis pour son aimable patronage de l'année précédente et s'engageait avec ses frères à maintenir la haute réputation et la solidité de leur compagnie au même niveau qu'elles étaient au temps de leur père. (44) (Cette entreprise devait plus tard faire faillite.)

Les instincts paternalistes de Duplessis finirent par s'étendre à tous et chacun dans la province sauf au cardinal Léger et à J.W. McConnell. Les grosses entreprises tombaient sous la tutelle de Duplessis en tant que procureur général et chef des Canadiens français. Les évêques, sauf le cardinal, dépendaient de lui pour les biens matériels et l'autorité temporelle. La population était son peuple; il était leur chef. Même le journal *Le Devoir* ne fut pas rejeté en dehors de la famille. Ce groupe était dans l'erreur, agissait en mauvais garnement et provoquait injustement la colère de son chef. Non seulement il ne respectait pas les règles du jeu mais ne jouait même pas le jeu. En plus, son comportement indigne embarrassait la nation canadienne-française, la race, comme disait Duplessis. Son apostasie avait beau être déplorable, il fallait cependant le tolérer. Les industriels anglais quant à eux, avaient conclu une entente avec Duplessis, chef séculier de la majorité francophone au pouvoir, leur hôte au Québec. Ils formaient un groupe à part et en autant qu'ils étaient bons citoyens respectueux du Premier ministre, il n'y avait pas de problème.

Les chefs d'entreprises canadiens-français ne représentaient pas des compagnies nationales et internationales et rares étaient ceux dont les intérêts n'étaient pas sujets au contrôle du Premier ministre du Québec. On attendait et recevait donc d'eux un plus grand degré de soumission. Les exceptions à cette règle étaient rares mais il y avait bien Donat Raymond, de dix ans l'aîné de Duplessis et sénateur depuis 1926; très riche et partisan des libéraux, il ne dépendait pas du Premier ministre. Il était à la tête du Trust General et de la compagnie Royal Trust du Québec français, avait vendu ses actions dans l'équipe des Canadiens de Montréal à Hartland Molson et gardé les actions qu'il possédait dans le groupe Hollinger mais laissait son cousin germain, Jules Timmins, agir en son nom. Jules Brillant était un autre Canadien français fortuné qui après bien des efforts avait réussi à vendre pour cinquante millions de dollars chacune sa compagnie de téléphone et sa compagnie de pouvoir hydroélectrique. Il était beaucoup moins indépendant que Raymond et avait choisi de collaborer discrètement avec le gouvernement bien qu'il était conseiller législatif dans l'Opposition depuis 1942. Jacob Nicol, sénateur et conseiller législatif, n'était pas aussi réservé. Et les Simard, probablement la plus riche famille du Québec — n'agissaient pas toujours avec beaucoup de discrétion. Ils s'étaient enrichis grâce au patronage du Parti libéral fédéral, dispensé surtout par P.J.A. Cardin. Il y eut d'abord les contrats de dragage du Saint-Laurent et plus tard les contrats de fabrication d'armes et de construction navale. La famille se composait de Joseph, que Duplessis nommait "le cerveau" de la famille, d'Edouard, qu'il appelait "la conscience", et de Fridolin, qui lui, était "la bouche". Peu de temps après le retour de Duplessis au pouvoir les Simard déclarèrent qu'ils appuyaient l'Union nationale au Québec et les libéraux à Ottawa. Ils ménageaient ainsi le chou et la chèvre en restant dans les bonnes grâces du fédéral et en évitant de se mettre à dos le parti provincial au pouvoir. Joe Simard avait eu des rapports personnels amicaux avec Duplessis durant le premier mandat de celui-ci et le préférait probablement à Godbout quoique, comme toute personne responsable, il désapprouvât les manigances de Duplessis à l'époque. Duplessis avait plutôt été porté à appuyer les Simard durant les grèves illégales fomentées par Desranleau dans leurs usines de Sorel durant les années trente et Joe Simard en remercia chaleureusement Duplessis après l'élection de 1939.

Leurs rapports continuèrent d'être cordiaux après 1944. Joe Simard appuyait financièrement l'Union nationale et le gouvernement n'intervenait pas. Mais Simard continua de s'occuper activement des affaires du Parti libéral du Québec et Lapalme prétend que les Simard appuyèrent et contribuèrent à sa campagne au leadership libéral. (45) Cependant Joe Simard est censé avoir encouragé ses sept milles employés aux usines de Sorel à voter pour l'Union nationale, ce que la plupart firent en 1948 et 1952. Il contribua à l'Union nationale et Edouard donna un certain appui aux libéraux. Ils réussirent à maintenir cette partisannerie soigneusement orchestrée pendant plusieurs années. Duplessis leur passait quelques contrats quoiqu'il ne pouvait exercer beaucoup de patronage dans la construction navale mais il faisait des faveurs aux Simard y compris beaucoup d'aide dans les règlements de conflits syndicaux. Le 21 mai 1958, Joe Simard remerciait Duplessis d'avoir confié l'agrandissement de l'hôpital de Baie-Saint-Paul à son gendre, Clément Massicotte. Que le plus riche de tous les Canadiens français remercie Duplessis d'avoir donné du travail à son gendre, c'était bien là le summum du patronage: "Je suis très touché par cette attention de ta part accordée au mari de ma fille et je suis naturellement ému par ce geste envers l'un des miens. Je te remercie très sincèrement. Je ne puis ajouter qu'une chose, c'est que tu pourras compter sur moi."

Edouard Simard n'avait pas la prudence de son frère aîné. Il était, comme l'avait dit Duplessis, consciencieux et c'est justement à cause de cela que surgirent les difficultés. En 1952 Edouard Simard avait publiquement appuyé Gérard Cournoyer, ancien député fédéral libéral de Richelieu-Verchères et candidat victorieux pour Lapalme aux élections provinciales de 1952. Duplessis avait rétorqué en attaquant

Simard dans ses discours publics et à l'Assemblée. Il avait manifesté son irritation avec beaucoup de succès à Joliette où Lapalme tentait de se faire élire à la place du ministre du Travail. Duplessis avait savouré ce moment où il dénonçait Lapalme comme le soi-disant ami de l'ouvrier, mais qui, sous son déguisement populiste, n'était autre que le valet du patron Simard. Ce genre d'attaque risquait de nuire considérablement aux Simard et Edouard tenta de réparer les dommages en une apologie abjecte de quatre pages, adressée à Duplessis, le 23 février 1953.

Simard expliquait comment il avait essayé de persuader Cournoyer de demeurer à Ottawa, exprimait toute sa reconnaissance et celle de sa famille pour tout ce que Duplessis avait fait pour eux mais disait que Cournoyer et sa famille étaient aussi des amis. "Je n'avais pas oublié et je n'oublierai jamais qu'en 1948, lorsque vous me l'avez demandé, je me suis abstenu complètement de prendre part à l'élection du docteur Robidoux. Je me suis caché. Comme résultat de mon abstention totale, ce pauvre docteur Robidoux, qui avait été maire de Sorel pendant 25 ans et nous avait toujours aidés dans toute la mesure de ses forces, perdit son élection. Il en fit une maladie. A Ottawa, à Montréal, à Sorel surtout, on m'accusa de lâcheté parce que j'avais refusé de l'appuyer. J'avais été la cause de sa défaite et mes amis me l'ont assez rappelé depuis." Il déclara que de soixante à soixante-cinq pour cent des sept mille employés des Simard à Sorel avaient voté pour Duplessis à l'élection de 1952. Duplessis finit par lui pardonner et la paix fut rétablie. Mais Simard ne commit pas la même erreur en 1956 et Bernard Gagné, ancien député unioniste, fut réélu par une marge d'environ dix pour cent. Il n'y eut plus aucune vélléité d'indépendance de la part d'aucun des Simard et l'appui qu'ils accordaient en douce au Parti libéral provincial disparut presque complètement, au grand regret de Lapalme. Par la suite et à l'instar de J.W. McConnell, ils appuyèrent Duplessis au Québec et les libéraux au fédéral.

Au moment de la mort de Duplessis, le 7 septembre 1959, Joseph Simard était en croisière sur un navire marchand qui venait de sortir de son chantier naval. Il était accompagné des membres de sa famille et de Cécile-Ena Bouchard, fille de T.-D. Bouchard. Quand ils apprirent, à la radio, la mort de Duplessis, Simard insista pour que tous ceux présents se joignent à lui pour la récitation du chapelet à l'intention du Premier ministre décédé. Tous s'agenouillèrent, y compris la fille de T.-D., sur le pont du bateau de quatorze mille tonnes et prièrent, sans doute avec divers degrés de sincérité, pour l'âme de Maurice Duplessis. (46)

RÉFÉRENCES — CHAPITRE 8

1. Toutes les statistiques comparatives de ce chapitre sont tirées du *Canadian Statistical Annual of the Dominion Bureau of Statistics*. Sauf indication contraire, les chiffres se rapportant au Québec seulement sont tirés de l'*Annuaire statistique de la province de Québec*. Les données du fédéral et du provincial pour le Québec concordaient en tous points.

2. *Maclean's*, 1er février 1951, *Monetary Times*, décembre 1951, etc.

3. Paul Beaulieu, Jules R. Timmins, R.J. Clark, Emile Tourigny, Onésime Gagnon dans ses discours successifs sur le budget, et Jean-Henri Bieler, respecté de tous et qui fut longtemps sous-ministre des Finances du Québec.

4. Nous avons vérifié avec soin l'aspect financier de l'affaire Iron Ore auprès de ses fondateurs qui siègeaient également au conseil d'administration, Jules R. Timmins et John A. McDougald.

5. R.E. Powell, et *FMLD*, divers mémoires sur le sujet.

6. R.J. Clark — ses souvenirs d'un voyage avec Duplessis sur la Côte-Nord en 1948.

7. Onésime Gagnon, *Discours sur le Budget*, 1956, p. 16.

8. M. Marler, 4 avril 1972.

9. Emile Tourigny, Raymond Douville.

10. Le 24 octobre 1973 à Sept-Iles. Ses remarques faisaient écho à un de ses articles déjà paru dans *Le Journal de Montréal*.

11. *Sherbrooke Daily Record*, 23 mars 1951, et une interview, le 3 juillet 1972.

12. *FMLD*, lettre de Winters, 17 octobre 1958.

13. Paul Beaulieu nous a donné, ainsi qu'à M. Rumilly, le 28 janvier 1972, copie de son discours aux capitalistes étrangers.

14. *Canada Year Book*, Bureau de la statistique du Canada, Ottawa.

15. Ibid.

16. *Annuaire statistique de la Province de Québec*.

17. *Le Devoir*, les 8 et 29 mai 1956.

18. Duplessis accorda aussi des subventions au théâtre, entre autres à la Comédie canadienne, alors sous la direction de son vieil ami Gratien Gélinas. Ce dernier continua jusqu'à la mort de Duplessis à lui donner par écrit, remerciements et comptes rendus des progrès de son théâtre. Un don de Dow Breweries, alors sous la direction d'un ancien ministre du gouvernement Godbout, Wilfrid Gagnon, était venu compléter la subvention du gouvernement provincial.

19. Les papiers de Michel Chevalier.

20. Robert Rumilly, *Quinze années de réalisations; les faits parlent*, Montréal, 1956.

21. L'industriel torontois John A. McDougald prétend avoir vu McConnell et Atholstan en venir presque aux coups dans la salle de toilette du Club Mont Royal, vers

1929, et que dans l'exaltation du moment un des vénérables gentlemen lança une pierre ponce à l'autre. (M. McDougald croit que ce fut M. McConnell qui lança le projectile.)

22. Discours de Gagnon sur le budget de 1945, p. 12.
23. Discours de Gagnon sur le budget de 1947, p. 77.
24. Auréa Cloutier.
25. *FMLD*, lettre de McConnell, 12 février 1959.
26. Ibid., lettre de Duplessis, 12 avril 1951.
27. Ibid., lettre de McConnell, 17 février 1955.
28. Ibid., 2 août 1953.
29. Ibid., réponse de Duplessis, 7 août 1953.
30. Ibid., 1er mars 1955.
31. Ibid., lettre de McConnell, 27 février 1951.
32. Ibid., 17 février 1957.
33. Le président de la *Montreal Gazette*. Ses rapports avec Duplessis sont discutés au prochain chapitre.
34. *FMLD*, discours, 15 mars 1957.
35. Ibid., sans date.
36. Ibid., 20 avril 1950.
37. Ibid., 24 octobre 1958, etc.
38. Ibid., lettre de Schmon, 9 novembre 1944.
39. Ibid., lettre d'Alexander, 7 septembre 1957.
40. Ibid., 15 février 1952.
41. Ibid., note sans date.
42. Ibid., 17 juillet 1950.
43. Ibid., lettre de Rankin, 25 janvier 1947.
44. Ibid., 22 décembre 1953.
45. Georges-Emile Lapalme, *Le bruit des choses réveillées,* vol. 1, Montréal 1969, pp. 336, 338.
46. Cécile-Ena Bouchard, M.B.E., 25 février 1973.

sociaux et plus nationalistes que les unions internationales qui elles, soulignaient la lutte des classes et encourageaient un désordre qui allait à l'encontre des aspirations des chefs civils et ecclésiastiques. Ces derniers étaient portés à considérer le syndicat international qu'était la Fédération canadienne des Travailleurs comme un danger pour le Canada français parce qu'il était majoritairement anglais, favorisait la conscription, ne s'intéressait pas aux pouvoirs sociaux et politiques, sauf pour en obtenir des concessions de négociations, et ne s'intéressait pas à l'indépendance du Canada et au statut unique du Canada français.

La crise de la conscription et la récession qui suivirent la Première Guerre mondiale encouragèrent la fondation des mouvements de Jeunesse ouvrière catholique et d'Action sociale catholique au Québec, mouvements que l'on pourrait peut-être comparer à l'avènement du prêtre ouvrier, à la même époque, en France. Ces groupes cherchaient à promouvoir les valeurs nationales et spirituelles. C'est sous leur égide que quatre-vingt-neuf unions, regroupant quarante mille travailleurs, formèrent la Confédération des Travailleurs catholiques du Canada (C.T.C.C.), à Hull, en 1921. Ce syndicat maintint par la suite que l'existence de syndicats étrangers au Québec était une erreur économique et une abdication politique face aux assimilateurs, aux marxistes, aux athées et aux protestants.

La C.T.C.C., qui représentait six pour cent des travailleurs non-agricoles du Québec en 1921, en représentait dix-huit pour cent en 1941 et avait presque atteint son plus grand nombre en 1951 avec vingt-huit pour cent (le syndicat représentait trente-trois pour cent des travailleurs en 1971). L'urbanisation et l'industrialisation de la période de guerre avaient accéléré la formation de mouvements syndicaux et Duplessis lui-même continua à favoriser les unions, du moins les syndicats catholiques, jusqu'à ce qu'Alfred Charpentier prenne sa retraite en 1946.

En 1937, le gouvernement Duplessis avait été le premier à reconnaître le droit des ouvriers à s'organiser et à faciliter l'organisation en groupes pour les négociations collectives. Il fit voter une loi interdisant d'empêcher ou de décourager un travailleur d'adhérer à une association syndicale. En 1945, il fit modifier la loi qui obligeait une union à grouper soixante pour cent des ouvriers pour être reconnue comme agent de négociations. La loi amendée n'exigeait plus qu'une majorité absolue de cinquante pour cent plus un. Duplessis fut directement et sciemment responsable du progrès accompli par les associations ou-vrières, progrès le plus remarquable de l'histoire du Québec. Le nom-bre de syndicats au Québec passa de 673 en 1944 à environ 1 600 à la mort de Duplessis et le nombre d'ouvriers syndiqués passa de 176 000 à près de 320 000. (1)

Quand Duplessis prit le pouvoir en 1936, la législation ouvrière ne comprenait que la Loi des Accidents du Travail, la Loi des Ententes col-lectives, une loi garantissant le salaire minimum aux femmes; toutes ces lois étaient rudimentaires. Le salaire minimum général et les conditions de travail furent légiférés pour la première fois au Québec sous la Loi du Salaire raisonnable et par la commission instituée sous cette loi, en 1937. Cette loi établissait, pour la première fois au Québec, des caté-gories de travail et des normes salariales selon l'emploi et la région, un revenu minimum inviolable et l'assurance de vacances payées. Les droits du petit salarié furent établis par les ordonnances de la Loi du Sa-laire raisonnable, notamment en 1938.

Godbout et Bouchard n'avaient rien apporté à la législation ouvrière; ils n'avaient fait que claironner leur sollicitude pour l'ouvrier et changer un nom, celui de la Commission du Salaire minimum. Cette loi s'appliqua dès le début à un nombre d'ouvriers allant de 550 000 à 700 000. Durant son deuxième mandat, Duplessis augmen-ta le salaire minimum de cent dix pour cent de ce qu'il était en 1944 et l'appliqua à un nombre plus grand d'ouvriers, 1.1 million. Il est à no-ter qu'en Ontario il n'exista aucune loi sur le salaire minimum des hom-mes avant 1959. A compter de 1951, c'est au Québec qu'on recevait le salaire minimum le plus élevé au Canada. (2)

La législation sur le salaire minimum adoptée sous Duplessis était la plus complète de toutes celles des provinces canadiennes. Fait ironi-que si on songe à toutes les fois que l'Opposition accusa Duplessis de livrer "le cheap-labour québecois" (comme disait Lapalme), aux exploi-teurs étrangers. C'était justement pour éviter une telle éventualité que Duplessis avait accordé le salaire minimum aux hommes aussi bien qu'aux femmes; Québec fut la seule province avec la Saskatchewan de T.C. Douglas à prendre cette initiative. En plus cette loi s'appliquait à plus de types de travail que dans toute autre province et comprenait bureaux, usines, ateliers, hôtels, restaurants, salons de beauté, théâtres et lieux d'amusement. Seule la Colombie britannique égalait l'échelle de salaires dans le cas des hommes et le Québec était en avance sur toutes les provinces dans le cas des femmes. Le programme des bénéfices au Québec était deux fois plus généreux que ceux qui avaient cours en Ontario, Saskatchewan ou Alberta.

En 1944, le salarié ontarien était mieux rémunéré et jouissait de meilleures conditions de travail que son homologue québecois et cela dans toutes les industries sauf la métallurgie. En 1958, cet écart avait été comblé dans toutes les principales industries, celles du bâtiment exceptées. L'ouvrier québecois employé dans le transport, l'édition et les industries manufacturères, et tous les collets blancs recevaient le même traitement que leurs confrères ontariens; les employées de bureau québecoises recevaient même un traitement supérieur.

La même chose se vérifiait dans plusieurs catégories d'assistance sociale; la performance du Québec était admirable. Duplessis augmenta l'aide aux mères nécessiteuses votée avant la guerre et durant les années cinquante. Les secours distribués sous ces programmes bénéficièrent à trois fois plus de personnes qu'en Ontario sous des programmes semblables. Les bénéfices au Québec étaient au moins aussi généreux, sinon plus, que ceux de toutes les autres provinces.

La loi sur les charités publiques et la loi sur les hospices constituaient des innovations marquantes au Canada. En outre le Québec, suivant de près l'Ontario, était un pionnier dans le domaine des garderies. Deux ans après son adoption, soit en 1958, la loi fédérale de l'assurance chômage était mise en vigueur au Québec. C'était pour des raisons d'ordre social et non juridictionnel que Duplessis avait hésité à accepter cette loi. Il posait comme objection que cette législation ne faisait aucune distinction entre les gens capables de travailler et ceux qui en étaient incapables. (3) Il prédit correctement que d'aucuns en viendraient à comprendre cette loi comme un encouragement à la paresse, point sur lequel Trudeau et Marchand se déclarèrent d'accord en 1972. L'assistance aux indigents était assurée par les villes dans la proportion de vingt-quatre pour cent du coût, les municipalités rurales fournissant quinze pour cent, l'Eglise catholique un étonnant trente-trois et un tiers pour cent et la province fournissait le reste. Ensemble, l'Eglise et l'Etat du Québec n'étaient pas des pourvoyeurs mesquins. Duplessis accorda toujours une attention spéciale aux problèmes des

Duplessis entre au parlement en compagnie de son unique garde du corps, le fidèle et bien renseigné Walter Duchesneau. (Soc. des Amis de M.L. Duplessis)

victimes d'accidents du travail. Il s'était vigoureusement opposé, en 1933, à ce que le gouvernement Taschereau abroge le droit de l'ouvrier au choix de son propre médecin en cas d'accident du travail et restaura ce droit en 1936. Durant son deuxième mandat, Duplessis augmenta de six cent pour cent les bénéfices aux victimes d'accidents du travail et en 1945, il élargit la législation sur les accidents du travail en instituant une clinique de réadaptation à Montréal destinée à traiter les victimes d'accidents du travail pouvant être traitées au Québec. Un service de placement attaché à la clinique s'occupait, avec beaucoup de succès, de trouver des emplois à ces personnes. Elles retenaient le plein montant des prestations qui leur revenaient de droit et le service de placement leur obtenait souvent des emplois aussi bien ou mieux rémunérés que ceux qu'ils détenaient au moment de leur accident.

Dans la seule année 1959, le service de réadaptation industriel et la clinique de réadaptation physique dispensèrent 244 068 traitements physiothérapiques et placèrent 1 339 victimes d'accidents dans de nou-

497

veaux emplois. Des campagnes furent menées avec beaucoup de succès contre les principales maladies qui causaient des ravages parmi les travailleurs et écourtaient leurs années de production. Ce fut surtout la tuberculose qu'on combattit en instituant un réseau d'unités sanitaires et d'hôpitaux. L'incidence de cette maladie comme cause de mortalité déclina de 128 par 1 000 de population à 31 par 1 000 en 1959.

Duplessis fonda également l'Office provincial de l'Hygiène industrielle qui assura à des centaines de milliers de travailleurs des examens médicaux gratuits et requit de meilleures conditions de travail pour des dizaines de milliers d'ouvriers y compris ceux de l'industrie de l'amiante. Les activités de l'Office ne se limitaient pas à la prévention de la maladie mais allaient beaucoup plus loin en assurant aux employés des salles de toilette adéquates, des lieux de récréation, des cafétérias, l'air climatisé et en se préoccupant de la pollution de l'environnement et des facteurs secondaires de fatigue. Les employés bénéficiaient aussi de radiographies pulmonaires et autres services aux frais de l'employeur.

A la mort de Duplessis, plus de quatre-vingt-dix pour cent des travailleurs de l'industrie au Québec bénéficiaient de plans d'hospitalisation et de plans de groupe d'assurance maladie et plus de quatre-vingt pour cent pouvaient souscrire à une assurance salaire et à un plan de pension. Dans chacun de ces cas le pourcentage correspondant était de moins de vingt pour cent quand Duplessis revint au pouvoir en 1944. (4)

L'intérêt que Duplessis portait à l'ouvrier était réel mais il n'allait pas jusqu'à ressentir des liens de parenté avec le leadership syndical. Il parlait souvent "d'hommes d'Etat syndicalistes" tel Samuel Gompers, fondateur de l'American Federation of Labour, mais ne croyait pas qu'on puisse trouver semblable personnage au Québec. Il se méfiait des syndicats internationaux car pour lui la structure sociale du Québec ne pouvait jamais être semblable à aucune autre. Par contre, il n'avait pas non plus confiance aux syndicats québecois après la déconfessionnalisation du Conseil des Travailleurs catholiques du Canada en 1946. Il considérait le nouveau chef de la C.T.C.C., Gérard Picard, socialiste avoué, et son exécutif composé de disciples et collaborateurs de Georges-Henri Lévesque comme un groupe d'agitateurs et de démagogues.

En 1949, Duplessis présenta ce que le gouvernement appelait un code du travail mais qui est mieux connu comme étant les bills cinq et six. Par ces bills, le gouvernement se déclarait contre l'atelier fermé, c'est-à-dire le droit des unions d'obliger les employés à adhérer malgré eux. Les syndicats relèveraient plus étroitement de la loi, qu'ils soient incorporés ou non, et seraient tenus responsables des arrêts de travail et des pertes de production durant les grèves illégales. Les bills interdisaient les grèves de toutes sortes et les ralentissements de travail; prévoyaient tout un système compliqué de délais et de votes avant d'avoir droit à la grève; confiaient la supervision du vote de grève au ministère plutôt qu'au syndicat; obligeaient les policiers, les pompiers et les instituteurs à se soumettre à l'arbitrage obligatoire; et interdisaient aux syndicats, sous peine de se voir refuser leur certificat, d'avoir des "communistes ou marxistes" ou sympathisants de ces derniers comme membres de l'exécutif.

Cette dernière condition était naturellement la plus controversée puisqu'elle confiait au procureur général l'autorité de décider qui était communiste, marxiste ou sympathisant. "La menace que constituait cette clause pour les mouvements syndicaux était encore accentuée par le fait que Duplessis et les membres de son gouvernement avaient tendance à utiliser l'étiquette "communiste" sans grand discernement et l'appliquaient souvent aux chefs syndicaux qui critiquaient la politique du gouvernement." (5)

Ce code du travail déchaîna une telle tempête que Duplessis le retira, préférant plutôt présenter un nouveau système de lois pièce par pièce. La plupart des items en furent éventuellement adoptés, notamment par les bills dix-neuf et vingt en 1953-54, lesquels interdisaient les grèves dans le secteur public et instituaient les pouvoirs anticommunistes. Il laissa tomber la clause voulant que les syndicats soient tenus pour responsables des pertes de production durant les grèves illégales mais maintint la possibilité pour le syndicat de perdre son accréditation en cas de grève illégale.

Duplessis établit la marche à suivre avant que les employés puissent légalement avoir recours à la grève: il fallait d'abord passer par la conciliation, la médiation, l'arbitrage et le vote de grève organisé par la Commission des Relations du travail dans le plus strict secret. Malgré l'antipathie des syndicats à l'égard de ces initiatives, Duplessis ne semble pas avoir abusé des aspects anticommunistes de sa législation sur le travail; les conditions matérielles des ouvriers continuèrent de s'améliorer sensiblement et les relations de travail étaient plus paisibles au Québec que dans les juridictions comparables, telle la province d'Ontario.

Maurice Duplessis ne croyait pas qu'il soit nécessaire d'avoir recours aux grèves mais il n'était pas sans reconnaître la nécessité d'éviter l'exploitation de l'ouvrier et de promouvoir une classe ouvrière satisfaite et qualifiée. L'Union nationale fit de prodigieux efforts pour augmenter les possibilités d'emploi des Canadiens français en fondant un grand nombre d'écoles spécialisées et en encourageant les industries à faire valoir le fait français dans leurs opérations.

Duplessis était aussi d'avis que le Québec ne pourrait se permettre les conséquences d'un climat de travail incertain. Durant la période d'après-guerre, de nombreux conflits ouvriers avaient éclaté aux Etats-Unis et ailleurs au Canada. Duplessis tentait d'attirer les capitaux étrangers au Québec en le faisant valoir comme un oasis de stabilité à une époque orageuse. De plus, il ne croyait pas que les Canadiens français sauraient éviter le désastre de la dissension interne si le gouvernement ne venait pas imposer un esprit d'unité. Mais ceci n'empêchait pas que la sollicitude tant claironnée qu'il éprouvait pour l'ouvrier, était véritable.

Il avait une conception bienveillante mais conservatrice de ce qu'idéalement devrait être la conduite du travailleur. Cette conception n'avait pas changé depuis son discours à la Confédération des Travailleurs catholiques de Trois-Rivières, le 8 juillet 1934. Il avait d'abord cité Gladstone se lamentant de ce que l'augmentation des richesses des classes élevées était trop souvent accompagnée de l'appauvrissement des classes pauvres. Et, faisant référence aux encycliques *Rerum Novarum* et *Quadragesimo Anno*, Duplessis avait fait l'éloge de la persévérance en général:

> *Notre classe ouvrière du Québec est grande, nombreuse, soumise à l'autorité; elle est noble, d'une noblesse incomparable, car elle compte parmi les siens Celui de qui provient toute lumière véritable, toute vraie grandeur et toute noblesse durable. Vous avez réalisé que l'effort collectif est nécessaire. D'autres pays, d'autres provinces ont subi les assauts ruineux des idées subversives, mais les ouvriers de la Province de Québec, comme le chêne vieux et fier a su résis-*

ter aux orages et aux tempêtes, ses racines d'une force et d'une endurance merveilleuses représentent nos traditions religieuses et nationales.

Le sentiment religieux est la seule barrière capable de résister aux protagonistes de l'erreur, du désordre social. Les sacrifices et les martyrs du passé seraient vains si, nous qui en avons bénéficié et qui nous en enorgueillissons, ne savions pas continuer et compléter, en adaptant aux conditions actuelles, l'oeuvre si bien commencée... La crise qui nous étreint a mis en relief les erreurs de ceux qui cherchaient et voulaient donner le bonheur aux moyens de choses matérielles seulement, en oubliant l'impérieux devoir de protéger, sauvegarder les existences humaines. Il faut rendre justice au capital dont nous avons besoin. On a défini le capital: le travail d'hier; et le travail: le capital de demain. Employeurs et employés ont des droits et des devoirs réciproques...

Le droit de l'ouvrier à s'organiser est inaliénable, c'est un droit sacré; et le meilleur moyen d'empêcher la propagation des idées malsaines et de prévenir les ravages qui ont semé la ruine dans d'autres pays, c'est de faire disparaître les causes d'injustice qui rompent l'équilibre qui doit exister; les organisations ouvrières qui s'unissent pour se protéger, pour empêcher et prévenir les abus d'une part comme de l'autre, pèsent beaucoup dans la balance de nos destinées.

Au niveau collectif, les sympathies de Duplessis allaient le plus souvent au patronat . Quand il y avait grève et que la façon d'agir des dirigeants de l'entreprise n'était pas clairement déraisonnable, il avait tendance à imputer la grève aux excès des chefs syndicaux. Il était de l'avis que puisque le Québec avait une main-d'oeuvre abondante, ce dont on avait besoin c'était du capital et que pour attirer le capital au Québec il fallait établir des relations ouvrières paisibles. La main-d'oeuvre, croyait-il, n'était pas plus productive maintenant qu'elle ne l'avait été à l'époque des Pharaons, seuls les instruments de production, c'est-à-dire les machines, activaient la production. L'Union nationale considérait le capital comme un besoin plus urgent, mais non pas une plus grande ressource du développement économique, que la main-d'oeuvre. A ce sujet Duplessis avait deux déclarations qu'il récitait à la moindre provocation: "Il n'y aurait pas d'employés sans employeurs," et, citant le président Calvin Coolidge: "Il n'existe nulle part le droit de grève contre l'intérêt public." Mais d'un autre côté il ne perdait pas une occasion de déclarer que "le capital humain prime le capital financier". La malencontreuse affaire d'Asbestos confirma Duplessis dans son opinion que les Canadiens français étaient portés au désordre sinon à l'anarchie.

La politique ouvrière de l'Union nationale diminua les grèves et le nombre d'ouvriers impliqués mais le nombre de jours de travail perdus augmenta par rapport à l'époque du gouvernement Godbout. De 1945 à 1959 inclusivement, il y eut en moyenne trente-cinq grèves par année impliquant douze mille ouvriers au total, ce qui donnait en moyenne une perte de 335 000 jours de travail par année. De 1940 à 1944 la moyenne annuelle de grèves était de soixante-dix par année, par trente deux mille ouvriers, pour une perte de 176 000 jours de travail par année.

Si l'on tient compte du fait que les grèves étaient fortement découragées durant la guerre et qu'elles se terminaient presque toujours par l'imposition d'un règlement, et compte tenu de l'augmentation d'usines, d'ouvriers et de production durant les années cinquante, le gouvernement Duplessis avait réussi d'une façon enviable, mais qui n'était pas admirée de tous, à prévenir nombre de grèves. Alors que de 1944 à 1959 on avait perdu annuellement 335 000 jours de travail au Québec, en Ontario le chiffre s'élevait à 700 000. Durant cette période le ministre du Travail du Québec négocia environ 1 500 règlements pour prévenir la grève.

On a beaucoup critiqué la façon dont Duplessis employait la police pour casser les grèves. S'il est vrai que les employeurs appréciaient grandement cette méthode (notamment J.Y. Murdoch), il est tout à fait faux d'affirmer que Duplessis utilisait cette tactique pour obtenir la faveur d'industriels, qu'il brutalisait les grévistes et faisait couler le sang des ouvriers sans discernement, pour satisfaire des employeurs sadiques. En fait, au cours de ces quinze années, la police n'intervint qu'à l'occasion de quelques grèves: Asbestos, Louiseville, Murdochville, Noranda et Valleyfield. Dans chacun de ces cas la police n'intervint que longtemps après qu'il fût devenu évident qu'on commettait des illégalités et lorsque qu'on en était arrivé au point de commettre des actes de violence sur les lieux du travail.

Duplessis déclarait alors selon son habitude que la grève était illégale et qu'il ne pouvait, en tant que procureur général, tolérer qu'à cette première illégalité viennent s'ajouter des actes de violence gratuite et d'intimidation, sans se faire lui-même, par omission, complice de violation et de mépris de la loi. Dans tous les cas les mieux connus — Asbestos, Louiseville et Murdochville — Duplessis agit avec une grande modération, tant personnellement que légalement, avant d'ordonner l'intervention directe de la police pour faire respecter ce qui était, après tout, la loi. Les affirmations selon lesquelles la police provinciale était "un moyen direct de refréner les syndicats", et que "plus souvent qu'autrement... la police était employée pour intimider les grévistes, mettre leurs chefs sous arrestation, transporter des briseurs de grèves à travers les lignes de piquetage, et faire tout en son pouvoir pour briser la grève," sont grossièrement inexactes. (6)

La grève de Louiseville impliquant huit cents ouvriers de l'Associated Textile Company commença le 11 mars 1952, après onze mois de vaines négociations. Les employés avaient le droit de grève, et Duplessis et Barrette appuyèrent d'abord les ouvriers dont les griefs portaient entre autres sur les questions d'horaires de travail et de promotions. On demandait aussi l'atelier fermé. Suite à l'intervention que fit Barrette au nom des ouvriers, "avec une vigueur et une sévérité particulières" selon *Le Devoir* du 12 mars 1952, la compagnie était disposée à céder sur tous les points sauf le dernier. La grève se poursuivit pendant neuf mois sans incidents sérieux et continua pendant toute la campagne des élections provinciales au cours de laquelle la question de cette grève fut rarement soulevée.

La grève de Louiseville reçut peu de publicité mais les grévistes attiraient parfois l'attention. Ainsi le 12 juin, deux cent vingt-cinq employés syndiqués se rendirent à pied au Cap-de-la-Madeleine, une distance de vingt-cinq milles, conduits par leur président, Gaston Ledoux. Ils accomplissaient ce pèlerinage pour demander "à la Vierge du Cap le règlement satisfaisant de la grève". (*Le Devoir,* 12 juin 1952). Il mirent six heures à se rendre; "quelques pèlerins se sont plaints de douleurs musculaires dans les jambes" et six personnes perdirent connaissance durant le salut du Très Saint Sacrement. Ce geste éveillait les bons sentiments du public envers les grévistes et illustrait bien l'aspect singulier des troubles ouvriers dans la province catholique

du Québec. "Le vent et la pluie n'ont pas découragé les pèlerins, qui ont accompli leur voyage en récitant le chapelet."

A ce point, le vice-président du syndicat, Victor-Alfred Héroux, fut accusé de conspiration pour fomenter et prolonger la grève d'une manière illégale en encourageant le piquetage pour obtenir l'atelier fermé. Après la rupture, au commencement de décembre, des négociations entreprises par Barrette à l'automne 1952, les syndiqués reprirent le piquetage le 9 décembre. La compagnie avait engagé quatre cents briseurs de grève, la plupart des fermiers de la région, et continuait ainsi à faire fonctionner l'usine. Les piqueteurs "tentaient de les persuader de ne pas retourner au travail." (*Le Devoir*, 9 décembre 1952). Il y eut quelques bousculades, un gréviste fut arrêté et on ne signala aucun acte de violence. Cependant un autobus fut dynamité au cours de la nuit et le choc de l'explosion fit voler en éclats deux cents carreaux et la Sûreté dépêcha à Louiseville une vingtaine de policiers de Montréal.

Le 8 décembre, Jean Marchand et René Gosselin, président de la Fédération du Textile, parlaient à Louiseville. Gosselin dit que les grévistes luttaient contre une puissante compagnie américaine, même si son président et d'autres membres de la direction étaient des Canadiens français. Marchand dit que la grève avait soudainement été déclarée illégale après l'élection, alors qu'elle était légale avant. Les principales questions à régler portaient sur l'atelier fermé et le statut des ouvriers que la compagnie avait embauchés durant la grève. Le syndicat avait causé la rupture des négociations. Gosselin avait terminé ses remarques en disant qu'il fallait "demander aux cultivateurs de retourner sur leurs fermes et on peut le faire poliment et honnêtement." Marchand termina sur la même note en disant: "Il ne reste qu'une chose à faire: expulser les étrangers de l'usine par des moyens honnêtes..." (7)

On augmenta à soixante le nombre de policiers provinciaux à Louiseville et une échauffourée s'ensuivit entre eux et les piqueteurs le matin du 11 décembre, avant l'arrivée des briseurs de grève. Cinq personnes furent blessées dont un gravement. Des coups de feu furent tirés, la police procéda à plus de trente arrestations et la Loi de l'Emeute fut proclamée dans le local du syndicat. Le capitaine Paul Benoit, chef de l'escouade anti-émeute de Duplessis, commandait les opérations. Il

◀ *Jean Marchand, secrétaire général de la C.T.C.C. (Montreal Star-Canada Wide)*

semble assez certain que les policiers ont agi d'une manière inconsidérée en appliquant la Loi de l'Emeute, blessant plusieurs personnes qui n'avaient commis aucune infraction à la loi. Il est aussi possible que la violence ait commencé lorsque les grévistes bombardèrent de pierres (*Le Devoir* prétend qu'il s'agissait de balles de neige) une voiture de police. Plus tard les grévistes attaquèrent les briseurs de grève qui se rendaient au travail alors que Paul Benoit expliquait les implications de la Loi de l'Emeute pendant une visite de détente au local du syndicat. Une demi-heure après la proclamation de la Loi de l'Emeute chacun doit se retirer chez soi, mais les grévistes continuèrent à piqueter, enfreignant ainsi la loi.

Le 12, *Le Devoir* parlait de la possibilité d'un arrêt de travail général à travers la province et disait qu'on pouvait s'attendre à voir couler le sang et "à de nombreuses autres arrestations sous peu". Rien de ceci ne se produisit et le 13, *Le Devoir* disait qu'un "calme de mort" régnait à Louiseville, tandis que comparaissaient à Trois-Rivières, dix-sept personnes arrêtées pour diverses infractions à la Loi de l'Emeute. Filion faisait paraître ses commentaires tourmentés en page éditoriale, critiquant les syndicats qui avaient déclenché "un peu à la légère" cette grève "inopportune". Il blâma ensuite le gouvernement, qui, disait-il, n'était pas intervenu avec assez de force pour mettre fin au débat, ce qui aurait été justice après que plusieurs tentatives honnêtes de conciliation eurent échoué à cause "des prétentions injustifiables et scandaleuses" de la compagnie qui exigeait un changement dans la direction du syndicat. "Si un syndicat avait la prétention d'exiger un changement dans la direction d'une compagnie, M. Duplessis crierait au bolchévisme, et pour une fois, il aurait de son côté les gens intelligents." Les inévitables commentaires acerbes étaient réservés à Duplessis: "A Asbestos, M. Duplessis s'est vengé de l'échec honteux de son code du travail. A Louiseville, il se venge des dernières élections." Filion rejetait tout le blâme sur la police pour la violence et ridiculisait Paul Benoit comme chef de l'escouade anti-émeute en disant: "C'est lui qui a découvert et fait condamner les dynamiteurs du pont de Trois-Rivières!"

> *Ponce-Pilate Duplessis s'est lavé les mains devant toute la Chambre... M. Duplessis, c'est connu, considère l'ouvrier avec haine. Il le déteste. Nous avons déjà eu à Québec des*

premiers ministres qui ne comprenaient pas. M. Duplessis,
lui, comprend, mais il hait. Et cela explique sa politique...
On aimerait bien connaître les fois qu'il use de son influence
pour régler paisiblement un conflit industriel. Mais on ne
compte plus les fois qu'il a envoyé sa police provinciale atta-
quer les ouvriers, qu'il a appliqué la justice sociale à coups
de matraque... Dieu veuille que nous n'ayons pas honte
d'avoir dans Québec un Premier ministre aux mains tachées
de sang.

La Loi de l'Emeute fut levée le 20 décembre et, à la demande de
Duplessis et de Mgr Georges-Léon Pelletier, Barrette rouvrit les négociations sous la direction de Jean Marchand, Gérard Picard et René
Gosselin; du côté patronal, l'avocat Victor Trépanier représentait son
employeur. On en arriva assez rapidement à une solution satisfaisante
qui proposait le retour au travail de tous les grévistes et la recherche
d'un autre emploi aux briseurs de grève, dans la région. L'atelier fermé
fut rejeté. *Le Devoir* continua de parler du "massacre", citant des sources aussi irréprochables que Michel Chartrand pour rejeter tout le
blâme sur Duplessis. (8)

A l'élection de 1956 dans le comté de Maskinongé, district de
Louiseville, le député unioniste sortant, Germain Caron, qui avait
demandé la rétention de la Loi de l'Emeute pour une plus longue période et qui avait été vertement critiqué par le syndicat, fut réélu sans difficulté avec cinquante-huit pour cent du vote; son adversaire était Roland
Béland, ancien ouvrier du textile, organisateur syndical et supposée
victime de brutalité policière, (9) qui fit de la grève de Louiseville le
principal sujet de sa campagne.

Toute l'affaire avait été déplaisante pour le syndicat, pour la compagnie, pour Duplessis et pour *Le Devoir*. Comme l'a déclaré Filion, la
grève n'aurait jamais dû être déclenchée; la position de la compagnie
comme celle du syndicat était déraisonnable et la tirade de Filion était
venue brouiller la situation d'une façon regrettable. Ici comme à
Asbestos, l'erreur principale de Duplessis avait été d'attendre l'éruption
de la violence pour mettre officiellement fin à une situation illégale. Il
se serait évité, ainsi qu'à la province, beaucoup de tracas inutiles s'il
eut imposé une loi spéciale et l'arbitrage obligatoire avant que la situation ne devienne incontrôlable. Fait ironique, son erreur était un man-

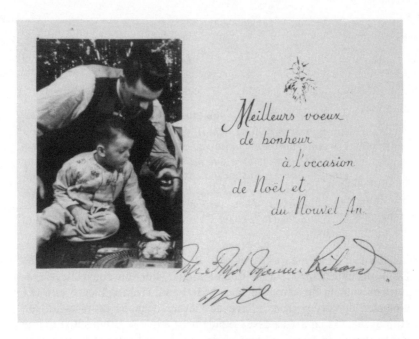

Meilleurs voeux
de bonheur
à l'occasion
de Noël et
du Nouvel An.

Québec, le 24 février 1950.

Monsieur et madame Maurice Richard,
 1424, rue Closse,
 Montréal.

   Chers amis,

       Un énorme surcroit d'ouvrage, occa-
sionné par la conférence inter-gouvernementale canadienne à Ottawa et par la session de la Législature, m'a empêché de pouvoir prendre connaissance
avant aujourd'hui de la jolie carte de bons souhaits
que vous m'avez envoyée et sur laquelle figurent
les intéressantes photographies de votre fils et de
son père.

       J'apprécie beaucoup cette délicate at-
tention et vous en remercie, en vous renouvelant,
ainsi qu'à votre jeune fils, mes meilleurs souhaits
personnels et officiels.

Carte de voeux de Maurice Richard à M. Duplessis et réponse de celui-ci. (Soc. des Amis de M.L. Duplessis)

508

que plutôt qu'un excès de zèle dans l'application de la loi. Mais pour la majorité de la population c'était une tempête dans un verre d'eau; cinq blessés dont un gravement, dix-sept personnes devant les tribunaux dont trois pour des accusations graves; même *Le Devoir*, malgré ses efforts, ne pouvait perpétuer l'image de Duplessis semblable à un vampire assoiffé de sang en se basant sur cet événement.

La grève de Murdochville en 1957 complétait la triple couronne de "causes célèbres" de l'époque Duplessis. L'employeur en question, la Gaspé Copper Mines, était une filiale de la Noranda Mines. Duplessis avait officiellement ouvert la mine en 1956, refusant l'offre de J.R. Bradfield qui mettait à sa disposition son avion et son wagon pour se rendre au site, soixante milles à l'ouest de la péninsule de Gaspé. Ce projet représentait la plus grande contribution économique jamais apportée à la Gaspésie, région pittoresque mais pauvre, et pour Duplessis c'était là un des développements industriels majeurs de son administration. A cause du fusionnement des deux grandes centrales syndicales canadiennes en 1956: le Congrès des Métiers et du Travail et le Congrès du Travail du Canada, les Métallurgistes unis d'Amérique devinrent l'agent de négociation pour Murdochville (nommée d'après J.Y. Murdoch) et la région. Lorsque ce syndicat demanda sa reconnaissance à la Commission des relations ouvrières, la compagnie demanda et obtint une injonction. La question traîna devant les tribunaux si bien que l'injonction était encore en vigueur quand la grève éclata, le 12 mars 1957.

Les ouvriers réagirent au congédiement de Théo Gagné, maître-plombier et président du local de Murdochville en déclenchant une grève de solidarité et de sympathie. La compagnie se contenta de donner comme raison qu'elle n'avait plus besoin des services de Gagné. Le syndicat disait représenter soixante-quinze pour cent des ouvriers mais comme il n'existait aucune présomption en faveur de Gagné on jugea que la compagnie était dans ses droits et que les employés n'avaient pas encore droit de grève bien qu'ils fussent sans contrat depuis un an. Ils recevaient le même salaire que d'autres mineurs ailleurs dans la province. Donc la grève était illégale depuis le début et on avait aggravé la situation en faisant du piquetage illégal. L'histoire se répétait. La compagnie embaucha des briseurs de grève pour que certaines parties de l'usine continuent à fonctionner. Les syndicats demandèrent à Duplessis d'intervenir; les plus insistants étaient Claude Jodouin, chef du Congrès du Travail du Canada et Roger Bédard, un des chefs de l'union locale à Murdochville.

Ces hommes et d'autres encore demandèrent à Duplessis et même à John Diefenbaker d'intervenir après les manifestations de violence sur les lignes de piquetage entre les grévistes et les briseurs de grève et Duplessis dépêcha sur les lieux une centaine de policiers provinciaux pour maintenir l'ordre durant la "marche sur Murdochville", organisée par le syndicat et ses amis, en août 1957. Duplessis refusa d'intervenir auprès de la compagnie sous prétexte que "les esprits sont trop échauffés et qu'il n'y a aucune chance de coopération en ce moment". (*Le Devoir,* 29 août 1957) Cependant cette grève créa encore moins d'agitation dans la province que celle de Louiseville, confirmant un déclin dans les hostilités entre le gouvernement et les syndicats depuis le point tournant qu'avait été la grève d'Asbestos. La police utilisa des gaz lacrimogènes à quelques reprises et la présence de Jodouin, de Marchand et d'autres aux lignes de piquetage était une assurance que la désorganisation persisterait.

Lors d'une rencontre à Québec, le 22 août, Duplessis promit à Jodouin d'instituer une enquête de l'envergure d'une commission royale, sur la grève. Mais Duplessis était maintenant fortement critiqué pour ses atermoiements au profit de la compagnie. Et encore une fois, les syndicats, après s'être lancés dans une grève illégale, dénonçaient Duplessis pour n'être pas venu à leur rescousse en forçant la compagnie à montrer plus de flexibilité dans les négociations. Le 28 août, Filion énonça sa fameuse "présomption" à l'effet que Duplessis était décidé à éliminer le syndicat en échange de contributions politiques de la Noranda Mines. La marche sur Québec organisée par les syndicats pour le 7 septembre se déroula sans incident malgré la présence de plusieurs milliers de manifestants. Jean Marchand déclara: "Ce ne sont pas les ouvriers qui préparent la révolution mais le régime Duplessis... ceux qui sabotent les institutions, mêlent les pouvoirs législatifs, judiciaires et policiers... ceux qui prostituent la démocratie dans cette province." (10)

Une grève avait lieu à Arvida au même moment et ajoutait à la plausibilité d'une grève générale mais le tout se déroula dans le calme et la légalité et fut réglé plus tard au cours du mois. Le 18 septembre

René Lévesque, membre du premier Cabinet Lesage en 1960. (Roland Lemire)

l'Union nationale triomphait dans quatre élections partielles — Châteauguay, Compton, Mégantic et Vaudreuil-Soulanges. Compton était un gain sur les libéraux. L'Union nationale remporta aisément ces victoires sauf dans Vaudreuil-Soulanges où Loyola Schmidt, contracteur local, l'emporta de justesse sur le notable libéral Paul Gérin-Lajoie. Pierre Laporte se déclara "scandalisé" (11) de ce que les ouvriers de Compton et de Mégantic aient voté pour Duplessis.

Après avoir traîné en longueur, la grève de Murdochville se termina finalement le 5 octobre par un retour général au travail et sans la certification du syndicat. Sept mois de grève n'avaient rien accompli. On n'avait pas proclamé la Loi de l'Emeute; il n'y avait eu ni blessé grave ni condamnation sérieuse. Filion dut se contenter de dire que Duplessis était un bandit au lieu d'un meurtrier. (12)

Le fusionnement du Congrès des Métiers et du Travail et du Congrès canadien du Travail qui eut pour résultat la formation du Congrès du Travail canadien n'était pas un heureux développement pour le gouvernement. Il devenait plus difficile d'opposer une union à l'autre et l'ancien Congrès des Métiers et du Travail se radicalisait au

511

contact des syndicats internationaux. Pour Duplessis, et même s'il s'en serait dispensé volontiers, les syndicats catholiques représentaient la meilleure alternative. Dans une annonce parue dans le *New York Times*, le 22 avril 1956, le gouvernement provincial décrivait les syndicats catholiques comme étant essentiellement semblables aux syndicats séculiers,

> *...sauf que chaque local bénéficie des services d'un aumônier qui prodigue ses conseils lorsque les principes moraux sont en jeu... L'attitude de l'Eglise catholique, la plus forte influence religieuse dans la province, a été clairement établie. L'Eglise est en faveur d'investissements provenant de l'intérieur ou de l'extérieur de la province qui contribueront au développement des ressources de la province et procureront du travail à sa population. En autant que sont respectées la dignité et la santé de l'ouvrier et que les gages et salaires sont justes, l'Eglise, de concert avec le gouvernement, le monde des affaires et l'industrie, est heureuse d'accueillir les intérêts étrangers au Québec. (13)*

C'était là l'opinion de Duplessis et celle qu'offraient aux étrangers, Paul Beaulieu et les autres: un climat ouvrier relativement paisible sans pour autant offrir une main-d'oeuvre à bon marché, docile ou facile à exploiter. Le scepticisme de Duplessis à l'endroit du leadership ouvrier ne semble pas exagéré à la lumière des événements subséquents, mais il ne faudrait pas croire pour autant, comme on l'a si souvent répété, qu'il se désintéressait de l'ouvrier ou le méprisait. Pas plus d'ailleurs qu'on ne peut comprendre sa grande popularité, qu'exprimaient d'une manière consistante les districts ouvriers, en lisant les explications sottes et complaisantes de certains "historiens" (14) selon lesquels les ouvriers votaient pour Duplessis à cause de sa position autonomiste belliqueuse, de la corruption de ses menées politiques et d'un usage pervers de l'influence religieuse. Duplessis fit beaucoup pour les ouvriers; ses détracteurs trouvèrent avantage à oublier ce que les bénéficiaires se rappelaient au moment de chaque élection pendant toute une génération.

Une des plus importantes grèves au Québec à cette époque, probablement la plus importante après Asbestos, amusa Duplessis plus qu'autre chose. Pour une fois il n'était pas impliqué et les protagonistes étaient tous les deux ses adversaires: la grève de Radio-Canada à Montréal sous la direction de René Lévesque en 1958 et 1959. Cette grève était une préparation symbolique au tumulte des années soixante et représentait l'avant-garde de l'intellectualisme du Québec français aux prises avec la bureaucratie étouffante de l'employeur anglophone et exploiteur à Ottawa. Les grévistes étaient appuyés d'un peu partout; le cardinal Léger leur fournit même une aide financière furtive. La victoire des grévistes marquait la première d'une longue série de déconvenues pour le gouvernement fédéral au Québec et pour le fédéralisme en général. Puisqu'il détestait avec une égale ferveur la direction et le personnel de Radio-Canada, Duplessis conserva une attitude impartiale durant le conflit mais il voyait clairement la signification du règlement de cette dispute. La fortune avait changé. Dès lors, les Québecois, sous la direction des mouvements ouvriers, allaient présenter avec une insistance toujours croissante des exigences toujours plus grandes et dont la satisfaction semblerait inaccessible. Tout ceci, Duplessis l'avait prévu mais il ne vécut pas pour en voir la réalisation.

Les journalistes

Les rapports de Duplessis avec John Bassett, président de la *Montreal Gazette,* étaient encore plus cordiaux que ceux qui existaient entre lui et McConnell. John Bassett était un Irlandais protestant, Tory jusqu'au bout des ongles, féru de politique, combatif, fanfaron, pro-Français, sans scrupule et sans vergogne — en un mot, un allié naturel de Duplessis. Il succéda au sénateur Smeaton White à la présidence de la *Gazette* et se contenta de perpétuer la tradition conservatrice du journal. White avait toujours été favorable à Duplessis et il lui était reconnaissant d'avoir ranimé le Parti conservateur au Québec que la défaite reléguait dans l'ombre depuis tant d'années.

Leur amitié se refroidit durant la Deuxième Guerre car Bassett n'approuvait pas la campagne électorale de Duplessis en 1939 au cours de laquelle ce dernier, en tentant désespérément de se trouver un point d'appui, avait publiquement attaqué la *Gazette.* Bassett avait rétorqué:

"M. Duplessis apprendra qu'on n'attaque pas impunément un journal."
Et Duplessis l'apprit. Mais au moment des élections de 1944, les choses
avaient changé: Duplessis paraissait plutôt raisonnable comparé au
Bloc populaire et *Le Devoir* dénonçait la *Gazette* comme "la commère
Tory et écossaise de la rue Saint-Antoine", une allusion personnelle à
Bassett.

Durant les années cinquante, John Bassett était probablement le
meilleur ami anglophone de Duplessis. Celui-ci dînait souvent chez les
Bassett à Montréal, les dimanches soirs, avant de rentrer à Québec.
Leurs relations étaient plus mondaines que celles de Duplessis avec
McConnell. Bassett était, après tout, un politicien et il était très partisan contrairement à McConnell qui, à l'occasion, recevait Mackenzie King un soir et Duplessis le lendemain. La loyauté de Bassett
pouvait presque être prise pour acquis; il n'était pas nécessaire d'en
négocier les modalités. Bassett faisait parvenir à Duplessis, le 9 août
1946, un éditorial attaquant Mackenzie King et Joseph Atkinson, président du *Toronto Star*. Bassett commentait: "Combien de temps encore
le peuple canadien-français tolérera-t-il ce faussaire, je ne sais pas."

Aussi difficile à faire que cela puisse être, la *Gazette* était encore
plus partisane de l'Union nationale que le *Star*. La *Gazette* applaudis-
sait fidèlement toutes les prises de position du Premier ministre du
Québec. Quand Bassett se retira de la présidence de la *Gazette* en faveur
de Charles H. Peters, neveu de Smeaton White, Peters prit l'habitude
de rendre visite à Duplessis en compagnie de son rédacteur en chef,
Edgar Andrew Collard. Les réflexions de Duplessis leurs fournissaient
matière à éditorial des semaines à l'avance. "Notre agréable conversation nous a inspirés et nous en avons tiré d'excellentes idées. Vous en
verrez certainement le résultat dans les commentaires et articles de la
Gazette dans les jours à venir." (15)

Peters avait rencontré Duplessis pour la première fois lors d'une
visite à Trois-Rivières en 1931. Il écrivait à Duplessis le 9 février
1931: "Je dois dire très honnêtement, monsieur, que vous avez trouvé
un admirateur qui suivra avec anticipation vos succès futurs dans le
domaine de la politique. Peut-être me sera-t-il donné un jour de vous
apporter de quelque manière, aide et appui." Il manifesta une loyauté
constante tout en donnant à la *Gazette* une position éditoriale un peu
plus autonome que celle qu'avait adoptée Bassett. (16)

Maurice Duplessis et le sénateur américain Henry Cabot Lodge alors qu'ils recevaient tous deux un doctorat honorifique de l'université Laval, le 19 juin 1952. (Canada Wide)

Le 7 novembre 1956 Peters écrivait à propos d'une suggestion que Léon Balcer avait faite à Toronto pour le règlement de la question des octrois aux universités. Peters demandait: "Edgar Collard et moi nous nous demandions, si vous approuveriez une telle idée — ou si nous devrions appuyer une autre solution."

Durant les années cinquante, alors que John Bassett était chancelier de l'université Bishop à Lennoxville, une institution qui recevait à peine cinq cents étudiants mais qui avait un certain prestige, Duplessis accéda à sa demande d'aide en lui accordant un octroi spécial d'un million de dollars, un montant d'une générosité étonnante et un monument à l'amitié Bassett-Duplessis. Duplessis récompensait aussi son vieil ami d'une manière plus directe. La Gazette Printing Company, partie très importante des entreprises de la *Gazette,* recevait de gros et très profitables contrats d'imprimerie du gouvernement provincial, surtout pour les manuels scolaires.

Le 5 juin 1958, Peters écrivait à Duplessis lui disant qu'il voulait conserver le contrat d'imprimerie d'un manuel scolaire anglais destiné aux écoles françaises mais que, selon la rumeur, le présent manuel serait remplacé par une publication britannique. Avant de verser cette lettre au dossier, Duplessis avait noté dans la marge qu'il avait appelé Omer-Jules Desaulniers, président du Comité de l'Instruction publique pour s'assurer (ordonner dans les circonstances) que le contrat de la *Gazette* serait renouvelé et il avait ensuite téléphoné à Peters. Le tout s'était réglé le matin du 6 juin, une journée après que Peters eut écrit sa lettre. La *Gazette,* comme le *Star,* profitait de la stabilité des prix et des disponibilités de papier journal.

Certaines requêtes des patrons de la Gazette étaient encore plus terre à terre. Le 13 novembre 1953, Bassett écrivait à Duplessis au sujet de la propriété du gouvernement provincial adjacente à celle de la famille White et de Charlie Peters au Lac Balsam, comté d'Argenteuil dans les Laurentides. Peters désirait acheter ce terrain de la couronne afin de compléter la propriété de sa famille autour du lac mais le prix officiel était de quarante mille dollars. "Confidentiellement je crois qu'un montant entre cinq et dix mille dollars serait suffisant pour cette propriété et je vous serais vraiment très reconnaissant si vous vouliez examiner cette question car la famille tient beaucoup à ce que cette affaire soit réglée." La lettre de Bassett porta fruit car le prix fut considérablement réduit mais non pas de soixante-quinze à quatre-vingt-cinq pour cent comme l'avaient demandé Barrett et Peters. (17)

En 1936, John Bassett acheta le *Sherbrooke Daily Record,* quatrième par le tirage des quotidiens anglais de la province et sa politique éditoriale envers l'Union nationale réflétait les bonnes dispositions de la *Gazette.* John Bassett, fils, prit la direction du quotidien à son retour de la guerre en 1945, même année où il fut défait comme candidat fédéral conservateur dans ce comté. En 1948 il déménagea à Toronto où il devint, en 1954, directeur du *Toronto Telegram.* John Bassett, fils, fit campagne pour l'Union nationale lors de l'élection provinciale de 1948 et appuya vigoureusement l'Union nationale dans ses éditoriaux, même une fois rendu à Toronto. Le petit-fils de Bassett, Douglas Bassett, parla même pour l'Union nationale lors d'assemblées dans les Cantons de l'Est durant la campagne de 1956. Il se disait le représentant des universitaires anglophones, même s'il résidait en Ontario et était encore à l'école secondaire.

Durant la majeure partie des années quarante et cinquante les principaux journalistes de la *Gazette* assignés aux affaires provinciales étaient Abel Vineberg et Tracy Ludington. Vineberg était un intime de Duplessis depuis l'entrée de ce dernier à la législature et des liens plutôt excentriques s'étaient établis entre eux. Vineberg accompagnait presque toujours Duplessis dans ses voyages; il était organisateur officiel de l'Union nationale dans les districts juifs de Montréal et il était un véritable confident de Duplessis, n'abusant jamais de la confiance de ce dernier. Vineberg était aussi célibataire, un homme solitaire et quelque peu mystérieux qui consacra toute sa vie professionnelle à Duplessis, à la *Gazette* et aux liens entre les deux.

Quand Duplessis arriva à Québec en 1927, Abel Vineberg et Georges Léveillé, qui devint par la suite chef de cabinet, étaient les seuls partisans conservateurs parmi les membres de la tribune de la presse. Duplessis et Vineberg devinrent tout de suite amis. Après l'accident de Duplessis en 1929, où sa voiture traversa un fossé plein d'eau avant de donner contre un arbre, Vineberg lui écrivait: "Je crois que les libéraux sont contents car ils ne veulent pas une autre élection partielle, surtout à Trois-Rivières, alors tu vois, ton rétablissement fera plaisir à tout le monde pour ne pas parler de cette importante partie de la population qui n'a pas droit de vote aux élections provinciales. Mlle Idola Saint-Jean sera particulièrement enchantée, j'en suis certain. Ton immersion forcée est une indignité mais d'un autre côté cela fait de toi un baptiste, comme M. Nicol." Il faisait ensuite allusion à l'élection partielle de Compton pour remplacer Nicol: "La Bible dit que le combat n'est pas pour le puissant et un des psaumes commence ainsi: *Pourquoi le païen rage-t-il et le peuple s'imagine-t-il des choses en vain?"* (27 septembre 1929). Duplessis lui répondit par un calembour sur "l'ouverture d'esprit" en faisant allusion à une blessure de treize pouces qu'il avait reçue à la tête lors de son accident. (18)

Les lettres de Vineberg à Duplessis combinaient en un mélange bizarre les potins politiques et les grivoiseries. Cinq semaines plus tard il écrivait à Duplessis encore alité, au sujet de l'élection partielle dans Montcalm, élection que Léonide Perron devait remporter par une majorité écrasante:

Nous (de Montcalm) qui sommes à la veille de mourir, te saluons. Grand Dieu, quelle chance tu as d'être malade; tâche de le rester au moins jusqu'à Noël. Lis la Gazette *et tu sauras tout. Une tragédie n'attend pas l'autre. Il y a bien longtemps, comme disent les livres d'histoire, en ces jours d'innocence et d'ignorance avant qu'Athanase David ne nous construise des écoles, Georges Léveillé quitta* Le Devoir *dans le seul but, bien entendu, de ne plus pouvoir aider la pauvre Opposition. Cette méchante* Gazette *qui avait conspiré avec Taschereau pour voler à l'Opposition son seul agneau... Jésus pleura. Mais il aurait sûrement pleuré à chaudes larmes s'il avait su que Léveillé s'en irait au* Soleil *après s'être prélassé dans le rayonnement du sourire de Sauvé, en sa haute qualité de secrétaire privé.*

Pleurons ensemble sur ce pauvre Georges. C'était un bon gars mais je crains que le vil argent, *comme disent vos savants confrères William Tremblay et Aimé Guertin, ait anéanti ses nobles principes... J'étais à Québec la semaine dernière et j'y ai rencontré votre oncle Willie Grant. Il était aux édifices du Parlement, avec une femme, mais l'épouse de qui, je n'en sais rien. Il me dit que tu te remets très bien considérant ton âge avancé et que tu pourras bientôt recommencer à faire des ravages parmi les dames. J'ai très bien compris que tu n'avais été blessé qu'à la tête et je m'empresse de te rassurer sur ce point. Un homme qui, comme toi, a passé à travers le danger devrait être d'autant plus séduisant pour la gent féminine et aussi je termine en espérant que sous cette pluie de bénédictions féminines, il te viendra une pensée qui vient parfois aux héros...: Garde une femme — pour moi! (19)*

Pierre Laporte écrira plus tard d'Abel Vineberg:

On l'appelait le confesseur laïque *de monsieur Duplessis. Il était le journaliste le mieux informé de la vieille capitale... Innombrables sont les nouvelles de taille qui furent annoncées en primeur dans la* Gazette... *Monsieur Vineberg mourut en même temps que monsieur Duplessis, à quelques heures près. Il fut enterré le même jour, jeudi le 10 septembre 1959, à la même heure. Il aura été fidèle jusqu'à la dernière minute à son ami... (20)*

Tracy Ludington était également un célibataire et il souffrait, tout comme Duplessis du diabète. Mais sa gaieté exubérante et sa vie tapageuse rappelaient davantage l'atmosphère de réjouissances effrénées qui avaient marqué le premier mandat de Duplessis, que l'austère solitude de son deuxième mandat. Un soir, en 1937, alors que Duplessis faisait la fête avec peut-être un peu plus de fracas qu'à l'habitude en compagnie d'une de ses "one night stand", comme on appelait ses compagnes à cette époque, un photographe croqua la scène sur le vif. Ludington retourna le film non développé à Duplessis. Le jour suivant Ludington était invité à rencontrer Duplessis à Québec. Ce dernier commençait à croire qu'il serait peut-être sage d'améliorer ses relations publiques avec la collectivité anglophone. Ludington fut donc inscrit à la liste de paie dans ce but, mais il continua tout de même à travailler à la *Gazette*. (21)

Il demeura loyal à Duplessis pendant que ce dernier était en pénitence dans l'Opposition. Quand Duplessis revint au pouvoir, Ludington fut nommé chef des Relations publiques anglaises pour le Premier ministre, poste qu'il occupa jusqu'en 1959; il cumulait aussi les fonctions de rédacteur à la *Gazette* et de commentateur à une émission quotidienne diffusée aux heures de pointe, par CJAD, le plus important poste radiophonique anglais de Montréal. Ses employeurs étaient au courant de ses liens avec le gouvernement pour lequel il rédigeait des tracts électoraux, faisait campagne, organisait des assemblées et donnait des discours. Loin d'être embarrassés de cette situation compromettante, ils la considéraient comme un atout pour Ludington et pour eux-mêmes.

Quand un des gérants de département de CJAD, qui n'avait jamais rencontré Duplessis, demanda à Ludington de le lui présenter, ce dernier l'amena passer une soirée au Château Frontenac, en 1955. Duplessis les régala d'un de ses très amusants monologues, du genre que Georges-Emile Lapalme disait être irrésistiblement drôle. Quand vint le moment du départ, le Premier ministre leur souhaita bonsoir après avoir remis une boîte de cigares et deux bouteilles de scotch à Ludington, et, cherchant quelque chose à offrir au gérant qui ne buvait ni ne fumait, il enleva un bouquet de roses dans un vase et le lui remit. (22) (Duplessis conservait cette vieille coutume charmante, qui s'accentua avec les années, de ne jamais laisser partir un visiteur qui lui avait plu sans lui remettre un présent.) A la *Gazette* tous les articles d'une certaine importance portant sur les affaires provinciales étaient presque toujours rédigés ou révisés par Vineberg ou Ludington.

Le seul autre journal quotidien de langue anglaise dans la province était le *Chronicle-Telegraph* de Québec mais ce journal, qui s'adressait à la minorité anglophone de la région de Québec, avait peu d'influence à cause de son faible tirage. Il était néanmoins un appui sûr du régime Duplessis. Pour ses propriétaires, Gwyllym Dunn et sa famille, apparentée à Sir Herbert Holt, le journal était dans une certaine mesure une distraction. Dunn, ardent Tory, trouvait la société de Duplessis très agréable et recevait des contrats d'imprimerie du gouvernement. Par conviction certainement mais aussi pour une foule d'autres raisons, la presse anglaise au Québec était liée pieds et mains à Duplessis.

Les journaux français, sauf *Le Devoir,* affichaient la même partisannerie que la presse anglaise. Le plus grand quotidien au Québec, *La Presse,* était sous le contrôle de Pamphile du Tremblay, sénateur libéral et conseiller législatif. Cependant il n'était pas certain qu'il en fut légalement le propriétaire. *La Presse* avait été fondée par un juif suisse, Wilfrid Brumart, avec l'appui de Trefflé Berthiaume. Quelques années plus tard, ce dernier prenait la direction du journal qui demeura sa propriété jusqu'à sa mort, en 1915. Son fils, Arthur Berthiaume, était un conservateur et son gendre, Pamphile du Tremblay, un libéral. Son testament établissait un système complexe selon lequel trois administrateurs détiendraient les actions communes pour le bénéfice des descendants de Trefflé Berthiaume au-delà de la première génération; un exécuteur testamentaire ferait la même chose pour les actions privilégiées. (23)

Arthur Berthiaume géra le journal de 1915 à 1921 mais sans grande intelligence puisque le journal fut impliqué dans une controverse politique avec un quelconque homme d'affaires anglophone et conservateur qui voulait transformer le journal en un organe conscriptionniste. Les revenus n'étant pas aussi bons qu'on l'aurait espéré, les filles de Trefflé Berthiaume finirent par reporter leur confiance en du Tremblay plutôt qu'en leur frère. En 1921, un des administrateurs nommés par Trefllé Berthiaume mourut et du Tremblay réussit à se faire nommer à sa place par un juge de la Cour supérieure. Arthur Berthiaume contesta légalement cette nomination mais du Tremblay persuada Taschereau de légiférer son contrôle du journal par un bill privé. A la suite de cette décision, une longue lutte s'engagea entre Berthiaume et du Tremblay à savoir qui était le grand patron à *La Presse*. Du Tremblay était plus au courant des affaires de *La Presse* et avait l'appui des soeurs de Berthiaume; il connaissait mieux les anciens employés et réussit donc à imposer son autorité à *La Presse*. Mais Berthiaume conserva son autorité parallèle jusqu'à sa mort en 1932.

La Cour supérieure nomma le fils d'Arthur Berthiaume, Gilles, pour lui succéder. Voyant cela, du Tremblay se fit nommer exécuteur testamentaire par la cour et tenta de s'établir en maître absolu à *La Presse* mais le jeune Berthiaume, qui ne l'entendait pas ainsi, fit en sorte que du Tremblay soit destitué de sa charge d'administrateur par ordre de la Cour supérieure en 1935 avant que Taschereau ne vienne encore une fois à la rescousse. Sous les auspices du Premier ministre, Berthiaume fut partiellement remboursé et du Tremblay, qui ne pouvait longtemps demeurer éloigné de *La Presse,* réémergea comme administrateur et exécuteur testamentaire avec le droit de nommer la majeure partie du conseil de direction (lui plus trois des sept membres du conseil). Il était en plus assuré de la loyauté du troisième administrateur, Lucien Dansereau et comme il était aussi le représentant de sa femme et de ses belles-soeurs, du Tremblay était apparemment et selon toute évidence finalement assuré du plein contrôle après vingt ans de luttes.

Cependant sa position était toujours vulnérable car une révision du gouvernement provincial aurait pu effacer tout ce qu'il avait accompli en vingt ans. Il se devait donc d'être respectueux envers les autorités provinciales et Duplessis pu sans peine le persuader d'adopter une politique favorable à l'Union nationale, surtout après 1946, alors qu'augmenta sa dette envers Duplessis. En effet un autre beau-frère, Eugène Berthiaume, que du Tremblay avait exclu complètement, intenta une poursuite criminelle contre du Tremblay et Duplessis, en tant que procureur général, ordonna de rejeter la poursuite.

En fait, du Tremblay était loin d'être sans reproches. Trois fois destitué de sa charge ou menacé en cour, il n'avait été réinstallé que par intervention partisane. Vingt ans plus tard et pour raffermir son adhésion, il demanda une autre faveur à Duplessis en 1955, faveur qui ne lui aurait probablement pas été accordée si la question eut été réglée devant les tribunaux. De 1933 à 1951, les directeurs et administrateurs

M. Duplessis en compagnie de M. Antoine Rivard. (*Photo Pierre Normandin — Roger Ouellet*)

s'étaient accordé $14 002 325 en dividendes, ce qui représente quatre-vingt-quatorze pour cent des profits durant cette période. Et durant cette même période du Tremblay avait prélevé $3 685 000 en salaires pour lui et sa femme. Il déduisait fréquemment une dépréciation annuelle de moins de dix mille dollars bien que l'actif de la compagnie fut évalué à plus de deux millions de dollars et que vers 1950 le vieillissement de l'immobilier et du roulant était devenu un grave problème. L'immeuble de *La Presse* était en usage depuis plus de soixante ans et les principales presses étaient incapables de satisfaire à une augmentation du tirage et fonctionnaient constamment depuis plus de quarante ans. En 1954, selon la comptabilité de du Tremblay, la clientèle de *La Presse* avait rapporté $1 777 000, montant extraordinaire pour une telle entreprise, et qui était de $3 000 dollars en sus des gains économisés après plus d'un demi siècle d'opération profitable, ce qui indiquait jusqu'à quel point Du Tremblay *et al* s'étaient servis à même le capital.

522

La belle famille de Du Tremblay se plaignait en justice de ce que ce dernier n'exerçait pas ses fonctions d'administrateur pour le bénéfice de ses neveux et nièces et leurs enfants puisqu'il n'augmentait pas la valeur de l'actif qu'il administrait mais au contraire, prenait tout pour lui-même et qu'en plus il occupait les fonctions d'administrateur et d'exécuteur testamentaire grâce à des procédures frauduleuses. Elle prétendait que du Tremblay devait $2.9 millions à la compagnie de publication de *La Presse* ce qui représentait les sommes excessives qu'il avait prises de la compagnie et donc des propriétaires réels de l'actif, et qu'il devrait restituer afin de rétablir sur une base solide la structure financière de la compagnie. Du Tremblay répliqua en présentant un bill privé demandant au gouvernement de ratifier toutes les décisions antérieures des administrateurs, exécuteurs testamentaires et directeurs; de faire en sorte que ces derniers soient confirmés en permanence dans leurs fonctions, sans qu'aucun effort ne puisse les en déloger; d'organiser les futures nominations d'administrateurs et d'exécuteurs testamentaires de sorte que le même groupe puisse se perpétuer pendant encore quarante ans; et finalement de rejeter toutes les poursuites en justice.

Puisque les plaignants avaient raison de se plaindre, Duplessis régla la question de façon équitable; du Tremblay gardait le contrôle de l'ensemble mais devait cesser d'appauvrir la compagnie. Cette solution était raisonnablement satisfaisante et les choses en étaient encore à ce point quand du Tremblay mourut plus tard la même année, en 1955. Son décès rouvrait d'excitantes possibilités de luttes testamentaires. Dansereau géra le journal pendant un temps, d'une manière moins avaricieuse que du Tremblay mais tout en ménageant les meilleurs intérêts de l'Union nationale. Le rédacteur en chef des nouvelles, Vincent Prince, parmi les plus distingués journalistes du Québec, dirigea son département avec un haut degré de professionnalisme. Il n'imitait pas le *Star* et la *Gazette,* qui répétaient comme des perroquets tout ce que disait le gouvernement, et ne tombait pas non plus dans l'excès contraire comme *Le Devoir* qui dénigrait et harcelait le gouvernement sur tout. L'hebdomadaire de *La Presse, La Patrie,* et sa station radiophonique, CKAC, suivaient la politique de *La Presse*. Entre Arthur et Lucien Dansereau, c'était à qui démontrerait la plus grande adulation envers Duplessis. Le 16 décembre 1958, Lucien se plaignait à Duplessis de ce que Mme du Tremblay ne suivait pas la politique de feu son mari et avait nommé trois nouveaux directeurs tout à fait inacceptables, y compris C. Antoine Geoffrion, libéral notoire, et l'infirmière de Mme du Tremblay!

Le plus grand propriétaire de journaux au Québec était Jacob Nicol. Il était lui aussi un libéral irréprochable, mais comme il le démontra au moment du référendum de 1942, un libéral dont les intérêts passaient immanquablement avant ceux du Parti libéral. Nicol n'était pas aussi vulnérable que du Tremblay puisqu'au moins il était le propriétaire incontesté du *Soleil,* de *L'Evénement-Journal* à Québec, du journal *Le Nouvelliste* à Trois-Rivières et de *La Tribune* à Sherbrooke, ainsi que le commanditaire et l'âme dirigeante de *La voix de l'Est* de Granby. Mais au Québec, tout propriétaire de journaux était plus ou moins à la merci du gouvernement provincial.

Le Devoir, qui n'appartenait pas à de riches propriétaires, pouvait bien se permettre d'attaquer Duplessis sans discrimination et souvent de façon diffamatoire. Il n'avait rien à perdre. Il n'avait pas non plus grand chose à gagner en apaisant le gouvernement puisque le gain ne l'intéressait pas beaucoup. Pour Nicol, Du Tremblay, McConnell et Bassett, les contrats de publicité et d'imprimerie du gouvernement étaient importants. D'autres points aussi étaient importants: l'exercice des prérogatives officielles en matière de prix et de disponibilité du papier journal, les dispositions régissant le ravitaillement le transport et la vente des journaux, les conditions de travail dans l'imprimerie et tous les autres domaines susceptibles d'intervention gouvernementale. Et pour Nicol et du Tremblay il y avait une complication additionnelle du fait qu'ils étaient aussi propriétaires de stations radiophoniques.

Duplessis réinstalla Radio-Québec en 1946 comme complément du système d'éducation, ce qui était définitivement une prérogative provinciale. Il était même prêt à combattre vigoureusement les autorités fédérales si elles s'opposaient à ce projet. D'Ottawa on entendit des grondements mais pas de réactions. Québec aussi faisait entendre des grincements de dents à propos de "Radio-Duplessis". Duplessis détestait Radio-Canada qui prenait violemment parti contre lui, qui échappait totalement à sa juridiction, dont il était impossible de réfuter les accusations à cause de son semi-monopole dans plusieurs endroits et qui était en plus souvent coupable de malice et d'incompétence. Par exemple, le 8 août 1944, au soir des élections provinciales, les réseaux anglais et français de Radio-Canada annoncèrent pendant quelques heures que le gouvernement Godbout avait été réélu. (24) Duplessis exigea une explication mais celle qu'on lui fournit était plutôt boîteuse. On lui dit que le bulletin provenait de la British United Press. Mais Radio-Québec, espérait-il, lui permettrait de faire valoir son point de vue.

Le bill de 1946 projetait l'établissement de postes de radio provinciaux grâce à l'étatisation des postes privés déjà existants. Mais, sauf l'enregistrement de quelques émissions pour rediffusion, ce projet demeura à l'état embryonnaire. Nicol et du Tremblay avaient tenté de faire rejeter ce bill par le Conseil législatif mais sans succès. Pour Duplessis, cette mesure était tout simplement un atout de plus dont il pourrait se servir au besoin mais il ne lui fut pas nécessaire d'y avoir recours. En 1953 la télévision privée avait fait son apparition, et Nicol, toujours aussi entreprenant malgré ses soixante-dix-sept ans, demanda la permission d'établir un poste pour Sherbrooke et les environs. Mais pour que son auditoire soit suffisamment nombreux pour en faire un projet rentable, le transmetteur devait être placé sur le mont Orford dans un parc provincial près de Sherbrooke. En août 1953 il demandait à John Bourque d'intervenir pour lui. En septembre, Duplessis écrivait à Nicol que son gouvernement "est disposé à vous accorder l'autorisation nécessaire". (25) Au cours des mois suivants on s'entendit pour signer un bail d'une durée de quarante à cinquante ans "à la condition *sine qua non*" (26) que la station de télévision se conforme aux règlements du Conseil de la Censure provinciale. (Cet organisme dont la principale raison d'être était de censurer les films avait été établi par Duplessis en partie pour satisfaire aux demandes des évêques, en partie pour freiner ses adversaires.)

Il y avait aussi une entente tacite selon laquelle les journaux de Nicol ne prendraient pas l'habitude de critiquer l'Union nationale. Nicol avait depuis longtemps fait la paix avec Duplessis en ce qui avait trait au journal *Le Nouvelliste* à Trois-Rivières. Ce journal n'avait pas été hostile à Duplessis depuis 1935 et avait été raisonnablement juste depuis l'entente de 1925 entre Bettez et Duplessis. Quant au quotidien *Le Soleil* il avait depuis longtemps cessé d'être "L'organe libéral" même s'il affichait encore ce sous-titre.

A compter de 1953, Nicol, qui approchait de ses quatre-vingts ans, commença à se défaire de ses principales possessions en faveur d'hommes plus jeunes et en qui il avait confiance. Il céda ses propriétés à bons prix et continua à en partager la direction avec les nouveaux propriétaires et d'une manière plus harmonieuse que celle qui avait résulté de l'entente entre Atholstan et McConnell. Le nouveau propriétaire du journal *Le Soleil* était le lieutenant colonel Oscar Gilbert, ancien organisateur électoral d'Ernest Lapointe et propriétaire de l'hôtel Saint-Roch. Libéral de renom, Gilbert était pourtant devenu partisan de l'Union nationale. *Le Soleil* continua à se décrire comme étant l'"organe libéral" même lorsqu'il devint très apparent que ce journal appuyait l'Union nationale et alors que Gilbert lui-même était conseiller législatif pour l'Union nationale, poste qu'il occupa à compter de 1960.

Paul Desruisseaux et Honoré Dansereau prirent la relève de Nicol, respectivement à Sherbrooke et à Trois-Rivières. Aimé Laurion était directeur de *La Voix de l'Est* à Granby. Tous ces hommes censés libéraux avaient un grand respect pour Duplessis et il n'y eut aucun incident majeur entre le gouvernement et ces journaux. Mais en vérité du Tremblay et Nicol, et même Gilbert ne voyaient pas en Lapalme une alternative intéressante à Duplessis. Nicol et du Tremblay avaient eu de l'amitié pour Gouin et Taschereau, Gilbert avait été en bons termes avec Godbout et Bouchard mais aucun d'eux n'avaient quoi que ce soit en commun avec Lapalme. *Le Soleil,* durant la période de transition, avait comme gérant A.F. Mercier, un solide professionnel pour qui Duplessis avait de l'amitié mais dont l'attitude grave et ampoulée en faisait la cible toute désignée des taquineries de Duplessis.

Avec le *Montréal-Matin* il y avait encore moins de problèmes qu'avec les journaux de du Tremblay et de Nicol. Ce journal, fondé par Eugène Berthiaume après qu'il eut été dépossédé de toute influence à *La Presse* et qui s'appela d'abord *Nouvelle-Illustration,* n'avait pas eu beaucoup de succès et changeait constamment de personnel. Finalement, à la fin de la Deuxième Guerre mondiale, Berthiaume avait engagé Jacques-Narcisse Cartier comme rédacteur en chef.

Cartier fut l'une des personnalités les plus originales et les plus talentueuses du Québec pendant de nombreuses années. Il fut pionnier dans plusieurs domaines, notamment l'aviation, la radio, les techniques de la production journalistique et était en même temps un administrateur compétent et un organisateur politique infaillible, ce qu'il démontra d'ailleurs en 1930 en faisant obtenir vingt-quatre sièges à R.B. Bennett au Québec. Il était aussi cousin au second degré et ami de Duplessis.

Pendant un certain temps l'Union nationale offrit à Georges Pelletier d'acheter *Le Devoir* mais Pelletier refusa en disant que cela serait contraire au but que s'était fixé Bourassa en fondant le journal en 1910. Il demeurait ferme dans son opinion que *Le Devoir* ne devrait pas devenir l'organe captif d'un parti, opinion que Bourassa vieillissant partageait pleinement. Cependant, la situation financière du journal demeura toujours précaire et quand Pelletier mourut en 1947, après des années de maladie, ce fut l'archevêque de Montréal qui acheta *Le Devoir*.

Cartier, de son côté, tentait de vendre à Duplessis son journal qui prospérait rapidement sous sa direction. Cartier avait suivi les conseils de Pierre Lazareff, un Français qui séjourna pendant quelque temps au Québec, ancien rédacteur de *France-Soir* qui avait fui l'occupation nazie et comptait se réfugier aux Etats-Unis. Il suggéra à Cartier de donner plus d'importance aux photos, aux articles sur les sports, le crime et autres formes de sensationalisme et d'exploiter toutes les possibilités d'un journal populaire. Cartier suivit cette méthode à la lettre sauf peut-être pour les situations les plus égrillardes. Le journal fut rebaptisé *Montréal-Matin* et avec cette nouvelle politique son tirage commença à augmenter. Berthiaume avait perdu presque tout intérêt au journal et quand on lui offrit de l'acheter, il s'empressa de vendre, suivant le conseil de Cartier. Ce dernier avait fait du *Montréal-Matin* qu'il gérait de près mais d'une manière sensationnelle, le premier journal au Québec à utiliser les services de téléphoto.

C'était sans grand enthousiasme que Duplessis avait consenti à acheter le journal mais il en voyait les avantages et le fait que son parti n'avait pas son propre journal alors que le Parti libéral possédait *Le Canada* offensait son orgueil de Chef de parti. Arthur Savoie, vice-président de l'Hydro-Québec, rassembla l'argent nécessaire en puisant

527

dans les fonds du parti et en invitant les souscriptions des amis du parti. S'occupaient aussi de la transaction Francis Fauteux, Arsène Ménard et Lévis Lorrain, membre important de l'organisation de l'Union nationale à Montréal et frère du ministre des Travaux publics, Roméo Lorrain, et Joseph Bourdon qui remplaçait Cartier au *Montréal-Matin*. Tourigny agissait directement pour Duplessis. Les Editions Laviolette achetèrent les actions de Berthiaume à prix d'aubaine, en tant que mandataires de l'Union nationale. Tous les certificats d'actions, y compris ceux des directeurs furent remis, sous signature, au chef de l'Union nationale. Duplessis enferma le tout dans le coffre-fort de son bureau. (27)

Bourdon fut chargé de l'administration du journal et Charles Bourassa, anciennement du journal *Le Canada*, devint rédacteur en chef. Avec la formule de Cartier et l'aide du gouvernement, le journal prospéra et devint rapidement le quotidien du matin de langue française ayant la plus nombreuse clientèle dans la province et le journal français ayant le plus fort tirage après *La Presse* et *Le Soleil*. Pour *Le Canada* la situation devint de plus en plus difficile et le Journal dut fermer ses portes en 1953.

Le Canada était un journal du matin et aussitôt après sa disparition, *Le Devoir* commença à paraître le matin au lieu du soir. A Québec, *L'Action catholique* continua de paraître sous la direction de Mgr Roy et d'afficher, tout comme sous le cardinal Villeneuve, une attitude généralement favorable à l'Union nationale. C'était la même chose au *Droit*, journal d'Ottawa, Hull et la région. Les autres gros journaux, publiés en fin de semaine, *Le Petit Journal* et *Dimanche-Matin*, étaient encore plus favorables à Duplessis que ne l'était *La Patrie*, édition dominicale de *La Presse*. *Le Petit Journal* était la création et le jouet de Roger Maillet, qui était peut-être, le Pierre Elliott Trudeau des années vingt, quoiqu'il se prenait moins au sérieux, avait un sens de l'humour plus original et ne se départit jamais de son rôle de critique narquois pour assumer un rôle politique majeur. Maillet s'était objecté au ton important que s'était donné le régime Taschereau. Avec Dupire, Francoeur, Masson et Houde, il avait donc fait du *Petit Journal*, populaire et plein d'humour, la tribune des oppositionnistes des années vingt où ils

◀ *Avec le prince Philip en 1959. (Le Nouvelliste)*

s'exprimaient en langage pittoresque. (Maillet avait même placé une fausse bombe dans l'antichambre de Taschereau et le Premier ministre avait déclaré, devant une Assemblée sidérée, qu'on avait attenté à sa vie.)

Un des premiers aviateurs, Maillet était colonel des forces de l'air durant la Première Guerre mondiale et conserva toujours son intérêt pour les hauts faits aéronautiques. Son plus mortel ennemi était Jean-Charles Harvey, fondateur du premier journal *Le Jour*. Harvey, socialiste et antinationaliste, moralisateur et anticlérical, enfin un virtuel J.S. Woodsworth du Canada français, était l'antithèse de Maillet. Quand Harvey mourut, Maillet souffrait d'une mauvaise grippe mais il se leva, demanda sa voiture et son chauffeur, enfila une robe de chambre et se rendit au salon funéraire, s'avança près du cercueil, fit le salut militaire et repartit. (28) Il fit construire une maison splendide qu'il appela L'Arche, à environ quinze milles à l'ouest de Montréal, où il recevait royalement, insistant toujours pour que ses visiteurs éteignent leurs cigarettes sur le plancher en chêne. Son frère, Rolland, s'occupait des aspects financiers du *Petit Journal* mais Roger continua d'écrire avec l'assiduité et l'originalité qui lui assurèrent jusqu'à la fin de sa vie la fidélité de ses lecteurs. Duplessis, avant de cesser de boire, avait plusieurs habitudes en commun avec Maillet et passa de nombreuses soirées de débauche avec lui. Duplessis put toujours compter sur la collaboration de cet ami.

Maillet avait un sens étonnant du ridicule et savait se situer avec une adresse incroyable par rapport aux situations les plus improbables ou les plus absurdes. En 1934, il écrivait un article sensationnel au sujet d'une femme qui était devenue un homme et prétendait, dans le *Petit Journal* qu'un tel événement ne se reproduisait qu'une fois tous les dix ans. La personne en question intenta une poursuite contre Maillet et son journal retint pour ce faire les services du bureau d'avocats de Duplessis. Le 10 novembre 1934, Maillet écrivait à Duplessis, qui n'était pas au courant de l'affaire, qu'un procès ne ferait pas disparaître le bruit qu'avait suscité cette histoire:

> *Personnellement, si j'avais le désavantage de m'appeler M. Josette-Marguerite-Rose-Ernestine-Germaine X..., après avoir maudit le sort qui me transforme en homme au bout de vingt ans, je commencerais par me tenir tranquille. Vu les*

*circonstances, un ange pacificateur apparaissant dans l'inté-
rêt du phénomène, serait à souhaiter. Cet ange pacificateur, sois-le, ô Maurice!*

"Tibi semper",

Roger Maillet

*P.S. — Au moment de clore cette lettre, j'apprends que no-
tre "demoiselle" aurait engrossé une de ses amies. Espérons
que tout cela, comme dans les bons romans, finira par un
mariage!*

Dimanche-Matin était un journal d'un concept audacieux, lancé
par le fils de Louis Francoeur, Jacques. (29) Le jeune Francoeur avait
été journaliste au *Star* et au quotidien *Le Devoir* et pendant plusieurs
années avait été employé à temps complet par l'Union nationale à
Montréal travaillant sous Arsène Ménard, au bureau de la rue Saint-
François-Xavier. Quand Walter Legg fit banqueroute à Granby, Jacques Francoeur acheta son actif: un hebdomadaire, le *Leader-Mail* et
une imprimerie. Avec un associé, il fonda le *Dimanche-Matin* en 1954,
avec l'idée d'insérer les résultats des parties de hockey du samedi soir
dans un journal qui paraîtrait le dimanche matin. Lui et son associé dis-
tribuèrent les premières éditions sur le perron des églises de Montréal.
Le journal fut bien reçu et en moins de deux ans avait un des plus forts
tirages de la province. Francoeur était d'un caractère plus sérieux,
moins exotique que son père; ses ambitions étaient plus conventionnel-
les et il les poursuivait avec beaucoup de succès. Il se dévouait sans
question pour Duplessis qui lui avait aidé à plusieurs occasions et pour
le parti pour lequel il avait travaillé, accomplissant des tâches telles que
l'organisation de bénédictions de ponts.

Il n'y avait que treize quotidiens au Québec alors qu'on en comptait quarante en Ontario mais le Québec avait un plus grand nombre
d'hebdomadaires importants. Duplessis avait encore plus d'influence
auprès de ceux-ci qu'auprès des quotidiens. Les journaux locaux dans
les villes secondaires et les régions semi-rurales acceptaient plus facilement les offres du gouvernement et étaient plus aisément persuadés,
surtout en matière d'imprimerie et de publicité, du fait que le gouvernement avait en son pouvoir d'accorder beaucoup en ces domaines ou

Maurice Duplessis et ses soeurs. De gauche à droite: Etiennette Bureau, Gabrielle Langlois, Jeanne Balcer, Marguerite Grant. (Soc. des amis de M.L. Duplessis)

de restreindre de la même façon. La plupart de ces journaux appuyaient le gouvernement, certains d'une manière plus évidente comme *Le Courrier de Saint-Hyacinthe,* propriété de Denis Chartier, député unioniste dans ce comté. Ce journal réussissait bien malgré sa concurrence avec *Le Clairon,* journal fameux et criard de T.-D. Bouchard dont hérita sa fille et duquel Yves Michaud devint le rédacteur en chef. *Le Flambeau,* dans Labelle, se trouvait dans la même situation. Ce journal appartenait à Henri Courtemanche, gendre d'Albiny Paquette, qui fut à un moment député conservateur et sénateur. La nature de ces régions et des hommes qui contrôlaient la presse locale offraient un terrain fertile à l'Union nationale. Ces gens étaient nationalistes conservateurs à la manière des semi-ruraux québecois et Duplessis récoltait sans peine les suffrages de cette population nourrie des concepts catholiques et bourgeois du gouvernement: autonomie, frugalité, fidélité et paternalisme.

532

A Bois de Coulonge en 1959: visite à Québec de la princesse Margaret. (Roger Ouellet)

Sauf Radio-Canada, il n'y avait que *Le Devoir* pour faire contrepoids à cet immense secteur de la presse dévoué à l'Union nationale. Quand Mgr Charbonneau acheta *Le Devoir* en 1946-47, on établit en même temps un système fiduciaire qui allait garantir au journal son indépendance des partis politiques et de l'archevêque lui-même. Le directeur serait nommé par les administrateurs pour cinq ans et durant cette période serait libre de toute ingérence. On espérait que les liens du journal avec l'archevêque, dont les intérêts étaient représentés par les administrateurs, apporteraient au journal prestige et sécurité financière. Par ses premières nominations au quotidien *Le Devoir,* Mgr Charbonneau créa un noyau d'intellectuels, défenseurs d'une certaine pensée, qui survécut au règne de son fondateur et continua à s'acharner contre les adversaires de ce dernier durant les années cinquante. Parmi ces adversaires, Duplessis figurait en tête de liste.

Le Devoir avait toujours été un journal épineux dont la vocation naturelle était d'aller en sens contraire de la pensée courante. Il avait manifesté une hostilité implacable à Gouin, Taschereau et Godbout. Ce journal catholique et nationaliste avait une attitude élitiste qui se retrouvait chez ses lecteurs. C'était "la bonne presse" comme l'avait baptisée Taschereau sur un ton sarcastique. Ce journal avait réponse à tout; condescendant et méprisant, malicieux et moralisateur il faisait penser à ces prélats du dix-neuvième siècle, intelligents mais insupportables, qui reprochaient constamment à leurs ouailles l'énormité de leurs imperfections auxquelles le sermonneur échappait comme par un don miraculeux. Cependant *Le Devoir* avait des qualités qui compensaient ce ton désagréable et le rendaient même sympathique. C'était un journal relativement intellectuel, d'une honnêteté singulière et auquel absolument rien ne faisait peur. Il ne pouvait être ni soudoyé ni intimidé.

Le Devoir avait appuyé Duplessis au début de sa carrière et surtout après 1931 alors que le journal se tourna contre Houde. Et en 1934 Duplessis avait rendu un grand service à ce quotidien en suggérant que son ami, L.P. Deslongchamps, publie une page agricole dans *Le Devoir,* augmentant ainsi le tirage de ce journal dans les campagnes. (30) Bien que sympathique à Hamel et Grégoire, ce journal n'en déserta pas pour autant Duplessis durant son premier mandat et finalement l'appuya en 1939 comme un moindre mal comparativement à Godbout. Mais avec la montée du Bloc populaire, *Le Devoir* se détourna de Duplessis. Et puis quand le Bloc s'effrita et fut réabsorbé dans la grande coalition nationale de Duplessis en 1948, le journal appuya de nouveau Duplessis mais pour un temps et sans grand enthousiasme. En effet, quand survint l'affaire d'Asbestos en 1949, *Le Devoir* se tourna résolument contre le Premier ministre.

En 1947 Gérard Filion succéda à Georges Pelletier à la direction du quotidien *Le Devoir*. Ancien secrétaire général de l'Union catholique des cultivateurs, rédacteur en chef de *Terre de Chez Nous,* organe de l'Union, il était apparenté aux Simard par sa mère. Filion ne claironnait pas son parti pris pour les libéraux. André Laurendeau, brillant écrivain mais d'un caractère instable devint le rédacteur en chef du journal après qu'il se fut retiré de la vie publique avec la disparition du

M. Gérard Pelletier, ministre fédéral des Communications. (C.P. photo) ▶

Bloc populaire. Il avait déjà amplement démontré son hostilité envers Duplessis mais, contrairement à Filion, il allait garder un certain sens des proportions. Pierre Laporte était le principal correspondant parlementaire. Duplessis, qui appréciait les talents évidents de ce jeune avocat compétent, s'était, pour un temps, pris d'amitié pour lui. Les autres hommes marquants de cette administration furent Antonio et Jacques Perrault, père et fils, libéraux bien connus, amis et conseillers légaux de Mgr Charbonneau. Jacques Perrault était particulièrement intelligent, mais corrompu, excentrique et porté à appuyer les causes politiques les plus bizarres. Et finalement, accablé de dettes, de poursuites, mêlé à toutes sortes de tricheries financières et sentimentales, il se suicida vers le milieu des années cinquante.

Le Devoir offrait un port d'attache sûr aux dissidents intellectuels: les membres rebelles du clergé tels les Pères Dion et O'Neill, les avocats antiduplessistes, les quasi-intellectuels tels Trudeau et Pelletier, les désenchantés des mouvements ouvriers, les amis de Charbonneau et les disciples de Georges-Henri Lévesque. Ce qui impressionne encore plus chez ce groupe que la vigueur de son opposition au gouvernement, c'est sa réussite à convaincre la plupart des Canadiens et une forte proportion de l'opinion de la postérité, qu'eux seuls s'étaient opposés à la dictature de Duplessis qu'on disait être modelée sur le Troisième Reich.

Le 15 décembre 1949, Duplessis annula son abonnement au journal *Le Devoir* et durant les derniers dix ans de sa vie, ce journal publia presque toutes les semaines un article diffamatoire sur Duplessis. Par exemple, le 30 août 1950, *Le Devoir* déclarait, sans preuve, que Duplessis avait envoyé la police faire une descente au bureau de George Marler. Quand Duplessis accepta les octrois fédéraux aux universités, *Le Devoir* annonça en gros titre, le 10 mars 1952: "Le gouvernement Duplessis capitule devant Ottawa". Durant la grève de Louiseville, Filion résuma la situation en comparant le Québec aux pays d'Extrême-Orient "où des potentats comme Duplessis mènent la population à coups de gourdins". (31) Laurendeau écrivait que la législation régissant la situation de l'Iron Ore Company, dans l'Ungava "comporte pour la compagnie la possibilité évidente de se renouveler indéfini-

Gérard Filion, le 12 août 1963. (Montreal Star — Canada Wide) ▶

ment". Mais Laurendeau lui-même avait voté pour le projet de loi de la mise en valeur de l'Ungava, projet qui prévoyait le renouvellement du bail de la compagnie et une revue du montant des redevances tous les dix ans. (7 décembre 1954)

Le 29 mai, à la veille des élections provinciales de 1956, *Le Devoir* faisait paraître un numéro spécial sur les quinze années du régime Duplessis. Une caricature dépeignait Duplessis comme un énorme monstre dont les griffes acérées retenaient la province de Québec représentée par une jeune fille. On disait que Duplessis avait fait du Québec un repaire de voleurs où la seule raison d'être des taxes était d'engraisser les rats de l'Union nationale.

L'étude des Pères Dion et O'Neill sur l'élection fut publiée le 7 août 1956. Le lendemain Laurendeau commenta: "Qu'est-ce que ce serait après tout pour une compagnie comme l'Iron Ore que de verser cinq millions à la caisse électorale de M. Duplessis, si elle a la garantie que, pour tant d'années à venir, elle ne paiera en réalité qu'un cent la tonne?"

L'année suivante, lors de la grève à la Gaspé Copper Mines de Murdochville, Filion écivit, le 28 août 1957, qu'il croyait qu'il existait une entente entre Duplessis et la compagnie pour écraser les syndicats en échange de contributions électorales.

A l'été de 1959 la rumeur se répandit à l'effet que la santé de Duplessis se détériorait. Cette rumeur fut bientôt fondée. *Le Devoir* réagit en faisant paraître une caricature d'un Duplessis vieilli, entouré d'adulateurs et qui portait la légende: "Avec Popol, Ti-Toine et Gerry, le vieux peut mourir tranquille." Il s'agissait de Paul Sauvé, Antoine Rivard et Gérald Martineau.) (16 juin 1959)

Dès qu'il y avait une grève, on disait que Duplessis était de connivence avec l'employeur pour écraser les ouvriers en échange de contributions sauf lorsqu'il s'agit de la grève plutôt comique des typographes au journal *Le Devoir* où Filion, après avoir déclaré un lock-out, fit venir des briseurs de grève. (32) Au moindre doute, *Le Devoir* lançait des accusations de scandale contre Duplessis et le gouvernement comme lors de l'affaire du gaz naturel, où, en fin de compte, il n'y avait pas eu d'abus grave. (33)

Si les autres journaux publiaient des nouvelles favorables à Duplessis, *Le Devoir* s'arrangeait pour les déformer. Ainsi, le 29 août 1958, Vincent Prince écrivait dans *La Presse* qu'une rencontre entre Duplessis et un groupe d'universitaires avait eu beaucoup de succès et s'était déroulée de façon harmonieuse. Pierre Laporte, rapportant le même événement, parlait de la subjugation des étudiants "aux caprices du Premier ministre". (34)

En fait, la performance de Laporte à cette époque était loin d'être celle qu'on lui attribua par la suite. Quelques mois après la mort de Duplessis il faisait paraître un livre intéressant mais superficiel sur Maurice Duplessis. Il y faisait entre autres, et avec beaucoup d'humour, une description assez juste de Duplessis présidant le comité des bills privés mais sans toutefois mentionner sa propre et extraordinaire comparution devant ce comité. Cela se passait en décembre 1951. Laporte accompagnait son grand-père, Alfred Leduc, alors sénile mais qui en 1944 avait défait le député Alfred Sévigny. Ils venaient présenter une pétition pour l'adoption d'un bill que Pierre Laporte avait lui-même préparé. Ce bill révoquait la transmission des certificats de valeurs du commerce d'Alfred Leduc à son fils, qui avait quitté un poste de gérant chez Dupuis Frères pour prendre la relève de son père, et en distribuait la propriété parmi ses quinze enfants et leurs successeurs, dont Pierre Laporte lui-même. George Marler s'opposa à cette mesure comme étant sans fondement et hors de la juridiction du Comité qui, en agissant dans ce cas, se substituerait à la Cour supérieure. Mais Duplessis, selon sa coutume, força le passage de ce bill le 19 décembre 1951.

Duplessis était probablement sous l'impression qu'il pouvait apaiser les critiques du journal *Le Devoir* en s'attirant l'amitié du correspondant du Québec. Mais la faveur de Laporte ne s'achetait pas en permanence. Ce dernier continua à dénigrer le gouvernement, suivant en ceci le ton de son journal quand ce n'était pas lui qui le donnait. On trouvait ou imaginait des scandales partout. En 1955 il publia une bien triste histoire de gaspillage et de pots-de-vin relative à la construction du barrage de Bersimis. Il n'avait pas vérifié les faits et avait basé son article sur les dires, pour la plupart fictifs, de deux ingénieurs français à qui il ne plaisait évidemment pas de passer le mois de janvier dans la désolation lunaire d'une région presque arctique. C'était un récit fortement coloré où de lourdes pièces de machinerie disparaissaient sous les glaces, et ainsi de suite. Le 4 février 1955, Georges-Emile Lapalme demanda des explications à Duplessis devant l'Assemblée.

Duplessis rétorqua que la réponse se trouvait entièrement dans la malveillance, la malhonnêteté et la lâcheté du correspondant du journal *Le Devoir* qui à ce moment-là était assis dans la tribune de la presse. Duplessis continua à débiter sa condamnation sur un ton mordant pendant plusieurs minutes. Tous se taisaient devant la fureur du Premier ministre. Au bout de quelques minutes les collègues de Laporte, qui l'entouraient au moment où Lapalme avait posé la question, le désertèrent et Laporte resta seul à écouter Duplessis le dénoncer d'une voix sourde et menaçante. Il n'y avait plus que lui à la tribune lorsque Duplessis, le pointant d'un doigt crochu, dit: "J'ai nourri une vipère dans mon sein." *Le Devoir* fit de Laporte un martyr, flagellé par le verbe acéré de Duplessis, et Filion accusa Duplessis d'avoir le "langage d'un chauffeur de taxi parisien".

Puis l'histoire de famille de Laporte refit surface lorsque le Père Philippe Leduc, un des fils d'Alfred Leduc qui était mort entre temps, vint trouver Duplessis et déclara sous serment que le compte rendu de Laporte qui avait privé le jeune Leduc de la propriété du commerce de son père était faux. Il présenta un nouveau bill privé qui fut adopté sans opposition ou commentaires publics, le 22 février 1955, restaurant ainsi la propriété Leduc. Il est raisonnable de présumer que si l'initiative de Laporte en 1951 avait été autre chose que de la cupidité et du mensonge, *Le Devoir* n'aurait cessé pendant le reste des années cinquante de clamer que Duplessis avait volé le juste héritage de Laporte.

Les caricaturistes au journal *Le Devoir* durant les années cinquante étaient Normand Hudon et Robert Lapalme. Leurs caricatures, d'un goût douteux, voire même barbare, faisaient rarement preuve de finesse, surtout lorsqu'il s'agissait de leur sujet favori, Duplessis. Ils dépeignaient ce dernier comme un personnage hideux et grossier, ou mieux comme un entrepreneur de pompes funèbres, parfois comme un entremetteur, souvent comme un oiseau rapace, un valet de la finance étrangère ou en compagnie de Nazis. Martineau apparaissait comme le bourreau masqué et Daniel Johnson comme le diablotin adulateur.

Durant toute cette période *Le Devoir* fut remarquable par sa ténacité, par son zèle à suivre une piste et par son audace. C'était le seul quotidien complètement indépendant de la province. Cependant il avait souvent des commentaires violents, hypocrites et qui manquaient d'intelligence. Au Canada anglais ses chefs étaient souvent considérés comme des vedettes malgré leurs opinions souvent franchement racistes, violemment nationalistes, diffamatoires, contraires aux normes professionnelles de la recherche, de l'impartialité ou de la commune décence.

Le cardinal Paul-Emile Léger, jugea ce journal avec beaucoup de clairvoyance. Le cardinal, homme d'une grande discrétion, indirectement propriétaire du journal en tant que successeur de Mgr Charbonneau, était incapable d'en influencer la politique, ce que d'ailleurs il ne désirait probablement pas. (35) Il n'était pas un grand partisan de Duplessis. Le 16 août 1956, il répondait à la lettre d'Anatole Vanier qui avait exprimé en termes énergiques son hostilité au quotidien *Le Devoir:*

> *Je partage vos inquiétudes concernant la campagne entreprise par l'équipe du journal* Le Devoir *et l'éditorial de samedi n'est pas plus rassurant. Ces attitudes semblent être inspirées par un orgueil subtil et je crains que le résultat atteint ne soit au détriment de la foi.*
>
> *Comme toujours, le fallacieux prétexte de défendre l'Eglise devient une arme tournée vers elle. La manoeuvre a été souvent exploitée par ses ennemis, même si ceux qui l'avaient forgée étaient sincères.*
>
> *La rédemption des âmes exige une part de souffrance que la Providence réserve à ses apôtres. Nous sommes prêts à boire le calice qui nous est présenté, mais le Seigneur nous envoie un réconfort à l'heure des agonies. Votre lettre en est une preuve et je vous en remercie.*

Heureusement pour Duplessis, le tirage du journal *Le Devoir* ne représentait qu'un cinquième de celui de *La presse,* un quart de celui du *Soleil* et du *Montréal-Matin* et était beaucoup moindre que ceux de *La Tribune* et du *Nouvelliste. Le Devoir* n'avait pas grande influence sur les électeurs de l'époque mais eut un effet considérable sur les historiens improvisés et malveillants. Duplessis ne fit aucun effort véritable pour museler le journal mais cela n'empêcha nullement ses principales vedettes de se donner des airs de victimes. Duplessis interdit l'accès aux journalistes du journal à ses conférences de presse après 1958 et il alla même jusqu'à faire éconduire de son bureau le remplaçant de Pierre Laporte, Guy Lamarche, avec menace d'employer la force s'il résistait et cela après avoir personnellement souhaité la bienvenue et donné la main à tous les autres journalistes présents. Duplessis avait de la haine pour Filion, de l'inimitié pour Laurendeau et du mépris pour Laporte même s'il croyait que Laurendeau et Laporte avaient tous deux beaucoup de talent. Il ne tenta pas d'écraser le journal en faisant pression auprès de l'archevêque de Montréal, des compagnies de papier journal, de ceux qui y faisaient passer des annonces publicitaires, ou des lecteurs. Mgr Vandry, recteur de l'Université Laval, demanda aux étudiants et aux anciens de boycotter le journal durant la grève d'Asbestos mais cette manoeuvre eut peu de succès et fut de courte durée, et n'avait pas été inspirée par Duplessis.

Il y eut un temps où les attaques du journal *Le Devoir* intriguaient Duplessis mais quand il commença à se faire vieux il devint plus pointilleux et perdit tout intérêt, même de nature sociologique, en ce journal et tenta tout simplement de n'y plus penser. (*Cité Libre* était un journal mensuel, un ressassage subtil du quotidien *Le Devoir* présenté sur un ton affecté et précieux.) Le courage et le mérite légendaires du journal *Le Devoir* des années 1949-1959 ne sont en sommes que farces et mensonges que venaient tempérer les éditoriaux d'André Laurendeau dont le beau style rachetait jusqu'à un certain point les remarques peu charitables.

Les rapports entre Duplessis et le monde du journalisme étaient quelque peu extraordinaires. Il lisait les journaux attentivement et était toujours conscient de leur importance politique pour lui. Non seulement faisait-il en sorte que les directeurs de journaux lui soient favorables mais il se donnait aussi beaucoup de peine pour influencer les journalistes. Ces derniers étaient mal rémunérés à cette époque et le gouvernement provincial donnait des primes aux journalistes qui le méritaient, le mérite étant strictement affaire de partisannerie. Duplessis marquait sa préférence pour un correspondant en lui offrant des nouvelles en primeur, des petits voyages, des attentions de toutes sortes mais jamais d'argent. Un mot de Duplessis au directeur ou au rédacteur en chef suffisait à faire promouvoir un journaliste ou à mettre fin à sa carrière.

Il tenait ses fameuses conférences de presse tous les vendredis, à midi, sauf durant l'affaire du gaz naturel où il annulait les conférences et les reportait à plus tard afin d'éviter tout contact avec *Le Devoir;* il refusa par la suite de reconnaître ce journal ou de l'honorer du moindre commentaire. Laporte écrivit: "Les conférences de presse du vendredi... auront été son plus puissant et son plus complet instrument de propagande." (36) Il n'annonçait jamais ces conférence à l'avance mais, si le coeur lui en disait, il faisait venir les journalistes, donnait la main à chacun pendant qu'ils défilaient devant son pupitre en donnant leur nom et celui du journal qu'ils représentaient. Les journalistes posaient rarement des questions sauf celles qui étaient tout à fait inoffensives: "Avez-vous nommé des Conseillers la Reine cette semaine?", ou quelqu'autre question qui donnait à Duplessis l'occasion d'entreprendre le récit des réalisations de son gouvernement. Duplessis était pleinement conscient de l'effet créé par la constante répétition et, pour la même raison que chaque année il présentait un bill donnant suite à chacun de ses programmes au lieu de tout simplement faire voter les budgets nécessaires, il répétait laborieusement toutes les semaines aux journalistes tout ce que son gouvernement avait fait et beaucoup de choses qu'il n'avait pas accomplies dans de nombreux domaines.

Les conférences de presse ne servaient pas qu'à la propagande mais aussi à sermonner et à critiquer les journalistes. S'il avait remarqué des omissions, des inexactitudes dans un article ou une gentillesse qu'il croyait excessive envers l'Opposition, il avertissait le journaliste en question, plus ou moins poliment selon le nombre de fois que la faute avait été commise. Si un journaliste qui lui avait déplu avait la témérité de poser des questions, il l'ignorait, le fixait du regard ou lui faisait des remontrances et aucune des personnes ainsi prises en faute ne risquait un commentaire, pas même les journalistes du journal *Le Devoir*. Dans un échange face à face, Duplessis pouvait terrifier presque n'importe qui au Québec.

Un nommé Thivierge qui avait déplu à Duplessis, ce qui n'était pas difficile à faire, posa une question et Duplessis lui répondit aussitôt: "Thivierge, quand je te regarde je me demande si t'es un *ti-vierge* ou bien un *ti-crisse."* (37)

La "conférence" même était un long monologue, sans but précis, mais au cours duquel Duplessis se félicitait de ses actions tout en fai-

Duplessis en compagnie de journalistes dont René Lévesque en avant-plan, le 6 octobre 1954. (La Presse)

sant des mots d'esprit. Il s'offusquait si les journalistes n'écrivaient pas chaque mot qu'il disait. Il s'arrêtait alors et ordonnait qu'on écrive tout puis demandait qu'on relise ce qu'il avait dit, façon de vérifier si on portait attention.

La conférence de presse terminée, les journalistes restaient quelques instants dans le bureau de Duplessis et le Premier ministre, sans se lever de son pupitre, se mettait alors à parler sur un ton détendu. "C'est peut-être à ces moments-là que monsieur Duplessis était le plus intéressant, le plus spontané," écrivait Laporte et tous ceux qui assistèrent à ces réunions sont de l'avis que Duplessis, par sa vivacité, son originalité et sa mémoire, captivait immanquablement ses interlocuteurs. Il était convenu que tout ce qui se disait à ces séances privées n'était pas pour publication et Duplessis n'aimait pas y voir de nouveaux visages dont il se méfiait. Laporte raconte qu'un jour, le corres-

*Dévoilement de la statue de Sir Thomas Chapais à Saint-Denis (Kamouraska) en 1951.
(Roger Ouellet)*

pondant du *Soleil* ne pouvant venir, on avait demandé à un autre journaliste de le remplacer. Ce dernier n'avait pas eu le temps de se raser;
Duplessis l'apostropha immédiatement: "Qui représentez-vous?" Le
journaliste répondit."*Le Soleil* "et Duplessis rétorqua:"Vous êtes bien
sombre pour représenter *Le Soleil!*" *(38)*

Il arrivait à Duplessis de se tromper, bien que rarement puisqu'il
avait une excellente mémoire, en citant des statistiques ou des noms.
Mais ces erreurs, il les attribuait toujours à un autre, qui lui avait fait
dire une chose inexacte. Si une erreur était publiée par inadvertance, il
demandait toujours une rectification et n'admettait jamais s'être
trompé. En vieillissant il lui arrivait plus souvent d'être de mauvaise
humeur, en partie parce qu'il sentait décliner sa mémoire et son pouvoir
de concentration légendaires. Parfois il menaçait d'expulser les journalistes de la tribune de la presse ou de les faire congédier par le journal
qui les employait, ce qui était certainement en son pouvoir. Mais ce

545

n'étaient qu'éclats momentanés auxquels il ne donnait jamais suite et il déconcertait parfois le journaliste en question en le prenant à part pour s'excuser de son irascibilité.

Quoi qu'il en soit, la presse était fascinée par cet homme. Brillant, dangereux et tout-puissant, il était un sujet de nouvelles intarissables. Laporte écrivait:

> *Il connaissait bien les journalistes et il aimait à transiger avec la plupart d'entre eux. En leur compagnie, il était tout à fait lui-même, c'est-à-dire qu'il savait être charmant, se montrer d'une amabilité qui enchantait ceux qui le fréquentaient, ou bien être désagréable comme lui seul pouvait l'être... Il prit fin brusquement le 7 septembre 1959. Même les journalistes qui avaient rêvé de ce jour ont été attristés par la nouvelle... Des journalistes ont pleuré au pied de la tombe de monsieur Duplessis. Pour les uns, c'était un ami qui disparaissait, pour les autres, un adversaire tenace, de taille...*
>
> *Aucun cependant n'hésitera à dire qu'avec monsieur Duplessis disparaissait un politicien pittoresque, vif comme l'éclair, intelligent. Il se passera bien des décennies avant qu'un homme semblable ne fasse les délices et le désespoir de la presse!* (39)

RÉFÉRENCES — CHAPITRE 9

1. *Annuaire statistique de la Province de Québec*, 1944 et 1959.

2. D.B.S. *Canada Year Book*.

3. *FMLD*, notes pour A. Barrette et pour les discussions fédérales-provinciales, 21 juin 1955.

4. *Annuaire statistique de la Province de Québec*, 1944 et 1959.

5. Herbert F. Quinn, *The Union Nationale*, Toronto, 1963, p. 93.

6. Ibid., p. 94.

7. *Le Devoir*, 9 décembre 1952.

8. Ibid., 20 décembre 1952.

9. Ibid., 12 décembre 1952.

10. Ibid., 9 septembre 1957.

11. Ibid., 10 juillet 1957.

12. La version de Quinn comporte certaines inexactitudes, op. cit., pp. 158-160, notamment son affirmation que le syndicat représentait quatre-vingt pour cent des ouvriers, qu'il incombait à Duplessis de régler la dispute et qu'il y eut des actes de violence comparables à ceux d'Asbestos.

13. *New York Times*, 22 avril 1956, section 10, p. 26.

14. Herbert F. Quinn, Leslie Roberts et Cameron Nish (*Quebec in the Duplessis Era, 1935-1959: Dictatorship or Democracy?*, Toronto, 1970, est un méli-mélo de coupures de périodiques et d'ouvrages divers choisis avec une attention partisane), sont les principaux coupables sauf pour les écrits prétentieux de Durocher et Desrosiers et les tracts marxistes de Léandre Bergeron. Quant aux commentaires désinvoltes et hargneux de Ramsay Cook, ils apportent bien peu à la discussion.

15. *FMLD*, lettre de Charles H. Peters, 23 mai 1958.

16. Charlie Peters nous a raconté (le 27 avril 1976) que pendant ses dernières années, Duplessis avait des exigences excessives envers la *Gazette* et que certains actionnaires (la famille White et sa parenté) étaient de l'avis que John Bassett était trop intime avec Duplessis. MM. Peter et Collard conservent toujours leur admiration de Duplessis dans la force de l'âge.

17. M. Peters prétend que ce n'est pas Duplessis qui convint des modalités de la vente finale.

18. *FMLD*, 2 octobre 1929.

19. Ibid., 1er novembre 1929.

20. Laporte, op. cit., p. 130.

21. Ludington est l'un des derniers raconteurs remarquables de l'époque Duplessis.

22. De temps à autre Tracy Ludington fait paraître cette histoire de nouveau. Etant donné qu'il a travaillé un peu partout — en mai 1976 il était au *Monitor* — cet article a paru dans de nombreux journaux. C'est Arthur Dupont qui l'accompagnait lors de cette visite chez Duplessis.

23. *FMLD*. Les deux partis en présence présentèrent chacun un récit détaillé des faits selon son point de vue, à *La Presse*, et Edouard Asselin, que Duplessis avait chargé d'examiner la question, fit de même.

24. A cette époque le chef de la British United Press au Canada était Robert Keyserlingk, un gentleman qui a beaucoup voyagé. Ce dernier expliquait à Duplessis que son service de presse était mal renseigné par les pigistes à son service à travers la province. Duplessis entretint par la suite des rapports cordiaux avec Keyserlingk mais préféra continuer à blâmer Radio-Canada pour toute l'affaire.

25. *FMLD*, lettre de Duplessis, 18 septembre 1953.

26. Ibid., 8 juin 1954.

27. Tourigny, Ouellet, Auréa Cloutier et Robert Rumilly.

28. Robert Rumilly.

29. Louis Francoeur trouva la mort dans un accident de voiture le 1er juin 1941. On lui fit les funérailles les plus spectaculaires dans l'histoire de la province et qui rappelaient celles d'une idole des films d'Hollywood. Adélard Godbout offrit un emploi à Mme Francoeur quand il vint offrir ses condoléances au salon funéraire. Louis Francoeur était novice au monastère des Bénédictins en Belgique quand la Première Guerre vint changer sa vocation. Il fut par la suite espion pour les Alliés, journaliste, candidat politique et vedette de radio. Pendant plus de vingt ans peu de gens au Québec pouvaient égaler l'originalité de son talent.

30. Le journal, *Le Bulletin*, devait de l'argent au quotidien *Le Devoir*, qui était son imprimeur et principal créancier. Duplessis résolut le problème en arrangeant une rencontre entre Deslongchamps et Pelletier. Deslongchamps devint par la suite chef de l'Office de l'Electrification rurale.

31. *Le Devoir*, 13 décembre 1952.

32. Voir la description comique qu'en fait Rumilly dans *Duplessis* vol. 2, pp. 524-5.

33. Voir chapitre 3 où l'on décrit comment *Le Devoir* compliqua toute la question du fameux "Toé, tais-toé!" faute d'avoir consulté le journaliste à son emploi, Mario Cardinal.

34. Jean Cournoyer, subséquemment ministre sous Bertrand et Bourassa et qui succéda à Pierre Laporte après l'assassinat de ce dernier en 1970, prit la tête d'une telle délégation d'étudiants. Au moment où Cournoyer, homme de petite taille, entrait en hésitant dans le bureau de Duplessis, ce dernier se tourna vers Tourigny et dit d'une voix forte: "Cette délégation vient-elle des universités ou des jardins d'enfants?" (Tourigny) Le 7 mars 1958 des étudiants commencèrent une occupation du bureau de Duplessis qui dura environ trois semaines. La protestation était dirigée par la fille d'André Laurendeau, Francine, une activiste des milieux socialistes univer-

sitaires, par Jean-Pierre Goyer, qui allait un jour devenir procureur général du Canada, et un nommé Bruno Meloche. Duplessis passait parmi eux quand il se rendait aux toilettes mais sans céder à la tentation de passer quelque remarque grivoise et les étudiants n'eurent pas le courage de l'interpeller. Finalement, après des semaines de piquetage paisible mais ennuyeux pour la bonne marche du bureau, ils cessèrent d'apparaître tous les matins, sans avoir été officiellement harcelés, sans doute au grand désappointement du journal *Le Devoir*.

35. Le cardinal se disait incapable d'intervenir dans les affaires du quotidien *Le Devoir* (14 décembre 1973, etc.). Quoi qu'il en soit cela lui convenait probablement puisqu'il pouvait ainsi dire à Duplessis qu'il ne pouvait aucunement influencer le journal tout en se conciliant les adversaires de Duplessis en ne faisant aucun effort pour l'influencer.

36. Laporte, op. cit., p. 125.

37. Ibid., p. 127.

38. Ibid., p. 129.

39. Ibid., pp. 136-138.

L'homme et la légende

Maurice Duplessis était un personnage paradoxal, à la fois sociable et solitaire, généreux et cruel, magnanime et rancunier; défenseur fanatique du Parlement, des tribunaux et de la loi, il les manipulait pourtant sans vergogne pour en arriver à ses propres fins. Lecteur avide, il se passionnait pour les biographies politiques et dévorait des ouvrages volumineux sur la théologie et la loi mais aimait prétendre qu'il n'avait pas lu un seul livre depuis sa sortie de l'université. Duplessis garda son mystère même pour ses plus proches collaborateurs.

Selon toute apparence, ses opinions étaient déjà formées et ses ambitions bien arrêtées au moment de la Première Guerre mondiale, alors qu'il n'avait pas encore trente ans. Dès lors, et pour les dernières quarante années de sa vie, il se laissa guider par son instinct, sauf pour quelques mauvaises décisions durant son premier mandat comme Premier ministre. En 1943 il abandonna une fois pour toutes la consommation de boissons alcoolisées. En revanche, il buvait tous les jours environ deux gallons de jus d'orange que lui préparait le restaurant parlementaire, utilisant pour ce faire une caisse d'oranges par jour. A la suite de cette décision, il devint plus impénétrable que jamais, plus concentré, plus poussé par un mobile intérieur. Sa condition de diabétique l'obligea à se faire une injection quotidienne d'insuline pendant les seize dernières années de sa vie.

Il habitait seul au Château Frontenac et, tôt levé, était toujours le premier client à se présenter chez le barbier de l'hôtel. Tous les mercredis, il assistait fidèlement à la messe de 6 h 30 à la cathédrale. Le soir, il faisait jouer ses disques d'opéra ou de musique classique dont il possédait une belle collection et lisait les journaux en les éparpillant un peu partout. Seule Auréa Cloutier avait la permission de remettre de l'ordre dans les lettres et périodiques qui encombraient ce modeste appartement. Il passait ses fins de semaine soit au Ritz-Carlton à Montréal ou à Trois-Rivières, dans sa maison où il n'occupait qu'une seule pièce car sa soeur, Mme Langlois, y habitait en permanence avec son mari, associé du bureau d'avocat de Duplessis.

Jusqu'au début des années cinquante il avait l'habitude d'aller à pied à la cathédrale et à l'Assemblée législative, accompagné de son seul garde-du-corps, le fidèle et bien renseigné Walter Duchesneau. Il saluait les enfants au passage mais des policiers municipaux et provinciaux, postés sur le parcours à intervalle régulier, empêchaient les interlocuteurs moins bienvenus de s'approcher du Premier ministre. Sauf les assemblées politiques et, à l'occasion, une partie de croquet, c'était là son seul exercice physique.

Durant les dernières dix années de sa vie, dès qu'il avait à parcourir une distance si courte soit-elle, Duplessis était transporté tel un Jésus de Prague vieillissant dans l'une des deux grosses limousines de marque Cadillac qu'achetait chaque année le gouvernement pour son usage. Ceci était contraire aux habitudes de Taschereau et de Godbout dont les voitures officielles n'avaient rien de remarquable. Celles de Duplessis étaient ornées de petits drapeaux flottant au vent et leurs plaques d'immatriculation ne portaient qu'un seul chiffre. Les numéros de plaques d'immatriculation de un à deux mille étaient réservés aux amis de l'Union nationale et étaient révélateurs du rang qu'occupait chacun dans l'ordre officiel; même le lieutenant-gouverneur voyait le numéro de sa plaque réajusté selon la faveur qu'on lui accordait au bureau du

Premier ministre. Vers 1955, la série spéciale fut portée à quatre mille et Duplessis expliqua à l'Assemblée, en réponse aux questions d'un député, que l'Union nationale avait réussi à doubler le nombre de ses amis.

Duplessis fut le premier à apporter un tant soit peu de cérémonial à la fonction de Premier ministre. En plus de faire en sorte que le Premier ministre soit traité avec plus de pompe, il fit graduellement diminuer l'importance du lieutenant-gouverneur et le drapeau du Québec devint l'accessoire central à nombres d'occasions qui rappelaient le salut formel au drapeau pratiqué dans les Etats souverains.

C'était Duplessis qui immanquablement dirigeait les cérémonies que présidait officiellement le lieutenant-gouverneur. Il faisait circuler les invités, passait tout haut ses commentaires, disait à chacun de boire son champagne et décidait à quel moment le tout devait prendre fin. Ses commentaires souvent mordants tombaient toujours à propos, comme lors de l'assermentation de Patrice Tardif comme conseiller législatif. Duplessis lui tendit la plume pour signer le document officiel en disant bien haut pour que tous l'entende: "Patrice, prends ça, car c'est la plume qui différencie l'homme de l'oie (loi)!" (1)

L'aspect physique de Duplessis a déjà été décrit. Pour résumer, c'était un homme à l'allure distinguée selon le modèle traditionnel de la haute bourgeoisie française provinciale, le visage anguleux, le nez proéminent, un sourire splendide, une chevelure épaisse, et une moustache mince et soignée. Il faisait cinq pieds neuf pouces, s'habillait avec goût, portait toujours des complets sobres, bruns ou bleus et rarement plus extravagants que le veston croisé, aux larges revers, le gilet, la cravate de soie et la pochette assortie. Il tolérait mal que ses collègues portent des vêtements trop voyants ou d'allure sportive. Ce n'est qu'après la mort de Duplessis que les députés de l'Union nationale en vinrent à être reconnus pour une élégance vestimentaire douteuse faite de chemises de couleur, de cravates à motifs, d'énormes boutons de manchette clinquants, de chaussettes à losanges et de complets de coupe exotique. Sous Duplessis, rien de tout ceci n'aurait été toléré.

Duplessis prit du poids en vieillissant et son pas se ralentit mais il garda jusqu'à la fin l'intensité foudroyante de son regard. Pierre Laporte écrivit à propos de Duplessis: "Etonnamment vifs et intelligents, ses yeux étaient le miroir fidèle de toutes les impressions désagréables

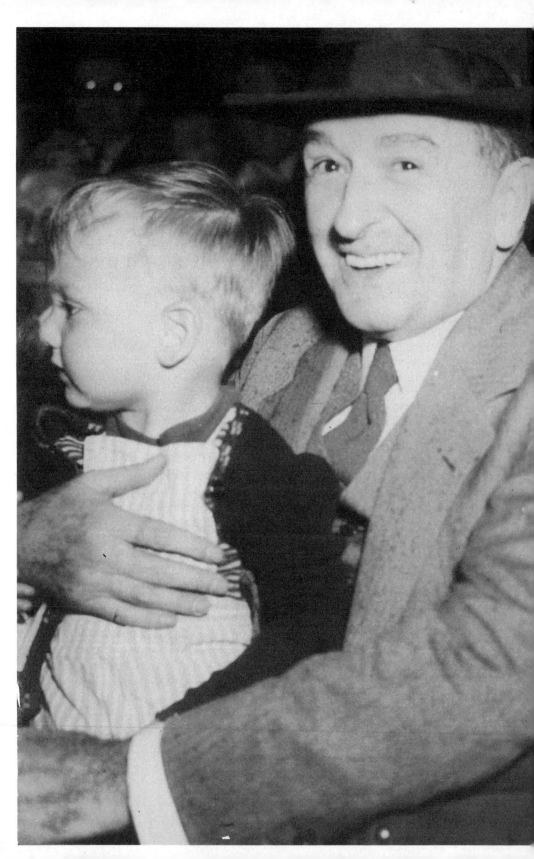

ou agréables qui se bousculaient dans ce cerveau toujours en ébullition... Les yeux de monsieur Duplessis avaient, enfin, un magnétisme inexprimable, irréel. Que de fois des députés ont critiqué entre eux certaines attitudes du chef, se sont encouragés les uns les autres à protester, ont décidé de s'en ouvrir carrément à monsieur Duplessis. Une fois devant lui, ils ont été sans voix pour exposer leurs griefs. Ils n'avaient pu soutenir le regard de ce meneur d'hommes." (2)

Comme orateur, Duplessis était sans pareil. Dès le séminaire il avait abandonné le style dans lequel Godbout, Chaloult, David et Cardin excellaient. Plus sentimental que Bouchard, il était aussi plus humoristique mais sans aller jusqu'au style désopilant de Camillien Houde. Il se répétait continuellement et faisait des fautes de grammaire mais dans l'art de captiver un auditoire, de l'amener à penser comme lui, il était imbattable:

> *Rares sont les politiciens qui savaient aussi bien dominer un auditoire, l'enthousiasmer pour des idées parfois abstraites, l'ameuter contre l'adversaire, quelques fois pour des vétilles. Lancé dans ses grandes envolées oratoires, monsieur Duplessis donnait l'impression d'être debout sur un ressort. Chaque période, chaque phrase était marquée par un élan de tout son corps. Il parlait lentement pendant quelques minutes, préparait son auditoire, donnait l'impression de chercher sur quel terrain il allait attaquer, enflait la voix, puis se lançait soudain dans des périodes saccadées, parlait à la vitesse d'une mitrailleuse et terminait avec des propos à l'emporte-pièce qui arrachaient des applaudissements à ses partisans. (3)*

Duplessis donnait toujours le même discours à la fête annuelle qu'Hormidas Langlais organisait au nom du caucus pour célébrer l'anniversaire de naissance du Premier ministre. Chaque année Duplessis redisait avec une grande émotion combien ses parents, le regardant du haut du ciel, devaient être fiers de lui. Il faisait une pause, toussotait, puis se lançait à fond de train, réussissant toujours à émouvoir même la vieille garde parmi les députés. Plusieurs sortaient de cette séance la larme à l'oeil.

◀ *Au dire de Mlle Auréa Cloutier, Duplessis adorait les enfants mais il était maladroit avec eux. (Prisma — Soc. des Amis de M.L. Duplessis).*

Le Bloc populaire avait réussi à donner à la sempiternelle question de l'électricité, une place très importante durant la campagne de l'élection partielle de 1945, dans la Beauce, qui avait été provoquée par la démission d'Edouard Lacroix. Selon toute apparence le gouvernement allait perdre ce comté, une possibilité inquiétante étant donné sa mince majorité parlementaire. Mais quelques jours avant la fin de la campagne, Duplessis, prenant la parole dans ce comté, commença son discours en disant: "Electeurs, électrices... électricité!"Ce simple calembour provoqua un tonnerre d'applaudissements et de rires qui dura bien dix minutes. Et tout à coup, la question si chaudement débattue par l'Opposition sembla ridicule (4). L'Union nationale remporta l'élection partielle.

A l'Assemblée comme durant les campagnes électorales, Duplessis savait toujours contrer les arguments de l'Opposition en se montrant gentiment raisonnable, en employant des arguments biaisés ou une force désarmante, ou en se montrant conciliant, selon le cas. Il ne perdait jamais le contrôle des débats politiques ou parlementaires, attaquant ou laissant passer un commentaire selon la nécessité du moment. Les libéraux, que Duplessis accusait d'être de connivence avec les communistes, se débattaient désespérément contre des accusations telles l'histoire absurde des oeufs communistes en 1956 ou l'assertion que l'Union nationale était l'amie du progrès alors que: "Un vote pour les libéraux était un vote pour la lampe à l'huile." Il y avait quelque chose dans la nature combative et le nationalisme de Duplessis qui éveillait un écho au coeur de la plupart des Français du Québec. Duplessis avait l'habitude de décrire les aspects de la vie canadienne-française auxquels il faisait allusion: par exemple, ses souhaits du Nouvel An étaient les "anciens et admirables souhaits des Canadiens" et les Français du Québec étaient "fiers et à juste titre" de ceci ou de cela. Cette façon délibérée qu'il avait d'affirmer ses particularités culturelles exprimait exactement l'état d'esprit de ses compatriotes à cette époque: une certaine défiance née de la fierté culturelle d'une minorité et de la circonspection de l'opprimé.

C'était un Québec qu'un Louis Saint-Laurent, chef de tout le Canada et très à l'aise avec les Canadiens anglais, ne représenta jamais comme le fit Duplessis; c'était un Québec ancien, têtu et prompt à s'émouvoir. Même Georges-Emile Lapalme admet que les Québecois se retrouvaient en Duplessis durant les années cinquante.

Lapalme éprouvait envers Duplessis de la crainte, du ressentiment et parfois même du mépris. Cependant, dans ses mémoires, Duplessis y figure d'une manière quasi obsessive et son respect pour Duplessis comme adversaire et chef y émerge clairement. "Maurice Duplessis était le maître des idées et des hommes... Il a réellement inventé l'autonomie provinciale... Dans nos conversations (les siennes avec George Marler), nos pensées et nos actes, Maurice Duplessis est toujours présent... Derviche tourneur qui pivote sur lui-même depuis des années dans un même mouvement uniforme et constant, Maurice Duplessis trouve chaque jour le moyen d'utiliser les mêmes jeux de mots et les mêmes images qui paraissent toujours être des nouveautés pour ses cohortes dociles... J'avais une petite niche en face d'un homme qui est entré dans l'Histoire... Maurice Duplessis avait entendu d'avance, comme s'il eut plaqué un stéthoscope, les vibrations populaires... Etre le chef de l'Opposition, c'était subir presque quotidiennement l'humiliation... Il n'y avait que lui dans la nature... Ces innombrables détails glanés chaque jour n'allaient pas s'ensevelir dans les profondeurs de son inconscient. Tout se classait dans sa prodigieuse mémoire qui, semblable à un merveilleux ordinateur, lâchait instantanément les réponses quand il l'interrogeait. Apprenant tout de bouche, il lui fallait être Argus aux cent yeux avec en plus autant d'oreilles pour se saturer d'informations sur tout... C'est de ces connaissances démultipliées que partaient les tentacules de son absolutisme; les ventouses aspiraient tout et partout parce qu'il possédait toute la géographie politique et humaine du Québec, tous les pions, toutes les têtes couronnées. La province, c'était une multitude de visages dont il connaissait les tics... Maurice Duplessis, à l'exception du président des Etats-Unis, était probablement l'homme le plus connu de l'Amérique du Nord... celui qui nous a fascinés malgré nous... C'était un phénomène de puissance... la foule voyait qu'il enrichissait son monde et ruinait des adversaires; la foule connaissait sa dictature larvée... mais il se faisait comprendre de cette foule même quand il manifestait sa colère... Une intelligence aiguisée, rapide et pénétrante... Dans l'enchevêtrement de ses actes et de ses mots, Maurice Duplessis aurait-il par hasard, en un long instant donné, incarné l'inexprimé d'un peuple qui depuis a appris à parler?" (5)

(Soc. des Amis de M.L. Duplessis)

Duplessis fut toujours proche du prolétaire qu'il connaissait et aimait mais de cette affection à la fois sincère et opportune résultait la plus grande des nombreuses contradictions dont était faite la personnalité de Duplessis. En même temps qu'il admirait la diligence et la simplicité de caractère du fermier canadien-français, de l'ouvrier et du marchand et qu'il ressentait le même dépit que ces derniers envers les diverses élites, il avait de l'affection pour l'aristocratie. A l'instar de la plupart des Canadiens français, sa propre généalogie le fascinait et au mur de son étude au soul-sol de sa maison de Trois-Rivières était suspendu un arbre généalogique qui le liait à ses plus célèbres homonymes, le cardinal Richelieu et le duc de Richelieu, Premier ministre de France sous Louis XVIII. La nièce de Duplessis, Berthe Bureau Dufresne, avait en outre découvert après une longue recherche qu'il était aussi le descendant de l'explorateur Pierre Radisson et que ses armoiries portaient la même devise: "Mon droit fait ma force." Ses ancêtres étaient liés à sept familles nobles mais la plupart de ses ascendants mâles en ligne directe avaient été des soldats et des notaires aux premiers temps de la colonisation et nombre des collatéraux de son époque étaient des politiciens. Cependant certains éléments de son goût pour les grosses limousines, pour la pompe entourant le pouvoir et les cérémonies de l'Etat et de l'Eglise et son association avec l'aristocratie anglaise de Montréal prenaient racine dans la croyance qu'avait Duplessis d'être lui-même un aristocrate bien qu'il fut petit-fils de fermier, n'avait ni fortune ni propriété et que sa carrière légale et politique dépendait entièrement d'une clientèle qui n'avait rien d'aristocratique.

Sous certains aspects, Duplessis voyait le monde à la manière de Flaubert, croyant qu'on devait toujours écrire aux femmes à la main et les traiter comme le plus faible des deux sexes, qu'un gentleman ne pouvait que rarement se permettre un manque de formalisme et que toutes les anciennes manières d'une étiquette désuète devaient être maintenues. Ce sens exagéré de la courtoisie n'empêchait malheureusement pas Duplessis de soumettre les jeunes femmes, surtout si elles étaient enceintes, à toutes sortes de commentaires grivois. Il semblait prendre un plaisir lascif à interpeller les femmes enceintes d'un "vous deux" et leur demander si elles étaient en train de concevoir dans leur sein l'Union nationale de l'avenir. Il aimait aussi parler des femmes de son âge comme si elles étaient encore des jeunes filles prêtes à rougir au premier clin d'oeil. Ainsi il s'adressait à Mme René Chaloult en l'appelant "la petite Beaubien" (6) (son nom de fille).

La lutte entre le démocrate et l'aristocrate en Duplessis était évidente même dans sa manière de se vêtir. Avec ses chemises à faux cols, ses complets élégants et toujours impeccables, il portait un chapeau noir, de piètre allure, parce que, disait-il, c'était cela qui impressionnait le plus de gens. C'est de son couvre-chef qu'on se souviendrait et non pas de sa canne à pommeau d'argent, cadeau du président de la France, Vincent Auriol. "Un vieux chapeau, ça rapproche du peuple!" disait-il.

Durant ses dernières années, on dénotait chez Duplessis certaines attitudes quasi monarchiques. Ses victoires politiques répétées, ses sentiments religieux, ses affectations de seigneur le portaient à croire qu'il régnait sur le Québec par un bizarre alliage de volonté populaire, de droit divin et d'aptitude naturelle. Mais heureusement pour sa fortune politique, ce même Duplessis qui ne pouvait parler d'aucune personne ou d'aucun objet ayant le moindre rapport avec l'Union nationale, qu'il s'agisse de ministres ou de comtés entiers, sans y apposer avaricieusement l'adjectif possessif "mon", continua toujours à se faire le champion de causes populaires d'une façon populaire.

Certaines des idées élevées qu'il avait de sa propre stature lui étaient venues en se mesurant à Louis-Alexandre Taschereau, son prédécesseur et son guide, et pour lequel il professait une grande admiration même s'il avait ruiné sa carrière d'une façon brutale. Il demandait toujours à ceux qui avaient connu Taschereau dans sa prime jeunesse des petits détails sur la façon dont ce dernier contrôlait ses ministres, méthodes qu'il s'empressait aussitôt d'appliquer. Taschereau, rusé et dominateur, d'une rare habileté dans les débats, avait été par inadvertance un bon professeur pour Duplessis, tout comme Duplessis le fut pour Daniel Johnson. Et comme Daniel Johnson revendiquerait un jour le titre d'héritier véritable de Duplessis, Duplessis se disait parfois l'héritier de Taschereau mais il ajoutait qu'il était aussi un modernisateur qui avait grandement amélioré la province.

Duplessis avait fait une profonde impression sur Taschereau dès ses débuts au parlement et après le départ de ce dernier, leurs rapports se firent petit à petit plus chaleureux, tant et si bien que vers la fin des années quarante ils se considéraient l'un et l'autre comme des géants de l'histoire du Québec, unis par les expériences communes de l'exercice de leurs hautes et uniques fonctions. Le traditionalisme de Duplessis, ses aspirations sociales vieux-monde, le faisaient se considérer comme le sucesseur légitime de Mercier, Gouin et Taschereau, descendance qu'il imaginait être semi-royale. Les interruptions dans cette continuité: 1891 à 1905 et 1939 à 1944, n'avaient été que des pauses qui avaient permis au peuple de reconnaître le vrai mérite. (Il voyait en Paul Sauvé, son digne successeur.)

Les rencontres et la correspondance entre Duplessis et Taschereau se faisaient de plus en plus à l'amiable et rappelaient leurs luttes amicales de vingt ans plus tôt. Par moments, ils en venaient presque à faire revivre le Québec d'antan. Quand Duplessis annonça à la presse qu'il songeait à construire un monument à la mémoire de Mgr Laflèche et qu'il demanderait alors à Taschereau de le dévoiler, celui-ci lui écrivit, le 13 mars 1951:

> *Vous savez que ma famille a toujours tenu en haute estime votre vénéré prélat de Trois-Rivières et il me semble que je suis tout désigné pour prendre part à la célébration à laquelle vous avez pensé.*
>
> *Comme je doutais toutefois que le vénérable prélat approuverait votre choix, j'ai cru devoir lui écrire et j'ai tout naturellement adressé ma lettre au ciel. A ma grande surprise, la lettre m'est revenue avec, sur l'enveloppe le mot "Inconnu".*

Duplessis lui répondit le jour suivant:

> *Vous m'écrivez avoir destiné au ciel une lettre adressée à Mgr Laflèche, lettre, dites-vous, qui vous aurait été retournée avec l'inscription "Inconnu" marquée sur l'enveloppe. Je constate que, lorsque vous pensez à communiquer avec le ciel — j'ignore si cela se produit souvent — vous ne songez pas un instant à communiquer avec votre oncle, Son Eminence le Cardinal; évidemment, vous êtes convaincu qu'il n'est pas là.*
>
> *Je sais la haute estime et l'admiration profonde que Mgr Laflèche avait à l'endroit de Son Eminence le Cardinal Taschereau et je n'ai pas de doute que si Mgr Laflèche n'est pas au ciel, c'est parce que son amour du Cardinal était tel qu'il a désiré faire les plus grands sacrifices afin de*

> *pouvoir passer l'éternité avec votre oncle à l'endroit où il est.*
>
> *Il me fait plaisir, à l'occasion de votre récent anniversaire de naissance, de vous renouveler cordialement mes meilleurs souhaits de santé, et cela, pendant de nombreuses années, c'est-à-dire pendant tout le temps qui sera nécessaire pour que vous puissiez multiplier les actes de charité qui vous rendront digne de venir au ciel avec moi.*

Ce ton rappelait bien celui des bons bourgeois du Québec traditionnel.

A la demande de Taschereau, Duplessis remit à la veuve d'Antoine Taschereau les contributions que son mari avait faites au fond de pension de l'Assemblée législative (14 octobre 1949). Taschereau et Duplessis continuèrent à s'entretenir sur un ton plaisant jusqu'à la mort du premier.

C'était un trait caractéristique de Duplessis que d'être très magnanime envers d'anciens adversaires qui ne représentaient plus aucun danger pour lui. Ceci était peut-être une autre manifestation de sa conception de potentat de la grande lutte politique qu'il livra toute sa vie. Ses adversaires loyaux, une fois qu'il avait réussi à les faire déguerpir ou qu'ils avaient quitté la scène, devaient être traités d'une manière civilisée, c'est-à-dire exonérés et mis à leur pension comme tous bons vétérans. Par exemple Duplessis sauva d'une banqueroute certaine la "ferme de pommiculture" d'Adélard Godbout, que ce dernier opérait selon des principes scientifiques à Frelisghsburg, dans Missisquoi, comté de Jean-Jacques Bertrand. Le projet n'avait pas de meilleures assises financières que la betteraverie de Saint-Hilaire. Duplessis lui avança cent cinquante mille dollars et n'essaya jamais de tirer quelqu'avantage politique de ce geste.

Quand les entreprises culturelles de Paul Gouin s'avérèrent nettement insuffisantes pour lui procurer un revenu adéquat, Duplessis l'embaucha comme "conseiller tenchnique au Conseil exécutif", emploi généralement réservé à un statisticien et qui était le poste le plus élevé disponible dans la fonction publique au moment où on attira l'attention de Duplessis sur les problèmes financiers de Gouin. Un peu plus tard, Duplessis le mit en charge de la Commission des monuments, poste pour lequel il était pleinement qualifié et leurs rapports furent amicaux durant toutes les années cinquante.

Au début des années cinquante, Duplessis était finalement en très bons termes avec les libéraux d'avant Lapalme sauf avec Elisée Thériault qui devint le doyen des gauchistes du Québec, qui vota contre le projet de drapeau du Québec parce qu'il s'opposait au nationalisme, et qui demandait la réconciliation avec le bloc communiste. Duplessis avait eu du respect pour Athanase David et de l'admiration pour son père, Olivier David et cette estime s'étendit par la suite au fils d'Athanase, Paul, distingué cardiologue qui fonda, avec un apport financier considérable du gouvernement Duplessis, l'Institut de Cardiologie de Montréal. Duplessis consultait toujours Paul David pour les questions de santé se rapportant à sa spécialité.

Sous Duplessis, les hautes sphères de la vie publique devinrent en quelque sorte, et encore plus qu'elles ne l'avaient été sous Taschereau, un club de gentlemen. Même Antonin Galipeault, se rallia à l'Union nationale, lui dont l'amitié vieille de quarante ans avec Duplessis avait été interrompue au moment des révélations du Comité des comptes publics, et que Louis Saint-Laurent, avec qui il avait partagé un bureau d'avocat, avait nommé juge en chef du Québec. Galipeault avait été président de la Chambre sous Gouin avant de devenir ministre sous Taschereau. Galipeault et Duplessis s'échangeaient des commentaires agrémentés de citations des écrivains classiques. Quand Galipeault souhaita un bon soixante-huitième anniversaire de naissance à Duplessis, il compara l'échec que venait de subir le gouvernement libéral fédéral au sort que firent subir à Socrate les Romains fatigués de l'entendre appeler "le Juste": "Dans ton entourage, il ne semble pas que tu écrases les pieds de personne, bien que l'on dise de toi que l'administration provinciale est le gouvernement d'un seul homme... Farce à part, ta philosophie me séduit, je la trouve admirable; on croirait que tout te réussit sans effort, sans peine." Duplessis répliqua à ceci par quelques allusions bien tournées à Diogène, Socrate et Robert Louis Stevenson.

Celui que Duplessis jugeait être son plus redoutable adversaire, T.-D. Bouchard, ne dérogea jamais de sa position anticléricale et continua à croire en l'étatisation de l'électricité. Mais après la mort d'Athanase David, d'Adélard Godbout et finalement de Jacob Nicol, il s'ennuyait à Ottawa. Le vieux routier avait pris des habitudes de sédentaire et vers la fin des années cinquante, il quitta Saint-Hyacinthe pour les Laurentides où sa fille croyait que l'air lui ferait du bien. Elle réussit même à obtenir du cardinal Léger une dispense permettant à un prêtre de la région à sa retraite, de dire des messes pour son père car, n'étant pas libre-penseur comme ce dernier, elle croyait ainsi rendre un grand service à son père qui allait sur ses quatre-vingts ans. (7)

Quand Bouchard et Duplessis se rencontraient dans leurs fonctions officielles ou lors de réceptions, Duplessis avait l'habitude de dire à Bouchard en le prenant par les épaules: "Mon cher vieux T.-D., mon vieil ami, mon vieil ennemi, comment vas-tu vieux batailleur?" ou quelque autre remarque du genre, pleine d'affection. Bouchard avait toujours été plus populaire auprès de Duplessis qu'auprès de la plupart de ses partisans car T.-D., avec son caractère indépendant et belliqueux, et avec son franc-parler s'était souvent querellé avec ses collègues libéraux et les avait souvent embarrassés. Mais Duplessis voyait en lui un adversaire formidable et courageux, non pas un aristocrate comme Taschereau, ni un homme aimable comme Godbout, ni un gentleman comme Marler, ni un opportuniste comme Lapalme. Bouchard et Duplessis reconnaissaient l'un dans l'autre la solidité, la longévité, la suite dans l'action et l'instinct du politicien déterminé à lutter pour s'imposer. Vers la fin des années cinquante il ne restait plus que quelques politiciens bleus ou rouges de la vieille école mais Duplessis et Bouchard avaient suvécu à la plupart de leurs amis et à tous leurs ennemis sauf l'un et l'autre.

Le 20 avril 1959, Bouchard félicitait Duplessis à l'occasion de son soixante-neuvième anniversaire de naissance: "Honorable monsieur et ancien collègue, ma santé est assez bonne malgré mes soixante-dix-sept ans révolus; la piété et la vertu sont toujours récompensées, en politique comme en d'autres sphères. Je remercie la Providence de m'avoir épargné les infirmités habituelles du vieil âge, ce qui me permet de pouvoir m'occuper à des travaux littéraires." T.-D. faisait ici allusion à ses mémoires, qui s'avérèrent très fragmentaires et dont deux des trois volumes étaient consacrés aux souvenirs de la vie sociale de l'auteur, pour ne pas dire à sa vie sexuelle. Sa remarquable carrière publique était contenue dans cent cinquante pages de souvenirs atténués et inexacts. Bouchard terminait sa lettre à Duplessis en disant: "Donc, bonne santé et dans l'espoir qu'un de ces jours nous serons encore deux collègues mais cette fois, comme sénateurs. Je me souscris, monsieur le Premier ministre, votre tout respectueux.'' Mais, malgré ses déclarations optimistes, Bouchard commençait à manquer de clarté dans les idées.

Duplessis lui répondit le 23 avril 1959:

> *Franchement, je ne comprends pas le ton impersonnel et même cérémonieux que tu donnes à ta lettre. Nous avons été de vieux collègues à l'Assemblée législative et, bien que je sois profondément convaincu que j'ai raison et que tu es dans l'erreur, ces divergences profondes d'opinion ne m'ont jamais empêché, comme tu dois le savoir d'ailleurs, de reconnaître la sincérité de tes convictions erronées, tes talents incontestables bien que mal appliqués et ton amour du travail.*

Jean Lesage, nouveau chef du Parti libéral provincial choisi lors de la convention de Québec, le 31 mai 1958, l'emporta sans difficulté sur ses deux rivaux, René Hamel et Paul Gérin-Lajoie. (Jean Drapeau, personnalité la plus prestigieuse de l'Opposition, aurait pu être choisi à la place de Lapalme s'il l'eut voulu mais il préféra tenter de reprendre la mairie de Montréal.) Duplessis connaissait Jean Lesage depuis plusieurs années mais n'avait pas pour lui une très grande estime. Il était le neveu du patron libéral J.A. Lesage qui lui avait obtenu un poste de procureur de la couronne durant l'administration Godbout. A l'élection fédérale de 1945, Thomas Tremblay l'avait encouragé à se présenter dans le comté de Montmagny-L'Islet où il s'était lui-même présenté en 1935. Lesage fut élu. Durant la campagne il avait conclu une entente avec le député provincial Antoine Rivard selon laquelle l'un ne ferait pas obstruction à l'autre. L'élégance et la prestance de Lesage, son éloquence, sa fougue et sa jeunesse — il avait vingt-deux ans de moins que Duplessis — auraient pu inquiéter Duplessis mais ce dernier croyait que le nouveau chef libéral était tout de même vulnérable. Lesage avait une certaine gaucherie, son allure hautaine et son style ampoulé en faisaient une cible facile pour Duplessis et il n'avait pas la répartie vive du Premier ministre. Il était donc facile de le mettre sur la défensive comme en témoigne sa malencontreuse intervention durant la campagne provinciale de 1956.

Jean Lesage en compagnie de journalistes. (Roland Lemire)

Lesage avait aussi la réputation de s'emporter rapidement et de boire à l'excès. Il avait beau avoir plus d'étoffe que Lapalme, Duplessis ne s'attendait pas moins à le dénigrer comme un autre intrus parachuté par Ottawa, un collet monté, un véritable Tartuffe. Quand Lesage refusa de contester une élection partielle et suivit la session de 1958-59 de la tribune, Duplessis put sans peine provoquer sa colère en le présentant comme un personnage ridicule juché sur son perchoir. Lesage avait du talent mais de l'opinion de Duplessis, il était de caractère faible et ne comprenait pas le peuple.

Duplessis était un juge astucieux bien que peu orthodoxe des politiciens et des événements politiques. Il était impulsif et décisif, imprévisible et pleinement confiant en lui-même. Sa générosité était à peu près aussi célèbre que sa sévérité. Envers ceux qui étaient dans le besoin, fussent-ils alliés, adversaires ou inconnus qui méritaient son attention, il était d'une générosité prodigieuse. Mais à certains moments il aimait se montrer sans pitié, sans la plus élémentaire humanité, perpétuant ainsi la crainte qu'on avait de lui, la controverse sur sa propre personnalité et de cette façon on ne prit jamais sa générosité pour un droit acquis. Ceux qui demandaient son aide trouvaient presque toujours en lui un puissant collaborateur, prêt à obliger mais il était important, dans son concept de leadership, qu'on le crût arbitraire et capable d'être mesquin. C'était probablement là une des nombreuses techniques apprises de Taschereau et perfectionnées. Témoin de la façon dont on avait sapé l'autorité de Taschereau et d'Arthur Sauvé, Duplessis, qui avait lui-même renversé Houde, avait défendu sa propre position contre les intrigues en 1934, 1940 et 1942. Il savait comment maintenir un contact efficace avec son caucus et il savait très bien lire l'opinion publique. Il savait aussi comment déceler et écraser la dissidence larvée, ce qu'il démontra d'ailleurs d'une façon remarquable en révoquant Omer Côté.

C'était partie de son paternalisme que d'être capricieux, de travailler "comme dix hommes" comme disait Filion, et de contrôler l'administration de la province et du parti dans les moindres détails. Chaque dépense, chaque article du budget, chaque augmentation de salaire de chaque fonctionnaire et jusqu'à l'installation d'un téléphone additionnel dans la tribune de la presse, une dépense d'environ cinquante dollars, enfin tout devait d'abord être autorisé par Duplessis. A l'instar de son illustre contemporain, le président des Etats-Unis, Harry Truman, Duplessis espérait toujours augmenter le nombre de décisions à prendre car il ne se sentait à l'aise que lorsqu'il y avait quelque question à régler. Il remplaçait Barrette dans les médiations ouvrières; il faisait venir Talbot et un groupe de contracteurs en construction de routes et distribuait les contrats d'amélioration de chemin, fixait lui-même les prix et le tout sans même consulter la carte routière. Ses décisions étaient, pour la plupart, équitables et les prix différaient peu de ceux qui auraient été fixés par un appel d'offres. Il demandait à connaître le coût de construction de chaque école, décidait de l'achat de tel ou tel manuel scolaire, menait lui-même des enquêtes à savoir si un fonctionnaire ou un policier qu'on se proposait d'embaucher saurait remplir ses fonctions et c'était lui qui avait le dernier mot dans l'attribution, la révocation ou le rejet de tous les permis d'alcool dans la province. Il avait une connaissance encyclopédique de la législation. A ce propos, P.E. Trudeau écrivit: "Il peut ne pas lire, mais il se souvient!" (8)

Les nombreuses aptitudes de Duplessis au gouvernement étaient les plus manifestes à l'Assemblée législative et au Comité des bills privés, ses lieux de prédilection. P.E. Trudeau décrit sans trop d'exagération ce qui s'y passait: "...le Premier ministre criait constamment des ordres au président de l'Assemblée législative et il a même participé à haute voix à la conduite du Conseil législatif; ...il ordonnait en vociférant au président d'exclure des députés de la Chambre sous les prétextes les plus minces; ...Duplessis avait fait adopter des lois rétroactives, par mesures de représailles parfois dirigées contre des individus qui l'avaient combattu..." (9)

Trudeau fait ici allusion aux projets de loi que présentèrent Picard, Guindon et Desmarais. Le premier aurait rétroactivement impliqué Picard, chef de la Confédération des Travailleurs catholiques du Canada, dans une infraction à la loi mais le bill fut rejeté face au tollé de protestations qu'il souleva. Le bill Guindon révoquait le certificat de l'Alliance des Professeurs catholiques de Montréal suite à un arrêt de travail illégal survenu quelques années plus tôt et le bill Desmarais destituait de son poste le président du Conseil municipal de Montréal. Ces mesures étaient habituellement une tactique de Duplessis pour faire diversion car elles soulevaient une telle agitation que Duplessis faisait mine d'être contraint d'abandonner ces mesures supplémentaires cependant qu'il faisait passer en douce les mesures qui lui importaient comme ce fut le cas pour les enseignants de Montréal: on remit la certification de leur syndicat mais les professeurs acceptèrent un règlement inférieur à ce qu'ils avaient d'abord demandé.

L'autorité tyrannique qu'exerçait Duplessis ne l'empêchait cependant pas d'être un parlementaire étonnamment brillant. Cependant il n'atteint plus dans la maturité de sa carrière au panache qu'il avait manifesté en provoquant la chute du gouvernement Taschereau.

L'histoire qu'on raconte le plus souvent à propos de Duplessis à la législature à cette époque et la seule que cite Pierre Laporte, se rapporte à l'effort que fit Taschereau en 1936 pour refroidir le débat échauffé au sujet des "culottes de Vautrin" en présentant un projet de loi qui autoriserait un octroi aux scouts de la province. Duplessis appuya le bill parce que, dit-il,: "Si jamais un scout devient ministre de la Colonisation il ne prendra pas l'argent des contribuables pour s'acheter des culottes."

La pire défaite que Duplessis ait eu à subir à l'Assemblée se produisit durant son premier mandat. Joe Cohen prononçait un discours auquel à peu près personne ne portait attention lorsque Duplessis, apparemment ivre, déclara d'une voix forte que la législature n'avait pas besoin d'écouter le seul juif dans la pièce. Cohen rétorqua aussitôt en pointant du doigt le crucifix que Duplessis avait fait placer au-dessus de la chaise du président de la Chambre: "Non, nous sommes deux." Jean Martineau, qui fut témoin de cette scène, dit que ce fut la seule fois que Duplessis se fit rabaisser de la sorte.

Sa maîtrise de la procédure, son caractère batailleur, son esprit vif et sa mémoire prodigieuse le rendaient extraordinairement efficace. Chaloult écrivit à son sujet: "Tenace, inflexible, de mauvaise foi à l'occasion — il faut malheureusement le reconnaître — il était un adversaire redoutable et dangereux. Ceux qui ont osé l'affronter, comme Ernest Grégoire, Fernand Choquette, André Laurendeau et quelques autres dont je fus, ont subi un excellent entraînement parlementaire. La plupart préféraient l'éviter et se taire."

Mais, ajoute Chaloult, il y avait quelques exceptions, tel Bouchard qui "s'en moquait et frappait lui-même très durement", et Godbout: "...il dominait Duplessis, lorsqu'il daignait s'en donner la peine, de toute la puissance de son verbe." (10) Bouchard quitta l'Assemblée en 1944, Godbout en 1948 et les seuls autres rivaux de Duplessis étaient déjà partis: David en 1940, Taschereau en 1936 et Léonide Perron en 1930. Durant ses onze dernières sessions législatives, Duplessis fut sans rivaux parmi les parlementaires. L'Assemblée satisfaisait sa soif de combat, son goût de la confrontation du type assemblée contradictoire, car sous Duplessis, c'était là la nature des débats. L'Assemblée comblait aussi son instinct de commandement, lui donnait un terrain où déployer ses forces majoritaires, guider ses ministres, dominer ses adversaires et se pavaner dans son rôle de Chef.

Les sessions quotidiennes ne commençaient que lorsque Duplessis en avait donné le signal au président de la Chambre. Tous les projets de loi passés à la Chambre selon les formalités d'usage n'étaient adoptés qu'après une petite cérémonie au cours de laquelle le greffier de l'Assemblée apportait prestement à Duplessis copie du bill que ce dernier lisait rapidement puis le déclarait adopté ou demandait une révision, ignorant le fait que le bill était déjà passé. Pendant quinze ans les présidents de la Chambre, Alexandre Taché et, après 1956, Maurice Tellier, ne contredirent jamais les désirs de Duplessis. A force de manipulation il avait transformé la fonction de président en un véritable spectacle de marionnettes. S'il est vrai que traditionnellement le président de la Chambre appuie le gouvernement, surtout au Québec, il faut pourtant dire que ceux qui avaient rempli ces fonctions avant 1944 et qui avaient été les collègues de Duplessis, n'auraient jamais consenti à être les hommes liges du Premier ministre. Ces hommes, Galipeault, J.N. Francoeur, Laferté, Bouchard, Lucien Dugas, Paul Sauvé, Bernard Bissonnette, Valmore Bienvenue et Cyrille Dumaine n'auraient jamais toléré de se faire donner à haute voix des directives à chaque point de la procédure. Duplessis s'amusait parfois à taquiner l'Opposition en objectant que certaines expressions n'étaient pas parlementaires. Aussitôt que le président avait approuvé l'objection, il employait lui-même la même expression et le président soutenait Duplessis en justifiant cette fois l'usage de cette expression par le Premier ministre. Cette tactique rendait Lapalme furieux si bien qu'il en devenait, avec certains membres de son caucus, notamment Lafrance et René Hamel, incohérent de rage cependant que Duplessis continuait comme si de rien n'était.

Il arrivait à Duplessis de feindre de concéder un point à l'Opposition lorsqu'il se rendait compte qu'un de ses collègues, émulant sa combativité, était allé trop loin. Ainsi, lorsqu'un de ses députés accusa un libéral de s'être enrichi avec la politique minicipale, le député offensé menaça d'en venir aux coups, Duplessis intervint, retira l'accusation de son député en affirmant qu'elle était sans fondement car: "Tout le monde pourra constater que le député ne s'est pas enrichi... qu'il est pauvre à tous les points de vue!" (11)

Duplessis s'amusait aussi à présenter des projets de lói ridicules afin de prendre l'Opposition au piège pour ensuite l'attaquer. Ainsi un jour il présenta un bill qui permettrait aux illettrés d'être membres des commissions scolaires. Duplessis n'avait aucunement l'intention de soumettre une telle mesure au vote mais il avait prévu la réaction outrée de l'Opposition. Il laissa Lapalme et son caucus critiquer longuement cette mesure puis demanda pourquoi les députés de l'Opposition s'en prenaient ainsi aux fermiers de la province, pourquoi ils les traitaient d'illettrés et voulaient leur interdire d'avoir leur mot à dire dans l'éducation de leurs enfants.

Une autre tactique de Duplessis pour faire rager l'Opposition consistait à interrompre constamment les discours des autres. Il se levait et déclarait avec un air des plus sérieux qu'un tel député de l'Opposition n'avait pas le droit de se servir de citations incomplètes. Parfois il faisait signe au président qu'il voulait continuer à parler et il lisait alors ou inventait certaines choses que la personne citée était censée avoir dites. Une autre fois il donna comme prétexte à l'interruption que "le député ne peut quand même pas continuer à massacrer ainsi la vérité". Il passait ensuite dix ou quinze minutes à réfuter tout ce que venait de dire le député de l'Opposition avant de se rasseoir. Invariablement il prétendait qu'il maintenait ainsi le droit inaliénable du public à la vérité.

Duplessis employait aussi des moyens très simples pour faire perdre pied à l'Opposition. Par exemple, rien n'était plus facile que de dérouter Athanase David en l'appelant, après l'élection de 1935, "La voix de Terrebonne" car ce dernier avait été élu par le seul vote de l'officier rapporteur, tous les autres bulletins ayant été déclarés invalides à cause d'une erreur d'imprimerie. Il y avait aussi le député de Pontiac, G.H. Lawn, de qui Duplessis parlait d'habitude en l'appelant "l'âne de Pontiac".

Même s'il s'amusait beaucoup aux dépens de l'Opposition, Duplessis croyait sincèrement en l'institution du Parlement. Il attachait une grande importance au fait de répondre aux questions et de laisser le débat se dérouler sans contrainte quoiqu'il n'entretenait pas d'idées romanesques sur la possibilité de mener le débat sur une base d'égalité, pas plus d'ailleurs que ne l'avait fait Taschereau en présentant la Loi Dillon en 1931. Les sessions législatives permettaient à Duplessis de se faire une bonne publicité car il ne ratait pas une occasion de présenter des bills supplémentaires qui lui permettaient de raconter sans fin les largesses de son gouvernement. Et les journaux, *Le Devoir* excepté, ne rapportaient que ce que Duplessis voulait y voir paraître et cela était toujours utile.

Il se servait aussi de la législature pour se mesurer aux autres, pour augmenter son prestige. Ainsi il arrivait parfois à l'Opposition, poussée à bout, de laisser échapper ses griefs qui présageaient les questions sur lesquelles porterait la prochaine campagne électorale. Duplessis notait ces déclarations, qui finissaient par devenir excessives et ridicules, afin de s'en servir contre l'Opposition durant la campagne. Et quand le chat en avait assez de jouer avec la souris, que Duplessis avait parlé avec plus d'esprit, plus de spontanéité, plus de précision que ses adversaires et qu'il avait apporté des arguments décisifs, il clôturait alors le débat en ayant recours à la grosse majorité de l'Union nationale. Tout ceci était fidèlement rapporté dans les journaux. L'Opposition en ressortait humiliée et le gouvernement avec un regain de vigueur. Tout cela était en quelque sorte une façon de mesurer l'étendue de son pouvoir, tout comme le général de Gaulle récitant de mémoire de longs discours devant un auditoire afin de s'assurer qu'il avait toujours l'esprit alerte. Si Duplessis avait une seule fois perdu le contrôle de l'Assemblée après 1944, il aurait sérieusement songé à prendre sa retraite, mais une telle situation ne se présenta jamais.

D'une année à l'autre les sessions se déroulaient à peu près de la même façon. Les mêmes clichés revenaient dans presque tous les discours du Trône auxquels venaient s'ajouter les commentaires de Duplessis sur les affaires mondiales, ses éloges à l'un ou l'autre élément de la société et ses félicitations à son propre gouvernement:

> *Malgré les perturbations qui se produisent ailleurs, notre classe ouvrière, comme toujours, se montre soucieuse du respect de l'ordre et de l'autorité constituée... C'est là un actif très précieux et le gouvernement est heureux d'en remercier et d'en féliciter notre classe ouvrière. (12)*

> *Il n'y a pas et il n'y aura jamais de place dans la province de Québec pour la propagation des idéologies subversives... Le bon sens traditionnel des nôtres ne confondra jamais la licence avec la liberté, et les doctrines communistes ou révolutionnaires seront réprimées par le gouvernement, conscient de se rendre au désir d'une population saine qui veut le progrès dans la paix et dans l'ordre. (13)*

> *Mon gouvernement est d'opinion que le paternalisme d'Etat est un grave danger pour le régime démocratique et une source de désastres irréparables. (14)*

> *Le Québec jouit, à l'heure actuelle, d'une excellente situation économique et sociale qui est le résultat, en bonne partie, de l'heureuse orientation que le gouvernement a su donner à sa législation et à son administration. (15)*

> *Elles* (les élections partielles) *ont fourni l'occasion à une*

> *partie importante et représentative des électeurs provin-*
> *ciaux de renouveler à l'administration actuelle, de façon*
> *bien remarquable, la confiance que l'électorat de la province*
> *lui témoigna en 1956.* (16)

Pendant que le gouvernement présentait son programme, Duplessis jonglait avec l'ordre du jour, donnait ordre de suspendre puis de reprendre le débat. Ces tactiques provoquaient inévitablement des
remarques injurieuses de la part de l'Opposition même si les députés
étaient bien résolus d'une fois à l'autre à ne pas s'emporter. Duplessis, à son tour, se mettait en colère une ou deux fois par session et
c'était là un événement toujours mémorable. A ces occasions, un
lourd silence tombait sur l'Assemblée et personne n'osait bouger, sauf
peut-être l'offenseur qui ne savait comment se tenir, pendant que Duplessis, le ton cinglant et furieux, martelait sa rage avec la violence d'un
éléphant en colère. Mais à côté de ces scènes il y avait aussi des moments empreints d'une grande dignité, les évocations d'intérêt universel, les expressions de regrets à la mort d'un distingué collègue ou
d'un ancien confrère et à l'occasion, on discutait sérieusement de l'avenir de la province.

Duplessis se servait des sessions non seulement pour se mesurer à
ses adversaires mais aussi pour réaffirmer son contrôle sur ses partisans. Chacun d'entre eux était sujet à ses constantes interventions et
à sa domination méticuleuse, la seule exception étant Paul Sauvé. Il
leur "soufflait des mots" pendant qu'ils parlaient, les interrompait s'ils
avaient fait une erreur ou lui avaient déplu d'une manière ou d'une autre, leur disait de s'asseoir quand ils parlaient trop longtemps ou de se
lever et continuer à parler s'il voulait qu'ils ajoutent quelque chose ou
s'ils n'avaient pas suffisament fait son éloge ou au moins l'éloge du gouvernement. Il passait ses commentaires pendant les discours, disant, par
exemple, à Johnson: "Très bien, Daniel, continue". Il récompensait
ses députés en leur laissant l'honneur de parler durant les débats mais
avant de prendre la parole, l'élu était appelé à côté du fauteuil du Premier ministre où il recevait ses dernières instructions sur ce qu'il
devait dire. Mais c'est probablement Laurent Barré, réfractaire converti, qui donna la meilleure démonstration d'un asservissement qui ne le
gênait nullement. Un jour il cessa brusquement de parler au beau milieu
de son discours et expliqua par la suite qu'il avait agi ainsi car la pile qui

alimentait son appareil auditif était tombée et qu'il n'entendait plus les directives de Duplessis. (17)

Duplessis ne répondait jamais aux questions directes. Quand on lui demanda de commenter un rapport paru dans *Le Soleil* selon lequel les fonctionnaires devraient être mieux rémunérés, il répliqua que *Le Soleil* aurait avantage à mieux rémunérer ses journalistes "au lieu de tout donner à Fred Mercier". Cette remarque causa un grand émoi à Mercier qui s'empressa d'écrire longuement à Duplessis tout en lui faisant parvenir copie de l'entente collective. (18) Mais la question qu'on posait pourtant souvent resta sans réponse. (Il dit à Georges Marler que les fonctionnaires" travaillent pour moi seulement parce qu'ils ne peuvent travailler ailleurs". (19) Et à Pierre Laporte il expliqua qu'il ne pouvait augmenter leurs salaires parce qu'il y en avait cinq mille de trop, résultat d'un patronage non restreint.) Quand on le questionnait à propos d'un contrat de chemin, il voulait savoir si l'Opposition allé- guait que le contracteur en question était malhonnête ou incompétent, puis il s'asseyait et attendait la réponse. Après quelques secondes de silence il se levait triomphant et demandait quelles étaient les objections de l'Opposition à encourager l'honnêteté et la compétence. (20) Si le débat sur un bill du gouvernement se prolongeait, Duplessis demandait pourquoi l'Opposition manifestait une telle hostilité aux groupes que concernait ce bill — fermiers, mineurs, caisses populaires — puis im- provisait un hommage retentissant au groupe en question.

Ce genre de raisonnement qui enchantait Duplessis était pourtant déconcertant pour qui n'en avait pas l'habitude. Lorsqu'une délégation de maires se présentèrent devant le Comité des bills privés et annon- cèrent qu'ils songeaient à envoyer un porte-parole à Ottawa pour des pourparlers avec le gouvernement fédéral, Duplessis déclara que le Québec avait l'honneur d'avoir "le meilleur ministre des Affaires muni- cipales depuis la Confédération" et qu'il était, pour le moins, surpris de constater que les maires mettaient en doute la compétence du minis- tre. (Duplessis disait toujours que son ministère de ceci ou de cela était "le meilleur depuis la Confédération" bien que dans le cas présent il n'était pas sans savoir que le ministère des Affaires municipales n'avait été institué qu'en 1935 pour T.-D. Bouchard.) Duplessis conti- nua sa péroraison sur les prérogatives municipales et dit qu'il pouvait à peine contenir son étonnement devant le désir des maires qui pourraient nuire à la position constitutionnelle qu'avait adoptée son gouvernement et qu'il maintenait avec tant de difficultés. Les infortunés délégués retirèrent leur suggestion en bredouillant. (21)

Si l'Assemblée législative faisait le bonheur de Duplessis en lui donnant l'opportunité de croiser le fer avec l'Opposition et de se pavaner devant une presse docile, il se passionnait tout autant pour le Comité des bills privés mais pour des raisons différentes. Si l'Assemblée faisait ressortir ses instincts de batailleur, le Comité des bills privés lui permettait de déployer pleinement les aspects autoritaire, paternaliste et capricieux de sa nature. Le poste de vice-président de la Chambre revenait normalement au président des comités mais Duplessis passa outre à cette tradition en s'attribuant à lui-même cette fonction. Il trônait tel un chancelier médiéval dispensant l'équité et l'inéquité selon son bon vouloir.

Duplessis arrivait toujours en retard aux séances du Comité qui ne puvaient commencer sans lui. Tous se levaient, quand il faisait son entrée, comme à la Cour ou au Cabinet, même les libéraux qui faisaient partie du Comité. A l'Assemblée il devait observer un tant soit peu les règlements, permettre aux députés de prendre la parole et laisser le président remplir ses fonctions, même si elles n'étaient guère plus qu'une absurde formalité. Mais au Comité il était maître absolu de la procédure; les autres ne parlaient que lorsqu'il en exprimait le désir. Aucun règlement ne gouvernait la procédure sauf ceux qu'il décrétait selon la nécessité du moment. Le Comité accordait la priorité aux bills que présentait le public plutôt qu'à ceux de l'Assemblée. Les municipalités, les professions, les associations de toutes sortes et les citoyens privés défilaient devant le Comité pour demander un changement de nom, une incorporation, une modification de statut, etc. Quand entrait un vieux partisan, Duplessis disait quelque chose comme: "Ah, mon ami monsieur untel, votre bill est adopté comme vous le désirez et maintenant parlez-moi de vous." Mais d'un autre côté si le pétitionnaire était un adversaire il pouvait aussi bien dire: "Ah non, pas vous! Ceci est tout à fait inacceptable."

Duplessis pouvait à loisir étaler ses connaissances des statuts du Québec tous présents à sa mémoire, un véritable ordinateur, et sa familiarité avec les plus infimes événements de toutes les régions de la province. Aux avocats qui paraissaient devant lui, il récitait la législation se rapportant aux bills qu'ils présentaient et en faisait l'interprétation judiciaire. Rien de ceci n'avait été arrangé à l'avance; sa connaissance du sujet était tout simplement renversante. Il prenait le temps de jaser avec les pétitionnaires, du moins ceux qu'il n'avait pas en aversion, démontrant ainsi sa familiarité avec la région de chacun ou avec la personne même à qui il s'adressait. "J'ai appris que votre gendre avait gagné le concours de quilles du comté et que votre femme était arrivée deuxième au bingo de la paroisse. N'oubliez pas de les féliciter de ma part." La plupart de ces renseignements avaient été glanés par le réseau d'espionnage de l'Union nationale et permettaient à Duplessis de connaître les faits et gestes des gens d'un bout à l'autre de la province, ce qui faisait toujours une grande impression sur son auditoire.

Il avait coutume d'inviter quelques heureux pétitionnaires à siéger avec lui à la table des membres du Comité et de lire lui-même chacun des bills. Chaque clause était paraphée, biffée ou unilatéralement amendée. Si une mesure de grande importance était présentée on faisait le silence absolu dans la pièce pendant que Duplessis lisait la mesure proposée d'un bout à l'autre après quoi il demandait parfois à l'avocat du pétitionnaire: "Est-ce que votre client et vous voulez obtenir la promulgation de ceci, du projet en entier et de rien d'autre?"

"Oui monsieur le Premier ministre."

"Je déclare ce bill adopté." On se passait souvent de formalité, même de celle de soumettre le projet au vote.

Tous les pétitionnaires, quels qu'ils soient, devaient remercier le gouvernement profusément et Duplessis personnellement. Certains le remerciaient à l'avance. D'autres le remerciaient pour ce qu'il n'avait pas fait, pour avoir adopté des clauses qui avaient été rayées. D'aucuns le remerciaient même pour avoir massacré leur propre bill. Il y avait aussi les pétitionnaires qui formaient une catégorie à part. Quand Camillien Houde proposa des amendements à la charte de Montréal, sa requête fut automatiquement ratifiée et Duplessis partagea la vedette avec Houde en une ronde de réminiscences et d'anecdotes hilarantes. Quand on présenta les amendements à la loi régissant le barreau ce fut l'occasion d'une sobre réunion de vieux confrères. Duplessis avait été bâtonnier général de 'a province en 1949 et demeurait toujours loyal à la profession. Quand Jean Martineau, qui était à son tour bâtonnier général, vint proposer que le titre du bâtonnier soit rétroactivement déclaré titre à vie, un débat amical s'ensuivit. Cette motion avait été proposée par Daniel Johnson et procura à tous une joyeuse récréation. (22)

Duplessis recevait à ce Comité des délégations de toutes sortes et de toutes les parties de la province, faisait parade de ses connaissances de la loi et des gens du Québec et distribuait bienfaits et refus. L'Assemblée et ses comités ne siègeaient qu'environ trois ou quatre mois par année, et c'était le temps où Duplessis renouvelait sa réputation de champion poids lourd de la politique provinciale et il s'imposait comme le commencement et la fin de toutes les activités officielles. Il fut toujours à la hauteur de la situation:

> *C'est en Chambre que monsieur Duplessis touchait le plus facilement le coeur de ses députés. Ses discours les électrisaient. Ils le jugeaient supérieur à tout autre politicien. Ils admiraient tout chez lui... Ceux qui l'ont connu à l'Assemblée législative ne l'oublieront pas... Son intelligence si vive, ses réparties mordantes, sa façon de mener la Chambre tambour battant, son indomptable énergie, son habileté à galvaniser ses troupes, même ses sautes d'humeur faisaient de lui un politicien redoutable, une personnalité unique... Monsieur Duplessis, a-t-on dit, était pleinement heureux à l'Assemblée législative.*

> *Son goût de la bataille, sa façon bien à lui de raisonner y trouvaient leur compte. Devant les comités c'était un autre genre de satisfaction. C'est sa vanité et sa toute puissance qui y étaient servies à souhait.* (23)

Aux libéraux sous Lapalme et Lesage, Duplessis reprochait surtout de n'avoir pas le sens de l'humour. Les calembours de Duplessis devenaient fastidieux à la longue, même s'ils étaient très ingénieux. Mais Duplessis, avec ou sans calembours, était très amusant. Il aimait toujours entendre raconter une bonne histoire même à ses dépens. Il n'aimait pas les politiciens moralisateurs et exagérémment sérieux qui affluèrent dans l'arène publique alors qu'il était dans la soixantaine. Son tempérament demeurait celui de l'homme qui, passant devant le Club de Réforme des libéraux à Québec un après-midi de l'hiver 1938, avait dit à son chauffeur de l'attendre pendant qu'il courait à l'intérieur et au grand étonnement des membres, éteignit le feu en urinant dans le foyer puis sortit d'un pas pressé sans dire un mot. (24)

577

Après sa décision de ne plus consommer d'alcool, sa conduite se fit moins fruste. Antonio Barrette raconte la réaction de Duplessis quand sa limousine tomba en panne à environ vingt-cinq milles à l'est de Hull alors qu'il se rendait à la conférence fédérale-provinciale de 1945. Le plus proche fermier n'avait pas le téléphone mais il possédait une automobile, petite et ancienne, dans laquelle Duplessis, Gagnon, Barrette et deux aides en plus du chauffeur réussirent à s'entasser et à empiler par-dessus eux leurs porte-documents. Enfin parvenue au Château-Laurier, la voiture était à peine immobilisée que Duplessis en sortait, brandissant sa canne et déclarant à qui voulait l'entendre: "Nous sommes la délégation du Québec; comme vous le voyez, nous sommes pauvres; c'est la seule voiture que nous ayons; c'est pour cela que nous venons réclamer notre part des impôts." (25) C'était avec cet humour que Duplessis considérait presque tout. George-Emile Lapalme rapporte qu'il était parfois impossible de parler à Duplessis tant il persistait à tout tourner à la blague. (26)

Duplessis s'intéressait à la peinture et il comparait parfois l'univers à un triptyque conservé au Louvre dépeignant sur le volet du milieu la célébration d'une messe solennelle tandis que les volets extérieurs étaient consacrés à des scènes de vice et de débauche. (27) C'était une image exacte de la réalité, disait-il. Ainsi au Québec il occupait la place dominante au centre en tant que Premier ministre et procureur général adoptant et appliquant les lois, dirigeant le parti aux élections et accomplissant tous les gestes excessifs et les manigances qui allaient de pair. Mais il savait que tout ceci n'était en somme que façade. Il ne prit jamais ses fonctions ni sa propre personne trop au sérieux quoiqu'il fut l'un des rares hommes, peut-être le seul dans toute l'histoire du Canada, qui eut à faire face aux grandes tentations de la richesse et de l'étroitesse d'esprit que lui offraient ses hautes fonctions, les acclamations du public et l'adulation de ses partisans politiques.

Il encourageait le culte de sa personne, créant autour de lui un climat paternaliste. Ceci était en partie stratégie politique; il savait ce que le peuple voulait. Entrait aussi dans ce comportement une part de sentimentalité qui lui venait de son éducation ultramontaine et de l'idéalisation du père, personnification de l'autorité. Il y avait bien sûr une part d'égoïsme car il était flatteur pour ce vétéran solitaire de batailles politiques de voir ainsi confirmer sa disposition à croire en sa propre supériorité. Et une part d'amusement: c'était pour lui un divertissement constamment renouvelé que de constater les indignités auxquelles les hommes s'abaissaient pour obtenir argent et position. Tout cela faisait partie du triptyque. L'adultère, le voleur, le menteur encombraient le seuil même de la maison de Dieu. Maurice Duplessis possédait trop bien le sens du comique pour être arrogant. Ce que la plupart de ses critiques ont appelé dictature et corruption n'étaient en réalité que les manifestations malicieuses de son amour de la plaisanterie.

Un tel homme, n'eut été son sens religieux, aurait pu devenir un insupportable cynique. Au fond, Duplessis n'avait foi qu'en deux entités: L'Eglise catholique et le Québec. Il n'avait rien contre le protestantisme mais cette religion ne représentait rien pour lui; elle lui semblait fade, faite de compromis et d'une inspiration morale insuffisante. (28) Il se faisait du Québec une idée bizarre mais à laquelle il était profondément attaché — il croyait que la province se trouvait aux points de rencontre du Français et de l'Anglais, de l'Européen et de l'Américain, du passé et du futur. Il n'était pas xénophobe, respectait certaines autres nationalités, mais il aimait le Québec parce qu'il était Québecois.

Il avait été soumis à ses croyances religieuses depuis sa plus tendre enfance et à cette éducation était venue s'ajouter la nécessité puisqu'il n'avait pas vraiment foi aux hommes. Pour lui le catholicisme, en plus d'être une institution importante au Québec, faisait le lien entre la vie mondaine et la vie céleste et on devait s'y adonner avec ferveur. C'était l'ultime consolation, comme il l'écrivit dans des milliers de lettres de condoléances. Cela seul conférait un sens aux efforts et aux passions de la vie terrestre.

Il aimait aussi le Québec d'une façon plus positive, s'attardant à dépeindre en discours lyriques l'obscur héritage d'une poignée de braves colons, la virtuosité et la droiture du peuple, la majesté sans pareil de la géographie et même la rigueur de son climat. Il possédait à un haut degré le sens de la mission du Canadien français qui était d'unir les valeurs traditionnelles au progrès technologique, d'être un rempart contre l'extrémisme et la subversion, de démonter la force d'un peuple petit mais hautement motivé et de participer dans un Canada de concept original, plein de promesses, un hâvre pour les Anglais comme pour les Français. (29)

Duplessis au travail dans son bureau du parlement. (Soc. des Amis de M.L. Duplessis)

Quand il eut décidé que sa vocation n'était pas dans l'Eglise, les carrières qui s'offraient immédiatement à lui étaient la pratique du droit et la vie politique. Bien décidé à compenser les découragements par des consolations religieuses, il adopta un régime de vie fait de travail intense, de plaisir et de pouvoir politique. Il trouvait ce régime tout à fait agréable. Sa carrière, sa seule véritable possession, stimulait son intellect, absorbait ses énergies, satisfaisait son ego et donnait libre cours à son sens de l'humour. Chacun de ces avantages était considérable et il était normal pour Maurice Duplessis de se donner complètement à son travail.

A moins qu'une fonction officielle ne vienne interrompre son activité, Duplessis travaillait de huit heures du matin à six heures du soir et ensuite pendant quatre heures supplémentaires le soir à son hôtel, du lundi au jeudi. Le vendredi matin il travaillait à Québec et passait le reste de la journée et le samedi à Montréal, sortait le vendredi et le samedi soir, se faisait conduire à Trois-Rivières le dimanche après-midi et rentrait à Québec le lundi matin. Il faisait affaire de ses chambres d'hôtel, au Château Frontenac à Québec et au Ritz-Carlton à Montréal. A Trois-Rivières il recevait ses électeurs à son bureau aménagé dans le sous-sol de la maison qu'habitait sa soeur et son beau-frère.

Cependant, les gens qui avaient affaire à Duplessis se rendaient pour la plupart à son bureau du parlement. En 1957, son caucus lui donnait en cadeau d'anniversaire de naissance un nouvel ameublement de bureau, y compris un pupitre d'une longueur de vingt pieds. Ces meubles ainsi qu'un grand drapeau du Québec, quelques-uns de ses Krieghoff préférés et un coffre-fort bien rempli dissimulé dans le mur constituaient les principaux éléments de ce bureau de grandeur moyenne où l'on pénétrait après avoir traversé deux grandes antichambres toujours remplies de visiteurs. Du bureau de Duplessis, à travers les portes-fenêtres qui donnaient sur le nord, on apercevait au loin le paysage montagneux de la Laurentie et plus près, en contrebas, la ville de Québec. C'est là qu'il régalait ses visiteurs, leur offrait un cigare de sa boîte de Larenagas (il en fumait vingt par jour), et écoutait les potins politiques. Hôte talentueux, son affabilité et son charme étaient bien connus et quiconque venait l'interviewer y trouvait son compte.

Sa poignée de main n'était pas vigoureuse. Lors de présentations de groupe il avançait, presque avec méfiance, une main plutôt délicate et rondelette tout en répétant machinalement "très bien" et fixait la personne suivante plutôt que celle à qui il donnait la main. Le geste et la parole rapides donnaient l'impression, d'ailleurs juste, d'une grande énergie.

Durant ses quinze dernières années, Duplessis mena une vie sentimentale comparativement tranquille. L'époque des flirts extravagants de sa prime jeunesse était révolue. Après son séjour sous la tente à oxygène il ne s'intéressa qu'à trois ou quatre femmes, toutes mariées ou séparées ce qui rendait le mariage hors de question. Tout se passait plutôt dignement et sans éclat. Duplessis ne commettait que de rares indiscrétions, mais il avait toujours l'impression que Rome le considérait comme un adultère et que ceci restreignait son influence en ce haut lieu. (30) Ses compagnes les plus fréquemment mentionnées étaient

Mme Massey à Montréal et Mme Flynn à Québec. Il connaissait Mme Massey depuis les années vingt à Trois-Rivières. Durant les années cinquante ils assistaient à la messe ensemble à l'église Saint-Patrick et prenaient ensuite un repas nécessairement frugal au restaurant, chez Murray's. Ses rapports avec Mme Flynn demandaient une dépense d'énergie peut-être un peu plus considérable. (Quand Mme Flynn téléphona à Auréa Cloutier, après la mort de Duplessis, pour lui demander un souvenir de ce dernier Mlle Cloutier lui répondit: "Madame, je n'ai approuvé aucune de vos initiatives!", et raccrocha.) (31)

Tourigny et Charles Lamarre, soi-disant valet de Duplessis (il était en réalité à l'emploi du Canadien Pacifique et il constituait, avec plusieurs autres employés de l'hôtel, la brigade d'espionnage au Château Frontenac — qui mangeait avec qui, etc. C'étaient ces gens qui étaient "le petit doigt" de Duplessis.), furent témoins d'un exemple inaccoutumé du désir de Duplessis de faire attendre les évêques. Deux de Leurs Excellences patientaient depuis une demi-heure dans son antichambre à l'hôtel pendant que Duplessis tenait compagnie à une certaine dame dans la pièce suivante. Quand Duplessis émergea finalement, il s'excusa avec un air solennel en disant qu'il était "victime d'une impitoyable surabondance d'activité". Si Lamarre et Tourigny trouvèrent la situation amusante, on ne peut en dire autant des évêques.

Jusque vers 1958, Duplessis ne parut nullement affecté par le passage des années malgré le travail énorme qu'il accomplissait. Il semblait parfois très fatigué et à bout d'endurance mais il avait un extraordinaire pouvoir de récupération et il se remettait toujours rapidement. Après 1937 il ne s'accorda des vacances dans le sud qu'une seule fois et ce fut pour aller aux Bahamas en 1957. Une bonne nuit de sommeil lui suffisait habituellement pour récupérer ses forces.

La blessure au dos qu'il s'était faite en 1952 avait été ennuyeuse mais n'avait pas présenté de réel danger. Le seul autre accident sérieux dans lequel il fut impliqué après son saut acrobatique en 1929 survint dans le parc provincial au nord de Québec, le 17 juillet 1950. Le chauffeur de Duplessis, un policier provincial âgé, fit une fausse manoeuvre et la voiture officielle se retrouva dans le fossé. Il prétendit plus tard qu'une autre voiture l'avait frôlé mais il n'y avait aucune preuve que ce fut le cas. Duplessis ne fut pas gravement blessé mais dans la commotion, il roula lourdement contre le ministre des Mines, Daniel French, qui s'en tira avec une côte fracturée. Gérald Martineau n'avait pas été blessé. Aussitôt sorti de la voiture, il s'agenouilla au bord de la route et commença à réciter son acte de contrition. Duplessis l'apercevant lui cria de cesser de s'énerver et de l'aider à secourir French et le chauffeur qu'il croyait être sérieusement blessé. (32)

Vers la fin de 1958, il était clair que la santé de Duplessis se détériorait. Il était perpétuellement fatigué, de mauvaise humeur et souffrait de pertes de mémoire. Il n'arrivait plus à accomplir ses journées éreintantes avec la joyeuse efficacité qui l'avait caractérisé jusque-là. Les dossiers auxquels il n'arrivait plus à donner son attention commencèrent à s'empiler. Parfois, au milieu d'une phrase, il oubliait ce qu'il allait dire et faisait venir des gens à son bureau pour ensuite oublier pourquoi il les avait fait venir. Une tache noire apparut au sommet gauche du front et s'agrandit peu à peu durant l'année 1959 jusqu'à la dimension d'une pièce de vingt-cinq sous. Ses bras devinrent sinueux et sa peau prit l'apparence d'un vieux parchemin. Pour ceux qui le voyaient souvent, qui connaissaient l'homme qu'il avait été, c'était un triste spectacle.

Mais le feu n'était pas encore éteint, et ses éclats étaient encore assez fréquents pour maintenir ses rivaux à distance. Sa performance lors de la conférence des ministres des Finances à Ottawa, en juillet 1959, fut particulièrement impressionnante. Il domina complètement la conférence à laquelle, selon le protocole, il n'avait pas le droit d'assister, mais on comprend qu'il ne voulait pas voir Bourque représenter seul le Québec. Quand tout fut fini il tint une conférence de presse au cours de laquelle il répondit habilement à toutes les questions, pérora à sa manière habituelle, et fut comme toujours vif, vigoureux et excessif. Le *Toronto Telegram* commenta, après une description des événements: "Pauvre Jean Lesage!" (33) La performance parlemantaire de Duplessis au début de 1959 avait été formidable quoiqu'il ait dû faire face à une Opposition démoralisée et sans chef.

Ses médecins l'avertissaient déjà depuis quelque temps des conséquences tragiques qui pourraient survenir s'il ne se reposait pas. Il avait songé à se retirer après l'élection de 1956, mais les rumeurs voulant qu'il soit un homme fini commencèrent à affluer et pendant qu'il était dans les Caraïbes en 1957, Paul Sauvé, contrairement aux directives reçues, convoqua le Cabinet. Duplessis tint bon, ne voulant pas sembler être poussé en dehors du pouvoir. En 1958, le Dr Lucien Larue, directeur du gigantesque hôpital Saint-Michel-Archange à Québec et neurologue de renom, dit à Duplessis qu'il n'avait peut-être plus qu'un an à vivre. Le Dr David l'avertit qu'il se surmenait. A Québec les nouvelles sur la condition physique de Duplessis faisaient rapidement la ronde; les libéraux les circulaient ouvertement, parfois avec une fascination morbide.

Duplessis ne nourrissait aucune illusion au sujet de sa détérioration physique qui continua durant l'année 1959 et que les regains momentanés d'énergie mentale et physique ne venaient pas ralentir. Il était clair que la fin approchait quoi qu'il fasse. Duplessis ne craignait pas la mort mais il craignait la retraite. Il restait au moins un an avant la prochaine élection et Duplessis décida de demeurer à son poste jusqu'à la fin. Toute autre décision aurait été triviale.

En septembre 1959, Duplessis se rendit à Sept-Iles avec Gérald Martineau, Gérard Thibeault, deux autres membres de son caucus, Maurice Custeau et Lucien Tremblay, et son neveu, Jacques Bureau. Les principaux hommes d'affaires du groupe étaient Jules Timmins et J.H. Thompson, chefs du groupe de l'Iron Ore Company. Il ne fait aucun doute que Duplessis avait de mauvaises prémonitions à propos de ce voyage. En route pour l'aéroport au matin du mercredi 2 septembre, il s'arrêta de nouveau à la basilique (où il avait déjà fait sa visite coutumière tôt le matin) et y demeura pendant plusieurs minutes. (34) Le groupe s'envola à dix heures du matin et le vol d'une durée de deux heures qui les amenait sur la Côte-Nord se fit sans incident. Duplessis était songeur et son air affaibli fut un choc pour ceux qui ne l'avaient pas vu depuis plusieurs semaines. Ils firent le tour de Sept-Iles en voiture décapotable et le Premier ministre fut reçu très chaleureusement. Il sembla un peu plus animé durant la soirée. Ils se levèrent tôt le jeudi matin et un avion les transporta à Schefferville, trois cents milles au nord de Sept-Iles, site des grandes mines ouvertes de minerai de fer et terminus du fameux chemin de fer qui allait vers l'intérieur des terres, bravant le gel perpétuel. La plupart allèrent à la pêche pendant que Duplessis, l'air préoccupé, alla avec Martineau faire le tour des mines.

Duplessis vieilli jouant au croquet, le seul sport qu'il pratiquait. (Soc. des Amis de M.L. ▶
Duplessis)

Un peu avant midi tous étaient revenus à la maison que la compagnie Iron Ore avait mise à leur disposition et qui était située sur une pointe s'avançant dans le lac Knob. Martineau se retira pour faire un somme. Duplessis demeura au salon principal à fumer un cigare et à jaser avec Custeau. Puis, perdu dans ses pensées, il s'avança vers les grandes fenêtres qui s'ouvraient sur le lac et après un moment se tourna vers Custeau, mais à peine avait-il commencé à parler, qu'il s'effondra en portant la main à sa gorge, la voix inaudible. (35)

On le transporta sur un divan; sa jambe et son bras droits étaient raides, son expression fixe, ses lèvres blêmes, un tic convulsif affectait son oeil gauche. Martineau et les autres se convainquirent que ce n'était là qu'une attaque de diabète résultant d'une insuffisance d'insuline. Le médecin à l'emploi de la compagnie arriva quinze minutes plus tard.

Le médecin, Horst Rosmus, un Allemand solide et compétent avait eu son congé de l'armée allemande en 1943 après avoir été blessé cinq fois au front russe. Une scène inoubliable l'accueillit. (36) Tous avaient pris un air exagérément calme cependant que le Premier ministre du Québec était étendu inconscient sur un divan face à la porte principale. Jules Timmins, chaussé bottes cuissardes, s'affairait dans la pièce d'un air impatient, attendant que commence la partie de pêche de l'après-midi. Pendant ce temps Martineau avertit tout bonnement Rosmus que cette indisposition nécessiterait peut-être l'administration d'insuline. Rosmus jeta un rapide coup d'oeil sur le corps terrassé de Duplessis, prit son poulx et dit d'une voix calme qu'il venait de subir une hémorragie cérébrale, qu'il était partiellement paralysé et que sa condition était grave.Martineau s'en prit immédiatement au médecin lui promettant qu'il serait discipliné pour ce diagnostic faux et superficiel. Il passa des remarques désobligeantes au sujet des médecins étrangers et insista pour que Rosmus fasse un diagnostic sérieux.

On transporta Duplessis dans une chambre où le médecin procéda à un examen minutieux. Mais ceci s'avéra plus difficile que prévu. Duplessis avait une hypospadias, c'est-à-dire une malformation de l'urètre qui s'ouvre sur la face intérieure de la verge, dans ce cas à environ un pouce de l'extrémité, ce qui gênait Rosmus dans sa tentative d'obtenir un échantillon d'urine (37) (sans vouloir tenter ici une psychanalyse, disons que cette condition peut avoir des conséquences psycho-

La maison de la compagnie Iron Ore où Duplessis mourut en septembre 1959. (La Presse)

logiques et il est possible que ceci ait influé sur la vie sociale de Duplessis). Au bout d'une demi-heure Rosmus avait terminé son examen et confirma son premier diagnostic: Maurice Duplessis souffrait d'une hémorragie cérébrale. Son côté droit était entièrement paralysé, sa condition critique. Martineau, qui entre temps avait retrouvé son calme, refusa poliment l'offre de Rosmus de lui donner un diagnostic écrit et s'excusa de ses remarques précédentes.

Si Martineau était maintenant calme, les autres ne l'étaient pas. Thibeault et Tremblay partirent presque immédiatement. Les autres attendirent l'arrivée du Dr Larue et d'un collègue, le Dr Yves Rouleau, spécialistes en la matière, et de deux infirmières qui avaient l'expérience de tels cas et qui devaient arriver le lendemain. Puis commença pour le malade une lutte pour la vie; le pouls et la pression sanguine demeuraient forts mais l'issue faisait peu de doute. Larue conseilla à Rosmus au téléphone de ne rien tenter. Quand les médecins arrivèrent le vendredi, le patient avait fait trois autres hémorragies. Le coeur était encore solide mais la situation était, à toute fin pratique, désespérée. La soeur de Duplessis, Mme Bureau, arriva avec les médecins. Environ deux heures plus tard les médecins repartirent après avoir approuvé tout ce que Rosmus avait dit et fait et donnèrent à Martineau et à Mme Bureau le conseil euphémique "d'attendre les développements pendant vingt-quatre heures".

Timmins et Custeau s'en allèrent aussi et Thompson les imita le jour suivant, laissant Duplessis seul avec sa soeur, son neveu, son trésorier, le Dr Rosmus et un jeune Oblat, le Père Marcel Champagne. Les hommes d'affaires réussissaient au moins à survivre aux politiciens.

Tous ceux qui avaient été témoins de ces événements avaient juré de garder le silence mais les politiciens, une fois revenus à Québec, avaient fait part de la situation à leurs collègues et les rumeurs abondaient dans la ville cependant qu'on se pressait autour de Paul Sauvé. Suite à la visite des médecins de Québec à Schefferville, le bureau du Premier ministre, assiégé de toutes parts, fit paraître un bulletin d'information disant tout simplement que Duplessis était malade. Les journalistes affluaient à Schefferville. Le Dr Rosmus, qui dormait maintenant dans la même chambre que son patient, se rendit à un moment donné à la toilette et comme il jetait un coup d'oeil par la fenêtre quelqu'un se trouvait là pour le photographier. Le samedi, des contingents supplémentaires de la force provinciale arrivèrent pour encercler le chalet.

Martineau passait son temps écrasé dans un fauteuil, se levait brusquement de temps à autre, entrait dans la chambre en coup de vent et frappait légèrement Duplessis au visage en disant: "Réveille-toi Maurice! C'est moi, Gérald." Il n'obtenait qu'un mouvement réflexe car Duplessis ne reprit pas conscience après la première attaque. A l'arrivée du Père Champagne, le jeudi, Duplessis avait, semble-t-il, indiqué son chapelet d'un mouvement de l'oeil droit. Cela aurait été la dernière expression de sa volonté.

En ce congé de la Fête du Travail il faisait à Schefferville une chaleur anormale pour la saison. On discernait déjà la brume légère de l'automne voilant le ciel du nord. Une masse de journalistes et de policiers emplissait ce petit avant-poste dont la plupart des résidents ignoriaent encore ce qui se passait. Finalement, le samedi après-midi, Martineau apparut sur les marches du chalet et déclara que Maurice

Les ministres attendant le retour de Shefferville de la dépouille mortelle de leur Chef. De gauche à droite: William Cottingham, Camille Pouliot, John Bourque, J.D. Bégin, Albiny Paquette, Arthur Leclerc, Antonio Talbot, Daniel Johnson. (Soc. des Amis de M.L. Duplessis)

Duplessis était dans un état critique et que la mort était probablement imminente.

On fit venir un cercueil de Québec car la compagnie Iron Ore n'en gardait pas à Shefferville pour ne pas démoraliser ses employés. Le cercueil arriva à la tombée du jour le samedi et une grande foule de journalistes et de cameramen assistèrent au débarquement. Le samedi soir et le dimanche les spectateurs des nouvelles à Radio-Canada furent aussi témoins de ce sinistre présage sur leurs écrans de télévision. Au Québec et un peu partout au Canada on suivit jusqu'à la fin le déroulement du drame.

L'agonie de Maurice Duplessis dura toute la journée du dimanche, sa respiration se faisait de plus en plus laborieuse, son teint cireux. A chaque fois que la respiration se faisait irrégulière, Mme Bureau réveillait le Père Champagne d'un coup de coude et on recommençait la cérémonie de l'extrême-onction. La robuste constitution de Duplessis ne l'abandonnait pas aux portes même de la mort et on recommença quatre fois le rituel de l'extrême-onction. A minuit le jeune prêtre le reprenait pour la dernière fois. C'était la Fête du Travail et cinq minutes plus tard Maurice Duplessis était mort.

Le gouvernement se rassembla dans les appartements de Paul Sauvé au Château Frontenac. "Durant toute la soirée vous avions rapporté ses bons mots, rappelé sa générosité, parlé de son énergie, de son sens inné de la justice et du *fair play,* de sa grande sagacité et de l'attachement qu'il avait pour les membres de son parti: tous firent son éloge sans discordance. Chacun comprit alors quelle place immense il occupait parmi nous." (38) Le Cabinet se rendit à l'aéroport pour recevoir la dépouille mortelle de son chef qui arriva juste avant les premières lueurs de l'aube. Le cercueil était enveloppé du drapeau du Québec que Martineau avait emprunté à la commission scolaire de Schefferville. Plusieurs ministres sanglotaient.

Georges-Emile Lapalme et Jean Lesage dirent d'un commun accord: "un colosse vient de tomber", et Lapalme compara Duplessis à Roosevelt et Churchill. (39)

Les nécrologues de la province étaient prêts et ils furent généreux. En parlant de son propriétaire, le *Montréal-Matin* proclama en lettres géantes: "Québec a perdu son papa". Gérard Filion donna d'abord une pénible explication de son attitude envers Duplessis dans ses éditoriaux puis écrivit: "Dire qu'il était un adversaire n'est pas dire qu'il était un ennemi." (40) Mais ce fut André Laurendeau qui, mettant de côté son accusation vieille de deux ans contre le défunt qu'il disait être un "roi nègre" (même Trudeau prit cet argument stupide au sérieux), (41) s'exprima avec le plus d'élégance:

> *Celui qui vient de mourir a dominé la politique québecoise depuis 1935. On l'a aimé, haï, estimé, discuté; mais son emprise, passionnément combattue a été incontestable durant le dernier quart de siècle.*

(...) Cet homme avait l'instinct du commandement. Il savait rassembler et galvaniser ses partisans. Il a inspiré d'admirables loyautés. Il payait de sa personne: d'abord en travaillant avec une ardeur que l'âge n'avait pas atteinte. Et parce qu'il n'a jamais craint les responsabilités, il les assumait à plein.

Il aimait la politique: on a dit qu'elle était à la fois sa vocation, son métier, son passe-temps et la famille qu'il n'a jamais eue. Il lui a donné le meilleur de lui-même.

Il se battait avec acharnement, on a remarqué aussi qu'après 19 ans de gouvernement, il gardait la verdeur, la force d'attaque et le style d'un chef d'Opposition. En chambre, il était la personnalité la plus vigoureuse; sa mémoire, son intelligence pratique, son flair le servaient à merveille, et nul parlementaire ne sera venu à bout de lui.

Son oeuvre est discutée: il est indiscutable qu'elle marque la province.

(...) Vue de loin, une vie semblable, marquée par d'innombrables succès, semble brillante. Examinée de près, elle apparaît bien plus austère, à cause de la solitude à laquelle est condamné celui qui exerce l'autorité et des renoncements qu'exige une pareille carrière. Elle se termine alors qu'elle semblait à son zénith. Maurice Duplessis n'aura pas connu l'amertume d'une ultime défaite, ou d'une longue maladie. Il tombe comme un combattant. (42)

Maurice Duplessis fut exposé pendant une journée à l'Assemblée législative où il avait siégé pendant vingt-sept ans. On plaça son cercueil entre les pupitres du Premier ministre et du chef de l'Opposition. Environ cent mille personnes défilèrent devant la dépouille mortelle. Un corbillard suivi de cinquante camions de fleurs le ramena à Trois-Rivières. Le défunt reposait maintenant dans le plus opulent cercueil qu'avait pu produire le Canadian Casket Company de J.W. McConnell et qui était contenu dans un coffre de cuivre hermétique, le tout au prix de $8 717 (43). Duplessis continuait, même dans la mort, à personnifier, littéralement, le système de patronage; son corps fut envoyé au salon funéraire d'un membre du caucus, Maurice Cloutier, député de Québec Centre.

Des milliers de personnes, virtuellement toute la population de la ville, vinrent au Palais de Justice où Maurice Duplessis fut exposé jusqu'au moment des obsèques, le 10 septembre. Le Gouvernement provincial en entier, tout l'épiscopat, des délégations venant des autres provinces y compris plusieurs premiers ministres et près de la moitié du gouvernement fédéral conduit par M. Diefenbaker, assistèrent au service funèbre et signèrent l'acte de sépulture, certificat collectif attestant que Maurice Duplessis avait bel et bien été enterré.

Le cardinal Léger et Mgr Roy officièrent à la cathédrale de Trois-Rivières. Mgr Maurice Roy affligé, entonna: "Nous sommes ici pour rendre un hommage ultime, attristé et respectueux au chef temporel de notre peuple, le Premier paroissien de notre bien-aimée Trois-Rivières." Le cardinal Léger, moins affecté par l'événement mais conscient de son importance historique, fut plus mesuré et parla du défunt comme ayant passé pour toujours à l'histoire où sa place, encore indéterminée, serait certainement prééminente. (44)

Chacun avait le sentiment qu'une époque venait de finir, tout comme aux funérailles de Wellington et de Hindenburg. Le vieux Québec serait enseveli avec Maurice Duplessis. Les porteurs d'honneur semblaient avoir été choisis à l'avance par l'homme qu'ils accompagnaient à son dernier repos car les cinq qui ouvraient la marche étaient ceux-là qui lui succéderaient tour à tour comme Premier ministre du Québec: Paul Sauvé, Antonio Barrette, Jean Lesage, Daniel Johnson et Jean-Jacques Bertrand.

Pour ses centaines de milliers de partisans dévoués pour lesquels il était sans exception Le Chef, pour les gens de la Mauricie qui toute leur vie l'avaient affectueusement appelé Maurice, pour les générations montantes d'écoliers auxquels il avait lancé de sa voiture des pièces de cinq et de dix sous lors de l'ouverture de l'exposition annuelle de Trois-Rivières, pour "les centaines de femmes en larmes" (45), présume-t-on, et comme le prétend Edmund Wilson, qui affluèrent à la cathédrale pour assister à ses obsèques, enfin pour tous ceux qui l'avaient connu ou avaient suivi sa carrière, la mort de Maurice Duplessis privait le Québec d'un personnage politique et folklorique unique en son genre.

◀ *Aux funérailles de Maurice Duplessis à la cathédrale de Trois-Rivières. (Roland Lemire)*

La succession de Duplessis accusait un déficit d'environ quarante mille dollars comptant qui fut couvert par l'Union nationale. Il légua sa maison à sa soeur et ses peintures, évaluées à environ deux cent mille dollars, au musée du Québec. (Des années plus tard, plusieurs de ces peintures furent volées. Des renseignements de Mme Eric Kierans, femme d'un ministre du Cabinet libéral fédéral, conduisirent à l'arrestation et à la condamnation du chef du Parti nationaliste chrétien trouvé en possession des biens volés.)

La plus grande contribution de Duplessis au Québec fut dans le domaine de la juridiction. Si, durant les années soixante et soixante-dix, le Québec a eu la possibilité d'acquérir l'indépendance ou de s'associer de nouveau avec le Canada, c'est principalement grâce à lui. Il a arraché d'Ottawa les pouvoirs fiscaux et juridictionnels nécessaires à l'autonomie de la province. Il a aussi présidé à la reconstruction industrielle et sociale du Québec qui libéra la province des limitations d'une industrie marginale et d'une éducation insuffisante. A l'instar des modernisateurs dans d'autres pays qui eurent recours à des procédés peu subtils, Maurice Duplessis enterra le passé du Québec en perfectionnant les techniques politiques du passé. Sous son gouvernement, le Québec cessa d'être une province arriérée à tous points de vue sauf peut-être en ce qui avait trait aux moeurs politiques.

L'effondrement de l'Eglise comme influence politique fut peut-être la plus importante conséquence de son administration. En s'accrochant à son ancien rôle dans les écoles et les hôpitaux, l'Eglise en vint à dépendre de l'Etat et cessa d'être une autorité morale indépendante pour devenir un organisme de distribution, une sorte de succursale de l'Union nationale. Dans son administration aussi bien que dans sa pratique personnelle, Duplessis faisait la différence entre la vocation religieuse de l'Eglise et son rôle social. La hiérarchie ecclésiastique, en se cramponnant à son second rôle en vint presque à anéantir sa fonction primordiale.

Ceci ne veut certes pas dire qu'il n'y a plus de communiants au Québec, il y en a assurément beaucoup, mais on ne tolère plus l'Eglise dans les affaires temporelles. Par sa collaboration trop étroite avec l'Etat, l'Eglise est devenue moins vertueuse. La grande autorité qu'avait

Daniel Johnson dépose une couronne de fleurs au pied du monument Duplessis. (Soc. des Amis de M.L. Duplessis) ▶

exercée l'épiscopat depuis l'époque de Mgr Laval jusqu'à celle du cardinal Villeneuve cessa d'avoir cours sauf pour une brève période et grâce à la grande popularité personnelle du cardinal Léger. Le fils de l'ultramontain avait lâché les écluses de la laïcisation.

Le gouvernement Duplessis et son époque furent essentiellement transitoires. L'Etat du Québec devint infiniment plus important qu'il ne l'avait jamais été dans ses rapports avec l'Eglise, le gouvernement fédéral et l'industrie. L'époque où le Premier ministre de la province siégeait sur les conseils d'administration de grosses compagnies, frayait avec les hommes d'affaires et était considéré comme le président de sa propre compagnie, l'Etat du Québec,était franchement révolue. Duplessis plaça son gouvernement au-dessus de tout ceci et en fit un gouvernement national mais non souverain. La plupart de ses actes publics, même les événements secondaires comme la création de la Cour provinciale en remplacement de la Cour du recorder, soulignait le fait que le Québec prenait une stature officielle plus importante. En 1944 il avait pris en main un gouvernement qui était provincial dans tous les sens du mot. En 1959, il laissa un gouvernement national à la tête d'un peuple moderne, revigoré et nationaliste.

La clef de son succès politique, à part la coordination des conservateurs et des nationalistes du Québec, fut de maintenir un personnel clérical nombreux où, ailleurs, on aurait eu des employés du gouvernement. Ceci lui permettait de diriger un gouvernement éminemment social pour le petit salarié, le fermier, le petit bourgeois et de diminuer la dette sans pour autant augmenter les taxes. Cela n'aurait pas été possible si le Québec avait dû rémunérer ses professeurs au même taux que dans les autres provinces. Quelque chose aurait fini par céder et c'est en effet ce qui arriva sous les succésseurs de Duplessis. La dette et les taxes ont fait un bond; la fragmentation sociale a été grave.

Sous Duplessis, beaucoup fut accompli à peu de frais et la population étant généralement paisible, le gouvernement put dévouer la plus grande partie de son budget bien équilibré aux travaux publics. Ceci catapulta le Québec en plein vingtième siècle en matière d'écoles, d'universités, de chemins et d'hôpitaux. Cet état de choses attira aussi le capital en un volume tel que le Québec se vit élevé presque du jour au lendemain au rang des économies industrielles les plus modernes du monde de l'après-guerre. L'Union nationale s'enrichit du même coup et devint une force politique de grande envergure, capable de se perpétuer elle-même, pourvu qu'elle ait un chef habile.

Après ses réalisations dans les domaines juridictionnel et du progrès social, la plus grande réalisation de Duplessis fut d'ordre politique. Sa réussite à transformer l'absurde Parti conservateur du Québec de 1932 en la plus puissante force politique de l'histoire du Québec, voire même du Canada, à une époque où régnaient le trouble et la confusion, n'était rien de moins que spectaculaire. Il passa à l'histoire comme le plus grand chef politique qu'ait connu la province. Dans les volumineuses annales des hommes publics canadiens-français, Sir Wilfrid Laurier est le seul qui puisse être comparé à Duplessis sur le plan du succès et de l'astuce partisane.

Finalement il faut compter la personnalité même de Duplessis dans son leg à la province. Tout comme le maréchal Pétain, il fit don à l'Etat de son personnage qui à ce jour n'a pas cessé d'être légendaire.

La carrière de Duplessis a soulevé de légitimes et considérables disputes idéologiques telle celle lancée par P.E. Trudeau à l'effet que Duplessis n'imposait pas des taxes suffisantes pour légiférer efficacement dans le domaine social. Ceci, prétendait Trudeau, laissait le champ libre au gouvernement fédéral et perpétuait les querelles fédérales-provinciales. (46) Si Duplessis avait suivi les conseils de Trudeau, le Québec serait devenu la province la plus taxée au Canada. Son gouvernement aurait été défait aux élections (c'était une tradition au Québec quand le gouvernement provincial augmentait les taxes, comme l'ont indiqué les élections de 1897, 1939, 1944, 1966 et 1970), et les querelles avec Ottawa n'auraient pas cessé pour autant, comme Trudeau est maintenant en mesure de le constater. Duplessis était avant tout un conservateur et il n'approuvait pas les taxes élevées. Selon lui, l'Etat devait avoir une très bonne raison pour s'arroger une part de la propriété de ses électeurs. Trudeau avait peu d'objections à la position constitutionnelle de Duplessis (47) mais il la croyait trop négative.

Des commentaires aussi académiques et civilisés n'expliquent pas la vague de viles calomnies qui engloutit Duplessis après sa mort. Le cliché le plus rebattu de tous parmi les libéraux professionnels est leur prétention d'avoir participé à l'opposition faite à Duplessis. Son régime est communément appelé celui de "la grande noirceur", et soit dit en passant, Duplessis est décrit comme "feu le démagogue corrompu".

(48) On en vint à considérer son gouvernement c
où les gangsters auraient eu la vedette.

L'historien et journaliste Laurier Lapierre
d'un débat radiodiffusé), "Nous croyions apport
province alors il nous fallait croire qu'avant, tout

En succédant à Duplessis, Paul Sauvé prono
sombre présage des libéralisations à venir. Le d
vague au sujet de l'avenir mais non à propos d
Gagnon déclara: "Comment ne pas évoquer, d
souvenir vivace de celui qui, pendant dix-huit ans, a apposé à la conduite des affaires du Québec, le sceau de sa puissante personnalité et de
son inlassable énergie?" (49)

Gagnon et Sauvé promirent aussi de poser "un geste qui symboli-
sera, à l'intention des générations futures, l'impressionnant hommage
qui lui a été rendu lorsque ses restes furent déposés dans sa terre natale
des Trois-Rivières." On apprit plus tard qu'il s'agissait d'une statue.
Sauvé commanda l'oeuvre; Barrette en approuva le dessin, Lesage
cacha la statue au Musée du Québec et Johnson la transféra à son tour
au sous-sol du quartier général de la Police provinciale du Québec, rue
Parthenais à Montréal. (50) Pendant des années on prétendit ignorer
les allées et venues de cette statue haute de dix pieds. Ses pérégrinations
ne se terminèrent que lorsque René Lévesque, devenu Premier ministre du Québec, fit ériger la statue devant le parlement du Québec à
l'occasion d'une cérémonie marquant l'anniversaire de la mort de Duplessis, le 7 septembre 1977.

Tous avaient placé leur espoir et leur confiance en Sauvé (51) mais
ce dernier en était encore à préparer son programme quand il succom-
ba à la maladie cardiaque dont il souffrait depuis longtemps. Sa mort
survint le 2 janvier 1960, au lendemain du traditionnel et gargantuesque
réveillon du Jour de l'An à Saint-Eustache. Il avait cinquante-deux
ans. Si le Québec avait pleuré Duplessis, un homme devenu vieux au
service de la province, cette nouvelle plongea le public dans la consternation. Les funérailles de Sauvé rappelaient en partie celles de Duplessis. Le cardinal Léger, touché par la mort prématurée de son ancien

Photos prises lors du dévoilement de la statue de Duplessis devant le parlement de Québec ▶
en septembre 1977, initiative du gouvernement de René Lévesque. (Roland Lemire)

confrère du séminaire de Sainte-Thérèse, plus expansif cette fois, parla avec tristesse du sort "de notre petit peuple".

Une lutte déchirante pour le pouvoir s'ensuivit. Après que Rivard, Prévost et Talbot eurent refusé de prendre la direction intérimaire du gouvernement, et qu'on ait rejeté Johnson et Bertrand parce qu'ils n'avaient pas assez d'expérience, on nomma finalement Antonio Barrette. On parvint à maintenir un semblant d'unité jusqu'au lendemain de l'élection que Jean Lesage remporta de justesse avec son slogan: "C'est le temps que ça change." Paul Beaulieu, John Bourque et Antoine Rivard furent au nombre des candidats unionistes défaits. Il n'y a pas lieu de donner ici l'histoire du gouvernement Lesage; qu'il suffise donc de dire qu'il a accompli beaucoup, que ses réalisations furent pour la plupart progressives, mais qu'il était publiquement divisé sur d'importantes questions et qu'il était plutôt extravagant.

Bégin et Martineau parvinrent finalement à écarter Barrette du leadership de l'Union nationale en lui refusant le contrôle du *Montréal-Matin* et de la fameuse caisse électorale, toujours prospère mais qui était maintenant déposée en Suisse. Les dépôts étaient faits à Boston par une sténographe de l'Union nationale qui prenait la précaution de coudre les liasses de billets dans la doublure de son manteau avant de prendre l'avion. (52) Lesage mit sur pied la Commission Salvas, du nom de son président, chargée de mener une enquête sur le gouvernement précédent. C'était là un geste mesquin, une vengeance partisane et tout à fait inutile. Gérald Martineau, accusé de patronage, écopa d'une peine d'un mois qu'il purgeait à l'hôpital lorsqu'il mourut en 1968. Thomas Tremblay passa Antonio Talbot en jugement parce que, disait-il, "il n'y avait personne d'autre pour lui faire un procès équitable". (53) On ne présenta aucune preuve que Talbot, un ancien bâtonnier général du Québec, avait personnellement profité du patronage et il s'en tira avec une légère amende. (Antonin Galipeault, qui était encore juge en chef du Québec à la mort de Duplessis, avait agi d'une manière beaucoup plus discutable que Talbot.) Bégin dut aussi comparaître en justice, mais le vieux renard était trop rusé pour ses accusateurs qu'il n'eut aucune peine à confondre.

Tout ceci faisait partie du processus de la renonciation au passé récent. La Commission Salvas découvrit beaucoup moins de scandales que n'en avait déterrés Duplessis au Comité des Comptes publics mais les libéraux subissaient maintenant l'influence d'un type de politiciens qu'on ne voyait plus tellement dans la province depuis les beaux jours de Philippe Hamel: ceux-ci, le ton aigu, poussant les hauts cris à propos de tout et de rien, sermonneurs et inflexibles, parlaient le plus souvent pour énoncer des platitudes. Lapalme et même Drapeau à leur plus fastidieux ressemblaient à ces anciens politiciens. Mais dans le gouvernement Lesage il y en avait plusieurs qui répondaient à cette description et manifestement, René Lévesque, ministre des Ressources naturelles, venait en tête de liste.

Lévesque, dont le père avait déjà fait partie de l'étude légale d'Ernest Lapointe en tant qu'associé, avait été correspondant de guerre et un important commentateur à Radio-Canada. Il avait coutume de tenir des cérémonies qui flattaient son amour-propre telle la commémoration "du premier contrat officiel de l'histoire du Québec accordé après un appel d'offres public". Sa présence au sein du gouvernement, comme celle de Pierre Laporte qui y entra finalement en 1961, impressionnait les intellectuels et le monde journalistique. Roger Lemelin, auteur de l'émission télévisée "La famille Plouffe" et qui allait un jour accéder à la présidence de *La Presse,* était un des nombreux Québecois qui exprimaient leur fierté de voir "des hommes comme René Lévesque" en politique québecoise et de ne plus avoir à penser à la population française du Québec comme à un petit peuple à l'ancienne mode, "vêtu de costumes pittoresques". (54) (C'était ce même Roger Lemelin qui avait écrit à Duplessis le 22 décembre 1958 en ces termes: "La chaleur humaine qui se dégage de votre personne et de vos propos, ainsi que le sincère et profond amour que vous portez à la Province, m'ont vraiment conquis.")

Le Québec a l'humeur changeante et lorsque Duplessis ne fut plus là pour guider, punir et récompenser, on le dénigra dans la même mesure qu'on l'avait adulé de son vivant. Il y avait des exceptions à cette règle. Daniel Johnson, virtuel disciple de Duplessis, demeura loyal à la mémoire de son ancien bienfaiteur. En octobre 1961, il remporta de justesse le leadership de l'Union nationale à la première convention que tenait le parti depuis celle du Parti conservateur à Sherbrooke, vingt-huit ans plus tôt. Jean-Jacques Bertrand avait été un candidat fort et ne montra pas dans la défaite la grâce qu'avait démontrée Onésime Gagnon. (Gagnon était encore lieutenant-gouverneur au moment de sa mort survenue un mois plus tôt à l'âge de soixante-douze ans.)

De peine et de misère, Johnson reconstruisit l'Union nationale. Bertrand se rallia à lui et à l'élection de 1962 ils luttèrent vaillamment contre les libéraux. C'étaient les déclarations publiques de Lévesque qui avaient finalement incité Lesage à dissoudre l'Assemblée; la question centrale de cette campagne était l'étatisation presque complète du pouvoir hydroélectrique. Le 14 novembre 1962, Lesage augmenta sa majorité, remportant soixante-trois circonscriptions contre les trente et une de Johnson.

A la veille des élections, on annonça la mort de T.-D. Bouchard, qui allait avoir quatre-vingt-un ans dans un mois. Sa vie politique remontait à 1896, année de la première victoire de Sir Wilfrid Laurier et début, en 1897, du long règne libéral au Québec qui avait pris fin en 1936. Sa mort avait cela d'ironique qu'elle survenait à la veille même du triomphe de la cause dont il s'était fait le champion pendant soixante-cinq ans: l'étatisation complète de l'électricité. Ayant survécu à presque tous ses contemporains, T.-D. avait finalement cessé d'être en avance sur son temps le jour de sa mort.

En plus de nationaliser l'électricité, le gouvernement Lesage avait sécularisé l'éducation, augmenté les taxes, grossi la dette provinciale d'une façon spectaculaire et démantelé le système Duplessis. (55) En 1966, Lesage fut défait de justesse par Daniel Johnson. Johnson s'installa prestement au pouvoir, personnellement convaincu que l'élection de 1966 était comparable à celle de 1944 et que l'élection de 1970 serait une reprise de celle de 1948. (56)

Après deux années comme Premier ministre, Johnson avait fait bonne impression et il était personnellement très populaire. Il avait peu des défauts de Duplessis mais possédait la plupart de ses points forts; il promettait donc d'être un chef efficace du Québec. Il n'avait cependant pas l'esprit décisif de son ancien chef et cette difficulté à prendre une décision le rendait parfois terriblement incompétent. Un jour, il indiqua à l'auteur une pile de lettres attendant sa signature sur son bureau et dit en riant: "Je ne signe pas ce que je n'ai pas lu et je n'ai pas le temps de les lire."

Il avait la même faiblesse physique que Paul Sauvé et mourut dans son sommeil d'une crise cardiaque à Manicouagan, le 28 septembre

1969. Il avait cinquante-trois ans. Si les circonstances de sa mort rappe-
lèrent celle de Sauvé, l'environnement physique rappelait celle de
Duplessis. Ce jour-là Johnson était censé inaugurer le gigantesque
barrage Manicouagan 5. Le barrage fut subséquemment nommé
d'après le Premier ministre décédé. Le dernier soir de sa vie, Daniel
Johnson se rendit à la taverne des ouvriers sur le site du barrage où on
le photographia donnant simultanément la main à Jean Lesage et à
René Lévesque qui au lendemain de la défaite de 1966 avait finalement
admis qu'il était séparatiste et avait fondé un parti basé sur ce choix. A
cette rencontre, Johnson s'exlama sur un ton badin: "Je vous unis",
voulant dire que les deux s'entendaient au moins dans leur opposition à
Johnson. Ce barrage coûteux, aux voûtes gracieuses, Manic 5 comme
on l'appelait, d'une longueur de 4 300 pieds et d'une hauteur de 660
pieds était un projet à la réalisation duquel les trois hommes avaient
contribué. Il devint un symbole populaire du Québec nationaliste, pour
ne pas dire narcissique, création de la soi-disant Révolution tranquille
des années soixante. Des automobiles "Manic" et des cigarettes "Manic" connurent un bref succès. Le nom de ces produits était plus à
propos que ne l'imaginaient probablement leurs créateurs enthousiastes.

Avec la mort de Daniel Johnson, la cause nationaliste passa par
défaut de la droite, qui l'avait faite sienne depuis Mercier en passant par
Bourassa, Groulx et Duplessis, à la gauche et à René Lévesque. Au
moment de l'inhumation de Johnson, Jean-Jacques Bertrand, le nouveau chef du gouvernement et de l'Union nationale (si souvent laissée
orpheline) déclara: "En te recommandant aujourd'hui à la merci de
Dieu tout-puissant, nous te confions aussi à l'histoire de ton peuple, de
ta province et de ton pays où ta mémoire sera honorée pour toujours.
Que Dieu soit avec toi Daniel. Tu as été un bon Canadien et un fidèle
Québecois." (57)

En avril 1968, Lester Pearson se retira et fut remplacé par Pierre
Elliott Trudeau comme chef du Parti libéral et Premier ministre du Canada. Ce dernier avait été élu en 1965 et faisait partie du grand mouvement de modernisation des libéraux du Québec avec Jean Marchand et
Gérard Pelletier. Leur première intervention majeure au Québec fut
d'évincer Jean Lesage de son poste de chef provincial de l'Opposition.
Lesage avait eu à faire face à tous les chefs de l'Union nationale dans

l'histoire de ce parti. Il fut remplacé lors d'une convention tenue au Colisée de Québec en janvier 1970, où le nouveau chef avait été choisi à l'avance. Son successeur, Robert Bourassa, âgé de trente-six ans, allié par mariage à la famille Simard et secrétaire d'une commission royale, allait être le plus durable Premier ministre à prendre le pouvoir depuis Maurice Duplessis. Pierre Laporte et Claude Wagner briguaient aussi la direction du parti. Pierre Laporte arriva troisième, loin derrière Claude Wagner ancien juge et procureur controversé. Dégoûté par les manigances et le trafic de votes à la convention, Wagner retourna à la magistrature, mais en 1972 adhéra au Parti progressiste conservateur comme chef de l'aile québecoise. Il représentait les circonscriptions qui avaient été celles de T.-D. Bouchard et de Daniel Johnson au provincial et devint le plus important politicien conservateur fédéral au Québec depuis Sir Adolphe Chapleau qui s'était retiré comme secrétaire d'Etat au fédéral en 1892.

Jean-Jacques Bertrand était un homme bon et honorable qui fit adopter nombre de lois mais commit une erreur poltique désastreuse. Son erreur était l'inverse de celle qu'avait commise Duplessis en 1939 quand il effraya les conservateurs: Bertrand perdit tous les nationalistes au profit de Lévesque en 1970 et l'Union nationale s'effondra. En concédant la victoire, le 29 avril 1970, il s'exprima avec éloquence et dignité, geste qui rappelait celui de Godbout en 1944. Bertrand remettait le leadership d'un parti tronqué à un avocat et marchand de ferraille de Bellechasse, Gabriel Loubier, qui avait fait ses premières armes comme ministre de 1966 à 1970. Aux élections de 1973, il mena le parti à l'anéantissement complet. Mais en 1974, Maurice Bellemare remporta l'élection partielle dans Bagot, restaurant ainsi une présence unioniste à l'Assemblée. Il refusa cependant de devenir le chef permanent de ce parti décimé. En mai 1976, Rodrigue Biron, jeune homme d'affaires hirsute, néo-duplessiste, un inconnu des milieux politiques et qui n'avait pas fit ses preuves, assuma la direction du parti. A l'élection du 15 novembre 1976 le nouveau chef rallia le fond conservateur pour donner à l'Union nationale vingt pour cent du vote et une douzaine de sièges. Quant à Bourassa, qui avait déclenché les élections en un geste fort opportuniste, il perdit le pouvoir, son propre siège et la direction de

Jean-Jacques Bertrand. (Roland Lemire) ▶

son parti, cédant ainsi la place à René Lévesque et à sa nouvelle formation indépendantiste. René Lévesque triomphant accéda au pouvoir dans une atmosphère d'euphorie qui n'était pas sans rappeler la prise du pouvoir de Duplessis en 1936.

Jean-Jacques Bertrand, même à la retraite, n'échappa pas au malheur qui avait frappé ses prédécesseurs. Il mourut d'une crise cardiaque en février 1973 à l'âge de cinquante-sept ans, au moment où il était le doyen de l'Assemblée nationale (dont il avait changé le nom), y ayant été élu sept fois, et après une vie entière dévouée "aux plus hautes vertus humaines et civiques" pour reprendre les mots de Claude Ryan dans *Le Devoir*. (58)

Duplessis avait dit: "Vous aurez de la misère quand je serai parti." (59) Quinze ans après sa mort, le Québec était désorganisé, écrasé par les taxes et déchiré par les révélations de scandales qui auraient choqué même Taschereau. En 1975, le Québec n'avait plus aucune retenue, pour dire le moins; économiquement et politiquement instable, son leadership provincial était sans grand prestige.

Duplessis avait aussi dit: "Quelqu'un prendra ma place, mais vous ne me remplacerez pas." Pour le meilleur et pour le pire, il ne s'était pas trompé.

1. Laporte, op. cit., p. 45.

2. Ibid., p. 13-14.

3. Ibid., p. 15.

4. Ibid., p. 54 (Laporte rassembla la plupart des plus fameuses anecdotes de Duplessis).

5. Lapalme, op. cit., vol. 2, *Le vent de l'oubli,* pp. 23, 40, 75, 144, 181, 194, 198, 256, 265, 266, 268, 270, 272, 276.

6. Chaloult, op. cit., p. 290.

7. Mlle Bouchard, 18 février 1973 et le cardinal Léger, 1er mars 1973.

8. Pierre-E. Trudeau, *Cité Libre,* février 1957.

9. Pierre-E. Trudeau, *Fédéralisme et la société canadienne-française,* Montréal, 1967, p. 126.

10. Chaloult, op. cit., pp. 31-2.

11. Laporte, op. cit., p. 50.

12. *Discours du Trône,* 13 février 1946.

13. Ibid., 12 février 1947.

14. Ibid., 19 janvier 1949.

15. Ibid., 16 novembre 1955.

16. Ibid., 13 novembre 1957.

17. Laporte, op. cit., p. 61.

18. *FMLD,* lettre de Mercier, 13 mars 1959.

19. George Marler, 14 avril 1972.

20. Laporte, op. cit., p. 83.

21. Ibid., pp. 80-1.

22. Jean Martineau, 16 février 1973.

23. Laporte, op. cit., p. 59, 63, 116.

24. Daniel Johnson.

25. Antonio Barrette, op. cit., p. 367.

26. Lapalme, op. cit., pp. 250-1.

27. Bob Clark, Auréa Cloutier.

28. Duplessis fut terriblement bouleversé par la mort de Jonathan Robinson en 1948, et le fait que Robinson était un protestant ajoutait encore à son inquiétude car, confia-t-il à Auréa Cloutier et à d'autres, cette religion n'apportait pas une consolation suffisante en de telles occasions.

29. Duplessis s'intéressait à l'avenir des autres provinces aussi bien qu'à celui du Québec et il avait une vue d'ensemble de l'avenir de chacune des parties du pays, vue qu'il se plaisait parfois à expliquer longuement. (Comme par exemple à Bill Stewart qui fut longtemps directeur de la Presse canadienne à Québec.)

30. Emile Tourigny, 2 avril 1975.

31. Auréa Cloutier. Mme Flynn a confirmé que leurs rapports n'étaient pas des plus cordiaux.

32. Mme Flynn et Mlle Cloutier.

33. *The Toronto Telegram*, 13 juillet 1959.

34. Jean des Trois Rives, *Maurice Duplessis*, Montréal, p. 95.

35. Maurice Custeau, Roger Ouellet.

36. Conversation avec le docteur Horst Rosmus, 21 juin 1972. La description des derniers moments de Duplessis est basée principalement sur le compte rendu du Dr Rosmus.

37. Ibid.

38. Barrette, op. cit., p. 190.

39. Lapalme, op. cit., vol. 2, p. 244.

40. *Le Devoir,* 7 septembre 1959.

41. Trudeau, op. cit., p. 127.

42. *Le Devoir,* 7 septembre 1959.

43. *FMLD,* le projet de loi, 16 septembre 1959.

44. Souvenirs d'Auréa Cloutier, *Le Nouvelliste,* 11 septembre 1959.

45. Wilson, op. cit., p. 206.

46. Trudeau, op. cit., p. 147.

47. Ibid., pp. 99-100, 102-103.

48. Le *Toronto Star,* 30 décembre 1971 (la locution est de Pierre Vallières, un de ceux qui avaient adressé des pétitions à Duplessis en tant que membre d'un groupe nombreux et disparate qui s'appelait "Les intellectuels pour la démocratisation de l'éducation"); et le *Globe and Mail* de Toronto, 12 avril.

49. *Discours du Trône,* 18 novembre 1959.

50. Robert Rumilly et d'autres, dont l'auteur, ont tenté sans succès de faire placer la statue au Vieux Quai, à Sept-Iles, en 1973 et 1974.

51. Lapalme était le premier à dire que dans une élection générale, Sauvé aurait battu Lesage à plate couture: op. cit., vol. 2, p. 279-280.

52. Mario Beaulieu.

53. Thomas Tremblay, 3 avril 1975.

54. Roger Lemelin, *Saturday Night,* février 1964, p. 16.

55. Le mélange de conservatisme et de nationalisme basé sur les rapports complexes de Duplessis avec les évêques et le monde des affaires.

56. C'est ce que Daniel Johnson nous a déclaré lors d'une conversation à l'hôtel Mont Shefford à Granby, le 15 mars 1967. Un jour il avait demandé à Duplessis s'il comprenait pourquoi lui, Johnson, avait remporté une plus grande majorité dans son comté de Bagot en 1948 qu'en 1946 bien que Duplessis n'ait fait campagne pour lui que lors de la première élection. Duplessis avait immédiatement répondu: "Parce que, Daniel, tes électeurs n'étaient pas très brillants, il leur a fallu deux ans avant de voir la vérité de ce que je leur avais dit en 1946."

57. Souvenirs personnels.

58. *Le Devoir*, 23 février 1973.

59. Presque tous ceux qui ont été collègues ou employés de Duplessis se souviennent de cette affirmation.

Bibliographie

LES SOURCES PRINCIPALES

i)   Documents du gouvernement, Statuts refondus du Québec, 18 George V, à 17 Georges VI, à 8 Elizabeth II.

Débats de la Chambre des Communes, 1938, à 1959.

A.P.C. Les Archives publiques du Canada

Les documents de R.B. Bennett

Les documents de Paul Gouin

Les documents d'Ernest Lapointe

Les documents de R.J. Manion

Les documents de C.H. Cahan

Les documents de Maurice Dupré

Les documents de R.B. Hanson

Les documents de W.L. Mackenzie King

Les documents de N.W. Rowell

A.P.Q. Les Archives publiques du Québec

Les documents de T.-D. Bouchard

Les documents d'Armand Lavergne

ii) Fonds Maurice L. Duplessis:

La collection des documents personnels de Maurice Duplessis, pour la plupart non-classés, couvrant la période 1897-1959. Ces papiers sont complets surtout avant 1936. La collection est la propriété de La Société des Amis de Maurice L. Duplessis Inc., et était logée à la maison de M. Duplessis, au 240 rue Bonaventure, Trois-Rivières. Robert Rumilly et l'auteur sont les seules personnes, à part les membres de "La Société", qui ont eu plein accès à ces papiers. Depuis la vente de la maison de M. Duplessis, la collection est logée au Séminaire de Trois-Rivières. Certain de ces documents sont en la possession de M. Rumilly, de Mme Gérald Martineau et de l'auteur. Dans la collection on trouve des lois, des bills, des relevés de comptes de banque, des collections de coupures de journaux, des notes griffonnées durant les sessions à l'Assemblée, des comptes rendus piquants d'espionnage politique, des textes de discours prononcés par M. Duplessis et d'autres, des listes de noms et de montants d'argent, des albums de coupures, des milliers de photos et quantité de bric à brac.

iii) Les journaux:

Montréal:	*Le Canada*
	Le Devoir
	The Gazette
	La Patrie
	La Province
	The Star
Ottawa:	*Le Droit*
	L'Action catholique
Québec:	*Le Journal*
	Le Temps
	Le Soleil
Saint-Hyacinthe:	*Le Clairon*
Sherbrooke:	*Daily Record*
Trois-Rivières:	*Le Nouvelliste*

iv) Brochures

Le Catéchisme des Electeurs, J.B. Thivierge, éd., Montréal, 1936.

L'Autonomie provinciale, J.B. Thivierge, éd., Montréal, 1939.

Le Programme du Parti libéral, Editions du Canada, Montréal, 1939.

v) Autobiographies, Mémoires, collections de discours

BARRETTE, Antonio, *Mémoires,* tome I, Montréal, Beauchemin, 1966, 448 p.

BOUCHARD, T.D., *Mémoires de T.D. Bouchard,* 3 vol. Montréal, Beauchemin, 1960

612

CHALOULT, René, *Mémoires politiques,* Montréal, Ed. du Jour, 1969, 295 p.

CHAPAIS, Thomas, *Discours et Conférences,* 3 vol. Québec Garneau 1913-1943.

DAVID, Athanase, *En marge de la Politique,* Montréal, Albert Lévesque, 1934, 181 p.

GOUIN, Paul, Servir, I. *La cause nationale,* Montréal,Zodiaque, 1938, 250 p.

GROULX, Lionel, *Mes Mémoires,* 4 vol., Fides, 1972

LAPALME, Georges-Emile, *Mémoires,* 3 vol. Montréal, Leméac, 1969-70.

LAVERGNE, Armand, *Trente ans de vie nationale,* Montréal, Zodiaque, 1934, 238 p.

PICKERSGILL, J.W.,Ed. *The Mackenzie King Record,* 4 vol. 1939-1949, Toronto, University of Toronto Press, 1960-1968.

RAYMOND, Maxime, *Politique en ligne droite, Discours à la Chambre des Communes,* Montréal, Ed. du Mont-Royal, s.d.

RAYNAULT, Adhémar, *Témoin d'une époque,* Editions du Jour, Montréal, 1970.

THOMSON, D.C. *Louis St. Laurent: Canadien,* Montréal, Le Cercle du Livre de France, 1968.

SEVIGNY, Pierre, *Le Grand Jeu de la Politique,* Montréal, Ed. du Jour, 1965, 347 p.

WARD, Norman, Ed., A Party Politican, *The Memoirs of Chubby Power,* Mac-Millan, Toronto, 1966.

vi)   Interviews:

Nous avons interviewé de nombreux collaborateurs de Duplessis, notamment:

BERTRAND, Jean-Jacques, 1916-1973.

CLARK, R.J., 1897, propriétaire du *St. Maurice Valley Chronicle* de 1923 à 1965.

CLOUTIER, Auréa, secrétaire particulière de Maurice L. Duplessis, 1923-1959, de son père le juge Nérée Duplessis, 1919-1923, et de Paul Sauvé, 1959-1960.

GOUIN, Paul.

JOHNSON, Daniel, 1915-1968.

RUMILLY, Robert.

Voici la liste, nécessairement incomplète, de la plupart des personnes interviewées au cours de la rédaction de ce livre. Plusieurs d'entre elles ont été consultées plus d'une fois.

Arès, Richard
Asselin, Edouard

Ballantyne, Murray
Barrette, Jean
Beaulieu, Mario
Beaulieu, Paul
Begin, Joseph-Damase

Bellemare, Joseph-Maurice
Bernard, Henri
Bieler, Jean-Henri
Bonenfant, Jean-Charles
Bouchard, Cécile-Ena
Bourque, John S.
Bouvier, Emile
Brais, F. Philippe
Brown, Glendon P.

Cardinal, Mario
Casgrain, Thérèse
Chambers, Egan
Collard, Edgar Andrew
Custeau, Maurice

David, Paul
Dorion, Noel
Douville, Raymond
Dozois, Paul
Drapeau, Jean
Drouin, François
Dufresne, Berthe Bureau
Dufresne, J. Arthur

Fauteux, Francis
Ferland, Philippe
Filion, Gérard
Fleming, Donald
Flynn, Mrs. Percy
Francoeur, Jacques
Frost, Leslie M.

Gabias, Yves
Geoffrion, C. Antoine
Gilbert, Gabriel
Gouin, Paul
Grafftey, W. Heward

Hanley, Frank
Hart, Joseph
Hayes, Redmond

Johnson, Maurice

Laforce, Ernest
Lafrance, Emilien
Lamarche, Gustave

614

Lamarre, Charles
Langlais, Hormisdas
Lapalme, Georges-Emile
Laporte, Pierre
Layden, Jack H.
Lefrançois, Gérard
Léger, Paul-Emile Cardinal
Lesage, Jean
Lévesque, Georges-Henri
Ludington, Tracy S.

Marler, George C.
Martineau, Jean
Masson, Edouard
McClelland, Lewis
McDougald, John A.
Meighen, Theodore R.

Ouellet, Roger

Poliquin, François

Remillard, Juliette Laloinde
Rosmus, Horst

Scott, Frank R.
Sévigny, Pierre
Stewart, William

Tourigny, Emile
Tremblay, Thomas

LES SOURCES SECONDAIRES

1) Articles tirés de revues, périodiques, etc.

Revue d'histoire de l'Amérique française, décembre 1971; l'Institut d'histoire de l'Amérique française, (1970), Montréal, Richard Desrosiers:

Duplessis et l'Idéologie dominante, 385, Jean-Guy Genest: Aspects de l'Administration Duplessis, 389, René Durocher: Le long règne de Duplessis: un essai d'explication, 392.

Maurice Duplessis et sa conception de l'Autonomie provinciale au début de sa carrière politique, p. 13, RHAF, June 1969, René Durocher.

Recherches sociographiques: Paul Cliche, Les Elections Provinciales dans le Québec de 1927 à 1956, Presse Université Laval, 3-4, 1961.

Recherches Sociographiques
Revue d'Histoire de l'Amérique française
Action Nationale
Canadian Forum

Cité Libre
MacLeans
Relations
Saturday Night
Time
Vrai
etc.

2) Biographies

Laporte, Pierre, *Le Vrai Visage de Duplessis,* Editions du Jour, Montréal, 1960.

LA ROCQUE, Hertel, *Camillien Houde, Le p'tit gars de Ste-Marie,* Montréal, Ed. de l'Homme, 1961, 157 p.

RENAUD, Charles, *L'Imprévisible Monsieur Houde,* Montréal, Ed. de l'Homme, 1964, 146 p.

ROBERTS, Leslie, *The Chief,* A Political Biography of Maurice Duplessis, Clark Irwin & Company Limited.

RUMILLY, Robert, *Maurice Duplessis et son Temps,* Editions Fides, Montréal, 1973, 2 vol.

McKENTY, Neil, *Mitch Hepburn,* McClelland and Stewart Limited, Toronto, 1967.

NISH, Cameron, Editor, Québec in the Duplessis Era, 1935-1959: *Dictatorship or Democracy?* Copp Clark Publishing Company, Toronto, 1970.

QUINN, F., Hebert, *The Union Nationale,* A Study in Quebec Nationalism, University of Toronto Press, Toronto, 1963.

TROIS RIVES, Jean des, *Maurice Duplessis,* Les Editions du Château, Montréal, 1962.

3) Etudes générales

BOVEY, Wilfrid, *The French Canadians Today,* Peguin, Ottawa, 1940.

CHAPIN, Miriam, *Quebec Now,* Ryerson Press, Toronto, 1955.

RUMILLY, Robert, *Histoire de la Province de Québec, Editions Fides, Montréal, 1959-1970, vol. 26 to 41.*

RUMILLY, Robert, *Quinze Années de Réalisations,* Editions Fides, Montréal, 1956.

WILSON, Edmund, *O Canada,* An American's Notes on Canadian Culture; Farrar, Strauss, Giroux, New York 1965.

Index

620

Table des matières

Achevé d'imprimer sur les presses de
L'IMPRIMERIE ELECTRA *
pour
LES EDITIONS DE L'HOMME LTÉE

* Division du groupe Sogides Ltée

Ouvrages parus chez les Éditeurs du groupe Sogides

Ouvrages parus aux ÉDITIONS DE L'HOMME

ART CULINAIRE

Art d'apprêter les restes (L'), S. Lapointe, **4.00**
Art de la table (L'), M. du Coffre, **$5.00**
Art de vivre en bonne santé (L'), Dr W. Leblond, **3.00**
Boîte à lunch (La), L. Lagacé, **4.00**
101 omelettes, M. Claude, **3.00**
Cocktails de Jacques Normand (Les), J. Normand, **4.00**
Congélation (La), S. Lapointe, **4.00**
Conserves (Les), Soeur Berthe, **5.00**
Cuisine chinoise (La), L. Gervais, **4.00**
Cuisine de maman Lapointe (La), S. Lapointe, **3.00**
Cuisine de Pol Martin (La), Pol Martin, **4.00**
Cuisine des 4 saisons (La), Mme Hélène Durand-LaRoche, **4.00**
Cuisine en plein air, H. Doucet, **3.00**
Cuisine française pour Canadiens, R. Montigny, **4.00**
Cuisine italienne (La), Di Tomasso, **3.00**
Diététique dans la vie quotidienne, L. Lagacé, **4.00**
En cuisinant de 5 à 6, J. Huot, **3.00**
Fondues et flambées de maman Lapointe, S. Lapointe, **4.00**
Fruits (Les), J. Goode, **5.00**

Grande Cuisine au Pernod (La), S. Lapointe, **3.00**
Hors-d'oeuvre, salades et buffets froids, L. Dubois, **3.00**
Légumes (Les), J. Goode, **5.00**
Madame reçoit, H.D. LaRoche, **4.00**
Mangez bien et rajeunissez, R. Barbeau, **3.00**
Poissons et fruits de mer, Soeur Berthe, **4.00**
Recettes à la bière des grandes cuisines Molson, M.L. Beaulieu, **4.00**
Recettes au "blender", J. Huot, **4.00**
Recettes de gibier, S. Lapointe, **4.00**
Recettes de Juliette (Les), J. Huot, **4.00**
Recettes de maman Lapointe, S. Lapointe, **3.00**
Régimes pour maigrir, M.J. Beaudoin, **4.00**
Tous les secrets de l'alimentation, M.J. Beaudoin, **2.50**
Vin (Le), P. Petel, **3.00**
Vins, cocktails et spiritueux, G. Cloutier, **3.00**
Vos vedettes et leurs recettes, G. Dufour et G. Poirier, **3.00**
Y'a du soleil dans votre assiette, Georget-Berval-Gignac, **3.00**

DOCUMENTS, BIOGRAPHIE

Architecture traditionnelle au Québec (L'), Y. Laframboise, **10.00**
Art traditionnel au Québec (L'), Lessard et Marquis, **10.00**
Artisanat québécois 1. Les bois et les textiles, C. Simard, **12.00**

Artisanat québécois 2. Les arts du feu, C. Simard, **12.00**
Acadiens (Les), E. Leblanc, **2.00**
Bien-pensants (Les), P. Berton, **2.50**
Ce combat qui n'en finit plus, A. Stanké,-J.L. Morgan, **3.00**

Charlebois, qui es-tu?, B. L'Herbier, **3.00**

Comité (Le), M. et P. Thyraud de Vosjoli, **8.00**

Des hommes qui bâtissent le Québec, collaboration, **3.00**

Drogues, J. Durocher, **3.00**

Epaves du Saint-Laurent (Les), J. Lafrance, **3.00**

Ermite (L'), L. Rampa, **4.00**

Fabuleux Onassis (Le), C. Cafarakis, **4.00**

Félix Leclerc, J.P. Sylvain, **2.50**

Filière canadienne (La), J.-P. Charbonneau, **12.95**

Francois Mauriac, F. Seguin, **1.00**

Greffes du coeur (Les), collaboration, **2.00**

Han Suyin, F. Seguin, **1.00**

Hippies (Les), Time-coll., **3.00**

Imprévisible M. Houde (L'), C. Renaud, **2.00**

Insolences du Frère Untel, F. Untel, **2.00**

J'aime encore mieux le jus de betteraves, A. Stanké, **2.50**

Jean Rostand, F. Seguin, **1.00**

Juliette Béliveau, D. Martineau, **3.00**

Lamia, P.T. de Vosjoli, **5.00**

Louis Aragon, F. Seguin, **1.00**

Magadan, M. Solomon, **7.00**

Maison traditionnelle au Québec (La), M. Lessard, G. Vilandré, **10.00**

Maîtresse (La), James et Kedgley, **4.00**

Mammifères de mon pays, Duchesnay-Dumais, **3.00**

Masques et visages du spiritualisme contemporain, J. Evola, **5.00**

Michel Simon, F. Seguin, **1.00**

Michèle Richard raconte Michèle Richard, M. Richard, **2.50**

Mon calvaire roumain, M. Solomon, **8.00**

Mozart, raconté en 50 chefs-d'oeuvre, P. Roussel, **5.00**

Nationalisation de l'électricité (La), P. Sauriol, **1.00**

Napoléon vu par Guillemin, H. Guillemin, **2.50**

Objets familiers de nos ancêtres, L. Vermette, N. Genêt, L. Décarie-Audet, **6.00**

On veut savoir, (4 t.), L. Trépanier, **1.00 ch.**

Option Québec, R. Lévesque, **2.00**

Pour entretenir la flamme, L. Rampa, **4.00**

Pour une radio civilisée, G. Proulx, **2.00**

Prague, l'été des tanks, collaboration, **3.00**

Premiers sur la lune, Armstrong-Aldrin-Collins, **6.00**

Prisonniers à l'Oflag 79, P. Vallée, **1.00**

Prostitution à Montréal (La), T. Limoges, **1.50**

Provencher, le dernier des coureurs des bois, P. Provencher, **6.00**

Québec 1800, W.H. Bartlett, **15.00**

Rage des goof-balls (La), A. Stanké, M.J. Beaudoin, **1.00**

Rescapée de l'enfer nazi, R. Charrier, **1.50**

Révolte contre le monde moderne, J. Evola, **6.00**

Riopelle, G. Robert, **3.50**

Struma (Le), M. Solomon, **7.00**

Terrorisme québécois (Le), Dr G. Morf, **3.00**

Ti-blanc, mouton noir, R. Laplante, **2.00**

Treizième chandelle (La), L. Rampa, **4.00**

Trois vies de Pearson (Les), Poliquin-Beal, **3.00**

Trudeau, le paradoxe, A. Westell, **5.00**

Un peuple oui, une peuplade jamais! J. Lévesque, **3.00**

Un Yankee au Canada, A. Thério, **1.00**

Une culture appelée québécoise, G. Turi, **2.00**

Vizzini, S. Vizzini, **5.00**

Vrai visage de Duplessis (Le), P. Laporte, **2.00**

ENCYCLOPEDIES

Encyclopédie de la maison québécoise, Lessard et Marquis, **8.00**

Encyclopédie des antiquités du Québec, Lessard et Marquis, **7.00**

Encyclopédie des oiseaux du Québec, W. Earl Godfrey, **8.00**

Encyclopédie du jardinier horticulteur, W.H. Perron, **8.00**

Encyclopédie du Québec, Vol. I et Vol. II, L. Landry, **6.00 ch.**

ESTHETIQUE ET VIE MODERNE

Cellulite (La), Dr G.J. Léonard, 4.00
Chirurgie plastique et esthétique (La),
  Dr A. Genest, 2.00
Embellissez votre corps, J. Ghedin, 2.00
Embellissez votre visage, J. Ghedin, 1.50
Etiquette du mariage, Fortin-Jacques,
  Farley, 4.00
Exercices pour rester jeune, T. Sekely, 3.00
Exercices pour toi et moi,
  J. Dussault-Corbeil, 5.00
Face-lifting par l'exercice (Le),
  S.M. Rungé, 4.00
Femme après 30 ans (La), N. Germain, 3.00

Femme émancipée (La), N. Germain et
  L. Desjardins, 2.00
Leçons de beauté, E. Serei, 2.50
Médecine esthétique (La),
  Dr G. Lanctôt, 5.00
Savoir se maquiller, J. Ghedin, 1.50
Savoir-vivre, N. Germain, 2.50
Savoir-vivre d'aujourd'hui (Le),
  M.F. Jacques, 3.00
Sein (Le), collaboration, 2.50
Soignez votre personnalité, messieurs,
  E. Serei, 2.00
Vos cheveux, J. Ghedin, 2.50
Vos dents, Archambault-Déom, 2.00

LINGUISTIQUE

Améliorez votre français, J. Laurin, 4.00
Anglais par la méthode choc (L'),
  J.L. Morgan, 3.00
Corrigeons nos anglicismes, J. Laurin, 4.00
Dictionnaire en 5 langues, L. Stanké, 2.00

Petit dictionnaire du joual au français,
  A. Turenne, 3.00
Savoir parler, R.S. Catta, 2.00
Verbes (Les), J. Laurin, 4.00

LITTERATURE

Amour, police et morgue, J.M. Laporte, 1.00
Bigaouette, R. Lévesque, 2.00
Bousille et les justes, G. Gélinas, 3.00
Berger (Les), M. Cabay-Marin, Ed. TM, 5.00
Candy, Southern & Hoffenberg, 3.00
Cent pas dans ma tête (Les), P. Dudan, 2.50
Commettants de Caridad (Les),
  Y. Thériault, 2.00
Des bois, des champs, des bêtes,
  J.C. Harvey, 2.00
Ecrits de la Taverne Royal, collaboration, 1.00
Exodus U.K., R. Rohmer, 8.00
Exxoneration, R. Rohmer, 7.00
Homme qui va (L'), J.C. Harvey, 2.00
J'parle tout seul quand j'en narrache,
  E. Coderre, 3.00
Malheur a pas des bons yeux (Le),
  R. Lévesque, 2.00
Marche ou crève Carignan, R. Hollier, 2.00
Mauvais bergers (Les), A.E. Caron, 1.00

Mes anges sont des diables,
  J. de Roussan, 1.00
Mon 29e meurtre, Joey, 8.00
Montréalités, A. Stanké, 1.50
Mort attendra (La), A. Malavoy, 1.00
Mort d'eau (La), Y. Thériault, 2.00
Ni queue, ni tête, M.C. Brault, 1.00
Pays voilés, existences, M.C. Blais, 1.50
Pomme de pin, L.P. Dlamini, 2.00
Printemps qui pleure (Le), A. Thério, 1.00
Propos du timide (Les), A. Brie, 1.00
Séjour à Moscou, Y. Thériault, 2.00
Tit-Coq, G. Gélinas, 4.00
Toges, bistouris, matraques et soutanes,
  collaboration, 1.00
Ultimatum, R. Rohmer, 6.00
Un simple soldat, M. Dubé, 4.00
Valérie, Y. Thériault, 2.00
Vertige du dégoût (Le), E.P. Morin, 1.00

LIVRES PRATIQUES — LOISIRS

Aérobix, Dr P. Gravel, 3.00
Alimentation pour futures mamans,
  T. Sekely et R. Gougeon, 4.00

Améliorons notre bridge, C. Durand, 6.00
Apprenez la photographie avec Antoine
  Desilets, A. Desilets, 5.00

Arbres, les arbustes, les haies (Les), P. Pouliot, **7.00**
Armes de chasse (Les), Y. Jarrettie, **3.00**
Astrologie et l'amour (L'), T. King, **6.00**
Bougies (Les), W. Schutz, **4.00**
Bricolage (Le), J.M. Doré, **4.00**
Bricolage au féminin (Le), J.-M. Doré, **3.00**
Bridge (Le), V. Beaulieu, **4.00**
Camping et caravaning, J. Vic et R. Savoie, **2.50**
Caractères par l'interprétation des visages, (Les), L. Stanké, **4.00**
Ciné-guide, A. Lafrance, **3.95**
Chaînes stéréophoniques (Les), G. Poirier, **6.00**
Cinquante et une chansons à répondre, P. Daigneault, **3.00**
Comment amuser nos enfants, L. Stanké, **4.00**
Comment tirer le maximum d'une mini-calculatrice, H. Mullish, **4.00**
Conseils à ceux qui veulent bâtir, A. Poulin, **2.00**
Conseils aux inventeurs, R.A. Robic, **3.00**
Couture et tricot, M.H. Berthouin, **2.00**
Dictionnaire des mots croisés, noms propres, collaboration, **6.00**
Dictionnaire des mots croisés, noms communs, P. Lasnier, **5.00**
Fins de partie aux dames, H. Tranquille, G. Lefebvre, **4.00**
Fléché (Le), L. Lavigne et F. Bourret, **4.00**
Fourrure (La), C. Labelle, **4.00**
Guide complet de la couture (Le), L. Chartier, **4.00**
Guide de la secrétaire, M. G. Simpson, **6.00**
Hatha-yoga pour tous, S. Piuze, **4.00**
8/Super 8/16, A. Lafrance, **5.00**
Hypnotisme (L'), J. Manolesco, **3.00**
Information Voyage, R. Viau et J. Daunais, Ed. TM, **6.00**
Interprétez vos rêves, L. Stanké, **4.00**

J'installe mon équipement stéréo, T. I et II, J.M. Doré, **3.00 ch.**
Jardinage (Le), P. Pouliot, **4.00**
Je décore avec des fleurs, M. Bassili, **4.00**
Je développe mes photos, A. Desilets, **6.00**
Je prends des photos, A. Desilets, **6.00**
Jeux de cartes, G. F. Hervey, **10.00**
Jeux de société, L. Stanké, **3.00**
Lignes de la main (Les), L. Stanké, **4.00**
Magie et tours de passe-passe, I. Adair, **4.00**
Massage (Le), B. Scott, **4.00**
Météo (La), A. Ouellet, **3.00**
Nature et l'artisanat (La), P. Roy, **4.00**
Noeuds (Les), G.R. Shaw, **4.00**
Origami I, R. Harbin, **3.00**
Origami II, R. Harbin, **3.00**
Ouverture aux échecs (L'), C. Coudari, **4.00**
Parties courtes aux échecs, H. Tranquille, **5.00**
Petit manuel de la femme au travail, L. Cardinal, **4.00**
Photo-guide, A. Desilets, **3.95**
Plantes d'intérieur (Les), P. Pouliot, **7.00**
Poids et mesures, calcul rapide, L. Stanké, **3.00**
Tapisserie (La), T.-M. Perrier, N.-B. Langlois, **5.00**
Taxidermie (La), J. Labrie, **4.00**
Technique de la photo, A. Desilets, **6.00**
Techniques du jardinage (Les), P. Pouliot, **6.00**
Tenir maison, F.G. Smet, **3.00**
Tricot (Le), F. Vandelac, **4.00**
Vive la compagnie, P. Daigneault, **3.00**
Vivre, c'est vendre, J.M. Chaput, **4.00**
Voir clair aux dames, H. Tranquille, **3.00**
Voir clair aux échecs, H. Tranquille et G. Lefebvre, **4.00**
Votre avenir par les cartes, L. Stanké, **4.00**
Votre discothèque, P. Roussel, **4.00**
Votre pelouse, P. Pouliot, **5.00**

LE MONDE DES AFFAIRES ET LA LOI

ABC du marketing (L'), A. Dahamni, **3.00**
Bourse (La), A. Lambert, **3.00**
Budget (Le), collaboration, **4.00**
Ce qu'en pense le notaire, Me A. Senay, **2.00**
Connaissez-vous la loi? R. Millet, **3.00**
Dactylographie (La), W. Lebel, **2.00**
Dictionnaire de la loi (Le), R. Millet, **2.50**
Dictionnaire des affaires (Le), W. Lebel, **3.00**
Dictionnaire économique et financier, E. Lafond, **4.00**

Divorce (Le), M. Champagne et Léger, **3.00**
Guide de la finance (Le), B. Pharand, **2.50**
Initiation au système métrique, L. Stanké, **5.00**
Loi et vos droits (La), Me P.A. Marchand, **5.00**
Savoir organiser, savoir décider, G. Lefebvre, **4.00**
Secrétaire (Le/La) bilingue, W. Lebel, **2.50**

PATOF

Cuisinons avec Patof, J. Desrosiers, **1.29**

Patof raconte, J. Desrosiers, **0.89**
Patofun, J. Desrosiers, **0.89**

SANTÉ, PSYCHOLOGIE, EDUCATION

Activité émotionnelle (L'), P. Fletcher, 3.00
Allergies (Les), Dr P. Delorme, 4.00
Apprenez à connaître vos médicaments,
  R. Poitevin, 3.00
Caractères et tempéraments,
  C.-G. Sarrazin, 3.00
Comment animer un groupe,
  collaboration, 4.00
Comment nourrir son enfant,
  L. Lambert-Lagacé, 4.00
Comment vaincre la gêne et la timidité,
  R.S. Catta, 3.00
Communication et épanouissement
  personnel, L. Auger, 4.00
Complexes et psychanalyse,
  P. Valinieff, 4.00
Contact, L. et N. Zunin, 6.00
Contraception (La), Dr L. Gendron, 3.00
Cours de psychologie populaire,
  F. Cantin, 4.00
Dépression nerveuse (La), collaboration, 4.00
Développez votre personnalité,
  vous réussirez, S. Brind'Amour, 3.00
Douze premiers mois de mon enfant (Les),
  F. Caplan, 10.00
Dynamique des groupes,
  Aubry-Saint-Arnaud, 3.00
En attendant mon enfant,
  Y.P. Marchessault, 4.00
Femme enceinte (La), Dr R. Bradley, 4.00
Guérir sans risques, Dr E. Plisnier, 3.00
Guide des premiers soins, Dr J. Hartley, 4.00

Guide médical de mon médecin de famille,
  Dr M. Lauzon, 3.00
Langage de votre enfant (Le),
  C. Langevin, 3.00
Maladies psychosomatiques (Les),
  Dr R. Foisy, 3.00
Maman et son nouveau-né (La),
  T. Sekely, 3.00
Mathématiques modernes pour tous,
  G. Bourbonnais, 4.00
Méditation transcendantale (La),
  J. Forem, 6.00
Mieux vivre avec son enfant, D. Calvet, 4.00
Parents face à l'année scolaire (Les),
  collaboration, 2.00
Personne humaine (La), Y. Saint-Arnaud, 4.00
Pour bébé, le sein ou le biberon,
  Y. Pratte-Marchessault, 4.00
Pour vous future maman, T. Sekely, 3.00
15/20 ans, F. Tournier et P. Vincent, 4.00
Relaxation sensorielle (La), Dr P. Gravel, 3.00
S'aider soi-même, L. Auger, 4.00
Soignez-vous par le vin, Dr E. A. Maury, 4.00
Volonté (La), l'attention, la mémoire,
  R. Tocquet, 4.00
Vos mains, miroir de la personnalité,
  P. Maby, 3.00
Votre personnalité, votre caractère,
  Y. Benoist-Morin, 3.00
Yoga, corps et pensée, B. Leclerq, 3.00
Yoga, santé totale pour tous,
  G. Lescouflar, 3.00

SEXOLOGIE

Adolescent veut savoir (L'),
  Dr L. Gendron, 3.00
Adolescente veut savoir (L'),
  Dr L. Gendron, 3.00
Amour après 50 ans (L'), Dr L. Gendron, 3.00
Couple sensuel (Le), Dr L. Gendron, 3.00
Déviations sexuelles (Les), Dr Y. Léger, 4.00
Femme et le sexe (La), Dr L. Gendron, 3.00
Helga, E. Bender, 6.00
Homme et l'art érotique (L'),
  Dr L. Gendron, 3.00
Madame est servie, Dr L. Gendron, 2.00

Maladies transmises par relations
  sexuelles, Dr L. Gendron, 2.00
Mariée veut savoir (La), Dr L. Gendron, 3.00
Ménopause (La), Dr L. Gendron, 3.00
Merveilleuse histoire de la naissance (La),
  Dr L. Gendron, 4.50
Qu'est-ce qu'un homme, Dr L. Gendron, 3.00
Qu'est-ce qu'une femme, Dr L. Gendron, 4.00
Quel est votre quotient psycho-sexuel?
  Dr L. Gendron, 3.00
Sexualité (La), Dr L. Gendron, 3.00
Teach-in sur la sexualité,
  Université de Montréal, 2.50
Yoga sexe, Dr L. Gendron et S. Piuze, 4.00

SPORTS (collection dirigée par Louis Arpin)

ABC du hockey (L'), H. Meeker, 4.00
Aikido, au-delà de l'agressivité,
  M. Di Villadorata, 4.00
Bicyclette (La), J. Blish, 4.00

Comment se sortir du trou au golf,
  Brien et Barrette, 4.00
Courses de chevaux (Les), Y. Leclerc, 3.00

Devant le filet, J. Plante, **4.00**
   D. Brodeur, **4.00**
Entraînement par les poids et haltères,
   F. Ryan, **3.00**
Expos, cinq ans après,
   D. Brodeur, J.-P. Sarrault, **3.00**
Football (Le), collaboration, **2.50**
Football professionnel, J. Séguin, **3.00**
Guide de l'auto (Le) (1967), J. Duval, **2.00**
   (1968-69-70-71), **3.00 chacun**
Guy Lafleur, Y. Pedneault et D. Brodeur, **4.00**
Guide du judo, au sol (Le), L. Arpin, **4.00**
Guide du judo, debout (Le), L. Arpin, **4.00**
Guide du self-defense (Le), L. Arpin, **4.00**
Guide du trappeur,
   P. Provencher, **4.00**
Initiation à la plongée sous-marine,
   R. Goblot, **5.00**
J'apprends à nager, R. Lacoursière, **4.00**
Jocelyne Bourassa,
   J. Barrette et D. Brodeur, **3.00**
Jogging (Le), R. Chevalier, **5.00**
Karaté (Le), Y. Nanbu, **4.00**
Kung-fu, R. Lesourd, **5.00**
Livre des règlements, LNH, **1.50**
Lutte olympique (La), M. Sauvé, **4.00**
Match du siècle: Canada-URSS,
   D. Brodeur, G. Terroux, **3.00**
Mon coup de patin, le secret du hockey,
   J. Wild, **3.00**
Moto (La), Duhamel et Balsam, **4.00**

Natation (La), M. Mann, **2.50**
Natation de compétition (La),
   R. Lacoursière, **3.00**
Parachutisme (Le), C. Bédard, **5.00**
Pêche au Québec (La), M. Chamberland, **5.00**
Petit guide des Jeux olympiques,
   J. About, M. Duplat, **2.00**
Puissance au centre, Jean Béliveau,
   H. Hood, **3.00**
Raquette (La), Osgood et Hurley, **4.00**
Ski (Le), W. Schaffler-E. Bowen, **3.00**
Ski de fond (Le), J. Caldwell, **4.00**
Soccer, G. Schwartz, **3.50**
Stratégie au hockey (La), J.W. Meagher, **3.00**
Surhommes du sport, M. Desjardins, **3.00**
Techniques du golf,
   L. Brien et J. Barrette, **4.00**
Techniques du tennis, Ellwanger, **4.00**
Tennis (Le), W.F. Talbert, **3.00**
Tous les secrets de la chasse,
   M. Chamberland, **3.00**
Tous les secrets de la pêche,
   M. Chamberland, **3.00**
36-24-36, A. Coutu, **3.00**
Troisième retrait (Le), C. Raymond,
   M. Gaudette, **3.00**
Vivre en forêt, P. Provencher, **4.00**
Vivre en plein air, P. Gingras, **4.00**
Voie du guerrier (La), M. di Villadorata, **4.00**
Voile (La), Nik Kebedgy, **5.00**

Ouvrages parus à
L'ACTUELLE JEUNESSE

Echec au réseau meurtrier, R. White, **1.00**
Engrenage (L'), C. Numainville, **1.00**
Feuilles de thym et fleurs d'amour,
   M. Jacob, **1.00**
Lady Sylvana, L. Morin, **1.00**
Moi ou la planète, C. Montpetit, **1.00**

Porte sur l'enfer, M. Vézina, **1.00**
Silences de la croix du Sud (Les),
   D. Pilon, **1.00**
Terreur bleue (La), L. Gingras, **1.00**
Trou (Le), S. Chapdelaine, **1.00**
Une chance sur trois, S. Beauchamp, **1.00**
22,222 milles à l'heure, G. Gagnon, **1.00**

Ouvrages parus à
L'ACTUELLE

Aaron, Y. Thériault, **3.00**

Agaguk, Y. Thériault, **4.00**